WEI QIYE HUHANG

GONGSI FALü WENTI DAYI

为企业护航

——公司法律问题答疑

马俊　主编

辛瑞　阴秀王　刘莹　王贵　副主编

法律出版社 LAW PRESS·CHINA

北京

主编简介

马 俊

中共北京大成（太原）律师事务所党总支书记，北京大成（太原）律师事务所主任，山西省律师协会副会长，山西省法学会刑法学研究会副会长，山西省第十六届“五四青年奖章”获得者，最高人民检察院民事行政案件咨询专家，中央电视台《法律讲堂》主讲人，太原市人大代表、人大法制委委员，太原市政协社法委专家，中国政法大学法律硕士学院兼职导师，太原理工大学文法学院特聘教授，山西大学经济管理学院MBA社会导师，长江商学院EMBA37期校友。

副主编简介

辛　瑞

北京大成（太原）律师事务所高级合伙人、管委会执行主任，山西省律师协会建设工程与房地产专业委员会副主任，山西省青年法律工作者协会副会长，山西省法学会城乡管理法治研究会常任理事，太原仲裁委员会调解员，太原理工大学文法学院特聘教授、公共管理硕士（MPA)社会导师。从法院系统离职后，从事律师职业13年，专注于不动产与建设工程、不良资产处置领域。

阴秀王

法学博士，北京大成（太原）律师事务所权益合伙人、知识产权与财富传承部主任，太原市青年法律工作者协会会长，山西省侨商联合会副会长，山西省律师协会知识产权专业委员会秘书长，山西省知识产权法学研究会、科技法学研究会常务理事，太原市知识产权协会副会长，太原市晋知知识产权调解中心主任。主要业务领域为知识产权、政府及企事业单位法律顾问。曾荣获山西省第二十届“山西青年五四奖章”，参与编写专著《创新驱动发展战略下的知识产权保护问题研究》，在《科学家》期刊中发表《技术创新与知识产权战略及其法律保障体系研究》一文。

副主编简介

刘 莹

中共北京大成（太原）律师事务所党总支副书记，北京大成（太原）律师事务所权益合伙人，大成太原财富管理专业组负责人、监督委员会委员、妇女工作委员会主任，山西省律师协会发展与规划委员会秘书长，山西省证券期货纠纷调解中心调解员，太原市律师协会奖惩与纠纷调处委员会副主任，太原仲裁委员会仲裁员。执业15年，专注于银行、保险、信托、财富管理与传承、劳动与人力资源等领域，曾获评“山西省优秀女律师”。

王 贵

北京大成(太原)律师事务所权益合伙人、公司与资本市场部主任，山西省律师协会会员事务工作委员会秘书长，太原市律师协会公司法专业委员会秘书长，北大股权律师联盟理事，山西股权交易中心专家，太原市青年法律工作者协会副会长，太原理工大学文法学院特聘教授、公共管理硕士(MPA)社会导师。专长领域为公司法务、企业并购、股权设计、企业投融资、公司债券发行、私募基金管理人登记等，具有优秀的专业能力和丰富的律师执业经验。

序言 preface

“法治是最好的营商环境。”党的十八大以来,以习近平同志为核心的党中央高度重视法治化营商环境建设,就优化营商环境建设提出“加快市场化改革,营造法治化营商环境”等一系列明确要求,为优化法治化营商环境指明了方向。因此,必须筑牢优化法治化营商环境思想根基,充分发挥法治固根本、稳预期、利长远的保障作用,保障和促进专业镇经济,用法治引领营商环境建设,护航企业高质量发展。

打造法治化营商环境,依法治企是重要抓手。鉴于此,企业应提高对法律风险管理的重视度,分析常见的法律风险类型,结合自身现实情况构建法律风险管理机制与防范体系,在防范法律风险的同时保障企业经营效益,推动企业健康发展。

在上述背景下,本书主要具有以下三个特点:

1. 全面专业。本书编委会集结本所优秀律师,以多年法律实践经验为基础,从实务操作角度组织编写,涵盖了公司法,民事执行,刑法,知识产权与反不正当竞争、反垄断,劳动法,婚姻家庭六大方面,旨在打造企业管理的实务参考书,为企业家提供全程法律指导。

2. 随用随查。本书融“法条、法理、案例”之精华,集实用性、基础性和系统性于一体,从企业的实际工作需要出发,切实解答企业管理者实务中常见的法律问题和困惑,帮助其依法、灵活、高效地开展管理工作。

3. 通俗易懂。本书将晦涩难懂的法律知识用深入浅出的方式进行表达,让读者看得懂、记得住。同时精选案例,以案释法,直观、生动地提供法律建议。

依法治企是企业实现高质量发展的重要保障。科学防范并有效管理法律风险,对提高企业的经营发展质量及市场竞争力具有推动作用。本书既可以作为企业管理者、企业法务部门的工具用书,也可以作为公司律师的工作指南,是结合理论与实践的诚意之作,对助力优化营商环境,尤其是促进专业镇高质量发展起到了一定的法治保障作用。由于作者学识和精力有限,虽已竭尽所能,但书中难免有疏漏和不足,恳请同行和读者不吝赐教。

目录 contents

▶▶▶ 公司法篇

民事执行篇

▶▶▶ 刑法篇

►►► 劳动法篇

公司法篇

第一章 股东及股权

1 个人独资企业与一人有限责任公司有何差别?

【律师解答】

个人独资企业,是指个人出资经营、归个人所有和控制,由个人承担经营风险和享有全部经营收益的企业。

一人有限责任公司,是指只有一个自然人股东或者一个法人股东的有限责任公司。

二者主要差别如表1所示。

表1 个人独资企业与一人有限责任公司的区别

项目	个人独资企业	一人有限责任公司
投资人	一名自然人股东	一名自然人股东或一个法人股东
法律地位	不具有法人资格,属于非法人组织,不能独立承担民事责任	具有法人资格,依法独立享有民事权利、承担民事义务
投资人责任	出资人对企业债务承担无限责任	股东对公司债务以出资为限承担有限责任
纳税规定	缴纳个人所得税	缴纳企业所得税
投资数量限制	法律对一个自然人可以设立几家个人独资企业没有禁止性规定	一个自然人只可以设立一家一人有限公司,且该一人有限责任公司不能投资设立新的一人有限责任公司

【参考依据】

《公司法》

第五十七条第二款 本法所称一人有限责任公司,是指只有一个自然人股东或者一个法人股东的有限责任公司。

第五十八条 一个自然人只能投资设立一个一人有限责任公司。该一人有限责任公司不能投资设立新的一人有限责任公司。

《个人独资企业法》

第二条 本法所称个人独资企业,是指依照本法在中国境内设立,由一个自然人投资,财产为投资人个人所有,投资人以其个人财产对企业债务承担无限责任的经营实体。

《企业所得税法》

第一条 在中华人民共和国境内,企业和其他取得收入的组织(以下统称企业)为企业所得税的纳税人,依照本法的规定缴纳企业所得税。

个人独资企业、合伙企业不适用本法。

《个人所得税法实施条例》

第六条 个人所得税法规定的各项个人所得的范围:

……

(五)经营所得,是指:

1. 个体工商户从事生产、经营活动取得的所得,个人独资企业投资人、合伙企业的个人合伙人来源于境内注册的个人独资企业、合伙企业生产、经营的所得;

……

2 哪些自然人和法人不能做公司股东?

【律师解答】

从一般意义来讲,绝大多数人都可以做公司股东。但按照我国法律的规定,自然人不能做股东主要包括以下几种情形(股票交易除外):

(1)公务员;

(2)县以上党和国家机关退(离)休干部;

(3)党政机关的干部和职工;

(4)现役军人。

法人单位不能做股东主要包括以下几种情形:

(1)各部门行政单位和参照公务员法管理的单位;

(2)事业单位;

(3)律师事务所;

(4)高校除对高校资产公司进行投资外,不得再以事业单位法人的身份对外进行投资;

(5)分公司。

除了上述规定的禁止或者限制性规定以外,现行法律法规中还存在其他一些对于出资股东特殊规定的情形,需要在面对具体项目时区别对待。对于想要对接资本市场的公司来说,股东主体适格性问题足以构成挂牌或上市的实质性障碍,建议公司及公司股东予以高度重视。

【参考依据】

《民法典》

第十九条 八周岁以上的未成年人为限制民事行为能力人,实施民事法律行为由其法定代理人代理或者经其法定代理人同意、追认;但是,可以独立实施纯获利益的民事法律行为或者与其年龄、智力相适应的民事法律行为。

第二十条 不满八周岁的未成年人为无民事行为能力人,由其法定代理人代理实施民事法律行为。

第二十一条 不能辨认自己行为的成年人为无民事行为能力人,由其法定代理人代理实施民事法律行为。

八周岁以上的未成年人不能辨认自己行为的,适用前款规定。

第二十二条 不能完全辨认自己行为的成年人为限制民事行为能力人,实施民事法律行为由其法定代理人代理或者经其法定代理人同意、追认;但是,可以独立实施纯获利益的民事法律行为或者与其智力、精神健康状况相适应的民事法律行为。

《公司法》

第十四条第一款 公司可以设立分公司。设立分公司,应当向公司登记机关申请登记,领取营业执照。分公司不具有法人资格,其民事责任由公司承担。

第五十八条 一个自然人只能投资设立一个一人有限责任公司。该一人有限责任公司不能投资设立新的一人有限责任公司。

《公务员法》

第五十九条　公务员应当遵纪守法，不得有下列行为：

……

（十六）违反有关规定从事或者参与营利性活动，在企业或者其他营利性组织中兼任职务；

……

《中共中央办公厅、国务院办公厅关于县以上党和国家机关退（离）休干部经商办企业问题的若干规定》

一、党和国家机关的退休干部，不得兴办商业性企业，不得到这类企业任职，不得在商品买卖中居间取酬，不得以任何形式参与倒卖生产资料和紧俏商品，不得向有关单位索要国家的物资，不得进行金融活动。

《中国人民解放军内务条令（试行）》

第一百零五条　军人不得经商，不得从事本职以外的其他职业和网络营销、传销、有偿中介活动，不得参与以营利为目的的文艺演出、商业广告、企业形象代言和教学活动，不得利用工作时间和办公设备从事证券期货交易、购买彩票，不得擅自提供军人肖像用于制作商品。

《教育部关于积极发展、规范管理高校科技产业的指导意见》

7. 高校除对高校资产公司进行投资外，不得再以事业单位法人的身份对外进行投资。高校以出资人身份向高校资产公司派出董事会和监事会成员，董事会和监事会依据《公司法》的规定行使相应职权。

《律师事务所管理办法》

第四十四条　律师事务所应当在法定业务范围内开展业务活动，不得以独资、与他人合资或者委托持股方式兴办企业，并委派律师担任企业法定代表人、总经理职务，不得从事与法律服务无关的其他经营性活动。

《国务院机关事务管理局关于印发〈中央行政事业单位国有资产管理暂行办法〉的通知》

第二十九条　各部门行政单位和参照公务员法管理的单位，不得将国有资产用于对外投资。其他事业单位应当严格控制对外投资，不得利用国家财政拨款、上级补助资金和维持事业正常发展的资产对外投资。

3 有限责任公司股东知情权包括哪些？如何行使股东知情权？

【律师解答】

有限责任公司股东知情权包括：

(1)查阅公司会计账簿；

(2)查阅、复制公司章程、股东会会议记录、董事会会议决议、监事会会议决议及财务会计报告。

股份有限公司股东知情权包括：

(1)查阅公司章程、股东名册、公司债券存根、股东大会会议记录、董事会会议决议、监事会会议决议、财务会计报告；

(2)对公司的经营提出建议或者质询。

股东要求查阅公司会计账簿的，应当向公司提出书面请求，说明目的。公司有合理根据认为股东查阅会计账簿有不正当目的，可能损害公司合法利益的，可以拒绝提供查阅，并应当自股东提出书面请求之日起15日内书面答复股东并说明理由。公司拒绝提供查阅的，股东可以请求人民法院要求公司提供查阅。

股东知情权系股东固有的权利，只要具备股东资格，就享有股东知情权。一般而言，丧失股东资格即丧失股东知情权，但丧失股东资格之后对于其持股期间的相关公司资料仍有知情权。

【参考依据】

《公司法》

第三十三条 （有限责任公司）股东有权查阅、复制公司章程、股东会会议记录、董事会会议决议、监事会会议决议和财务会计报告。

股东可以要求查阅公司会计账簿。股东要求查阅公司会计账簿的，应当向公司提出书面请求，说明目的。公司有合理根据认为股东查阅会计账簿有不正当目的，可能损害公司合法利益的，可以拒绝提供查阅，并应当自股东提出书面请求之日起十五日内书面答复股东并说明理由。公司拒绝提供查阅的，股东可以请求人民法院要求公司提供查阅。

第九十七条 （股份有限公司）股东有权查阅公司章程、股东名册、公司债券存根、股东大会会议记录、董事会会议决议、监事会会议决议、财务会计报告，对公司的经营提出建议或者质询。

《最高人民法院关于适用〈中华人民共和国公司法〉若干问题的规定(四)》

第七条 股东依据公司法第三十三条、第九十七条或者公司章程的规定,起诉请求查阅或者复制公司特定文件材料的,人民法院应当依法予以受理。

公司有证据证明前款规定的原告在起诉时不具有公司股东资格的,人民法院应当驳回起诉,但原告有初步证据证明在持股期间其合法权益受到损害,请求依法查阅或者复制其持股期间的公司特定文件材料的除外。

4 公司董事、高级管理人员履行职务损害公司利益,股东如何维权?

【律师解答】

(1)请求公司对失信董事、高管行使损害赔偿请求权。根据《公司法》第149条的规定,董事、监事、高级管理人员执行公司职务时违反法律、行政法规或者公司章程的规定,给公司造成损失的,应当承担赔偿责任。可见,公司对失信董事、高管享有损害赔偿请求权。因此,股东可以请求公司对失信董事、高管行使损害赔偿请求权。

(2)请求公司对失信董事、高管行使归入权。根据《公司法》第148条第2款的规定,董事、高管人员的失信所得收入归公司所有。因此,只要是董事、高管人员违反对公司的忠实义务,其取得的不法收入,均应当推定为公司的财产。所以,股东可以请求公司对失信董事、高管行使归入权。

(3)对失信董事、高管、监事提起股东代位诉讼。公司董事、监事、高级管理人员履行职务损害公司利益的,满足条件的股东(有限责任公司的任一股东、股份有限公司连续180日以上单独或者合计持有公司1%以上股份的股东)可以书面请求监事会或者不设监事会的有限责任公司的监事向人民法院提起诉讼,要求其承担赔偿责任。如果损害公司利益的是公司监事,那么前述股东可以书面请求董事会或者不设董事会的有限责任公司的执行董事向人民法院提起诉讼。出现以下情形,上述股东可以直接以自己的名义向人民法院提起诉讼:监事会、不设监事会的有限责任公司的监事,或者董事会、执行董事收到前款规定的股东书面请求后拒绝提起诉讼,或者自收到请求之日起30日内未提起诉讼,或者情况紧急、不立即提起诉讼将会使公司利益受到难以弥补的损害的，前款规定的股东有权为了公司的利益以自己的名义直接向人民法院提起诉讼。

(4)对失信董事、高管提起损害赔偿之诉。《公司法》第152条规定，董事、高级管理人员违反法律、行政法规或者公司章程的规定，损害股东利益的，股东可以向人民法院提起诉讼。可见，股东在自身权益受到董事、高管违法违章的行为侵害时，具有对失信董事、高管提起诉讼的权利。

【参考依据】

《公司法》

第一百四十八条 董事、高级管理人员不得有下列行为：

(一)挪用公司资金；

(二)将公司资金以其个人名义或者以其他个人名义开立账户存储；

(三)违反公司章程的规定，未经股东会、股东大会或者董事会同意，将公司资金借贷给他人或者以公司财产为他人提供担保；

(四)违反公司章程的规定或者未经股东会、股东大会同意，与本公司订立合同或者进行交易；

(五)未经股东会或者股东大会同意，利用职务便利为自己或者他人谋取属于公司的商业机会，自营或者为他人经营与所任职公司同类的业务；

(六)接受他人与公司交易的佣金归为己有；

(七)擅自披露公司秘密；

(八)违反对公司忠实义务的其他行为。

董事、高级管理人员违反前款规定所得的收入应当归公司所有。

第一百四十九条 董事、监事、高级管理人员执行公司职务时违反法律、行政法规或者公司章程的规定，给公司造成损失的，应当承担赔偿责任。

第一百五十一条 董事、高级管理人员有本法第一百四十九条规定的情形的，有限责任公司的股东、股份有限公司连续一百八十日以上单独或者合计持有公司百分之一以上股份的股东，可以书面请求监事会或者不设监事会的有限责任公司的监事向人民法院提起诉讼；监事有本法第一百四十九条规定的情形的，前述股东可以书面请求董事会或者不设董事会的有限责任公司的执行董事向人民法院提起诉讼。

监事会、不设监事会的有限责任公司的监事，或者董事会、执行董事收到前款规定的股东书面请求后拒绝提起诉讼，或者自收到请求之日起三十日内未提起诉讼，或者情况紧急、不立即提起诉讼将会使公司利益受到难以弥补的损害的，前款规定的股东有权为了公司的利益以自己的名义直接向人民法院提起诉讼。

他人侵犯公司合法权益，给公司造成损失的，本条第一款规定的股东可以依照前两款的规定向人民法院提起诉讼。

第一百五十二条 董事、高级管理人员违反法律、行政法规或者公司章程的规定，损害股东利益的，股东可以向人民法院提起诉讼。

5 股东是否一定要按照出资比例分红？

【律师解答】

不一定。股东可以在章程中约定不按照实缴出资比例分红，没有特殊约定或约定不明的，按照实缴出资比例（有限责任公司）或所持股份比例（股份有限公司）分红。如果公司出现亏损时，不得给公司股东分红。

【参考依据】

《公司法》

第三十四条 股东按照实缴的出资比例分取红利；公司新增资本时，股东有权优先按照实缴的出资比例认缴出资。但是，全体股东约定不按照出资比例分取红利或者不按照出资比例优先认缴出资的除外。

第一百六十六条 公司分配当年税后利润时，应当提取利润的百分之十列入公司法定公积金。公司法定公积金累计额为公司注册资本的百分之五十以上的，可以不再提取。

公司的法定公积金不足以弥补以前年度亏损的，在依照前款规定提取法定公积金之前，应当先用当年利润弥补亏损。

公司从税后利润中提取法定公积金后，经股东会或者股东大会决议，还可以从税后利润中提取任意公积金。

公司弥补亏损和提取公积金后所余税后利润，有限责任公司依照本法第三十四条的规定分配；股份有限公司按照股东持有的股份比例分配，但股份有限公司章程规定不按持股比例分配的除外。

股东会、股东大会或者董事会违反前款规定，在公司弥补亏损和提取法定公积金之前向股东分配利润的，股东必须将违反规定分配的利润退还公司。

公司持有的本公司股份不得分配利润。

6 公司与股东约定固定分红是否有效？

【律师解答】

在实践中，公司如果与股东约定股东不承担风险而获得固定的收益，且损害公司或债权人利益的，该固定分红的约定应认定为无效。在投资关系中，投资收益的大小取决于公司的运营效益状况，股东有权根据股权比例或投资份额获取相应的公司利润，但公司利润是否分配、分配多少往往是不固定的。投资关系中盈利越高，投资人收益越高，亏损越多，投资人分担亏损也越多。如果公司与股东约定固定分红，脱离了公司的经营业绩，使股东本应当承担的风险被不合理的降低或免除，损害公司的利益。并且固定分红的约定规避了《公司法》对于利益分配的限制性规定，存在损害公司债权人利益的风险，违反了《公司法》第20条，该约定应认定为无效。股东因该合同获得的财产，应当予以返还。

总之，约定固定收益的协议是否有效关键看是否损害了公司或债权人的利益，如果损害了公司或者债权人的利益，一般无效；反之，一般有效。

【参考依据】

《公司法》

第二十条　公司股东应当遵守法律、行政法规和公司章程，依法行使股东权利，不得滥用股东权利损害公司或者其他股东的利益；不得滥用公司法人独立地位和股东有限责任损害公司债权人的利益。

公司股东滥用股东权利给公司或者其他股东造成损失的，应当依法承担赔偿责任。

公司股东滥用公司法人独立地位和股东有限责任，逃避债务，严重损害公司债权人利益的，应当对公司债务承担连带责任。

第三十四条 股东按照实缴的出资比例分取红利;公司新增资本时,股东有权优先按照实缴的出资比例认缴出资。但是,全体股东约定不按照出资比例分取红利或者不按照出资比例优先认缴出资的除外。

《民法典》

第一百五十三条 违反法律、行政法规的强制性规定的民事法律行为无效。但是,该强制性规定不导致该民事法律行为无效的除外。

违背公序良俗的民事法律行为无效。

第一百五十四条 行为人与相对人恶意串通,损害他人合法权益的民事法律行为无效。

【参考案例】

安徽省根源光大节能建材有限公司(以下简称安徽根源公司)与平湖根源光大节能建材有限公司(以下简称平湖根源公司)合同纠纷案

审理法院:浙江省高级人民法院

案号:(2015)浙商提字第29号

裁判要旨:依据《公司法》的立法精神及规定,股东以其认缴的出资额或认购的股份为限对公司承担责任,包括对公司经营面临的风险所应承担的责任。安徽根源公司系平湖根源公司的股东,其与平湖根源公司之间订立的协议书,是股东与公司之间订立的合同。协议书第1条约定,平湖根源公司保证2012年12月前,年产300万平方米项目设备必须全部到位,2012年12月12日正式投产,若平湖根源公司无法按时实现上述目标,需向其股东安徽根源公司承担相应的赔偿责任。这一约定,使安徽根源公司在平湖根源公司面临经营不善的情况时,可以从平湖根源公司处获得补偿,该补偿的实质是安徽根源公司所取得的固定收益,该收益脱离了平湖根源公司的经营业绩,使安徽根源公司作为股东本应对平湖根源公司的经营承担的风险被不合理的降低或免除,损害了平湖根源公司的利益。再者,根据《公司法》的规定,股东分配利润需满足一定的条件,公司当年的税后利润,在弥补亏损,提取法定公积金,并选择性提取任意公积金后,方可进行利润分配,协议书就平湖根源公司需承担违约责任的约定,使安徽根源公司作为股东,规避了《公司法》对于利润分配的限制性规定,而取得固定回报,该行为同时也会损害公司债权人的利益。因此,协议书第1条关于平湖根源公司承担违约责任的约定,属于安徽根源公司滥用股东权利损害公司、公司债权人利益的行为,违反了《公司法》第20条、第

167 条的规定，该项约定应认定为无效。由于该项约定无效，安徽根源公司要求平湖根源公司承担相应的赔偿责任，无法律依据，其诉讼请求应予驳回。

7 股东与股东之间约定固定分红是否有效？

【律师解答】

在实践中主要有以下两种观点：

第一种观点认为，股东与股东之间约定固定分红协议，双方很有可能形成名为投资、实为借贷的法律关系。如果约定某股东无论公司盈亏，都将获得固定收益，这意味着风险全部由其他股东来承担，有违公平；且“固定分红”无视公司经营的基本情况，违反了共负盈亏、共担风险的公司法基本原则，因此股东与股东之间约定固定分红协议，实际上形成的应当是借贷关系。双方之间按照民间借贷关系处理。值得一提的是，该观点源于 1990 年《最高人民法院关于审理联营合同纠纷案件若干问题的解答》，该解答虽然在 2020 年年底被废止，但其长期施行，司法实践影响巨大，有广泛的认定和支持基础。

第二种观点认为，股东与股东之间约定固定分红协议系股东之间在自愿基础上对公司治理和自身利益作出的安排，该固定报酬的给付主体是作为股东的投资人，而非目标公司，故其给付应与目标公司盈亏无关，且内容未违反法律、行政法规的禁止性规定，应为有效协议。

目前第二种观点为主流，即判定股东与股东之间约定固定分红的协议是否有效，关键看分红支付是否涉及公司资产、是否损害公司和债权人的利益，如果损害，一般无效；反之，则一般有效。

【参考依据】

《公司法》

第二十条 公司股东应当遵守法律、行政法规和公司章程，依法行使股东权利，不得滥用股东权利损害公司或者其他股东的利益；不得滥用公司法人独立地位和股东有限责任损害公司债权人的利益。

公司股东滥用股东权利给公司或者其他股东造成损失的，应当依法承担赔偿责任。

公司股东滥用公司法人独立地位和股东有限责任，逃避债务，严重损害公司债权人利益的，应当对公司债务承担连带责任。

第三十四条 股东按照实缴的出资比例分取红利；公司新增资本时，股东有权优先按照实缴的出资比例认缴出资。但是，全体股东约定不按照出资比例分取红利或者不按照出资比例优先认缴出资的除外。

《民法典》

第一百四十六条 行为人与相对人以虚假的意思表示实施的民事法律行为无效。

以虚假的意思表示隐藏的民事法律行为的效力，依照有关法律规定处理。

第一百五十三条 违反法律、行政法规的强制性规定的民事法律行为无效。但是，该强制性规定不导致该民事法律行为无效的除外。

违背公序良俗的民事法律行为无效。

第一百五十四条 行为人与相对人恶意串通，损害他人合法权益的民事法律行为无效。

【参考案例】

山西华润联盛能源投资有限公司(以下简称华润联盛公司)、山西中阳余锦煤业有限公司合同纠纷案

审理法院：最高人民法院

案号：(2018)最高法民申40号

2009年6月19日，华润联盛公司(投资人)与高某(原股东)、张某(原股东)及第三人中阳余锦公司(目标公司)签订关于目标公司的《股权转让协议书》及《托管协议书》各一份，约定高某、张某作为原股东将目标公司70%的股权转让给华润联盛公司，同时通过《托管协议》将剩余30%股权"托管"给华润联盛公司；托管期间，华润联盛公司享有对目标公司完全自主经营和管理权，高某和张某则享有每年4万吨原煤的固定收益。协议签订后，华润联盛公司全面接管目标公司，但其仅支付了第一年的固定收益，原股东遂起诉索要托管期间的固定收益。一审法院判令支持，二审山西省高院认为：《托管协议书》系各方真实意思表示，内容亦未违反法律、行政法规的禁止性规定，应为有效协议。托管行为是各股东对于目标公司治理方式的约定，该约定系股东之间在自愿基础上对公司治理和自身利益作出的安排，该固定报酬的给付主体是作为股东的投资人，而非目标公司，故其给付应与目标公司盈亏无关,原审法院判决正确,维持原判。华润联盛公司申请再审。最高人民法院认为,"固定收益条款"既没有损害他人利益,也没有违反法律行政法规的强制性规定;且该固定收益并非公司支付,而是由股东支付,并未违反《公司法》的规定,因此驳回再审申请。

8 股东是否一定要按照出资比例行使表决权?

【律师解答】

有限公司股东可以在章程中约定不按照出资比例行使表决权;没有约定的或者约定不明的,按照出资比例行使表决权。

股份有限公司的股东表决权不可约定,股东所持每一股份有一表决权。需注意的是,公司持有的本公司股份没有表决权。

【参考依据】

《公司法》

第四十二条 (有限责任公司)股东会会议由股东按照出资比例行使表决权;但是,公司章程另有规定的除外。

第一百零三条第一款 (股份有限公司)股东出席股东大会会议,所持每一股份有一表决权。但是,公司持有的本公司股份没有表决权。

9 在公司不能清偿负债的情况下,债权人是否可以追究股东的责任?

【律师解答】

原则上,公司法人人格独立,公司以其财产独立的享有民事权利、承担民事义务。因此,公司负债,债权人只能起诉、执行公司,而无法溯及其股东。但是在符合一定条件的情况下,债权人可以追究股东的责任。具体情况如下:

(1)股东出资不实,承担补充赔偿责任。公司债权人可以请求未履行或者未全面履行出资义务的股东在未出资本息范围内对公司债务不能清偿的部分承担补充赔偿责任。

(2)股东抽逃出资,承担补充赔偿责任。公司债权人可以请求抽逃出资的股东在抽逃出资本息范围内对公司债务不能清偿的部分承担补充赔偿责任。协助抽逃出资的其他股东、董事、高级管理人员或者实际控制人对此承担连带责任。

(3)一人公司,股东与公司财产混同,承担连带责任。一人有限责任公司的股东如果不能证明公司财产独立于股东自己的财产的,应当对公司债务承担连带责任。

(4)公司未清算即注销,股东承担清偿责任。公司未经清算即办理注销登记,导致公司无法进行清算,债权人有权主张有限责任公司的股东、股份有限公司的股东和控股股东,以及公司的实际控制人对公司债务承担清偿责任。公司未经清算即办理注销登记,股东在公司登记机关办理注销登记时承诺对公司债务承担责任,债权人有权主张该股东对公司债务承担相应的民事责任。

(5)股东出资加速到期。在公司破产、公司清算、公司作为被执行人已具备破产原因但不申请破产、公司负债后延长股东出资期限这四种情况下,公司债权人可以要求未届出资期限的股东出资加速到期,以其出资额为限对公司债务承担责任。

(6)股东与公司人格混同,对公司债务承担连带清偿责任。公司股东滥用公司法人独立地位和股东有限责任,逃避债务,严重损害公司债权人利益的,应当对公司债务承担连带责任。

【参考依据】

《公司法》

第二十条 公司股东应当遵守法律、行政法规和公司章程,依法行使股东权利,不得滥用股东权利损害公司或者其他股东的利益;不得滥用公司法人独立地位和股东有限责任损害公司债权人的利益。

公司股东滥用股东权利给公司或者其他股东造成损失的,应当依法承担赔偿责任。

公司股东滥用公司法人独立地位和股东有限责任,逃避债务,严重损害公司债权人利益的,应当对公司债务承担连带责任。

第六十三条 一人有限责任公司的股东不能证明公司财产独立于股东自己的财产的,应当对公司债务承担连带责任。

《最高人民法院关于适用〈中华人民共和国公司法〉若干问题的规定(二)》

第二十条 公司解散应当在依法清算完毕后,申请办理注销登记。公司未经清算即办理注销登记,导致公司无法进行清算,债权人主张有限责任公司的股东、股份有限公司的董事和控股股东,以及公司的实际控制人对公司债务承担清偿责任的,人民法院应依法予以支持。

公司未经依法清算即办理注销登记,股东或者第三人在公司登记机关办理注销登记时承诺对公司债务承担责任,债权人主张其对公司债务承担相应民事责任的,人民法院应依法予以支持。

第二十二条 公司解散时,股东尚未缴纳的出资均应作为清算财产。股东尚未缴纳的出资,包括到期应缴未缴的出资,以及依照公司法第二十六条和第八十条的规定分期缴纳尚未届满缴纳期限的出资。

公司财产不足以清偿债务时,债权人主张未缴出资股东,以及公司设立时的其他股东或者发起人在未缴出资范围内对公司债务承担连带清偿责任的,人民法院应依法予以支持。

《最高人民法院关于适用〈中华人民共和国公司法〉若干问题的规定(三)》

第十三条 股东未履行或者未全面履行出资义务,公司或者其他股东请求其向公司依法全面履行出资义务的,人民法院应予支持。

公司债权人请求未履行或者未全面履行出资义务的股东在未出资本息范围内对公司债务不能清偿的部分承担补充赔偿责任的,人民法院应予支持;未履行或者未全面履行出资义务的股东已经承担上述责任,其他债权人提出相同请求的,人民法院不予支持。

股东在公司设立时未履行或者未全面履行出资义务,依照本条第一款或者第二款提起诉讼的原告,请求公司的发起人与被告股东承担连带责任的,人民法院应予支持;公司的发起人承担责任后,可以向被告股东追偿。

股东在公司增资时未履行或者未全面履行出资义务,依照本条第一款或者第二款提起诉讼的原告,请求未尽公司法第一百四十七条第一款规定的义务而使出资未缴足的董事、高级管理人员承担相应责任的,人民法院应予支持;董事、高级管理人员承担责任后,可以向被告股东追偿。

第十四条 股东抽逃出资,公司或者其他股东请求其向公司返还出资本息、协助抽逃出资的其他股东、董事、高级管理人员或者实际控制人对此承担连带责任的，人民法院应予支持。

公司债权人请求抽逃出资的股东在抽逃出资本息范围内对公司债务不能清偿的部分承担补充赔偿责任、协助抽逃出资的其他股东、董事、高级管理人员或者实际控制人对此承担连带责任的，人民法院应予支持；抽逃出资的股东已经承担上述责任，其他债权人提出相同请求的，人民法院不予支持。

《企业破产法》

第三十五条 人民法院受理破产申请后，债务人的出资人尚未完全履行出资义务的，管理人应当要求该出资人缴纳所认缴的出资，而不受出资期限的限制。

《最高人民法院关于印发〈全国法院民商事审判工作会议纪要〉的通知》

6.【股东出资应否加速到期】在注册资本认缴制下，股东依法享有期限利益。债权人以公司不能清偿到期债务为由，请求未届出资期限的股东在未出资范围内对公司不能清偿的债务承担补充赔偿责任的，人民法院不予支持。但是，下列情形除外：

（1）公司作为被执行人的案件，人民法院穷尽执行措施无财产可供执行，已具备破产原因，但不申请破产的；

（2）在公司债务产生后，公司股东（大）会决议或以其他方式延长股东出资期限的。

10 主张债权时发现公司已注销，债权人能否向原股东追索？

【律师解答】

根据法律相关规定，公司注销前须经依法清算，成立清算组后应通知债权人进行债权申报。若债权人未能收到债权申报的通知，在以下不同情形下债权人可以向相关责任人进行追索：

（1）清算组未按照规定履行通知和公告义务，导致债权人未及时申报债权而未获清偿的情形下，债权人可以要求清算组承担赔偿责任。

（2）公司未经清算即办理注销登记导致公司无法进行清算，或者未经依法清算，以虚假的清算报告骗取公司登记机关办理法人注销登记，或者在公司解散后恶意处置公司财产给债权人造成损失的情形下，债权人可以主张有限责任公司的股东、股份有限公司的董事和控股股东以及公司的实际控制人对公司债务承担相应赔偿责任。

(3)公司未经依法清算即办理注销登记,但股东或者第三人在公司登记机关办理注销登记时承诺对公司债务承担责任的,债权人可以向其主张债权。

【参考依据】

《公司法》

第一百八十三条 公司因本法第一百八十条第(一)项、第(二)项、第(四)项、第(五)项规定而解散的,应当在解散事由出现之日起十五日内成立清算组,开始清算。有限责任公司的清算组由股东组成,股份有限公司的清算组由董事或者股东大会确定的人员组成。逾期不成立清算组进行清算的,债权人可以申请人民法院指定有关人员组成清算组进行清算。人民法院应当受理该申请,并及时组织清算组进行清算。

第一百八十五条第一款 清算组应当自成立之日起十日内通知债权人,并于六十日内在报纸上公告。债权人应当自接到通知书之日起三十日内,未接到通知书的自公告之日起四十五日内,向清算组申报其债权。

《最高人民法院关于适用〈中华人民共和国公司法〉若干问题的规定(二)》

第十一条 公司清算时,清算组应当按照公司法第一百八十五条的规定,将公司解散清算事宜书面通知全体已知债权人,并根据公司规模和营业地域范围在全国或者公司注册登记地省级有影响的报纸上进行公告。

清算组未按照前款规定履行通知和公告义务,导致债权人未及时申报债权而未获清偿,债权人主张清算组成员对因此造成的损失承担赔偿责任的,人民法院应依法予以支持。

第十九条 有限责任公司的股东、股份有限公司的董事和控股股东,以及公司的实际控制人在公司解散后,恶意处置公司财产给债权人造成损失,或者未经依法清算,以虚假的清算报告骗取公司登记机关办理法人注销登记,债权人主张其对公司债务承担相应赔偿责任的,人民法院应依法予以支持。

第二十条 公司解散应当在依法清算完毕后,申请办理注销登记。公司未经清算即办理注销登记,导致公司无法进行清算,债权人主张有限责任公司的股东、股份有限公司的董事和控股股东,以及公司的实际控制人对公司债务承担清偿责任的,人民法院应依法予以支持。

公司未经依法清算即办理注销登记，股东或者第三人在公司登记机关办理注销登记时承诺对公司债务承担责任，债权人主张其对公司债务承担相应民事责任的，人民法院应依法予以支持。

11 公司股权能否被继承？未成年人可以继承股权吗？

【律师解答】

股权继承问题以全体股东约定或者章程规定为准；如无特殊约定，则可以被合法继承人继承，且其他股东没有优先购买权。即使是未成年人，也可以继承公司股权，相关股东权利由法定代理人代为行使。

【参考依据】

《民法典》

第一百二十四条 自然人依法享有继承权。

自然人合法的私有财产，可以依法继承。

第一千一百二十三条 继承开始后，按照法定继承办理；有遗嘱的，按照遗嘱继承或者遗赠办理；有遗赠扶养协议的，按照协议办理。

《公司法》

第七十五条 自然人股东死亡后，其合法继承人可以继承股东资格；但是，公司章程另有规定的除外。

《最高人民法院关于适用〈中华人民共和国公司法〉若干问题的规定(四)》

第十六条 有限责任公司的自然人股东因继承发生变化时，其他股东主张依据公司法第七十一条第三款规定行使优先购买权的，人民法院不予支持，但公司章程另有规定或者全体股东另有约定的除外。

《国家工商行政管理总局关于未成年人能否成为公司股东问题的答复》

《公司法》对未成年人能否成为公司股东没有作出限制性规定。因此，未成年人可以成为公司股东，其股东权利可以由法定代理人代为行使。

12 有限责任公司股东未完全履行出资义务即转让股权，出资义务由谁承担？

【律师解答】

有限责任公司的股东未履行或者未全面履行出资义务即转让股权，受让人对此知道或者应当知道，公司请求该股东履行出资义务、受让人对此承担连带责任的，人民法院应予支持；公司债权人向该股东提起诉讼，同时请求前述受让人对此承担连带责任的，人民法院应予支持。

受让人承担责任后，向该未履行或者未全面履行出资义务的股东追偿的，人民法院应予支持。但是，当事人另有约定的除外。

【参考依据】

《最高人民法院关于适用〈中华人民共和国公司法〉若干问题的规定（三）》

第十三条第二款 公司债权人请求未履行或者未全面履行出资义务的股东在未出资本息范围内对公司债务不能清偿的部分承担补充赔偿责任的，人民法院应予支持；未履行或者未全面履行出资义务的股东已经承担上述责任，其他债权人提出相同请求的，人民法院不予支持。

第十八条 有限责任公司的股东未履行或者未全面履行出资义务即转让股权，受让人对此知道或者应当知道，公司请求该股东履行出资义务、受让人对此承担连带责任的，人民法院应予支持；公司债权人依照本规定第十三条第二款向该股东提起诉讼，同时请求前述受让人对此承担连带责任的，人民法院应予支持。

受让人根据前款规定承担责任后，向该未履行或者未全面履行出资义务的股东追偿的，人民法院应予支持。但是，当事人另有约定的除外。

13 公司个别股东未履行出资义务或抽逃出资的，其余股东或公司应如何维权？

【律师解答】

针对个别股东未按章程规定履行出资义务，公司或其余股东可以通过以下途径进行维权：

(1)公司或其余股东可以向其催告缴纳。

(2)公司可以根据公司章程或者股东会决议对其利润分配请求权、新股优先认购权、剩余财产分配请求权等股东权利作出相应的合理限制。如果公司章程没有规定，可以召开股东会，作出权利限制的决议。

(3)可以通过公司股东会决议形式解除该股东的股东资格。

(4)还可以通过起诉方式追究其违约责任。

针对公司个别股东抽逃出资，公司或其他股东可以通过以下程序进行维权：

(1)催告要求其返还。

(2)公司可以根据公司章程的规定对其进行权利限制，如不分或少分利润，减少或者取消新股优先认购权，不分或少分剩余财产等权利。如果公司章程没有规定的，可以召开股东会，作出权利限制的决议。

(3)可以通过公司股东会决议形式解除该股东的股东资格。

(4)可以向人民法院起诉要求其返还出资本息，并可要求协助抽逃出资的其他股东、董事、高级管理人员或者实际控制人对此承担连带责任。抽逃出资情节严重的还可能涉及虚假出资、抽逃出资罪，需承担刑事责任。

鉴于此，建议在起草公司章程时，应当将限制未履行出资义务或者抽逃出资股东权利的条款写进公司章程。这样做一是可以限制其在股东会的投票权，这从根本上缩小了该类股东对公司运营的影响，权利义务实现了统一；二是启用救济手段时，公司无须召开股东会，可以直接根据公司章程限制未履行出资义务或者抽逃出资股东的权利。

【参考依据】

《最高人民法院关于适用〈中华人民共和国公司法〉若干问题的规定(三)》

第十三条　股东未履行或者未全面履行出资义务，公司或者其他股东请求其向公司依法全面履行出资义务的，人民法院应予支持。

公司债权人请求未履行或者未全面履行出资义务的股东在未出资本息范围内对公司债务不能清偿的部分承担补充赔偿责任的，人民法院应予支持；未履行或者未全面履行出资义务的股东已经承担上述责任，其他债权人提出相同请求的，人民法院不予支持。

股东在公司设立时未履行或者未全面履行出资义务，依照本条第一款或者第二款提起诉讼的原告,请求公司的发起人与被告股东承担连带责任的,人民法院应予支持;公司的发起人承担责任后,可以向被告股东追偿。

股东在公司增资时未履行或者未全面履行出资义务,依照本条第一款或者第二款提起诉讼的原告,请求未尽公司法第一百四十七条第一款规定的义务而使出资未缴足的董事、高级管理人员承担相应责任的,人民法院应予支持;董事、高级管理人员承担责任后,可以向被告股东追偿。

第十四条第一款 股东抽逃出资,公司或者其他股东请求其向公司返还出资本息、协助抽逃出资的其他股东、董事、高级管理人员或者实际控制人对此承担连带责任的,人民法院应予支持。

第十六条 股东未履行或者未全面履行出资义务或者抽逃出资,公司根据公司章程或者股东会决议对其利润分配请求权、新股优先认购权、剩余财产分配请求权等股东权利作出相应的合理限制,该股东请求认定该限制无效的,人民法院不予支持。

第十七条 有限责任公司的股东未履行出资义务或者抽逃全部出资,经公司催告缴纳或者返还,其在合理期间内仍未缴纳或者返还出资,公司以股东会决议解除该股东的股东资格,该股东请求确认该解除行为无效的,人民法院不予支持。

在前款规定的情形下,人民法院在判决时应当释明,公司应当及时办理法定减资程序或者由其他股东或者第三人缴纳相应的出资。在办理法定减资程序或者其他股东或者第三人缴纳相应的出资之前,公司债权人依照本规定第十三条或者第十四条请求相关当事人承担相应责任的,人民法院应予支持。

《刑法》

第一百五十九条 公司发起人、股东违反公司法的规定未交付货币、实物或者未转移财产权,虚假出资,或者在公司成立后又抽逃其出资,数额巨大、后果严重或者有其他严重情节的,处五年以下有期徒刑或者拘役,并处或者单处虚假出资金额或者抽逃出资金额百分之二以上百分之十以下罚金。

单位犯前款罪的,对单位判处罚金,并对其直接负责的主管人员和其他直接责任人员,处五年以下有期徒刑或者拘役。

14 公司长期不分配利润，小股东如何保障自己的分红权？

【律师解答】

在这种情况下，小股东可通过以下方式逐步行使自己的权利：

(1)首先小股东应积极行使自己的查账权，通过查阅公司的财务账簿了解公司真实的财务状况。

(2)若公司有盈利，可要求公司召开股东会，要求对公司提交载明具体分配方案的股东会决议；若公司拒绝按照决议内容向股东分配利润且无法提供不执行决议的合理抗辩理由，小股东可以向法院起诉要求公司强制分红。

(3)若股东已经先行对公司不予分配利润的决议提出异议，且能够举证证明公司连续5年盈利不分红，股东还可以要求公司按照合理价格回购自己的股权。

(4)若发现公司经营管理发生严重困难，通过其他途径仍不可能解决的，持有公司表决权10%以上的股东可以请求人民法院解散公司。

【参考依据】

《公司法》

第二十条第二款 公司股东滥用股东权利给公司或者其他股东造成损失的，应当依法承担赔偿责任。

第七十四条 有下列情形之一的，对股东会该项决议投反对票的股东可以请求公司按照合理的价格收购其股权：

(一)公司连续五年不向股东分配利润，而公司该五年连续盈利，并且符合本法规定的分配利润条件的；

……

自股东会会议决议通过之日起六十日内，股东与公司不能达成股权收购协议的，股东可以自股东会会议决议通过之日起九十日内向人民法院提起诉讼。

第一百八十二条 公司经营管理发生严重困难，继续存续会使股东利益受到重大损失，通过其他途径不能解决的，持有公司全部股东表决权百分之十以上的股东，可以请求人民法院解散公司。

《最高人民法院关于适用〈中华人民共和国公司法〉若干问题的规定(四)》

第十三条第一款 股东请求公司分配利润案件，应当列公司为被告。

第十四条 股东提交载明具体分配方案的股东会或者股东大会的有效决议，请求公司分配利润，公司拒绝分配利润且其关于无法执行决议的抗辩理由不成立的，人民法院应当判决公司按照决议载明的具体分配方案向股东分配利润。

第十五条 股东未提交载明具体分配方案的股东会或者股东大会决议，请求公司分配利润的，人民法院应当驳回其诉讼请求，但违反法律规定滥用股东权利导致公司不分配利润，给其他股东造成损失的除外。

15 隐名股东有哪些法律风险？

【律师解答】

实践中，一些隐名股东出资设立公司或认购公司股份，但基于某些原因或目的在公司的章程、股东名册及工商登记材料中却不以其本名记载，只体现名义股东。通常情况下，名义股东与隐名股东签署《代持股协议》，对代持关系进行约定。但由于隐名股东未在行政管理机构备案，导致实践中存在以下法律风险：

（1）名义股东滥用股东权利。若名义股东在未得到隐名股东许可的情况下，擅自行使使用股东资产收益、参与重大决策、选择管理者及分配公司剩余财产等权利，可能对公司经营产生不利影响。

（2）名义股东拒不转交投资收益。通常情况下，隐名股东投资的目的是获得一定的投资收益。在公司效益向好、年终可分配利润增加的情况下，名义股东可能拒绝转交投资收益的义务，而将收益占为己有。

（3）名义股东擅自转让股权。若名义股东未经隐名股东同意将股权转让，根据“善意取得”的规定，该转让行为往往被认定为有效，隐名股东不能基于其为实际投资人而否认股权转让协议并追回其股权，只能基于所签订代持股协议向名义股东主张债权。

（4）名义股东因个人债务原因，导致代持股权被作为其个人财产进行保全、强制执行或分割。在实践中，名义股东可能会因个人债务被债权人起诉，使登记在其名下的代持股权成为被人民法院保全或强制执行的标的物。在此情形下，虽然隐名股东可以以其对该股权实际享有权利为由提出执行异议，但异议程序烦琐，且存在因证据材料不足被法院驳回的风险。

(5)名义股东离婚或死亡时,代持股权存在被分割或继承的风险。名义股东对外为合法的股权持有人,若股权代持行为发生在其婚姻关系存续期间,则名义股东离婚时其名下的代持股权就可能成为被分割的财产之一,此时的隐名股东如果不能采取有效措施,很可能导致自己的财产被他人分割。此外,名义股东如果死亡,还存在隐名股东的股权被名义股东的合法继承人所继承的风险。

(6)隐名股东不能显名化的风险。隐名股东的显名化实际上是名义股东将其代持股权转让并变更登记在隐名股东名下的行为。依据《最高人民法院关于适用〈中华人民共和国公司法〉若干问题的规定(三)》的规定,隐名股东显名化,首先须确保其所签订的代持股协议不存在合同无效的法定情形,如是无民事行为能力人订立的代持股协议、是行为人与相对人以虚拟的意思表示或者恶意串通订立的代持股协议、代持股协议违法的或者代持股协议违背公序良俗的。其次,为了维护有限责任公司的人合属性,隐名股东想要显名化,还需通过半数以上公司其他股东同意,这样的规定无疑使隐名股东的显名化存在一定困难。

【参考依据】

《最高人民法院关于适用〈中华人民共和国公司法〉若干问题的规定(三)》

第二十四条 有限责任公司的实际出资人与名义出资人订立合同,约定由实际出资人出资并享有投资权益,以名义出资人为名义股东,实际出资人与名义股东对该合同效力发生争议的,如无法律规定的无效情形,人民法院应当认定该合同有效。

前款规定的实际出资人与名义股东因投资权益的归属发生争议,实际出资人以其实际履行了出资义务为由向名义股东主张权利的,人民法院应予支持。名义股东以公司股东名册记载、公司登记机关登记为由否认实际出资人权利的,人民法院不予支持。

实际出资人未经公司其他股东半数以上同意,请求公司变更股东、签发出资证明书、记载于股东名册、记载于公司章程并办理公司登记机关登记的,人民法院不予支持。

16 代持股关系中，如何保障隐名股东权益？

【律师解答】

代持股，是指实际出资人与他人约定，以他人名义代实际出资人履行股东权利义务的一种方式。一般而言，为保障隐名股东权益，建议隐名股东与名义股东签订代持股协议。建议在协议中明确以下内容：

(1)明确隐名股东的出资情况。

(2)明确隐名股东与名义股东各自的权利义务关系，如确认隐名股东对公司享有实际的股东权利并有权获得相应的投资收益；名义股东不享有任何收益权或处置权；隐名股东有权随时解除代持股协议，将股权转移登记至自己名下等。

(3)明确对名义股东的限制条款，如不得未经委托人同意擅自处置股权，包括但不限于转让、赠与、质押，否则承担严重的违约责任。

(4)明确名义股东行使权利的授权手续。若隐名股东拟实际参与公司决策管理，需提前在代持股协议中约定名义股东在行使股东表决权时应提前取得隐名股东书面授权，未经授权不得行使表决权。

(5)将股权办理质押登记，委托人或指定的第三人成为股权质权人，这样未经质权人同意，名义股东将无法转让、质押、赠与或办理任何变更登记手续。

另外，在履行代持股协议的过程中，隐名股东可以通过股东会决议、公司章程修正案等方式确认或公司向隐名股东签发加盖公章的出资证明书、股东名册等方式取得公司或公司其他股东认可其为真正股东的证明。隐名股东还应注意保留参与公司决策管理的书面文件（章程、议案、通知、决议、委托书等）。

【参考依据】

《最高人民法院关于适用〈中华人民共和国公司法〉若干问题的规定（三）》

第二十四条　有限责任公司的实际出资人与名义出资人订立合同，约定由实际出资人出资并享有投资权益，以名义出资人为名义股东，实际出资人与名义股东对该合同效力发生争议的，如无法律规定的无效情形，人民法院应当认定该合同有效。

前款规定的实际出资人与名义股东因投资权益的归属发生争议，实际出资人以其实际履行了出资义务为由向名义股东主张权利的，人民法院应予支持。名义股东以公司股东名册记载、公司登记机关登记为由否认实际出资人权利的，人民法院不予支持。

实际出资人未经公司其他股东半数以上同意，请求公司变更股东、签发出资证明书、记载于股东名册、记载于公司章程并办理公司登记机关登记的，人民法院不予支持。

17 名义股东私自对外转让股权是否有效？

【律师解答】

名义股东不享有真正的股东权利，只是取代隐名股东持股，公司收益归隐名股东所有。名义股东转让股权需要经过隐名股东同意，擅自转让股权行为为无权处分。因此，名义股东私自对外转让股权原则上是无效或效力待定的，但若符合受让人善意取得的构成要件，即转让人无权处分、受让人善意、股权转让价格合理、完成股权变更登记，则该转让行为有效。隐名股东仅有权追究名义股东的赔偿责任，即隐名股东可以提起合同之诉或者侵权之诉，要求名义股东按照股权的实际价值赔偿损失，如果转让股权的价值高于实际价值，可以主张返还不当得利。

【参考依据】

《民法典》

第三百一十一条　无处分权人将不动产或者动产转让给受让人的，所有权人有权追回；除法律另有规定外，符合下列情形的，受让人取得该不动产或者动产的所有权：

（一）受让人受让该不动产或者动产时是善意；

（二）以合理的价格转让；

（三）转让的不动产或者动产依照法律规定应当登记的已经登记，不需要登记的已经交付给受让人。

受让人依据前款规定取得不动产或者动产的所有权的，原所有权人有权向无处分权人请求损害赔偿。

当事人善意取得其他物权的，参照适用前两款规定。

《最高人民法院关于适用〈中华人民共和国公司法〉若干问题的规定(三)》

第二十五条 名义股东将登记于其名下的股权转让、质押或者以其他方式处分,实际出资人以其对于股权享有实际权利为由,请求认定处分股权行为无效的,人民法院可以参照民法典第三百一十一条的规定处理。

名义股东处分股权造成实际出资人损失,实际出资人请求名义股东承担赔偿责任的,人民法院应予支持。

18 隐名股东如何显名?

【律师解答】

隐名股东显名的条件有以下几点:

(1)隐名股东与名义股东之间具有隐名持股的合意,且隐名股东具有自身成为股东的意思表示;

(2)隐名出资行为未违反法律、法规的禁止性规定;

(3)隐名股东需要有实际出资行为;

(4)隐名股东显名需要公司其他股东过半数同意。

【参考依据】

《最高人民法院关于适用〈中华人民共和国公司法〉若干问题的规定(三)》

第二十四条 有限责任公司的实际出资人与名义出资人订立合同,约定由实际出资人出资并享有投资权益,以名义出资人为名义股东,实际出资人与名义股东对该合同效力发生争议的,如无法律规定的无效情形,人民法院应当认定该合同有效。

前款规定的实际出资人与名义股东因投资权益的归属发生争议,实际出资人以其实际履行了出资义务为由向名义股东主张权利的,人民法院应予支持。名义股东以公司股东名册记载、公司登记机关登记为由否认实际出资人权利的,人民法院不予支持。

实际出资人未经公司其他股东半数以上同意,请求公司变更股东、签发出资证明书、记载于股东名册、记载于公司章程并办理公司登记机关登记的,人民法院不予支持。

《民事诉讼法》

第二十七条 因公司设立、确认股东资格、分配利润、解散等纠纷提起的诉讼，由公司住所地人民法院管辖。

【参考案例】

殷某、张某兰股东资格确认纠纷再审审查与审判监督民事裁定书①

审理法院：最高人民法院

案号：(2017)最高法民申37号

裁判要旨：关于张某兰是否具有淮信公司股东资格问题。《协议书》和《补充合同书》均可证明，淮信公司及其股东均同意张某兰向淮信公司缴纳出资成为股东且淮信公司的其他股东对张某兰以殷某的名义进行投资均是明知的。张某兰多次以淮信公司股东的身份参加股东会议，实际行使股东权利。根据《外商投资产业指导目录》(2015年)内容，房地产开发并未列入上述目录限制类或禁止类产业，故不涉及国家规定实施准入特别管理(负面清单)的外商投资企业的设立和变更，不再需要审批。因此，原审判决依据当事人之间的约定以及出资事实确认张某兰为淮信公司的股东，适用法律并无不当。

19 有限责任公司股东退股的方式有哪些？

【律师解答】

股东退出方式包括股权转让、公司减资、公司回购股权、解散公司、破产清算等。不同的方式有不同特点。

(1)股权转让。

股权转让是相对最便捷的退出方式，如果受让方是公司股东，那么可以直接转让；如果受让方是公司股东以外的第三方，则需要公司其他股东过半数同意，且在同等条件下，公司其他股东还拥有优先购买权。根据《公司法》的规定，公司其他股东如果不同意转让给别人，就需要自己购买。

---

① 参见《最高人民法院公报》2011年第5期。

(2)公司减资。

通过公司减资来实现股东退出,其实质是公司回购了退出股东的出资。这种方式的好处是不需要另行筹集股权的购买款,但是前提是需要公司其他股东的同意以及配合,因为公司减资至少需要2/3以上股东同意,且公司减资的程序比较复杂,需要编制资产负债表、财产清单、公告与债权人协商债务偿还或担保事宜等,周期也比较长。所以,比较适合于公司其他股东配合而且公司自身没有较多债务的情形。

(3)要求公司回购。

要求公司以合理价格回购股东所持有的股权需要满足法定条件,《公司法》第74条规定:"有下列情形之一的,对股东会该项决议投反对票的股东可以请求公司按照合理价格收购其股权:(一)公司连续五年不向股东分配利润,而公司该五年连续盈利,并且符合本法规定的分配利润条件的;(二)公司合并、分立、转让主要财产的;(三)公司章程规定的营业期限届满或者章程规定的其他解散事由出现,股东会会议通过修改章程使公司存续的。"

(4)解散公司。

根据《公司法》,公司解散的情形有:章程规定的经营期限届满、股东会决议解散、被责令关闭而解散。实践中一般采用股东会决议的方式来解散公司,也就是需要《公司法》规定的足够表决权的股东支持解散公司的提议。公司一经解散,公司所有股东自然也就全部退出了。《公司法》第182条规定:"公司经营管理发生严重困难,继续存续会使股东利益受到重大损失,通过其他途径不能解决的,持有公司全部股东表决权10%的股东,可以请求人民法院解散公司。"因此,遇到股东不配合或失踪等情况,无法启动普通的清算程序,又不符合破产条件,无法启动破产程序时,可以考虑请求人民法院解散公司。

(5)破产清算退出。

根据《企业破产法》相关规定,企业法人不能清偿到期债务,并且资产不足以清偿全部债务或者明显缺乏清偿能力的情形下,可以申请破产。因此,只要公司符合破产的条件,即使有的股东联系不上,或股东不能达成一致意见,有权提出破产申请的主体均可向法院提出破产申请,启动破产程序,从而通过破产清算达到退股的日的。

【参考依据】

《公司法》

第七十一条 有限责任公司的股东之间可以相互转让其全部或者部分股权。

股东向股东以外的人转让股权,应当经其他股东过半数同意。股东应就其股权转让事项书面通知其他股东征求同意,其他股东自接到书面通知之日起满三十日未答复的,视为同意转让。其他股东半数以上不同意转让的,不同意的股东应当购买该转让的股权;不购买的,视为同意转让。

经股东同意转让的股权,在同等条件下,其他股东有优先购买权。两个以上股东主张行使优先购买权的,协商确定各自的购买比例;协商不成的,按照转让时各自的出资比例行使优先购买权。

公司章程对股权转让另有规定的,从其规定。

第七十四条 有下列情形之一的,对股东会该项决议投反对票的股东可以请求公司按照合理的价格收购其股权:

(一)公司连续五年不向股东分配利润,而公司该五年连续盈利,并且符合本法规定的分配利润条件的;

(二)公司合并、分立、转让主要财产的;

(三)公司章程规定的营业期限届满或者章程规定的其他解散事由出现,股东会会议通过决议修改章程使公司存续的。

自股东会会议决议通过之日起六十日内,股东与公司不能达成股权收购协议的,股东可以自股东会会议决议通过之日起九十日内向人民法院提起诉讼。

第一百八十条 公司因下列原因解散:

(一)公司章程规定的营业期限届满或者公司章程规定的其他解散事由出现;

(二)股东会或者股东大会决议解散;

(三)因公司合并或者分立需要解散;

(四)依法被吊销营业执照、责令关闭或者被撤销;

(五)人民法院依照本法第一百八十二条的规定予以解散。

第一百八十二条 公司经营管理发生严重困难,继续存续会使股东利益受到重大损失,通过其他途径不能解决的,持有公司全部股东表决权百分之十以上的股东,可以请求人民法院解散公司。

《企业破产法》

第二条　企业法人不能清偿到期债务，并且资产不足以清偿全部债务或者明显缺乏清偿能力的，依照本法规定清理债务。

企业法人有前款规定情形，或者有明显丧失清偿能力可能的，可以依照本法规定进行重整。

20　被他人冒名登记为法定代表人、股东等，应该怎么办？

【律师解答】

被他人冒名登记为法定代表人、股东，可以通过以下途径维护自身权利：

（1）民事救济：因姓名等个人信息被他人盗用，被冒名法定代表人可通过提起侵权之诉，请求法院判令冒名者停止对被冒名者姓名权等权利的侵犯；被冒名股东除了可以提起上述侵权之诉之外，还可以通过股东资格确认之诉请求法院确认其并非公司股东。

（2）行政救济：因身份信息被冒用成为法定代表人或者股东的人民群众可以通过以下两种行政救济途径维护自己的权利：①向市场监管部门反映，要求登记机关撤销登记。②以工商登记机关为被告，提起行政登记诉讼，请求工商行政登记机关撤销虚假工商登记。

（3）刑事救济：被冒名者还可以向公安机关报案，追究冒用者或公司的刑事责任，包括侵犯公民个人信息罪，伪造、变造、买卖身份证件罪，使用虚假身份证件、盗用身份证件罪。

因此，建议当事人在日常生活中应重视个人信息的保护和身份证件的妥善保管，不要轻易借给他人使用。在业务往来中需要使用证件复印件的，也需在复印件中写明使用用途。在发现身份证丢失时，尽快到公安机关进行挂失备案。

【参考依据】

《民法典》

第一千零一十二条　自然人享有姓名权，有权依法决定、使用、变更或者许可他人使用自己的姓名，但是不得违背公序良俗。

第一千零一十四条　任何组织或者个人不得以干涉、盗用、假冒等方式侵害他人的姓名权或者名称权。

《刑法》

第二百五十三条之一　违反国家有关规定,向他人出售或者提供公民个人信息,情节严重的,处三年以下有期徒刑或者拘役,并处或者单处罚金;情节特别严重的,处三年以上七年以下有期徒刑,并处罚金。

违反国家有关规定,将在履行职责或者提供服务过程中获得的公民个人信息,出售或者提供给他人的,依照前款的规定从重处罚。

窃取或者以其他方法非法获取公民个人信息的,依照第一款的规定处罚。

单位犯前三款罪的,对单位判处罚金,并对其直接负责的主管人员和其他直接责任人员,依照各该款的规定处罚。

第二百八十条第三款　伪造、变造、买卖居民身份证、护照、社会保障卡、驾驶证等依法可以用于证明身份的证件的,处三年以下有期徒刑、拘役、管制或者剥夺政治权利,并处罚金;情节严重的,处三年以上七年以下有期徒刑,并处罚金。

《行政许可法》

第六十九条　有下列情形之一的,作出行政许可决定的行政机关或者其上级行政机关,根据利害关系人的请求或者依据职权,可以撤销行政许可:

(一)行政机关工作人员滥用职权、玩忽职守作出准予行政许可决定的;

(二)超越法定职权作出准予行政许可决定的;

(三)违反法定程序作出准予行政许可决定的;

(四)对不具备申请资格或者不符合法定条件的申请人准予行政许可的;

(五)依法可以撤销行政许可的其他情形。

被许可人以欺骗、贿赂等不正当手段取得行政许可的,应当予以撤销。

依照前两款的规定撤销行政许可,可能对公共利益造成重大损害的,不予撤销。

依照本条第一款的规定撤销行政许可,被许可人的合法权益受到损害的,行政机关应当依法给予赔偿。依照本条第二款的规定撤销行政许可的,被许可人基于行政许可取得的利益不受保护。

《最高人民法院办公厅关于审理公司登记行政案件若干问题的座谈会纪要》

一、以虚假材料获取公司登记的问题

因申请人隐瞒有关情况或者提供虚假材料导致登记错误的,登记机关可以在诉讼中依法予以更正。登记机关依法予以更正且在登记时已尽到审慎审查义务,原告不申请撤诉的,人民法院应当驳回其诉讼请求。原告对错误登记无过错的,应当退还其预交的案件受理费。登记机关拒不更正的,人民法院可以根据具体情况判决撤销登记行为、确认登记行为违法或者判决登记机关履行更正职责。

公司法定代表人、股东等以申请材料不是其本人签字或者盖章为由,请求确认登记行为违法或者撤销登记行为的,人民法院原则上应按照本条第一款规定处理,但能够证明原告此前已明知该情况却未提出异议,并在此基础上从事过相关管理和经营活动的,人民法院对原告的诉讼请求一般不予支持。

因申请人隐瞒有关情况或者提供虚假材料导致登记错误引起行政赔偿诉讼,登记机关与申请人恶意串通的,与申请人承担连带责任;登记机关未尽审慎审查义务的,应当根据其过错程度及其在损害发生中所起作用承担相应的赔偿责任;登记机关已尽审慎审查义务的,不承担赔偿责任。

21 股权受让后发现公司存在大量债务,股权受让方能否以受欺诈为由撤销收购?

【律师解答】

受让股权后发现公司存在大量债务可以以欺诈为由撤销收购,但构成欺诈需要同时具备以下三个要件:第一,股权出让方故意隐瞒公司债务;第二,股权受让方因此陷入或维持错误认识;第三,股权受让方因错误认识作出不真实的购买股权的意思表示。

因此,在股权转让过程中,股权受让方应当具有更高的注意义务,可以聘请专业的第三方人员对目标公司做更全面客观的评估。同时,股权受让方可以在股权转让协议中约定股权转让款分期缴纳及相应的违约责任。

【参考依据】

《民法典》

第一百四十八条 一方以欺诈手段,使对方在违背真实意思的情况下实施的民事法律行为,受欺诈方有权请求人民法院或者仲裁机构予以撤销。

第五百八十五条 当事人可以约定一方违约时应当根据违约情况向对方支付一定数额的违约金,也可以约定因违约产生的损失赔偿额的计算方法。

约定的违约金低于造成的损失的,人民法院或者仲裁机构可以根据当事人的请求予以增加;约定的违约金过分高于造成的损失的,人民法院或者仲裁机构可以根据当事人的请求予以适当减少。

当事人就迟延履行约定违约金的,违约方支付违约金后,还应当履行债务。

22 公司股东持股比例的三条基本红线是什么?

【律师解答】

持有67%(2/3以上)股权的股东在公司处于绝对控股地位,能够在公司修改章程,增加或减少注册资本,在公司合并、分立、解散或变更公司形式等公司重大事项上具有一票决定权。

持有51%(1/2以上)股权的股东在公司享有相对控股权,对于公司经营期间的一般事项,经过股东会议表决即可通过。

持有34%(1/3以上)股权的股东在公司享有重大事项一票否决权。只要持有公司1/3以上的股权,其他股东便无法拥有2/3以上的股权,进而对公司享有重大事项的一票否决权。

对以上情况,公司章程另有规定的除外。

【参考依据】

《公司法》

第十六条 公司向其他企业投资或者为他人提供担保,依照公司章程的规定,由董事会或者股东会、股东大会决议;公司章程对投资或者担保的总额及单项投资或者担保的数额有限额规定的,不得超过规定的限额。

公司为公司股东或者实际控制人提供担保的,必须经股东会或者股东大会决议。

前款规定的股东或者受前款规定的实际控制人支配的股东,不得参加前款规定事项的表决。该项表决由出席会议的其他股东所持表决权的过半数通过。

第四十二条 股东会会议由股东按照出资比例行使表决权;但是,公司章程另有规定的除外。

第四十三条 股东会的议事方式和表决程序,除本法有规定的外,由公司章程规定。

股东会会议作出修改公司章程、增加或者减少注册资本的决议,以及公司合并、分立、解散或者变更公司形式的决议,必须经代表三分之二以上表决权的股东通过。

第七十一条 有限责任公司的股东之间可以相互转让其全部或者部分股权。

股东向股东以外的人转让股权,应当经其他股东过半数同意。股东应就其股权转让事项书面通知其他股东征求同意,其他股东自接到书面通知之日起满三十日未答复的,视为同意转让。其他股东半数以上不同意转让的,不同意的股东应当购买该转让的股权;不购买的,视为同意转让。

经股东同意转让的股权,在同等条件下,其他股东有优先购买权。两个以上股东主张行使优先购买权的,协商确定各自的购买比例;协商不成的,按照转让时各自的出资比例行使优先购买权。

公司章程对股权转让另有规定的,从其规定。

第九十条 发起人应当在创立大会召开十五日前将会议日期通知各认股人或者予以公告。创立大会应有代表股份总数过半数的发起人、认股人出席,方可举行。

创立大会行使下列职权:

(一)审议发起人关于公司筹办情况的报告;

(二)通过公司章程;

(三)选举董事会成员;

(四)选举监事会成员;

(五)对公司的设立费用进行审核;

(六)对发起人用于抵作股款的财产的作价进行审核;

(七)发生不可抗力或者经营条件发生重大变化直接影响公司设立的,可以作出不设立公司的决议。

创立大会对前款所列事项作出决议,必须经出席会议的认股人所持表决权过半数通过。

第一百零三条 股东出席股东大会会议,所持每一股份有一表决权。但是,公司持有的本公司股份没有表决权。

股东大会作出决议,必须经出席会议的股东所持表决权过半数通过。但是,股东大会作出修改公司章程、增加或者减少注册资本的决议,以及公司合并、分立、解散或者变更公司形式的决议,必须经出席会议的股东所持表决权的三分之二以上通过。

第二百一十六条第二项 控股股东,是指其出资额占有限责任公司资本总额百分之五十以上或者其持有的股份占股份有限公司股本总额百分之五十以上的股东;出资额或者持有股份的比例虽然不足百分之五十,但依其出资额或者持有的股份所享有的表决权已足以对股东会、股东大会的决议产生重大影响的股东。

第二章 出 资

1 股东出资方式有哪些?

【律师解答】

出资方式应当符合法律、行政法规的规定。根据《公司法》第27条第1款的规定,"股东可以用货币出资,也可以用实物、知识产权、土地使用权等可以用货币估价并可以依法转让的非货币财产作价出资;但是,法律、行政法规规定不得作为出资的财产除外"。依此规定,除货币出资外,股东也可以用实物、知识产权、土地使用权等非货币的财产出资,只是非货币财产的出资必须具备以下两个法定要件:第一,可用货币估价。即该非货币财产应具有价值上的确定性,且该价值应具体确定或评估作价。第二,可依法转让。即该非货币财产具有一定的流通性,可进行转让。

但根据《市场主体登记管理条例》第13条的规定:"公司股东、非公司企业法人出资人、农民专业合作社(联合社)成员不得以劳务、信用、自然人姓名、商誉、特许经营权或者设定担保的财产等作价出资。"因为劳务、信用等很难评估价值,亦无法依法转让。

此外,合伙企业的合伙人可以用货币、实物、知识产权、土地使用权或者其他财产权利出资,也可以用劳务出资。

【参考依据】

《合伙企业法》

第十六条第一款 合伙人可以用货币、实物、知识产权、土地使用权或者其他财产权利出资,也可以用劳务出资。

《公司法》

第二十七条 股东可以用货币出资,也可以用实物、知识产权、土地使用权等可以用货币估价并可以依法转让的非货币财产作价出资；但是，法律、行政法规规定不得作为出资的财产除外。对作为出资的非货币财产应当评估作价，核实财产，不得高估或者低估作价。法律、行政法规对评估作价有规定的，从其规定。

第八十二条 发起人的出资方式，适用本法第二十七条的规定。

《市场主体登记管理条例》

第十三条 除法律、行政法规或者国务院决定另有规定外，市场主体的注册资本或者出资额实行认缴登记制，以人民币表示。

出资方式应当符合法律、行政法规的规定。公司股东、非公司企业法人出资人、农民专业合作社（联合社）成员不得以劳务、信用、自然人姓名、商誉、特许经营权或者设定担保的财产等作价出资。

2 股东以非货币财产出资，但未经第三方机构评估作价，能否认定股东已经履行了出资义务？

【律师解答】

国有企业中，股东以非货币财产出资的，应当经过第三方机构评估作价。但是如果在民营企业中，各股东均对非货币财产出资的作价没有异议（未经评估），则可以对内认定出资人的非货币财产出资义务完成。若公司债权人对此有异议，可以向人民法院起诉要求非货币出资的股东履行出资义务；人民法院应当委托具有合法资格的评估机构对该财产评估作价。如果评估确定的价值高于章程所定价额或者与章程所定价额相当，应认定出资人依法履行了出资义务；如果评估确定的价值显著低于章程所定价额，应认定出资人未依法全面履行出资义务。

【参考依据】

《企业国有资产法》

第四十七条 国有独资企业、国有独资公司和国有资本控股公司合并、分立、改制，转让重大财产，以非货币财产对外投资，清算或者有法律、行政法规以及企业章程规定应当进行资产评估的其他情形的，应当按照规定对有关资产进行评估。

第四十八条 国有独资企业、国有独资公司和国有资本控股公司应当委托依法设立的符合条件的资产评估机构进行资产评估；涉及应当报经履行出资人职责的机构决定的事项的，应当将委托资产评估机构的情况向履行出资人职责的机构报告。

《最高人民法院关于适用〈中华人民共和国公司法〉若干问题的规定(三)》

第九条 出资人以非货币财产出资，未依法评估作价，公司、其他股东或者公司债权人请求认定出资人未履行出资义务的，人民法院应当委托具有合法资格的评估机构对该财产评估作价。评估确定的价额显著低于公司章程所定价额的，人民法院应当认定出资人未依法全面履行出资义务。

3 认缴制下，公司注册资本是不是越多越好？

【律师解答】

在认缴制下，公司注册资本并不是越多越好。因为对于公司股东来说，认缴不等于不缴。盲目地将公司注册资本写得很高，可能会承担相应的法律责任。

对内而言，股东未按期出资，应对公司和其他股东承担违约责任。根据我国现行《公司法》第28条的规定，股东应当按公司章程规定按期足额缴纳认缴的出资，如股东未能按期实缴出资的，不但要向公司足额缴纳，还需向已按期缴纳出资的股东承担违约责任。

对外而言，未履行或者未全面履行出资义务的股东在未出资本息范围内对公司债务不能清偿的部分承担补充赔偿责任。根据《最高人民法院关于适用〈中华人民共和国公司法〉若干问题的规定(三)》第13条的规定，股东未履行或者未全面履行出资义务，公司或者其他股东请求其向公司依法全面履行出资义务的，人民法院应予支持。公司债权人请求未履行或者未全面履行出资义务的股东在未出资本息范围内对公司债务不能清偿的部分承担补充赔偿责任的，人民法院应予支持。作为发起人股东，公司债权人还可以请求发起人股东与其他未履行或未全面履行出资义务的股东承担连带责任。

【参考依据】

《公司法》

第二十六条 有限责任公司的注册资本为在公司登记机关登记的全体股东认缴的出资额。

法律、行政法规以及国务院决定对有限责任公司注册资本实缴、注册资本最低限额另有规定的,从其规定。

第二十八条 股东应当按期足额缴纳公司章程中规定的各自所认缴的出资额。股东以货币出资的,应当将货币出资足额存入有限责任公司在银行开设的账户;以非货币财产出资的,应当依法办理其财产权的转移手续。

股东不按照前款规定缴纳出资的,除应当向公司足额缴纳外,还应当向已按期足额缴纳出资的股东承担违约责任。

《最高人民法院关于适用〈中华人民共和国公司法〉若干问题的规定(二)》

第二十二条 公司解散时,股东尚未缴纳的出资均应作为清算财产。股东尚未缴纳的出资,包括到期应缴未缴的出资,以及依照公司法第二十六条和第八十条的规定分期缴纳尚未届满缴纳期限的出资。

公司财产不足以清偿债务时,债权人主张未缴出资股东,以及公司设立时的其他股东或者发起人在未缴出资范围内对公司债务承担连带清偿责任的,人民法院应依法予以支持。

《最高人民法院关于适用〈中华人民共和国公司法〉若干问题的规定(三)》

第十三条 股东未履行或者未全面履行出资义务,公司或者其他股东请求其向公司依法全面履行出资义务的,人民法院应予支持。

公司债权人请求未履行或者未全面履行出资义务的股东在未出资本息范围内对公司债务不能清偿的部分承担补充赔偿责任的,人民法院应予支持;未履行或者未全面履行出资义务的股东已经承担上述责任,其他债权人提出相同请求的,人民法院不予支持。

股东在公司设立时未履行或者未全面履行出资义务,依照本条第一款或者第二款提起诉讼的原告,请求公司的发起人与被告股东承担连带责任的,人民法院应予支持;公司的发起人承担责任后,可以向被告股东追偿。

……

《企业破产法》

第三十五条 人民法院受理破产申请后，债务人的出资人尚未完全履行出资义务的，管理人应当要求该出资人缴纳所认缴的出资，而不受出资期限的限制。

4 股东认缴出资加速到期的情形有哪些？

【律师解答】

在注册资本认缴制下，股东依法享有期限利益。债权人以公司不能清偿到期债务为由，请求未届出资期限的股东在未出资范围内对公司不能清偿的债务承担补充赔偿责任的，人民法院不予支持。但是，下列情形除外：

（1）公司破产导致的加速到期。

破产情形下，我国《企业破产法》第35条规定，“人民法院受理破产申请后，债务人的出资人尚未完全履行出资义务的，管理人应当要求该出资人缴纳所认缴的出资，而不受出资期限的限制”。

（2）公司清算导致的加速到期。

清算情形下，《最高人民法院关于适用〈中华人民共和国公司法〉若干问题的规定（二）》第22条规定，公司解散时，股东尚未缴纳的出资均应当作为清算财产。股东尚未缴纳的出资，包括到期应缴纳而未缴纳的出资，以及依照《公司法》第26条（认缴出资）和第80条的规定分期缴纳尚未届满缴纳期限的出资。

就公司股东而言，尽管章程规定的出资期限未到，但由于出资义务的对象是公司，因此，章程规定的出资期限不能超过公司的存续期限。所以，公司一旦破产或者强制清算，则应视为章程规定的出资期限届至，为实现债权人的公平清偿，应加速到期。

（3）公司经人民法院穷尽执行措施无财产可供执行，已具备破产原因，但不申请破产的，股东出资加速到期。

《全国法院民商事审判工作会议纪要》第6条第1项规定，“在注册资本认缴制下，股东依法享有期限利益。债权人以公司不能清偿到期债务为由，请求未届出资期限的股东在未出资范围内对公司不能清偿的债务承担补充赔偿责任的，人民法院不予支持。但是，下列情形除外：（1）公司作为被执行人的案件，人民法院穷尽执行措施无财产可供执行,已具备破产原因,但不申请破产的”。

(4)债务产生后公司延长股东出资期限的,股东出资加速到期。

《全国法院民商事审判工作会议纪要》第6条明确另一种股东出资义务加速到期情形是,在公司债务产生后,公司股东(大)会决议或以其他方式延长股东出资期限的,债权人也可以公司不能清偿到期债务为由,请求未届出资期限的股东在未出资范围内对公司不能清偿的债务承担补充赔偿责任。

【参考依据】

《企业破产法》

第三十五条 人民法院受理破产申请后,债务人的出资人尚未完全履行出资义务的,管理人应当要求该出资人缴纳所认缴的出资,而不受出资期限的限制。

《最高人民法院关于适用〈中华人民共和国公司法〉若干问题的规定(二)》

第二十二条 公司解散时,股东尚未缴纳的出资均应作为清算财产。股东尚未缴纳的出资,包括到期应缴未缴的出资,以及依照公司法第二十六条和第八十条的规定分期缴纳尚未届满缴纳期限的出资。

公司财产不足以清偿债务时,债权人主张未缴出资股东,以及公司设立时的其他股东或者发起人在未缴出资范围内对公司债务承担连带清偿责任的,人民法院应依法予以支持。

《公司法》

第二十六条 有限责任公司的注册资本为在公司登记机关登记的全体股东认缴的出资额。

法律、行政法规以及国务院决定对有限责任公司注册资本实缴、注册资本最低限额另有规定的,从其规定。

第八十条 股份有限公司采取发起设立方式设立的,注册资本为在公司登记机关登记的全体发起人认购的股本总额。在发起人认购的股份缴足前,不得向他人募集股份。

股份有限公司采取募集方式设立的,注册资本为在公司登记机关登记的实收股本总额。

法律、行政法规以及国务院决定对股份有限公司注册资本实缴、注册资本最低限额另有规定的,从其规定。

《全国法院民商事审判工作会议纪要》

6.【股东出资应否加速到期】在注册资本认缴制下，股东依法享有期限利益。债权人以公司不能清偿到期债务为由，请求未届出资期限的股东在未出资范围内对公司不能清偿的债务承担补充赔偿责任的，人民法院不予支持。但是，下列情形除外：

（1）公司作为被执行人的案件，人民法院穷尽执行措施无财产可供执行，已具备破产原因，但不申请破产的；

（2）在公司债务产生后，公司股东（大）会决议或以其他方式延长股东出资期限的。

第三章　公司治理与董监高

1　公司实际经营范围超越核准登记的经营范围，会面临哪些法律风险？

【律师解答】

(1)可能会面临合同无效的风险。现在《公司法》逐渐趋向于对外部交易第三人的保护，公司超越营业执照经营范围签订的合同，人民法院不会因此认定合同无效，但如果超范围经营的行为违反法律、行政法规的强制性规定，或者违背公序良俗，或者与相对人恶意串通损害国家的、集体的或者第三人利益的，一般会被认定为无效。

(2)可能会面临行政处罚的风险。如果企业经营范围发生变化，需要办理工商经营范围变更登记。未办理工商变更登记的，由登记机关责令改正；拒不改正的，处1万元以上10万元以下的罚款；情节严重的，吊销营业执照。

因此，建议公司在营业执照登记的范围内进行经营活动，如果经营范围发生变化，应当及时到公司登记机关办理变更登记，以避免发生不良法律后果。

【参考依据】

《民法典》

第一百四十三条　具备下列条件的民事法律行为有效：

(一)行为人具有相应的民事行为能力；

(二)意思表示真实；

(三)不违反法律、行政法规的强制性规定，不违背公序良俗。

第一百五十三条　违反法律、行政法规的强制性规定的民事法律行为无效。但是，该强制性规定不导致该民事法律行为无效的除外。

违背公序良俗的民事法律行为无效。

第一百五十四条 行为人与相对人恶意串通,损害他人合法权益的民事法律行为无效。

第五百零二条 依法成立的合同,自成立时生效,但是法律另有规定或者当事人另有约定的除外。

依照法律、行政法规的规定,合同应当办理批准等手续的,依照其规定。未办理批准等手续影响合同生效的,不影响合同中履行报批等义务条款以及相关条款的效力。应当办理申请批准等手续的当事人未履行义务的,对方可以请求其承担违反该义务的责任。

依照法律、行政法规的规定,合同的变更、转让、解除等情形应当办理批准等手续的,适用前款规定。

第五百零五条 当事人超越经营范围订立的合同的效力,应当依照本法第一编第六章第三节和本编的有关规定确定,不得仅以超越经营范围确认合同无效。

《公司法》

第十二条 公司的经营范围由公司章程规定,并依法登记。公司可以修改公司章程,改变经营范围,但是应当办理变更登记。

公司的经营范围中属于法律、行政法规规定须经批准的项目,应当依法经过批准。

第二百一十一条第二款 公司登记事项发生变更时,未依照本法规定办理有关变更登记的,由公司登记机关责令限期登记;逾期不登记的,处以一万元以上十万元以下的罚款。

《市场主体登记管理条例》

第四十六条 市场主体未依照本条例办理变更登记的,由登记机关责令改正;拒不改正的,处1万元以上10万元以下的罚款;情节严重的,吊销营业执照。

第四十七条 市场主体未依照本条例办理备案的,由登记机关责令改正;拒不改正的,处5万元以下的罚款。

2 分公司与子公司有什么不同?

【律师解答】

子公司是独立的法人,拥有自己独立的名称、章程和组织机构,对外以自己的名义进行活动,依法独立承担民事责任,在经营过程中发生的债权、债务由自己独立承担。值得注意的是,如果子公司为一人公司,股东无法证明其财产与公司财产独立的,母公司也可能承担责任。

分公司则不具备企业法人资格,没有独立的名称,没有独立的财产。其名称应冠以隶属总公司的名称,由隶属总公司依法设立,只是公司的一个分支机构。分公司不能独立享有权利、承担责任,其民事责任由总公司承担,但可以独立作为民事诉讼的当事人,并以其直接管理的财产承担部分财产责任。

【参考依据】

《公司法》

第十四条 公司可以设立分公司。设立分公司,应当向公司登记机关申请登记,领取营业执照。分公司不具有法人资格,其民事责任由公司承担。

公司可以设立子公司,子公司具有法人资格,依法独立承担民事责任。

《民事诉讼法》

第五十一条第一款 公民、法人和其他组织可以作为民事诉讼的当事人。

《最高人民法院关于适用〈中华人民共和国民事诉讼法〉的解释》

第五十二条 民事诉讼法第五十一条规定的其他组织是指合法成立、有一定的组织机构和财产,但又不具备法人资格的组织,包括:

(一)依法登记领取营业执照的个人独资企业;

(二)依法登记领取营业执照的合伙企业;

(三)依法登记领取我国营业执照的中外合作经营企业、外资企业;

(四)依法成立的社会团体的分支机构、代表机构;

(五)依法设立并领取营业执照的法人的分支机构;

(六)依法设立并领取营业执照的商业银行、政策性银行和非银行金融机构的分支机构;

(七)经依法登记领取营业执照的乡镇企业、街道企业;

（八）其他符合本条规定条件的组织。

《最高人民法院关于民事执行中变更、追加当事人若干问题的规定》

第十五条 作为被执行人的法人分支机构，不能清偿生效法律文书确定的债务，申请执行人申请变更、追加该法人为被执行人的，人民法院应予支持。法人直接管理的责任财产仍不能清偿债务的，人民法院可以直接执行该法人其他分支机构的财产。

作为被执行人的法人，直接管理的责任财产不能清偿生效法律文书确定债务的，人民法院可以直接执行该法人分支机构的财产。

3 分公司能否对外提供担保？

【律师解答】

分公司可以对外提供担保，但须履行决策程序［决策程序是指需经过公司股东（大）会或者董事会决议］。分支机构未经公司股东（大）会或者董事会决议以自己的名义对外提供担保，相对人请求公司或者其分支机构承担担保责任的，人民法院不予支持，但是相对人不知道且不应当知道分支机构对外提供担保未经公司决议程序的除外。

另外还存在两种特殊机构的决策机制：

（1）金融机构的分支机构在其营业执照记载的经营范围内开立保函，或者经有权从事担保业务的上级机构授权开立保函，金融机构或者其分支机构以违反《公司法》关于公司对外担保决议程序的规定为由主张不承担担保责任的，人民法院不予支持。金融机构的分支机构未经金融机构授权提供保函之外的担保，金融机构或者其分支机构主张不承担担保责任的，人民法院应予支持，但是相对人不知道且不应当知道分支机构对外提供担保未经金融机构授权的除外。

（2）担保公司的分支机构未经担保公司授权对外提供担保，担保公司或者其分支机构主张不承担担保责任的，人民法院应予支持，但是相对人不知道且不应当知道分支机构对外提供担保未经担保公司授权的除外。

【参考依据】

《最高人民法院关于适用〈中华人民共和国民法典〉有关担保制度的解释》

第十一条 公司的分支机构未经公司股东(大)会或者董事会决议以自己的名义对外提供担保,相对人请求公司或者其分支机构承担担保责任的,人民法院不予支持,但是相对人不知道且不应当知道分支机构对外提供担保未经公司决议程序的除外。

金融机构的分支机构在其营业执照记载的经营范围内开立保函,或者经有权从事担保业务的上级机构授权开立保函,金融机构或者其分支机构以违反公司法关于公司对外担保决议程序的规定为由主张不承担担保责任的,人民法院不予支持。金融机构的分支机构未经金融机构授权提供保函之外的担保,金融机构或者其分支机构主张不承担担保责任的,人民法院应予支持,但是相对人不知道且不应当知道分支机构对外提供担保未经金融机构授权的除外。

担保公司的分支机构未经担保公司授权对外提供担保,担保公司或者其分支机构主张不承担担保责任的,人民法院应予支持,但是相对人不知道且不应当知道分支机构对外提供担保未经担保公司授权的除外。

公司的分支机构对外提供担保,相对人非善意,请求公司承担赔偿责任的,参照本解释第十七条的有关规定处理。

第十七条 主合同有效而第三人提供的担保合同无效,人民法院应当区分不同情形确定担保人的赔偿责任:

(一)债权人与担保人均有过错的,担保人承担的赔偿责任不应超过债务人不能清偿部分的二分之一;

(二)担保人有过错而债权人无过错的,担保人对债务人不能清偿的部分承担赔偿责任;

(三)债权人有过错而担保人无过错的,担保人不承担赔偿责任。

主合同无效导致第三人提供的担保合同无效,担保人无过错的,不承担赔偿责任;担保人有过错的,其承担的赔偿责任不应超过债务人不能清偿部分的三分之一。

4 公司被注销，能否对其提起诉讼？

【律师解答】

公司已被注销则不能再对其提起诉讼。公司注销，是指当一个公司宣告破产，被其他公司收购、规定的营业期限届满不续或公司内部解散等情形时，公司需要到登记机关申请注销，终止公司法人资格的过程。向法院提起诉讼必须有明确的被告，已注销的公司法律地位已消亡，所以不能对其提起诉讼。如存在未决纠纷，可以向相关股东或责任人另行提起诉讼。具体可分为以下几种方式：

（1）公司清算时，清算组未依法履行通知和公告义务，导致债权人未及时申报债权而未获清偿的，债权人可以起诉清算组，要求其承担相应的赔偿责任。

（2）公司未经清算即办理注销登记，导致公司无法进行清算的，债权人可以起诉相关股东或者相关责任人。公司未经清算即办理注销登记的，股东或者第三人在公司登记机关办理注销登记时承诺对公司债务承担责任，债权人可以起诉该承诺人。

（3）公司解散后，恶意处置公司财产给债权人造成损失的，或者恶意注销公司的，债权人可以起诉相关股东或者相关责任人，要求其承担相应的赔偿责任。

【参考依据】

《市场主体登记管理条例》

第三十一条 市场主体因解散、被宣告破产或者其他法定事由需要终止的，应当依法向登记机关申请注销登记。经登记机关注销登记，市场主体终止。

市场主体注销依法须经批准的，应当经批准后向登记机关申请注销登记。

《最高人民法院关于适用〈中华人民共和国公司法〉若干问题的规定（二）》

第十一条 公司清算时，清算组应当按照公司法第一百八十五条的规定，将公司解散清算事宜书面通知全体已知债权人，并根据公司规模和营业地域范围在全国或者公司注册登记地省级有影响的报纸上进行公告。

清算组未按照前款规定履行通知和公告义务，导致债权人未及时申报债权而未获清偿，债权人主张清算组成员对因此造成的损失承担赔偿责任的，人民法院应依法予以支持。

第十九条 有限责任公司的股东、股份有限公司的董事和控股股东，以及公司的实际控制人在公司解散后，恶意处置公司财产给债权人造成损失，或者未经依法清算,以虚假的清算报告骗取公司登记机关办理法人注销登记,债权人主张其对公司债务承担相应赔偿责任的,人民法院应依法予以支持。

第二十条 公司解散应当在依法清算完毕后,申请办理注销登记。公司未经清算即办理注销登记,导致公司无法进行清算,债权人主张有限责任公司的股东、股份有限公司的董事和控股股东,以及公司的实际控制人对公司债务承担清偿责任的,人民法院应依法予以支持。

公司未经依法清算即办理注销登记,股东或者第三人在公司登记机关办理注销登记时承诺对公司债务承担责任,债权人主张其对公司债务承担相应民事责任的,人民法院应依法予以支持。

5 公司营业执照被吊销,能否对其提起诉讼?

【律师解答】

营业执照吊销是指公司发生法定的违法行为时,由主管机关依法依职权作出的一种行政处罚。公司营业执照被吊销,其主体资格并未消灭,仍然具有企业法人的法律地位,可以向其提起诉讼。根据我国相关法律规定,经公司登记机关注销登记,公司终止。因此,能否对公司提起诉讼应当以该公司是否办理工商注销登记为限。

【参考依据】

《最高人民法院关于企业法人营业执照被吊销后,其民事诉讼地位如何确定的复函》

吊销企业法人营业执照,是工商行政管理机关依据国家工商行政法规对违法的企业法人作出的一种行政处罚。企业法人被吊销营业执照后,应当依法进行清算,清算程序结束并办理工商注销登记后,该企业法人才归于消灭。因此,企业法人被吊销营业执照后至被注销登记前,该企业法人仍应视为存续,可以自己的名义进行诉讼活动。

《最高人民法院关于适用〈中华人民共和国公司法〉若干问题的规定(二)》

第十条 公司依法清算结束并办理注销登记前,有关公司的民事诉讼,应当以公司的名义进行。

公司成立清算组的，由清算组负责人代表公司参加诉讼；尚未成立清算组的，由原法定代表人代表公司参加诉讼。

《市场主体登记管理条例》

第三十一条 市场主体因解散、被宣告破产或者其他法定事由需要终止的，应当依法向登记机关申请注销登记。经登记机关注销登记，市场主体终止。

市场主体注销依法须经批准的，应当经批准后向登记机关申请注销登记。

6 法定代表人使用个人银行账户收取公司应收账款存在什么法律风险？

【律师解答】

对于公司资产，不得以任何个人名义开立账户存储。使用个人银行账户收取公司应收账款可能会存在以下风险：

（1）财产混同风险：公司与公司法定代表人是相互独立的法律主体，二者财产及债务不能混同，上述情况可能被认定为公司人格与法定代表人人格混同，从而要求法定代表人就公司债务承担连带责任。

（2）税务风险：公司经营行为需根据相关税法规定依法缴纳相应税款，通过法定代表人个人账户收取公司账款的行为属于偷税避税行为，会面临相应的税务行政责任风险。如果情形严重，符合职务侵占罪或偷税漏税罪的构成要件，可能需要依法承担相应的刑事责任。

（3）行政处罚风险：公司向个人账户转账且转账金额达到 5 万元的，应向银行提供相关证据材料（如代发工资协议和收款人清单、借款合同），且需经过中国人民银行的审批；同时，银行有权对银行账户使用情况进行监督及问询，并视具体情况向有关单位报告。对于违反规定将单位款项转入个人账户的情形，以及出租、出借银行账户的情形，公司及提供银行账户的个人均存在受到行政处罚的潜在风险。

（4）公司经营风险：如果公司与公司法定代表人长期财产混同，法定代表人因个人财产纠纷被起诉并查封、冻结个人账户的，将对公司资金链产生实质影响，出现经营风险。

【参考依据】

《公司法》

第三条 公司是企业法人,有独立的法人财产,享有法人财产权。公司以其全部财产对公司的债务承担责任。

有限责任公司的股东以其认缴的出资额为限对公司承担责任;股份有限公司的股东以其认购的股份为限对公司承担责任。

第二十条 公司股东应当遵守法律、行政法规和公司章程,依法行使股东权利,不得滥用股东权利损害公司或者其他股东的利益;不得滥用公司法人独立地位和股东有限责任损害公司债权人的利益。

公司股东滥用股东权利给公司或者其他股东造成损失的,应当依法承担赔偿责任。

公司股东滥用公司法人独立地位和股东有限责任,逃避债务,严重损害公司债权人利益的,应当对公司债务承担连带责任。

第一百七十一条 公司除法定的会计账簿外,不得另立会计账簿。

对公司资产,不得以任何个人名义开立账户存储。

《人民币银行存款账户结算管理办法》

第四十条 单位从其银行结算账户支付给个人银行结算账户的款项,每笔超过 5 万元的,应向其开户银行提供下列付款依据:

(一)代发工资协议和收款人清单。

……

(六)借款合同。

……

第六十二条 银行应对已开立的单位银行结算账户实行年检制度,检查开立的银行结算账户的合规性,核实开户资料的真实性;对不符合本办法规定开立的单位银行结算账户,应予以撤销。对经核实的各类银行结算账户的资料变动情况,应及时报告中国人民银行当地分支行。

银行应对存款人使用银行结算账户的情况进行监督,对存款人的可疑支付应按照中国人民银行规定的程序及时报告。

第六十五条 存款人使用银行结算账户,不得有下列行为:

(一)违反本办法规定将单位款项转入个人银行结算账户。

……

(四)出租、出借银行结算账户。

……

非经营性的存款人有上述所列一至五项行为的,给予警告并处以1000元罚款;经营性的存款人有上述所列一至五项行为的,给予警告并处以5000元以上3万元以下的罚款;存款人有上述所列第六项行为的,给予警告并处以1000元的罚款。

7 公司章程修正案没有去工商局备案,修正案是否有效?

【律师解答】

有效。公司设立时制定的初始章程应报经工商部门登记后才能生效,但是经法定程序修改的公司章程,如未约定生效时间或约定不明,即使没有备案,该章程修正案自股东达成修改合意后发生法律效力,工商登记并非章程修正案的生效要件。但为避免出现纠纷,建议变更后及时进行登记,因为未经登记或者变更登记的,不得对抗第三人。

【参考依据】

《公司法》

第三十二条 有限责任公司应当置备股东名册,记载下列事项:

(一)股东的姓名或者名称及住所;

(二)股东的出资额;

(三)出资证明书编号。

记载于股东名册的股东,可以依股东名册主张行使股东权利。

公司应当将股东的姓名或者名称向公司登记机关登记;登记事项发生变更的,应当办理变更登记。未经登记或者变更登记的,不得对抗第三人。

第四十三条 股东会的议事方式和表决程序,除本法有规定的外,由公司章程规定。

股东会会议作出修改公司章程、增加或者减少注册资本的决议,以及公司合并、分立、解散或者变更公司形式的决议,必须经代表三分之二以上表决权的股东通过。

【参考案例】

万某裕与丽江宏瑞水电开发有限公司其他股东权纠纷案

审理法院:最高人民法院

案号:(2014)民提字第00054号

裁判要旨:公司章程是股东在协商一致的基础上所签订的法律文件,具有合同的某些属性,在股东对公司章程生效时间约定不明,而《公司法》又无明确规定的情况下,可以参照适用原《合同法》的相关规定来认定章程的生效问题。参照合同生效的相关规定,法院认为,经法定程序修改的章程,自股东达成修改章程的合意后即发生法律效力,工商登记并非章程的生效要件,这与公司设立时制定的初始章程应报经工商部门登记后才能生效有所不同。

8 公司间人格混同、公司与股东间人格混同如何认定?有何法律责任?

【律师解答】

公司间的人格混同表现为:关联公司的人员、业务、财务等方面交叉或混同,导致各自财产无法区分,丧失独立人格,构成公司间人格混同。人员混同,是指关联企业之间在组织机构和人员上的严重交叉、重叠。比如,公司之间的董事互相兼任,公司的高管交叉任职,甚至员工都一样,最典型的情况就是“一套人马,多块牌子”。业务混同,是指关联企业之间从事同一业务活动,在经营过程中相互不分。比如,同一业务的交易有时以这家企业的名义进行,有时以另一家企业的名义进行,以致与其交易的对方不能分辨是在与哪一家企业进行交易。财务混同,是指公司间的财产、账簿、账目、账户混合,难以区分。如公司之间账簿、账目不相互区分,公司的办公场所、设施、主要设备等与其他公司完全同一,一家公司的盈利成为其他公司的资产,一家公司账面的负债实际为其他公司的债务等情形。

公司间人格混同的法律责任:公司间人格混同,多是由于股东滥用公司法人独立地位，在多个公司之间任意调配财产和责任，使一些公司获得财产和权利，其他公司承担责任和义务，从而侵犯债权人的利益。为了保护债权人利益，产生了人格否认制度，即为阻止公司独立法人人格的滥用和保护公司债权人利益及社会公共利益，就具体法律关系中的特定事实，否认公司独立责任与股东的有限责任，责令公司的股东（包括自然人股东和法人股东）对公司的债权债务承担无限连带责任。一旦被认定为公司间人格混同，一家公司的债务将牵连至其他关联公司，关联公司也将因此承担连带责任。

公司与股东间人格混同表现为：人员、业务、财务等方面交叉或混同，其最根本的判断标准是公司是否具有独立意思和独立财产，最主要表现为公司与股东之间的财产、账目混同且无法区分。

公司与股东间人格混同的法律责任：如果股东滥用股东权利给公司或者其他股东造成损失，应当依法承担赔偿责任；如果股东滥用公司法人独立地位和股东有限责任，逃避债务，严重损害公司债权人利益，应当依法承担连带责任；如果一人有限责任公司的股东不能证明公司财产独立于股东自己的财产，应当对公司债务承担连带责任。

【参考依据】

《公司法》

第三条第一款　公司是企业法人，有独立的法人财产，享有法人财产权。公司以其全部财产对公司的债务承担责任。

第二十条　公司股东应当遵守法律、行政法规和公司章程，依法行使股东权利，不得滥用股东权利损害公司或者其他股东的利益；不得滥用公司法人独立地位和股东有限责任损害公司债权人的利益。

公司股东滥用股东权利给公司或者其他股东造成损失的，应当依法承担赔偿责任。

公司股东滥用公司法人独立地位和股东有限责任，逃避债务，严重损害公司债权人利益的，应当对公司债务承担连带责任。

第六十三条　一人有限责任公司的股东不能证明公司财产独立于股东自己的财产的，应当对公司债务承担连带责任。

《全国法院民商事审判工作会议纪要》

10.【人格混同】认定公司人格与股东人格是否存在混同，最根本的判断标准是公司是否具有独立意思和独立财产，最主要的表现是公司的财产与股东的财产是否混同且无法区分。在认定是否构成人格混同时，应当综合考虑以下因素：

（1）股东无偿使用公司资金或者财产，不作财务记载的；

（2）股东用公司的资金偿还股东的债务，或者将公司的资金供关联公司无偿使用，不作财务记载的；

（3）公司账簿与股东账簿不分，致使公司财产与股东财产无法区分的；

（4）股东自身收益与公司盈利不加区分，致使双方利益不清的；

（5）公司的财产记载于股东名下，由股东占有、使用的；

（6）人格混同的其他情形。

在出现人格混同的情况下，往往同时出现以下混同：公司业务和股东业务混同；公司员工与股东员工混同，特别是财务人员混同；公司住所与股东住所混同。人民法院在审理案件时，关键要审查是否构成人格混同，而不要求同时具备其他方面的混同，其他方面的混同往往只是人格混同的补强。

11.【过度支配与控制】公司控制股东对公司过度支配与控制，操纵公司的决策过程，使公司完全丧失独立性，沦为控制股东的工具或躯壳，严重损害公司债权人利益，应当否认公司人格，由滥用控制权的股东对公司债务承担连带责任。实践中常见的情形包括：

（1）母子公司之间或者子公司之间进行利益输送的；

（2）母子公司或者子公司之间进行交易，收益归一方，损失却由另一方承担的；

（3）先从原公司抽走资金，然后再成立经营目的相同或者类似的公司，逃避原公司债务的；

（4）先解散公司，再以原公司场所、设备、人员及相同或者相似的经营目的另设公司，逃避原公司债务的；

（5）过度支配与控制的其他情形。

控制股东或实际控制人控制多个子公司或者关联公司，滥用控制权使多个子公司或者关联公司财产边界不清、财务混同，利益相互输送，丧失人格独立性，沦为控制股东逃避债务、非法经营，甚至违法犯罪工具的，可以综合案件事实，否认子公司或者关联公司法人人格，判令承担连带责任。

【参考案例】

徐工集团工程机械股份有限公司诉成都川交工贸有限责任公司等买卖合同纠纷案

审理法院:江苏省高级人民法院

案号:(2011)苏商终字第0107号

裁判要旨:川交工贸公司、川交机械公司、瑞路公司在经营中无视各自的独立人格,随意混淆业务、财务、资金,相互之间界线模糊,无法严格区分,使交易相对人难以区分准确的交易对象。在均与徐工科技公司有业务往来的情况下,三公司还刻意安排将业务统计于川交工贸公司的名下,客观上削弱了川交工贸公司的偿债能力,有滥用公司独立人格以逃废债务之嫌。三公司虽在工商登记部门登记为彼此独立的企业法人,但实际上人员混同、业务混同、财务混同,已构成人格混同,损害了债权人的利益,违背了法人制度设立的宗旨,其危害性与《公司法》第20条规定的股东滥用公司法人独立地位和股东有限责任的情形相当。为保护债权人的合法利益,规范公司行为,参照《公司法》第20条的规定,川交机械公司、瑞路公司应当对川交工贸公司的债务承担连带清偿责任。

9 公司在设立过程中签订的合同,应当由谁承担责任?

【律师解答】

公司在设立过程中的筹办工作由发起人组织实施,在设立公司过程中所签订合同的责任承担应当分情况处理:

(1)若发起人以自己的名义对外签订合同,合同相对人可以请求该发起人承担合同责任。公司成立后对前款所述规定的合同予以确认,或者已经实际享有合同权利或者义务,合同相对人有权请求公司承担合同责任。

(2)若发起人以设立中公司名义对外签订合同,公司成立后,合同相对方可请求公司承担合同责任。如公司因故未能成立,合同相对方可主张全体或者部分发起人对设立公司行为所产生的费用和债务承担连带清偿责任。部分发起人承担责任后,可以请求其他发起人按照约定的责任承担比例分担责任;没有约定责任承担比例的,按照约定的出资比例分担责任;没有约定出资比例的,按照均等份额分担责任。

此外,如公司成立后有证据证明发起人利用设立中公司的名义为自己的利益与相对人签订合同,公司可以此为由主张不承担合同责任,但相对人为善意的除外。

【参考依据】

《最高人民法院关于适用〈中华人民共和国公司法〉若干问题的规定(三)》

第二条 发起人为设立公司以自己名义对外签订合同,合同相对人请求该发起人承担合同责任的,人民法院应予支持;公司成立后合同相对人请求公司承担合同责任的,人民法院应予支持。

第四条 公司因故未成立,债权人请求全体或者部分发起人对设立公司行为所产生的费用和债务承担连带清偿责任的,人民法院应予支持。

部分发起人依照前款规定承担责任后,请求其他发起人分担的,人民法院应当判令其他发起人按照约定的责任承担比例分担责任;没有约定责任承担比例的,按照约定的出资比例分担责任;没有约定出资比例的,按照均等份额分担责任。

因部分发起人的过错导致公司未成立,其他发起人主张其承担设立行为所产生的费用和债务的,人民法院应当根据过错情况,确定过错一方的责任范围。

10 哪些人不能担任公司董事、监事、高级管理人员?

【律师解答】

有下列情形之一的,不得担任公司的董事、监事、高级管理人员:

(1)无民事行为能力或者限制民事行为能力;

(2)因贪污、贿赂、侵占财产、挪用财产或者破坏社会主义市场经济秩序,被判处刑罚,执行期满未逾5年,或者因犯罪被剥夺政治权利,执行期满未逾5年;

(3)担任破产清算的公司、企业的董事或者厂长、经理,对该公司、企业的破产负有个人责任的,自该公司、企业破产清算完结之日起未逾3年;

(4)担任因违法被吊销营业执照、责令关闭的公司、企业的法定代表人,并负有个人责任的,自该公司、企业被吊销营业执照之日起未逾3年;

(5)个人所负数额较大的债务到期未清偿。

【参考依据】

《公司法》

第一百四十六条　有下列情形之一的，不得担任公司的董事、监事、高级管理人员：

（一）无民事行为能力或者限制民事行为能力；

（二）因贪污、贿赂、侵占财产、挪用财产或者破坏社会主义市场经济秩序，被判处刑罚，执行期满未逾五年，或者因犯罪被剥夺政治权利，执行期满未逾五年；

（三）担任破产清算的公司、企业的董事或者厂长、经理，对该公司、企业的破产负有个人责任的，自该公司、企业破产清算完结之日起未逾三年；

（四）担任因违法被吊销营业执照、责令关闭的公司、企业的法定代表人，并负有个人责任的，自该公司、企业被吊销营业执照之日起未逾三年；

（五）个人所负数额较大的债务到期未清偿。

公司违反前款规定选举、委派董事、监事或者聘任高级管理人员的，该选举、委派或者聘任无效。

董事、监事、高级管理人员在任职期间出现本条第一款所列情形的，公司应当解除其职务。

11 公司股东、董事或者高管可否自营或者为他人经营与所任职公司同类的业务？

【律师解答】

我国《公司法》仅对董事、高管明确了同业禁止义务，因此针对上述问题需要区分不同情况：

（1）如果股东是公司的董事、高级管理人员，那么这种情况下股东负有法定的同业禁止义务，未经股东会或股东大会同意，违反同业禁止义务并对公司或其他股东的合法利益造成损害时，公司或股东可以依法追究其法律责任。

（2）如果股东是公司的技术人员、财务人员等与公司建立劳动关系、对公司商业秘密负有保密义务的人员，公司可以通过与其签订竞业限制协议，约定同业禁止义务，明确离职后竞业限制的具体期限、范围、地域，进一步维护公司的权益。

(3)如果股东既非公司的董事、高级管理人员,亦未与公司建立劳动关系,则股东出现同业竞争的行为时,难以有效追究其责任。

因此,为避免股东出现同业竞争行为,建议在公司设立之初在公司章程或相关协议中对同业竞争禁止的对象、期限、范围、地域等内容进行明确约定,更好地维护公司和其他股东的合法权益。

【参考依据】

《民法典》

第八十四条 营利法人的控股出资人、实际控制人、董事、监事、高级管理人员不得利用其关联关系损害法人的利益;利用关联关系造成法人损失的,应当承担赔偿责任。

《公司法》

第一百四十八条 董事、高级管理人员不得有下列行为:

(一)挪用公司资金;

(二)将公司资金以其个人名义或者以其他个人名义开立账户存储;

(三)违反公司章程的规定,未经股东会、股东大会或者董事会同意,将公司资金借贷给他人或者以公司财产为他人提供担保;

(四)违反公司章程的规定或者未经股东会、股东大会同意,与本公司订立合同或者进行交易;

(五)未经股东会或者股东大会同意,利用职务便利为自己或者他人谋取属于公司的商业机会,自营或者为他人经营与所任职公司同类的业务;

(六)接受他人与公司交易的佣金归为己有;

(七)擅自披露公司秘密;

(八)违反对公司忠实义务的其他行为。

董事、高级管理人员违反前款规定所得的收入应当归公司所有。

第一百四十九条 董事、监事、高级管理人员执行公司职务时违反法律、行政法规或者公司章程的规定,给公司造成损失的,应当承担赔偿责任。

《刑法》

第一百六十五条 国有公司、企业的董事、经理利用职务便利,自己经营或者为他人经营与其所任职公司、企业同类的营业,获取非法利益,数额巨大的,处三年以下有期徒刑或者拘役,并处或者单处罚金;数额特别巨大的,处三年以上七年以下有期徒刑,并处罚金。

《劳动合同法》

第二十三条 用人单位与劳动者可以在劳动合同中约定保守用人单位的商业秘密和与知识产权相关的保密事项。

对负有保密义务的劳动者,用人单位可以在劳动合同或者保密协议中与劳动者约定竞业限制条款,并约定在解除或者终止劳动合同后,在竞业限制期限内按月给予劳动者经济补偿。劳动者违反竞业限制约定的,应当按照约定向用人单位支付违约金。

第二十四条第一款 竞业限制的人员限于用人单位的高级管理人员、高级技术人员和其他负有保密义务的人员。竞业限制的范围、地域、期限由用人单位与劳动者约定,竞业限制的约定不得违反法律、法规的规定。

12 法定代表人与法人、法人代表有何区别?

【律师解答】

法律层面上,法定代表人与法人、法人代表互为不同的概念。

法人,是具有民事权利能力和民事行为能力,依法独立享有民事权利和承担民事义务的组织。拥有独立的法律人格、独立的财产和利益,并且能独立承担民事责任的组织,比如,公司、国家机关、事业单位等都是法人。

法定代表人,是指代表法人行使权利和义务的自然人,通常由董事长(执行董事)或者总经理担任。

法人代表,是指法人或者法定代表人授权从事公司相关活动的自然人,代表公司对外办理事务,且可以一事一授权。

【参考依据】

《民法典》

第五十七条 法人是具有民事权利能力和民事行为能力,依法独立享有民事权利和承担民事义务的组织。

第六十一条 依照法律或者法人章程的规定,代表法人从事民事活动的负责人，为法人的法定代表人。

法定代表人以法人名义从事的民事活动，其法律后果由法人承受。

法人章程或者法人权力机构对法定代表人代表权的限制，不得对抗善意相对人。

13 仅有法定代表人签字，合同未加盖公章的，能否认定为公司的行为？合同是否有效？

【律师解答】

如果法定代表人以公司名义或者足以使相对人相信其代表公司名义签订合同，就应认定为公司行为，由公司承担法律后果。但若相对人知道或者应当知道其超越权限，该行为不发生法律效力，合同无效。

【参考依据】

《民法典》

第六十一条 依照法律或者法人章程的规定，代表法人从事民事活动的负责人，为法人的法定代表人。

法定代表人以法人名义从事的民事活动，其法律后果由法人承受。

法人章程或者法人权力机构对法定代表人代表权的限制，不得对抗善意相对人。

第一百四十三条 具备下列条件的民事法律行为有效：

（一）行为人具有相应的民事行为能力；

（二）意思表示真实；

（三）不违反法律、行政法规的强制性规定，不违背公序良俗。

第四百九十条第一款 当事人采用合同书形式订立合同的，自当事人均签名、盖章或者按指印时合同成立。在签名、盖章或者按指印之前，当事人一方已经履行主要义务，对方接受时，该合同成立。

第五百零四条 法人的法定代表人或者非法人组织的负责人超越权限订立的合同，除相对人知道或者应当知道其超越权限外，该代表行为有效，订立的合同对法人或者非法人组织发生效力。

14 加盖未备案公章或者假公章签订的合同是否有效?

【律师解答】

判定此类合同是否有效,关键要把握“看人不看章”原则,即看盖章之人于盖章之时有无代表权或者代理权。盖章之人为法定代表人或有权代理人的,即便在合同之上盖未备案公章甚至是假章,仍应作为公司行为,由公司承担法律后果,合同有效。反之,盖章之人如无代表权或超越代理权,加盖的是未备案公章或者假公章,该合同可能会因为无权代表或者无权代理而最终归于无效。

【参考依据】

《民法典》

第五百零四条 法人的法定代表人或者非法人组织的负责人超越权限订立的合同,除相对人知道或者应当知道其超越权限外,该代表行为有效,订立的合同对法人或者非法人组织发生效力。

《全国法院民商事审判工作会议纪要》

41.【盖章行为的法律效力】司法实践中,有些公司有意刻制两套甚至多套公章,有的法定代表人或者代理人甚至私刻公章,订立合同时恶意加盖非备案的公章或者假公章,发生纠纷后法人以加盖的是假公章为由否定合同效力的情形并不鲜见。人民法院在审理案件时,应当主要审查签约人于盖章之时有无代表权或者代理权,从而根据代表或者代理的相关规则来确定合同的效力。

法定代表人或者其授权之人在合同上加盖法人公章的行为,表明其是以法人名义签订合同,除《公司法》第16条等法律对其职权有特别规定的情形外,应当由法人承担相应的法律后果。法人以法定代表人事后已无代表权、加盖的是假章、所盖之章与备案公章不一致等为由否定合同效力的,人民法院不予支持。

代理人以被代理人名义签订合同,要取得合法授权。代理人取得合法授权后,以被代理人名义签订的合同,应当由被代理人承担责任。被代理人以代理人事后已无代理权、加盖的是假章、所盖之章与备案公章不一致等为由否定合同效力的,人民法院不予支持。

《公司法》

第十六条 公司向其他企业投资或者为他人提供担保,依照公司章程的规定,由董事会或者股东会、股东大会决议;公司章程对投资或者担保的总额及单项投资或者担保的数额有限额规定的,不得超过规定的限额。

公司为公司股东或者实际控制人提供担保的,必须经股东会或者股东大会决议。

前款规定的股东或者受前款规定的实际控制人支配的股东,不得参加前款规定事项的表决。该项表决由出席会议的其他股东所持表决权的过半数通过。

【参考案例】

汪某雄与重庆群洲实业(集团)有限公司(以下简称重庆群洲公司)、朱某德建设工程施工合同纠纷申诉、申请民事裁定书

裁判法院:最高人民法院

案号:(2016)最高法民申255号

裁判要旨:法院经审查发现,编号为"50010218011375"的公章在重庆群洲公司的经营活动及诉讼活动中均曾使用过。2013年6月24日,重庆群洲公司使用该编号的公章与云南省大理州漾濞县普坪发电有限公司签订《大理州漾濞县普坪电站工程施工合同》,漾濞县普坪发电有限公司随后支付给重庆群洲公司的工程款均进入重庆群洲公司云南分公司的账户,工程款的收款收据上均盖有该编号的公章,重庆群洲公司并未提出异议。云南省大理市人民法院受理的(2014)大民二初字第188号案件中,重庆群洲公司作为被告参加诉讼,其提供的企业法人营业执照、组织机构代码证、《授权委托书》复印件上,均盖有编号为"50010218011375"的公章,重庆群洲公司对该公章的使用亦未提出异议。上述证据表明,重庆群洲公司对该公章的存在、使用是知晓的。尽管其主张公章伪造,但其在明知该公章存在并使用的情况下,未采取措施防止相对人的利益损害,朱某德使用编号为"50010218011375"的重庆群洲公司印章签订履行合同的行为应当认定为重庆群洲公司的行为。判决驳回重庆群洲公司的再审申请。

15 公司印章应当由谁保管?

【律师解答】

我国《公司法》并未明确规定公章应当由谁保管,这属于公司内部意思自治范畴，可以由公司章程、股东会决定等加以明确。建议公司根据自身情况在公司章程、合同或者投资协议中明确约定公章保管人并制定完善的用章流程，避免权力滥用或者发生公章权属纠纷。

【参考依据】

《公司法》

第三十六条 有限责任公司股东会由全体股东组成。股东会是公司的权力机构，依照本法行使职权。

第三十七条 股东会行使下列职权：

（一）决定公司的经营方针和投资计划；

（二）选举和更换非由职工代表担任的董事、监事，决定有关董事、监事的报酬事项；

（三）审议批准董事会的报告；

（四）审议批准监事会或者监事的报告；

（五）审议批准公司的年度财务预算方案、决算方案；

（六）审议批准公司的利润分配方案和弥补亏损方案；

（七）对公司增加或者减少注册资本作出决议；

（八）对发行公司债券作出决议；

（九）对公司合并、分立、解散、清算或者变更公司形式作出决议；

（十）修改公司章程；

（十一）公司章程规定的其他职权。

对前款所列事项股东以书面形式一致表示同意的，可以不召开股东会会议，直接作出决定，并由全体股东在决定文件上签名、盖章。

第九十八条 股份有限公司股东大会由全体股东组成。股东大会是公司的权力机构，依照本法行使职权。

第九十九条 本法第三十七条第一款关于有限责任公司股东会职权的规定，适用于股份有限公司股东大会。

16 合同所盖印章并非公章或合同专用章，而是采购、项目部等专用章，合同是否有效？

【律师解答】

合同上加盖的印章虽然并非公章或合同专用章，而是采购、项目部等专用章，不符合签订合同的一般原则和规定，但这是公司自身管理方面存在的漏洞，如果该公司不能提交相反事实证据，证明合同所涉印章和公司无关或为他人私盖，即应认定合同有效，公司应当承担相应法律后果。

【参考依据】

《民法典》

第四百九十条 当事人采用合同书形式订立合同的，自当事人均签名、盖章或者按指印时合同成立。在签名、盖章或者按指印之前，当事人一方已经履行主要义务，对方接受时，该合同成立。

法律、行政法规规定或者当事人约定合同应当采用书面形式订立，当事人未采用书面形式但是一方已经履行主要义务，对方接受时，该合同成立。

17 夫妻双方持有100%公司股份，有哪些法律风险？

【律师解答】

夫妻双方100%的持股的公司，若无法证明公司财产与夫妻股东财产独立，实务中很可能会按照一人有限公司来处理，夫妻双方需要对公司债务承担连带责任。为规避上述法律风险，律师建议夫妻公司注意将夫妻共同财产与公司财产相区分，避免公司账户与夫妻个人账户混用出现的财产混同风险，可采取以下应对措施：

(1)公司应当规范财务管理制度，建立独立规范的财务账簿，正确处理账目管理中夫妻共同共有财产与出资财产的关系。将股东个人账户与公司账户收支分离、防止混同，避免通过个人账户收取公司往来款项，股东个人不侵占公司的资金、财产，真正实现将公司作为独立的法人来处理公司与夫妻股东之间的关系。同时按照《公司法》的规定，在每一个会计年度终了时编制财务会计报告，并经会计师事务所审计。

(2)理性设计股权和公司结构,在融资增资时使用持股平台、章程等工具,或通过职业经理人的帮助使公司架构符合实际,健全完善法人治理结构。可根据实际情况适当增加一名小股东,将夫妻二人公司变为三人公司。这样夫妻公司就变为普通公司,避免原夫妻公司被法院视为实质上的一人公司或参照一人公司处理的法律风险。

【参考依据】

《公司法》

第五十七条 一人有限责任公司的设立和组织机构,适用本节规定;本节没有规定的,适用本章第一节、第二节的规定。

本法所称一人有限责任公司,是指只有一个自然人股东或者一个法人股东的有限责任公司。

第六十三条 一人有限责任公司的股东不能证明公司财产独立于股东自己的财产的,应当对公司债务承担连带责任。

【参考案例】

高某霞、宁夏金特嘉工贸有限公司(以下简称金特嘉公司)合同纠纷再审审查与审判监督民事裁定书

审理法院:最高人民法院

案号:(2020)最高法民申1515号

裁判要旨:高某霞申请再审请求不能得到支持,理由如下:本案高某霞与张某于2003年9月25日登记结婚,金特嘉公司成立于2010年3月12日,股东系张某与高某霞。高某霞与张某在设立有限责任公司时,并未能向工商登记部门提交分割财产证明。鉴于案涉债务纠纷发生在2014年,虽然张某与高某霞于2015年12月1日协议离婚,但股东高某霞不能证明其个人财产独立于金特嘉公司,即不能证明公司财产独立于股东自己的财产,故原审判决以“高某霞系张某妻子,涉案债务发生于双方婚姻存续期间”为由,判决高某霞承担共同付款责任并无不当。因此,高某霞的再审请求不符合《民事诉讼法》第200条第6项的情形,法院不予支持。

第四章 合同担保

1 担保的方式有哪些?

【律师解答】

担保方式可分为保证、抵押、质押、留置、定金五种。

保证,是指保证人和债权人约定,当债务人不履行债务时,由保证人按照约定履行主合同的义务或者承担责任的行为。依照《民法典》第685条规定,保证合同成立的情形有:保证人和债权人依据书面形式,就保证合同的主要条款达成书面协议,保证合同即告成立;或者保证人以书面信函、传真等形式向债权人表示,当被保证人不履行债务时,由其代为履行或负担损害赔偿之责,被债权人接受的,保证合同成立。

抵押,是指债务人或者第三人不转移抵押财产的占有,将抵押财产作为债权的担保。当债务人不履行债务时,债权人有权以抵押财产折价或者以拍卖、变卖该财产的价款优先受偿。例如,债务人或者第三人可以将以下有权处理的财产进行抵押,建筑物及其他土地附着物、建设用地使用权、海域使用权、生产设备、原材料、半成品、产品、正在建造的建筑物、船舶、航空器、交通运输工具等进行抵押。抵押合同自双方合法签订抵押合同时生效。如果以建筑物和其他土地附着物、建设用地使用权、海域使用权或者正在建造的建筑物进行抵押的,应当办理抵押登记。抵押权自登记时设立。

质押,是指债务人或者第三人将其动产移交债权人占有,或者将其财产权利交由债权人控制,将该动产或者财产权利作为债权的担保。债务人不履行债务时,债权人有权以该动产或者财产权利折价,或者以拍卖、变卖该动产或者财产权利的价款优先受偿。质权自出质人交付质押财产时设立。如果是以汇票、本票、支票、债券、存款单、仓单、提单出质，质权自权利凭证交付质权人时设立；没有权利凭证的，质权自办理出质登记时设立。

留置，是指债权人依照合同约定合法占有债务人的动产，债务人不按照合同约定的期限履行债务的，债权人有权留置该财产，以该财产折价或者以拍卖、变卖该财产的价款优先受偿。留置权成立的条件有3个，分别是债权人已经合法占有债务人的动产；债权人占有的动产与债权属于同一法律关系；债务人不履行到期债务；满足以上三个条件时，留置权才能成立。在实践中，留置权可适用于加工承揽合同、基本建设合同中的建筑安装承包合同、保管合同、运输合同中的货运合同、财产租赁合同、委托合同和信托合同等。

定金，是指合同当事人一方为了担保合同的履行，预先支付另一方一定数额的金钱的行为。债务人履行债务后，定金应当抵作价款或者收回。给付定金的一方不履行合同约定的债务的，无权要回定金；收受定金的一方不履行合同约定的债务的，应当双倍返还定金。根据《民法典》的规定，当事人可以约定一方向对方给付定金作为债权的担保。定金合同自实际交付定金时成立。在实践中，定金可适用于以下情形：违约定金、立约定金、成约定金、解约定金。

【参考依据】

《民法典》

第三百九十四条 为担保债务的履行，债务人或者第三人不转移财产的占有，将该财产抵押给债权人的，债务人不履行到期债务或者发生当事人约定的实现抵押权的情形，债权人有权就该财产优先受偿。

前款规定的债务人或者第三人为抵押人，债权人为抵押权人，提供担保的财产为抵押财产。

第三百九十五条 债务人或者第三人有权处分的下列财产可以抵押：

（一）建筑物和其他土地附着物；

（二）建设用地使用权；

（三）海域使用权；

（四）生产设备、原材料、半成品、产品；

（五）正在建造的建筑物、船舶、航空器；

（六）交通运输工具；

（七）法律、行政法规未禁止抵押的其他财产。

抵押人可以将前款所列财产一并抵押。

第四百零二条 以本法第三百九十五条第一款第一项至第三项规定的财产或者第五项规定的正在建造的建筑物抵押的，应当办理抵押登记。抵押权自登记时设立。

第四百二十五条 为担保债务的履行，债务人或者第三人将其动产出质给债权人占有的，债务人不履行到期债务或者发生当事人约定的实现质权的情形，债权人有权就该动产优先受偿。

前款规定的债务人或者第三人为出质人，债权人为质权人，交付的动产为质押财产。

第四百四十条 债务人或者第三人有权处分的下列权利可以出质：

（一）汇票、本票、支票；

（二）债券、存款单；

（三）仓单、提单；

（四）可以转让的基金份额、股权；

（五）可以转让的注册商标专用权、专利权、著作权等知识产权中的财产权；

（六）现有的以及将有的应收账款；

（七）法律、行政法规规定可以出质的其他财产权利。

第四百四十七条 债务人不履行到期债务，债权人可以留置已经合法占有的债务人的动产，并有权就该动产优先受偿。

前款规定的债权人为留置权人，占有的动产为留置财产。

第四百四十九条 法律规定或者当事人约定不得留置的动产，不得留置。

第五百八十六条 当事人可以约定一方向对方给付定金作为债权的担保。定金合同自实际交付定金时成立。

定金的数额由当事人约定；但是，不得超过主合同标的额的百分之二十，超过部分不产生定金的效力。实际交付的定金数额多于或者少于约定数额的，视为变更约定的定金数额。

第五百八十七条 债务人履行债务的，定金应当抵作价款或者收回。给付定金的一方不履行债务或者履行债务不符合约定，致使不能实现合同目的的，无权请求返还定金；收受定金的一方不履行债务或者履行债务不符合约定，致使不能实现合同目的的，应当双倍返还定金。

第六百八十一条 保证合同是为保障债权的实现，保证人和债权人约定，当债务人不履行到期债务或者发生当事人约定的情形时，保证人履行债务或者承担责任的合同。

第六百八十五条 保证合同可以是单独订立的书面合同，也可以是主债权债务合同中的保证条款。

第三人单方以书面形式向债权人作出保证，债权人接收且未提出异议的，保证合同成立。

2 合同发生变更，保证人承担的保证责任是否发生变化?

【律师解答】

鉴于合同的变更包括多种情形，关于保证人承担的保证责任也需区分合同变更的不同情形进行区别讨论：

1. 合同主体变更

(1)债权转让。如果保证人与债权人已明确约定禁止债权转让，那么债权人未经保证人书面同意即转让全部或部分债权的，保证人对受让人不承担保证责任；如果没有明确约定禁止债权转让，债权转让时没有通知保证人的，则该转让对保证人不发生效力。

(2)债务转移。如果债权人未经保证人书面同意，允许债务人转让部分或全部债务，保证人对未经其同意转移的债务不再承担保证责任，除非债权人和保证人另有约定。

2. 合同内容变更

债权人和债务人未经保证人书面同意变更主债权债务合同内容的，若减轻债务，保证人对变更后的债务承担保证责任；若加重债务，保证人对加重的部分不承担。

3. 合同期限变更

如果债权人和债务人未经保证人书面同意，变更主债权债务合同的履行期限的，保证人的保证期间不受影响。

因此建议，如果希望在合同发生变更时最大限度不影响保证人的保证责任承担,债权人应当在债权转让时注意履行通知保证人的义务,在债务转移、加重债务以及合同期限变更时注意征得保证人的书面同意。

【参考依据】

《民法典》

第六百九十五条 债权人和债务人未经保证人书面同意,协商变更主债权债务合同内容,减轻债务的,保证人仍对变更后的债务承担保证责任;加重债务的,保证人对加重的部分不承担保证责任。

债权人和债务人变更主债权债务合同的履行期限,未经保证人书面同意的,保证期间不受影响。

第六百九十六条 债权人转让全部或者部分债权,未通知保证人的,该转让对保证人不发生效力。

保证人与债权人约定禁止债权转让,债权人未经保证人书面同意转让债权的,保证人对受让人不再承担保证责任。

第六百九十七条 债权人未经保证人书面同意,允许债务人转移全部或者部分债务,保证人对未经其同意转移的债务不再承担保证责任,但是债权人和保证人另有约定的除外。

第三人加入债务的,保证人的保证责任不受影响。

3 未经董事会或者股东会、股东大会决议,公司法定代表人以公司名义对外提供担保是否有效?

【律师解答】

一般情况下,公司对外提供担保应当依照公司章程的规定通过董事会或股东会决议。法定代表人未经公司股东(大)会、董事会决议,擅自为他人提供担保的,构成越权代表。对外担保是否有效,要根据订立合同时债权人是否为善意来认定。订立合同时债权人是善意的,合同有效;反之,合同无效。

前文所述善意,是指债权人不知道或者不应当知道法定代表人超越权限订立担保合同,即只要债权人能够证明其在订立担保合同时对董事会决议或者股东

(大)会决议进行了审查,同意决议的人数及签字人员符合公司章程的规定,就应当认定其构成善意,但公司能够证明债权人明知公司章程对决议机关有明确规定的除外。

【参考依据】

《民法典》

第六十一条 依照法律或者法人章程的规定,代表法人从事民事活动的负责人,为法人的法定代表人。

法定代表人以法人名义从事的民事活动,其法律后果由法人承受。

法人章程或者法人权力机构对法定代表人代表权的限制,不得对抗善意相对人。

第五百零四条 法人的法定代表人或者非法人组织的负责人超越权限订立的合同,除相对人知道或者应当知道其超越权限外,该代表行为有效,订立的合同对法人或者非法人组织发生效力。

《公司法》

第十六条 公司向其他企业投资或者为他人提供担保,依照公司章程的规定,由董事会或者股东会、股东大会决议;公司章程对投资或者担保的总额及单项投资或者担保的数额有限额规定的,不得超过规定的限额。

公司为公司股东或者实际控制人提供担保的,必须经股东会或者股东大会决议。

前款规定的股东或者受前款规定的实际控制人支配的股东,不得参加前款规定事项的表决。该项表决由出席会议的其他股东所持表决权的过半数通过。

《最高人民法院关于适用〈中华人民共和国民法典〉有关担保制度的解释》

第七条 公司的法定代表人违反公司法关于公司对外担保决议程序的规定,超越权限代表公司与相对人订立担保合同,人民法院应当依照民法典第六十一条和第五百零四条等规定处理:

(一)相对人善意的,担保合同对公司发生效力;相对人请求公司承担担保责任的,人民法院应予支持。

(二)相对人非善意的,担保合同对公司不发生效力;相对人请求公司承担赔偿责任的,参照适用本解释第十七条的有关规定。

法定代表人超越权限提供担保造成公司损失,公司请求法定代表人承担赔偿责任的,人民法院应予支持。

第一款所称善意,是指相对人在订立担保合同时不知道且不应当知道法定代表人超越权限。相对人有证据证明已对公司决议进行了合理审查,人民法院应当认定其构成善意,但是公司有证据证明相对人知道或者应当知道决议系伪造、变造的除外。

《全国法院民商事审判工作会议纪要》

17.【违反《公司法》第16条构成越权代表】为防止法定代表人随意代表公司为他人提供担保给公司造成损失,损害中小股东利益,《公司法》第16条对法定代表人的代表权进行了限制。根据该条规定,担保行为不是法定代表人所能单独决定的事项,而必须以公司股东(大)会、董事会等公司机关的决议作为授权的基础和来源。法定代表人未经授权擅自为他人提供担保的,构成越权代表,人民法院应当根据《合同法》第50条关于法定代表人越权代表的规定,区分订立合同时债权人是否善意分别认定合同效力:债权人善意的,合同有效;反之,合同无效。

18.【善意的认定】前条所称的善意,是指债权人不知道或者不应当知道法定代表人超越权限订立担保合同。《公司法》第16条对关联担保和非关联担保的决议机关作出了区别规定,相应地,在善意的判断标准上也应当有所区别。一种情形是,为公司股东或者实际控制人提供关联担保,《公司法》第16条明确规定必须由股东(大)会决议,未经股东(大)会决议,构成越权代表。在此情况下,债权人主张担保合同有效,应当提供证据证明其在订立合同时对股东(大)会决议进行了审查,决议的表决程序符合《公司法》第16条的规定,即在排除被担保股东表决权的情况下,该项表决由出席会议的其他股东所持表决权的过半数通过,签字人员也符合公司章程的规定。另一种情形是,公司为公司股东或者实际控制人以外的人提供非关联担保,根据《公司法》第16条的规定,此时由公司章程规定是由董事会决议还是股东(大)会决议。无论章程是否对决议机关作出规定,也无论章程规定决议机关为董事会还是股东(大)会,根据《民法总则》第61条第3款关于"法人章程或者法人权力机构对法定代表人代表权的限制,不得对抗善意相对人"的规定,只要债权人能够证明其在订立担保合同时对董事会决议或者股东(大)会决议进行了审查,同意决议的人数及签字人员符合公司章程的规定,就应当认定其构成善意,但公司能够证明债权人明知公司章程对决议机关有明确规定的除外。

债权人对公司机关决议内容的审查一般限于形式审查,只要求尽到必要的注意义务即可，标准不宜太过严苛。公司以机关决议系法定代表人伪造或者变造、决议程序违法、签章（名）不实、担保金额超过法定限额等事由抗辩债权人非善意的，人民法院一般不予支持。但是，公司有证据证明债权人明知决议系伪造或者变造的除外。

19.【无须机关决议的例外情况】存在下列情形的，即便债权人知道或者应当知道没有公司机关决议，也应当认定担保合同符合公司的真实意思表示，合同有效：

（1）公司是以为他人提供担保为主营业务的担保公司，或者是开展保函业务的银行或者非银行金融机构；

（2）公司为其直接或者间接控制的公司开展经营活动向债权人提供担保；

（3）公司与主债务人之间存在相互担保等商业合作关系；

（4）担保合同系由单独或者共同持有公司三分之二以上有表决权的股东签字同意。

4 公司可以为公司股东或者实际控制人提供担保吗？

【律师解答】

根据《公司法》第16条的规定，公司可以为公司股东或者实际控制人提供担保，但是必须经过股东会或者股东大会决议通过。这里的股东或者实际控制人支配的股东，不得参加本次担保的表决。该表决需由出席会议的其他股东所持表决权的过半数通过。

【参考依据】

《公司法》

第十六条 公司向其他企业投资或者为他人提供担保，依照公司章程的规定，由董事会或者股东会、股东大会决议；公司章程对投资或者担保的总额及单项投资或者担保的数额有限额规定的，不得超过规定的限额。

公司为公司股东或者实际控制人提供担保的，必须经股东会或者股东大会决议。

前款规定的股东或者受前款规定的实际控制人支配的股东，不得参加前款规定事项的表决。该项表决由出席会议的其他股东所持表决权的过半数通过。

5 哪些主体不能做保证人?

【律师解答】

不能做担保人主要分为以下情形:

(1)国家机关不得为保证人,但经国务院批准为使用外国政府或者国际经济组织贷款进行转贷的除外。

(2)学校、幼儿园、医院等以公益为目的的事业单位、社会团体不得做保证人。

(3)企业法人(除金融公司和担保公司)的分支机构、职能部门不得为保证人。企业法人的分支机构有法人书面授权的,可以在授权范围内提供保证。

(4)居民委员会、村民委员会一般不得担任保证人,但是依法代行村集体经济组织职能的村民委员会,依照村民委员会组织法规定的讨论决定程序对外提供担保的除外。

【参考依据】

《民法典》

第六百八十三条 机关法人不得为保证人,但是经国务院批准为使用外国政府或者国际经济组织贷款进行转贷的除外。

以公益为目的的非营利法人、非法人组织不得为保证人。

《最高人民法院关于适用〈中华人民共和国民法典〉有关担保制度的解释》

第五条 机关法人提供担保的,人民法院应当认定担保合同无效,但是经国务院批准为使用外国政府或者国际经济组织贷款进行转贷的除外。

居民委员会、村民委员会提供担保的,人民法院应当认定担保合同无效,但是依法代行村集体经济组织职能的村民委员会,依照村民委员会组织法规定的讨论决定程序对外提供担保的除外。

第六条 以公益为目的的非营利性学校、幼儿园、医疗机构、养老机构等提供担保的,人民法院应当认定担保合同无效,但是有下列情形之一的除外:

(一)在购入或者以融资租赁方式承租教育设施、医疗卫生设施、养老服务设施和其他公益设施时,出卖人、出租人为担保价款或者租金实现而在该公益设施上保留所有权;

（二）以教育设施、医疗卫生设施、养老服务设施和其他公益设施以外的不动产、动产或者财产权利设立担保物权。

登记为营利法人的学校、幼儿园、医疗机构、养老机构等提供担保，当事人以其不具有担保资格为由主张担保合同无效的，人民法院不予支持。

第十一条 公司的分支机构未经公司股东（大）会或者董事会决议以自己的名义对外提供担保，相对人请求公司或者其分支机构承担担保责任的，人民法院不予支持，但是相对人不知道且不应当知道分支机构对外提供担保未经公司决议程序的除外。

金融机构的分支机构在其营业执照记载的经营范围内开立保函，或者经有权从事担保业务的上级机构授权开立保函，金融机构或者其分支机构以违反公司法关于公司对外担保决议程序的规定为由主张不承担担保责任的，人民法院不予支持。金融机构的分支机构未经金融机构授权提供保函之外的担保，金融机构或者其分支机构主张不承担担保责任的，人民法院应予支持，但是相对人不知道且不应当知道分支机构对外提供担保未经金融机构授权的除外。

担保公司的分支机构未经担保公司授权对外提供担保，担保公司或者其分支机构主张不承担担保责任的，人民法院应予支持，但是相对人不知道且不应当知道分支机构对外提供担保未经担保公司授权的除外。

公司的分支机构对外提供担保，相对人非善意，请求公司承担赔偿责任的，参照本解释第十七条的有关规定处理。

6 保证期间约定不明或没有约定的情况下，如何确定该期间？

【律师解答】

保证期间可以由合同当事人自行约定，当约定不明或没有约定时，保证期间为自主债务履行期限届满之日起法定6个月。若主债务的履行期限没有约定或约定不明确，保证期间自债权人请求债务人履行债务的宽限期届满之日起计算。

需要注意的是，保证合同约定保证人承担保证责任直至主债务本息还清时为止等类似内容的，在司法实践中视为约定不明，保证期间也只有法定6个月，即使这样约定了，也并不会因主债务延期而延长。

【参考依据】

《民法典》

第六百九十二条 保证期间是确定保证人承担保证责任的期间，不发生中止、中断和延长。

债权人与保证人可以约定保证期间，但是约定的保证期间早于主债务履行期限或者与主债务履行期限同时届满的，视为没有约定；没有约定或者约定不明确的，保证期间为主债务履行期限届满之日起六个月。

债权人与债务人对主债务履行期限没有约定或者约定不明确的，保证期间自债权人请求债务人履行债务的宽限期届满之日起计算。

《最高人民法院关于适用〈中华人民共和国民法典〉有关担保制度的解释》

第三十二条 保证合同约定保证人承担保证责任直至主债务本息还清时为止等类似内容的，视为约定不明，保证期间为主债务履行期限届满之日起六个月。

7 一般保证和连带责任保证有什么区别？

【律师解答】

一般保证，是指当事人在保证合同中约定，债务人不能履行债务时，由保证人承担保证责任。连带责任保证，是指当事人在保证合同中约定保证人与债务人对债务承担连带责任，即连带责任保证的债务人在主合同规定的履行期届满没有履行债务的，债权人既可以要求债务人履行债务，也可以要求保证人在其保证范围内承担保证责任，保证人没有先诉抗辩权。

(1)承担责任的具体做法不同。一般保证的保证人只是在主债务人不履行时，有代为履行的义务，即具有补充性；而连带责任保证中的保证人与主债务人为连带责任人，债务到期后，债权人在保证范围内，既可以向债务人求偿，也可以向保证人求偿，无论债权人选择谁，债务人和保证人都无权拒绝。

(2)保证人的诉讼地位不同。在一般保证中，债权人可以只列债务人为被告，也可以将债务人和一般保证人列为共同被告，但不能只列一般保证人为被告。在连带责任保证中，债权人可以只列债务人为被告，也可以只列保证人为被告，还可以将债务人和保证人列为共同被告。

(3)抗辩权不同。一般保证人享有“先诉抗辩权”,即在主合同纠纷未经审判或者仲裁并就债务人财产依法强制执行仍不能履行债务前,一般保证人有权拒绝向债权人承担保证责任。而连带保证人不享有此项权利,仅可以债务人的抗辩理由抗辩。

(4)债权人行使担保权的方式不同。对于一般保证,债权人需在保证期内向债务人提起诉讼或者仲裁,否则保证人不再承担担保责任。连带责任保证中,债权人在保证期内向连带保证人主张担保权利既可以通过诉讼或仲裁,也可以自行主张。

(5)诉讼时效起算点不同。连带责任保证,从债权人请求保证人承担保证责任之日起,开始计算保证债务的诉讼时效。而一般保证因保证人有先诉抗辩权,直到保证人拒绝承担保证责任的权利消灭之日起,才开始计算保证债务的诉讼时效。

(6)主债务诉讼时效中止、中断对保证债务诉讼时效的影响不同。一般保证中主债务诉讼时效中止、中断的,保证债务诉讼时效亦中止、中断。连带保证责任中主债务诉讼时效中止的,保证债务诉讼时效也中止;但是主债务诉讼时效中断的,保证债务诉讼时效不中断。

【参考依据】

《民法典》

第六百八十七条 当事人在保证合同中约定,债务人不能履行债务时,由保证人承担保证责任的,为一般保证。

一般保证的保证人在主合同纠纷未经审判或者仲裁,并就债务人财产依法强制执行仍不能履行债务前,有权拒绝向债权人承担保证责任,但是有下列情形之一的除外:

(一)债务人下落不明,且无财产可供执行;

(二)人民法院已经受理债务人破产案件;

(三)债权人有证据证明债务人的财产不足以履行全部债务或者丧失履行债务能力;

(四)保证人书面表示放弃本款规定的权利。

第六百八十八条 当事人在保证合同中约定保证人和债务人对债务承担连带责任的,为连带责任保证。

连带责任保证的债务人不履行到期债务或者发生当事人约定的情形时,债权人可以请求债务人履行债务,也可以请求保证人在其保证范围内承担保证责任。

第六百九十二条 保证期间是确定保证人承担保证责任的期间,不发生中止、中断和延长。

债权人与保证人可以约定保证期间,但是约定的保证期间早于主债务履行期限或者与主债务履行期限同时届满的,视为没有约定;没有约定或者约定不明确的,保证期间为主债务履行期限届满之日起六个月。

债权人与债务人对主债务履行期限没有约定或者约定不明确的,保证期间自债权人请求债务人履行债务的宽限期届满之日起计算。

第六百九十三条 一般保证的债权人未在保证期间对债务人提起诉讼或者申请仲裁的,保证人不再承担保证责任。

连带责任保证的债权人未在保证期间请求保证人承担保证责任的,保证人不再承担保证责任。

第六百九十四条 一般保证的债权人在保证期间届满前对债务人提起诉讼或者申请仲裁的,从保证人拒绝承担保证责任的权利消灭之日起,开始计算保证债务的诉讼时效。

连带责任保证的债权人在保证期间届满前请求保证人承担保证责任的,从债权人请求保证人承担保证责任之日起,开始计算保证债务的诉讼时效。

《最高人民法院关于适用〈中华人民共和国民法典〉有关担保制度的解释》

第二十五条 当事人在保证合同中约定了保证人在债务人不能履行债务或者无力偿还债务时才承担保证责任等类似内容,具有债务人应当先承担责任的意思表示的,人民法院应当将其认定为一般保证。

当事人在保证合同中约定了保证人在债务人不履行债务或者未偿还债务时即承担保证责任、无条件承担保证责任等类似内容,不具有债务人应当先承担责任的意思表示的,人民法院应当将其认定为连带责任保证。

第二十八条 一般保证中,债权人依据生效法律文书对债务人的财产依法申请强制执行,保证债务诉讼时效的起算时间按照下列规则确定:

(一)人民法院作出终结本次执行程序裁定,或者依照民事诉讼法第二百五十七条第三项、第五项的规定作出终结执行裁定的,自裁定送达债权人之日起开始计算;

(二)人民法院自收到申请执行书之日起一年内未作出前项裁定的,自人民法院收到申请执行书满一年之日起开始计算,但是保证人有证据证明债务人仍有财产可供执行的除外。

一般保证的债权人在保证期间届满前对债务人提起诉讼或者申请仲裁,债权人举证证明存在民法典第六百八十七条第二款但书规定情形的,保证债务的诉讼时效自债权人知道或者应当知道该情形之日起开始计算。

第三十一条 一般保证的债权人在保证期间内对债务人提起诉讼或者申请仲裁后,又撤回起诉或者仲裁申请,债权人在保证期间届满前未再行提起诉讼或者申请仲裁,保证人主张不再承担保证责任的,人民法院应予支持。

连带责任保证的债权人在保证期间内对保证人提起诉讼或者申请仲裁后,又撤回起诉或者仲裁申请,起诉状副本或者仲裁申请书副本已经送达保证人的,人民法院应当认定债权人已经在保证期间内向保证人行使了权利。

8 人保和物保并存时,承担担保责任是否有法定顺序?

【律师解答】

人保是保证人对债务的担保,即当债务人不履行债务时,由保证人按照约定履行主合同的义务或者承担责任。与之相对应的物保则是以物为担保,即由债务人或第三人提供抵押物、质押物等物品,当债务人不履行债务时,债权人有权就担保物拍卖、变卖后的价款优先受偿。我国法律明确规定:被担保的债权既有物的担保又有人的担保的,债务人不履行到期债务或者发生当事人约定的实现担保物权的情形,债权人应当按照约定实现债权;没有约定或者约定不明确,债务人自己提供物的担保的,债权人应当先就该物的担保实现债权;第三人提供物的担保的,债权人可以就物的担保实现债权,也可以请求保证人承担保证责任。提供担保的第三人承担担保责任后,有权向债务人追偿。

因此,当债权存在多种担保方式时,债权人实现担保权的法定顺序为:

(1)约定优先;

(2)债务人自己提供的物的担保;

(3)第三人提供的物的担保或保证。

【参考依据】

《民法典》

第三百九十二条 被担保的债权既有物的担保又有人的担保的,债务人不履行到期债务或者发生当事人约定的实现担保物权的情形，债权人应当按照约定实现债权；没有约定或者约定不明确，债务人自己提供物的担保的，债权人应当先就该物的担保实现债权；第三人提供物的担保的，债权人可以就物的担保实现债权，也可以请求保证人承担保证责任。提供担保的第三人承担担保责任后，有权向债务人追偿。

第七百条 保证人承担保证责任后，除当事人另有约定外，有权在其承担保证责任的范围内向债务人追偿，享有债权人对债务人的权利，但是不得损害债权人的利益。

9 哪些财产禁止抵押？

【律师解答】

根据《民法典》第399条的规定，以下财产不可抵押：

(1)土地所有权；

(2)宅基地、自留地、自留山等集体所有土地的使用权，但是法律规定可以抵押的除外；

(3)学校、幼儿园、医疗机构等为公益目的成立的非营利法人的教育设施、医疗卫生设施和其他公益设施；

(4)所有权、使用权不明或者有争议的财产；

(5)依法被查封、扣押、监管的财产；

(6)法律、行政法规规定不得抵押的其他财产。

【参考依据】

《民法典》

第三百九十九条 下列财产不得抵押：

(一)土地所有权；

(二)宅基地、自留地、自留山等集体所有土地的使用权，但是法律规定可以抵押的除外；

(三)学校、幼儿园、医疗机构等为公益目的成立的非营利法人的教育设施、医疗卫生设施和其他公益设施；

（四）所有权、使用权不明或者有争议的财产；

（五）依法被查封、扣押、监管的财产；

（六）法律、行政法规规定不得抵押的其他财产。

10 设立抵押权必须要登记吗？

【律师解答】

（1）不动产设立抵押权应当办理登记手续，抵押权自登记时设立，未办理登记的不动产抵押权无法优先受偿。未办理不动产抵押登记手续不影响抵押合同的效力，但抵押权并未设立，债权人对抵押物不享有优先受偿权。

（2）动产抵押权不以办理登记为设立要件，未办理登记手续不影响动产抵押权的设立，但未办理登记手续的动产抵押不得对抗善意第三人。

【参考依据】

《民法典》

第二百一十五条 当事人之间订立有关设立、变更、转让和消灭不动产物权的合同，除法律另有规定或者当事人另有约定外，自合同成立时生效；未办理物权登记的，不影响合同效力。

第四百零二条 以本法第三百九十五条第一款第一项至第三项规定的财产或者第五项规定的正在建造的建筑物抵押的，应当办理抵押登记。抵押权自登记时设立。

第四百零三条 以动产抵押的，抵押权自抵押合同生效时设立；未经登记，不得对抗善意第三人。

11 什么是浮动抵押？浮动抵押如何设立？

【律师解答】

浮动抵押，是一种特别抵押，是指企业、个体工商户、农业生产经营者将现有的以及将来的生产设备、原材料、半成品、产品抵押，在行使抵押权之前，抵押人对抵押财产保留在正常经营过程中的处分权。当债务人不履行到期债务或者发生当事人约定的实现抵押权的情形时,债权人有权就抵押财产确定时的动产优先受偿。

浮动抵押权自抵押合同生效时设立,自登记时具有对抗善意第三人的效力,但是抵押财产自法定事由发生时确定。

【参考依据】

《民法典》

第三百九十六条 企业、个体工商户、农业生产经营者可以将现有的以及将有的生产设备、原材料、半成品、产品抵押,债务人不履行到期债务或者发生当事人约定的实现抵押权的情形,债权人有权就抵押财产确定时的动产优先受偿。

第四百零三条 以动产抵押的,抵押权自抵押合同生效时设立;未经登记,不得对抗善意第三人。

第四百一十一条 依据本法第三百九十六条规定设定抵押的,抵押财产自下列情形之一发生时确定:

(一)债务履行期限届满,债权未实现;

(二)抵押人被宣告破产或者解散;

(三)当事人约定的实现抵押权的情形;

(四)严重影响债权实现的其他情形。

12 什么是最高额抵押?

【律师解答】

最高额抵押,是指为了担保债务的履行,在最高债权额限度内,债务人或者第三人对一定期间内将要连续发生的债权提供担保财产,当债务人不履行到期债务或者发生当事人约定的实现抵押权的情形,抵押权人有权在最高债权额限度内就该担保财产优先受偿的特殊抵押权。

最高额抵押有两个要点:一是所担保的债权额有一个确定的最高额度限制,但实际发生的债权额是不确定的;二是最高额抵押权是对一定期间内将要连续发生的债权提供担保。最高额抵押所担保的未来债权是不特定的,将来的债权是否发生、债权类型是什么、债权额是多少均是不确定的。

最高额抵押在实践中一般用于两种情况:(1)借款合同,一是商业银行与企业有长期的业务关系,企业对一定期间内已经发生的和将要发生的多次贷款提供总的抵押担保,商业银行在商定的最高贷款额度内多次对借款人贷款;二是商业银行与企业签订了贷款意向协议,尚未确定借款的具体时间和数额,只规定了借款的最高限额,但有必要预先提供抵押担保的情况下,企业会设定最高额抵押。(2)债权人与债务人就某项商品在一定期间内连续发生交易而签订的合同,可以附最高额抵押合同。这种情况一般不适用于商业银行等金融机构。

【参考依据】

《民法典》

第四百二十条 为担保债务的履行,债务人或者第三人对一定期间内将要连续发生的债权提供担保财产的,债务人不履行到期债务或者发生当事人约定的实现抵押权的情形,抵押权人有权在最高债权额限度内就该担保财产优先受偿。

最高额抵押权设立前已经存在的债权,经当事人同意,可以转入最高额抵押担保的债权范围。

第四百二十三条 有下列情形之一的,抵押权人的债权确定:

(一)约定的债权确定期间届满;

(二)没有约定债权确定期间或者约定不明确,抵押权人或者抵押人自最高额抵押权设立之日起满二年后请求确定债权;

(三)新的债权不可能发生;

(四)抵押权人知道或者应当知道抵押财产被查封、扣押;

(五)债务人、抵押人被宣告破产或者解散;

(六)法律规定债权确定的其他情形。

13 抵押财产能否转让?

【律师解答】

在当事人没有特别约定的前提下,抵押人可以在抵押期间转让抵押财产。转让抵押财产时应当及时通知抵押权人,据此转让抵押财产的,抵押权不受影响。抵押权人能够证明抵押财产转让可能损害抵押权的,可以请求抵押人将转让所得的价款向抵押权人提前清偿债务或者提存。转让的价款超过债权数额的部分归抵押人所有,不足部分由债务人清偿。

【参考依据】

《民法典》

第四百零五条 抵押权设立前,抵押财产已经出租并转移占有的,原租赁关系不受该抵押权的影响。

第四百零六条 抵押期间,抵押人可以转让抵押财产。当事人另有约定的,按照其约定。抵押财产转让的,抵押权不受影响。抵押人转让抵押财产的,应当及时通知抵押权人。抵押权人能够证明抵押财产转让可能损害抵押权的,可以请求抵押人将转让所得的价款向抵押权人提前清偿债务或者提存。转让的价款超过债权数额的部分归抵押人所有,不足部分由债务人清偿。

14 同一财产向两个以上债权人抵押的,拍卖、变卖抵押财产所得的价款如何清偿?

【律师解答】

同一财产向两个以上债权人抵押的,拍卖、变卖抵押财产所得的价款依照下列规定清偿:

(1)抵押权已经登记的,按照登记的时间先后确定清偿顺序;

(2)抵押权已经登记的先于未登记的受偿;

(3)抵押权未登记的,按照债权比例清偿。

【参考依据】

《民法典》

第四百一十四条 同一财产向两个以上债权人抵押的,拍卖、变卖抵押财产所得的价款依照下列规定清偿:

(一)抵押权已经登记的,按照登记的时间先后确定清偿顺序;

（二）抵押权已经登记的先于未登记的受偿；

（三）抵押权未登记的，按照债权比例清偿。

其他可以登记的担保物权，清偿顺序参照适用前款规定。

15 在建工程能否抵押？

【律师解答】

在建工程可以设立抵押。一般来说，在建工程即正在建造的建筑物，是抵押人为了取得继续建造建筑物所需的资金，以其合法方式取得的土地使用权连同在建工程的投入资产（如房地产企业以其正在建造的商品房、企业以其正在建造的厂房）作为抵押财产，以不转移占有的方式设立的抵押。

需要注意的是，在办理在建工程抵押登记时，应当一并申请建设用地使用权以及在建建筑物抵押权的首次登记。当事人在申请在建建筑物抵押权首次登记时，抵押财产不包括已经办理预告登记的预购商品房和已经办理预售备案的商品房。

【参考依据】

《民法典》

第三百九十五条 债务人或者第三人有权处分的下列财产可以抵押：

……

（五）正在建造的建筑物、船舶、航空器；

……

第四百零二条 以本法第三百九十五条第一款第一项至第三项规定的财产或者第五项规定的正在建造的建筑物抵押的，应当办理抵押登记。抵押权自登记时设立。

《城市房地产抵押管理办法》

第三条第五款 本办法所称在建工程抵押，是指抵押人为取得在建工程继续建造资金的贷款，以其合法方式取得的土地使用权连同在建工程的投入资产，以不转移占有的方式抵押给贷款银行作为偿还贷款履行担保的行为。

《不动产登记暂行条例实施细则》

第六十五条 对下列财产进行抵押的，可以申请办理不动产抵押登记：

……

（五）正在建造的建筑物；

……

第七十五条 以建设用地使用权以及全部或者部分在建建筑物设定抵押的，应当一并申请建设用地使用权以及在建建筑物抵押权的首次登记。

当事人申请在建建筑物抵押权首次登记时，抵押财产不包括已经办理预告登记的预购商品房和已经办理预售备案的商品房。

前款规定的在建建筑物，是指正在建造、尚未办理所有权首次登记的房屋等建筑物。

《最高人民法院关于适用〈中华人民共和国民法典〉有关担保制度的解释》

第五十一条 当事人仅以建设用地使用权抵押，债权人主张抵押权的效力及于土地上已有的建筑物以及正在建造的建筑物已完成部分的，人民法院应予支持。债权人主张抵押权的效力及于正在建造的建筑物的续建部分以及新增建筑物的，人民法院不予支持。

当事人以正在建造的建筑物抵押，抵押权的效力范围限于已办理抵押登记的部分。当事人按照担保合同的约定，主张抵押权的效力及于续建部分、新增建筑物以及规划中尚未建造的建筑物的，人民法院不予支持。

抵押人将建设用地使用权、土地上的建筑物或者正在建造的建筑物分别抵押给不同债权人的，人民法院应当根据抵押登记的时间先后确定清偿顺序。

16 股权质押设立后，质权人能否收取质押股权对应的分红？

【律师解答】

质权人在股权质押设立后可以继续收取质押股权对应的分红，但合同另有约定的除外。值得注意的是质权人收取对应的分红时应当优先冲抵为实现分红产生的相关费用。

【参考依据】

《民法典》

第四百三十条 质权人有权收取质押财产的孳息，但是合同另有约定的除外。

前款规定的孳息应当先充抵收取孳息的费用。

17 定金与订金有何区别？

【律师解答】

定金是合同当事人为确保合同的订立、生效或履行等而自愿约定的一种担保形式，是违约责任承担的方式之一。定金有明确的法律规定，若给付定金一方原因导致合同不能履行，其已交付定金不予返还；若收受定金一方原因导致合同无法履行，则应双倍返还已收定金。

订金在法律上没有明文规定，只是一个习惯性用语，订金效力取决于双方当事人的约定。双方当事人有约定的，从其约定；没有约定的，在审判中一般被视为预付款，不具有担保合同签订和合同履行的功能。若收受订金一方违约，只需要退回原订金，而不是双倍返还；若给付订金一方违约致使合同没有成立，给付订金一方可收回订金，收受定金一方应如数退还订金（如果因给付订金一方原因致使合同未成立而给收受订金一方造成了损失，收受订金一方可依相关法律规定另行要求赔偿）。合同成立后，订金直接抵作合同价款。

【参考依据】

《民法典》

第五百八十六条 当事人可以约定一方向对方给付定金作为债权的担保。定金合同自实际交付定金时成立。定金的数额由当事人约定；但是，不得超过主合同标的额的百分之二十，超过部分不产生定金的效力。实际交付的定金数额多于或者少于约定数额的，视为变更约定的定金数额。

第五百八十七条 债务人履行债务的，定金应当抵作价款或者收回。给付定金的一方不履行债务或者履行债务不符合约定，致使不能实现合同目的的，无权请求返还定金；收受定金的一方不履行债务或者履行债务不符合约定，致使不能实现合同目的的,应当双倍返还定金。

第五百八十八条 当事人既约定违约金,又约定定金的,一方违约时,对方可以选择适用违约金或者定金条款。

定金不足以弥补一方违约造成的损失的,对方可以请求赔偿超过定金数额的损失。

18 实践中常见的“名为买卖,实为担保”的合同效力如何认定?

【律师解答】

实践中常说的“名为买卖、实为担保”即让与担保,实际上否定了当事人具有买卖的真实意图,当事人只有买卖合同的外观形式,而其真实意图在于设定借贷关系,并以买卖作为履行借款合同的担保方式。这种情况下,合同虽然已经成立,但属于借款人和放贷人在债务履行期届满前,变相约定将担保财产归出借人所有,符合流质契约要件,应属于无效合同。

同时根据《最高人民法院关于审理民间借贷案件适用若干法律问题的规定》第23条的规定,“当事人以订立买卖合同作为民间借贷合同的担保,借款到期后借款人不能还款,出借人请求履行买卖合同的,人民法院应当按照民间借贷法律关系审理”。由此规定可知,实践中常见的“名为买卖,实为担保”的合同效力为:买卖合同无效,一般应当认定为民间借贷关系。

【参考依据】

《民法典》

第一百四十六条 行为人与相对人以虚假的意思表示实施的民事法律行为无效。

以虚假的意思表示隐藏的民事法律行为的效力,依照有关法律规定处理。

《最高人民法院关于审理民间借贷案件适用法律若干问题的规定》

第二十三条 当事人以订立买卖合同作为民间借贷合同的担保,借款到期后借款人不能还款,出借人请求履行买卖合同的,人民法院应当按照民间借贷法律关系审理。当事人根据法庭审理情况变更诉讼请求的,人民法院应当准许。

按照民间借贷法律关系审理作出的判决生效后，借款人不履行生效判决确定的金钱债务，出借人可以申请拍卖买卖合同标的物，以偿还债务。就拍卖所得的价款与应偿还借款本息之间的差额，借款人或者出借人有权主张返还或者补偿。

【参考案例】

毛某华、林某汉执行异议之诉再审民事判决书

审理法院：最高人民法院

案号：(2016)最高法民再113号

裁判要旨：案涉《房屋买卖合同》买卖店面的约定本身是当事人之间的虚伪意思表示，刘某求与林某汉签订案涉《房屋买卖合同》的真实目的是以案涉店面担保刘某求本金为800万元、借款期限为3个月、利率为日3‰的债务的履行，当事人间达成一致的真实意思即隐匿行为是将案涉店面作为借款合同的担保。根据原《民法总则》第146条的规定，法院认定案涉《房屋买卖合同》本身作为伪装行为无效，而借款担保作为隐藏行为，在不违反法律、行政法规的强制性规定的情况下，可以肯定其在当事人之间的合同效力。因此，林某汉请求确认其与刘某求双方于2012年6月20日签订的《房屋买卖合同》合法有效，缺乏法律依据，法院予以驳回。

19 实践中常见的“在不能清偿债务的情况下担保物直接归债权人所有”条款效力如何？

【律师解答】

上述情形即俗称的“流押”“流质”，是指在债务履行期限届满前，抵押权人或质权人与抵押人或出质人约定，在债务人不履行到期债务时，抵押或质押财产归债权人所有的行为。我国法律明确禁止“流押”“流质”，不保护基于“流押”“流质”发生的物权转移，该条款无效。

但应当注意的是，有流押条款、流质条款的担保合同，只是条款本身无效。该条款无效不影响整个担保合同的效力。抵押权人（质权人）在债务履行期届满前，与抵押人（出质人）约定债务人不履行到期债务时抵押财产（质押财产）归债权人所有的，只能依法就抵押财产（质押财产）优先受偿，因此法律只保护债权人获得优先受偿权，而并不保护所有权。

【参考依据】

《民法典》

第四百零一条 抵押权人在债务履行期限届满前，与抵押人约定债务人不履行到期债务时抵押财产归债权人所有的，只能依法就抵押财产优先受偿。

第四百二十八条 质权人在债务履行期限届满前，与出质人约定债务人不履行到期债务时质押财产归债权人所有的，只能依法就质押财产优先受偿。

民事执行篇

1 取得生效法律文书后，应向哪个法院申请强制执行？

【律师解答】

（1）取得人民法院的生效判决或调解书后，应向一审法院或者与一审法院同级的被执行财产所在地法院申请执行。

（2）取得劳动仲裁机构的生效裁决或调解书后，应向被执行人住所地或被执行财产所在地基层法院申请执行。

（3）取得商事仲裁机构的生效裁决或调解书后，应向被执行人住所地或被执行财产所在地的中级人民法院申请执行。

需要特别注意：申请执行立案时除需提交申请执行书等基础资料外，还需要提交由作出法律文书的法院或者仲裁机构出具的法律文书生效证明，如送达回证、邮寄底单、公告复印件等。此外，虽然法律规定申请执行人可以向“被执行财产所在地的人民法院”申请执行，但是实践中向被执行财产所在地的人民法院申请执行立案的情况较少，部分法院需经请示、汇报后方可立案，导致立案周期较长。从方便立案的角度出发，实践中通常向一审法院、被执行人住所地法院申请执行。

【参考依据】

《民事诉讼法》

第二百三十一条 发生法律效力的民事判决、裁定，以及刑事判决、裁定中的财产部分，由第一审人民法院或者与第一审人民法院同级的被执行的财产所在地人民法院执行。

法律规定由人民法院执行的其他法律文书，由被执行人住所地或者被执行的财产所在地人民法院执行。

《劳动争议调解仲裁法》

第五十一条 当事人对发生法律效力的调解书、裁决书，应当依照规定的期限履行。一方当事人逾期不履行的，另一方当事人可以依照民事诉讼法的有关规定向人民法院申请执行。受理申请的人民法院应当依法执行。

《最高人民法院关于适用〈中华人民共和国仲裁法〉若干问题的解释》

第二十九条 当事人申请执行仲裁裁决案件，由被执行人住所地或者被执行的财产所在地的中级人民法院管辖。

2 向人民法院申请强制执行有时间限制吗?

【律师解答】

申请执行的期间为2年,即在取得生效法律文书后,若一方当事人不按规定的期限和内容履行相应义务,另一方当事人可以自生效法律文书规定的履行期间最后一日起2年内,向法院申请强制执行。

同时,申请执行的时效同样适用有关诉讼时效中止、中断的规定。诉讼时效中止,是指在诉讼时效期间的最后6个月内,因法定事由而使权利人不能行使请求权的,诉讼时效中止,中止的法定事由消除后,诉讼时效期间自中止时效的原因消除之日起满6个月才会届满。也就是说,在法定2年申请执行时效期间,若最后6个月内出现因不可抗力如疫情期间停止诉讼服务、自然灾害等不能预见、不能避免、不能克服的客观情况导致申请执行人无法向法院申请强制执行的事由,2年时效期间的计算会暂时停止,自该中止时效的原因消除之日起满6个月,时效期间才会届满。

诉讼时效中断是指在诉讼时效期间进行中,因发生一定的法定事由,致使已经经过的时效期间统归无效,时效中断的事由消除后,诉讼时效期间重新起算。具体来讲就是在法定2年申请执行时效期间,若出现如债务人同意履行、双方协议履行等与申请执行人怠于向人民法院申请强制执行相反的事实,则时效期间中断,2年的申请执行时效期间将重新计算。

【参考依据】

《民法典》

第一百九十四条 在诉讼时效期间的最后六个月内,因下列障碍,不能行使请求权的,诉讼时效中止:

(一)不可抗力;

(二)无民事行为能力人或者限制民事行为能力人没有法定代理人,或者法定代理人死亡、丧失民事行为能力、丧失代理权;

（三）继承开始后未确定继承人或者遗产管理人；

（四）权利人被义务人或者其他人控制；

（五）其他导致权利人不能行使请求权的障碍。

自中止时效的原因消除之日起满六个月，诉讼时效期间届满。

第一百九十五条 有下列情形之一的，诉讼时效中断，从中断、有关程序终结时起，诉讼时效期间重新计算：

（一）权利人向义务人提出履行请求；

（二）义务人同意履行义务；

（三）权利人提起诉讼或者申请仲裁；

（四）与提起诉讼或者申请仲裁具有同等效力的其他情形。

《民事诉讼法》

第二百四十六条 申请执行的期间为二年。申请执行时效的中止、中断，适用法律有关诉讼时效中止、中断的规定。

前款规定的期间，从法律文书规定履行期间的最后一日起计算；法律文书规定分期履行的，从最后一期履行期限届满之日起计算；法律文书未规定履行期间的，从法律文书生效之日起计算。

3 如何计算生效法律文书中载明的迟延履行期间的加倍利息？

【律师解答】

在生效法律文书中，常会有诸如“被告未能按时支付原告上述款项的，应加倍支付迟延履行期间的债务利息”的表述。为此在执行中，很多人在计算被执行人迟延履行期间的加倍利息时，往往以生效法律文书确定的利息计算标准的2倍计算迟延履行期间的债务利息，这种计算方式是完全错误的。

加倍部分债务利息应自生效法律文书确定的履行期间届满之日起计算，未确定履行期间的为法律文书生效之日，具体计算方法为：加倍部分债务利息＝债务人尚未清偿的生效法律文书确定的除一般债务利息之外的金钱债务×1.75‱/日×迟延履行期间。一般债务利息之外的金钱债务，应为生效法律文书中要求被执行人应付的需按照一定标准计算的欠款利息外，其他的如欠款本金、违约金等债务。

【参考依据】

《最高人民法院关于执行程序中计算迟延履行期间的债务利息适用法律若干问题的解释》

第一条 根据民事诉讼法第二百五十三条规定加倍计算之后的迟延履行期间的债务利息,包括迟延履行期间的一般债务利息和加倍部分债务利息。

迟延履行期间的一般债务利息,根据生效法律文书确定的方法计算;生效法律文书未确定给付该利息的,不予计算。

加倍部分债务利息的计算方法为:加倍部分债务利息 = 债务人尚未清偿的生效法律文书确定的除一般债务利息之外的金钱债务 × 日万分之一点七五 × 迟延履行期间。

第二条 加倍部分债务利息自生效法律文书确定的履行期间届满之日起计算;生效法律文书确定分期履行的,自每次履行期间届满之日起计算;生效法律文书未确定履行期间的,自法律文书生效之日起计算。

4 被执行人财产不够清偿法律文书确定的金钱债务时,实现债权的有关费用、本金、利息的清偿顺序是什么?

【律师解答】

执行中,如果执行款尚不足以支付生效法律文书确定的全部金钱债务,除当事人另有约定外,应当按照一般民法债权抵充顺序原则进行支付,即(1)实现债权的有关费用;(2)利息;(3)主债务。

需要注意的是,此处的利息限于生效法律文书确定的金钱债务中的利息。对于被执行人未按照生效法律文书确定的期限履行金钱债务,而应在执行中计算的迟延履行期间的债务利息,只能在执行款支付完毕生效法律文书确定的全部金钱债务后,再行清偿。

【参考依据】

《民法典》

第五百六十一条 债务人在履行主债务外还应当支付利息和实现债权的有关费用，其给付不足以清偿全部债务的，除当事人另有约定外，应当按照下列顺序履行：

（一）实现债权的有关费用；

（二）利息；

（三）主债务。

《最高人民法院关于执行程序中计算迟延履行期间的债务利息适用法律若干问题的解释》

第四条 被执行人的财产不足以清偿全部债务的，应当先清偿生效法律文书确定的金钱债务，再清偿加倍部分债务利息，但当事人对清偿顺序另有约定的除外。

5 人民法院如何发放执行回款？

【律师解答】

执行过程中，无论是法院执行、扣划的被执行人名下存款，还是拍卖、变卖执行财产所得的执行款，均会先进入法院的专用账户。通常情况下，执行款到账后 30 日内，申请执行人按照法院要求提供相应收据、本人收款账户信息等材料后，执行法院会以转账或现金领取的方式完成执行款的发放工作。

关于执行款的发放，一般应当发放给申请执行人本人，确有特殊情形如申请执行人是境外的企业、自然人，确需委托他人代为领取，发放给申请执行人以外的单位或个人的，经执行法院合议庭审查，并提交受托人的身份证明、委托手续等材料后，可以发放给申请执行人以外的单位或个人。但实践中，为避免出现执行款被错领、冒领的情况，执行法院通常都要求申请执行人本人领取。

6 公司名下的信用证保证金账户能否被强制执行?

【律师解答】

信用证保证金又称信用证保证金存款,是指采用信用证结算方式的企业为取得信用证而按规定存入银行信用证保证金专户的款项。信用证保证金账户中的保证金系具有担保支付性质的资金,具备金钱质押属性,为保护交易稳定、安全以及交易参与人的合法权益,人民法院在执行过程中只能冻结但不可扣划该保证金账户资金,只有当该质押资金丧失保证金功能,如信用证过期等特定情形下,才可扣划该账户资金。

此外,如当事人、开证银行对人民法院冻结和扣划的信用证开证保证金依法提出异议,如果开证银行履行了对外支付义务,根据该银行的申请,人民法院应当立即解除对信用证开证保证金相应部分的冻结措施。如果申请开证人提供的开证保证金是外汇,当事人又举证证明信用证受益人提供的单据与信用证条款相符,人民法院也应当立即解除冻结措施。

【参考依据】

《最高人民法院关于人民法院能否对信用证开证保证金采取冻结和扣划措施问题的规定》

一、人民法院在审理或执行案件时,依法可以对信用证开证保证金采取冻结措施,但不得扣划。如果当事人、开证银行认为人民法院冻结和扣划的某项资金属于信用证开证保证金的,应当依法提出异议并提供有关证据予以证明。人民法院审查后,可按以下原则处理:对于确系信用证开证保证金的,不得采取扣划措施;如果开证银行履行了对外支付义务,根据该银行的申请,人民法院应当立即解除对信用证开证保证金相应部分的冻结措施;如果申请开证人提供的开证保证金是外汇,当事人又举证证明信用证的受益人提供的单据与信用证条款相符时,人民法院应当立即解除冻结措施。

7 公司银行承兑汇票的保证金能否被强制执行？

【律师解答】

在执行中，人民法院依法可以对银行承兑汇票保证金采取冻结措施，但不得扣划。

银行承兑汇票保证金是银行承兑汇票出票人向银行申请承兑而备付的资金，是出票人提供的承担最后付款责任的担保，具有动产质押的性质，承兑银行有权以该保证金优先受偿。在执行过程中，人民法院只有在该保证金丧失保证功能，转化为一般存款的时候，如出票人已经完成付款义务、出票人部分偿还兑付款银行优先受偿部分保证金、汇票到期持票人未如期向银行兑付等情形下，才可以直接扣划该保证金。如果保证金金额超出银行兑付金额，则超出部分可以依法扣划。

【参考依据】

《最高人民法院、中国人民银行关于依法规范人民法院执行和金融机构协助执行的通知》

九、人民法院依法可以对银行承兑汇票保证金采取冻结措施，但不得扣划。如果金融机构已对汇票承兑或者已对外付款，根据金融机构的申请，人民法院应当解除对银行承兑汇票保证金相应部分的冻结措施。银行承兑汇票保证金已丧失保证金功能时，人民法院可以依法采取扣划措施。

8 被执行人名下的银行贷款账户能否被冻结？

【律师解答】

被执行人名下银行贷款账户不能被冻结。

实务中，对被执行人名下开立存款账户内的金额，人民法院可以采取冻结、扣划措施，但被执行人名下银行账户并非都是存款账户。以被执行人为户名开立的银行贷款账户，是银行用来记载其向被执行人发放贷款及收回贷款情况的账户，其中所记载的账户余额为银行对被执行人享有的债权，只是被执行人对银行的负债，属于贷款银行的资产，并非被执行人的资产，所以在执行以银行为协助执行人的案件时,不能冻结户名为被执行人的银行贷款账户。

【参考依据】

《最高人民法院〈关于银行贷款账户能否冻结的请示报告〉的批复》

河南省高级人民法院:

你院(2013)豫法执复字第00042号《关于银行贷款账户能否冻结的请示报告》收悉,经研究,答复如下:

在银行作为协助执行人时,现行法律和司法解释只规定了可以对被执行人的银行存款账户进行冻结,冻结银行贷款账户缺乏依据。强制执行应当通过控制和处分被执行人财产的措施来实现。银行开立的以被执行人为户名的贷款账户,是银行记载其向被执行人发放贷款及收回贷款情况的账户、其中所记载的账户余额为银行对被执行人享有的债权,属于贷款银行的资产,并非被执行人的资产,而只是被执行人对银行的负债。

9 被执行人名下的注册商标等有价知识产权能否被执行?

【律师解答】

被执行人名下的注册商标等有价知识产权可以被强制执行。

知识产权,是指对智力劳动成果依法所享有的占有、使用、收益和处分的权利。知识产权是一种无形财产,它与房屋、汽车等有形财产一样,都受到国家法律的保护,具有价值和使用价值。知识产权中的财产权是因利用这些知识产品而使知识产品的所有者依法获得一定财产利益的权利,如稿酬、专利转让费或使用费、商标转让费或使用费等,这些财产属知识产权所有者所有,如果该所有者成为被执行人,人民法院就可以执行这些财产。

由于被执行人名下的专利、商标等知识产权目前在法院执行查询系统中无法直接查询,建议申请执行人通过国家知识产权局官网、企查查等渠道查询、了解。确实掌握相关财产线索的,及时提供、报告,再由人民法院向国家知识产权局送达协助执行通知,对知识产权进行查封。知识产权的处置与普通财产程序相同,可通过评估、拍卖程序公开进行处置。

【参考依据】

《最高人民法院关于人民法院执行工作若干问题的规定(试行)》

35.被执行人不履行生效法律文书确定的义务,人民法院有权裁定禁止被执行人转让其专利权、注册商标专用权、著作权(财产权部分)等知识产权。上述权利有登记主管部门的,应当同时向有关部门发出协助执行通知书,要求其不得办理财产权转移手续,必要时可以责令被执行人将产权或使用权证照交人民法院保存。

对前款财产权,可以采取拍卖、变卖等执行措施。

10 被执行人享有的采矿权能否被执行?

【律师解答】

被执行人享有的采矿权可以被执行。

采矿权又称为"矿产使用权",是指采矿企业或个人在开采矿产资源的活动中,依据法律规定对矿产资源所享有的开采、利用、收益和管理的权利。

关于采矿权的执行目前并无明确法律规定,实务中对采矿权执行一般持开放态度,认为采矿权经评估后可以被公开拍卖、变卖,但需要竞买人、受让人具备相应的资质条件。鉴于《矿产资源勘查区块登记管理办法》《矿产资源开采登记管理办法》等对采矿权申请人的条件有具体规定,一旦受让人不符合相关条件,很可能造成购买采矿权后无法变更、无法延续、无法过户、无法开采及无法销售的不利法律后果,因此建议竞买人在参与采矿权竞拍时,一定要审慎了解相关竞买公告、须知,并且向自然资源管理部门详细了解相应政策。

【参考依据】

《最高人民法院关于审理矿业权纠纷案件适用法律若干问题的解释》

第十六条 债务人不履行到期债务或者发生当事人约定的实现抵押权的情形,抵押权人依据民事诉讼法第一百九十六条、第一百九十七条规定申请实现抵押权的,人民法院可以拍卖、变卖矿业权或者裁定以矿业权抵债,但矿业权竞买人、受让人应具备相应的资质条件。

11 被执行人名下的产能指标能否被执行?

【律师解答】

产能指标是国家出于环保的考虑,每年为产能行业(如钢铁厂)分配一定生产产品的数量。法院普遍认为,被执行人名下的产能指标可以被执行。

根据我国相关法律规定,产能指标可以进行交易,所以产能指标是可转让且具有经济价值的特殊资产,人民法院可以查封、冻结产能指标。需要注意的是,产能指标能否被执行还需具体案件、具体分析,在处置产能指标时,可能会面临如行业限制的多层限制。根据工业和信息化部《钢铁行业产能置换实施办法》,并非所有产能指标都可以置换,该置换办法仅针对部分行业,如钢铁行业、电解铝、煤炭行业;产能置换有明确的公示、确认、审批、登记程序;且产能依附于生产设备,如产能出让方生产设备尚未完成拆除,也会影响产能指标的处置。

【参考依据】

《国务院办公厅关于石化产业调结构促转型增效益的指导意见》

研究制定产能置换方案,充分利用安全、环保、节能、价格等措施,推动落后和低效产能退出,为先进产能创造更大市场空间。

《钢铁行业产能置换实施办法》

第五条第一款 用于产能置换的冶炼设备须在2016年国务院国资委、各省级人民政府上报国务院备案去产能实施方案的钢铁行业冶炼设备清单内,2016年及以后建成的合法合规冶炼设备也可用于产能置换。

第九条 建设钢铁冶炼项目企业按各省(区、市)相关要求,将产能置换方案报送建设项目所在地省级工业和信息化主管部门。省级工业和信息化主管部门按照本办法相关条款规定进行受理,可在委托具有冶金专业甲级资信等级的工程咨询单位对建设项目企业报送的产能置换方案进行第三方评估的基础上,核实产能置换方案的真实性、合规性,在省级工业和信息化主管部门门户网站向社会公示,产能置换方案的公示期限原则上不少于20个工作日,无异议后予以公告。

第十二条第一款 建设项目投产前产能出让方须拆除用于置换的退出设备,使其不具备恢复生产条件。对同一台冶炼设备的产能拆分出让的情形,建设项目投产时间以第一个实际建成投产项目的时间为准,相关设备须按要求拆除到位。

《山西省人民政府关于印发山西省焦化产业调整和振兴规划的通知》

四、政策措施 （五）实施产能交易置换制度

申请核准焦化项目必须取得一定产能容量。产能容量可通过企业兼并、收购，政府配给以及市场购买取得。关停淘汰企业获得政府补偿的，其产能容量由政府掌握，可按比例配给特大型产能置换项目。企业和个人取得的产能容量，可通过市场进行交易。

【参考案例】

上海闽兴大国际贸易有限公司与河北鑫达钢铁有限公司买卖合同纠纷案

审理法院：上海市第二中级人民法院

案号：(2017)沪02执837号

裁判要旨：产能指标，是国家出于环保考虑每年为产能行业分配一定的生产产品的数量，这对钢铁企业而言至关重要，并且可以进行交易。产能指标是钢铁企业重要的财产性权益，可以进行查封拍卖。随后，执行法官向河北省迁安市发展改革局发送协助执行通知书，要求其协助冻结钢铁公司名下的产能指标，并准备进行评估拍卖。

12 政府机关单位作为被执行人时，其名下财政资金能否被执行？

【律师解答】

政府机关单位作为被执行人时，其名下财政资金不可以被执行。

国家对财政资金的用途有严格规定，一般多为特定公共服务建设项目，被执行人只能依据相关文件，将特定资金用于特定项目，对账户内资金没有自主支配权，故不能用以承担经济责任。因此，在执行过程中，法院不能强制执行财政资金。实务中，根据党政机关依法履行人民法院生效裁判相关文件精神，法院可以要求政府及相关部门限期筹备自有资金，或者申报、补报财政专项资金履行判决确定的义务，依法保护债权人的合法权益。

【参考依据】

《最高人民法院关于审理军队、武警部队、政法机关移交、撤销企业和与党政机关脱钩企业相关纠纷案件若干问题的规定》

第十条 人民法院在审理有关移交、撤销、脱钩的企业的案件时，认定开办单

位应当承担民事责任的，不得对开办单位的国库款、军费、财政经费账户、办公用房、车辆等其他办公必需品采取查封、扣押、冻结、拍卖等保全和执行措施。

【参考案例】

王某作、彭某录合同纠纷执行审查类执行裁定书

审理法院：最高人民法院

案号：(2019)最高法执复38号

裁判要旨：关于能否执行政府部门财政性资金的问题，《最高人民法院关于能否强制执行甘肃省金昌市东区管委会有关财产请示的复函》答复意见中明确，预算内资金和预算外资金均属国家财政性资金，其用途国家有严格规定，不能用来承担连带经济责任。上述意见精神指导类案司法实践多年迄今没有改变。从青海高院查明情况及久治县发改和商务局提供的相关证据来看，冻结的久治县发改和商务局在青海省农村信用社联合社82×××49账户确属财政资金专用账户，该账户内的财政性资金只能按照相关文件规定的特定项目对相应的资金进行支付，而不能用于偿还经济纠纷产生的债务。故青海高院裁定撤销(2017)青执112号之九执行裁定，解除对久治县发改和商务局在青海省农村信用社联合社82×××49账户内存款人民币14,496,068.00元的冻结措施，并无不当。但是，根据党政机关依法履行人民法院生效裁判相关文件精神，青海高院应当向被执行人久治县政府、久治县发改和商务局发出司法建议，要求限期筹备自有资金，或者申报、补报财政专项资金履行判决确定的义务，依法保护债权人的合法权益。

13 医院、学校等公益事业单位作为被执行人时，其房产、土地能否被执行？

【律师解答】

公益事业单位作为被执行人时，其名下房产、土地可以被执行，但不能改变其公益性用途。

现行法律法规只规定了公益事业单位的房产、土地不得抵押，但并没有规定不得被强制执行。实践中普遍认为其名下房产、土地可以被执行，但根据立法目的，在执行教育设施、医疗卫生设施和其他社会公益设施时，不能改变其公益性用途，不能影响实际使用，如执行教育用地，不能改变土地性质和用途。

【参考依据】

《民法典》

第三百九十九条　下列财产不得抵押：

（一）土地所有权；

（二）宅基地、自留地、自留山等集体所有土地的使用权，但是法律规定可以抵押的除外；

（三）学校、幼儿园、医疗机构等为公益目的成立的非营利法人的教育设施、医疗卫生设施和其他公益设施；

（四）所有权、使用权不明或者有争议的财产；

（五）依法被查封、扣押、监管的财产；

（六）法律、行政法规规定不得抵押的其他财产。

【参考案例】

中国农业银行股份有限公司吉林市东升支行与吉林市碧碧溪外国语实验学校、吉林市碧碧溪经贸信息咨询有限责任公司金融借款合同纠纷、申请承认与执行法院判决、仲裁裁决案件执行裁定书

审理法院：最高人民法院

案号：（2015）执申字第55号

裁判要旨：（1）豁免执行必须有法律法规的明确规定，现行法律法规中没有规定对教育用地或教育设施豁免执行，学校应以学校的财产包括教育用地与教育设施负担其债务。（2）债权实现与维护社会公共利益之间应当保持平衡，法院采取的执行措施不能影响社会公益设施的使用。为保障社会公益事业发展，保障公众受教育权等基本权益，对教育用地与教育设施的执行不能改变其公益性用途，不能影响实际使用。

14 公司为被执行人时，执行法院能否冻结其母公司或者子公司的账户？

【律师解答】

公司为被执行人时，执行法院不可以冻结其母公司或者子公司公司的账户。

子公司虽由母公司设立，但其具有独立法人资格，独立承担民事责任，所以当子公司财产不足以清偿债务时，不能执行母公司财产，不能冻结母公司账户。同样，母公司财产不足以清偿债务时，只能执行母公司在子公司的投资权益（股权），不能执行其子公司财产。

但是，当被执行人为母公司的全资子公司，且财产不足以清偿生效法律文书确定的债务，母公司不能证明子公司财产独立于自己财产的，申请执行人可以申请追加母公司为被执行人，要求其承担连带责任，此时执行法院可以冻结母公司账户。

【参考依据】

《公司法》

第十四条第二款 公司可以设立子公司，子公司具有法人资格，依法独立承担民事责任。

《最高人民法院关于人民法院执行工作若干问题的规定（试行）》

38. 对被执行人在有限责任公司、其他法人企业中的投资权益或股权，人民法院可以采取冻结措施。

冻结投资权益或股权的，应当通知有关企业不得办理被冻结投资权益或股权的转移手续，不得向被执行人支付股息或红利。被冻结的投资权益或股权，被执行人不得自行转让。

39. 被执行人在其独资开办的法人企业中拥有的投资权益被冻结后，人民法院可以直接裁定予以转让，以转让所得清偿其对申请执行人的债务。

对被执行人在有限责任公司中被冻结的投资权益或股权，人民法院可以依据《中华人民共和国公司法》第七十一条、第七十二条、第七十三条的规定，征得全体股东过半数同意后，予以拍卖、变卖或以其他方式转让。不同意转让的股东，应当购买该转让的投资权益或股权，不购买的，视为同意转让，不影响执行。

人民法院也可允许并监督被执行人自行转让其投资权益或股权，将转让所得收益用于清偿对申请执行人的债务。

15 第三人为他人债权只提供抵押财产担保，执行时法院能否冻结该第三人的银行账户？

【律师解答】

除非在提供担保时各方对担保范围或者担保责任方式有特殊约定，否则依照现行法律规定，担保人的担保责任以抵押财产为限，执行法院不得在抵押财产之外要求抵押担保人承担责任，所以在执行过程中执行法院不能再冻结该第三人的银行账户。

但实践中确实存在冻结担保人公司银行账户的情况。一旦被冻结，其有权向执行法院提出执行异议，请求解除查封、冻结措施。也有法院认为，对担保人名下银行账户采取冻结措施有助于督促担保人及时交出执行财产、配合执行，所以在担保人提出异议后，法院会以有执行费需要缴纳等理由不予解除。

【参考依据】

《民法典》

第三百八十九条 担保物权的担保范围包括主债权及其利息、违约金、损害赔偿金、保管担保财产和实现担保物权的费用。当事人另有约定的，按照其约定。

第三百九十四条 为担保债务的履行，债务人或者第三人不转移财产的占有，将该财产抵押给债权人的，债务人不履行到期债务或者发生当事人约定的实现抵押权的情形，债权人有权就该财产优先受偿。

前款规定的债务人或者第三人为抵押人，债权人为抵押权人，提供担保的财产为抵押财产。

第四百一十条 债务人不履行到期债务或者发生当事人约定的实现抵押权的情形，抵押权人可以与抵押人协议以抵押财产折价或者以拍卖、变卖该抵押财产所得的价款优先受偿。协议损害其他债权人利益的，其他债权人可以请求人民法院撤销该协议。

抵押权人与抵押人未就抵押权实现方式达成协议的，抵押权人可以请求人民法院拍卖、变卖抵押财产。

抵押财产折价或者变卖的，应当参照市场价格。

16 企业员工在劳动报酬纠纷案件中可以向人民法院申请先支付部分工资吗？

【律师解答】

申请先支付部分工资，又称为先予执行，是指在劳动仲裁裁决之前，为解决部分当事人因生活、生产的迫切需要，仲裁庭对部分已经清楚的事实先行裁决，并要求人民法院执行的情形。在双方权利义务关系明确且不先予执行会严重影响申请人生活的情况下，员工可以申请人民法院先予执行，支付工资报酬，而且劳动者申请先予执行的，可以不提供担保。

【参考依据】

《民事诉讼法》

第一百零九条 人民法院对下列案件，根据当事人的申请，可以裁定先予执行：

（一）追索赡养费、扶养费、抚养费、抚恤金、医疗费用的；

（二）追索劳动报酬的；

（三）因情况紧急需要先予执行的。

《劳动争议调解仲裁法》

第四十四条 仲裁庭对追索劳动报酬、工伤医疗费、经济补偿或者赔偿金的案件，根据当事人的申请，可以裁决先予执行，移送人民法院执行。

仲裁庭裁决先予执行的，应当符合下列条件：

（一）当事人之间权利义务关系明确；

（二）不先予执行将严重影响申请人的生活。

劳动者申请先予执行的，可以不提供担保。

17 公司员工成为被执行人，法院能要求公司配合执行其工资收入吗？

【律师解答】

公司员工成为被执行人，法院可以要求公司配合执行其工资收入。

人民法院对员工的工资收入有权要求公司暂停支付并进行提取、划扣，公司作为协助执行人应配合法院履行相应通知义务，但在执行被执行人工资收入时应保留其必要的生活费用，标准一般以当地最低生活标准为限。

【参考依据】

《民事诉讼法》

第二百四十九条　被执行人未按执行通知履行法律文书确定的义务，人民法院有权向有关单位查询被执行人的存款、债券、股票、基金份额等财产情况。人民法院有权根据不同情形扣押、冻结、划拨、变价被执行人的财产。人民法院查询、扣押、冻结、划拨、变价的财产不得超出被执行人应当履行义务的范围。

人民法院决定扣押、冻结、划拨、变价财产，应当作出裁定，并发出协助执行通知书，有关单位必须办理。

《最高人民法院关于人民法院民事执行中查封、扣押、冻结财产的规定》

第三条　人民法院对被执行人下列的财产不得查封、扣押、冻结：

（一）被执行人及其所扶养家属生活所必需的衣服、家具、炊具、餐具及其他家庭生活必需的物品；

（二）被执行人及其所扶养家属所必需的生活费用。当地有最低生活保障标准的，必需的生活费用依照该标准确定；

（三）被执行人及其所扶养家属完成义务教育所必需的物品；

（四）未公开的发明或者未发表的著作；

（五）被执行人及其所扶养家属用于身体缺陷所必需的辅助工具、医疗物品；

（六）被执行人所得的勋章及其他荣誉表彰的物品；

（七）根据《中华人民共和国缔结条约程序法》，以中华人民共和国、中华人民共和国政府或者中华人民共和国政府部门名义同外国、国际组织缔结的条约、协定和其他具有条约、协定性质的文件中规定免于查封、扣押、冻结的财产；

（八）法律或者司法解释规定的其他不得查封、扣押、冻结的财产。

18 如果被执行人名下只有一套住房,可以申请执行该唯一住房吗?

【律师解答】

在能够保障被执行人及其所扶养家属生活必需的居住条件下,可以执行。

实务中经常会有被执行人以执行标的系本人及所扶养家属维持生活必需的居住房屋为由向执行法院提出异议,申请排除法院对其名下房产的执行,但其实只要符合下列条件之一的,该房产是可以被执行的:(1)对被执行人有扶养义务的人名下有其他能够维持生活必需的居住房屋的;(2)执行依据生效后,被执行人为逃避债务转让其名下其他房屋的;(3)申请执行人按照当地廉租住房保障面积标准为被执行人及所扶养家属提供居住房屋,或者同意参照当地房屋租赁市场平均租金标准从该房屋的变价款中扣除5~8年租金的。

【参考依据】

《最高人民法院关于人民法院民事执行中查封、扣押、冻结财产的规定》

第四条 对被执行人及其所扶养家属生活所必需的居住房屋,人民法院可以查封,但不得拍卖、变卖或者抵债。

第五条 对于超过被执行人及其所扶养家属生活所必需的房屋和生活用品,人民法院根据申请执行人的申请,在保障被执行人及其所扶养家属最低生活标准所必需的居住房屋和普通生活必需品后,可予以执行。

《最高人民法院关于人民法院办理执行异议和复议案件若干问题的规定》

第二十条 金钱债权执行中,符合下列情形之一,被执行人以执行标的系本人及所扶养家属维持生活必需的居住房屋为由提出异议的,人民法院不予支持:

(一)对被执行人有扶养义务的人名下有其他能够维持生活必需的居住房屋的;

(二)执行依据生效后,被执行人为逃避债务转让其名下其他房屋的;

(三)申请执行人按照当地廉租住房保障面积标准为被执行人及所扶养家属提供居住房屋,或者同意参照当地房屋租赁市场平均租金标准从该房屋的变价款中扣除五至八年租金的。

执行依据确定被执行人交付居住的房屋,自执行通知送达之日起,已经给予三个月的宽限期,被执行人以该房屋系本人及所扶养家属维持生活的必需品为由提出异议的,人民法院不予支持。

19 被执行人未成年子女名下房产能否被执行?

【律师解答】

执行实务中,常会面临被执行人名下无财产可供执行,但其未成年子女名下却有巨额存款甚至多套房产的情况,"父母欠债,能否执行其未成年子女名下财产"便成了颇具争议的问题。

对提前登记在未成年子女名下的房产,最高人民法院裁判认为:即使父母将房产登记在未成年子女名下,如果能够通过证据综合证明该房产属于家庭共同财产,则能够执行该房产。比如,(1)购房款系来自父母;(2)房屋的登记产权人虽是未成年子女,但明显超出子女的生活所需,房屋占有、使用的主体仍是父母(如被父母用于公司经营场所、用于抵押担保);(3)有证据证明父母将房屋登记在未成年子女名下是出于规避债务、转移资产的长远考虑(如在诉讼期间变更、转移登记)。

【参考依据】

《最高人民法院关于人民法院办理执行异议和复议案件若干问题的规定》

第二十四条 对案外人提出的排除执行异议,人民法院应当审查下列内容:

(一)案外人是否系权利人;

(二)该权利的合法性与真实性;

(三)该权利能否排除执行。

《江苏省高级人民法院关于印发〈关于执行疑难问题的解答〉的通知》

四、对于被执行人与案外人(含配偶)共有的财产以及未成年子女名下财产,如何执行?

生效法律文书仅载明被执行人个人为债务人,对于下列财产,执行法院可以执行。

(一)被执行人配偶名下的存款、股权(股份)、金融理财产品等,婚后登记在被执行人配偶单方名下的房产、车辆以及婚后登记在被执行人和其配偶双方名下的房产、车辆等财产；

（二）登记在被执行人及其他人名下的共有财产以及登记在案外人名下但案外人承认属于被执行人财产或同意作为被执行人财产接受强制执行的财产；

（三）对于被执行人未成年子女名下与其收入明显不相称的较大数额存款，登记在被执行人未成年子女单方名下的房产、车辆或者登记在被执行人和其未成年子女名下的房产等，执行法院可以执行。

对于共有财产，应当先行实物分割后执行，但不能实物分割或分割会导致财产价值明显减损的，执行法院可以整体处置。

对于处置后变价款的执行，以被执行人在共有财产中所占份额为限。被执行人在共有财产中所占份额，以登记公示为准；没有登记公示的，按照出资额确定；不能确定出资额的，视为等额享有。但对于被执行人配偶单方名下以及被执行人与其配偶双方名下的夫妻共同财产，原则上以1/2份额为限执行。

在人民法院整体处置前，共有人愿意支付被执行人应有份额部分对应的价款申请排除执行，债权人和债务人对此予以认可的，人民法院可以准许。处置时鼓励共有人积极参与竞买，共有人竞买成交后仅需支付被执行人应有份额部分对应的价款即可。

共有人及未成年人子女基于实体权利提出异议的，适用民事诉讼法第227条审查处理。

【参考案例】

李某1、李某2申请执行人执行异议之诉再审审查与审判监督民事裁定书

审理法院：最高人民法院

案号：(2020)最高法民申6800号

裁判要旨：一审、二审法院综合分析案涉房屋的购买时间、产权登记时间、购房款支付和购买后的使用情况等因素，认定案涉房屋应为李某1、薛某的家庭共有财产，并无不当。李某2主张案涉房屋自2009年由其对外出租，但根据其提供的四份《租赁合同》载明，该房屋的承租人亦为李某1、薛某实际控制的航运公司，该租赁关系发生于家庭成员与其控制的公司之间，且李某2当时仍为限制民事行为能力人。案涉房屋的上述抵押、租赁均明显超过李某2作为未成年人的日常生活所需；案涉房屋由李某1、薛某实际出资，亦长期由该二人掌控的公司占有使用，据此可以认定案涉房屋仍作为家庭共同财产经营使用。一审、二审法院认定案涉房屋应包括在李某1、薛某作为保证人的上述担保责任财产范围之内，并无不当。李某2申请再审称其对案涉房屋享有排除强制执行的民事权益，缺乏依据，法院不予支持。

20 发现被执行人在收到人民法院执行通知前放弃债权或者无偿、低价转让财产的，申请执行人如何救济？

【律师解答】

申请执行人可以提起撤销权诉讼。

在诉讼过程中，若原告未申请法院采取财产保全措施，因无生效判决，被告可自由处分财产，这就很可能导致有些被告在诉讼中放弃债权或者无偿、低价转让财产，从而致使生效判决执行时无财产可供执行的情况。

根据《民法典》中有关债权人撤销权的规定，被执行人收到人民法院执行通知前放弃债权或者无偿、低价转让财产的，申请执行人可在知道或应当知道撤销事由起1年内向法院提起撤销权诉讼，撤销该转移财产的行为，该行为一经撤销，自始无效。为避免此种情形，建议原告诉前或者诉讼中及时采取财产保全措施。

此外，在执行到期债权时，如果发现被执行人在收到人民法院履行通知后放弃债权或者延缓第三人履行期限，根据《最高人民法院关于人民法院执行工作若干问题的决定（试行）》的规定，该行为应属无效，人民法院仍可强制执行该到期债权。

【参考依据】

《民法典》

第一百五十二条 有下列情形之一的，撤销权消灭：

（一）当事人自知道或者应当知道撤销事由之日起一年内、重大误解的当事人自知道或者应当知道撤销事由之日起九十日内没有行使撤销权；

（二）当事人受胁迫，自胁迫行为终止之日起一年内没有行使撤销权；

（三）当事人知道撤销事由后明确表示或者以自己的行为表明放弃撤销权。

当事人自民事法律行为发生之日起五年内没有行使撤销权的，撤销权消灭。

第五百三十九条 债务人以明显不合理的低价转让财产、以明显不合理的高价受让他人财产或者为他人的债务提供担保，影响债权人的债权实现，债务人的相对人知道或者应当知道该情形的，债权人可以请求人民法院撤销债务人的行为。

《最高人民法院关于人民法院执行工作若干问题的规定（试行）》

50. 被执行人收到人民法院履行通知后，放弃其对第三人的债权或延缓第三人履行期限的行为无效，人民法院仍可在第三人无异议又不履行的情况下予以强制执行。

《最高人民法院关于依法制裁规避执行行为的若干意见》

14. 引导申请执行人依法诉讼……被执行人放弃债权、无偿转让财产或者以明显不合理的低价转让财产，对申请执行人造成损害的，执行法院可以告知申请执行人依照《中华人民共和国合同法》第七十四条的规定向有管辖权的人民法院提起撤销权诉讼。

21 被执行人对第三人有到期债权，申请执行人能否直接要求该第三人向自己履行？该第三人可否提出异议？

【律师解答】

该第三人并非执行案件当事人，执行过程中申请执行人不能直接要求其向自己履行该债务，但可申请执行法院强制执行该到期债权，通过法院发出履行到期债权通知，要求第三人向申请执行人履行。

第三人可以对履行到期债务通知提出异议。异议一般应当以书面形式提出，口头提出的，由执行人员记入笔录，第三人签字或盖章即可。对第三人提出的该异议，人民法院不进行实质审查，只进行形式审查。异议一经提出，法院不得再继续执行该债权，但经过法院确认的债权不在异议范围内。另外，第三人提出自己无履行能力或其与申请执行人无直接法律关系，不属于有效异议。

【参考依据】

《最高人民法院关于适用〈中华人民共和国民事诉讼法〉的解释》

第四百九十九条 人民法院执行被执行人对他人的到期债权，可以作出冻结债权的裁定，并通知该他人向申请执行人履行。

该他人对到期债权有异议，申请执行人请求对异议部分强制执行的，人民法院不予支持。利害关系人对到期债权有异议的，人民法院应当按照民事诉讼法第二百三十四条规定处理。

对生效法律文书确定的到期债权，该他人予以否认的，人民法院不予支持。

《最高人民法院关于人民法院执行工作若干问题的规定(试行)》

45. 被执行人不能清偿债务，但对本案以外的第三人享有到期债权的，人民法院可以依申请执行人或被执行人的申请，向第三人发出履行到期债务的通知(以下简称履行通知)。履行通知必须直接送达第三人。

履行通知应当包含下列内容：

(1)第三人直接向申请执行人履行其对被执行人所负的债务，不得向被执行人清偿；

(2)第三人应当在收到履行通知后的十五日内向申请执行人履行债务；

(3)第三人对履行到期债权有异议的，应当在收到履行通知后的十五日内向执行法院提出；

(4)第三人违背上述义务的法律后果。

46. 第三人对履行通知的异议一般应当以书面形式提出，口头提出的，执行人员应记入笔录，并由第三人签字或盖章。

47. 第三人在履行通知指定的期间内提出异议的，人民法院不得对第三人强制执行，对提出的异议不进行审查。

48. 第三人提出自己无履行能力或其与申请执行人无直接法律关系，不属于本规定所指的异议。

第三人对债务部分承认、部分有异议的，可以对其承认的部分强制执行。

22 执行被执行人到期债权时，第三人(次债务人)确无财产可供执行的，能否再执行第三人的到期债权？

【律师解答】

执行被执行人的到期债权，次债务人无财产可供执行的，不能执行次债务人的到期债权。如被执行人 A 对 B 享有到期债权，B 对 C 享有到期债权，人民法院可以要求

B 向申请执行人履行,但 B 无财产可供执行的,不能执行 B 对 C 享有的到期债权。

执行被执行人的到期债权,类似于行使民法上的代位权,即债务人怠于行使其到期债权的,债权人可诉请人民法院以自己的名义代位行使债务人的债权,所以当次债务人对执行法院的通知没有异议时可以直接执行该到期债权。

但该权利的行使应以债权人的到期债权为限,因到期债权执行标的为被执行人与第三人之间的债权,而非第三人享有支配权的财产,执行到期债权对第三人没有财产上的实际损害。倘若再就第三人对他人享有的到期债权进行执行,则属于"越级"行为,实质上损害了第三人可享有的财产,所以第三人确无财产可供执行的,不得就第三人对他人享有的到期债权强制执行。

【参考依据】

《民法典》

第五百三十五条 因债务人怠于行使其债权或者与该债权有关的从权利,影响债权人的到期债权实现的,债权人可以向人民法院请求以自己的名义代位行使债务人对相对人的权利,但是该权利专属于债务人自身的除外。

代位权的行使范围以债权人的到期债权为限。债权人行使代位权的必要费用,由债务人负担。

相对人对债务人的抗辩,可以向债权人主张。

《最高人民法院关于人民法院执行工作若干问题的规定(试行)》

52. 在对第三人作出强制执行裁定后,第三人确无财产可供执行的,不得就第三人对他人享有的到期债权强制执行……

23 在法院执行完毕前,申请执行人能否要求直接以物抵债?

【律师解答】

在法院执行完毕前,申请执行人直接受让被执行人财产以物抵债必须经过被执行人同意且不损害第三人利益。而且在双方当事人达成以物抵债协议后,法院也并不会据此作出以物抵债的裁定,往往是双方当事人自己达成协议并完成以物抵债的交付、登记。

需要注意的是，此种不经法院拍卖、变卖的财产处置方式，虽然省时省力，但以物抵债的协议并不意味着申请执行人已经取得该财产的优先权，很可能出现其他第三人同时申请执行该财产，甚至被执行人恶意欺骗申请人的情形。为避免此种风险，建议申请执行人在签订此种协议的同时尽量一并完成标的物的交付、过户登记等手续。

【参考依据】

《最高人民法院关于适用〈中华人民共和国民事诉讼法〉的解释》

第四百八十九条　经申请执行人和被执行人同意，且不损害其他债权人合法权益和社会公共利益的，人民法院可以不经拍卖、变卖，直接将被执行人的财产作价交申请执行人抵偿债务。对剩余债务，被执行人应当继续清偿。

第四百九十条　被执行人的财产无法拍卖或者变卖的，经申请执行人同意，且不损害其他债权人合法权益和社会公共利益的，人民法院可以将该项财产作价后交付申请执行人抵偿债务，或者交付申请执行人管理；申请执行人拒绝接收或者管理的，退回被执行人。

《最高人民法院关于执行和解若干问题的规定》

第六条　当事人达成以物抵债执行和解协议的，人民法院不得依据该协议作出以物抵债裁定。

【参考案例】

魏某、青岛海宜林投资控股有限公司二审民事判决书

审理法院：最高人民法院

案号：(2017)最高法民终354号

裁判要旨：以物抵债协议的目的在于消灭魏某传对中海盛明置业的债权而非单纯的房屋买卖。本案双方当事人之间的以物抵债协议，不能体现双方买卖房屋的真实意思表示，只是债务人履行债务的变通方式，不必然地引起房屋权属的变动。且讼争房屋并未完成权属登记的变更手续，债权人只有债权请求权，而非物权。本案中魏某传寻求救济途径不当，以物抵债协议约定的交付房产，是以消灭金钱债务为目的的债的履行方式，在完成房屋变更登记之前，以房抵债协议并不形成优于其他债权的利益，且破坏了债权平等受偿的原则，损害了其他与中海盛明置业之间存有债权债务关系的当事人的合法权利救济途径，故不能认定依据以房抵债协议而产生的物权期待权及物权本身，该合同的订立并不能阻却有其他合法权利的第三人基于生效法律文书申请强制执行。

24 执行中，案外人据“以房抵债”协议提出执行异议的，能否获支持？

【律师解答】

执行实务中，常出现被执行人的其他债权人以被执行房产已经以房抵债为由主张对案涉房产享有所有权，进而依《最高人民法院关于人民法院办理执行异议和复议案件若干问题的规定》第28条、第29条的规定，提出执行异议、执行异议之诉要求排除对案涉房产强制执行。

对此，目前一种观点认为，《最高人民法院关于人民法院办理执行异议和复议案件若干问题的规定》第28条、第29条是对无过错不动产买受人、消费者购房人物权期待权的特殊保护，而物权期待权作为准物权或特殊优先债权，在目前物权法定及债权平等原则下应为特例，法律或司法解释没有明确规定时不得随意适用，以房抵债协议受让人在未取得抵债物所有权之前，不享有物权期待权，不应支持其据以房抵债协议排除强制执行。最高人民法院民二庭编著的《全国法院民商事审判工作会议纪要理解与适用》中，其第44条的解读中对“债权人能否基于以物抵债协议对抗金钱之债的执行”问题，也同样持此观点。

另一种观点认为，对案外人据以房抵债协议请求排除执行的，对于案外人与被执行人之间的债务清偿期届满，案外人在房产查封前，已与被执行人签订了合法有效的以房抵债协议并实际合法占有被执行房屋，且不存在规避执行或逃避债务等情形的，可以参照适用《最高人民法院关于人民法院办理执行异议和复议案件若干问题的规定》第28条，以确认案外人是否享有排除执行的合法权益。

综合分析认为，以房抵债协议不同于房屋买卖合同，案外人不能依以房抵债协议直接适用《最高人民法院关于人民法院办理执行异议和复议案件若干问题的规定》第28条、第29条相关规定当然的排除强制执行。但在以房抵债协议已经实际履行、抵债物的权属已发生变动或者债权人已经合法占有抵债房产的情况下，抵债物受让人有权主张排除对抵债物的强制执行，否则，将不能对抗强制执行。在此也建议以房抵债债权人在签订以房抵债协议后，及时办理双方债权债务结算、及时签订买卖合同并办理过户登记手续、及时合法占有抵债房屋并保留好房屋交接文书、物业费及水电煤缴费单据等材料。

【参考依据】

《民法典》

第二百零九条 不动产物权的设立、变更、转让和消灭,经依法登记,发生效力;未经登记,不发生效力,但是法律另有规定的除外。

依法属于国家所有的自然资源,所有权可以不登记。

《最高人民法院关于人民法院办理执行异议和复议案件若干问题的规定》

第二十八条 金钱债权执行中,买受人对登记在被执行人名下的不动产提出异议,符合下列情形且其权利能够排除执行的,人民法院应予支持:

(一)在人民法院查封之前已签订合法有效的书面买卖合同;

(二)在人民法院查封之前已合法占有该不动产;

(三)已支付全部价款,或者已按照合同约定支付部分价款且将剩余价款按照人民法院的要求交付执行;

(四)非因买受人自身原因未办理过户登记。

第二十九条 金钱债权执行中,买受人对登记在被执行的房地产开发企业名下的商品房提出异议,符合下列情形且其权利能够排除执行的,人民法院应予支持:

(一)在人民法院查封之前已签订合法有效的书面买卖合同;

(二)所购商品房系用于居住且买受人名下无其他用于居住的房屋;

(三)已支付的价款超过合同约定总价款的百分之五十。

《山东高院民一庭关于审理执行异议之诉案件若干问题的解答》

七、案外人基于以房抵债提起执行异议之诉,如何处理?

答:对于案外人与被执行人之间的债务清偿期届满,案外人在房产查封前,已与被执行人签订了合法有效的以房抵债协议并实际合法占有被执行房屋,且不存在规避执行或逃避债务等情形的,可以参照适用《最高人民法院关于人民法院办理执行异议和复议案件若干问题规定》第二十八条。人民法院应当对以房抵债所涉及的债权债务是否合法有效进行实质性审查,还要注意结合案件是否存在涉及消费者权益、弱势群体保护、公民基本生存权利等因素,对以房抵债的法律效力和法律后果,综合进行审查判断。

如案外人系建设工程承包人或实际施工人,其与被执行人之间存在合法有效的建设工程施工合同，且工程款清偿期已经届满，案外人基于建设工程价款与被执行人订立合法有效的以物抵债协议，据以主张支付了相应对价，请求排除执行的，一般可予支持。

《江苏省高级人民法院执行异议及执行异议之诉案件办理工作指引(二)》

8. 金钱债权执行中，执行法院对登记在被执行人名下的不动产采取强制执行措施，案外人以其享有物权期待权为由提出执行异议及执行异议之诉的，应参照适用《查扣冻规定》第十五条或者《异议复议规定》第二十八条规定的条件进行审查，具有下列情形的，应予支持：

……

案外人主张其与被执行人通过以房抵债，已支付全部价款，同时符合下列情形的，应予支持：

①案外人与被执行人在案涉房屋被查封前存在合法有效的到期债权债务关系；

②案外人对被执行人享有的到期债权与执行标的的实际价值大致相当；

③案外人与被执行人在案涉房屋被查封前已经签订书面以房抵债协议；

④以房抵债协议不存在规避执行或逃避债务情形；

⑤以房抵债协议不损害申请执行人或其他债权人的利益；

⑥以房抵债协议不违反《第八次全国法院民事商事审判工作会议(民事部分)纪要》精神。

案外人基于建设工程价款，与被执行人订立以物抵债协议，主张其已支付全部价款，同时具备下列情形的，应予支持：

①案外人系建设工程承包人或实际施工人；

②案外人与被执行人之间存在真实的书面建设工程承包合同；

③案外人与被执行人的工程款清偿期已经届满；

④案外人享有的工程价款与抵债标的的价值相当；

⑤以房抵债协议合法有效。

【参考案例】

1. 康某、青岛华东葡萄酿酒有限公司申请执行人执行异议之诉再审审查与审判监督民事裁定书

审理法院：最高人民法院

案号：(2020)最高法民申3620号

裁判要旨：从《最高人民法院关于人民法院办理执行异议和复议案件若干问题的规定》第28条的条文本意看，该条规定的是无过错不动产买受人的权利保护问题，以物抵债受让人并非属于前述不动产买受人范围，并不能适用该条的规定予以保护。本案中，康某于诉讼中提供的《以房抵付工程款协议》《青岛市商品房预售合同》《商品房预售合同补充协议》等证据表明康力商砼公司与中天嘉合公司就以房抵顶混凝土货款达成合意，康某应支付的合同价款实为康力商砼公司的混凝土货款。康某取得案涉房屋是基于康力商砼公司与中天嘉合公司之间的混凝土货款抵顶。案涉《青岛市商品房预售合同》《商品房预售合同补充协议》等协议实为消灭康力商砼公司与中天嘉合公司之间的债权债务关系，最终实现债的清偿，这与购买不动产而订立的买房合同存在差异，并不能适用前述司法解释的规定，也不能据此认定康某享有物权期待权。

2. 钟某勇、陈某林执行异议之诉再审审查与审判监督民事裁定书

审理法院：最高人民法院

案号：(2019)最高法民申2223号

裁判要旨：根据原审查明的情况，本案《商品房买卖合同》是在《借款合同》还款期限届满后签订的，是陈某林和东骏公司在平等自愿的基础上协商一致的结果，是双方真实的意思表示。陈某林与东骏公司建立商品房买卖合同关系，并非为陈某林与富美居公司、腾美公司、谭某明、郭某琴之间的《借款合同》提供担保，而是《借款合同》到期后，富美居公司、腾美公司、谭某明、郭某琴难以清偿债务，通过将东骏公司所有的商品房作价出售给债权人陈某林的方式来偿还借款，双方之间基于借款所形成的债权债务关系，已被以房抵债协议中的权利义务关系所取代。因此，《商品房买卖合同》并未违反法律、行政法规的强制性规定，不属于原《物权法》第186条规定的禁止流押情形。

25 执行中主张建设工程价款优先权，必须要有法律确权文书吗？

【律师解答】

实务中有执行法院认为，建设工程价款优先权未在生效法律文书中明确写明的，不能就执行财产拍卖、变卖所得优先受偿。

但另一种实务中采纳居多的观点认为，建设工程价款优先受偿权是一种法定优先权，即使在法院判决书、调解书中未明确建设工程款享有优先受偿权，并不妨碍权利人申请行使该权利。执行程序中，当被执行人财产不足以清偿时，建设工程款应优先受到清偿，建设工程承包人的优先受偿权优于抵押权和其他债权。

【参考依据】

《民法典》

第八百零七条 发包人未按照约定支付价款的，承包人可以催告发包人在合理期限内支付价款。发包人逾期不支付的，除根据建设工程的性质不宜折价、拍卖外，承包人可以与发包人协议将该工程折价，也可以请求人民法院将该工程依法拍卖。建设工程的价款就该工程折价或者拍卖的价款优先受偿。

《最高人民法院关于对人民法院调解书中未写明建设工程款有优先受偿权应如何适用法律问题的请示的复函》

你院(2007)粤高法执督字第45号关于对人民法院调解书中未写明建设工程款有优先受偿权应如何适用法律问题的请示收悉。经研究，答复如下：

建设工程款优先受偿权是一种法定优先权，无需当事人另外予以明示。最高人民法院《关于建设工程价款优先受偿权问题的批复》第四条明确规定，建设工程承包人行使优先权的期限为六个月。依据该条规定，建设工程承包人行使优先权的期限为六个月，且为不变期间，不存在中止、中断、延长的情形。

《最高人民法院关于审理建设工程施工合同纠纷案件适用法律问题的解释(一)》

第四十一条 承包人应当在合理期限内行使建设工程价款优先受偿权，但最长不得超过十八个月，自发包人应当给付建设工程价款之日起算。

【参考案例】

1. 中国银行股份有限公司江门分行、广东中人集团建设有限公司等执行分配方案异议之诉民事裁定书

审理法院：最高人民法院

案号：(2016)最高法民申1281号

裁判要旨：人民法院在判决书、调解书中未明确建设工程款享有优先受偿权的，并不妨碍权利人申请行使其优先受偿的权利。虽未明确主张优先受偿权，但并不影响享有该权利。

2. 盘锦鑫诚实业集团有限责任公司(以下简称盘锦鑫诚公司)、大连筑成建设集团有限公司(以下简称大连筑成公司)再审审查与审判监督民事裁定书

审理法院:最高人民法院

案号:(2018)最高法民申1281号

裁判要旨:建设工程价款优先受偿权为法定优先权,原则上自符合合同有效、建设工程施工已竣工或因发包人原因停建,且不属于不宜折价、拍卖的范围等法定条件时起设立,而非依生效确权裁判确认后设立。最高人民法院〔2007〕执他字第11号复函指出,“建设工程款优先受偿权是一种法定优先权,无须当事人另外予以明示”。《最高人民法院关于适用〈中华人民共和国民事诉讼法〉的解释》第508条第2款规定,“对人民法院查封、扣押、冻结的财产有优先权、担保物权的债权人,可以直接申请参与分配,主张优先受偿权”。根据上述规定,建设工程价款优先受偿权成立之后,无须另外明示,且可以依法直接行使。盘锦鑫诚公司申请再审主张大连筑成公司在优先受偿权之诉的诉讼过程中不享有建设工程价款优先受偿权,缺乏法律依据,法院不予支持。

3. 河北双维集团有限公司(以下简称双维集团)、刘某利民间借贷纠纷执行审查类执行裁定书

审理法院:最高人民法院

案号:(2019)最高法执监359号

裁判要旨:法院认为,本案的焦点问题是:在执行程序中,当利害关系人提出其享有优先受偿权的主张时,执行法院是否应予审查,并对其权利予以保护。依据原《合同法》第286条和《最高人民法院关于建设工程价款优先受偿权问题的批复》(法释〔2002〕16号)规定,建设工程价款优先受偿权是法律赋予建设工程承包人的一项法定优先权,承包人可自行行使,亦可向人民法院或仲裁机构主张权利,在向人民法院主张权利时既可以通过诉讼程序予以主张,亦可在执行程序中提出,人民法院均应予以保护。当承包人在执行程序中提出享有建设工程优先受偿权的主张时,执行法院应予充分关注并先行审查,在拍卖、抵债或者分配程序中依法保护其合法权益。如果其尚未取得建设工程优先受偿权的执行依据,通过审查建设工程施工合同等证据仍无法确定优先受偿权范围的,可以告知承包人尽快通过诉讼程序取得优先受偿权的执行依据。虽然承包人关于优先受偿权的主张并不能阻止执行程序的继续推进,但执行法院在处置该执行标的前,应对承包人的建设工程价款予以预留。本案中，针对执行标的，双维集团曾多次提出执行异议、复议及案外人异议之诉，明确主张其对执行标的的地上建筑物享有建设工程优先受偿权。但河北两级法院在办理执行案件中，并未依法依照原《合同法》第286条的规定，对其优先受偿权进行审查并予认定。若邯郸中院确实无法在执行程序中确定双维集团是否享有优先受偿权以及范围，至少在作出以物抵债裁定前，应先对双维集团的工程价款作出预留，待双维集团通过诉讼途径明确优先受偿权的范围后予以分配，而非不顾双维集团的优先受偿权，径直将执行标的抵债给申请执行人。之后，双维集团取得优先受偿权的执行依据并提出异议复议申请，但河北两级法院又以作出以物抵债裁定之前，双维集团未提供相应证据为由驳回其异议复议申请，剥夺了双维集团通过执行程序依法主张优先受偿权的权利，应予纠正。

26 被判令赔礼道歉后拒不履行的，被侵权人能否申请强制执行？

【律师解答】

被判令赔礼道歉后拒不赔礼道歉的，被侵权人可以向人民法院申请强制执行。实践中由于当事双方普遍矛盾较深，侵权人拒绝道歉也成为常态，由于不能违背侵权人内心的自由意志强制其道歉，所以法院一般通过媒体公告、小区等场所张贴等方式执行判决，并要求加害人承担公告等相关费用。

【参考依据】

《民法典》

第一千条 行为人因侵害人格权承担消除影响、恢复名誉、赔礼道歉等民事责任的，应当与行为的具体方式和造成的影响范围相当。

行为人拒不承担前款规定的民事责任的，人民法院可以采取在报刊、网络等媒体上发布公告或者公布生效裁判文书等方式执行，产生的费用由行为人负担。

《最高人民法院关于人民法院执行工作若干问题的规定(试行)》

44. 被执行人拒不履行生效法律文书中指定的行为的，人民法院可以强制其履行。

对于可以替代履行的行为，可以委托有关单位或他人完成，因完成上述行为发生的费用由被执行人承担。

对于只能由被执行人完成的行为，经教育，被执行人仍拒不履行的，人民法院应当按照妨害执行行为的有关规定处理。

27 股东知情权纠纷胜诉后可以申请法院强制执行吗？

【律师解答】

股东知情权纠纷胜诉后可以申请法院强制执行。

股东的知情权包括查阅、复制公司章程、股东会会议记录、董事会会议决议、监事会会议决议和财务会计报告，查阅公司会计账簿等。在股东知情权纠纷胜诉后，若公司拒不履行判决义务，股东可以向人民法院申请强制执行，还可以请求被执行人支付迟延履行金。股东依据人民法院生效判决查阅公司文件材料的，在该股东在场的情况下，还可以由会计师、律师等依法或者依据执业行为规范负有保密义务的中介机构执业人员辅助进行。

但实践中，往往由于股东与股东或者公司间矛盾较深，加之很多判决中对股东知情权行使的内容、范围、形式规定不具体，造成在执行中面临文件资料查找难、被执行人配合程度低等问题。为此，很多执行法院在执行过程中，通常会采取搜查被执行人公司、向第三方调取可供查阅资料的方式尽可能保障股东知情权的实现。对遇到被执行人抗拒、干扰执行的，人民法院还可能会采取罚款、拘留等处罚措施。有的执行法院在此过程中还会对拒不配合执行的公司、公司法定代表人、掌握账簿材料等资料的直接责任人员采取限制消费、纳入失信被执行人名单等措施。为兼顾执行效果，笔者在此也建议主张权利的股东在起诉时，应尽可能确定诉讼请求，对行使知情权的时间、地点、方式以及文件资料的内容进行明确。

需要注意的是，实践中个别掌握账簿材料等资料的直接责任人员为对抗执行故意隐匿、销毁会计凭证、会计账簿、财务会计报告的行为，还存在被追究涉嫌隐匿、故意销毁会计凭证、会计账簿、财务会计报告罪这一刑事责任的风险。

【参考依据】

《民事诉讼法》

第一百一十四条　诉讼参与人或者其他人有下列行为之一的，人民法院可以根据情节轻重予以罚款、拘留；构成犯罪的，依法追究刑事责任：

……（六）拒不履行人民法院已经发生法律效力的判决、裁定的……

人民法院对有前款规定的行为之一的单位，可以对其主要负责人或者直接责任人员予以罚款、拘留；构成犯罪的，依法追究刑事责任。

《最高人民法院关于适用〈中华人民共和国民事诉讼法〉的解释》

第四百九十四条 在执行中，被执行人隐匿财产、会计账簿等资料的，人民法院除可依照民事诉讼法第一百一十四条第一款第六项规定对其处理外，还应责令被执行人交出隐匿的财产、会计账簿等资料。被执行人拒不交出的，人民法院可以采取搜查措施。

第五百零五条 被执行人未按判决、裁定和其他法律文书指定的期间履行非金钱给付义务的，无论是否已给申请执行人造成损失，都应当支付迟延履行金。已经造成损失的，双倍补偿申请执行人已经受到的损失；没有造成损失的，迟延履行金可以由人民法院根据具体案件情况决定。

《最高人民法院关于适用〈中华人民共和国公司法〉若干问题的规定（四）》

第十条 人民法院审理股东请求查阅或者复制公司特定文件材料的案件，对原告诉讼请求予以支持的，应当在判决中明确查阅或者复制公司特定文件材料的时间、地点和特定文件材料的名录。

股东依据人民法院生效判决查阅公司文件材料的，在该股东在场的情况下，可以由会计师、律师等依法或者依据执业行为规范负有保密义务的中介机构执业人员辅助进行。

【参考案例】

1. 成都市荣宣市场经营管理有限公司（以下简称荣宣公司）、杨某惠执行审查类执行裁定书

审理法院：四川省成都市中级人民法院

案号：（2020）川01执复89号

裁判要旨：法院认为，杨某惠是否有权委托代理律师、会计师辅助查阅案涉相关文书和财会资料系本案争议焦点。对此问题，已生效的（2018）川0114民初6317号民事判决依照《最高人民法院关于适用〈中华人民共和国公司法〉若干问题的解释（四）》第10条第2款的规定进行了分析论证，确认杨某惠有权委托律师、会计师辅助其进行查阅，即委托律师、会计师辅助查阅系其法定权利，无须判决重复确认。

执行法院责令荣宣公司向杨某惠及其委托的代理律师、注册会计师共三人提供该公司会计账簿和会计凭证以供查阅,于法有据,并无不当。荣宣公司称其不应向杨某惠委托的代理律师、注册会计师提供会计账簿和会计凭证供其查阅的理由不能成立,法院不予采纳。荣宣公司认为其对杨某惠无金钱给付义务,不应对其采取限制消费措施。《最高人民法院关于限制被执行人高消费及有关消费的若干规定》的立法本意在于推动社会信用机制的建设,最大限度保护当事人的合法权益,限制消费措施系对被执行人不履行生效法律文书确定的给付义务的惩戒。本案中,荣宣公司未按执行通知书指定的期间履行生效判决确定的提供会计账簿和会计凭证供杨某惠查阅的给付义务,执行法院依据《最高人民法院关于限制被执行人高消费及有关消费的若干规定》第1条、第3条规定对荣宣公司及其法定代表人采取限制消费措施并无不当,荣宣公司的该项理由缺乏法律依据,法院不予采纳。综上,荣宣公司的复议理由均不能成立,法院不予支持。

2. 天津元迪科技有限公司、张某进股东知情权纠纷执行审查类执行裁定书

审理法院:天津市第一中级人民法院

案号:(2018)津01执复159号

裁判要旨:法院认为,天津市南开区人民法院(2017)津0104民初5093号民事判决是生效法律文书,复议申请人未履行生效法律文书确定的义务。天津市南开区人民法院依法作出(2017)津0104执3867号执行决定书,以被执行人天津元迪科技有限公司有履行能力而拒不履行生效法律文书确定义务为由,将天津元迪科技有限公司纳入失信被执行人名单,并向天津元迪科技有限公司法定代表人杜某伟发出限制高消费令,并无不当。

28 被执行人未履行非金钱给付义务,申请执行人是否能主张迟延履行金?

【律师解答】

被执行人未按判决、裁定和其他法律文书指定的期间履行如赔礼道歉、消除影响、交付物品、腾退房屋等非金钱给付义务的,也应向申请执行人支付迟延履行金,申请执行人有权在执行程序中主张迟延履行金。

关于非金钱给付义务迟延履行金的计算,若因被执行人迟延履行给申请执行人造成损失,应双倍补偿该损失,如对拒不腾退房屋的,可按照该房屋出租可得的租金为标准计算损失。若未造成损失,则由人民法院视迟延履行原因、期间长短、给申请人造成的影响等因素酌情确定。

实践中,虽然非金钱给付义务迟延履行金的适用是一项督促被执行人履行义务的有效措施,但很多法院认为迟延履行金的适用应以申请人的主张为前提,而非法院依职权主动适用,且在损失金额不确定或是没有造成损失的情况下,适用的尺度难以掌握等各种原因,实际执行中法院适用较少。

【参考依据】

《民事诉讼法》

第二百六十条 被执行人未按判决、裁定和其他法律文书指定的期间履行给付金钱义务的,应当加倍支付迟延履行期间的债务利息。被执行人未按判决、裁定和其他法律文书指定的期间履行其他义务的,应当支付迟延履行金。

《最高人民法院关于适用〈中华人民共和国民事诉讼法〉的解释》

第五百零五条 被执行人未按判决、裁定和其他法律文书指定的期间履行非金钱给付义务的,无论是否已给申请执行人造成损失,都应当支付迟延履行金。已经造成损失的,双倍补偿申请执行人已经受到的损失;没有造成损失的,迟延履行金可以由人民法院根据具体案件情况决定。

《北京市高级人民法院关于计付迟延履行利息、迟延履行金若干问题的解答》

11、应当通过什么程序来确定迟延履行利息、迟延履行金?

答:申请执行人主张迟延履行利息或迟延履行金的,应当由其提供计算迟延履行利息或迟延履行金的方法及结果,被执行人对此没有异议或者虽有异议但经协商后与申请执行人达成一致的,经执行实施机构审查确认后即可认定迟延履行利息或迟延履行金的数额。当事人对迟延履行利息或迟延履行金的计算无法达成一致的,由执行实施机构作出书面决定。

12、迟延履行金的数额如何确定?

答:被执行人迟延履行非金钱给付义务,给申请执行人造成损失的,应当双倍补偿申请执行人的损失。申请执行人提出有损失并要求双倍补偿其损失的,其在主张迟延履行金时应当列明所受损失的具体数额,并提供相应证据。

被执行人迟延履行非金钱给付义务,未给申请执行人造成损失或者申请执行人未主张有损失的,应当综合迟延履行的原因、迟延履行期间的长短、迟延履行给申请执行人造成的影响等因素酌定迟延履行金的数额。

29 执行阶段,被执行人能否向执行法院申请暂缓执行?

【律师解答】

被执行人可以通过向法院提供担保的方式申请暂缓执行,如申请执行人同意,法院可决定暂缓执行。执行担保可以由被执行人提供财产担保,也可以由具有代为履行和承担赔偿责任能力的第三人提供担保,且向法院提供担保的应提交担保书。法院决定暂缓执行的,暂缓执行的期限应与担保期限一致,但最长期限不得超过1年。暂缓期间届满后被执行人仍不履行义务的,法院可直接执行担保财产或执行担保人的财产。

此外,如果在执行过程中存在查封、冻结、拍卖等执行措施,或者执行程序违反法律规定、被执行财产存在权属争议、被执行人对申请执行人享有抵销权的情形,被执行人也可以向法院提出暂缓执行申请。但暂缓执行的期间不得超过3个月,因特殊事由需要延长的,可以适当延长,延长的期限不得超过3个月。

【参考依据】

《民事诉讼法》

第二百三十八条 在执行中,被执行人向人民法院提供担保,并经申请执行人同意的,人民法院可以决定暂缓执行及暂缓执行的期限。被执行人逾期仍不履行的,人民法院有权执行被执行人的担保财产或者担保人的财产。

《最高人民法院关于适用〈中华人民共和国民事诉讼法〉的解释》

第四百六十七条 人民法院依照民事诉讼法第二百三十八条规定决定暂缓执行的,如果担保是有期限的,暂缓执行的期限应当与担保期限一致,但最长不得超过一年。被执行人或者担保人对担保的财产在暂缓执行期间有转移、隐藏、变卖、毁损等行为的,人民法院可以恢复强制执行。

《最高人民法院关于正确适用暂缓执行措施若干问题的规定》

第三条 有下列情形之一的,经当事人或者其他利害关系人申请,人民法院可以决定暂缓执行：

（一）执行措施或者执行程序违反法律规定的；

（二）执行标的物存在权属争议的；

（三）被执行人对申请执行人享有抵销权的。

第十条 暂缓执行的期间不得超过三个月。因特殊事由需要延长的，可以适当延长，延长的期限不得超过三个月。

暂缓执行的期限从执行法院作出暂缓执行决定之日起计算。暂缓执行的决定由上级人民法院作出的，从执行法院收到暂缓执行决定之日起计算。

30 公司的银行账户或其他财产被法院冻结、查封，通过什么方式可以解除查封？

【律师解答】

若因强制执行公司的银行账户或其他财产被查封、冻结，公司可以通过提供其他等值担保财产的方式，申请解除对账户或财产的冻结、查封措施。

民事执行过程中，公司通常会面临公司账户或其他相应财产被查封、冻结的情形，在及时履行生效法律文书确定的义务后，人民法院自然应当解除查封、冻结措施。若公司出于经营需要或者其他特殊情形需要及时解除查封，但又因故无法及时履行，也可通过提供其他等值担保财产的方式，先行解除对该部分财产的查封、冻结措施。但实践中，往往因执行法院要求提供担保财产的评估报告、需要经过申请执行人同意等因素，且申请人会倾向于考虑现金比实物担保财产更利于执行等原因，并不会十分配合，导致该种方式较难实现。

【参考依据】

《民事诉讼法》

第一百零七条 财产纠纷案件，被申请人提供担保的，人民法院应当裁定解除保全。

《最高人民法院关于适用〈中华人民共和国民事诉讼法〉的解释》

第一百六十七条 财产保全的被保全人提供其他等值担保财产且有利于执行

的，人民法院可以裁定变更保全标的物为被保全人提供的担保财产。

《最高人民法院关于人民法院民事执行中查封、扣押、冻结财产的规定》

第二十八条 有下列情形之一的，人民法院应当作出解除查封、扣押、冻结裁定，并送达申请执行人、被执行人或者案外人：

（一）查封、扣押、冻结案外人财产的；

（二）申请执行人撤回执行申请或者放弃债权的；

（三）查封、扣押、冻结的财产流拍或者变卖不成，申请执行人和其他执行债权人又不同意接受抵债，且对该财产又无法采取其他执行措施的；

（四）债务已经清偿的；

（五）被执行人提供担保且申请执行人同意解除查封、扣押、冻结的；

（六）人民法院认为应当解除查封、扣押、冻结的其他情形。

解除以登记方式实施的查封、扣押、冻结的，应当向登记机关发出协助执行通知书。

31 申请执行人撤销执行申请后还可以再申请执行吗？

【律师解答】

申请执行权是法律赋予申请人的一项重要民事权利，属于申请执行人的私权范畴。对于这样一种程序性权利法律赋予了当事人较大的自由权，既允许申请人申请执行，也允许在不损害国家、公共利益的基础上撤销执行申请，放弃人民法院对生效法律文书的强制执行。依据《民事诉讼法》的规定，申请执行人撤销执行申请后，人民法院会终结执行。终结执行后，2 年申请执行时效期间重新计算，在此期间内申请执行人再次向人民法院申请强制执行的，人民法院应当受理。

需要注意的是，实务中普遍对“撤销”执行申请和“撤回”执行申请的适用和理解存在混淆。其实从立法本意上理解，“撤销”执行申请和“撤回”执行申请含义在本质上是相同的，都是申请执行人不再要求法院采取强制执行措施，从而法院没有继续采取执行措施或者执行程序没有继续进行的必要。因此，“撤销”和“撤回”的结果都是裁定终结执行。但在具体执行过程中，两者的适用区别甚大，在现行的法律规定中，只有《最高人民法院关于适用〈中华人民共和国民事诉讼法〉的解释》中规定当申请执行人与被执行人达成执行和解协议后，申请执行人才能撤回执行申请，所以“撤回”执行申请的适用应仅限于此种情形。

“撤销”或者“撤回”执行申请的后果也有一定的区别。“撤销”申请后，2年申请时效重新计算且申请执行人可以再次向法院申请强制执行；“撤回”申请后，2年申请时效自和解协议履行期满后重新计算且若被执行人不履行协议，申请执行人需要向法院申请恢复强制执行。

【参考依据】

《民法典》

第一百九十五条 有下列情形之一的，诉讼时效中断，从中断、有关程序终结时起，诉讼时效期间重新计算：

（一）权利人向义务人提出履行请求；

（二）义务人同意履行义务；

（三）权利人提起诉讼或者申请仲裁；

（四）与提起诉讼或者申请仲裁具有同等效力的其他情形。

《民事诉讼法》

第二百四十六条 申请执行的期间为二年。申请执行时效的中止、中断，适用法律有关诉讼时效中止、中断的规定。

前款规定的期间，从法律文书规定履行期间的最后一日起计算；法律文书规定分期履行的，从最后一期履行期限届满之日起计算；法律文书未规定履行期间的，从法律文书生效之日起计算。

第二百六十四条 有下列情形之一的，人民法院裁定终结执行：

（一）申请人撤销申请的；

（二）据以执行的法律文书被撤销的；

（三）作为被执行人的公民死亡，无遗产可供执行，又无义务承担人的；

（四）追索赡养费、扶养费、抚养费案件的权利人死亡的；

（五）作为被执行人的公民因生活困难无力偿还借款，无收入来源，又丧失劳动能力的；

（六）人民法院认为应当终结执行的其他情形。

《最高人民法院关于适用〈中华人民共和国民事诉讼法〉的解释》

第四百六十四条 申请执行人与被执行人达成和解协议后请求中止执行或者撤回执行申请的，人民法院可以裁定中止执行或者终结执行。

第四百六十五条 一方当事人不履行或者不完全履行在执行中双方自愿达成的和解协议，对方当事人申请执行原生效法律文书的，人民法院应当恢复执行，但和解协议已履行的部分应当扣除。和解协议已经履行完毕的，人民法院不予恢复执行。

第五百一十八条 因撤销申请而终结执行后，当事人在民事诉讼法第二百四十六条规定的申请执行时效期间内再次申请执行的，人民法院应当受理。

《最高人民法院关于适用〈中华人民共和国民事诉讼法〉执行程序若干问题的解释》

第二十条 申请执行时效因申请执行、当事人双方达成和解协议、当事人一方提出履行要求或者同意履行义务而中断。从中断时起，申请执行时效期间重新计算。

32 执行案件被法院“终本”是什么意思？

【律师解答】

“终本”，即终结本次执行，是指人民法院在穷尽财产调查手段后未发现被执行人的可供执行财产，经申请执行人同意或经合议庭合议并报院长批准后采取的一种暂时性结案方式。

在终结本次执行时，人民法院通常还会对被执行人限制高消费并纳入失信被执行人名单。但终结本次执行只是暂时性的，当符合条件如发现被执行人的可供执行财产时，申请执行人可再次向法院申请恢复执行。

实务中，除上述情形下法院会适用“终本”程序外，个别法官出于结案考核压力，当执行案件自立案之日起6个月即将届满时，以目前发现的财产暂无法处置等理由，经申请执行人同意、申请后终结本次执行。案件终本后，法院通常会继续推进案件的执行，如扣划被执行人名下存款并向申请执行人发放、对已查封的房产张贴腾房公告等。待需要以恢复执行的方式才能采取某些如评估、拍卖措施时，才会要求申请执行人申请恢复执行。也有个别法院法官在申请执行人配合办理“终本”程序后，对执行案件消极处理，所以申请执行人在“终本”后一定要注意及时跟执行法官沟通，要求继续执行，并视情况及时提请恢复执行。

【参考依据】

《最高人民法院关于适用〈中华人民共和国民事诉讼法〉的解释》

第五百一十七条第一款 经过财产调查未发现可供执行的财产,在申请执行人签字确认或者执行法院组成合议庭审查核实并经院长批准后,可以裁定终结本次执行程序。

《最高人民法院关于严格规范终结本次执行程序的规定(试行)》

第一条 人民法院终结本次执行程序,应当同时符合下列条件:

(一)已向被执行人发出执行通知、责令被执行人报告财产;

(二)已向被执行人发出限制消费令,并将符合条件的被执行人纳入失信被执行人名单;

(三)已穷尽财产调查措施,未发现被执行人有可供执行的财产或者发现的财产不能处置;

(四)自执行案件立案之日起已超过三个月;

(五)被执行人下落不明的,已依法予以查找;被执行人或者其他人妨害执行的,已依法采取罚款、拘留等强制措施,构成犯罪的,已依法启动刑事责任追究程序。

第九条 终结本次执行程序后,申请执行人发现被执行人有可供执行财产的,可以向执行法院申请恢复执行。申请恢复执行不受申请执行时效期间的限制。执行法院核查属实的,应当恢复执行。

终结本次执行程序后的五年内,执行法院应当每六个月通过网络执行查控系统查询一次被执行人的财产,并将查询结果告知申请执行人。符合恢复执行条件的,执行法院应当及时恢复执行。

33 执行案件被法院"终本"后案件将如何进行下一步处理?

【律师解答】

执行案件被终结本次执行后,由于被执行人仍未履行完毕生效法律文书确定的义务。在其间,申请执行人发现被执行人有可供执行财产的,可以向人民法院申请恢复执行。此外,按照规定,在终结本次执行程序后的5年内,执行法院应当每6个月通过网络执行查控系统查询一次被执行人的财产,并将查询结果告知申请执行人(但实践中告知的很少,需要当事人自己注意申请查询)。符合恢复执行条件的,执行法院应当及时恢复执行(通常都是需要申请执行人自行申请恢复执行)。

同时,在此期间若发现被执行人有可供执行财产,不立即采取执行措施可能导致财产被转移、隐匿、出卖或者毁损的,执行法院还可依申请执行人申请或依职权立即采取查封、扣押、冻结等控制性措施。所以在执行案件终结本次执行后,建议申请执行人仍应积极寻找被执行人财产线索并保持与执行法院、执行法官的沟通,了解案件情况,以便发现财产线索,能够及时与执行法院取得联系并采取执行措施。

【参考依据】

《最高人民法院关于严格规范终结本次执行程序的规定(试行)》

第八条 终结本次执行程序后,被执行人应当继续履行生效法律文书确定的义务。被执行人自动履行完毕的,当事人应当及时告知执行法院。

第九条 终结本次执行程序后,申请执行人发现被执行人有可供执行财产的,可以向执行法院申请恢复执行。申请恢复执行不受申请执行时效期间的限制。执行法院核查属实的,应当恢复执行。

终结本次执行程序后的五年内,执行法院应当每六个月通过网络执行查控系统查询一次被执行人的财产,并将查询结果告知申请执行人。符合恢复执行条件的,执行法院应当及时恢复执行。

第十条 终结本次执行程序后,发现被执行人有可供执行财产,不立即采取执行措施可能导致财产被转移、隐匿、出卖或者毁损的,执行法院可以依申请执行人申请或依职权立即采取查封、扣押、冻结等控制性措施。

第十一条 案件符合终结本次执行程序条件,又符合移送破产审查相关规定的,执行法院应当在作出终结本次执行程序裁定的同时,将执行案件相关材料移送被执行人住所地人民法院进行破产审查。

第十二条 终结本次执行程序裁定书送达申请执行人以后,执行法院应当在七日内将相关案件信息录入最高人民法院建立的终结本次执行程序案件信息库,并通过该信息库统一向社会公布。

34 执行程序终结后申请执行人还能申请恢复执行吗?

【律师解答】

执行程序终结也叫“终结执行”;终结执行和终结本次执行是不同的。终结本次执行,是指人民法院在穷尽财产调查手段后未发现被执行人的可供执行财产或已掌握的财产暂时无法处置时采取的一种暂时性结案方式,而终结执行,是指在执行程序中,由于发生申请人撤销申请、作为执行依据的生效法律文书被撤销、作为被执行人的公民死亡无遗产可供执行又无义务承担人、双方当事人达成执行和解等情形时,正在进行的执行程序不可能或者没有必要继续进行,执行法院从而裁定结束执行程序的制度。

与执行完毕不同,这种结案方式下申请执行人的权利并未得到实现,因此在具备重新执行的条件如发现被执行人其他可供执行财产、申请人拒不履行和解协议等情形时,申请执行人仍可以再次向法院提起强制执行申请或恢复执行申请。

【参考依据】

《民事诉讼法》

第二百六十四条 有下列情形之一的,人民法院裁定终结执行:

(一)申请人撤销申请的;

(二)据以执行的法律文书被撤销的;

(三)作为被执行人的公民死亡,无遗产可供执行,又无义务承担人的;

(四)追索赡养费、扶养费、抚养费案件的权利人死亡的;

(五)作为被执行人的公民因生活困难无力偿还借款,无收入来源,又丧失劳动能力的;

(六)人民法院认为应当终结执行的其他情形。

《最高人民法院关于适用〈中华人民共和国民事诉讼法〉的解释》

第五百一十八条 因撤销申请而终结执行后,当事人在民事诉讼法第二百四十六条规定的申请执行时效期间内再次申请执行的,人民法院应当受理。

《最高人民法院关于执行案件立案、结案若干问题的意见》

第六条第五项 依照民事诉讼法第二百五十七条的规定而终结执行的案件,申请执行的条件具备时,申请执行人申请恢复执行的。

第十七条 有下列情形之一的,可以以“终结执行”方式结案:

(一)申请人撤销申请或者是当事人双方达成执行和解协议,申请执行人撤回执行申请的;

(二)据以执行的法律文书被撤销的;

(三)作为被执行人的公民死亡,无遗产可供执行,又无义务承担人的;

(四)追索赡养费、扶养费、抚育费案件的权利人死亡的;

(五)作为被执行人的公民因生活困难无力偿还借款,无收入来源,又丧失劳动能力的;

(六)作为被执行人的企业法人或其他组织被撤销、注销、吊销营业执照或者歇业、终止后既无财产可供执行,又无义务承受人,也没有能够依法追加变更执行主体的;

(七)依照刑法第五十三条规定免除罚金的;

(八)被执行人被人民法院裁定宣告破产的;

(九)行政执行标的灭失的;

(十)案件被上级人民法院裁定提级执行的;

(十一)案件被上级法院裁定指定由其他法院执行的;

(十二)按照《最高人民法院关于委托执行若干问题的规定》,办理了委托执行手续,且收到受托法院立案通知书的;

(十三)人民法院认为应当终结执行的其他情形。

前款除第(十)项、第(十一)项、第(十二)项规定的情形外,终结执行的,应当制作裁定书,送达当事人。

《最高人民法院关于进一步规范近期执行工作相关问题的通知》

三、关于和解长期履行案件的报结问题

当事人达成执行和解协议,需要长期履行的,可以以终结执行方式(选择“和解长期履行”情形)报结。

35 案件再审期间,是否应中止对被执行财产的执行?

【律师解答】

在执行案件办理过程中,若原诉讼案件被裁定再审的,裁定再审的法院一般都会在裁定书中明确“再审期间，中止原判决的执行”。所以再审期间，一般是要中止执行的，但追索赡养费、扶养费、抚育费、抚恤金、医疗费用、劳动报酬等案件，可以不中止执行。

【参考依据】

《民事诉讼法》

第二百一十三条 按照审判监督程序决定再审的案件，裁定中止原判决、裁定、调解书的执行，但追索赡养费、扶养费、抚养费、抚恤金、医疗费用、劳动报酬等案件，可以不中止执行。

36 收到人民法院的协助执行通知书后应如何处理？

【律师解答】

协助执行，是指实施执行措施的人民法院，通知有关单位或者个人协助执行生效法律文书所确定的内容。常见的协助执行通知有协助查封、冻结财产或者停止向被执行人支付钱款等情形，公民、法人或其他组织应积极履行执行通知书所要求的协助义务，若拒不协助执行的可能会被罚款，以威胁、暴力等方式阻碍执法人员工作，可能还会被司法拘留，因不履行协助义务如将法院要求止付的钱款支付给被执行人造成申请执行人债权无法实现的，还会被要求赔偿申请执行人的损失。

虽然法律规定协助执行义务人必须协助配合法院执行工作，但从维护自身合法权益出发，在接到协助执行通知后，需注意对自身是否系有义务协助的主体、法院要求协助的内容是否恰当进行判断；若对协助执行通知有异议，要及时以书面形式向执行法院提出异议。

【参考依据】

《民事诉讼法》

第一百一十七条 有义务协助调查、执行的单位有下列行为之一的，人民法院除责令其履行协助义务外，并可以予以罚款：

（一）有关单位拒绝或者妨碍人民法院调查取证的；

（二）有关单位接到人民法院协助执行通知书后，拒不协助查询、扣押、冻结、划拨、变价财产的；

（三）有关单位接到人民法院协助执行通知书后，拒不协助扣留被执行人的收入、办理有关财产权证照转移手续、转交有关票证、证照或者其他财产的；

（四）其他拒绝协助执行的。

人民法院对有前款规定的行为之一的单位，可以对其主要负责人或者直接责任人员予以罚款；对仍不履行协助义务的，可以予以拘留；并可以向监察机关或者有关机关提出予以纪律处分的司法建议。

《最高人民法院关于人民法院执行工作若干问题的规定（试行）》

29. 被执行人在有关单位的收入尚未支取的，人民法院应当作出裁定，向该单位发出协助执行通知书，由其协助扣留或提取。

30. 有关单位收到人民法院协助执行被执行人收入的通知后，擅自向被执行人或其他人支付的，人民法院有权责令其限期追回；逾期未追回的，应当裁定其在支付的数额内向申请执行人承担责任。

42. 有关组织或个人持有法律文书指定交付的财物或票证，在接到人民法院协助执行通知书或通知书后，协同被执行人转移财物或票证的，人民法院有权责令其限期追回；逾期未追回的，应当裁定其承担赔偿责任。

37 被执行人不如实报告财产情况，会有什么后果？

【律师解答】

在人民法院受理申请执行人的申请后，法院会给被执行人发送报告财产令，要求被执行人在一定期限内如实报告自己名下的财产。实践中，很少有被执行人主动、如实向法院报告自己的财产情况，法院通常也不会对此进行惩戒，所以报不报告财产、是不是应该如实报告财产就成了很多被执行人面临的问题。

按照法律规定，被执行人不报、瞒报、少报、虚假报告或者没有正当理由逾期报告的话，法院是可以对被执行人或者其法定代理人、有关单位的主要负责人或者直接责任人员采取罚款甚至拘留措施的。所以，执行法院在对被执行人或者其法定代理人、有关单位的主要负责人或者直接责任人员作出采取拘留措施的决定时，被执行人未报告财产是最常见的理由。故在此也建议被执行人慎重对待人民法院的财产报告令,以防造成拘留后果的“把柄”。

【参考依据】

《民事诉讼法》

第二百四十八条 被执行人未按执行通知履行法律文书确定的义务,应当报告当前以及收到执行通知之日前一年的财产情况。被执行人拒绝报告或者虚假报告的,人民法院可以根据情节轻重对被执行人或者其法定代理人、有关单位的主要负责人或者直接责任人员予以罚款、拘留。

《最高人民法院关于民事执行中财产调查若干问题的规定》

第九条 被执行人拒绝报告、虚假报告或者无正当理由逾期报告财产情况的,人民法院可以根据情节轻重对被执行人或者其法定代理人予以罚款、拘留;构成犯罪的,依法追究刑事责任。

人民法院对有前款规定行为之一的单位,可以对其主要负责人或者直接责任人员予以罚款、拘留;构成犯罪的,依法追究刑事责任。

第十条 被执行人拒绝报告、虚假报告或者无正当理由逾期报告财产情况的,人民法院应当依照相关规定将其纳入失信被执行人名单。

38 什么情况下,被执行人会被限制高消费?

【律师解答】

申请执行人申请强制执行后,若被执行人未按人民法院执行通知书指定的期间履行生效法律文书确定的给付义务或已经被纳入失信被执行人名单,人民法院将依职权或申请执行人申请对其采取限制高消费措施。被执行人为法人的,被采取限制高消费措施后,其法定代表人、主要负责人甚至对公司债务履行有直接影响的人员,均不得实施法律规定的高消费行为。

与被纳入失信被执行人名单相比,采取限制高消费的条件要求较低,被适用的也更普遍,但被采取限制高消费措施的,不一定就会被纳入失信被执行人名单,只有已经被纳入失信被执行人名单的被执行人,才会被同时采取限制高消费措施。

【参考依据】

《最高人民法院关于限制被执行人高消费及有关消费的若干规定》

第一条 被执行人未按执行通知书指定的期间履行生效法律文书确定的给付义务的，人民法院可以采取限制消费措施，限制其高消费及非生活或者经营必需的有关消费。

纳入失信被执行人名单的被执行人，人民法院应当对其采取限制消费措施。

39 被纳入限制高消费名单会有什么不良影响？

【律师解答】

个人被列入限制高消费名单的，其出行、旅游、子女就学等消费行为都会受到一定限制，如不能乘坐飞机、列车软卧，不能乘坐动车一等及以上座位，不能购买房产，子女不能就读高收费私立学校等。违反限制高消费规定实施高消费行为，一旦被法院查证属实，还会面临法院的罚款、拘留。

法人被列入限制高消费名单的，其法定代表人、主要负责人、影响债务履行的直接责任人员、实际控制人也均不得实施法律规定的高消费行为。

【参考依据】

《最高人民法院关于限制被执行人高消费及有关消费的若干规定》

第三条 被执行人为自然人的，被采取限制消费措施后，不得有以下高消费及非生活和工作必需的消费行为：

（一）乘坐交通工具时，选择飞机、列车软卧、轮船二等以上舱位；

（二）在星级以上宾馆、酒店、夜总会、高尔夫球场等场所进行高消费；

（三）购买不动产或者新建、扩建、高档装修房屋；

（四）租赁高档写字楼、宾馆、公寓等场所办公；

（五）购买非经营必需车辆；

（六）旅游、度假；

（七）子女就读高收费私立学校；

（八）支付高额保费购买保险理财产品；

（九）乘坐G字头动车组列车全部座位、其他动车组列车一等以上座位等其他非生活和工作必需的消费行为。

被执行人为单位的，被采取限制消费措施后，被执行人及其法定代表人、主要负责人、影响债务履行的直接责任人员、实际控制人不得实施前款规定的行为。因私消费以个人财产实施前款规定行为的，可以向执行法院提出申请。执行法院审查属实的，应予准许。

第十一条第一款　被执行人违反限制消费令进行消费的行为属于拒不履行人民法院已经发生法律效力的判决、裁定的行为，经查证属实的，依照《中华人民共和国民事诉讼法》第一百一十一条的规定，予以拘留、罚款；情节严重，构成犯罪的，追究其刑事责任。

40 公司被纳入限制高消费名单的，哪些人也有被限制高消费的风险？

【律师解答】

公司被纳入限制高消费名单后，其法定代表人、主要负责人、影响债务履行的直接责任人员、实际控制人均不得实施高消费及非生活和工作必需的消费行为。

实务中，“影响债务履行的直接责任人员”比较难认定，常见的被认定为影响债务履行的直接责任人员的情形有：（1）具有股东身份且担任公司职务的，即使不是控股股东，实务中也可能被认定为“影响债务履行的直接责任人员”；（2）虽非控股股东，也未担任公司职务，但与控股股东之间具有血缘关系，能对公司重大决策和经营活动产生重大影响，也可能被认定为“影响债务履行的直接责任人员”。

【参考依据】

《最高人民法院关于限制被执行人高消费及有关消费的若干规定》

第三条　被执行人为自然人的，被采取限制消费措施后，不得有以下高消费及非生活和工作必需的消费行为：

（一）乘坐交通工具时，选择飞机、列车软卧、轮船二等以上舱位；

（二）在星级以上宾馆、酒店、夜总会、高尔夫球场等场所进行高消费；

（三）购买不动产或者新建、扩建、高档装修房屋；

（四）租赁高档写字楼、宾馆、公寓等场所办公；

（五）购买非经营必需车辆；

（六）旅游、度假；

（七）子女就读高收费私立学校；

（八）支付高额保费购买保险理财产品；

（九）乘坐G字头动车组列车全部座位、其他动车组列车一等以上座位等其他非生活和工作必需的消费行为。

被执行人为单位的，被采取限制消费措施后，被执行人及其法定代表人、主要负责人、影响债务履行的直接责任人员、实际控制人不得实施前款规定的行为。因私消费以个人财产实施前款规定行为的，可以向执行法院提出申请。执行法院审查属实的，应予准许。

【参考案例】

1. 查某根与韩某海、苏州硕邦精密机械有限公司追索劳动报酬纠纷执行裁定书

审理法院：江苏省苏州市中级人民法院

案号：（2020）苏05执复56号

裁判要旨：法院经审查认为，《最高人民法院关于限制被执行人高消费及有关消费的若干规定》第3条第2款规定，“被执行人为单位的，被采取限制消费措施后，被执行人及其法定代表人、主要负责人、影响债务履行的直接责任人员、实际控制人不得实施前款规定的行为……”本案中，依据执行法院在全国执行系统工商档案信息中查明，被执行人苏州硕邦精密机械有限公司注册资本160万元，股东黄某村持股96万元、查某根持股64万元。查某根持股比例达到40%，且担任公司监事，足以认定为系影响债务履行的直接责任人员。

2. 李某、钱某平民间借贷纠纷执行审查类执行裁定书

审理法院：贵州省遵义市中级人民法院

案号：（2020）黔03执异14号

裁判要旨：法院认为，渝康房开公司是以血缘关系为纽带建立起来的家族式企业，公司两名股东是直系血亲，对公司重大决策和经营活动相互具有重要影响。从公司治理结构上看，异议人李某虽非公司控股股东，也未担任公司法定代表人或其他职务，但其参与了公司重大决策和经营活动，系影响债务履行的直接责任人员，法院对其限制高消费及非生活或者经营必需的有关消费符合法律规定。

41 什么情况下，被执行人会被纳入失信被执行人名单？

【律师解答】

申请执行人申请强制执行后，若被执行人仍拒绝履行生效法律文书确定的义务，或具有违反限制高消费、违反财产报告制度、拒不履行和解协议等抗拒履行行为，将会被人民法院纳入失信被执行人名单。在被执行人为单位的执行案件中，很多人认为单位的法定代表人、主要负责人也会被同时采取失信惩戒措施，该理解完全是错误的，《最高人民法院关于公布失信被执行人名单信息的若干规定》明确规定只有被执行人才能被纳入失信被执行人名单，但在单位被纳入失信被执行人名单后，单位被限制高消费的，其法定代表人、主要负责人或者影响债务履行的直接责任人员也不得实施高消费行为。

实践中，除了人民法院依职权将被执行人纳入失信被执行人名单外，在被执行人存在上述法定情形时，申请执行人也可以主动向法院申请将被执行人纳入失信被执行人名单。纳入失信被执行人名单的期限通常为 2 年。

【参考依据】

《最高人民法院关于公布失信被执行人名单信息的若干规定》

第一条 被执行人未履行生效法律文书确定的义务，并具有下列情形之一的，人民法院应当将其纳入失信被执行人名单，依法对其进行信用惩戒：

（一）有履行能力而拒不履行生效法律文书确定义务的；

（二）以伪造证据、暴力、威胁等方法妨碍、抗拒执行的；

（三）以虚假诉讼、虚假仲裁或者以隐匿、转移财产等方法规避执行的；

（四）违反财产报告制度的；

（五）违反限制消费令的；

（六）无正当理由拒不履行执行和解协议的。

42 被纳入失信被执行人名单会产生哪些不良影响?

【律师解答】

被纳入失信被执行人名单的个人、企业,在政府采购、招标投标、行政审批、政府扶持、融资信贷、市场准入、资质认定等方面都会受到限制,如无法取得商业贷款、无法通过企业信用资质认证等。同时,被纳入失信被执行人名单的个人、企业还会被采取限制高消费措施,不能进行法律规定的高消费行为。

失信被执行人名单还会通过报纸、广播、电视、网络等方式向社会公布,人民法院还可能将该信息向失信被执行人所在单位、征信机构及其他相关机构进行通报,有的地区和法院还可能采取给失信被执行人设置"老赖"通话彩铃、限制失信被执行人使用驾照驾车等措施,因此被纳入失信被执行人名单可能会面临多方面的信用惩戒及制裁措施。此外,若父母为失信被执行人,子女在报考军队院校或参加工作考公考编、应征入伍等需要政审时,实践中存在因政策性因素被影响的情形。

【参考依据】

《最高人民法院关于公布失信被执行人名单信息的若干规定》

第八条 人民法院应当将失信被执行人名单信息,向政府相关部门、金融监管机构、金融机构、承担行政职能的事业单位及行业协会等通报,供相关单位依照法律、法规和有关规定,在政府采购、招标投标、行政审批、政府扶持、融资信贷、市场准入、资质认定等方面,对失信被执行人予以信用惩戒。

人民法院应当将失信被执行人名单信息向征信机构通报,并由征信机构在其征信系统中记录。

国家工作人员、人大代表、政协委员等被纳入失信被执行人名单的,人民法院应当将失信情况通报其所在单位和相关部门。

国家机关、事业单位、国有企业等被纳入失信被执行人名单的,人民法院应当将失信情况通报其上级单位、主管部门或者履行出资人职责的机构。

《最高人民法院关于限制被执行人高消费及有关消费的若干规定》

第一条 被执行人未按执行通知书指定的期间履行生效法律文书确定的给付义务的,人民法院可以采取限制消费措施,限制其高消费及非生活或者经营必需的有关消费。

纳入失信被执行人名单的被执行人，人民法院应当对其采取限制消费措施。

43 被执行人什么情况下可以向法院申请删除失信信息？

【律师解答】

执行过程中，若出现债务已经履行完毕、人民法院已经裁定终结执行或不予执行等法定情形，被执行人认为执行法院不应继续将自己纳入失信被执行人名单，可以向执行法院提出删除失信信息申请。同样，认为执行法院采取限制高消费有误的，也可以向执行法院提出纠正申请。

此外，在执行过程中经申请执行人书面申请，人民法院也可以删除被执行人的失信信息，但是基于司法程序的严肃性，法律规定此种情况禁止申请执行人 6 个月内再次申请将被执行人纳入失信被执行人名单。

【参考依据】

《最高人民法院关于公布失信被执行人名单信息的若干规定》

第十条 具有下列情形之一的，人民法院应当在三个工作日内删除失信信息：

（一）被执行人已履行生效法律文书确定的义务或人民法院已执行完毕的；

（二）当事人达成执行和解协议且已履行完毕的；

（三）申请执行人书面申请删除失信信息，人民法院审查同意的；

（四）终结本次执行程序后，通过网络执行查控系统查询被执行人财产两次以上，未发现有可供执行财产，且申请执行人或者其他人未提供有效财产线索的；

（五）因审判监督或破产程序，人民法院依法裁定对失信被执行人中止执行的；

（六）人民法院依法裁定不予执行的；

（七）人民法院依法裁定终结执行的。

有纳入期限的，不适用前款规定。纳入期限届满后三个工作日内，人民法院应当删除失信信息。

依照本条第一款规定删除失信信息后，被执行人具有本规定第一条规定情形之一的，人民法院可以重新将其纳入失信被执行人名单。

依照本条第一款第三项规定删除失信信息后六个月内，申请执行人申请将该被执行人纳入失信被执行人名单的,人民法院不予支持。

第十一条 被纳入失信被执行人名单的公民、法人或其他组织认为有下列情形之一的,可以向执行法院申请纠正:

(一)不应将其纳入失信被执行人名单的;

(二)记载和公布的失信信息不准确的;

(三)失信信息应予删除的。

《最高人民法院关于在执行工作中进一步强化善意文明执行理念的意见》

18. 畅通惩戒措施救济渠道。自然人、法人或其他组织对被纳入失信名单申请纠正的,人民法院应当依照失信名单规定第十二条规定的程序和时限及时审查并作出处理决定。对被采取限制消费措施申请纠正的,参照失信名单规定第十二条规定办理。

人民法院发现纳入失信名单、采取限制消费措施可能存在错误的,应当及时进行自查并作出相应处理;上级法院发现下级法院纳入失信名单、采取限制消费措施存在错误的,应当责令其及时纠正,也可以依法直接纠正。

44 如何应对被执行人向境外转移财产或者移民行为?

【律师解答】

可以向法院申请限制被执行人出境。与限制高消费、纳入失信被执行人名单类似,限制出境措施与罚款、拘留等直接执行措施不同,是通过对被执行人的特定行为进行限制,以间接制约的手段对被执行人不履行义务的失信行为进行惩戒。

实践中,由于限制出境措施并未直接纳入法院内部操作系统,确有被执行人向境外转移财产,甚至移民境外等情形致使执行案件执行不能的,申请执行人、委托代理人应及时向执行法院、执行法官反映并协助对被执行人采取出境措施,由执行法院至当地出入境边防检查总站办理限制出境。

限制出境措施的期限为6个月,被执行人为自然人的,可以对被执行人本人限制出境;被执行人为单位的,在情况紧急可能会影响债务履行等必要情况下法院可以对其法定代表人、担任主要负责人或直接责任人的股东采取限制出境措施。被采取限制出境措施后,若被执行人履行完毕所负债务或者提供充分、有效的担保或者经申请人同意的,人民法院可以解除该限制出境措施。

【参考依据】

《最高人民法院关于适用〈中华人民共和国民事诉讼法〉执行程序若干问题的解释》

第二十四条 被执行人为单位的,可以对其法定代表人、主要负责人或者影响债务履行的直接责任人员限制出境。

被执行人为无民事行为能力人或者限制民事行为能力人的,可以对其法定代理人限制出境。

45 执行中,如何认定公司财产不足以清偿生效法律文书确定的债务?

【律师解答】

根据《最高人民法院关于民事执行中变更、追加当事人若干问题的规定》,执行中公司财产不足以清偿生效法律文书确定的债务时,申请执行人可申请追加未履行出资义务甚至抽逃出资的公司股东、一人公司的投资人、未履行清算义务的投资人等为被执行人,要求其承担相应清偿责任。

实务中,对公司财产不足以清偿生效法律文书确定的债务的认定,执行法院通常参照《最高人民法院关于适用〈中华人民共和国企业破产法〉若干问题的规定(一)》中对"债务人不能清偿到期债务"及"明显缺乏清偿能力"的认定,当执行法院通过财产查控发现已经控制的财产不足清偿债务或已查控财产暂时无法进行处置、公司经营异常、公司涉执行案件较多且均未清偿甚至执行案件已经因被执行人暂无财产可供执行被人民法院终结本次执行时,人民法院通常会认为作为被执行人的公司财产不足以清偿生效法律文书确定的债务。这也要求申请执行人在申请追加时,需要注意通过人民法院执行信息网、企查查等途径收集并向执行法院提供此类证据。

【参考依据】

《最高人民法院关于适用〈中华人民共和国企业破产法〉若干问题的规定(一)》

第二条 下列情形同时存在的,人民法院应当认定债务人不能清偿到期债务:

（一）债权债务关系依法成立；

（二）债务履行期限已经届满；

（三）债务人未完全清偿债务

第三条 债务人的资产负债表，或者审计报告、资产评估报告等显示其全部资产不足以偿付全部负债的，人民法院应当认定债务人资产不足以清偿全部债务，但有相反证据足以证明债务人资产能够偿付全部负债的除外。

第四条 债务人账面资产虽大于负债，但存在下列情形之一的，人民法院应当认定其明显缺乏清偿能力：

（一）因资金严重不足或者财产不能变现等原因，无法清偿债务；

（二）法定代表人下落不明且无其他人员负责管理财产，无法清偿债务；

（三）经人民法院强制执行，无法清偿债务；

（四）长期亏损且经营扭亏困难，无法清偿债务；

（五）导致债务人丧失清偿能力的其他情形。

【参考案例】

北京保盛国际旅行社有限公司（以下简称保盛公司）与李某兵等执行异议之诉二审民事判决书

审理法院：北京市高级人民法院

案号：（2020）京民终10号

裁判要旨：本案保盛公司已经向北京市第二中级人民法院申请了强制执行，但因万众公司暂无财产可供执行，北京市第二中级人民法院于2018年10月29日裁定终结本次执行程序。同时万众公司法定代表人下落不明，公司亦无人负责管理。以上两点均符合《最高人民法院关于适用〈中华人民共和国企业破产法〉若干问题的规定（一）》第2条规定的情形，可以认定万众公司明显缺乏清偿能力。对于万众公司的股东，虽并未届出资期限，但由于公司作为被执行人的案件，人民法院穷尽执行措施无财产可供执行，已具备破产原因，不申请破产的，均应在未出资范围内对公司不能清偿的债务承担补充赔偿责任。故保盛公司请求追加李某兵为被执行人，于法有据，法院予以支持

46 企业股东抽逃注册资金或无偿占用注册资金的，在执行中是否会被追加为被执行人？

【律师解答】

当企业财产不足以清偿债务时，抽逃注册资金或无偿占用注册资金的股东可能会被追加为被执行人，并在抽逃出资和无偿占用资金范围内对申请执行人承担相应责任。

公司成立后，股东出资便转化为公司的财产，股东抽逃出资或无偿占用注册资金无疑侵犯了公司的财产权。当执行过程中公司财产不足以清偿公司债务时，为保护债权人的合法权益，经申请执行人申请，法院可裁定将该部分股东追加为被执行人，并要求其在相应范围内承担责任。

【参考依据】

《最高人民法院关于民事执行中变更、追加当事人若干问题的规定》

第十八条 作为被执行人的营利法人，财产不足以清偿生效法律文书确定的债务，申请执行人申请变更、追加抽逃出资的股东、出资人为被执行人，在抽逃出资的范围内承担责任的，人民法院应予支持。

【参考案例】

河南天工建设集团有限公司、毛某兰执行异议民事裁定书

审理法院：河南省南阳市中级人民法院

案号：(2012)南中执复字第07号

裁判要旨：根据现在普遍认同的资本三原则(资本确定原则、资本维持原则以及资本不变原则)的要求，股东出资构成的注册资本是公司信誉及其承担责任的物质基础。因此，我国《公司法》第36条明确规定："公司成立后，股东不得抽逃出资。"即法律规定公司发起人、股东出资后，不得抽回出资。公司的发起人、股东在公司成立后，抽逃其出资，被认为是对公司债权人、社会公众和公司登记机关的欺骗。

47 公司股东未履行出资义务即转让股权的，执行中该股东能否被追加为被执行人？

【律师解答】

股东未依法履行出资义务，是指公司章程规定的出资期限已到期，但股东未足额履行出资义务的情形。

股东对公司的出资义务是法定义务，股权转让并不能免除股东的出资义务。对公司所负债务，原股东仍需在未依法出资范围内承担责任。执行中，经申请执行人申请，该股东会被追加为被执行人。

【参考依据】

《最高人民法院关于民事执行中变更、追加当事人若干问题的规定》

第十九条 作为被执行人的公司，财产不足以清偿生效法律文书确定的债务，其股东未依法履行出资义务即转让股权，申请执行人申请变更、追加该原股东或依公司法规定对该出资承担连带责任的发起人为被执行人，在未依法出资的范围内承担责任的，人民法院应予支持。

48 执行和解协议中有担保人，被执行人未依约履行和解协议的，可直接追加担保人为被执行人吗？

【律师解答】

执行担保系执行过程中第三人为被执行人履行给付义务所作出的担保承诺，通常有提供财产担保及保证担保两种方式。担保人在提供担保时，需要向执行法院提供担保书，提供财产担保的，还应当依照《民法典》的规定办理登记等担保物权公示手续。

当被执行人仍拒不履行判决义务时，人民法院可以裁定直接执行担保财产或执行担保人名下财产，但不得将担保人变更、追加为被执行人。所以在执行和解协议中，有担保人提供担保的，除非担保人明确有被执行人不履行，自己将代为履行甚至有类似自愿作为被执行人的意思表示，否则法院一般不会将其追加为被执行人。

【参考依据】

《民事诉讼法》

第二百三十八条 在执行中,被执行人向人民法院提供担保,并经申请执行人同意的,人民法院可以决定暂缓执行及暂缓执行的期限。被执行人逾期仍不履行的,人民法院有权执行被执行人的担保财产或者担保人的财产。

《最高人民法院关于适用〈中华人民共和国民事诉讼法〉的解释》

第四百六十八条 根据民事诉讼法第二百三十八条规定向人民法院提供执行担保的,可以由被执行人或者他人提供财产担保,也可以由他人提供保证。担保人应当具有代为履行或者代为承担赔偿责任的能力。

他人提供执行保证的,应当向执行法院出具保证书,并将保证书副本送交申请执行人。被执行人或者他人提供财产担保的,应当参照民法典的有关规定办理相应手续。

第四百六十九条 被执行人在人民法院决定暂缓执行的期限届满后仍不履行义务的,人民法院可以直接执行担保财产,或者裁定执行担保人的财产,但执行担保人的财产以担保人应当履行义务部分的财产为限。

《最高人民法院关于执行担保若干问题的规定》

第十一条 暂缓执行期限届满后被执行人仍不履行义务,或者暂缓执行期间担保人有转移、隐藏、变卖、毁损担保财产等行为的,人民法院可以依申请执行人的申请恢复执行,并直接裁定执行担保财产或者保证人的财产,不得将担保人变更、追加为被执行人。

执行担保财产或者保证人的财产,以担保人应当履行义务部分的财产为限。被执行人有便于执行的现金、银行存款的,应当优先执行该现金、银行存款。

49 被执行人的配偶可以被追加为被执行人吗?

【律师解答】

个人成为被执行人,配偶不可以被追加为被执行人,但法院可以依法执行夫妻共有财产中被执行人的份额。

在执行程序中,追加被执行人必须遵守法定主义原则,应当限于法律和司法解释明确规定的追加范围。在未经审判程序确认系夫妻共同债务的情况下，不能在执行程序中追加配偶为被执行人，但可以执行夫妻共有财产中被执行人的份额。

【参考依据】

《最高人民法院关于人民法院民事执行中查封、扣押、冻结财产的规定》

第十二条 对被执行人与其他人共有的财产，人民法院可以查封、扣押、冻结，并及时通知共有人。

共有人协议分割共有财产，并经债权人认可的，人民法院可以认定有效。查封、扣押、冻结的效力及于协议分割后被执行人享有份额内的财产；对其他共有人享有份额内的财产的查封、扣押、冻结，人民法院应当裁定予以解除。

共有人提起析产诉讼或者申请执行人代位提起析产诉讼的，人民法院应当准许。诉讼期间中止对该财产的执行。

《最高人民法院关于依法妥善审理涉及夫妻债务案件有关问题的通知》

二、保障未具名举债夫妻一方的诉讼权利。在审理以夫妻一方名义举债的案件中，原则上应当传唤夫妻双方本人和案件其他当事人本人到庭；需要证人出庭作证的，除法定事由外，应当通知证人出庭作证。在庭审中，应当按照《最高人民法院关于适用〈中华人民共和国民事诉讼法〉的解释》的规定，要求有关当事人和证人签署保证书，以保证当事人陈述和证人证言的真实性。未具名举债一方不能提供证据，但能够提供证据线索的，人民法院应当根据当事人的申请进行调查取证；对伪造、隐藏、毁灭证据的要依法予以惩处。未经审判程序，不得要求未举债的夫妻一方承担民事责任。

50 总公司为被执行人，分公司的财产能否被执行？

【律师解答】

分公司作为总公司的分支机构，在法律、经济上没有独立性，属于总公司的附属机构。其不具备法人资格，民事责任由总公司承担，分公司也没有自己独立的财产，分公司的所有资产全部属于总公司。

所以当总公司财产不能清偿债务时，法律规定人民法院可以直接执行分公司财产。同样，当分公司作为被执行人不能清偿债务时，分公司作为总公司分支机构，申请执行人亦可以申请追加总公司为被执行人，执行总公司的财产，要求总公司承担相应民事责任。

【参考依据】

《最高人民法院关于民事执行中变更、追加当事人若干问题的规定》

第十五条 作为被执行人的法人分支机构，不能清偿生效法律文书确定的债务，申请执行人申请变更、追加该法人为被执行人的，人民法院应予支持。法人直接管理的责任财产仍不能清偿债务的，人民法院可以直接执行该法人其他分支机构的财产。

作为被执行人的法人，直接管理的责任财产不能清偿生效法律文书确定债务的，人民法院可以直接执行该法人分支机构的财产。

51 公司为被执行人时，出资期限尚未到期的股东会被追加为被执行人吗？

【律师解答】

在认缴出资的情况下，当公司财产不足以清偿债务时，出资期限尚未到期的股东存在被追加为被执行人的风险。

在认缴出资的情况下，股东可对其出资方式、出资期限等情况在公司章程中自行约定，股东依法享有期限利益，其权益受国家法律的保护，所以一种观点认为在出资期限尚未到期的情况下，即使执行中公司无可供执行财产也不应追加股东为被执行人。但由于我国也规定了股东出资加速到期制度，所以另一种观点认为在公司作为被执行人时，若存在股东恶意决议延长出资期限、公司已经具备破产情形但不申请破产的情况，股东出资应当加速到期，申请执行人可以申请追加该股东为被执行人。

实务中，当公司财产不足清偿生效法律文书确定的债务时，申请执行人请求追加未足额出资股东为被执行人的情况也较为普遍。当遇到此种情况，尤其是出资期限尚未届满时,股东应积极在执行法院组织的听证中阐明事实和理由,维护自身合法权益,避免被不当追加。

【参考依据】

《最高人民法院关于民事执行中变更、追加当事人若干问题的规定》

第十七条 作为被执行人的营利法人,财产不足以清偿生效法律文书确定的债务,申请执行人申请变更、追加未缴纳或未足额缴纳出资的股东、出资人或依公司法规定对该出资承担连带责任的发起人为被执行人,在尚未缴纳出资的范围内依法承担责任的,人民法院应予支持。

《全国法院民商事审判工作会议纪要》

6.【股东出资应否加速到期】在注册资本认缴制下,股东依法享有期限利益。债权人以公司不能清偿到期债务为由,请求未届出资期限的股东在未出资范围内对公司不能清偿的债务承担补充赔偿责任的,人民法院不予支持。但是,下列情形除外:

(1)公司作为被执行人的案件,人民法院穷尽执行措施无财产可供执行,已具备破产原因,但不申请破产的;

(2)在公司债务产生后,公司股东(大)会决议或以其他方式延长股东出资期限的。

52 公司股东出资认缴期限即将届满,延长出资期限后还会被追加为被执行人吗?

【律师解答】

现行确定的公司注册资本认缴制度,为股东出资赋予更多的灵活性和自主性,但并不意味着股东的出资义务可以当然或变相免除。现实中存在股东在公司章程规定的出资期限届满时不仅未缴纳出资,反而延长出资期限的情况。在公司已经是被执行人的情况下,若公司财产不足以清偿债务,上述行为客观上对债权人债权的实现产生不利影响。

在执行中,在债权人申请法院追加股东为被执行人后,如果法院认定该股东存在恶意延长出资期限的行为，则该股东极有可能会被裁定追加为被执行人。

【参考依据】

《最高人民法院关于民事执行中变更、追加当事人若干问题的规定》

第十七条 作为被执行人的营利法人，财产不足以清偿生效法律文书确定的债务，申请执行人申请变更、追加未缴纳或未足额缴纳出资的股东、出资人或依公司法规定对该出资承担连带责任的发起人为被执行人，在尚未缴纳出资的范围内依法承担责任的，人民法院应予支持。

《全国法院民商事审判工作会议纪要》

6.【股东出资应否加速到期】在注册资本认缴制下，股东依法享有期限利益。债权人以公司不能清偿到期债务为由，请求未届出资期限的股东在未出资范围内对公司不能清偿的债务承担补充赔偿责任的，人民法院不予支持。但是，下列情形除外：

（1）公司作为被执行人的案件，人民法院穷尽执行措施无财产可供执行，已具备破产原因，但不申请破产的；

（2）在公司债务产生后，公司股东（大）会决议或以其他方式延长股东出资期限的。

53 公司被吊销营业执照，股东是否还会被追加为被执行人？

【律师解答】

作为被执行人的公司被吊销营业执照，股东若存在无偿接受财产，致使公司执行中财产不足清偿的情形，可以追加该股东为被执行人。

公司被吊销营业执照的，就需要解散清算，清理公司的债权债务。在此期间，股东无偿接受其财产的行为，必然造成公司财产流失，影响公司债权人合法权益的实现，如果因此造成公司财产不足以清偿债务的，该股东需在接受的财产范围内承担责任。

一方面，在申请追加该类股东为被执行人时，申请执行人需提供相应证据。另一方面，股东在日常企业经营中也需要注意留存自身和公司之间财务往来的所有票据信息，以保证在公司出现经营不佳甚至资不抵债时，相应财务凭证能够证明股东并未无偿受让公司财产，以此排除执行程序中直接被追加为被执行人的法律风险。

【参考依据】

《最高人民法院关于民事执行中变更、追加当事人若干问题的规定》

第二十二条 作为被执行人的法人或非法人组织，被注销或出现被吊销营业执照、被撤销、被责令关闭、歇业等解散事由后，其股东、出资人或主管部门无偿接受其财产，致使该被执行人无遗留财产或遗留财产不足以清偿债务，申请执行人申请变更、追加该股东、出资人或主管部门为被执行人，在接受的财产范围内承担责任的，人民法院应予支持。

54 公司未经清算即办理注销，股东会在执行中被追加为被执行人吗？

【律师解答】

公司未经清算即办理注销，导致公司无法清算的，公司股东会被追加为被执行人，需对公司债务承担连带责任。

通过清算程序注销公司登记，是公司退出经营的完整途径，股东有限责任也只有在此前提下才能得到充分保护。未按法律规定正确履行清算职责即注销公司，从而导致债权人利益受损、债权无法清偿的，一般会被认定为滥用公司法人独立地位和股东有限责任，股东也将在相应损失范围内被追究赔偿责任。

【参考依据】

《最高人民法院关于民事执行中变更、追加当事人若干问题的规定》

第二十一条 作为被执行人的公司，未经清算即办理注销登记，导致公司无法进行清算，申请执行人申请变更、追加有限责任公司的股东、股份有限公司的董事和控股股东为被执行人，对公司债务承担连带清偿责任的，人民法院应予支持。

《最高人民法院关于适用〈中华人民共和国公司法〉若干问题的规定（二）》

第十九条 有限责任公司的股东、股份有限公司的董事和控股股东，以及公司的实际控制人在公司解散后，恶意处置公司财产给债权人造成损失，或者未经依法清算，以虚假的清算报告骗取公司登记机关办理法人注销登记，债权人主张其对公司债务承担相应赔偿责任的，人民法院应依法予以支持。

55 公司注销时，股东出具的债务承担承诺函在执行中会有什么后果？

【律师解答】

公司注销时，出具债务承担承诺函的股东执行中会被追加为被执行人，需就公司债务在承诺范围内承担清偿义务。

为提升企业市场退出效率，随着企业简易注销登记制度的施行，公司未经依法清算但确需办理注销登记时，股东向登记机关出具债务承担承诺函，承诺对公司可能存在的债务承担责任后，工商行政管理机关给予办理注销登记的情形越发普遍。在此情形下，执行程序中申请执行人可以直接申请追加该股东为被执行人，要求其承担清偿责任。

【参考依据】

《最高人民法院关于民事执行中变更、追加当事人若干问题的规定》

第二十三条　作为被执行人的法人或非法人组织，未经依法清算即办理注销登记，在登记机关办理注销登记时，第三人书面承诺对被执行人的债务承担清偿责任，申请执行人申请变更、追加该第三人为被执行人，在承诺范围内承担清偿责任的，人民法院应予支持。

《最高人民法院关于适用〈中华人民共和国公司法〉若干问题的规定（二）》

第二十条　公司解散应当在依法清算完毕后，申请办理注销登记。公司未经清算即办理注销登记，导致公司无法进行清算，债权人主张有限责任公司的股东、股份有限公司的董事和控股股东，以及公司的实际控制人对公司债务承担清偿责任的，人民法院应依法予以支持。

公司未经依法清算即办理注销登记，股东或者第三人在公司登记机关办理注销登记时承诺对公司债务承担责任，债权人主张其对公司债务承担相应民事责任的，人民法院应依法予以支持。

56 一人有限公司的股东会被追加为被执行人吗?

【律师解答】

一人有限公司作为被执行人时,一般情况下股东不会被追加为被执行人,但若公司财产不足清偿,公司股东不能证明公司财产独立于自己财产(出现财产混同时),其会被追加为被执行人。

一人有限责任公司,是指只有一个自然人股东或者法人股东的有限责任公司,其性质仍属于有限责任公司,具有独立的法人资格,以公司全部财产对外承担责任。但如果出现公司股东与公司财产混同的情形,股东需就公司债务承担连带责任,在执行程序中股东更是可以被直接追加为被执行人。

对于股东与公司财产是否构成财产混同,法律规定该举证责任在股东,股东一旦不能充分证明财产互相独立,则将陷入承担连带责任的风险。因此,一人有限责任公司应当规范财务管理,按时编制财务会计报告,并交会计师事务所审计,在经营过程中尽量保证公司独立运营。

【参考依据】

《最高人民法院关于民事执行中变更、追加当事人若干问题的规定》

第二十条 作为被执行人的一人有限责任公司,财产不足以清偿生效法律文书确定的债务,股东不能证明公司财产独立于自己的财产,申请执行人申请变更、追加该股东为被执行人,对公司债务承担连带责任的,人民法院应予支持。

《公司法》

第六十二条 一人有限责任公司应当在每一会计年度终了时编制财务会计报告,并经会计师事务所审计。

第六十三条 一人有限责任公司的股东不能证明公司财产独立于股东自己的财产的,应当对公司债务承担连带责任。

57 个人独资企业投资人能否被追加为被执行人？

【律师解答】

个人独资企业，是指个人出资经营、归个人所有和控制、由个人承担经营风险和享有全部经营收益的企业。

法律规定其投资人应以其个人财产对企业债务承担无限责任，所以在执行过程中，当个人独资企业公司财产不足清偿债务时，申请执行人可以向执行法院申请追加其投资人为被执行人，要求偿还债务。

【参考依据】

《个人独资企业法》

第二条 本法所称个人独资企业，是指依照本法在中国境内设立，由一个自然人投资，财产为投资人个人所有，投资人以其个人财产对企业债务承担无限责任的经营实体。

《最高人民法院关于民事执行中变更、追加当事人若干问题的规定》

第十三条第一款 作为被执行人的个人独资企业，不能清偿生效法律文书确定的债务，申请执行人申请变更、追加其出资人为被执行人的，人民法院应予支持。个人独资企业出资人作为被执行人的，人民法院可以直接执行该个人独资企业的财产。

58 执行过程中，申请执行人能否将生效文书确定的债权转让给他人？他人又能否代被执行人履行生效文书确定的债务？

【律师解答】

在执行过程中，现行法律法规并未禁止当事人转让债权或者代为履行。申请执行人将生效法律文书确定的债权依法转让给第三人，且书面认可第三人取得该债权，该第三人可以申请变更、追加其为申请执行人；第三人向执行法院书面承诺自愿代被执行人履行生效法律文书确定的债务，申请执行人可以申请变更、追加该第三人为被执行人，要求其在承诺范围内承担责任。

需要注意的是，由于强制执行过程中的债权转让，不仅与实体法中债权转让的法律规定有关，还涉及将申请执行人变更为债权受让人的程序性要求，所以实务中对执行过程中的债权转让审查较为严格，不仅会审查债权转让协议是否生效，还会审查债权转让的行为是否会损害他人的合法权益。若债权转让人自身存在未了的执行债务，法院可能会认为此种情况下的债权转让属于转让人规避执行的行为，可能损害转让人的债权人之合法权益，据此不支持变更申请执行人。

【参考依据】

《最高人民法院关于民事执行中变更、追加当事人若干问题的规定》

第九条 申请执行人将生效法律文书确定的债权依法转让给第三人，且书面认可第三人取得该债权，该第三人申请变更、追加其为申请执行人的，人民法院应予支持。

第二十四条 执行过程中，第三人向执行法院书面承诺自愿代被执行人履行生效法律文书确定的债务，申请执行人申请变更、追加该第三人为被执行人，在承诺范围内承担责任的，人民法院应予支持。

59 公司在诉讼期间以及成为被执行人后是否能变更法定代表人？

【律师解答】

因法定代表人变更属公司自治范畴，法律没有限制，在诉讼期间，公司仍可以变更法定代表人，由新的法定代表人继续参与诉讼。进入执行程序后，若执行法院未冻结公司的工商登记信息，执行期间公司也可以变更法定代表人。这就造成有的法定代表人、实际控制人恶意变更法定代表人，规避执行的情形。

目前，很多法院为加大执行力度，在进入执行程序后主动对公司工商信息采取冻结措施。此外，若执行法院经审查认定原法定代表人确系恶意变更的，还会对原法定代表人采取限制高消费、限制出境等惩戒措施。

【参考依据】

《民事诉讼法》

第一百零三条 人民法院对于可能因当事人一方的行为或者其他原因，使判决难以执行或者造成当事人其他损害的案件，根据对方当事人的申请，可以裁定对其财产进行保全、责令其作出一定行为或者禁止其作出一定行为；当事人没有提出申请的，人民法院在必要时也可以裁定采取保全措施。

人民法院采取保全措施，可以责令申请人提供担保，申请人不提供担保的，裁定驳回申请。

人民法院接受申请后，对情况紧急的，必须在四十八小时内作出裁定；裁定采取保全措施的，应当立即开始执行。

《最高人民法院关于适用〈中华人民共和国民事诉讼法〉的解释》

第五十一条 在诉讼中，法人的法定代表人变更的，由新的法定代表人继续进行诉讼，并应向人民法院提交新的法定代表人身份证明书。原法定代表人进行的诉讼行为有效。

前款规定，适用于其他组织参加的诉讼。

《江苏省高级人民法院关于进一步规范股权冻结等执行行为的通知》

三、人民法院要求工商行政管理部门协助执行事项的范围不得随意扩大，但人民法院可以要求工商行政管理部门协助限制被执行人法定代表人的变更。相关要求参照冻结股权的执行。

60 公司更换法定代表人后，原法定代表人是否还有可能被限制高消费或者限制出境？

【律师解答】

如果公司债务发生在原法定代表人任职期间或原法定代表人存在恶意变更情形，原法定代表人仍有被采取限制高消费或限制出境措施的可能。

公司债务纠纷发生后，法定代表人为了避免进入执行程序后被采取相应执行措施，通常会采用更换法定代表人的方式规避。但由于债务发生在原法定代表人任职期间，甚至更换了法定代表人后，有的原法定代表人仍实际负责公司的管理运营，并对该公司的债务清偿能够产生直接影响，所以原法定代表人仍可能会被采取限制高消费等措施。而且实践中若申请执行人向执行法院提出上述申请，执行法院经查证属实的，可能确实会对原法定代表人采取限制高消费、限制出境等措施。

【参考依据】

《最高人民法院关于适用〈中华人民共和国民事诉讼法〉执行程序若干问题的解释》

第二十四条 被执行人为单位的,可以对其法定代表人、主要负责人或者影响债务履行的直接责任人员限制出境。

被执行人为无民事行为能力人或者限制民事行为能力人的,可以对其法定代理人限制出境。

【参考案例】

1. 侯某申请复议案执行决定书

审理法院:最高人民法院

案号:(2017)最高法执复73号

裁判要旨:侯某原为A公司的法定代表人、股东及董事。而后,A公司将公司的法定代表人变更为他人,而侯某本人也向执行法院表示其为A公司与B公司案涉贸易项目的经办人,在本案执行中曾协调A公司的关联公司代为清偿本案债务,并实际负责与申请执行人沟通债务偿还方案。综合上述事实,可以认定侯某仍实际负责A公司的管理运营,并对该公司的债务清偿安排产生直接影响。因此,山东高院根据B公司的申请,认定侯某为A公司的主要负责人、影响债务履行的直接责任人员,在本案执行中对其采取限制出境措施具有事实和法律依据,并无不当。

2. 吉利大福木业(北京)有限公司、唐山铭友电子科技有限公司执行审查类执行裁定书

审理法院:最高人民法院

案号:(2020)最高法执监102号

裁判要旨:在执行过程中,被执行人的法定代表人发生变化时,要判断原法定代表人是否为被执行人的主要负责人或者影响债务履行的直接责任人员。本案中,徐某系被执行人的原法定代表人,在被执行人法定代表人已变更为王某且徐某已将62%股权进行转让的情况下,执行法院变更对王某限制消费,解除了对徐某的限制消费措施并无不当。如申请执行人认为仍应对徐某继续限制消费,应当提供充分证据证明徐某系被执行人的主要负责人或影响债务履行的直接责任人员,或者证明徐某与王某之间的转让股权行为虚假。

61 在执行过程中，双方当事人和解的，申请执行人应注意哪些事项？

【律师解答】

民事执行和解制度是当事人意思自治主义在强制执行程序中的具体应用，可以有效化解纠纷、处理当事人之间的矛盾。在执行过程中，双方当事人可以就生效法律文书的履行内容、履行期限、履行方式进行协商，双方协商一致的，可以以执行和解协议的方式确认。

在双方达成和解协议并提交执行法院后，法院通常会先裁定中止执行。若被执行人未按约定履行和解协议，申请执行人还可依法申请法院恢复执行原生效法律文书。

需要注意的是，当事人在签订执行和解协议时，一方面要注意对包括变更生效法律文书确定的履行义务主体、标的物及其数额、履行期限和履行方式等内容进行明确，让给付义务人有明确履行的标准，让法院能够直接判断履行的状态。另一方面还可增加违约、担保等条款，加大对被执行人的限制，增加申请执行人的救济途径，以便更快更好的实现债权。应及时向法院提交达成的协议，或者在法院主持下以笔录的形式记录在案，确保执行和解协议的执行效力。

【参考依据】

《民事诉讼法》

第二百三十七条 在执行中，双方当事人自行和解达成协议的，执行员应当将协议内容记入笔录，由双方当事人签名或者盖章。

申请执行人因受欺诈、胁迫与被执行人达成和解协议，或者当事人不履行和解协议的，人民法院可以根据当事人的申请，恢复对原生效法律文书的执行。

《最高人民法院关于执行和解若干问题的规定》

第一条 当事人可以自愿协商达成和解协议，依法变更生效法律文书确定的权利义务主体、履行标的、期限、地点和方式等内容。

和解协议一般采用书面形式。

62 被执行人未按和解协议履行义务，申请执行人如何救济？

【律师解答】

执行中达成的和解协议，当事人应遵照履行，被执行人未按照和解协议履行义务，申请执行人有两种救济途径：(1)可以申请执行法院恢复执行原生效法律文书；(2)可以就要求被执行人履行和解协议向执行法院提起诉讼。

很多人认为，申请执行人可以在申请恢复原生效法律文书的同时，就和解协议中超出原生效法律文书履行义务的部分进行诉讼。其实并不然，申请执行人不能既选择恢复执行又选择提起诉讼。执行案件恢复执行后，申请执行人就履行执行和解协议提起的诉讼，人民法院将不予受理。

此外，申请执行人申请恢复执行原生效法律文书，应当在申请恢复执行期间内提出。申请恢复执行期间自执行和解协议约定的履行期间的最后一日起计算2年；申请执行人就履行执行和解协议向执行法院提起诉讼的，要向执行法院提出而且不能超出3年诉讼时效的限制。

为避免签订执行和解协议后被执行人仍拒不履行甚至出现被执行人以执行和解的方式拖延执行、隐匿转移财产的情形，在签订执行和解协议前，建议申请执行人还应考察了解被执行人的诚信情况和履行能力，必要时可以依法要求被执行人提供相应担保。

【参考依据】

《最高人民法院关于执行和解若干问题的规定》

第九条 被执行人一方不履行执行和解协议的，申请执行人可以申请恢复执行原生效法律文书，也可以就履行执行和解协议向执行法院提起诉讼。

63 被执行人名下财产被超额查封的，如何救济？

【律师解答】

被执行人可以申请执行法院解除对超标财产的查封措施，也可以就该执行行为提起执行异议、复议程序。

在执行过程中，假如出现被执行人财产被超额查封、冻结的情况，针对超额查封，被执行人有权提出执行异议，要求解封超额查封的财产，从而维护自身权益。对异议裁定不服的，还可向上一级人民法院提起复议。通常认定财产是否超额，需要申请法院委托评估机构进行认定，或者自行委托，从而寻求到资产解封的证据支持。但需注意的是，评估财产不只是单纯考虑财产本身的价值，法院还要综合考量财产变现时所需费用、拍卖时流拍降价的可能以及其他可能影响财产价值的因素。此外，若被查封财产为不可分物（如土地）且被执行人无其他可供执行的财产或者其他财产不足以清偿债务的，并不属于超额查封的情形。

【参考依据】

《民事诉讼法》

第二百三十二条 当事人、利害关系人认为执行行为违反法律规定的，可以向负责执行的人民法院提出书面异议。当事人、利害关系人提出书面异议的，人民法院应当自收到书面异议之日起十五日内审查，理由成立的，裁定撤销或者改正；理由不成立的，裁定驳回。当事人、利害关系人对裁定不服的，可以自裁定送达之日起十日内向上一级人民法院申请复议。

《最高人民法院关于人民法院民事执行中查封、扣押、冻结财产的规定》

第十九条 查封、扣押、冻结被执行人的财产，以其价额足以清偿法律文书确定的债权额及执行费用为限，不得明显超标的额查封、扣押、冻结。

发现超标的额查封、扣押、冻结的，人民法院应当根据被执行人的申请或者依职权，及时解除对超标的额部分财产的查封、扣押、冻结，但该财产为不可分物且被执行人无其他可供执行的财产或者其他财产不足以清偿债务的除外。

64 显名股东股权被强制执行时，隐名股东（实际投资人）能否申请排除执行？

【律师解答】

隐名股东可以提出异议申请排除执行，但主流裁判观点认为其并不能排除对被代持股权的执行，《最高人民法院关于股权强制执行若干问题的规定（征求意见稿）》中也同样持此观点。

在股权代持情况下，隐名股东与显名股东签署代持协议，隐名股东为实际出资人，以显名股东的名义履行股东权利义务，实际享有股东权益。当显名股东为被执行人时，就可能出现其名下股权被执行，隐名股东权益受到实际侵犯的情况。实践中，隐名股东可以依据对代持股权所享有的权益依法提出执行异议，但一般认为其并不能排除对被代持股权的执行。第一，根据公示公信原则，对股权的强制执行，涉及内部关系的，基于当事人的意思自治来解决；涉及外部关系的，根据工商登记来处理。第二，根据风险与利益相一致的原则，隐名股东在获得利益的同时，也应当承担相应的风险，其中就包括显名股东代持的股权被其债权人申请强制执行。第三，从司法引导规范功能来看，不支持隐名股东的主张有利于减少股权代持的现象。

【参考依据】

《公司法》

第三十二条第三款 公司应当将股东的姓名或者名称向公司登记机关登记；登记事项发生变更的，应当办理变更登记。未经登记或者变更登记的，不得对抗第三人。

《最高人民法院关于人民法院办理执行异议和复议案件若干问题的规定》

第八条 案外人基于实体权利既对执行标的提出排除执行异议又作为利害关系人提出执行行为异议的，人民法院应当依照民事诉讼法第二百二十七条规定进行审查。

案外人既基于实体权利对执行标的提出排除执行异议又作为利害关系人提出与实体权利无关的执行行为异议的，人民法院应当分别依照民事诉讼法第二百二十七条和第二百二十五条规定进行审查。

《最高人民法院关于股权强制执行若干问题的规定（征求意见稿）》

第二十四条 【隐名股东作为案外人所提异议的处理】

人民法院对被执行人名下的有限责任公司股权采取执行措施，案外人以其系实际出资人为由提出异议请求阻止执行，经审查登记公示信息载明股权由被执行人持有的，裁定驳回异议。

人民法院对被执行人名下的股份有限公司股份采取执行措施，案外人以其系实际出资人为由提出异议请求阻止执行，经审查公司股东名册载明股权由被执行人持有的，裁定驳回异议。

【参考案例】

青海百通高纯材料开发有限公司、交通银行股份有限公司青海省分行二审民事判决书

审理法院：最高人民法院

案号：(2017)最高法民终100号

裁判要旨：根据公示公信原则，对股权的强制执行，涉及内部关系的，基于当事人的意思自治来解决；涉及外部关系的，根据工商登记来处理。由于股权的实际出资人在对外关系上不具有登记股东的法律地位，所以其不能以其与登记股东之间的内部约定，来对抗与登记股东进行交易的善意第三人及登记股东的债权人。因此，当登记股东因其未能清偿到期债务而成为被执行人时，该股份的实际出资人不得以此对抗登记股东的债权人对该股权申请强制执行。

65 房产尚未办理过户手续时，因出卖人债务纠纷被法院执行的，买受人能否申请排除执行？

【律师解答】

买受人可以提出执行异议，在同时符合以下四个条件后可以排除执行：(1)在法院查封之前已签订合法有效的书面买卖合同；(2)查封之前已合法占有该不动产；(3)已支付全部价款或者已按照合同约定支付部分价款且将剩余价款按照人民法院的要求交付执行；(4)非因买受人自身原因未办理过户登记。

我国不动产物权登记是不动产物权设立、变更、转让和消灭的生效要件。虽然买受人未办理登记，没有取得该不动产的所有权，但是由于其已履行支付价款、合法占有、请求登记等合同义务，出卖人已让渡其对所售房屋享有的占有、使用、收益及部分处分的物权权能，买受人实质上已经取得了相当于物权的权利。买受人可通过执行异议和执行异议之诉的方式保护自身合法权益。在执行异议和执行异议之诉中，买受人还应注意及时提交双方的《买卖合同》、付款凭证、房产交接清单、水电缴费凭证以及要求被执行人配合过户的短信、电话记录等证据材料。

【参考依据】

《民法典》

第二百零八条 不动产物权的设立、变更、转让和消灭,应当依照法律规定登记。动产物权的设立和转让,应当依照法律规定交付。

《最高人民法院关于人民法院办理执行异议和复议案件若干问题的规定》

第二十八条 金钱债权执行中,买受人对登记在被执行人名下的不动产提出异议,符合下列情形且其权利能够排除执行的,人民法院应予支持:

(一)在人民法院查封之前已签订合法有效的书面买卖合同;

(二)在人民法院查封之前已合法占有该不动产;

(三)已支付全部价款,或者已按照合同约定支付部分价款且将剩余价款按照人民法院的要求交付执行;

(四)非因买受人自身原因未办理过户登记。

《最高人民法院关于人民法院民事执行中查封、扣押、冻结财产的规定》

第十五条 被执行人将其所有的需要办理过户登记的财产出卖给第三人,第三人已经支付部分或者全部价款并实际占有该财产,但尚未办理产权过户登记手续的,人民法院可以查封、扣押、冻结;第三人已经支付全部价款并实际占有,但未办理过户登记手续的,如果第三人对此没有过错,人民法院不得查封、扣押、冻结。

66 房产尚未办理产权登记手续,因房地产开发公司的债务纠纷被法院执行的,买受人能否申请排除执行?

【律师解答】

买受人可以提出执行异议,在同时符合以下三个条件时可以排除执行:(1)查封之前已签订合法有效的书面买卖合同;(2)所购商品房系用于居住且买受人名下无其他用于居住的房屋;(3)已支付的价款超过合同约定总价款的50%。

需要注意的是,上述规定是对买受人系商品房购买者,且所购房屋系其唯一住房情形的特殊规定,体现的是对唯一住房买受人生存权益的特别保护,即不动产买受人如果是商品房买受人,而且其所购房屋系其用于居住的唯一住房,只要具备查封前签订合同,并支付50%以上房款两个条件就可以产生阻却执行的效果,而无须查究该买受人在查封前是否占有该房屋、是否全款支付及对未办理过户登记是否有过错。

因此,《最高人民法院关于人民法院办理执行异议和复议案件若干问题的规定》第 29 条可以理解为系对其第 28 条的特别规定、补充性规定。同时,第 29 条亦非限制或剥夺该商品房买受人依据第 28 条规定主张维护自身权益的权利。实务中,买受人可根据其对自身权利状况的认知,包括对权益维护便捷等需要,自主选择适用第 28 条或者第 29 条。

【参考依据】

《最高人民法院关于人民法院办理执行异议和复议案件若干问题的规定》

第二十九条 金钱债权执行中,买受人对登记在被执行的房地产开发企业名下的商品房提出异议,符合下列情形且其权利能够排除执行的,人民法院应予支持:

(一)在人民法院查封之前已签订合法有效的书面买卖合同;

(二)所购商品房系用于居住且买受人名下无其他用于居住的房屋;

(三)已支付的价款超过合同约定总价款的百分之五十。

67 购买的汽车因未变更登记被法院强制执行的,买受人可否申请排除执行?

【律师解答】

机动车作为动产,其物权的设立和转让自交付时发生效力,未办理所有权变更登记的,并不影响所有权的转移。所以在执行过程中,购买的汽车因仍登记在被执行人名下导致被执行的,买受人可依据买卖合同、付款凭证等证据证明自身享有足以排除执行的民事权益,向执行法院提起执行异议,进而排除强制执行。

此外,因购买的车辆挂靠在被执行人名下运营导致被执行的情况也较为普遍,车辆的实际所有权人应注意保留买卖合同、付款凭证、挂靠协议等证据材料。若因所供证据不足人民法院无法认定其为实际所有人时,实际所有人必将遭受不可挽回的损失。实务中,对于个别被执行人通过与案外人倒签买卖合同、挂靠协议等方式逃避执行的，申请执行人要仔细甄别，协助执行法院查明事实，以维护自身合法权益。

【参考依据】

《民法典》

第二百二十四条　动产物权的设立和转让，自交付时发生效力，但是法律另有规定的除外。

第二百二十五条　船舶、航空器和机动车等的物权的设立、变更、转让和消灭，未经登记，不得对抗善意第三人。

68 享有抵押权的房产被法院查封，抵押权人的优先受偿权会受到影响吗？

【律师解答】

不会受到影响。办理抵押的房产，抵押权人依法享有优先受偿权，该权利不会因为房产被查封而丧失。已办理抵押登记的抵押房产拍卖、变卖所得价款，抵押权人优先于申请执行人受偿，抵押权人可以向执行法院提出参与分配变现价款的申请，主张优先受偿权。

当抵押房产被其他债权人申请查封后，抵押权人只能通过法院处置的途径实现抵押权。在此过程中，抵押权人可能面临抵押物价值有限、查封法院的诉讼、执行进程较慢等情况，影响抵押权的实现。这就要求抵押权人在享有法定优先受偿权的情况下，要通过及时向执行法院申请参与分配等方式积极保障自身权益。

【参考依据】

《民法典》

第三百八十六条　担保物权人在债务人不履行到期债务或者发生当事人约定的实现担保物权的情形，依法享有就担保财产优先受偿的权利，但是法律另有规定的除外。

《最高人民法院关于适用〈中华人民共和国民事诉讼法〉的解释》

第五百零六条　被执行人为公民或者其他组织，在执行程序开始后，被执行人的其他已经取得执行依据的债权人发现被执行人的财产不能清偿所有债权的，可以向人民法院申请参与分配。

对人民法院查封、扣押、冻结的财产有优先权、担保物权的债权人，可以直接申请参与分配，主张优先受偿权。

《最高人民法院关于人民法院执行工作若干问题的规定（试行）》

31. 人民法院对被执行人所有的其他人享有抵押权、质押权或留置权的财产，可以采取查封、扣押措施。财产拍卖、变卖后所得价款，应当在抵押权人、质押权人或留置权人优先受偿后，其余额部分用于清偿申请执行人的债权。

69 留置权人基于留置权扣押的财物被强制执行的怎么办？

【律师解答】

对留置权人留置的财物，人民法院可以依法采取查封、扣押、冻结等措施，留置权人可以继续占有和使用该财产，但不得将其交付给被执行人。

执行中若被执行人无其他财产可供执行，该扣押财物被采取拍卖、变卖等处分性强制措施时，留置权人可向执行法院申请参与分配，主张优先受偿权，以该财产拍卖、变卖所得的价款优先受偿。

【参考依据】

《最高人民法院关于适用〈中华人民共和国民事诉讼法〉的解释》

第五百零六条 被执行人为公民或者其他组织，在执行程序开始后，被执行人的其他已经取得执行依据的债权人发现被执行人的财产不能清偿所有债权的，可以向人民法院申请参与分配。

对人民法院查封、扣押、冻结的财产有优先权、担保物权的债权人，可以直接申请参与分配，主张优先受偿权。

《最高人民法院关于人民法院民事执行中查封、扣押、冻结财产的规定》

第十一条 查封、扣押、冻结担保物权人占有的担保财产，一般应当指定该担保物权人作为保管人；该财产由人民法院保管的，质权、留置权不因转移占有而消灭。

第十三条 对第三人为被执行人的利益占有的被执行人的财产，人民法院可以查封、扣押、冻结；该财产被指定给第三人继续保管的，第三人不得将其交付给被执行人。

对第三人为自己的利益依法占有的被执行人的财产，人民法院可以查封、扣押、冻结，第三人可以继续占有和使用该财产，但不得将其交付给被执行人。

第三人无偿借用被执行人的财产的，不受前款规定的限制。

《最高人民法院关于人民法院执行工作若干问题的规定（试行）》

31. 人民法院对被执行人所有的其他人享有抵押权、质押权或留置权的财产，可以采取查封、扣押措施。财产拍卖、变卖后所得价款，应当在抵押权人、质押权人或留置权人优先受偿后，其余额部分用于清偿申请执行人的债权。

70 擅自处分法院查封、扣押、冻结财产会有什么后果？

【律师解答】

在诉讼中，为保证将来生效判决能够实现或者在执行程序中为实现申请执行人债权，人民法院会通过采取财产保全措施查封、扣押、冻结如房产、车辆等财产。法院采取的保全措施是法院司法权威、公权力的一种体现，未经解除保全措施或法院许可，该财产不得擅自处分。

擅自处分法院查封财产的，轻则会被人民法院罚款、拘留；情节严重的，如多次违法处置法院查封财产、非法处置财产数量较大、手段恶劣、造成影响极坏、造成诉讼或执行工作无法进行的，可能还会涉嫌非法处置法院查封、扣押、冻结的财产罪。需要注意的是，除了擅自处分行为，其他如隐藏、转移、故意毁损被查封、扣押、冻结财产的行为，亦会涉嫌该犯罪。

【参考依据】

《民事诉讼法》

第一百一十四条 诉讼参与人或者其他人有下列行为之一的，人民法院可以根据情节轻重予以罚款、拘留；构成犯罪的，依法追究刑事责任：

（一）伪造、毁灭重要证据，妨碍人民法院审理案件的；

（二）以暴力、威胁、贿买方法阻止证人作证或者指使、贿买、胁迫他人作伪证的；

（三）隐藏、转移、变卖、毁损已被查封、扣押的财产，或者已被清点并责令其保管的财产，转移已被冻结的财产的；

（四）对司法工作人员、诉讼参加人、证人、翻译人员、鉴定人、勘验人、协助执行的人，进行侮辱、诽谤、诬陷、殴打或者打击报复的；

（五）以暴力、威胁或者其他方法阻碍司法工作人员执行职务的；

（六）拒不履行人民法院已经发生法律效力的判决、裁定的。

人民法院对有前款规定的行为之一的单位，可以对其主要负责人或者直接责任人员予以罚款、拘留；构成犯罪的，依法追究刑事责任。

《刑法》

第三百一十四条　隐藏、转移、变卖、故意毁损已被司法机关查封、扣押、冻结的财产，情节严重的，处三年以下有期徒刑、拘役或者罚金。

71 执行异议什么情况下不被受理？不被受理后如何救济？

【律师解答】

执行案件的当事人、案外人或利害关系人认为执行法院的执行行为错误或对执行标的享有足以排除执行的权益，可向执行法院提起执行异议；执行法院应根据《民事诉讼法》相关规定对异议进行审查，符合规定的应予受理，不符合规定的应裁定不予受理或驳回异议申请。对于人民法院作出的不予受理的裁定，当事人可依法向上一级人民法院申请复议。

实践中存在下列情形的，人民法院将不予受理或驳回异议申请：申请人并非执行标的的实际权利人、异议主体不适格、异议内容与案件无关、并非对法院执行行为或执行标的的异议、已经超出异议提出期限等。

【参考依据】

《民事诉讼法》

第二百三十二条　当事人、利害关系人认为执行行为违反法律规定的，可以向负责执行的人民法院提出书面异议。当事人、利害关系人提出书面异议的，人民法院应当自收到书面异议之日起十五日内审查，理由成立的，裁定撤销或者改正；理由不成立的,裁定驳回。当事人、利害关系人对裁定不服的,可以自裁定送达之日起十日内向上一级人民法院申请复议。

第二百三十四条 执行过程中,案外人对执行标的提出书面异议的,人民法院应当自收到书面异议之日起十五日内审查,理由成立的,裁定中止对该标的的执行;理由不成立的,裁定驳回。案外人、当事人对裁定不服,认为原判决、裁定错误的,依照审判监督程序办理;与原判决、裁定无关的,可以自裁定送达之日起十五日内向人民法院提起诉讼。

《最高人民法院关于人民法院办理执行异议和复议案件若干问题的规定》

第二条 执行异议符合民事诉讼法第二百二十五条或者第二百二十七条规定条件的,人民法院应当在三日内立案,并在立案后三日内通知异议人和相关当事人。不符合受理条件的,裁定不予受理;立案后发现不符合受理条件的,裁定驳回申请。

执行异议申请材料不齐备的,人民法院应当一次性告知异议人在三日内补足,逾期未补足的,不予受理。

异议人对不予受理或者驳回申请裁定不服的,可以自裁定送达之日起十日内向上一级人民法院申请复议。上一级人民法院审查后认为符合受理条件的,应当裁定撤销原裁定,指令执行法院立案或者对执行异议进行审查。

72 执行异议审查期间,人民法院会中止执行吗?

【律师解答】

执行过程中,在执行异议的审查、复议期间,执行法院原则上不会中止执行。但如果被执行人、利害关系人提供充分、有效的担保请求停止相应处分措施,人民法院可以准许;申请执行人提供充分、有效的担保,请求继续执行的,也可以继续执行。实务中,出于对执行双方当事人合法权益的保护及执行程序的审慎原则,部分执行法院也会在被执行人提起异议后,暂缓对该案件的执行,视异议审查的情况再决定是否继续推进实施执行措施。

此外,如果是针对执行标的(执行财产)提起执行异议之诉,在执行异议之诉审理期间,执行法院原则上不得处分该执行标的。申请执行人请求人民法院继续执行并提供相应担保的,人民法院可以准许。案外人请求解除查封、扣押、冻结或者申请执行人请求继续执行有错误,给对方造成损失的,应当予以赔偿。

【参考依据】

《最高人民法院关于适用〈中华人民共和国民事诉讼法〉的解释》

第三百一十三条 案外人执行异议之诉审理期间,人民法院不得对执行标的进行处分。申请执行人请求人民法院继续执行并提供相应担保的,人民法院可以准许。

被执行人与案外人恶意串通,通过执行异议、执行异议之诉妨害执行的,人民法院应当依照民事诉讼法第一百一十六条规定处理。申请执行人因此受到损害的,可以提起诉讼要求被执行人、案外人赔偿。

第四百六十三条 案外人对执行标的提出的异议,经审查,按照下列情形分别处理:

(一)案外人对执行标的不享有足以排除强制执行的权益的,裁定驳回其异议;

(二)案外人对执行标的享有足以排除强制执行的权益的,裁定中止执行。

驳回案外人执行异议裁定送达案外人之日起十五日内,人民法院不得对执行标的进行处分。

《最高人民法院关于适用〈中华人民共和国民事诉讼法〉执行程序若干问题的解释》

第九条 执行异议审查和复议期间,不停止执行。

被执行人、利害关系人提供充分、有效的担保请求停止相应处分措施的,人民法院可以准许;申请执行人提供充分、有效的担保请求继续执行的,应当继续执行。

第十条 依照民事诉讼法第二百二十六条的规定,有下列情形之一的,上一级人民法院可以根据申请执行人的申请,责令执行法院限期执行或者变更执行法院:

(一)债权人申请执行时被执行人有可供执行的财产,执行法院自收到申请执行书之日起超过六个月对该财产未执行完结的;

(二)执行过程中发现被执行人可供执行的财产,执行法院自发现财产之日起超过六个月对该财产未执行完结的;

(三)对法律文书确定的行为义务的执行,执行法院自收到申请执行书之日起超过六个月未依法采取相应执行措施的;

(四)其他有条件执行超过六个月未执行的。

第十六条 案外人执行异议之诉审理期间，人民法院不得对执行标的进行处分。申请执行人请求人民法院继续执行并提供相应担保的，人民法院可以准许。

案外人请求解除查封、扣押、冻结或者申请执行人请求继续执行有错误，给对方造成损失的，应当予以赔偿。

73 异议人撤回执行异议后还可以再次提出异议吗？

【律师解答】

在民事诉讼中，原告撤诉或者人民法院按照撤诉处理后，原告以同一诉讼请求再次提起诉讼的，人民法院应予受理。但是，基于执行程序中效率较公平更为优位的价值设定，对于异议人提出的执行异议，异议人撤回执行异议或者异议被裁定驳回后，再次就同一执行行为或执行标的提出异议的，人民法院将不予受理。

也就是说，异议人一旦撤回异议就意味着直接导致失权的法律后果，所以建议异议人在考虑撤回执行异议时，一定要谨慎，切不可轻易撤回执行异议，否则有可能会造成无法挽回的损失。

【参考依据】

《最高人民法院关于人民法院办理执行异议和复议案件若干问题的规定》

第十五条 当事人、利害关系人对同一执行行为有多个异议事由，但未在异议审查过程中一并提出，撤回异议或者被裁定驳回异议后，再次就该执行行为提出异议的，人民法院不予受理。

案外人撤回异议或者被裁定驳回异议后，再次就同一执行标的提出异议的，人民法院不予受理。

74 司法拍卖中常见的优先购买权人有哪些？

【律师解答】

执行过程中，在执行财产进入评估、拍卖程序后，被执行财产的优先购买权人可以行使优先购买权。

常见的司法拍卖中优先购买权的主体主要有:房屋拍卖中房屋的共有人、承租人;股权拍卖中公司的其他股东;知识产权拍卖中的委托研发人、完成人、合作人以及法律特别赋予的优先购买权权利人等。优先购买权人如果认为法院在司法拍卖中损害自身优先购买权,还可向人民法院提起执行异议,司法拍卖中顺序相同的多个优先购买权人同时表示买受的,一般以抽签方式决定买受人。

【参考依据】

《民法典》

第三百零五条 按份共有人可以转让其享有的共有的不动产或者动产份额。其他共有人在同等条件下享有优先购买的权利。

第七百二十六条 出租人出卖租赁房屋的,应当在出卖之前的合理期限内通知承租人,承租人享有以同等条件优先购买的权利;但是,房屋按份共有人行使优先购买权或者出租人将房屋出卖给近亲属的除外。

出租人履行通知义务后,承租人在十五日内未明确表示购买的,视为承租人放弃优先购买权。

第八百五十九条 委托开发完成的发明创造,除法律另有规定或者当事人另有约定外,申请专利的权利属于研究开发人。研究开发人取得专利权的,委托人可以依法实施该专利。

研究开发人转让专利申请权的,委托人享有以同等条件优先受让的权利。

《公司法》

第七十二条 人民法院依照法律规定的强制执行程序转让股东的股权时,应当通知公司及全体股东,其他股东在同等条件下有优先购买权。其他股东自人民法院通知之日起满二十日不行使优先购买权的,视为放弃优先购买权。

《最高人民法院关于人民法院网络司法拍卖若干问题的规定》

第六条 实施网络司法拍卖的,人民法院应当履行下列职责:

(五)通知当事人和优先购买权人……

第十九条 优先购买权人经人民法院确认后,取得优先竞买资格以及优先竞买代码、参拍密码,并以优先竞买代码参与竞买;未经确认的,不得以优先购买权人身份参与竞买。

顺序不同的优先购买权人申请参与竞买的,人民法院应当确认其顺序,赋予不同顺序的优先竞买代码。

第二十一条 优先购买权人参与竞买的，可以与其他竞买人以相同的价格出价，没有更高出价的，拍卖财产由优先购买权人竞得。

顺序不同的优先购买权人以相同价格出价的，拍卖财产由顺序在先的优先购买权人竞得。

顺序相同的优先购买权人以相同价格出价的，拍卖财产由出价在先的优先购买权人竞得。

《最高人民法院关于人民法院民事执行中拍卖、变卖财产的规定》

第十一条 人民法院应当在拍卖五日前以书面或者其他能够确认收悉的适当方式，通知当事人和已知的担保物权人、优先购买权人或者其他优先权人于拍卖日到场。

优先购买权人经通知未到场的，视为放弃优先购买权。

第十三条 拍卖过程中，有最高应价时，优先购买权人可以表示以该最高价买受，如无更高应价，则拍归优先购买权人；如有更高应价，而优先购买权人不作表示的，则拍归该应价最高的竞买人。

顺序相同的多个优先购买权人同时表示买受的，以抽签方式决定买受人。

75 司法拍卖中哪些人不得参与竞拍？

【律师解答】

在人民法院组织的司法拍卖中，对于竞买人资格现有法律法规做了列举式的禁止性规定，只有负责执行的人民法院、网络服务提供者、承担拍卖辅助工作的社会机构或者组织及上述主体的工作人员及其近亲属不得参与，其余主体并未禁止。

【参考依据】

《最高人民法院关于人民法院网络司法拍卖若干问题的规定》

第三十四条 实施网络司法拍卖的，下列机构和人员不得竞买并不得委托他人代为竞买与其行为相关的拍卖财产：

（一）负责执行的人民法院；

（二）网络服务提供者；

（三）承担拍卖辅助工作的社会机构或者组织；

（四）第（一）至（三）项规定主体的工作人员及其近亲属。

76 网络司法拍卖的起拍价如何确定？

【律师解答】

网络司法拍卖的起拍价即拍卖保留价，起拍价的确定通常由人民法院参照拍卖财产的评估价确定；未作评估的，也可以参照市场价确定，但需征询当事人同意。起拍价一般不得低于评估价或者市场价的70%。

实践中，关于拍卖财产的处置参考价，法律规定了当事人议价、定向询价、网络询价、委托第三方评估四种方式，笔者办案中曾遇到有法院认为该四种方式必须按顺序逐一选用，不可以任选的观点。事实上，人民法院增加当事人议价、定向询价、网络询价三种新的财产处置参考价确定方式，本是为了拓宽确定财产处置参考价的渠道，解决长期以来评估周期长、费用高、财产处置效率低等突出问题。在现行规定中，也并未有应当按照四种方式的顺序逐一选取确定财产处置价的强制性规定，不存在何种方式优先，必须逐一采取的问题。

【参考依据】

《最高人民法院关于人民法院网络司法拍卖若干问题的规定》

第十条 网络司法拍卖应当确定保留价，拍卖保留价即为起拍价。

起拍价由人民法院参照评估价确定；未作评估的，参照市价确定，并征询当事人意见。起拍价不得低于评估价或者市价的百分之七十。

《最高人民法院关于人民法院确定财产处置参考价若干问题的规定》

第十六条 采取委托评估方式确定参考价的，人民法院应当通知双方当事人在指定期限内从名单分库中协商确定三家评估机构以及顺序；双方当事人在指定期限内协商不成或者一方当事人下落不明的，采取摇号方式在名单分库或者财产所在地的名单子库中随机确定三家评估机构以及顺序。双方当事人一致要求在同一名单子库中随机确定的，人民法院应当准许。

《最高人民法院关于人民法院民事执行中拍卖、变卖财产的规定》

第四条　对拟拍卖的财产，人民法院可以委托具有相应资质的评估机构进行价格评估。对于财产价值较低或者价格依照通常方法容易确定的，可以不进行评估。

当事人双方及其他执行债权人申请不进行评估的，人民法院应当准许。

对被执行人的股权进行评估时，人民法院可以责令有关企业提供会计报表等资料；有关企业拒不提供的，可以强制提取。

77 网络司法拍卖有几次流拍的机会？流拍后重新拍卖最多能降价多少？最终流拍后该如何处理？

【律师解答】

网络司法拍卖最多有 2 次流拍的机会。

拍卖起拍价不得低于评估价或者市价的 70%，拍卖流拍后，再次拍卖的起拍价降价幅度不得超过前次起拍价的 20%。最终拍卖失败的，人民法院可以将其在同一网络司法拍卖平台变卖，也可以将其作价直接交付申请执行人或者其他执行债权人抵债。按照评估价格变卖不成的，可以降低价格变卖，但最低的变卖价不得低于评估价的 1/2。

【参考依据】

《最高人民法院关于人民法院网络司法拍卖若干问题的规定》

第十条　网络司法拍卖应当确定保留价，拍卖保留价即为起拍价。

起拍价由人民法院参照评估价确定；未作评估的，参照市价确定，并征询当事人意见。起拍价不得低于评估价或者市价的百分之七十。

第二十六条　网络司法拍卖竞价期间无人出价的，本次拍卖流拍。流拍后应当在三十日内在同一网络司法拍卖平台再次拍卖，拍卖动产的应当在拍卖七日前公告；拍卖不动产或者其他财产权的应当在拍卖十五日前公告。再次拍卖的起拍价降价幅度不得超过前次起拍价的百分之二十。

再次拍卖流拍的，可以依法在同一网络司法拍卖平台变卖。

《最高人民法院关于人民法院民事执行中拍卖、变卖财产的规定》

第二十四条 对于第二次拍卖仍流拍的动产,人民法院可以依照本规定第十六条的规定将其作价交申请执行人或者其他执行债权人抵债。申请执行人或者其他执行债权人拒绝接受或者依法不能交付其抵债的,人民法院应当解除查封、扣押,并将该动产退还被执行人。

第二十五条 对于第二次拍卖仍流拍的不动产或者其他财产权,人民法院可以依照本规定第十六条的规定将其作价交申请执行人或者其他执行债权人抵债。申请执行人或者其他执行债权人拒绝接受或者依法不能交付其抵债的,应当在六十日内进行第三次拍卖。

第三次拍卖流拍且申请执行人或者其他执行债权人拒绝接受或者依法不能接受该不动产或者其他财产权抵债的,人民法院应当于第三次拍卖终结之日起七日内发出变卖公告。自公告之日起六十日内没有买受人愿意以第三次拍卖的保留价买受该财产,且申请执行人、其他执行债权人仍不表示接受该财产抵债的,应当解除查封、冻结,将该财产退还被执行人,但对该财产可以采取其他执行措施的除外。

第三十二条 当事人双方及有关权利人对变卖财产的价格有约定的,按照其约定价格变卖;无约定价格但有市价的,变卖价格不得低于市价;无市价但价值较大、价格不易确定的,应当委托评估机构进行评估,并按照评估价格进行变卖。

按照评估价格变卖不成的,可以降低价格变卖,但最低的变卖价不得低于评估价的二分之一。

变卖的财产无人应买的,适用本规定第十六条的规定将该财产交申请执行人或者其他执行债权人抵债;申请执行人或者其他执行债权人拒绝接受或者依法不能交付其抵债的,人民法院应当解除查封、扣押,并将该财产退还被执行人。

78 被执行人能否以被执行财产评估价过低要求重新评估?

【律师解答】

财产被评估拍卖时不可以以评估价过低要求重新评估。

人民法院委托评估机构对拍卖财产进行评估,只是辅助执行法院确定拍卖保留价的手段,评估后最终成交价格仍需由市场决定,且评估价格过低也并非法定可以要求重新评估的情形。故评估结果出具后,被执行人仅以评估价格严重低于真实价格为由请求重新评估或拍卖的,法院不会支持。只有当事人或者其他利害关系人有证据证明评估机构、评估人员不具备相应的评估资质或者评估程序严重违法的,才符合申请重新评估的条件。当事人对参照标准、计算方法或者评估结果有异议的,应当通过交评估机构作出说明以及交相关行业协会组织专业技术评审等方式进行救济。

【参考依据】

《人民法院办理执行案件规范》

398.【评估报告异议的处理】当事人或者其他利害关系人对评估报告有异议的,可以在收到评估报告后十日内以书面形式向人民法院提出。

当事人或者其他利害关系人有证据证明评估机构、评估人员不具备相应的评估资质或者评估程序严重违法而申请重新评估的,人民法院应当准许。重新评估应当另行确定评估机构。

《最高人民法院关于人民法院确定财产处置参考价若干问题的规定》

第二十三条 当事人、利害关系人收到评估报告后五日内对评估报告的参照标准、计算方法或者评估结果等提出书面异议的,人民法院应当在三日内交评估机构予以书面说明。评估机构在五日内未作说明或者当事人、利害关系人对作出的说明仍有异议的,人民法院应当交由相关行业协会在指定期限内组织专业技术评审,并根据专业技术评审出具的结论认定评估结果或者责令原评估机构予以补正。

当事人、利害关系人提出前款异议,同时涉及本规定第二十二条第一款第一、二项情形的,按照前款规定处理;同时涉及本规定第二十二条第一款第三、四项情形的,按照本规定第二十二条第二款先对第三、四项情形审查,异议成立的,应当通知评估机构三日内将人民法院委托评估时移交的材料退回,另行委托下一顺序的评估机构重新进行评估;异议不成立的,按照前款规定处理。

【参考案例】

1. 方正东亚信托有限责任公司与常州华光房地产开发有限公司破产管理人、江苏华光银河湾房地产开发有限公司(以下简称华光公司)等借款合同纠纷执行裁定书

审理法院:最高人民法院

案号:(2016)最高法执复30号

裁判要旨:根据《最高人民法院关于人民法院民事执行中拍卖、变卖财产的规定》第6条的规定,当事人对评估报告有异议的,可以在收到评估报告后10日内以书面形式向人民法院提出。当事人有证据证明评估机构、评估人员不具备相应的评估资质或者评估程序严重违法而申请重新评估的,人民法院应当准许。本案中,华光公司等四被执行人是对评估报告结论提出异议,认为案涉房产、土地的评估价格远低于市场价格。评估机构金宁达恒公司对此出具了书面回应,对于评估方法、评估过程、评估对象特征、估价原则等问题作了详细的说明。在无证据证明评估程序存在不当或评估机构和人员不具备法定资质的情况下,人民法院对于评估机构根据专业知识判断及行业规范得出的评估结论应当予以认可。江苏省高级人民法院异议裁定的结论并无不当,申请人关于评估报告结论有误的复议理由缺乏事实与法律依据,不能成立。

2.唐某山、唐某申请承认与执行法院判决、仲裁裁决案件执行审查类执行裁定书

审理法院:最高人民法院

案号:(2019)最高法执监391号

裁判要旨:法院认为,本案争议焦点是,唐某山等对评估价格提出的异议应该通过何种程序救济。《最高人民法院关于人民法院确定财产处置参考价若干问题的规定》第22条规定:"当事人、利害关系人认为网络询价报告或者评估报告具有下列情形之一的,可以在收到报告后五日内提出书面异议:(一)财产基本信息错误;(二)超出财产范围或者遗漏财产;(三)评估机构或者评估人员不具备相应评估资质;(四)评估程序严重违法。对当事人、利害关系人依据前款规定提出的书面异议,人民法院应当参照民事诉讼法第二百二十五条的规定处理。"第23条第1款规定:"当事人、利害关系人收到评估报告后五日内对评估报告的参照标准、计算方法或者评估结果等提出书面异议的,人民法院应当在三日内交评估机构予以书面说明。评估机构在五日内未作说明或者当事人、利害关系人对作出的说明仍有异议的,人民法院应当交由相关行业协会在指定期限内组织专业技术评审,并根据专业技术评审出具的结论认定评估结果或者责令原评估机构予以补正。"根据上述规定,当事人针对评估报告提出的异议,根据异议内容的不同在救济程序上也有所区别。本案中,唐某山等提出评估价格过高的主张,属于对参照标准、计算方法或者评估结果等提出的异议，不属于《民事诉讼法》第225条规定的执行行为异议，应当通过交评估机构作出说明以及交相关行业协会组织专业技术评审等方式来进行救济。

79 被执行人拒不配合对执行标的的评估、拍卖，会有什么后果？

【律师解答】

在人民法院对被执行财产的处置过程中，被执行人对抗执行的情况也较为常见，如以拒不搬离案涉房产甚至阻挠、围攻法院工作人员等方式拒不交付执行财产、拒不配合法院的评估、拍卖工作。对此类情形，人民法院通常会根据情节轻重对被执行人、被执行人单位主要负责人或者直接责任人员处以罚款、拘留，构成犯罪的，还会依法追究刑事责任。

所以被执行人在执行过程中，如确实认为合法权益受到损害，应依法依规提出合理诉求，通过执行异议、执行监督等方式依法维权，切不可以身试法。

【参考依据】

《民事诉讼法》

第一百一十四条 诉讼参与人或者其他人有下列行为之一的，人民法院可以根据情节轻重予以罚款、拘留；构成犯罪的，依法追究刑事责任：

（一）伪造、毁灭重要证据，妨碍人民法院审理案件的；

（二）以暴力、威胁、贿买方法阻止证人作证或者指使、贿买、胁迫他人作伪证的；

（三）隐藏、转移、变卖、毁损已被查封、扣押的财产，或者已被清点并责令其保管的财产，转移已被冻结的财产的；

（四）对司法工作人员、诉讼参加人、证人、翻译人员、鉴定人、勘验人、协助执行的人，进行侮辱、诽谤、诬陷、殴打或者打击报复的；

（五）以暴力、威胁或者其他方法阻碍司法工作人员执行职务的；

（六）拒不履行人民法院已经发生法律效力的判决、裁定的。

人民法院对有前款规定的行为之一的单位，可以对其主要负责人或者直接责任人员予以罚款、拘留;构成犯罪的,依法追究刑事责任。

80 作为执行财产的首封债权人,在执行中有哪些优势?

【律师解答】

执行过程中,对执行财产首先采取查封、冻结等执行措施的权利人也叫执行财产的首封债权人,在被查封财产不存在其他如抵押权等优先权的情形下,若被执行人存在多个债权人而无其他财产可供执行,首封债权人可以就该执行财产拍卖、变卖后优先受偿。而且对被执行财产的处置,一般也是由首先查封、扣押、冻结的法院负责的,其可以优先对执行财产进行处置。若被查封财产存在抵押权等优先债权,自首先查封之日起已超过60日,且首先查封法院就该查封财产尚未发布拍卖公告或者进入变卖程序,优先债权执行法院可以要求将该查封财产移送执行。

【参考依据】

《最高人民法院关于适用〈中华人民共和国民事诉讼法〉的解释》

第五百一十四条 当事人不同意移送破产或者被执行人住所地人民法院不受理破产案件的,执行法院就执行变价所得财产,在扣除执行费用及清偿优先受偿的债权后,对于普通债权,按照财产保全和执行中查封、扣押、冻结财产的先后顺序清偿。

《最高人民法院关于人民法院执行工作若干问题的规定(试行)》

55. 多份生效法律文书确定金钱给付内容的多个债权人分别对同一被执行人申请执行,各债权人对执行标的物均无担保物权的,按照执行法院采取执行措施的先后顺序受偿……

《最高人民法院关于首先查封法院与优先债权执行法院处分查封财产有关问题的批复》

一、执行过程中,应当由首先查封、扣押、冻结(以下简称查封)法院负责处分查封财产。但已进入其他法院执行程序的债权对查封财产有顺位在先的担保物权、优先权(该债权以下简称优先债权),自首先查封之日起已超过60日,且首先查封法院就该查封财产尚未发布拍卖公告或者进入变卖程序的,优先债权执行法院可以要求将该查封财产移送执行。

81 执行中,被执行人被宣告破产,申请执行人会受到哪些影响?

【律师解答】

在执行过程中,若被执行人被宣告破产,执行案件会被终结执行;已经采取的查封、扣押、冻结措施也会被解除。申请执行人为首封债权人的,其债权也只能通过破产清算程序与其他普通债权一并处理,由于被执行人破产意味着其必然资不抵债,所以这也意味着申请执行人的债权在破产清算时无法得到足额清偿。

为最大限度实现债权,作为申请执行人的债权人仍应当依法及时向人民法院和该破产企业的清算委员会申报债权,并积极参加债权人会议,按照破产程序参与破产财产的分配。

【参考依据】

《民事诉讼法》

第二百六十四条 有下列情形之一的,人民法院裁定终结执行:

(一)申请人撤销申请的;

(二)据以执行的法律文书被撤销的;

(三)作为被执行人的公民死亡,无遗产可供执行,又无义务承担人的;

(四)追索赡养费、扶养费、抚养费案件的权利人死亡的;

(五)作为被执行人的公民因生活困难无力偿还借款,无收入来源,又丧失劳动能力的;

(六)人民法院认为应当终结执行的其他情形。

《最高人民法院关于适用〈中华人民共和国民事诉讼法〉的解释》

第五百一十三条 被执行人住所地人民法院裁定受理破产案件的,执行法院应当解除对被执行人财产的保全措施。被执行人住所地人民法院裁定宣告被执行人破产的,执行法院应当裁定终结对该被执行人的执行。

被执行人住所地人民法院不受理破产案件的,执行法院应当恢复执行。

《最高人民法院关于人民法院执行工作若干问题的规定(试行)》

61.在执行中,被执行人被人民法院裁定宣告破产的,执行法院应当依照民事诉讼法第二百五十七条第六项的规定,裁定终结执行。

《企业破产法》

第四十五条 人民法院受理破产申请后，应当确定债权人申报债权的期限。债权申报期限自人民法院发布受理破产申请公告之日起计算，最短不得少于三十日，最长不得超过三个月。

《最高人民法院关于执行案件移送破产审查若干问题的指导意见》

7.执行法院作出移送决定后，应当于五日内送达申请执行人和被执行人。申请执行人或被执行人对决定有异议的，可以在受移送法院破产审查期间提出，由受移送法院一并处理。

82 被执行人财产不足以清偿全部债权，债权人在参与分配时，对分配方案能否提出异议？

【律师解答】

参与分配制度，是指取得执行依据的债权人对债务人的财产开始执行程序后，被执行人的其他债权人发现因被执行人的财产不能清偿各债权人的全部债权，而申请加入已开始的执行程序，并请求分配被执行人的财产以实现自己债权的一种制度。

债权人在作为参与分配的主体参与分配时，若对于执行法院作出的分配方案所载的各债权人债权的真实性、应当分配的债权数额、分配顺位存在异议的，可以在收到分配方案后15日内向执行法院提出书面异议。执行法院通知未提出异议的债权人或被执行人后，未提出异议的债权人、被执行人提出反对意见的，异议人可以自收到通知之日后15日内，以提出反对意见的债权人、被执行人为被告，向执行法院提起诉讼，即执行分配方案异议之诉。

【参考依据】

《最高人民法院关于适用〈中华人民共和国民事诉讼法〉的解释》

第五百零九条 多个债权人对执行财产申请参与分配的，执行法院应当制作财产分配方案，并送达各债权人和被执行人。债权人或者被执行人对分配方案有异议的，应当自收到分配方案之日起十五日内向执行法院提出书面异议。

《最高人民法院关于适用〈中华人民共和国民事诉讼法〉执行程序若干问题的解释》

第十七条 多个债权人对同一被执行人申请执行或者对执行财产申请参与分配的,执行法院应当制作财产分配方案,并送达各债权人和被执行人。债权人或者被执行人对分配方案有异议的,应当自收到分配方案之日起十五日内向执行法院提出书面异议。

第十八条 债权人或者被执行人对分配方案提出书面异议的,执行法院应当通知未提出异议的债权人或被执行人。

未提出异议的债权人、被执行人收到通知之日起十五日内未提出反对意见的,执行法院依异议人的意见对分配方案审查修正后进行分配;提出反对意见的,应当通知异议人。异议人可以自收到通知之日起十五日内,以提出反对意见的债权人、被执行人为被告,向执行法院提起诉讼;异议人逾期未提起诉讼的,执行法院依原分配方案进行分配。

诉讼期间进行分配的,执行法院应当将与争议债权数额相应的款项予以提存。

83 被执行人财产确被错误执行的,如无法返还该如何救济?

【律师解答】

据以执行的生效法律文书被撤销或变更,但被执行人财产已经被执行的,人民法院可以按照新的生效法律文书进行执行回转。执行回转时,应以执行原物为原则,但当执行回转的标的物是如房产、车辆之类的特定物时,很可能面临标的物已经被第三人合法取得无法返还的情形。

此时,被执行人只能与原申请执行人协商折价赔偿。但由于执行过程中执行财产往往会被折价拍卖、变卖,甚至在拍卖、变卖时与执行回转时市价已经不可同日而语,当双方无法协商一致时,由于折价赔偿问题属于典型的实体问题,不宜由人民法院在执行程序中直接确定,当事人可以通过另行起诉来解决。

此外,若是由于法院自身执行错误导致财产被错误执行,且最终造成执行回转不能,被执行人遭受损失,被执行人还可向执行法院申请国家赔偿。执行法院决定赔偿的，将以赔偿决定书的方式通知赔偿申请人。需要注意的是，赔偿申请人应自知道或者应当知道国家机关及其工作人员行使职权时的行为侵犯其人身权、财产权之日起 2 年内向赔偿义务机关申请国家赔偿。

【参考依据】

《民事诉讼法》

第二百四十条 执行完毕后，据以执行的判决、裁定和其他法律文书确有错误，被人民法院撤销的，对已被执行的财产，人民法院应当作出裁定，责令取得财产的人返还；拒不返还的，强制执行。

《国家赔偿法》

第二条第一款 国家机关和国家机关工作人员行使职权，有本法规定的侵犯公民、法人和其他组织合法权益的情形，造成损害的，受害人有依照本法取得国家赔偿的权利。

《最高人民法院关于适用〈中华人民共和国民事诉讼法〉的解释》

第四百七十四条 法律规定由人民法院执行的其他法律文书执行完毕后，该法律文书被有关机关或者组织依法撤销的，经当事人申请，适用民事诉讼法第二百四十条规定。

《最高人民法院关于人民法院执行工作若干问题的规定（试行）》

65. 在执行中或执行完毕后，据以执行的法律文书被人民法院或其他有关机关撤销或变更的，原执行机构应当依照民事诉讼法第二百三十三条的规定，依当事人申请或依职权，按照新的生效法律文书，作出执行回转的裁定，责令原申请执行人返还已取得的财产及其孳息。拒不返还的，强制执行。

执行回转应重新立案，适用执行程序的有关规定。

66. 执行回转时，已执行的标的物系特定物的，应当退还原物。不能退还原物的，经双方当事人同意，可以折价赔偿。

双方当事人对折价赔偿不能协商一致的，人民法院应当终结执行回转程序。申请执行人可以另行起诉。

84 原执行裁定被撤销后，执行回转时，第三人从申请执行人处合法取得的财产会被执行吗？

【律师解答】

执行回转，是指民事执行案件已部分或全部执行完毕后，据以执行的生效法律文书被撤销或变更的，人民法院按照新的生效法律文书，对已经被执行的财产重新采取执行措施，使其回复到执行前状态的制度。

执行回转时，已执行的标的物系特定物的，应当退还原物。如被执行人名下车辆经拍卖变卖无果后被以物抵债给申请执行人的，申请执行人应退还车辆。但实践中很可能出现申请执行人已经将该车辆出售的情形，若第三人与申请执行人间的买卖行为系合法有效，则为保护交易安全及稳定，此时执行回转时只能由原申请执行人折价抵偿，而不能对第三人合法取得的财产进行回转。

同样，对于第三人通过法院拍卖、变卖取得的财产，基于法院拍卖、变卖的公信力，其拍卖所得的权益更应该获得保护，自然在执行回转时也不应再进行回转、退还。

【参考依据】

《最高人民法院执行工作办公室关于原执行裁定被撤销后能否对第三人从债权人处买受的财产进行回转的请示的答复》

辽宁省高级人民法院：

你院《关于申请执行人中国工商银行铁岭市清河支行西丰分理处与被执行人西丰县百货公司第三商店借款合同纠纷一案的请示报告》收悉。经研究，答复如下：

依据我院《关于人民法院执行工作若干问题的规定（试行）》第 109 条、第 110 条的规定，如果涉案执行财产已经被第三人合法取得，执行回转时应当由原申请执行人折价抵偿。至于涉案执行财产的原所有人是否申请国家赔偿，可告知其自行按照国家有关法律规定办理。

此复。

《最高人民法院〈关于对第三人通过法院变卖程序取得的财产能否执行回转及相关法律问题的请示〉复函》

山东省高级人民法院：

你院鲁高法函［2001］65 号《关于对第三人通过法院变卖程序取得的财产能否

执行回转及相关法律问题的请示》收悉。经研究,答复如下:

青岛市中级人民法院在执行中,裁定将案外人青岛美达实业股份公司的土地使用权变卖给青岛洁丽日化有限公司,侵犯了青岛美达实业股份公司的合法权益,是错误的。人民法院在执行中依法采取拍卖、变卖措施,是基于国家公权力的行为,具有公信力,买受人通过法院的拍卖、变卖程序取得财产的行为,不同于一般的民间交易行为,对其受让所得的权益应当予以保护。根据本案的具体情况,买受人已经取得的土地使用权不宜再执行回转。你院可据此尽力促成案外人青岛美达实业股份公司与买受人青岛洁丽日化有限公司和解,妥善处理本案。

85 执行回转案件的申请执行人在被执行人破产案件中能否得到优先受偿?

【律师解答】

执行回转的债权在破产程序中可以优先受偿。

原生效法律文书被撤销或变更,人民法院按照新的生效法律文书,对已经被执行的财产重新采取执行措施进行执行回转的,若出现原申请执行人破产的情形,将执行回转的债权按照普通债权进行清偿,很可能造成执行回转债权无法足额清偿的情况。

因此,最高人民法院认为,因原错误判决而被执行的财产,并非因当事人的自主交易而转移。为此,不应当将当事人请求执行回转的权利作为普通债权对待。在执行回转案件被执行人破产的情况下,可以比照取回权制度(所有权人对于能证明不属于破产企业的破产财产,可向破产管理人主张返还或交付的制度),对执行回转案件申请执行人的权利予以优先保护,认定应当执行回转部分的财产数额,不属于破产财产。审理破产案件的法院应当将该部分财产交由执行法院继续执行。

【参考依据】

《最高人民法院执行工作办公室关于执行回转案件的申请执行人在被执行人破产案件中能否得到优先受偿保护的请示的答复》

天津市高级人民法院:

你院《关于执行回转案件的申请执行人在被执行人破产案件中能否得到优先

受偿保护的请示》收悉。经研究,答复如下:

人民法院因原错误判决被撤销而进行执行回转,申请执行人在被执行人破产案件中能否得到优先受偿保护的问题,目前我国法律尚无明确规定。我们认为,因原错误判决而被执行的财产,并非因当事人的自主交易而转移。为此,不应当将当事人请求执行回转的权利作为普通债权对待。在执行回转案件被执行人破产的情况下,可以比照取回权制度,对执行回转案件申请执行人的权利予以优先保护,认定应当执行回转部分的财产数额,不属于破产财产。因此,审理破产案件的法院应当将该部分财产交由执行法院继续执行。

86 遇到法院消极执行,执行申请人该怎么办?

【律师解答】

若执行法院存在有可供执行的财产而超过6个月未执行完毕或未依法采取相应执行措施等消极执行、执行不作为行为,申请执行人可依法向上一级人民法院申请执行。上一级人民法院经审查,可以责令原人民法院在一定期限内执行,也可以决定由本院执行或者指令其他人民法院执行。需要注意的是,申请执行人也应当对"消极执行"和确实"执行不能"的情形加以区分,避免出现在被执行人确无财产可供执行、执行法院已经穷尽手段后,申请执行人仍以消极执行为由误解执行法院的情况。

此外,申请执行人也可以通过提请执行监督方式,向执行法院的同级人民检察院申请执行监督来维护自身权益。向人民检察院申请执行监督的,应当提交检察监督申请书、申请人身份证明、相关法律文书及证据材料,人民法院审查认为情况属实的,将以检察建议的方式要求同级人民法院纠正执行行为。同时,建议申请执行人在法院受理执行申请后及时联系执行法官,推动法院尽快采取执行措施,也可以在执行法院的信访接待日向执行法官、领导反映案件相关情况。

【参考依据】

《民事诉讼法》

第二百三十三条 人民法院自收到申请执行书之日起超过六个月未执行的,

申请执行人可以向上一级人民法院申请执行。上一级人民法院经审查,可以责令原人民法院在一定期限内执行,也可以决定由本院执行或者指令其他人民法院执行。

《最高人民法院关于适用〈中华人民共和国民事诉讼法〉执行程序若干问题的解释》

第十条 依照民事诉讼法第二百二十六条的规定,有下列情形之一的,上一级人民法院可以根据申请执行人的申请,责令执行法院限期执行或者变更执行法院:

(一)债权人申请执行时被执行人有可供执行的财产,执行法院自收到申请执行书之日起超过六个月对该财产未执行完结的;

(二)执行过程中发现被执行人可供执行的财产,执行法院自发现财产之日起超过六个月对该财产未执行完结的;

(三)对法律文书确定的行为义务的执行,执行法院自收到申请执行书之日起超过六个月未依法采取相应执行措施的;

(四)其他有条件执行超过六个月未执行的。

《最高人民法院、最高人民检察院关于民事执行活动法律监督若干问题的规定》

第三条 人民检察院对人民法院执行生效民事判决、裁定、调解书、支付令、仲裁裁决以及公证债权文书等法律文书的活动实施法律监督。

第五条 当事人、利害关系人、案外人认为人民法院的民事执行活动存在违法情形向人民检察院申请监督,应当提交监督申请书、身份证明、相关法律文书及证据材料。提交证据材料的,应当附证据清单。

申请监督材料不齐备的,人民检察院应当要求申请人限期补齐,并明确告知应补齐的全部材料。申请人逾期未补齐的,视为撤回监督申请。

87 执行法院能否对被执行人多次适用司法拘留?

【律师解答】

实务中曾流传"法院不能对被执行人连续适用司法拘留,1 年最多只能拘留 2 次"的说法,该说法并不完全正确。

对负有执行义务的当事人,法律既要求执行法院加大打击力度,又要防止执行人员以拘代刑,避免司法拘留措施滥用,因此现行法律中规定对同一妨害民事诉讼行为的罚款、拘留不得连续适用。所以法院不能对被执行人连续适用司法拘留是有一定道理的,但不能忽略了对同一妨害民事诉讼行为处罚的条件。法律规定,针对发生新的妨害民事诉讼行为的,人民法院可以重新予以罚款、拘留。故实务中也不乏执行法院在对被执行人适用司法拘留后,又以被执行人存在其他妨害执行的行为由采取拘留措施的情形。如第一次以未申报财产拘留,第二次以拒不履行法院判决拘留。

若被执行人同一妨害行为涉及多个执行案件且在同一法院,法院可以对不同案件分别适用罚款、拘留,此种情形也自然不属于罚款、拘留的连续适用,但罚款、拘留应当分别实施。

【参考依据】

《民事诉讼法》

第一百一十四条 诉讼参与人或者其他人有下列行为之一的,人民法院可以根据情节轻重予以罚款、拘留;构成犯罪的,依法追究刑事责任:

(一)伪造、毁灭重要证据,妨碍人民法院审理案件的;

(二)以暴力、威胁、贿买方法阻止证人作证或者指使、贿买、胁迫他人作伪证的;

(三)隐藏、转移、变卖、毁损已被查封、扣押的财产,或者已被清点并责令其保管的财产,转移已被冻结的财产的;

(四)对司法工作人员、诉讼参加人、证人、翻译人员、鉴定人、勘验人、协助执行的人,进行侮辱、诽谤、诬陷、殴打或者打击报复的;

(五)以暴力、威胁或者其他方法阻碍司法工作人员执行职务的;

(六)拒不履行人民法院已经发生法律效力的判决、裁定的。人民法院对有前款规定的行为之一的单位,可以对其主要负责人或者直接责任人员予以罚款、拘留;构成犯罪的,依法追究刑事责任。

第一百一十八条 对个人的罚款金额,为人民币十万元以下。对单位的罚款金额,为人民币五万元以上一百万元以下。

拘留的期限,为十五日以下。

被拘留的人,由人民法院交公安机关看管。在拘留期间,被拘留人承认并改正错误的,人民法院可以决定提前解除拘留。

《最高人民法院关于适用〈中华人民共和国民事诉讼法〉的解释》

第一百八十四条 对同一妨害民事诉讼行为的罚款、拘留不得连续适用。发生新的妨害民事诉讼行为的,人民法院可以重新予以罚款、拘留。

88 哪些情形会涉嫌拒不执行判决、裁定罪?

【律师解答】

拒不执行判决、裁定罪,是指对人民法院的判决、裁定有能力执行而拒不执行,情节严重的行为。构成犯罪的,会被判处有期徒刑、拘役或罚金。

具体来讲,涉嫌拒不执行判决、裁定罪的情形有:(1)隐藏、转移、故意毁损执行财产或无偿、以明显不合理低价转让财产的;(2)担保人、被执行人隐藏、转移、故意毁损或转让担保财产的;(3)协助执行义务人拒不协助执行的;(4)执行中利用国家工作人员职权妨害执行的;(5)有拒绝或虚假报告财产情况、违反限制高消费令等拒不执行行为,被罚款、拘留后仍拒不执行的;(6)伪造、毁灭有关被执行人履行能力的重要证据,以暴力、威胁、贿买方法阻止他人作证或者指使、贿买、胁迫他人作伪证,妨碍人民法院查明被执行人财产状况的;(7)拒不交付法律文书指定交付的财物、票证或者拒不迁出房屋、退出土地的;(8)与他人串通,通过虚假诉讼、虚假仲裁、虚假和解等方式妨害执行的;(9)以暴力、威胁方法阻碍执行人员进入执行现场或者聚众哄闹、冲击执行现场的;(10)对执行人员进行侮辱、围攻、扣押、殴打,致使执行工作无法进行的;(11)毁损、抢夺执行案件材料、执行公务车辆和其他执行器械、执行人员服装以及执行公务证件,致使执行工作无法进行的;(12)拒不执行法院判决、裁定,致使债权人遭受重大损失的。

需要注意的是,存在上述情形的,还需在造成判决、裁定无法执行,即其逃避或者抗拒执行的行为严重干扰人民法院执行工作,从而导致人民法院执行机构通过法定执行措施无法继续执行或者根本无法运用法定执行措施;法院工作人员人身、财产受到威胁导致执行工作无法进行的情形时,才会构成犯罪。

【参考依据】

《最高人民法院关于审理拒不执行判决、裁定刑事案件适用法律若干问题的解释》

第一条 被执行人、协助执行义务人、担保人等负有执行义务的人对人民法院的判决、裁定有能力执行而拒不执行,情节严重的,应当依照刑法第三百一十三条的规定,以拒不执行判决、裁定罪处罚。

第二条 负有执行义务的人有能力执行而实施下列行为之一的,应当认定为全国人民代表大会常务委员会关于刑法第三百一十三条的解释中规定的"其他有能力执行而拒不执行,情节严重的情形":

(一)具有拒绝报告或者虚假报告财产情况、违反人民法院限制高消费及有关消费令等拒不执行行为,经采取罚款或者拘留等强制措施后仍拒不执行的;

(二)伪造、毁灭有关被执行人履行能力的重要证据,以暴力、威胁、贿买方法阻止他人作证或者指使、贿买、胁迫他人作伪证,妨碍人民法院查明被执行人财产情况,致使判决、裁定无法执行的;

(三)拒不交付法律文书指定交付的财物、票证或者拒不迁出房屋、退出土地,致使判决、裁定无法执行的;

(四)与他人串通,通过虚假诉讼、虚假仲裁、虚假和解等方式妨害执行,致使判决、裁定无法执行的;

(五)以暴力、威胁方法阻碍执行人员进入执行现场或者聚众哄闹、冲击执行现场,致使执行工作无法进行的;

(六)对执行人员进行侮辱、围攻、扣押、殴打,致使执行工作无法进行的;

(七)毁损、抢夺执行案件材料、执行公务车辆和其他执行器械、执行人员服装以及执行公务证件,致使执行工作无法进行的;

(八)拒不执行法院判决、裁定,致使债权人遭受重大损失的。

《最高人民法院关于限制被执行人高消费及有关消费的若干规定》

第十一条 被执行人违反限制消费令进行消费的行为属于拒不履行人民法院已经发生法律效力的判决、裁定的行为,经查证属实的,依照《中华人民共和国民事诉讼法》第一百一十一条的规定,予以拘留、罚款;情节严重,构成犯罪的,追究其刑事责任。

有关单位在收到人民法院协助执行通知书后,仍允许被执行人进行高消费及非生活或者经营必需的有关消费的,人民法院可以依照《中华人民共和国民事诉讼法》第一百一十四条的规定,追究其法律责任。

刑法篇

第一章　法律常识

1　未实缴注册资本是否涉嫌犯罪?

【律师解答】

《公司法》修改后,注册资本实缴登记制度转变为认缴登记制度,工商部门只登记公司认缴的注册资本总额,无须登记实收资本,不再收取验资证明文件。因此,未实缴注册资本一般不会构成犯罪。但应当注意的是,《公司法》虽取消了大部分行业的出资要求,但在注册典当行等特殊行业仍需实缴注册资本,未实缴注册资本的,可能构成虚假出资罪。

根据法律、行政法规规定,以下28类公司实行注册资本实缴登记制:采取募集方式设立的股份有限公司、商业银行、外资银行、金融资产管理公司、信托公司、财务公司、金融租赁公司、汽车金融公司、消费金融公司、货币经纪公司、村镇银行、贷款公司、农村信用合作联社、农村资金互助社、证券公司、期货公司、基金管理公司、保险公司、保险专业代理机构、保险经纪人、外资保险公司、直销企业、对外劳务合作企业、融资性担保公司、劳务派遣企业、典当行、保险资产管理公司、小额贷款公司。

【参考依据】

《公司法》

第三条　公司是企业法人,有独立的法人财产,享有法人财产权。公司以其全部财产对公司的债务承担责任。

有限责任公司的股东以其认缴的出资额为限对公司承担责任;股份有限公司的股东以其认购的股份为限对公司承担责任。

《刑法》

第一百五十八条第一款　申请公司登记使用虚假证明文件或者采取其他欺诈手段虚报注册资本，欺骗公司登记主管部门，取得公司登记，虚报注册资本数额巨大、后果严重或者有其他严重情节的，处三年以下有期徒刑或者拘役，并处或者单处虚报注册资本金额百分之一以上百分之五以下罚金。

2 组织他人赴澳门特区参与赌博是否涉嫌犯罪？

【律师解答】

根据《刑法》的规定，组织我国公民赴境外（含我国港、澳、台地区）参与赌博，数额巨大或者有其他严重情节的，构成组织参与国（境）外赌博罪。但在澳门特区游玩过程中参与赌博，一般不会构成犯罪。

【参考依据】

《刑法》

第三百零三条　以营利为目的，聚众赌博或者以赌博为业的，处三年以下有期徒刑、拘役或者管制，并处罚金。

开设赌场的，处五年以下有期徒刑、拘役或者管制，并处罚金；情节严重的，处五年以上十年以下有期徒刑，并处罚金。

组织中华人民共和国公民参与国（境）外赌博，数额巨大或者有其他严重情节的，依照前款的规定处罚。

3 在讨债过程中限制债务人人身自由是否涉嫌犯罪？

【律师解答】

在讨债过程中限制债务人人身自由可能构成非法拘禁罪。

非法拘禁罪，是指以拘押、禁闭或者其他强制方法，非法剥夺他人人身自由的行为。非法拘禁罪侵犯的客体是他人的身体活动自由。只有法律明确规定的单位才有权依法剥夺公民的人身自由权，除此以外，任何单位和个人均不得非法剥夺公民人身自由。因此，在讨债过程中，即便是索要合法债务，但采用拘禁他人等非法手段的，仍有可能构成非法拘禁罪。

因此，建议债权人在索要债务时采取正当方式，如起诉、发律师函等，切忌使用堵门、拘禁等非法手段，避免带来不必要的麻烦。

【参考依据】

《刑法》

第二百三十八条 非法拘禁他人或者以其他方法非法剥夺他人人身自由的，处三年以下有期徒刑、拘役、管制或者剥夺政治权利。具有殴打、侮辱情节的，从重处罚。

犯前款罪，致人重伤的，处三年以上十年以下有期徒刑；致人死亡的，处十年以上有期徒刑。使用暴力致人伤残、死亡的，依照本法第二百三十四条、第二百三十二条的规定定罪处罚。

为索取债务非法扣押、拘禁他人的，依照前两款的规定处罚。

……

4 银行卡借给别人“洗钱”是否涉嫌犯罪？

【律师解答】

出借银行卡时，明知对方借卡是为了转移犯罪所得，还将银行卡出借给他人，可能涉嫌洗钱罪，掩饰、隐瞒犯罪所得罪，帮助信息网络犯罪活动罪等，需要承担相应的刑事责任。

洗钱罪，是指为掩饰、隐瞒毒品犯罪、黑社会性质的组织犯罪、恐怖活动犯罪、走私犯罪、贪污贿赂犯罪、破坏金融管理秩序犯罪、金融诈骗犯罪的所得及其产生的收益的来源和性质，而提供资金账户的，或者将财产转换为现金、金融票据、有价证券的，或者通过转账或者其他支付结算方式转移资金的，或者跨境转移资产的，或者以其他方法掩饰、隐瞒犯罪所得及其收益的来源和性质的行为。

掩饰、隐瞒犯罪所得罪，是指明知是犯罪所得及其产生的收益而予以窝藏、转移、收购、代为销售或者以其他方法掩饰、隐瞒的行为。

帮助信息网络犯罪活动罪，是指明知他人利用信息网络进行犯罪，而提供银行卡、支付二维码等为犯罪提供帮助的行为。

【参考依据】

《刑法》

第一百九十一条 为掩饰、隐瞒毒品犯罪、黑社会性质的组织犯罪、恐怖活动犯罪、走私犯罪、贪污贿赂犯罪、破坏金融管理秩序犯罪、金融诈骗犯罪的所得及其产生的收益的来源和性质，有下列行为之一的，没收实施以上犯罪的所得及其产生的收益，处五年以下有期徒刑或者拘役，并处或者单处罚金；情节严重的，处五年以上十年以下有期徒刑，并处罚金：

（一）提供资金帐户的；

（二）将财产转换为现金、金融票据、有价证券的；

（三）通过转帐或者其他支付结算方式转移资金的；

（四）跨境转移资产的；

（五）以其他方法掩饰、隐瞒犯罪所得及其收益的来源和性质的。

单位犯前款罪的，对单位判处罚金，并对其直接负责的主管人员和其他直接责任人员，依照前款的规定处罚。

第二百八十七条之二 明知他人利用信息网络实施犯罪，为其犯罪提供互联网接入、服务器托管、网络存储、通讯传输等技术支持，或者提供广告推广、支付结算等帮助，情节严重的，处三年以下有期徒刑或者拘役，并处或者单处罚金。

单位犯前款罪的，对单位判处罚金，并对其直接负责的主管人员和其他直接责任人员，依照第一款的规定处罚。

有前两款行为，同时构成其他犯罪的，依照处罚较重的规定定罪处罚。

第三百一十二条 明知是犯罪所得及其产生的收益而予以窝藏、转移、收购、代为销售或者以其他方法掩饰、隐瞒的，处三年以下有期徒刑、拘役或者管制，并处或者单处罚金；情节严重的，处三年以上七年以下有期徒刑，并处罚金。

单位犯前款罪的，对单位判处罚金，并对其直接负责的主管人员和其他直接责任人员，依照前款的规定处罚。

5 举报他人犯罪但没有充分的证据，是否涉嫌犯罪？

【律师解答】

判断举报他人是否会承担法律责任，要认定是否构成恶意举报。如不是恶意举报，一般情况下，即便没有充足的证据，有相关的线索也可以举报他人犯罪；但如果是恶意举报，举报不实可能会涉及以下法律责任：

1. 民事责任。举报人举报不实有可能侵犯他人的名誉权、隐私权和个人信息，此时举报人应依法承担民事侵权责任。

2. 行政责任。如果举报人捏造事实诬告陷害他人，企图使他人受到刑事追究或者受到治安管理处罚，情节较重但构不成犯罪的，举报人需要承担行政拘留、罚款的行政责任。

3. 刑事责任。如果举报人捏造事实诬告陷害他人，意图使他人受刑事追究，情节严重的，构成诬告陷害罪，需要依法承担刑事责任。

【参考依据】

《刑法》

第二百四十三条第一款 捏造事实诬告陷害他人，意图使他人受刑事追究，情节严重的，处三年以下有期徒刑、拘役或者管制；造成严重后果的，处三年以上十年以下有期徒刑。

《刑事诉讼法》

第一百一十一条 报案、控告、举报可以用书面或者口头提出。接受口头报案、控告、举报的工作人员，应当写成笔录，经宣读无误后，由报案人、控告人、举报人签名或者盖章。

接受控告、举报的工作人员，应当向控告人、举报人说明诬告应负的法律责任。但是，只要不是捏造事实，伪造证据，即使控告、举报的事实有出入，甚至是错告的，也要和诬告严格加以区别。

公安机关、人民检察院或者人民法院应当保障报案人、控告人、举报人及其近亲属的安全。报案人、控告人、举报人如果不愿公开自己的姓名和报案、控告、举报的行为，应当为他保守秘密。

第一百一十二条 人民法院、人民检察院或者公安机关对于报案、控告、举报和自首的材料，应当按照管辖范围，迅速进行审查，认为有犯罪事实需要追究刑事责任的时候，应当立案。认为没有犯罪事实，或者犯罪事实显著轻微，不需要追究刑事责任的时候，不予立案，并且将不立案的原因通知控告人。控告人如果不服，可以申请复议。

《民法典》

第九百九十五条 人格权受到侵害的，受害人有权依照本法和其他法律的规定请求行为人承担民事责任。受害人的停止侵害、排除妨碍、消除危险、消除影响、恢复名誉、赔礼道歉请求权，不适用诉讼时效的规定。

第一千零二十四条第一款 民事主体享有名誉权。任何组织或者个人不得以侮辱、诽谤等方式侵害他人的名誉权。

《治安管理处罚法》

第四十二条 有下列行为之一的，处五日以下拘留或者五百元以下罚款；情节较重的，处五日以上十日以下拘留，可以并处五百元以下罚款：

（一）写恐吓信或者以其他方法威胁他人人身安全的；

（二）公然侮辱他人或者捏造事实诽谤他人的；

（三）捏造事实诬告陷害他人，企图使他人受到刑事追究或者受到治安管理处罚的；

（四）对证人及其近亲属进行威胁、侮辱、殴打或者打击报复的；

（五）多次发送淫秽、侮辱、恐吓或者其他信息，干扰他人正常生活的；

（六）偷窥、偷拍、窃听、散布他人隐私的。

6 针对公安机关不予立案的决定，控告人如何维护自身权益？

【律师解答】

公安机关可能会以属于民事纠纷、不属于自己管辖范围、没有犯罪事实、认为犯罪事实显著轻微不需要追究刑事责任或者其他依法不追究刑事责任为由不予立案，控告人如认为公安机关不予立案的做法不当，有以下三种救济方式：

1. 向作出决定的公安机关申请复议

在实践中，如果公安机关口头通知不予立案，控告人可以要求公安机关出具不予立案通知书。控告人在收到不予立案通知书后7日以内向作出决定的公安机关申请复议。公安机关应当在收到复议申请后30日以内作出决定,并将复议决定书送达控告人。控告人对不予立案的复议决定不服的,可以在收到复议决定书后7日以内向上一级公安机关申请复核;上一级公安机关应当在收到复核申请后30日以内作出决定。案情重大、复杂的,公安机关可以延长复议、复核时限,但是延长时限不得超过30日,并书面告知申请人。

2. 要求检察机关对公安机关刑事立案监督

人民检察院享有立案监督权,对公安机关的立案活动是否合法进行监督。因此,对于公安机关不予立案的决定不服的,可以申请人民检察院立案监督,人民检察院应当受理并进行审查。经过检察院的调查后,认为需要立案的,应当通知公安机关立案。

3. 属于刑事自诉案件和民事案件的可以直接向法院起诉

自诉案件包括下列案件:(1)告诉才处理的案件;(2)被害人有证据证明的轻微刑事案件;(3)被害人有证据证明对被告人侵犯自己人身、财产权利的行为应当依法追究刑事责任,而公安机关或者人民检察院不予追究被告人刑事责任的案件。

【参考依据】

《公安机关办理刑事案件程序规定》

第一百七十八条 公安机关接受案件后,经审查,认为有犯罪事实需要追究刑事责任,且属于自己管辖的,经县级以上公安机关负责人批准,予以立案;认为没有犯罪事实,或者犯罪事实显著轻微不需要追究刑事责任,或者具有其他依法不追究刑事责任情形的,经县级以上公安机关负责人批准,不予立案。

对有控告人的案件,决定不予立案的,公安机关应当制作不予立案通知书,并在三日以内送达控告人。

决定不予立案后又发现新的事实或者证据,或者发现原认定事实错误,需要追究刑事责任的,应当及时立案处理。

第一百七十九条 控告人对不予立案决定不服的,可以在收到不予立案通知书后七日以内向作出决定的公安机关申请复议;公安机关应当在收到复议申请后三十日以内作出决定,并将决定书送达控告人。

控告人对不予立案的复议决定不服的,可以在收到复议决定书后七日以内向上一级公安机关申请复核;上一级公安机关应当在收到复核申请后三十日以内作出决定。对上级公安机关撤销不予立案决定的，下级公安机关应当执行。

案情重大、复杂的，公安机关可以延长复议、复核时限，但是延长时限不得超过三十日，并书面告知申请人。

第一百八十二条 对人民检察院要求说明不立案理由的案件，公安机关应当在收到通知书后七日以内，对不立案的情况、依据和理由作出书面说明，回复人民检察院。公安机关作出立案决定的，应当将立案决定书复印件送达人民检察院。

人民检察院通知公安机关立案的，公安机关应当在收到通知书后十五日以内立案，并将立案决定书复印件送达人民检察院。

第一百八十三条 人民检察院认为公安机关不应当立案而立案，提出纠正意见的，公安机关应当进行调查核实，并将有关情况回复人民检察院。

《人民检察院刑事诉讼规则》

第五百五十七条 被害人及其法定代理人、近亲属或者行政执法机关，认为公安机关对其控告或者移送的案件应当立案侦查而不立案侦查，或者当事人认为公安机关不应当立案而立案，向人民检察院提出的，人民检察院应当受理并进行审查。

人民检察院发现公安机关可能存在应当立案侦查而不立案侦查情形的，应当依法进行审查。

人民检察院接到控告、举报或者发现行政执法机关不移送涉嫌犯罪案件的，经检察长批准，应当向行政执法机关提出检察意见，要求其按照管辖规定向公安机关移送涉嫌犯罪案件。

《刑事诉讼法》

第一百一十二条 人民法院、人民检察院或者公安机关对于报案、控告、举报和自首的材料，应当按照管辖范围，迅速进行审查，认为有犯罪事实需要追究刑事责任的时候，应当立案；认为没有犯罪事实，或者犯罪事实显著轻微，不需要追究刑事责任的时候，不予立案，并且将不立案的原因通知控告人。控告人如果不服，可以申请复议。

第一百一十三条 人民检察院认为公安机关对应当立案侦查的案件而不立案侦查的，或者被害人认为公安机关对应当立案侦查的案件而不立案侦查，向人民检察院提出的，人民检察院应当要求公安机关说明不立案的理由。人民检察院认为公安机关不立案理由不能成立的,应当通知公安机关立案,公安机关接到通知后应当立案。

第一百一十四条 对于自诉案件,被害人有权向人民法院直接起诉。被害人死亡或者丧失行为能力的,被害人的法定代理人、近亲属有权向人民法院起诉。人民法院应当依法受理。

第二百一十条 自诉案件包括下列案件:

(一)告诉才处理的案件;

(二)被害人有证据证明的轻微刑事案件;

(三)被害人有证据证明对被告人侵犯自己人身、财产权利的行为应当依法追究刑事责任,而公安机关或者人民检察院不予追究被告人刑事责任的案件。

7 当事人涉嫌犯罪可以聘请几名律师?

【律师解答】

当事人涉嫌犯罪后,可以聘请多名律师组成专业团队为当事人提供法律服务,以维护自身合法权益。但刑事诉讼过程中,当事人最多只能委托2名律师作为辩护人参与庭审等辩护工作。

参与诉讼程序中的辩护人可以行使查阅案卷、会见当事人、提出法律意见等权利。另外律师在担任辩护人、诉讼代理人时,经人民法院准许,可以带一名助理参加庭审。

委托辩护人一般由当事人自己委托,当事人在押的,可以由监护人、近亲属代为委托。近亲属包括父母、配偶、子女、亲兄弟姐妹。

【参考依据】

《刑事诉讼法》

第三十四条第三款 犯罪嫌疑人、被告人在押的,也可以由其监护人、近亲属代为委托辩护人。

《最高人民法院关于适用〈中华人民共和国刑事诉讼法〉的解释》

第四十三条第一款 一名被告人可以委托一至二人作为辩护人。

第六十八条 律师担任辩护人、诉讼代理人，经人民法院准许，可以带一名助理参加庭审。律师助理参加庭审的，可以从事辅助工作，但不得发表辩护、代理意见。

8 犯罪嫌疑人什么时候有权委托辩护人？

【律师解答】

根据《刑事诉讼法》的规定，犯罪嫌疑人自被侦查机关第一次讯问或者采取强制措施之日起，有权委托辩护人；在侦查期间，其只能委托律师作为辩护人。被告人有权随时委托辩护人。为了充分保障犯罪嫌疑人的这项权利，侦查人员在第一次讯问犯罪嫌疑人或者对犯罪嫌疑人采取强制措施的时候，应当告知犯罪嫌疑人有权委托辩护人。人民检察院自收到移送审查起诉的案件材料之日起 3 日内，应当告知犯罪嫌疑人有权委托辩护人。人民法院自受理案件之日起 3 日内，应当告知被告人有权委托辩护人。犯罪嫌疑人、被告人在押期间要求委托辩护人的，人民法院、人民检察院和公安机关应当及时转达其要求。犯罪嫌疑人、被告人在押的，也可以由其监护人、近亲属代为委托辩护人。辩护人接受犯罪嫌疑人、被告人委托后，应当及时告知办理案件的机关。

【参考依据】

《刑事诉讼法》

第三十四条 犯罪嫌疑人自被侦查机关第一次讯问或者采取强制措施之日起，有权委托辩护人；在侦查期间，只能委托律师作为辩护人。被告人有权随时委托辩护人。

侦查机关在第一次讯问犯罪嫌疑人或者对犯罪嫌疑人采取强制措施的时候，应当告知犯罪嫌疑人有权委托辩护人。人民检察院自收到移送审查起诉的案件材料之日起三日以内，应当告知犯罪嫌疑人有权委托辩护人。人民法院自受理案件之日起三日以内，应当告知被告人有权委托辩护人。犯罪嫌疑人、被告人在押期间要求委托辩护人的，人民法院、人民检察院和公安机关应当及时转达其要求。

犯罪嫌疑人、被告人在押的，也可以由其监护人、近亲属代为委托辩护人。

辩护人接受犯罪嫌疑人、被告人委托后，应当及时告知办理案件的机关。

9 被公安机关刑事拘留以后，被拘留人家属会收到通知吗？

【律师解答】

除无法通知或者涉嫌危害国家安全犯罪、恐怖活动犯罪通知可能有碍侦查的情形以外，公安机关应当在拘留后24小时以内，通知被拘留人的家属。因有碍侦查等原因不能及时通知的，公安机关也应当在有碍侦查的情况消失以后，立即通知被拘留人家属。

【参考依据】

《刑事诉讼法》

第八十五条 公安机关拘留人的时候，必须出示拘留证。

拘留后，应当立即将被拘留人送看守所羁押，至迟不得超过二十四小时。除无法通知或者涉嫌危害国家安全犯罪、恐怖活动犯罪通知可能有碍侦查的情形以外，应当在拘留后二十四小时以内，通知被拘留人的家属。有碍侦查的情形消失以后，应当立即通知被拘留人的家属。

《公安机关办理刑事案件程序规定》

第一百二十七条 除无法通知或者涉嫌危害国家安全犯罪、恐怖活动犯罪通知可能有碍侦查的情形以外，应当在拘留后二十四小时以内制作拘留通知书，通知被拘留人的家属。拘留通知书应当写明拘留原因和羁押处所。

本条规定的“无法通知”的情形适用本规定第一百一十三条第二款的规定。

有下列情形之一的，属于本条规定的“有碍侦查”：

（一）可能毁灭、伪造证据，干扰证人作证或者串供的；

（二）可能引起同案犯逃避、妨碍侦查的；

（三）犯罪嫌疑人的家属与犯罪有牵连的。

无法通知、有碍侦查的情形消失以后，应当立即通知被拘留人的家属。

对于没有在二十四小时以内通知家属的，应当在拘留通知书中注明原因。

10 刑事诉讼中,亲友什么时候可以见到被关押的人员?

【律师解答】

犯罪嫌疑人被羁押在看守所时,为避免妨害侦查,亲友一般是无法会见犯罪嫌疑人的,只能委托律师会见。但是如果经过办案机关同意,并经过公安机关批准,被关押人可以与近亲属会见。

一般亲友最早能见到被告人是在法院公开开庭审理阶段,如家属非案件证人,可在旁听席见到被告人,但一般无法交谈。刑事判决作出并生效后,被告人将被送至监狱服刑,服刑期间家属可以会见,但家属会见一般有时间、次数的限制。

【参考依据】

《看守所条例实施办法(试行)》

第三十四条 人犯与其居住在境内的近亲属通信,须经办案机关同意,要求会见的须经县级以上公安机关或者国家安全机关的主管局、处长批准。

人犯与其居住在香港、澳门、台湾的近亲属以及外国近亲属会见、通信,或者外国籍人犯与其近亲属、监护人及其所属国驻华使、领馆人员会见、与外国通信,均须经省、自治区、直辖市公安厅、局或者国家安全厅、局批准。

《监狱法》

第四十八条 罪犯在监狱服刑期间,按照规定,可以会见亲属、监护人。

11 被羁押期间,被关押人员可以回家探视吗?

【律师解答】

被关押人员的配偶、父母或者子女病危时,除案情重大的以外,经办案机关同意,并经公安机关批准,在严格监护的条件下,允许被关押人员回家探视。但是在司法实践中,同意被羁押人回家探视的情况十分少见。

【参考依据】

《看守所条例》

第二十八条 人犯在羁押期间,经办案机关同意,并经公安机关批准,可以与近亲属通信、会见。

第二十九条 人犯的近亲属病重或者死亡时，应当及时通知人犯。

人犯的配偶、父母或者子女病危时，除案情重大的以外，经办案机关同意，并经公安机关批准，在严格监护的条件下，允许人犯回家探视。

12 公安人员在搜查时是否需要提前出示搜查证或同步录音录像？

【律师解答】

根据《刑事诉讼法》相关规定，公安人员在搜查时，首先应当出示搜查证，如果在执行逮捕、拘留时遇有紧急情况，则可破例不出具搜查证进行搜查。在搜查过程中，应当有被搜查人、他的家属、邻居或者其他见证人在场。若需搜查妇女身体，应当由女性工作人员进行。

对于是否需要同步录音录像并没有相关规定予以明确，但值得一提的是，《公安机关现场执法视音频记录工作规定》第4条规定办理行政、刑事案件进行现场搜查时，公安机关应当进行现场执法视音频记录。

【参考依据】

《刑事诉讼法》

第一百三十六条 为了收集犯罪证据、查获犯罪人，侦查人员可以对犯罪嫌疑人以及可能隐藏罪犯或者犯罪证据的人的身体、物品、住处和其他有关的地方进行搜查。

第一百三十九条 在搜查的时候，应当有被搜查人或者他的家属，邻居或者其他见证人在场。

搜查妇女的身体，应当由女工作人员进行。

《公安机关办理刑事案件程序规定》

第二百二十三条 进行搜查，必须向被搜查人出示搜查证，执行搜查的侦查人员不得少于二人。

第二百二十四条 执行拘留、逮捕的时候，遇有下列紧急情况之一的，不用搜查证也可以进行搜查：

（一）可能随身携带凶器的；

（二）可能隐藏爆炸、剧毒等危险物品的；

（三）可能隐匿、毁弃、转移犯罪证据的；

（四）可能隐匿其他犯罪嫌疑人的；

（五）其他突然发生的紧急情况。

《公安机关现场执法视音频记录工作规定》

第四条 对于以下现场执法活动，公安机关应当进行现场执法视音频记录：

（一）接受群众报警或者110指令后处警；

（二）当场盘问、检查；

（三）对日常工作中发现的违反治安管理、出入境管理、消防管理、道路交通安全管理等违法犯罪行为和道路交通事故等进行现场处置、当场处罚；

（四）办理行政、刑事案件进行现场勘验、检查、搜查、扣押、辨认、扣留；

（五）消防管理、道路交通安全管理等领域的排除妨害、恢复原状和强制停止施工、停止使用、停产停业等行政强制执行；

（六）处置重大突发事件、群体性事件。

……

13 公安机关调查刑事案件时，知情人能否拒绝作证？

【律师解答】

根据《刑事诉讼法》的规定，凡是知道案件情况的人，都有作证的义务。因此，证人作证是一项义务，一般不能拒绝，但若是生理上、精神上有缺陷或者年幼，不能辨别是非、不能正确表达的人，不能作为证人。

【参考依据】

《刑事诉讼法》

第六十二条 凡是知道案件情况的人，都有作证的义务。

生理上、精神上有缺陷或者年幼，不能辨别是非、不能正确表达的人，不能作证人。

14 刑事案件中，证人能自己选择询问地点吗？

【律师解答】

为方便证人作证、消除证人不必要的紧张情绪，办案单位询问证人时，可以由证人自行选择询问地点。可以现场进行，也可以到证人所在单位、住处或者证人提出的地点进行。在必要的时候，办案单位也可以通知证人到人民检察院或者公安机关提供证言。

【参考依据】

《刑事诉讼法》

第一百二十四条 侦查人员询问证人，可以在现场进行，也可以到证人所在单位、住处或者证人提出的地点进行，在必要的时候，可以通知证人到人民检察院或者公安机关提供证言。在现场询问证人，应当出示工作证件，到证人所在单位、住处或者证人提出的地点询问证人，应当出示人民检察院或者公安机关的证明文件。

询问证人应当个别进行。

15 什么情况下可以申请取保候审？

【律师解答】

取保候审，是指侦查机关责令犯罪嫌疑人提供担保人或交纳保证金并出具保证书，保证其不逃避或妨碍侦查，并随传随到的一种强制措施。

实践中，满足以下条件可以取保候审：(1)可能判处管制、拘役或者独立适用附加刑的；(2)可能判处有期徒刑以上刑罚，采取取保候审不致发生社会危险性的；(3)患有严重疾病、生活不能自理，怀孕或者正在哺乳自己婴儿的妇女，采取取保候审不致发生社会危险性的；(4)羁押期限届满，案件尚未办结，需要采取取保候审的。

值得注意的是，被取保候审者有一定人身自由。在此期间，为了防止犯罪嫌弃人毁灭、伪造证据、逃跑、伤害证人，嫌疑人将会受到公安机关、社区、保证人的监督。

取保候审最长不得超过 12 个月。

【参考依据】

《刑事诉讼法》

第六十七条 人民法院、人民检察院和公安机关对有下列情形之一的犯罪嫌疑人、被告人,可以取保候审:

(一)可能判处管制、拘役或者独立适用附加刑的;

(二)可能判处有期徒刑以上刑罚,采取取保候审不致发生社会危险性的;

(三)患有严重疾病、生活不能自理,怀孕或者正在哺乳自己婴儿的妇女,采取取保候审不致发生社会危险性的;

(四)羁押期限届满,案件尚未办结,需要采取取保候审的。

取保候审由公安机关执行。

第七十一条 被取保候审的犯罪嫌疑人、被告人应当遵守以下规定:

(一)未经执行机关批准不得离开所居住的市、县;

(二)住址、工作单位和联系方式发生变动的,在二十四小时以内向执行机关报告;

(三)在传讯的时候及时到案;

(四)不得以任何形式干扰证人作证;

(五)不得毁灭、伪造证据或者串供。

人民法院、人民检察院和公安机关可以根据案件情况,责令被取保候审的犯罪嫌疑人、被告人遵守以下一项或者多项规定:

(一)不得进入特定的场所;

(二)不得与特定的人员会见或者通信;

(三)不得从事特定的活动;

(四)将护照等出入境证件、驾驶证件交执行机关保存。

……

16 取保候审和保外就医的区别是什么?

【律师解答】

取保候审和保外就医的区别如表 1 所示。

表1　取保候审和保外就医的区别

区别	取保候审	保外就医
性质	在家中接受调查,等待审判	在家中或者医院服刑,保外就医期间记入刑期
适用对象	未经法院审判犯罪嫌疑人	经过法院判决、正在监狱服刑的罪犯
适用条件	1. 可能判处管制、拘役或者独立适用附加刑的。 2. 可能判处有期徒刑以上刑罚,采取取保候审不致发生社会危险性的。 3. 患有严重疾病、生活不能自理,怀孕或者正在哺乳自己婴儿的妇女,采取取保候审不致发生社会危险性的。 4. 羁押期限届满,案件尚未办结,需要采取取保候审的	1. 罪犯有严重疾病需保外就医。对于适用保外就医可能有社会危险性的罪犯,或者自伤自残的罪犯,不得保外就医。对于罪犯确有严重疾病,必须保外就医的,由省级人民政府指定的医院开具证明文件,依照法律规定的程序审批。发现被保外就医的罪犯不符合保外就医条件的,或者严重违反有关保外就医规定的,应当及时收监执行。 2. 罪犯怀孕或者正在哺乳自己的婴儿。哺乳期限按婴儿出生后1年计算。 3. 罪犯生活不能自理,适用暂予监外执行不致危害社会
法律后果	遵守规定的,结案后退还保证金。违反规定的,没收保证金,令其重新交纳保证金,或者予以逮捕;以非法手段骗取取保候审的,取保候审期间不计算刑期	医疗终结后,重新收监。下落不明的,按脱逃犯予以通缉
保证人责任	监督被取保候审人遵守有关规定,被取保候审人违法规定的及时汇报	承担被保外就医人员的生活费、医疗费

【参考依据】

《暂予监外执行规定》

第五条　对被判处有期徒刑、拘役或者已经减为有期徒刑的罪犯,有下列情形之一,可以暂予监外执行:

(一)患有属于本规定所附《保外就医严重疾病范围》的严重疾病,需要保外就医的;

(二)怀孕或者正在哺乳自己婴儿的妇女;

(三)生活不能自理的。

对被判处无期徒刑的罪犯,有前款第二项规定情形的,可以暂予监外执行。

第十条 罪犯需要保外就医的，应当由罪犯本人或者其亲属、监护人提出保证人，保证人由监狱、看守所审查确定。

罪犯没有亲属、监护人的，可以由其居住地的村（居）民委员会、原所在单位或者社区矫正机构推荐保证人。

保证人应当向监狱、看守所提交保证书。

附件：保外就医严重疾病范围

罪犯有下列严重疾病之一，久治不愈，严重影响其身心健康的，属于适用保外就医的疾病范围：

一、严重传染病

1. 肺结核伴空洞并反复咯血；肺结核合并多脏器并发症；结核性脑膜炎。

2. 急性、亚急性或慢性重型病毒性肝炎。

3. 艾滋病病毒感染者和病人伴有需要住院治疗的机会性感染。

4. 其他传染病，如Ⅲ期梅毒并发主要脏器病变的，流行性出血热，狂犬病，流行性脑脊髓膜炎及新发传染病等监狱医院不具备治疗条件的。

二、反复发作的，无服刑能力的各种精神病，如脑器质性精神障碍、精神分裂症、心境障碍、偏执性精神障碍等，但有严重暴力行为或倾向，对社会安全构成潜在威胁的除外。

三、严重器质性心血管疾病

1. 心脏功能不全：心脏功能在 NYHA 三级以上，经规范治疗未见好转。（可由冠状动脉粥样硬化性心脏病、高血压性心脏病、风湿性心脏病、肺源性心脏病、先天性心脏病、心肌病、重度心肌炎、心包炎等引起。）

2. 严重心律失常：如频发多源室性期前收缩或有 R on T 表现、导致血流动力学改变的心房纤颤、二度以上房室传导阻滞、阵发性室性心动过速、病态窦房结综合征等。

3. 急性冠状动脉综合征（急性心肌梗死及重度不稳定型心绞痛），冠状动脉粥样硬化性心脏病有严重心绞痛反复发作，经规范治疗仍有严重冠状动脉供血不足表现。

4. 高血压病达到很高危程度的，合并靶器官受损。具体参见注释中靶器官受损相应条款。

5. 主动脉瘤、主动脉夹层动脉瘤等需要手术的心血管动脉瘤和粘液瘤等需要手术的心脏肿瘤；或者不需要、难以手术治疗，但病情严重危及生命或者存在严重并发症，且监狱医院不具备治疗条件的心血管疾病。

6. 急性肺栓塞。

四、严重呼吸系统疾病

1. 严重呼吸功能障碍：由支气管、肺、胸膜疾病引起的中度以上呼吸功能障碍，经规范治疗未见好转。

2. 支气管扩张反复咯血，经规范治疗未见好转。

3. 支气管哮喘持续状态，反复发作，动脉血氧分压低于60mmHg，经规范治疗未见好转。

五、严重消化系统疾病

1. 肝硬化失代偿期（肝硬化合并上消化道出血、腹水、肝性脑病、肝肾综合征等）。

2. 急性出血性坏死性胰腺炎。

3. 急性及亚急性肝衰竭、慢性肝衰竭加急性发作或慢性肝衰竭。

4. 消化道反复出血，经规范治疗未见好转且持续重度贫血。

5. 急性梗阻性化脓性胆管炎，经规范治疗未见好转。

6. 肠道疾病：如克隆病、肠伤寒合并肠穿孔、出血坏死性小肠炎、全结肠切除、小肠切除四分之三等危及生命的。

六、各种急、慢性肾脏疾病引起的肾功能不全失代偿期，如急性肾衰竭、慢性肾小球肾炎、慢性肾盂肾炎、肾结核、肾小动脉硬化、免疫性肾病等。

七、严重神经系统疾病及损伤

1. 严重脑血管疾病、颅内器质性疾病并有昏睡以上意识障碍、肢体瘫痪、视力障碍等经规范治疗未见好转。如脑出血、蛛网膜下腔出血、脑血栓形成、脑栓塞、脑脓肿、乙型脑炎、结核性脑膜炎、化脓性脑膜炎及严重的脑外伤等。

2. 各种脊髓疾病及周围神经疾病与损伤所致的肢体瘫痪、大小便失禁经规范治疗未见好转，生活难以自理。如脊髓炎、高位脊髓空洞症、脊髓压迫症、运动神经元疾病（包括肌萎缩侧索硬化、进行性脊肌萎缩症、原发性侧索硬化和进行性延髓麻痹）等；周围神经疾病，如多发性神经炎、周围神经损伤等；急性炎症性脱髓鞘性多发性神经病；慢性炎症性脱髓鞘性多发性神经病。

3. 癫痫大发作，经规范治疗未见好转，每月发作仍多于两次。

4. 重症肌无力或进行性肌营养不良等疾病,严重影响呼吸和吞咽功能。

5. 锥体外系疾病所致的肌张力障碍(肌张力过高或过低)和运动障碍(包括震颤、手足徐动、舞蹈样动作、扭转痉挛等出现生活难以自理)。如帕金森病及各类帕金森综合症、小舞蹈病、慢性进行性舞蹈病、肌紧张异常、秽语抽动综合症、迟发性运动障碍、投掷样舞动、阵发性手足徐动症、阵发性运动源性舞蹈手足徐动症、扭转痉挛等。

八、严重内分泌代谢性疾病合并重要脏器功能障碍,经规范治疗未见好转。如脑垂体瘤需要手术治疗、肢端肥大症、尿崩症、柯兴氏综合征、原发性醛固酮增多症、嗜铬细胞瘤、甲状腺机能亢进危象、甲状腺机能减退症出现严重心脏损害或出现粘液性水肿昏迷,甲状旁腺机能亢进及甲状旁腺机能减退症出现高钙危象或低钙血症。

糖尿病合并严重并发症:糖尿病并发心、脑、肾、眼等严重并发症或伴发症,或合并难以控制的严重继发感染、严重酮症酸中毒或高渗性昏迷,经规范治疗未见好转。

心:诊断明确的冠状动脉粥样硬化性心脏,并出现以下情形之一的:1. 有心绞痛反复发作,经规范治疗未见好转仍有明显的冠状动脉供血不足的表现;2. 心功能三级;3. 心律失常(频发或多型性室早、新发束支传导阻滞、交界性心动过速、心房纤颤、心房扑动、二度及以上房室传导阻滞、阵发性室性心动过速、窦性停搏等)。

脑:诊断明确的脑血管疾病,出现痴呆、失语、肢体肌力达 IV 级以下。

肾:诊断明确的糖尿病肾病,肌酐达到 177mmol/L 以上水平。

眼:诊断明确的糖尿病视网膜病变,达到增殖以上。

九、严重血液系统疾病

1. 再生障碍性贫血。

2. 严重贫血并有贫血性心脏病、溶血危象、脾功能亢进其中一项,经规范治疗未见好转。

3. 白血病、骨髓增生异常综合征。

4. 恶性组织细胞病、嗜血细胞综合征。

5. 淋巴瘤、多发性骨髓瘤。

6. 严重出血性疾病,有重要器官、体腔出血的,如原发性血小板减少性紫癜、血友病等,经规范治疗未见好转。

十、严重脏器损伤和术后并发症，遗有严重功能障碍，经规范治疗未见好转

1. 脑、脊髓损伤治疗后遗有中度以上智能障碍，截瘫或偏瘫，大小便失禁，功能难以恢复。

2. 胸、腹腔重要脏器及气管损伤或手术后，遗有严重功能障碍，胸腹腔内慢性感染、重度粘连性梗阻，肠瘘、胰瘘、胆瘘、肛瘘等内外瘘形成反复发作；严重循环或呼吸功能障碍，如外伤性湿肺不易控制。

3. 肺、肾、肾上腺等器官一侧切除，对侧仍有病变或有明显功能障碍。

十一、各种严重骨、关节疾病及损伤

1. 双上肢，双下肢，一侧上肢和一侧下肢因伤、病在腕或踝关节以上截肢或失去功能不能恢复。双手完全失去功能或伤、病致手指缺损 6 个以上，且 6 个缺损的手指中有半数以上在掌指关节处离断，且必须包括两个拇指缺失。

2. 脊柱并一个主要关节或两个以上主要关节（肩、膝、髋、肘）因伤、病发生强直畸形，经规范治疗未见好转，脊柱伸屈功能完全丧失。

3. 严重骨盆骨折合并尿道损伤，经治疗后遗有运动功能障碍或遗有尿道狭窄、闭塞或感染，经规范治疗未见好转。

4. 主要长骨的慢性化脓性骨髓炎，反复急性发作，病灶内出现大块死骨或合并病理性骨折，经规范治疗未见好转。

十二、五官伤、病后，出现严重的功能障碍，经规范治疗未见好转

1. 伤、病后双眼矫正视力 <0.1，经影像检查证实患有白内障、眼外伤、视网膜剥离等需要手术治疗。内耳伤、病所致的严重前庭功能障碍、平衡失调，经规范治疗未见好转。

2. 咽、喉损伤后遗有严重疤痕挛缩，造成呼吸道梗阻受阻，严重影响呼吸功能和吞咽功能。

3. 上下颌伤、病经治疗后二度张口困难、严重咀嚼功能障碍。

十三、周围血管病经规范治疗未见好转，患肢有严重肌肉萎缩或干、湿性坏疽，如进展性脉管炎，高位深静脉栓塞等。

十四、非临床治愈期的各种恶性肿瘤。

十五、暂时难以确定性质的肿瘤，有下列情形之一的：

1. 严重影响机体功能而不能进行彻底治疗。

2. 身体状况进行性恶化。

3. 有严重后遗症,如偏瘫、截瘫、胃瘘、支气管食管瘘等。

十六、结缔组织疾病及其他风湿性疾病造成两个以上脏器严重功能障碍或单个脏器功能障碍失代偿,经规范治疗未见好转,如系统性红斑狼疮、硬皮病、皮肌炎、结节性多动脉炎等。

十七、寄生虫侵犯脑、肝、肺等重要器官或组织,造成继发性损害,伴有严重功能障碍者,经规范治疗未见好转。

十八、经职业病诊断机构确诊的以下职业病:

1. 尘肺病伴严重呼吸功能障碍,经规范治疗未见好转。

2. 职业中毒,伴有重要脏器功能障碍,经规范治疗未见好转。

3. 其他职业病并有瘫痪、中度智能障碍、双眼矫正视力 <0.1、严重血液系统疾病、严重精神障碍等其中一项,经规范治疗未见好转。

十九、年龄在六十五周岁以上同时患有两种以上严重疾病,其中一种病情必须接近上述一项或几项疾病程度。

17 哪些人可以担任取保候审保证人?

【律师解答】

取保候审的保证人,是指对符合取保候审条件的刑事案件犯罪嫌疑人、被告人依照法律规定做相应保证的人,取保候审的保证人需保证犯罪嫌疑人、被告人在公检法机关需要其到案时,能够及时到案以接受相应的处理。

首先,保证人必须与本案无牵连,与犯罪嫌疑人、被告人所涉嫌的犯罪没有任何利害关系。保证人不能是本案的同案犯,也不能是本案的证人。

其次,保证人应当有能力履行保证义务。具体来讲,保证人必须达到一定年龄且具有民事行为能力,对被保证人有一定的影响力,其身体状况使其有能力对被保证人的行为进行监督,等等。是否有能力履行保证义务需要根据案件的具体情况综合判断。

再次,保证人依法享有政治权利,人身自由未受到限制。保证人在为被取保候审人承担保证义务时,他本人并没有因为违法犯罪行为而被剥夺政治权利或限制人身自由。

最后,保证人有固定的住处和收入。即保证人在被保证人居所地有自己常住的居所,且有稳定的经济收入,以便于保持保证人与司法机关之间的联系、保证其作为保证人承担义务的可行性。

【参考依据】

《刑事诉讼法》

第六十九条 保证人必须符合下列条件:

(一)与本案无牵连;

(二)有能力履行保证义务;

(三)享有政治权利,人身自由未受到限制;

(四)有固定的住处和收入。

18 取保候审期间能否离开居住地?

【律师解答】

根据《刑事诉讼法》的规定,被取保候审人有正当理由需要离开所居住的市、县或者执行监视居住的处所,应当经执行机关批准和决定机关同意。如果取保候审、监视居住是由人民检察院、人民法院决定的,执行机关在批准犯罪嫌疑人、被告人离开所居住的市、县或者执行监视居住的处所前,应当征得决定机关同意。

这主要是考虑到犯罪嫌疑人、被告人在案件没有终结以前,公安机关、人民检察院、人民法院随时都有可能对被取保候审的犯罪嫌疑人、被告人进行讯问、核实证据、开庭审理等。

【参考依据】

《刑事诉讼法》

第七十一条第一款 被取保候审的犯罪嫌疑人、被告人应当遵守以下规定:

(一)未经执行机关批准不得离开所居住的市、县;

(二)住址、工作单位和联系方式发生变动的,在二十四小时以内向执行机关报告;

(三)在传讯的时候及时到案;

（四）不得以任何形式干扰证人作证；

（五）不得毁灭、伪造证据或者串供。

《最高人民法院、最高人民检察院、公安部、国家安全部、司法部、全国人大常委会法制工作委员会关于实施刑事诉讼法若干问题的规定》

13. 被取保候审、监视居住的犯罪嫌疑人、被告人无正当理由不得离开所居住的市、县或者执行监视居住的处所，有正当理由需要离开所居住的市、县或者执行监视居住的处所，应当经执行机关批准。如果取保候审、监视居住是由人民检察院、人民法院决定的，执行机关在批准犯罪嫌疑人、被告人离开所居住的市、县或者执行监视居住的处所前，应当征得决定机关同意。

19 取保候审之后是否意味着“事了案结”？

【律师解答】

取保候审之后并不意味着“事了案结”，其只是司法机关为了保证刑事诉讼的顺利进行，依法对刑事案件的犯罪嫌疑人、被告人所采取的在一定期限内限制人身自由的法定强制方法，根据《刑事诉讼法》第79条的规定：“在取保候审、监视居住期间，不得中断对案件的侦查、起诉和审理”，所以相关刑事程序仍在继续推进中。因此，取保候审之后并不等同于“事了案结”，被决定取保候审的犯罪嫌疑人需要遵守《刑事诉讼法》第71条关于取保候审期间的法定义务。

被取保候审之后，案件流程依旧在推进，公安机关将移送给人民检察院，检察院发现犯罪情节轻微、证据不足、符合《刑事诉讼法》第16条规定的法定不起诉情形的，人民检察院可以作出不起诉决定；反之检察院继续将案件移送给人民法院。人民法院视情况可以判处缓刑、免于刑事处罚、无罪，或者根据案件情况判处相应的有期徒刑等刑罚。总之，取保候审属于程序事项，并不会干涉刑事案件诉讼流程的推进。

【参考依据】

《刑事诉讼法》

第十六条　有下列情形之一的，不追究刑事责任，已经追究的，应当撤销案件，

或者不起诉,或者终止审理,或者宣告无罪:

(一)情节显著轻微、危害不大,不认为是犯罪的;

(二)犯罪已过追诉时效期限的;

(三)经特赦令免除刑罚的;

(四)依照刑法告诉才处理的犯罪,没有告诉或者撤回告诉的;

(五)犯罪嫌疑人、被告人死亡的;

(六)其他法律规定免予追究刑事责任的。

第六十七条 人民法院、人民检察院和公安机关对有下列情形之一的犯罪嫌疑人、被告人,可以取保候审:

(一)可能判处管制、拘役或者独立适用附加刑的;

(二)可能判处有期徒刑以上刑罚,采取取保候审不致发生社会危险性的;

(三)患有严重疾病、生活不能自理,怀孕或者正在哺乳自己婴儿的妇女,采取取保候审不致发生社会危险性的;

(四)羁押期限届满,案件尚未办结,需要采取取保候审的。

取保候审由公安机关执行。

第七十一条 被取保候审的犯罪嫌疑人、被告人应当遵守以下规定:

(一)未经执行机关批准不得离开所居住的市、县;

(二)住址、工作单位和联系方式发生变动的,在二十四小时以内向执行机关报告;

(三)在传讯的时候及时到案;

(四)不得以任何形式干扰证人作证;

(五)不得毁灭、伪造证据或者串供。

人民法院、人民检察院和公安机关可以根据案件情况,责令被取保候审的犯罪嫌疑人、被告人遵守以下一项或者多项规定:

(一)不得进入特定的场所;

(二)不得与特定的人员会见或者通信;

(三)不得从事特定的活动;

(四)将护照等出入境证件、驾驶证件交执行机关保存。

被取保候审的犯罪嫌疑人、被告人违反前两款规定,已交纳保证金的,没收部分或者全部保证金,并且区别情形,责令犯罪嫌疑人、被告人具结悔过,重新交纳保证金、提出保证人,或者监视居住、予以逮捕。

对违反取保候审规定,需要予以逮捕的,可以对犯罪嫌疑人、被告人先行拘留。

第七十九条 人民法院、人民检察院和公安机关对犯罪嫌疑人、被告人取保候审最长不得超过十二个月,监视居住最长不得超过六个月。

在取保候审、监视居住期间,不得中断对案件的侦查、起诉和审理。对于发现不应当追究刑事责任或者取保候审、监视居住期限届满的,应当及时解除取保候审、监视居住。解除取保候审、监视居住,应当及时通知被取保候审、监视居住人和有关单位。

《公安机关办理刑事案件程序规定》

第一百八十六条 经过侦查,发现具有下列情形之一的,应当撤销案件:

(一)没有犯罪事实的;

(二)情节显著轻微、危害不大,不认为是犯罪的;

(三)犯罪已过追诉时效期限的;

(四)经特赦令免除刑罚的;

(五)犯罪嫌疑人死亡的;

(六)其他依法不追究刑事责任的。

对于经过侦查,发现有犯罪事实需要追究刑事责任,但不是被立案侦查的犯罪嫌疑人实施的,或者共同犯罪案件中部分犯罪嫌疑人不够刑事处罚的,应当对有关犯罪嫌疑人终止侦查,并对该案件继续侦查。

20 办理刑事案件一般需要多长时间?

【律师解答】

在实践中,刑事案件一般需要经历逮捕前阶段、逮捕后侦查阶段、审查起诉阶段和审判阶段。根据相关法律法规简要总结如表2至表6所示。

表2　拘留后逮捕前期限相关规定

办案机关	办案阶段	适用范围		期限
公安机关	拘留后提请逮捕	一般犯罪嫌疑人	一般情况	3 日
			特殊情况	延长 1 ~4 日
		流窜作案、多次作案、结伙作案	延长至 30 日	
检察机关	批准逮捕	已经拘留的		7 日
		未被拘留的	一般情况	15 日
			特殊情况	20 日

表3　逮捕后侦查羁押期限相关规定

办案机关	办案阶段	适用范围	期限	
公安机关	侦查	被逮捕的犯罪嫌疑人	一般情况	2 个月
			案情复杂,期限届满不能终结	延长 1 个月
			交通十分不便的边远地区的重大复杂案件; 重大的犯罪集团案件; 流窜作案的重大复杂案件; 犯罪涉及面广,取证困难的重大复杂案件	延长 2 个月
			可能判处 10 年以上刑罚	延长 2 个月
			发现另有重要罪行	重新计算
			嫌疑人身份不明的	查明后再计算
			因特殊原因,在较长时间内,不宜交付审判的特别重大复杂案件,由最高检报批延期审理	—

表 4　审查起诉期限相关规定

办案机关	办案阶段	适用范围	期限
检察机关	审查起诉	速裁程序案件	10 日内,可延长至 15 日
		一般案件	1 个月
		重大、复杂案件	延长 15 日
公安机关	补充侦查	第一次补充侦查	1 个月
检察机关	第一次补充侦查后移送审查起诉	一般情况	1 个月
		延长期限	15 日
公安机关	补充侦查	第二次补充侦查	1 个月
检察机关	第二次补充侦查后移送审查起诉	一般情况	1 个月
		延长期限	15 日

表 5　一审法定审理期限相关规定

办案机关	办案阶段	适用范围		期限
一审法院	一审	速裁程序		10 日内,可延长至 15 日
		简易程序		20 日内,可延长至 1 个半月
		普通程序	一般情况	2 个月
			至迟	3 个月
			交通十分不便的边远地区的重大复杂案件; 重大的犯罪集团案件; 流窜作案的重大复杂案件; 犯罪涉及面广,取证困难的重大复杂案件	延长 3 个月
			改变管辖的,从改变后的法院收到案件之日	重新计算
检察机关	补充侦查	人民法院退回补充侦查的		1 个月
一审法院	一审	补充侦查后,移送至法院		重新计算

续表

办案机关	办案阶段	适用范围	期限
当事人以及检察机关	上诉、抗诉	不服判决	10 日
		不服裁定	5 日

表 6　二审法院审理期限相关规定

办案机关	办案阶段	适用范围	期限
上一级法院	二审	一般情况	2 个月
		可能判处死刑的案件或者附带民事诉讼的案件; 《刑事诉讼法》第 158 条规定的四类案件: 1. 交通十分不便的边远地区的重大复杂案件; 2. 重大的犯罪集团案件; 3. 流窜作案的重大复杂案件; 4. 犯罪涉及面广,取证困难的重大复杂案件	延长 2 个月
		因特殊情况还需要延长的,报请最高人民法院批准	—
		最高人民法院受理上诉、抗诉案件的审理期限,由最高人民法院决定	—

此外,《刑事诉讼法》中期间计算的特殊情况包括以下几种,不计入审理、延期审理、中止审理、重新计算,具体为:

1. 不计入审理、执行期限

(1)对被告人作精神病鉴定的期间;

(2)刑事案件因另行委托、指定辩护人,法院决定延期审理的,自案件宣布延期审理之日起至第 10 日止准备辩护的时间;

(3)公诉人发现案件需要补充侦查,提出延期审理建议后,合议庭同意延期审理的期间;

(4)刑事案件二审期间,检察院查阅案卷超过 7 日后的时间;

(5)因当事人、诉讼代理人、辩护人申请通知新的证人到庭、调取新的证据、申请重新鉴定或者勘验,法院决定延期审理 1 个月之内的期间;

(6)民事、行政案件公告、鉴定的期间;

(7)审理当事人提出的管辖权异议和处理法院之间的管辖争议的期间;

(8)民事、行政、执行案件由有关专业机构进行审计、评估、资产清理的期间;

(9)中止诉讼(审理)或执行至恢复诉讼(审理)或执行的期间;

(10)当事人达成执行和解或者提供执行担保后,执行法院决定暂缓执行的期间;

(11)上级人民法院通知暂缓执行的期间;

(12)执行中拍卖、变卖被查封、扣押财产的期间。

2. 延期审理

(1)需要通知新的证人到庭,调取新的物证,重新鉴定或者勘验的。

(2)检察人员发现提起公诉的案件需要补充侦查,提出建议的。

(3)由于申请回避而不能进行审判的。

(4)人民检察院在接到第二审人民法院决定开庭、查阅案卷通知后,可以查阅或者调阅案卷材料。查阅或者调阅案卷材料应当在接到人民法院的通知之日起1个月以内完成。在1个月以内无法完成的,可以商请人民法院延期审理。

3. 中止审理

(1)被告人患有严重疾病,无法出庭的;

(2)被告人脱逃的;

(3)自诉人患有严重疾病,无法出庭,未委托诉讼代理人出庭的;

(4)由于不能抗拒的原因。

4. 重新计算

(1)侦查期间发现犯罪嫌疑人另有重要罪行的,重新计算侦查羁押期限。

(2)人民检察院审查起诉的案件,改变管辖的,从改变后的人民检察院收到案件之日起计算审查起诉期限。

(3)对于补充侦查的案件,应当在1个月以内补充侦查完毕。补充侦查以二次为限。补充侦查完毕移送人民检察院后,人民检察院重新计算审查起诉期限。

(4)人民法院改变管辖的案件,从改变后的人民法院收到案件之日起计算审理期限。

(5)人民检察院补充侦查的案件,补充侦查完毕移送人民法院后,人民法院重新计算审理期限。

(6)第二审人民法院发回原审人民法院重新审判的案件,原审人民法院从收到发回的案件之日起,重新计算审理期限。

(7)被判处死刑缓期2年执行的罪犯,在死刑缓期执行期间,如果没有故意犯罪，死刑缓期执行期满，应当予以减刑的，由执行机关提出书面意见，报请高级人民法院裁定；如果故意犯罪，情节恶劣，查证属实，应当执行死刑的，由高级人民法院报请最高人民法院核准；对于故意犯罪未执行死刑的，死刑缓期执行的期间重新计算，并报最高人民法院备案。

【参考依据】

《刑事诉讼法》

第九十一条 公安机关对被拘留的人，认为需要逮捕的，应当在拘留后的三日以内，提请人民检察院审查批准。在特殊情况下，提请审查批准的时间可以延长一日至四日。

对于流窜作案、多次作案、结伙作案的重大嫌疑分子，提请审查批准的时间可以延长至三十日。

人民检察院应当自接到公安机关提请批准逮捕书后的七日以内，作出批准逮捕或者不批准逮捕的决定。人民检察院不批准逮捕的，公安机关应当在接到通知后立即释放，并且将执行情况及时通知人民检察院。对于需要继续侦查，并且符合取保候审、监视居住条件的，依法取保候审或者监视居住。

第一百一十九条 对不需要逮捕、拘留的犯罪嫌疑人，可以传唤到犯罪嫌疑人所在市、县内的指定地点或者到他的住处进行讯问，但是应当出示人民检察院或者公安机关的证明文件。对在现场发现的犯罪嫌疑人，经出示工作证件，可以口头传唤，但应当在讯问笔录中注明。

传唤、拘传持续的时间不得超过十二小时；案情特别重大、复杂，需要采取拘留、逮捕措施的，传唤、拘传持续的时间不得超过二十四小时。

不得以连续传唤、拘传的形式变相拘禁犯罪嫌疑人。传唤、拘传犯罪嫌疑人，应当保证犯罪嫌疑人的饮食和必要的休息时间。

第一百五十六条 对犯罪嫌疑人逮捕后的侦查羁押期限不得超过二个月。案情复杂、期限届满不能终结的案件，可以经上一级人民检察院批准延长一个月。

第一百五十七条 因为特殊原因，在较长时间内不宜交付审判的特别重大复杂的案件，由最高人民检察院报请全国人民代表大会常务委员会批准延期审理。

第一百五十八条 下列案件在本法第一百五十六条规定的期限届满不能侦查终结的，经省、自治区、直辖市人民检察院批准或者决定，可以延长二个月：

（一）交通十分不便的边远地区的重大复杂案件；

（二）重大的犯罪集团案件；

（三）流窜作案的重大复杂案件；

（四）犯罪涉及面广，取证困难的重大复杂案件。

第一百五十九条 对犯罪嫌疑人可能判处十年有期徒刑以上刑罚，依照本法第一百五十八条规定延长期限届满，仍不能侦查终结的，经省、自治区、直辖市人民检察院批准或者决定，可以再延长二个月。

第一百六十条 在侦查期间，发现犯罪嫌疑人另有重要罪行的，自发现之日起依照本法第一百五十六条的规定重新计算侦查羁押期限。

犯罪嫌疑人不讲真实姓名、住址，身份不明的，应当对其身份进行调查，侦查羁押期限自查清其身份之日起计算，但是不得停止对其犯罪行为的侦查取证。对于犯罪事实清楚，证据确实、充分，确实无法查明其身份的，也可以按其自报的姓名起诉、审判。

第一百六十四条 人民检察院对直接受理的案件的侦查适用本章规定。

第一百六十七条 人民检察院对直接受理的案件中被拘留的人，认为需要逮捕的，应当在十四日以内作出决定。在特殊情况下，决定逮捕的时间可以延长一日至三日。对不需要逮捕的，应当立即释放；对需要继续侦查，并且符合取保候审、监视居住条件的，依法取保候审或者监视居住。

第一百七十二条第一款 人民检察院对于监察机关、公安机关移送起诉的案件，应当在一个月以内作出决定，重大、复杂的案件，可以延长十五日；犯罪嫌疑人认罪认罚，符合速裁程序适用条件的，应当在十日以内作出决定，对可能判处的有期徒刑超过一年的，可以延长至十五日。

第一百七十五条 人民检察院审查案件，可以要求公安机关提供法庭审判所必需的证据材料；认为可能存在本法第五十六条规定的以非法方法收集证据情形的，可以要求其对证据收集的合法性作出说明。

人民检察院审查案件，对于需要补充侦查的，可以退回公安机关补充侦查，也可以自行侦查。

对于补充侦查的案件，应当在一个月以内补充侦查完毕。补充侦查以二次为限。补充侦查完毕移送人民检察院后，人民检察院重新计算审查起诉期限。

……

第二百零八条 人民法院审理公诉案件,应当在受理后二个月以内宣判,至迟不得超过三个月。对于可能判处死刑的案件或者附带民事诉讼的案件,以及有本法第一百五十八条规定情形之一的,经上一级人民法院批准,可以延长三个月;因特殊情况还需要延长的,报请最高人民法院批准。

人民法院改变管辖的案件,从改变后的人民法院收到案件之日起计算审理期限。

人民检察院补充侦查的案件,补充侦查完毕移送人民法院后,人民法院重新计算审理期限。

第二百一十二条 人民法院对自诉案件,可以进行调解;自诉人在宣告判决前,可以同被告人自行和解或者撤回自诉。本法第二百一十条第三项规定的案件不适用调解。

人民法院审理自诉案件的期限,被告人被羁押的,适用本法第二百零八条第一款、第二款的规定;未被羁押的,应当在受理后六个月以内宣判。

第二百二十条 适用简易程序审理案件,人民法院应当在受理后二十日以内审结;对可能判处的有期徒刑超过三年的,可以延长至一个半月。

第二百四十三条第一款 第二审人民法院受理上诉、抗诉案件,应当在二个月以内审结。对于可能判处死刑的案件或者附带民事诉讼的案件,以及有本法第一百五十八条规定情形之一的,经省、自治区、直辖市高级人民法院批准或者决定,可以延长二个月;因特殊情况还需要延长的,报请最高人民法院批准。

第二百五十八条 人民法院按照审判监督程序重新审判的案件,应当在作出提审、再审决定之日起三个月以内审结,需要延长期限的,不得超过六个月。

接受抗诉的人民法院按照审判监督程序审判抗诉的案件,审理期限适用前款规定;对需要指令下级人民法院再审的,应当自接受抗诉之日起一个月以内作出决定,下级人民法院审理案件的期限适用前款规定。

第二百九十八条 对于贪污贿赂犯罪、恐怖活动犯罪等重大犯罪案件,犯罪嫌疑人、被告人逃匿,在通缉一年后不能到案,或者犯罪嫌疑人、被告人死亡,依照刑法规定应当追缴其违法所得及其他涉案财产的,人民检察院可以向人民法院提出没收违法所得的申请。

公安机关认为有前款规定情形的,应当写出没收违法所得意见书,移送人民检察院。

没收违法所得的申请应当提供与犯罪事实、违法所得相关的证据材料，并列明财产的种类、数量、所在地及查封、扣押、冻结的情况。

人民法院在必要的时候，可以查封、扣押、冻结申请没收的财产。

第二百九十九条 没收违法所得的申请，由犯罪地或者犯罪嫌疑人、被告人居住地的中级人民法院组成合议庭进行审理。

人民法院受理没收违法所得的申请后，应当发出公告。公告期间为六个月。犯罪嫌疑人、被告人的近亲属和其他利害关系人有权申请参加诉讼，也可以委托诉讼代理人参加诉讼。

……

《人民检察院刑事诉讼规则》

第二百二十二条 对犯罪嫌疑人作精神病鉴定的期间不计入羁押期限和办案期限。

第二百八十二条 对公安机关提请批准逮捕的犯罪嫌疑人，已经被拘留的，人民检察院应当在收到提请批准逮捕书后七日以内作出是否批准逮捕的决定；未被拘留的，应当在收到提请批准逮捕书后十五日以内作出是否批准逮捕的决定，重大、复杂案件，不得超过二十日。

第四百四十七条 对抗诉和上诉案件，第二审人民法院的同级人民检察院可以调取下级人民检察院与案件有关的材料。

人民检察院在接到第二审人民法院决定开庭、查阅案卷通知后，可以查阅或者调阅案卷材料。查阅或者调阅案卷材料应当在接到人民法院的通知之日起一个月以内完成。在一个月以内无法完成的，可以商请人民法院延期审理。

第五百二十四条 人民检察院发现公安机关应当启动违法所得没收程序而不启动的，可以要求公安机关在七日以内书面说明不启动的理由。

经审查，认为公安机关不启动理由不能成立的，应当通知公安机关启动程序。

《最高人民法院关于适用〈中华人民共和国刑事诉讼法〉的解释》

第六百二十七条 审理申请没收违法所得案件的期限，参照公诉案件第一审普通程序和第二审程序的审理期限执行。

公告期间和请求刑事司法协助的时间不计入审理期限。

21 刑事案件中所说的“黄金37天”指什么?

【律师解答】

对被拘留的人,公安机关认为需要逮捕的一般应当在拘留后的3日以内,提请人民检察院审查批准,具有流窜作案、多次作案、结伙作案的重大嫌疑分子,提请审查批准的时间最长可以延长至30日。人民检察院应当自接到公安机关提请批准逮捕书后的7日以内,作出批准逮捕或者不批准逮捕的决定。人民检察院不批准逮捕的,公安机关应当在接到通知后立即释放,并且将执行情况及时通知人民检察院。对于需要继续侦查,并且符合取保候审、监视居住条件的,依法取保候审或者监视居住。

一般情况下,公安机关为了更好地侦查案件,多数情况下会延长刑事拘留期限不超过30天,加上检察院审查批捕最长7天,“37天”就是从这里总结出来的。

检察院审查批捕,要对是否构成犯罪、是否需判处有期徒刑、证据是否充足、是否妨害作证等具有社会危险性等逮捕条件进行审查,律师可以在此期间提交法律意见,与检察官进行沟通。因此,对于证据不足、事实不清或者犯罪情节显著轻微、社会危害性不大的案件来说,逮捕前37天内辩护律师的工作至关重要,我们称为重要的“黄金37天”。在该阶段,律师可以开展:(1)向侦查机关了解涉嫌罪名和案件有关情况;(2)会见并为其提供法律帮助;(3)代理申诉、控告;(4)向侦查机关或检察机关提出意见等工作。因此,针对这类型案件,辩护律师在逮捕前37天介入,并就侦查机关的提请逮捕或者检察机关的审查逮捕提供相应的法律意见,以争取到取保候审或者监视居住这样相对自由的强制措施,能够最大限度维护犯罪嫌疑人的合法权益。

【参考依据】

《刑事诉讼法》

第三十八条 辩护律师在侦查期间可以为犯罪嫌疑人提供法律帮助;代理申诉、控告;申请变更强制措施;向侦查机关了解犯罪嫌疑人涉嫌的罪名和案件有关情况,提出意见。

第三十九条 辩护律师可以同在押的犯罪嫌疑人、被告人会见和通信。其他辩护人经人民法院、人民检察院许可,也可以同在押的犯罪嫌疑人、被告人会见和通信。

辩护律师持律师执业证书、律师事务所证明和委托书或者法律援助公函要求会见在押的犯罪嫌疑人、被告人的,看守所应当及时安排会见,至迟不得超过四十八小时。

危害国家安全犯罪、恐怖活动犯罪案件,在侦查期间辩护律师会见在押的犯罪嫌疑人,应当经侦查机关许可。上述案件,侦查机关应当事先通知看守所。

辩护律师会见在押的犯罪嫌疑人、被告人,可以了解案件有关情况,提供法律咨询等;自案件移送审查起诉之日起,可以向犯罪嫌疑人、被告人核实有关证据。辩护律师会见犯罪嫌疑人、被告人时不被监听。

辩护律师同被监视居住的犯罪嫌疑人、被告人会见、通信,适用第一款、第三款、第四款的规定。

第八十一条　对有证据证明有犯罪事实,可能判处徒刑以上刑罚的犯罪嫌疑人、被告人,采取取保候审尚不足以防止发生下列社会危险性的,应当予以逮捕:

(一)可能实施新的犯罪的;

(二)有危害国家安全、公共安全或者社会秩序的现实危险的;

(三)可能毁灭、伪造证据,干扰证人作证或者串供的;

(四)可能对被害人、举报人、控告人实施打击报复的;

(五)企图自杀或者逃跑的。

批准或者决定逮捕,应当将犯罪嫌疑人、被告人涉嫌犯罪的性质、情节,认罪认罚等情况,作为是否可能发生社会危险性的考虑因素。

对有证据证明有犯罪事实,可能判处十年有期徒刑以上刑罚的,或者有证据证明有犯罪事实,可能判处徒刑以上刑罚,曾经故意犯罪或者身份不明的,应当予以逮捕。

被取保候审、监视居住的犯罪嫌疑人、被告人违反取保候审、监视居住规定,情节严重的,可以予以逮捕。

第八十八条　人民检察院审查批准逮捕,可以讯问犯罪嫌疑人;有下列情形之一的,应当讯问犯罪嫌疑人:

(一)对是否符合逮捕条件有疑问的;

(二)犯罪嫌疑人要求向检察人员当面陈述的;

(三)侦查活动可能有重大违法行为的。

人民检察院审查批准逮捕，可以询问证人等诉讼参与人，听取辩护律师的意见；辩护律师提出要求的，应当听取辩护律师的意见。

第九十一条 公安机关对被拘留的人，认为需要逮捕的，应当在拘留后的三日以内，提请人民检察院审查批准。在特殊情况下，提请审查批准的时间可以延长一日至四日。

对于流窜作案、多次作案、结伙作案的重大嫌疑分子，提请审查批准的时间可以延长至三十日。

人民检察院应当自接到公安机关提请批准逮捕书后的七日以内，作出批准逮捕或者不批准逮捕的决定。人民检察院不批准逮捕的，公安机关应当在接到通知后立即释放，并且将执行情况及时通知人民检察院。对于需要继续侦查，并且符合取保候审、监视居住条件的，依法取保候审或者监视居住。

22 刑事案件一审开庭后多久宣判？

【律师解答】

人民法院审理公诉案件，应当在受理后2个月以内宣判，至迟不得超过3个月。对于可能判处死刑的案件或者附带民事诉讼的案件，以及有《刑事诉讼法》第156条规定情形之一的，经上一级人民法院批准，可以延长3个月；因特殊情况还需要延长的，应报请最高人民法院批准。原则上，公诉案件一审审限最长为6个月。

实践中，存在开庭后当庭宣判的情况，但较为少见。对于择期宣判的案件，宣判时间可能会考虑到审限、工作量、节假日等诸多不确定因素，因此没有确定的期限，只能根据案件审限来大致确定时间范围。但若遇案件中止以及其他不可控因素，时间则无法确定。

【参考依据】

《刑事诉讼法》

第一百五十八条 下列案件在本法第一百五十六条规定的期限届满不能侦查终结的，经省、自治区、直辖市人民检察院批准或者决定，可以延长二个月：

（一）交通十分不便的边远地区的重大复杂案件；

（二）重大的犯罪集团案件；

（三）流窜作案的重大复杂案件；

（四）犯罪涉及面广，取证困难的重大复杂案件。

第二百零四条 在法庭审判过程中，遇有下列情形之一，影响审判进行的，可以延期审理：

需要通知新的证人到庭，调取新的物证，重新鉴定或者勘验的；

检察人员发现提起公诉的案件需要补充侦查，提出建议的。

（三）由于申请回避而不能进行审判的。

第二百零五条 依照本法第二百零四条第二项的规定延期审理的案件，人民检察院应当在一个月以内补充侦查完毕。

第二百零八条 人民法院审理公诉案件，应当在受理后二个月以内宣判，至迟不得超过三个月。对于可能判处死刑的案件或者附带民事诉讼的案件，以及有本法第一百五十八条规定情形之一的，经上一级人民法院批准，可以延长三个月；因特殊情况还需要延长的，报请最高人民法院批准。

人民法院改变管辖的案件，从改变后的人民法院收到案件之日起计算审理期限。

人民检察院补充侦查的案件，补充侦查完毕移送人民法院后，人民法院重新计算审理期限。

23 如何认定自首和立功？

【律师解答】

自首，是指犯罪后自动投案，向公安、司法机关或其他有关机关如实供述自己的罪行的行为。关于自首的认定，必须同时具备两项基本要件：一是行为人必须自动投案。自动投案一般指在嫌疑人被采取强制措施前主动投案，一般表现形式为主动到公安机关、家人陪同、电话通知到案等。二是行为人必须如实地供述自己的罪行，包括自身所犯罪行以及同案犯所犯罪行。另外，被采取强制措施的犯罪嫌疑人、被告人和正在服刑的罪犯，如实供述司法机关还未掌握的本人其他罪行的，也构成自首。

立功，是指犯罪分子揭发他人的犯罪行为，查证属实的，或者提供重要线索，从而得以侦破其他案件的行为。根据《最高人民法院关于处理自首和立功具体应用法律若干问题的解释》第 5 条和第 7 条，犯罪分子到案后有检举、揭发他人犯罪行为，包括共同犯罪案件中的犯罪分子揭发同案犯共同犯罪以外的其他犯罪，经查证属实；提供侦破其他案件的重要线索，经查证属实；阻止他人犯罪活动；协助司法机关抓捕其他犯罪嫌疑人（包括同案犯）；具有其他有利于国家和社会的突出表现的，应当认定为有立功表现。犯罪分子有检举、揭发他人重大犯罪行为，经查证属实；提供侦破其他重大案件的重要线索，经查证属实；阻止他人重大犯罪活动；协助司法机关抓捕其他重大犯罪嫌疑人（包括同案犯）；对国家和社会有其他重大贡献等表现的，应当认定为有重大立功表现。

【参考依据】

《刑法》

第六十七条 犯罪以后自动投案，如实供述自己的罪行的，是自首。对于自首的犯罪分子，可以从轻或者减轻处罚。其中，犯罪较轻的，可以免除处罚。

被采取强制措施的犯罪嫌疑人、被告人和正在服刑的罪犯，如实供述司法机关还未掌握的本人其他罪行的，以自首论。

犯罪嫌疑人虽不具有前两款规定的自首情节，但是如实供述自己罪行的，可以从轻处罚；因其如实供述自己罪行，避免特别严重后果发生的，可以减轻处罚。

第六十八条 犯罪分子有揭发他人犯罪行为，查证属实的，或者提供重要线索，从而得以侦破其他案件等立功表现的，可以从轻或者减轻处罚；有重大立功表现的，可以减轻或者免除处罚。

《最高人民法院关于处理自首和立功具体应用法律若干问题的解释》

第五条 根据刑法第六十八条第一款的规定，犯罪分子到案后有检举、揭发他人犯罪行为，包括共同犯罪案件中的犯罪分子揭发同案犯共同犯罪以外的其他犯罪，经查证属实；提供侦破其他案件的重要线索，经查证属实；阻止他人犯罪活动；协助司法机关抓捕其他犯罪嫌疑人（包括同案犯）；具有其他有利于国家和社会的突出表现的，应当认定为有立功表现。

第七条 根据刑法第六十八条第一款的规定，犯罪分子有检举、揭发他人重大犯罪行为，经查证属实；提供侦破其他重大案件的重要线索，经查证属实；阻止他人重大犯罪活动；协助司法机关抓捕其他重大犯罪嫌疑人（包括同案犯）；对国家和社会有其他重大贡献等表现的，应当认定为有重大立功表现。

前款所称“重大犯罪”、“重大案件”、“重大犯罪嫌疑人”的标准，一般是指犯罪嫌疑人、被告人可能被判处无期徒刑以上刑罚或者案件在本省、自治区、直辖市或者全国范围内有较大影响等情形。

《最高人民法院印发〈关于处理自首和立功若干具体问题的意见〉的通知》

一、关于“自动投案”的具体认定

《解释》第一条第（一）项规定七种应当视为自动投案的情形，体现了犯罪嫌疑人投案的主动性和自愿性。根据《解释》第一条第（一）项的规定，犯罪嫌疑人具有以下情形之一的，也应当视为自动投案：1. 犯罪后主动报案，虽未表明自己是作案人，但没有逃离现场，在司法机关询问时交代自己罪行的；2. 明知他人报案而在现场等待，抓捕时无拒捕行为，供认犯罪事实的；3. 在司法机关未确定犯罪嫌疑人，尚在一般性排查询问时主动交代自己罪行的；4. 因特定违法行为被采取劳动教养、行政拘留、司法拘留、强制隔离戒毒等行政、司法强制措施期间，主动向执行机关交代尚未被掌握的犯罪行为的；5. 其他符合立法本意，应当视为自动投案的情形。

罪行未被有关部门、司法机关发觉，仅因形迹可疑被盘问、教育后，主动交代了犯罪事实的，应当视为自动投案，但有关部门、司法机关在其身上、随身携带的物品、驾乘的交通工具等处发现与犯罪有关的物品的，不能认定为自动投案。

交通肇事后保护现场、抢救伤者，并向公安机关报告的，应认定为自动投案，构成自首的，因上述行为同时系犯罪嫌疑人的法定义务，对其是否从宽、从宽幅度要适当从严掌握。交通肇事逃逸后自动投案，如实供述自己罪行的，应认定为自首，但应依法以较重法定刑为基准，视情决定对其是否从宽处罚以及从宽处罚的幅度。

犯罪嫌疑人被亲友采用捆绑等手段送到司法机关，或者在亲友带领侦查人员前来抓捕时无拒捕行为，并如实供认犯罪事实的，虽然不能认定为自动投案，但可以参照法律对自首的有关规定酌情从轻处罚。

二、关于“如实供述自己的罪行”的具体认定

《解释》第一条第（二）项规定如实供述自己的罪行，除供述自己的主要犯罪事实外，还应包括姓名、年龄、职业、住址、前科等情况。犯罪嫌疑人供述的身份等情况与真实情况虽有差别，但不影响定罪量刑的，应认定为如实供述自己的罪行。犯罪嫌疑人自动投案后隐瞒自己的真实身份等情况，影响对其定罪量刑的，不能认定为如实供述自己的罪行。

犯罪嫌疑人多次实施同种罪行的，应当综合考虑已交代的犯罪事实与未交代的犯罪事实的危害程度，决定是否认定为如实供述主要犯罪事实。虽然投案后没有交代全部犯罪事实，但如实交代的犯罪情节重于未交代的犯罪情节，或者如实交代的犯罪数额多于未交代的犯罪数额，一般应认定为如实供述自己的主要犯罪事实。无法区分已交代的与未交代的犯罪情节的严重程度，或者已交代的犯罪数额与未交代的犯罪数额相当，一般不认定为如实供述自己的主要犯罪事实。

犯罪嫌疑人自动投案时虽然没有交代自己的主要犯罪事实，但在司法机关掌握其主要犯罪事实之前主动交代的，应认定为如实供述自己的罪行。

三、关于"司法机关还未掌握的本人其他罪行"和"不同种罪行"的具体认定

犯罪嫌疑人、被告人在被采取强制措施期间，向司法机关主动如实供述本人的其他罪行，该罪行能否认定为司法机关已掌握，应根据不同情形区别对待。如果该罪行已被通缉，一般应以该司法机关是否在通缉令发布范围内作出判断，不在通缉令发布范围内的，应认定为还未掌握，在通缉令发布范围内的，应视为已掌握；如果该罪行已录入全国公安信息网络在逃人员信息数据库，应视为已掌握。如果该罪行未被通缉、也未录入全国公安信息网络在逃人员信息数据库，应以该司法机关是否已实际掌握该罪行为标准。

犯罪嫌疑人、被告人在被采取强制措施期间如实供述本人其他罪行，该罪行与司法机关已掌握的罪行属同种罪行还是不同种罪行，一般应以罪名区分。虽然如实供述的其他罪行的罪名与司法机关已掌握犯罪的罪名不同，但如实供述的其他犯罪与司法机关已掌握的犯罪属选择性罪名或者在法律、事实上密切关联，如因受贿被采取强制措施后，又交代因受贿为他人谋取利益行为，构成滥用职权罪的，应认定为同种罪行。

四、关于立功线索来源的具体认定

犯罪分子通过贿买、暴力、胁迫等非法手段，或者被羁押后与律师、亲友会见过程中违反监管规定，获取他人犯罪线索并"检举揭发"的，不能认定为有立功表现。

犯罪分子将本人以往查办犯罪职务活动中掌握的，或者从负有查办犯罪、监管职责的国家工作人员处获取的他人犯罪线索予以检举揭发的，不能认定为有立功表现。

犯罪分子亲友为使犯罪分子"立功"，向司法机关提供他人犯罪线索、协助抓捕犯罪嫌疑人的，不能认定为犯罪分子有立功表现。

五、关于“协助抓捕其他犯罪嫌疑人”的具体认定

犯罪分子具有下列行为之一，使司法机关抓获其他犯罪嫌疑人的，属于《解释》第五条规定的“协助司法机关抓捕其他犯罪嫌疑人”：1. 按照司法机关的安排，以打电话、发信息等方式将其他犯罪嫌疑人（包括同案犯）约至指定地点的；2. 按照司法机关的安排，当场指认、辨认其他犯罪嫌疑人（包括同案犯）的；3. 带领侦查人员抓获其他犯罪嫌疑人（包括同案犯）的；4. 提供司法机关尚未掌握的其他案件犯罪嫌疑人的联络方式、藏匿地址的，等等。

犯罪分子提供同案犯姓名、住址、体貌特征等基本情况，或者提供犯罪前、犯罪中掌握、使用的同案犯联络方式、藏匿地址，司法机关据此抓捕同案犯的，不能认定为协助司法机关抓捕同案犯。

24 刑事案件能否和解？

【律师解答】

可以和解。刑事和解，是指通过调停人使受害人和加害人直接交谈、协商达成经济赔偿和解协议后，司法机关根据具体情况作了有利于加害人的刑事责任处置的诉讼活动，以刑罚、损害赔偿、社会关系的修复为核心内容。

刑事和解应该具备以下三个条件：（1）犯罪嫌疑人（加害人）须认罪，即需要作有罪答辩。这是刑事和解程序的首要条件，也是双方疏通情感阻滞的渠道，如果犯罪嫌疑人不认罪，则无法进行和解。（2）和解出于双方自愿。一般而言，被害人自愿必不可少，但绝大多数情况下也要求加害人的自愿。（3）刑事和解适用的案件条件。因民间纠纷引起，涉嫌《刑法》分则第四章、第五章规定的犯罪案件，可能判处 3 年有期徒刑以下刑罚的；除渎职犯罪以外的可能判处 7 年有期徒刑以下刑罚的过失犯罪案件。犯罪嫌疑人、被告人在 5 年以内曾经故意犯罪的，不适用刑事和解。达成刑事和解协议之后，公安机关可以向人民检察院提出从宽处理的建议。人民检察院可以向人民法院提出从宽处罚的建议；对于犯罪情节轻微，不需要判处刑罚的，可以作出不起诉的决定。人民法院可以依法对被告人从宽处罚。

【参考依据】

《刑事诉讼法》

第二百八十八条 下列公诉案件，犯罪嫌疑人、被告人真诚悔罪，通过向被害人赔偿损失、赔礼道歉等方式获得被害人谅解，被害人自愿和解的，双方当事人可以和解：

（一）因民间纠纷引起，涉嫌刑法分则第四章、第五章规定的犯罪案件，可能判处三年有期徒刑以下刑罚的；

（二）除渎职犯罪以外的可能判处七年有期徒刑以下刑罚的过失犯罪案件。

犯罪嫌疑人、被告人在五年以内曾经故意犯罪的，不适用本章规定的程序。

第二百八十九条 双方当事人和解的，公安机关、人民检察院、人民法院应当听取当事人和其他有关人员的意见，对和解的自愿性、合法性进行审查，并主持制作和解协议书。

第二百九十条 对于达成和解协议的案件，公安机关可以向人民检察院提出从宽处理的建议。人民检察院可以向人民法院提出从宽处罚的建议；对于犯罪情节轻微，不需要判处刑罚的，可以作出不起诉的决定。人民法院可以依法对被告人从宽处罚。

《最高人民法院关于适用〈中华人民共和国刑事诉讼法〉的解释》

第五百九十六条 对达成和解协议的案件，人民法院应当对被告人从轻处罚；符合非监禁刑适用条件的，应当适用非监禁刑；判处法定最低刑仍然过重的，可以减轻处罚；综合全案认为犯罪情节轻微不需要判处刑罚的，可以免予刑事处罚。

共同犯罪案件，部分被告人与被害人达成和解协议的，可以依法对该部分被告人从宽处罚，但应当注意全案的量刑平衡。

25 取得被害人的谅解有何重要性？

【律师解答】

对于被告人来说，涉嫌犯罪之后，如果犯罪嫌疑人、被告人能够积极认罪、赔礼道歉和赔偿损失，不仅能够证明其人身危险性得到降低，还能够通过取得被害人的谅解达到刑罚定纷止争的目的，因此取得被害人的谅解对于从轻、减轻甚至是免除处罚的认定都具有重大意义。

对于犯罪嫌疑人来说，被告人认罪悔罪、赔偿损失、赔礼道歉往往是取得被害人谅解的前提条件，赔偿损失有助于补偿、挽回被害人的物质损失；认罪悔罪、赔礼道歉有助于抚慰被害人遭受的精神创伤。

针对司法实务中的酌定从轻的案件，犯罪嫌疑人、被告人如果没有取得被害人的谅解，甚至会影响其他有利于被告人情节的认定。例如，自首、立功、退赔等可以减轻刑罚的情节，在可认定、可不认定的情况下，如果原被告之间矛盾比较突出，压力较大，不排除不认定的可能性，最终对量刑产生不利影响。因此，在司法实务中取得被害人谅解的意义非常重大。

【参考依据】

《最高人民法院、最高人民检察院关于常见犯罪的量刑指导意见(试行)》

三、常见量刑情节的适用

(十一)对于积极赔偿被害人经济损失并取得谅解的，综合考虑犯罪性质、赔偿数额、赔偿能力以及认罪悔罪表现等情况，可以减少基准刑的40%以下；积极赔偿但没有取得谅解的，可以减少基准刑的30%以下；尽管没有赔偿，但取得谅解的，可以减少基准刑的20%以下。对抢劫、强奸等严重危害社会治安犯罪的，应当从严掌握。

26 刑事和解与被害人谅解的区别是什么?

【律师解答】

刑事和解，是指在公诉案件中犯罪嫌疑人与被害人自愿和解，司法机关对犯罪嫌疑人、被告人不予追究刑事责任、免除处罚或者从轻处罚的一种制度。被害人谅解，一般指犯罪嫌疑人、被告人与被害人就犯罪行为造成的危害、损失及赔偿与被告人进行沟通与磋商，进而达成协议并取得被害人谅解，由于双方当事人认可谅解书的内容，司法机关亦会尊重当事人的选择，故而在量刑时给予一定程度的从轻。

二者存在以下区别：

1. 案件适用范围不同

《刑事诉讼法》第288条规定可以和解的案件范围包括：(1)因民间纠纷引起，

涉嫌《刑法》分则第四章、第五章规定的犯罪案件,可能判处 3 年有期徒刑以下刑罚的;(2)除渎职犯罪以外的可能判处 7 年有期徒刑以下刑罚的过失犯罪案件。犯罪嫌疑人、被告人在 5 年以内曾经故意犯罪的,不适用本章规定的程序。而被害人谅解不受上述刑事案件范围限制。

2. 性质上的区别

刑事和解协议是在司法机关的主持下,双方自愿达成的,具有准司法效力,一般已达成并且实际履行的刑事和解协议,被害人不能反悔。被害人谅解书属于双方当事人私下达成的协议,性质上属于具有谅解性质的民事赔偿协议,自愿性、合法性往往存疑,即使犯罪嫌疑人或被告人已履行谅解书约定的赔偿内容,被害人仍然可以反悔。

3. 刑事和解和被害人谅解对被告人量刑影响不同

根据《最高人民法院、最高人民检察院关于常见犯罪的量刑指导意见(试行)》的规定,对于达成刑事和解协议的,综合考虑犯罪性质、赔偿数额、赔礼道歉以及真诚悔罪等情况,可以减少基准刑的 50% 以下;犯罪较轻的,可以减少基准刑的 50% 以上或者依法免除处罚。

根据《最高人民法院、最高人民检察院关于常见犯罪的量刑指导意见(试行)》的规定:对于积极赔偿被害人经济损失并取得谅解的,综合考虑犯罪性质、赔偿数额、赔偿能力以及认罪、悔罪程度等情况,可以减少基准刑的 40% 以下;积极赔偿但没有取得谅解的,可以减少基准刑的 30% 以下;尽管没有赔偿,但取得谅解的,可以减少基准刑的 20% 以下;其中抢劫、强奸等严重危害社会治安犯罪的,应从严掌握。

【参考依据】

《刑事诉讼法》

第二百八十八条 下列公诉案件,犯罪嫌疑人、被告人真诚悔罪,通过向被害人赔偿损失、赔礼道歉等方式获得被害人谅解,被害人自愿和解的,双方当事人可以和解:

(一)因民间纠纷引起,涉嫌刑法分则第四章、第五章规定的犯罪案件,可能判处三年有期徒刑以下刑罚的;

(二)除渎职犯罪以外的可能判处七年有期徒刑以下刑罚的过失犯罪案件。

犯罪嫌疑人、被告人在五年以内曾经故意犯罪的,不适用本章规定的程序。

《最高人民法院关于适用〈中华人民共和国刑事诉讼法〉的解释》

第五百九十条 对公安机关、人民检察院主持制作的和解协议书,当事人提出异议的,人民法院应当审查。经审查,和解自愿、合法的,予以确认,无需重新制作和解协议书;和解违反自愿、合法原则的,应当认定无效。和解协议被认定无效后,双方当事人重新达成和解的,人民法院应当主持制作新的和解协议书。

第五百九十三条 和解协议约定的赔偿损失内容,被告人应当在协议签署后即时履行。

和解协议已经全部履行,当事人反悔的,人民法院不予支持,但有证据证明和解违反自愿、合法原则的除外。

第五百九十四条 双方当事人在侦查、审查起诉期间已经达成和解协议并全部履行,被害人或者其法定代理人、近亲属又提起附带民事诉讼的,人民法院不予受理,但有证据证明和解违反自愿、合法原则的除外。

第五百九十六条 对达成和解协议的案件,人民法院应当对被告人从轻处罚;符合非监禁刑适用条件的,应当适用非监禁刑;判处法定最低刑仍然过重的,可以减轻处罚;综合全案认为犯罪情节轻微不需要判处刑罚的,可以免予刑事处罚。

共同犯罪案件,部分被告人与被害人达成和解协议的,可以依法对该部分被告人从宽处罚,但应当注意全案的量刑平衡。

《最高人民法院、最高人民检察院关于常见犯罪的量刑指导意见(试行)》

三、常见量刑情节的适用

(十一)对于积极赔偿被害人经济损失并取得谅解的,综合考虑犯罪性质、赔偿数额、赔偿能力以及认罪悔罪表现等情况,可以减少基准刑的40%以下;积极赔偿但没有取得谅解的,可以减少基准刑的30%以下;尽管没有赔偿,但取得谅解的,可以减少基准刑的20%以下。对抢劫、强奸等严重危害社会治安犯罪的,应当从严掌握。

(十二)对于当事人根据刑事诉讼法第二百八十八条达成刑事和解协议的,综合考虑犯罪性质、赔偿数额、赔礼道歉以及真诚悔罪等情况,可以减少基准刑的50%以下;犯罪较轻的,可以减少基准刑的50%以上或者依法免除处罚。

27 检察院不予起诉后是否可以开具无犯罪记录证明？

【律师解答】

无犯罪记录证明，是由公安机关开具的用于证明居民“无犯罪事实”的证明，对于入学、就业、出国、信用等都会有很大影响。

2021 年 12 月 31 日公安部颁布的《公安机关办理犯罪记录查询工作规定》中明确规定，“除人民法院生效裁判文书确认有罪外，其他情况均应当视为无罪。有关人员涉嫌犯罪，但人民法院尚未作出生效判决、裁定，或者人民检察院作出不起诉决定，或者办案单位撤销案件、撤回起诉、对其终止侦查的，属于无犯罪记录人员”。由此可知，被不予起诉的当事人可以向公安机关申请开具无犯罪记录证明。

【参考依据】

《刑事诉讼法》

第十二条 未经人民法院依法判决，对任何人都不得确定有罪。

《公安机关办理犯罪记录查询工作规定》

第二条 本规定所称的犯罪记录，是指我国国家专门机关对犯罪人员的客观记载。除人民法院生效裁判文书确认有罪外，其他情况均应当视为无罪。

有关人员涉嫌犯罪，但人民法院尚未作出生效判决、裁定，或者人民检察院作出不起诉决定，或者办案单位撤销案件、撤回起诉、对其终止侦查的，属于无犯罪记录人员。

28 案件不起诉后，涉案财物如何处理？

【律师解答】

人民检察院决定不起诉的案件，应当同时对侦查中查封、扣押、冻结的财物解除查封、扣押、冻结。对被不起诉人需要给予行政处罚、处分或者需要没收其违法所得的，人民检察院应当提出检察意见，移送有关主管机关处理。有关主管机关应当将处理结果及时通知人民检察院。

【参考依据】

《刑事诉讼法》

第一百七十七条第三款 人民检察院决定不起诉的案件,应当同时对侦查中查封、扣押、冻结的财物解除查封、扣押、冻结。对被不起诉人需要给予行政处罚、处分或者需要没收其违法所得的,人民检察院应当提出检察意见,移送有关主管机关处理。有关主管机关应当将处理结果及时通知人民检察院。

29 适用缓刑有什么条件?

【律师解答】

缓刑,是指对被判处一定刑罚的罪犯,在一定期限内不执行所判刑罚的制度。如果在该期限内该罪犯遵守相关规定、符合一定条件,所判刑罚就不再执行。

对于被判处拘役、3 年以下有期徒刑的犯罪分子,同时符合下列条件的,可以宣告缓刑,对其中不满 18 周岁的人、怀孕的妇女和已满 75 周岁的人,应当宣告缓刑:(1)犯罪情节较轻;(2)有悔罪表现;(3)没有再犯罪的危险;(4)宣告缓刑对所居住社区没有重大不良影响。

【参考依据】

《刑法》

第七十二条 对于被判处拘役、三年以下有期徒刑的犯罪分子,同时符合下列条件的,可以宣告缓刑,对其中不满十八周岁的人、怀孕的妇女和已满七十五周岁的人,应当宣告缓刑:

(一)犯罪情节较轻;

(二)有悔罪表现;

(三)没有再犯罪的危险;

(四)宣告缓刑对所居住社区没有重大不良影响。

宣告缓刑,可以根据犯罪情况,同时禁止犯罪分子在缓刑考验期限内从事特定活动,进入特定区域、场所,接触特定的人。

被宣告缓刑的犯罪分子,如果被判处附加刑,附加刑仍须执行。

30 没收财产的范围是什么？

【律师解答】

没收财产，是指没收犯罪分子个人所享有财产的一部分或者全部。所谓犯罪分子个人所有财产，是指属于犯罪分子本人实际所有的财产及与他人共有财产中依法应得的份额。没收全部财产的，应当对犯罪分子个人及其扶养的家属保留必需的生活费用，以维持犯罪分子个人和其扶养的家属的生活。

在判处没收财产时，不得没收属于犯罪分子家属所有或者应有的财产。家属所有财产，是指纯属家属个人所有的财产，如家属自己穿用的衣物、个人劳动所得财产；家属应有财产，是指家庭共同所有的财产中应当属于家属的那一份财产。对于犯罪分子与他人共有的财产，属于他人所有的部分，也不得没收。

【参考依据】

《刑法》

第五十九条 没收财产是没收犯罪分子个人所有财产的一部或者全部。没收全部财产的，应当对犯罪分子个人及其扶养的家属保留必需的生活费用。

在判处没收财产的时候，不得没收属于犯罪分子家属所有或者应有的财产。

31 刑事案件中，被单处罚金是否会留案底？

【律师解答】

罚金是刑法规定的附加刑的一种，可以单独适用。单处罚金作为刑罚的种类之一，说明被告人已构成犯罪，会留下犯罪记录，因此被单处罚金也会留有案底。

【参考依据】

《最高人民法院关于适用财产刑若干问题的规定》

第二条第一款 人民法院应当根据犯罪情节，如违法所得数额、造成损失的大小等，并综合考虑犯罪分了缴纳罚金的能力，依法判处罚金。刑法没有明确规定罚金数额标准的，罚金的最低数额不能少于一千元。

32 刑事判决的罚金不缴纳有何后果?

【律师解答】

罚金,是指人民法院判处犯罪分子向国家缴纳一定数额金钱的刑罚方法,必须依法缴纳。

司法实践中,刑事判决的罚金不缴纳会产生以下不利后果:

(1)会影响假释和减刑。

(2)被强制缴纳,如冻结名下不动产、动产、银行卡等财产。

(3)被持续追缴,经强制缴纳仍不能全部缴纳的,在任何时候(包括主刑执行完毕后),发现被执行人有可执行的财产的,人民法院应当追缴。

(4)信用惩戒,被纳入失信被执行人名单,限制高消费,无法坐飞机、高铁。

【参考依据】

《刑事诉讼法》

第五十三条 罚金在判决指定的期限内一次或者分期缴纳。期满不缴纳的,强制缴纳。对于不能全部缴纳罚金的,人民法院在任何时候发现被执行人有可以执行的财产,应当随时追缴。

由于遭遇不能抗拒的灾祸等原因缴纳确实有困难的,经人民法院裁定,可以延期缴纳、酌情减少或者免除。

第二百七十一条 被判处罚金的罪犯,期满不缴纳的,人民法院应当强制缴纳;如果由于遭遇不能抗拒的灾祸等原因缴纳确实有困难的,经人民法院裁定,可以延期缴纳、酌情减少或者免除。

《最高人民法院关于办理减刑、假释案件具体应用法律的补充规定》

第一条 对拒不认罪悔罪的,或者确有履行能力而不履行或者不全部履行生效裁判中财产性判项的,不予假释,一般不予减刑。

《最高人民法院关于公布失信被执行人名单信息的若干规定》

第一条 被执行人具有履行能力而不履行生效法律文书确定的义务,并具有下列情形之一的,人民法院应当将其纳入失信被执行人名单,依法对其进行信用惩戒:

(一)有履行能力而拒不履行生效法律文书确定义务的;

……

33 未缴纳罚金，服刑期满后会被释放吗？

【律师解答】

罚金是否缴纳并不会影响自由刑的执行，在自由刑执行完毕后会依法释放，罚金刑另行追缴。

罚金是《刑法》规定的附加刑的一种，属于财产刑。人民法院判处罚金后，自判决生效起，就涉及罚金刑的执行，即罚金的缴纳。罚金缴纳可以一次缴纳，也可以分期缴纳，在规定的期限内没有缴纳或者没有缴纳完毕的，可以由人民法院强制缴纳。

【参考依据】

《刑法》

第五十三条第一款 罚金在判决指定的期限内一次或者分期缴纳。期满不缴纳的，强制缴纳。对于不能全部缴纳罚金的，人民法院在任何时候发现被执行人有可以执行的财产，应当随时追缴。

34 判处无期徒刑后还能否减刑和释放？

【律师解答】

无期徒刑的刑期从判决宣判之日起计算，判决宣判前先行羁押的时间不能折抵刑期。如果犯罪分子在狱中表现良好，认真接受教育改造或者有立功表现，可以获得减刑的机会；对于有重大发明、阻止他人犯罪等重大立功表现的，应当减刑。一旦减为有期徒刑，刑罚执行完毕后就可以释放出狱。判处无期徒刑的，减为有期徒刑后的最低服刑期限为13年。

特殊的是，对于犯罪性质恶劣、数额巨大的贿赂犯罪，判处死缓后减为无期徒刑的，可以同时决定对其适用终身监禁，不得减刑、假释。

【参考依据】

《刑法》

第七十八条 被判处管制、拘役、有期徒刑、无期徒刑的犯罪分子，在执行期间，如果认真遵守监规，接受教育改造，确有悔改表现的，或者有立功表现的，可以减刑；有下列重大立功表现之一的，应当减刑：

（一）阻止他人重大犯罪活动的；

（二）检举监狱内外重大犯罪活动，经查证属实的；

（三）有发明创造或者重大技术革新的；

（四）在日常生产、生活中舍己救人的；

（五）在抗御自然灾害或者排除重大事故中，有突出表现的；

（六）对国家和社会有其他重大贡献的。

减刑以后实际执行的刑期不能少于下列期限：

（一）判处管制、拘役、有期徒刑的，不能少于原判刑期的二分之一；

（二）判处无期徒刑的，不能少于十三年；

（三）人民法院依照本法第五十条第二款规定限制减刑的死刑缓期执行的犯罪分子，缓期执行期满后依法减为无期徒刑的，不能少于二十五年，缓期执行期满后依法减为二十五年有期徒刑的，不能少于二十年。

第三百八十三条　对犯贪污罪的，根据情节轻重，分别依照下列规定处罚：

（一）贪污数额较大或者有其他较重情节的，处三年以下有期徒刑或者拘役，并处罚金。

（二）贪污数额巨大或者有其他严重情节的，处三年以上十年以下有期徒刑，并处罚金或者没收财产。

（三）贪污数额特别巨大或者有其他特别严重情节的，处十年以上有期徒刑或者无期徒刑，并处罚金或者没收财产；数额特别巨大，并使国家和人民利益遭受特别重大损失的，处无期徒刑或者死刑，并处没收财产。

对多次贪污未经处理的，按照累计贪污数额处罚。

犯第一款罪，在提起公诉前如实供述自己罪行、真诚悔罪、积极退赃，避免、减少损害结果的发生，有第一项规定情形的，可以从轻、减轻或者免除处罚；有第二项、第三项规定情形的，可以从轻处罚。

犯第一款罪，有第三项规定情形被判处死刑缓期执行的，人民法院根据犯罪情节等情况可以同时决定在其死刑缓期执行二年期满依法减为无期徒刑后，终身监禁，不得减刑、假释。

《最高人民法院关于办理减刑、假释案件具体应用法律的补充规定》

第三条 被判处无期徒刑,符合减刑条件的,执行四年以上方可减刑。

确有悔改表现或者有立功表现的,可以减为二十三年有期徒刑;确有悔改表现并有立功表现的,可以减为二十二年以上二十三年以下有期徒刑;有重大立功表现的,可以减为二十一年以上二十二年以下有期徒刑。

无期徒刑减为有期徒刑后再减刑时,减刑幅度比照本规定第二条的规定执行。两次减刑之间应当间隔二年以上。

35 服刑期间,什么情况下可以被暂予监外执行?

【律师解答】

暂予监外执行,是指对于被处无期徒刑、有期徒刑或者拘役的罪犯,由于符合法定情形,决定暂不收监或者收监以后又决定改为暂时监外服刑,由社区矫正机构负责执行的刑罚执行制度。这一制度的设立体现了中国惩罚罪犯与改造罪犯相结合和人道主义的刑事政策,有利于对罪犯的教育、感化、挽救。暂予监外执行制度是一项重要的刑罚执行制度。

对于暂予监外执行的适用条件,《刑事诉讼法》第265条作了明确规定。对被判处有期徒刑或者拘役的罪犯,有下列情形之一的,可以暂予监外执行:(1)罪犯有严重疾病需保外就医;(2)罪犯怀孕或者正在哺乳自己的婴儿;(3)罪犯生活不能自理,适用暂予监外执行不致危害社会。当然,监外执行属于一种例外的执行方式,适用的条件也较为严苛,《刑事诉讼法》也规定了诸多不得适用监外执行的情形,如适用保外就医可能有社会危险性的罪犯,或者自伤自残的罪犯等不得适用监外执行。

在交付执行前,暂予监外执行由交付执行的人民法院决定;在交付执行后,暂予监外执行由监狱或者看守所提出书面意见,报省级以上监狱管理机关或者设区的市一级以上公安机关批准。

【参考依据】

《刑事诉讼法》

第二百六十五条 对被判处有期徒刑或者拘役的罪犯,有下列情形之一的,可以暂予监外执行:

(一)有严重疾病需要保外就医的;

(二)怀孕或者正在哺乳自己婴儿的妇女;

(三)生活不能自理,适用暂予监外执行不致危害社会的。

对被判处无期徒刑的罪犯,有前款第二项规定情形的,可以暂予监外执行。

对适用保外就医可能有社会危险性的罪犯,或者自伤自残的罪犯,不得保外就医。

对罪犯确有严重疾病,必须保外就医的,由省级人民政府指定的医院诊断并开具证明文件。

在交付执行前,暂予监外执行由交付执行的人民法院决定;在交付执行后,暂予监外执行由监狱或者看守所提出书面意见,报省级以上监狱管理机关或者设区的市一级以上公安机关批准。

36 服刑完毕后,案底会消除吗?

【律师解答】

案底一般是指违法犯罪记录,依据犯罪人员犯罪记录制度,案底一般会留存,存放至公安部门。服刑完毕,仅是犯罪人履行完毕了刑罚,但案底作为犯罪记录,即便服刑完毕,也不会消除。

需要注意的是,根据《刑事诉讼法》相关规定,犯罪时不满 18 周岁、被法院判处 5 年以下刑罚的,该未成年人的犯罪记录会被封存,不得向任何单位和个人提供。实践中之所以对该未成年人的犯罪记录进行封存,是为了保护未成年人的权益,保护其健康成长,但办案机关是可以按照国家规定进行查询的。也就是说,未成年人犯罪被判刑的,仍会留下案底,但案底会被有关部门封存,一般不会对犯罪人的后续生活产生影响,若再犯罪的,办案单位将依法查询前科劣迹,作为定罪量刑的参考。另外,若该未成年人被判处 5 年以上刑罚,则不适用未成年人犯罪记录封存制度。

【参考依据】

《刑事诉讼法》

第二百八十六条 犯罪的时候不满十八周岁,被判处五年有期徒刑以下刑罚的,应当对相关犯罪记录予以封存。

犯罪记录被封存的,不得向任何单位和个人提供,但司法机关为办案需要或者有关单位根据国家规定进行查询的除外。依法进行查询的单位,应当对被封存的犯罪记录的情况予以保密。

《最高人民法院、最高人民检察院、公安部、国家安全部、司法部印发〈关于建立犯罪人员犯罪记录制度的意见〉的通知》

二、犯罪人员犯罪记录制度的主要内容

(一)建立犯罪人员信息库

为加强对犯罪人员信息的有效管理,依托政法机关现有网络和资源,由公安机关、国家安全机关、人民检察院、司法行政机关分别建立有关记录信息库,并实现互联互通,待条件成熟后建立全国统一的犯罪信息库。

犯罪人员信息登记机关录入的信息应当包括以下内容:犯罪人员的基本情况、检察机关(自诉人)和审判机关的名称、判决书编号、判决确定日期、罪名、所判处刑罚以及刑罚执行情况等。

37 结案前能否申请取回被扣押财物?

【律师解答】

被扣押的财物可能是与案件有关的,也可能是与案件无关被错误扣押的。与案件有关的财物一般是指属于违法所得或者作为证据使用的物品,有时为便于财产刑的执行,也会对案件当事人的财产进行扣押。对于与案件有关的财物,一般在结案前无法取回。对于与案件无关的,经查证属实,可以在诉讼程序终结前依法退还。因此,与案件无关的财物是可以在结案前取回的。

此外,其他被扣押的财产一般应当在诉讼终结后依据判决处置,不得在诉讼程序终结之前处置涉案财物。

【参考依据】

《最高人民检察院、公安部关于印发〈最高人民检察院、公安部关于公安机关办理经济犯罪案件的若干规定〉的通知》

第四十六条第一款 查封、扣押、冻结以及处置涉案财物，应当依照法律规定的条件和程序进行。除法律法规和规范性文件另有规定以外，公安机关不得在诉讼程序终结之前处置涉案财物。严格区分违法所得、其他涉案财产与合法财产，严格区分企业法人财产与股东个人财产，严格区分犯罪嫌疑人个人财产与家庭成员财产，不得超权限、超范围、超数额、超时限查封、扣押、冻结，并注意保护利害关系人的合法权益。

《人民检察院刑事诉讼规则》

第二百五十条 查封、扣押、冻结的财物，除依法应当返还被害人或者经查明确实与案件无关的以外，不得在诉讼程序终结之前处理。法律或者有关规定另有规定的除外。

38 父母犯罪是否影响子女考取公务员？

【律师解答】

我国录用公务员最重要的依据是《公务员法》，而《公务员法》中无任何“父母犯罪不得录用”的规定；对于个人来讲，法不禁止即可为，因此，从法律规定来看，父母犯罪不影响子女考取普通公务员。但实践中，公务员考试须对家庭背景进行政审，如果父母有犯罪记录，在政审时难免会有负面影响。另外，就事业单位而言，没有相关的法律依据，但实践中往往参照公务员的报考条件。

对于考取人民警察的，根据《公安机关录用人民警察政治考察工作办法》的规定，考察的人民警察的家庭成员因故意杀人、故意伤害致人重伤或者死亡、强奸、抢劫、贩卖毒品、放火、爆炸、投放危险物质罪等社会影响恶劣的严重犯罪，或者贪污贿赂数额巨大、具有严重情节，受到刑事处罚的；有危害国家安全、荣誉和利益行为的；组织、参加、支持暴力恐怖、民族分裂、宗教极端、邪教、黑社会性质的组织，或者参与相关活动的，其本人不得确定为拟录用人选。

对于征服兵役的，要求家庭主要成员、直接抚养人未参加过民族分裂、暴力恐怖、宗教极端等非法组织、带有黑社会性质犯罪团伙或者进行过邪教活动。

【参考依据】

《公务员法》

第二十六条 下列人员不得录用为公务员：

（一）因犯罪受过刑事处罚的；

（二）被开除中国共产党党籍的；

（三）被开除公职的；

（四）被依法列为失信联合惩戒对象的；

（五）有法律规定不得录用为公务员的其他情形的。

《公务员录用规定》

第十八条 报考公务员，应当具备下列资格条件：

（一）具有中华人民共和国国籍；

（二）年龄为十八周岁以上，三十五周岁以下；

（三）拥护中华人民共和国宪法，拥护中国共产党领导和社会主义制度；

（四）具有良好的政治素质和道德品行；

（五）具有正常履行职责的身体条件和心理素质；

（六）具有符合职位要求的工作能力；

（七）具有大学专科以上文化程度；

（八）省级以上公务员主管部门规定的拟任职位所要求的资格条件；

（九）法律、法规规定的其他条件。

前款第（二）、（七）项所列条件，经省级以上公务员主管部门批准，可以适当调整。

报考行政机关中行政处罚决定审核、行政复议、行政裁决、法律顾问等职位的，应当取得法律职业资格。

公务员主管部门和招录机关不得设置与职位要求无关的报考资格条件。

第十九条 下列人员不得报考公务员：

（一）因犯罪受过刑事处罚的；

（二）被开除中国共产党党籍的；

（三）被开除公职的；

（四）被依法列为失信联合惩戒对象的；

（五）有法律规定不得录用为公务员的其他情形的。

《公安机关录用人民警察政治考察工作办法》

第九条 考察对象的家庭成员具有下列情形之一的，其本人不得确定为拟录用人选：

（一）因故意杀人、故意伤害致人重伤或者死亡、强奸、抢劫、贩卖毒品、放火、爆炸、投放危险物质罪等社会影响恶劣的严重犯罪，或者贪污贿赂数额巨大、具有严重情节，受到刑事处罚的；

（二）有危害国家安全、荣誉和利益行为的；

（三）组织、参加、支持暴力恐怖、民族分裂、宗教极端、邪教、黑社会性质的组织，或者参与相关活动的；

（四）其他可能影响考察对象录用后依法公正履职的情形。

第三十条 本办法所称家庭成员，是指本人的配偶、父母（监护人、直接抚养人）、子女、未婚兄弟姐妹。

本条所称父母，是指有共同生活经历的生父母、养父母和有抚养关系的继父母；子女，是指有共同生活经历的婚生子女、非婚生子女、养子女和有抚养关系的继子女；兄弟姐妹，是指有共同生活经历的同父母的兄弟姐妹、同父异母或者同母异父的兄弟姐妹、养兄弟姐妹、有抚养关系的继兄弟姐妹。

本办法所称招录公安机关是指考察对象报考职位所属的县级以上公安机关；相关公安机关是指考察对象本人及其家庭成员户籍所在地或者经常居住地（学习地、工作地）的县级以上公安机关。

《征兵政治审查工作规定》

第八条 具有下列情形之一的公民，不得征集服现役：

（一）散布带有政治性错误的言论，撰写、编著、发表、出版带有政治性错误的文章、著作的。

（二）曾被刑事处罚、劳动教养、收容教育、行政拘留的；

年满14周岁不满16周岁犯罪，依法不予刑事处罚的，或者年满16周岁不满18周岁有严重违法行为尚不够刑事处罚的；

（三）因涉嫌违纪、违法正在被调查处理，或者正在被侦查、起诉或者审判的；

（四）因犯严重错误被开除公职、勒令辞职、开除学籍或者被开除党籍、留党察看、开除团籍的；

（五）有黑社会性质犯罪团伙标志、有损国家形象、有损社会公德文身的；

（六）与国外、境外政治背景复杂的人员关系密切，政治上可疑的；

（七）参加过邪教组织或者进行过活动的，参加过有害功法组织或者积极进行过活动的；

家庭主要成员、直接抚养人、主要社会关系成员或者对本人影响较大的其他亲属是邪教或者有害功法组织骨干分子的；

（八）本人或者家庭主要成员、直接抚养人参加民族分裂、暴力恐怖、宗教极端等非法组织、带有黑社会性质犯罪团伙或者进行过活动的；

一、对国务院反垄断执法机构涉及反垄断的行政行为依法提起诉讼的第一审行政案件，由北京知识产权法院管辖。

二、对省、自治区、直辖市人民政府反垄断执法机构涉及反垄断的行政行为或者省、自治区、直辖市人民政府所作反垄断行政复议决定依法提起诉讼的第一审行政案件，由省、自治区、直辖市人民政府所在地具有垄断民事案件管辖权的中级人民法院管辖、知识产权审判部门审理；设立知识产权法院的，由其管辖。

三、高级人民法院依照行政诉讼法有关规定管辖本通知第一、二条所称第一审行政案件的，由知识产权审判部门审理。

四、不服本通知所称第一审行政案件判决、裁定而提起上诉的案件，由最高人民法院知识产权法庭审理。

五、本通知施行前已受理、未审结的垄断行政案件，由审理法院继续审理；本通知施行以后受理的垄断第一审行政案件，按本通知执行。

39 被判处刑罚的人，是否还能担任公司董事、监事、高级管理人员？

【律师解答】

被判处刑罚的人并不必然丧失公司董事、监事、高级管理的职务。根据《公司法》的规定，因贪污、贿赂、侵占财产、挪用财产或者破坏社会主义市场经济秩序，被判处刑罚，执行期满未逾5年，或者因犯罪被剥夺政治权利，执行期满未逾5年的，不得担任公司的董事、监事、高级管理人员。如果是国有独资企业、国有独资公司、国有资本控股公司的董事、监事、高级管理人员，造成国有资产特别重大损失，或者因贪污、贿赂、侵占财产、挪用财产或者破坏社会主义市场经济秩序被判处刑罚的，终身不得担任国有独资企业、国有独资公司、国有资本控股公司的董事、监事、高级管理人员。

【参考依据】

《公司法》

第一百四十六条 有下列情形之一的，不得担任公司的董事、监事、高级管理人员：

（一）无民事行为能力或者限制民事行为能力；

（二）因贪污、贿赂、侵占财产、挪用财产罪或者破坏社会经济秩序罪，被判处刑罚，执行期满未逾五年，或者因犯罪被剥夺政治权利，执行期满未逾五年；

（三）担任破产清算的公司、企业的董事或者厂长、经理，对该公司、企业的破产负有个人责任的，自该公司、企业破产清算完结之日起未逾三年；

（四）担任因违法被吊销营业执照、责令关闭的公司、企业的法定代表人，并负有个人责任的，自该公司、企业被吊销营业执照之日起未逾三年；

（五）个人所负数额较大的债务到期未清偿。

公司违反前款规定选举、委派董事、监事或者聘任高级管理人员的，该选举、委派或者聘任无效。

……

《企业国有资产法》

第七十三条 国有独资企业、国有独资公司、国有资本控股公司的董事、监事、高级管理人员违反本法规定，造成国有资产重大损失，被免职的，自免职之日起五年内不得担任国有独资企业、国有独资公司、国有资本控股公司的董事、监事、高级管理人员；造成国有资产特别重大损失，或者因贪污、贿赂、侵占财产、挪用财产或者破坏社会主义市场经济秩序被判处刑罚的，终身不得担任国有独资企业、国有独资公司、国有资本控股公司的董事、监事、高级管理人员。

40 对人大代表、政协委员采取强制措施是否应当报请人大或政协许可？

【律师解答】

人大代表触犯《刑法》、涉嫌犯罪的，对其采取拘留等强制措施时会更加慎重，需遵循一定的流程。依据规定，对县级以上各级人大代表，非经本级人民代表大会主席团许可，在本级人民代表大会闭会期间，非经本级人民代表大会常务委员会许可，不受逮捕或者刑事审判。如果因为是现行犯被拘留，执行拘留的机关应当立即向该级人民代表大会主席团或者人民代表大会常务委员会报告。对县级以上的各级人民代表大会代表，如果采取法律规定的其他限制人身自由的措施，应当经该级人民代表大会主席团或者人民代表大会常务委员会许可。

对于政协委员涉嫌犯罪需采取强制措施的，按照规定应当通知所属政协组织；但对于情况紧急的，可以在执行后或执行同时通知，无须取得政协组织的许可。

另外，对于具有党员身份的人大代表、政协委员被采取强制措施或审判的，在实践中一般需要将案件办理结果通知其所属党组织。

【参考依据】

《全国人民代表大会和地方各级人民代表大会代表法》

第三十二条 县级以上的各级人民代表大会代表，非经本级人民代表大会主席团许可，在本级人民代表大会闭会期间，非经本级人民代表大会常务委员会许可，不受逮捕或者刑事审判。如果因为是现行犯被拘留，执行拘留的机关应当立即向该级人民代表大会主席团或者人民代表大会常务委员会报告。

对县级以上的各级人民代表大会代表，如果采取法律规定的其他限制人身自由的措施，应当经该级人民代表大会主席团或者人民代表大会常务委员会许可。

人民代表大会主席团或者常务委员会受理有关机关依照本条规定提请许可的申请，应当审查是否存在对代表在人民代表大会各种会议上的发言和表决进行法律追究，或者对代表提出建议、批评和意见等其他执行职务行为打击报复的情形，并据此作出决定。

乡、民族乡、镇的人民代表大会代表，如果被逮捕、受刑事审判、或者被采取法律规定的其他限制人身自由的措施，执行机关应当立即报告乡、民族乡、镇的人民代表大会。

《公安机关办理刑事案件程序规定》

第一百六十四条 公安机关依法对县级以上各级人民代表大会代表拘传、取保候审、监视居住、拘留或者提请批准逮捕的，应当书面报请该代表所属的人民代表大会主席团或者常务委员会许可。

第一百六十五条第一款 公安机关对现行犯拘留的时候，发现其是县级以上人民代表大会代表的，应当立即向其所属的人民代表大会主席团或者常务委员会报告。

第一百六十七条 公安机关依法对政治协商委员会委员拘传、取保候审、监视居住的，应当将有关情况通报给该委员所属的政协组织。

第一百六十八条 公安机关依法对政治协商委员会委员执行拘留、逮捕前，应当向该委员所属的政协组织通报情况；情况紧急的，可在执行的同时或者执行以后及时通报。

第二章 公司经营

1 单位犯罪是否追究公司高管的刑事责任?

【律师解答】

根据《公司法》第216条的规定,“高级管理人员”是指公司的经理、副经理、财务负责人,上市公司董事会秘书和公司章程规定的其他人员。

依据《刑法》的规定,对于单位犯罪的,均需追究直接责任人员和主管人员的刑事责任。但是,公司高管并非都属于直接责任人员和主管人员的刑事责任,在具体的犯罪中要区分单位高管的作用以及与犯罪的联系,只有与犯罪有直接关系、直接负责的高管才会被追究刑事责任。

【参考依据】

《刑法》

第三十一条 单位犯罪的,对单位判处罚金,并对其直接负责的主管人员和其他直接责任人员判处刑罚。本法分则和其他法律另有规定的,依照规定。

《公司法》

第二百一十六条 本法下列用语的含义:

(一)高级管理人员,是指公司的经理、副经理、财务负责人,上市公司董事会秘书和公司章程规定的其他人员。

……

2 公司财产不足以支付犯罪罚金的,股东是否需承担责任?

【律师解答】

如果股东已经足额出资,在没有证据证明其存在抽逃出资情形的情况下,公司作为独立的法人,应当独立承担罚金刑,股东无须承担相关责任。若公司财产不足以支付,一般来说不应当随意根据《最高人民法院关于民事执行中变更、追加当事人若干问题的规定》将股东追加为被执行人,与公司共担罚金。但如果股东未履行或者未全面履行出资义务,公司或者其他股东请求其向公司依法全面履行出资义务的,人民法院应予支持。

【参考依据】

《最高人民法院关于适用〈中华人民共和国公司法〉若干问题的规定(三)》

第十三条 股东未履行或者未全面履行出资义务,公司或者其他股东请求其向公司依法全面履行出资义务的,人民法院应予支持。

公司债权人请求未履行或者未全面履行出资义务的股东在未出资本息范围内对公司债务不能清偿的部分承担补充赔偿责任的,人民法院应予支持;未履行或者未全面履行出资义务的股东已经承担上述责任,其他债权人提出相同请求的,人民法院不予支持。

股东在公司设立时未履行或者未全面履行出资义务,依照本条第一款或者第二款提起诉讼的原告,请求公司的发起人与被告股东承担连带责任的,人民法院应予支持;公司的发起人承担责任后,可以向被告股东追偿。

股东在公司增资时未履行或者未全面履行出资义务,依照本条第一款或者第二款提起诉讼的原告,请求未尽公司法第一百四十七条第一款规定的义务而使出资未缴足的董事、高级管理人员承担相应责任的,人民法院应予支持;董事、高级管理人员承担责任后,可以向被告股东追偿。

《最高人民法院关于适用〈中华人民共和国刑事诉讼法〉的解释》

第五百二十九条 执行刑事裁判涉财产部分、附带民事裁判过程中,具有下列情形之一的,人民法院应当裁定终结执行:

(一)据以执行的判决、裁定被撤销的;

(二)被执行人死亡或者被执行死刑,且无财产可供执行的;

（三）被判处罚金的单位终止，且无财产可供执行的；

（四）依照刑法第五十三条规定免除罚金的；

（五）应当终结执行的其他情形。

裁定终结执行后，发现被执行人的财产有被隐匿、转移等情形的，应当追缴。

3 法定代表人涉嫌犯罪的，能否查封、扣押、冻结公司财产？

【律师解答】

刑事案件中，办案机关对于涉案的资产可以依法采取查封、扣押、冻结等措施，以此确保刑事诉讼程序顺利推进。不过，查封、扣押、冻结应严格遵守《刑法》的罪刑法定、罪责行相适应原则，按照刑事判决书的判项仅对单位或者分别对单位和相关责任人员采取执行措施，而不能任意查封、扣押、冻结与案件无关的财物。被公安机关错误查封的，可以提出解封申请，或者申请国家赔偿。

【参考依据】

《刑事诉讼法》

第一百四十一条 在侦查活动中发现的可用以证明犯罪嫌疑人有罪或者无罪的各种财物、文件，应当查封、扣押；与案件无关的财物、文件，不得查封、扣押。

对查封、扣押的财物、文件，要妥善保管或者封存，不得使用、调换或者损毁。

《国家赔偿法》

第十八条 行使侦查、检察、审判职权的机关以及看守所、监狱管理机关及其工作人员在行使职权时有下列侵犯财产权情形之一的，受害人有取得赔偿的权利：

（一）违法对财产采取查封、扣押、冻结、追缴等措施的；

（二）依照审判监督程序再审改判无罪，原判罚金、没收财产已经执行的。

4 企业发生事故造成人员伤亡的，相关责任人是否需要承担刑事责任？

【律师解答】

企业职工在工作过程中意外伤亡的，属于工伤死亡范畴，进行民事赔偿即可。但若因在生产、作业中违反有关安全管理的规定而发生的1人以上死亡或者3人以上重伤的重大伤亡事故（主要包括违反国家颁布的各类有关安全生产的法律、法规；违反企业、事业单位及其上级管理机关制定的反映安全生产客观规律并涉及工艺技术、生产操作、技术监督、劳动保护、安全管理等方面的规程、规章、章程、条例、办法和制度等规定的），则可能构成重大责任事故罪。若因安全生产设置或者安全生产条件不符合国家规定，从而发生重大伤亡事故或者造成其他严重后果的，则可能构成重大劳动安全事故罪；如果是建设单位、设计单位、施工单位、工程监理单位违反国家规定，降低工程质量标准，造成重大安全事故的，则可能构成工程重大安全事故罪。

【参考依据】

《刑法》

第一百三十四条第一款 在生产、作业中违反有关安全管理的规定，因而发生重大伤亡事故或者造成其他严重后果的，处三年以下有期徒刑或者拘役；情节特别恶劣的，处三年以上七年以下有期徒刑。

第一百三十五条 安全生产设施或者安全生产条件不符合国家规定，因而发生重大伤亡事故或者造成其他严重后果的，对直接负责的主管人员和其他直接责任人员，处三年以下有期徒刑或者拘役；情节特别恶劣的，处三年以上七年以下有期徒刑。

第一百三十七条 建设单位、设计单位、施工单位、工程监理单位违反国家规定，降低工程质量标准，造成重大安全事故的，对直接责任人员，处五年以下有期徒刑或者拘役，并处罚金；后果特别严重的，处五年以上十年以下有期徒刑，并处罚金。

5 发放高利贷是否涉嫌犯罪？

【律师解答】

根据《最高人民法院、最高人民检察院、公安部、司法部关于办理非法放贷刑事案件若干问题的意见》的规定，违反国家规定，未经监管部门批准，或者超越经营范围，以营利为目的，经常性地向社会不特定对象发放贷款，扰乱金融市场秩序，情节严重的，依照刑法规定的非法经营罪定罪处罚。

这里所说的“经常性地向社会不特定对象发放贷款”，是指2年内向不特定多人(包括单位和个人)以借款或其他名义出借资金10次以上。

非法放贷需要达到一定的严重程度，才涉嫌犯罪。对此，根据《最高人民法院、最高人民检察院、公安部、司法部关于办理非法放贷刑事案件若干问题的意见》的规定，实际年利率需要达36%以上，且同时具有下列情形之一的就涉嫌犯罪：

(1)个人非法放贷数额累计在200万元以上的，单位非法放贷数额累计在1000万元以上的；(2)个人违法所得数额累计在80万元以上的，单位违法所得数额累计在400万元以上的；(3)个人非法放贷对象累计在50人以上的，单位非法放贷对象累计在150人以上的；(4)造成借款人或者其近亲属自杀、死亡或者精神失常等严重后果的。

【参考依据】

《最高人民法院、最高人民检察院、公安部、司法部关于办理非法放贷刑事案件若干问题的意见》

一、违反国家规定，未经监管部门批准，或者超越经营范围，以营利为目的，经常性地向社会不特定对象发放贷款，扰乱金融市场秩序，情节严重的，依照刑法第二百二十五条第(四)项的规定，以非法经营罪定罪处罚。

前款规定中的“经常性地向社会不特定对象发放贷款”，是指2年内向不特定多人(包括单位和个人)以借款或其他名义出借资金10次以上。

贷款到期后延长还款期限的，发放贷款次数按照1次计算。

二、以超过36%的实际年利率实施符合本意见第一条规定的非法放贷行为，具有下列情形之一的，属于刑法第二百二十五条规定的“情节严重”，但单次非法放贷行为实际年利率未超过36%的，定罪量刑时不得计入：

（一）个人非法放贷数额累计在200万元以上的，单位非法放贷数额累计在1000万元以上的；

（二）个人违法所得数额累计在80万元以上的，单位违法所得数额累计在400万元以上的；

（三）个人非法放贷对象累计在50人以上的，单位非法放贷对象累计在150人以上的；

……

四、仅向亲友、单位内部人员等特定对象出借资金，不得适用本意见第一条的规定定罪处罚。但具有下列情形之一的，定罪量刑时应当与向不特定对象非法放贷的行为一并处理：

（一）通过亲友、单位内部人员等特定对象向不特定对象发放贷款的；

（二）以发放贷款为目的，将社会人员吸收为单位内部人员，并向其发放贷款的；

（三）向社会公开宣传，同时向不特定多人和亲友、单位内部人员等特定对象发放贷款的。

6 申请贷款时提供假合同或假报表是否存在刑事风险？

【律师解答】

若在申请贷款时提供虚假合同等材料，取得银行贷款，可能涉嫌贷款诈骗罪或者骗取贷款罪。

骗取贷款罪，是指以欺骗手段取得银行或者其他金融机构贷款，给银行或者其他金融机构造成重大损失或者有其他严重情节的行为。因此，若能够及时偿还贷款，没有给银行造成损失的，一般也不会被追究刑事责任，司法实践中，未造成损失一般会免予刑事处罚或者不起诉。

若以非法占有为目的，编造引进资金、项目等虚假理由、使用虚假的经济合同、使用虚假的证明文件、使用虚假的产权证明作担保、超出抵押物价值重复担保或者以其他方法，诈骗银行或者其他金融机构的贷款、数额较大，可能会构成贷款诈骗罪。

【参考依据】

《刑法》

第一百七十五条之一 以欺骗手段取得银行或者其他金融机构贷款、票据承兑、信用证、保函等，给银行或者其他金融机构造成重大损失的，处三年以下有期徒刑或者拘役，并处或者单处罚金；给银行或者其他金融机构造成特别重大损失或者有其他特别严重情节的，处三年以上七年以下有期徒刑，并处罚金。

单位犯前款罪的，对单位判处罚金，并对其直接负责的主管人员和其他直接责任人员，依照前款的规定处罚。

第一百九十三条 有下列情形之一，以非法占有为目的，诈骗银行或者其他金融机构的贷款，数额较大的，处五年以下有期徒刑或者拘役，并处二万元以上二十万元以下罚金；数额巨大或者有其他严重情节的，处五年以上十年以下有期徒刑，并处五万元以上五十万元以下罚金；数额特别巨大或者有其他特别严重情节的，处十年以上有期徒刑或者无期徒刑，并处五万元以上五十万元以下罚金或者没收财产：

（一）编造引进资金、项目等虚假理由的；

（二）使用虚假的经济合同的；

（三）使用虚假的证明文件的；

（四）使用虚假的产权证明作担保或者超出抵押物价值重复担保的；

（五）以其他方法诈骗贷款的。

7 企业贷款资料存在虚假成分，但银行放款后正常还款，是否构成骗取贷款罪？

【律师解答】

按照《刑法修正案（十一）》第 11 条的规定，以欺骗手段取得银行或者其他金融机构贷款、票据承兑、信用证、保函等，给银行或者其他金融机构造成重大损失的构成骗取贷款罪。由此可以看出，骗取贷款罪为结果犯，即只有给金融机构造成了重大损失才会科以处罚。

企业按照合同约定正常还款，没有给银行造成重大损失，即使给银行提供了虚假资料进行贷款，一般也不构成骗取贷款罪。

【参考依据】

《刑法》

第一百七十五条之一第一款 以欺骗手段取得银行或者其他金融机构贷款、票据承兑、信用证、保函等,给银行或者其他金融机构造成重大损失的,处三年以下有期徒刑或者拘役,并处或者单处罚金;给银行或者其他金融机构造成特别重大损失或者有其他特别严重情节的,处三年以上七年以下有期徒刑,并处罚金。

8 公司拒不支付劳动报酬的,是否存在刑事风险?

【律师解答】

依据《刑法》的规定,单位以转移财产、逃匿等方法逃避支付劳动者的劳动报酬或者有能力支付而不支付劳动者的劳动报酬,数额较大,经政府有关部门责令支付仍不支付的行为,构成拒不支付劳动报酬罪。

实践中公司拖欠员工劳动报酬的情形一般分为两种:一是"无钱可付",即公司因为经营原因导致客观上无力支付劳动报酬,由于其主观上不具备逃避支付劳动报酬的故意,因此不能认定为犯罪,老板也不会有刑事风险,但可能因拖欠劳动报酬被提起民事诉讼;二是"有能力支付而拒不支付",即公司老板有能力支付工资却通过转移财产、逃匿等方法逃避应当支付劳动者的劳动报酬,公司及老板若经劳动部门责令支付仍不支付报酬,则可能构成拒不支付劳动报酬罪。实践中,考虑到本罪是通过惩罚以达到支付劳动者报酬的目的,因此,犯本罪的主体若在提起公诉前支付报酬,可以减轻或者免除处罚。

【参考依据】

《刑法》

第二百七十六条之一 以转移财产、逃匿等方法逃避支付劳动者的劳动报酬或者有能力支付而不支付劳动者的劳动报酬,数额较大,经政府有关部门责令支付仍不支付的,处三年以下有期徒刑或者拘役,并处或者单处罚金;造成严重后果的,处三年以上七年以下有期徒刑,并处罚金。

单位犯前款罪的,对单位判处罚金,并对其直接负责的主管人员和其他直接责任人员，依照前款的规定处罚。

有前两款行为，尚未造成严重后果，在提起公诉前支付劳动者的劳动报酬，并依法承担相应赔偿责任的，可以减轻或者免除处罚。

《最高人民法院关于审理拒不支付劳动报酬刑事案件适用法律若干问题的解释》

第二条 以逃避支付劳动者的劳动报酬为目的，具有下列情形之一的，应当认定为刑法第二百七十六条之一第一款规定的“以转移财产、逃匿等方法逃避支付劳动者的劳动报酬”：

（一）隐匿财产、恶意清偿、虚构债务、虚假破产、虚假倒闭或者以其他方法转移、处分财产的；

（二）逃跑、藏匿的；

（三）隐匿、销毁或者篡改账目、职工名册、工资支付记录、考勤记录等与劳动报酬相关的材料的；

（四）以其他方法逃避支付劳动报酬的。

第六条 拒不支付劳动者的劳动报酬，尚未造成严重后果，在刑事立案前支付劳动者的劳动报酬，并依法承担相应赔偿责任的，可以认定为情节显著轻微危害不大，不认为是犯罪；在提起公诉前支付劳动者的劳动报酬，并依法承担相应赔偿责任的，可以减轻或者免除刑事处罚；在一审宣判前支付劳动者的劳动报酬，并依法承担相应赔偿责任的，可以从轻处罚。

对于免除刑事处罚的，可以根据案件的不同情况，予以训诫、责令具结悔过或者赔礼道歉。

拒不支付劳动者的劳动报酬，造成严重后果，但在宣判前支付劳动者的劳动报酬，并依法承担相应赔偿责任的，可以酌情从宽处罚。

9 陪标有哪些刑事风险？

【律师解答】

招投标的目的是通过公平、透明的操作程序，实现公开、公平、公正的有效竞争，防止交易中的腐败，在同等条件下通过市场实现优胜劣汰，最佳配置人、财、物。

但是有的企业在经营过程中，为获得商业机会，会采用陪标、围标的方式来进行不正当投标。这种投标人相互串通投标报价，或者投标人与招标人串通投标，损害招标人、投标人或者国家、集体、公民的合法利益，造成的直接经济损失数额在50万元以上的或对其他投标人、招标人等投标活动的参加人采取威胁、欺骗等非法手段的或因串通投标，受过行政处罚2次以上，又串通投标的，构成串通投标罪。本罪最高法定刑为3年有期徒刑。

【参考依据】

《刑法》

第二百二十三条 投标人相互串通投标报价，损害招标人或者其他投标人利益，情节严重的，处三年以下有期徒刑或者拘役，并处或者单处罚金。

投标人与招标人串通投标，损害国家、集体、公民的合法利益的，依照前款的规定处罚。

《最高人民检察院、公安部关于公安机关管辖的刑事案件立案追诉标准的规定（二）》

第六十八条 投标人相互串通投标报价，或者投标人与招标人串通投标，涉嫌下列情形之一的，应予立案追诉：

（一）损害招标人、投标人或者国家、集体、公民的合法利益，造成直接经济损失数额在五十万元以上的；

（二）违法所得数额在二十万元以上的；

（三）中标项目金额在四百万元以上的；

（四）采取威胁、欺骗或者贿赂等非法手段的；

（五）虽未达到上述数额标准，但二年内因串通投标受过二次以上行政处罚，又串通投标的；

（六）其他情节严重的情形。

10 企业向社会融资是否存在刑事风险？

【律师解答】

社会融资凭借其灵活便利的优势，吸收社会闲散资金，不仅及时缓解了企业资金周转困难，也有利于活跃地方经济、带动当地投资。正当社会融资的主体并不会承担刑事责任。然而,由于社会融资的非正式性和自发性,不规范的社会融资行为往往会使企业融资存在一定的刑事风险,相关主体可能涉嫌集资诈骗罪或非法吸收公众存款罪。

集资诈骗罪,是指以非法占有为目的,违反有关金融法律、法规的规定,使用诈骗方法进行非法集资,扰乱国家正常金融秩序,侵犯公私财产所有权,且数额较大的行为。如果企业经营者非法募集大量资金,未将资金使用于约定目的,而是将资金任意挥霍或携款潜逃,便可推知其具有非法占有目的,可能涉嫌集资诈骗罪。

非法吸收公众存款罪,是指违反国家金融管理法规非法吸收公众存款或变相吸收公众存款,扰乱金融秩序的行为。

由此来看,通过公开宣传、高息回报承诺等方法,向不特定人融资,会扰乱金融秩序,可能涉嫌集资诈骗罪或非法吸收公众存款罪。若仅向特定人借款融资,不具有公开性,一般不会构成犯罪。

【参考依据】

《刑法》

第一百七十六条第一款 非法吸收公众存款或者变相吸收公众存款,扰乱金融秩序的,处三年以下有期徒刑或者拘役,并处或者单处罚金;数额巨大或者有其他严重情节的,处三年以上十年以下有期徒刑,并处罚金;数额特别巨大或者有其他特别严重情节的,处十年以上有期徒刑,并处罚金。

第一百九十二条第一款 以非法占有为目的,使用诈骗方法非法集资,数额较大的,处三年以上七年以下有期徒刑,并处罚金;数额巨大或者有其他严重情节的,处七年以上有期徒刑或者无期徒刑,并处罚金或者没收财产。

《最高人民法院关于审理非法集资刑事案件具体应用法律若干问题的解释》

第一条 违反国家金融管理法律规定,向社会公众(包括单位和个人)吸收资金的行为,同时具备下列四个条件的,除刑法另有规定的以外,应当认定为刑法第一百七十六条规定的“非法吸收公众存款或者变相吸收公众存款”:

(一)未经有关部门依法批准或者借用合法经营的形式吸收资金;

(二)通过媒体、推介会、传单、手机短信等途径向社会公开宣传;

(三)承诺在一定期限内以货币、实物、股权等方式还本付息或者给付回报;

(四)向社会公众即社会不特定对象吸收资金。

未向社会公开宣传,在亲友或者单位内部针对特定对象吸收资金的,不属于非法吸收或者变相吸收公众存款。

《最高人民法院关于审理民间借贷案件适用法律若干问题的规定》

第十一条 法人或者非法人组织在本单位内部通过借款形式向职工筹集资金,用于本单位生产、经营,且不存在民法典第一百四十四条、第一百四十六条、第一百五十三条、第一百五十四条以及本规定第十三条规定的情形,当事人主张民间借贷合同有效的,人民法院应予支持。

第十三条 具有下列情形之一的,人民法院应当认定民间借贷合同无效:

(一)套取金融机构贷款转贷的;

(二)以向其他营利法人借贷、向本单位职工集资,或者以向公众非法吸收存款等方式取得的资金转贷的;

(三)未依法取得放贷资格的出借人,以营利为目的向社会不特定对象提供借款的;

(四)出借人事先知道或者应当知道借款人借款用于违法犯罪活动仍然提供借款的;

(五)违反法律、行政法规强制性规定的;

(六)违背公序良俗的。

11 企业为生产经营需要,向内部员工融资是否存在刑事风险?

【律师解答】

非银行金融企业为了自身生产和经营的需要,在不违反法律法规的前提下,向内部职工以借款形式筹措资金的行为,属于合法的民间借贷。

但是企业在向内部员工筹集资金时,应当注意以下问题:(1)不能有任何形式的面向社会的公开宣传;(2)不得向任何员工以外的人员进行集资;(3)不得允许单位内部人员向不特定对象吸收资金;(4)不得以吸收资金为目的,将社会人员吸收为单位内部人员,并向其吸收资金的;(5)不得承诺保本付息;(6)不能以发售股权、债券的形式发行该类内部融资工具,否则有可能构成非法吸收公众存款罪。

【参考依据】

《刑法》

第一百七十六条 非法吸收公众存款或者变相吸收公众存款，扰乱金融秩序的，处三年以下有期徒刑或者拘役，并处或者单处罚金；数额巨大或者有其他严重情节的，处三年以上十年以下有期徒刑，并处罚金；数额特别巨大或者有其他特别严重情节的，处十年以上有期徒刑，并处罚金。

单位犯前款罪的，对单位判处罚金，并对其直接负责的主管人员和其他直接责任人员，依照前款的规定处罚。

有前两款行为，在提起公诉前积极退赃退赔，减少损害结果发生的，可以从轻或者减轻处罚。

《最高人民法院关于审理民间借贷案件适用法律若干问题的规定》

第十一条 法人或者非法人组织在本单位内部通过借款形式向职工筹集资金，用于本单位生产、经营，且不存在民法典第一百四十四条、第一百四十六条、第一百五十三条、第一百五十四条以及本规定第十三条规定的情形，当事人主张民间借贷合同有效的，人民法院应予支持。

第十三条 具有下列情形之一的，人民法院应当认定民间借贷合同无效：

（一）套取金融机构贷款转贷的；

（二）以向其他营利法人借贷、向本单位职工集资，或者以向公众非法吸收存款等方式取得的资金转贷的；

（三）未依法取得放贷资格的出借人，以营利为目的向社会不特定对象提供借款的；

（四）出借人事先知道或者应当知道借款人借款用于违法犯罪活动仍然提供借款的；

（五）违反法律、行政法规强制性规定的；

（六）违背公序良俗的。

《最高人民法院、最高人民检察院、公安部关于办理非法集资刑事案件适用法律若干问题的意见》

三、关于“社会公众”的认定问题

下列情形不属于《最高人民法院关于审理非法集资刑事案件具体应用法律若干问题的解释》第一条第二款规定的“针对特定对象吸收资金”的行为，应当认定为向社会公众吸收资金：

（一）在向亲友或者单位内部人员吸收资金的过程中，明知亲友或者单位内部人员向不特定对象吸收资金而予以放任的；

（二）以吸收资金为目的，将社会人员吸收为单位内部人员，并向其吸收资金的。

12 分支机构（分公司）以单位名义实施犯罪，公司（总公司）负责人是否承担刑事责任？

【律师解答】

依据最高人民法院《全国法院审理金融犯罪案件工作座谈会纪要》的规定，以单位名义实施犯罪，违法所得归单位所有的，是单位犯罪；以单位的分支机构或者内设机构、部门的名义实施犯罪，违法所得亦归分支机构或者内设机构、部门所有的，应认定为单位犯罪。据此，单位的分支机构可以独立构成单位犯罪。

依据《刑法》的规定，单位犯罪的，对直接负责的主管人员和其他直接人员要判处刑罚。在分支机构单位犯罪中，分支机构均有负责人，负责分支机构的相关运营事宜。因此，在被处罚时，该负责人将可能会作为单位犯罪的直接负责人被判处刑罚，如果总公司负责人对分公司的犯罪行为不知情、不参与，一般不会承担刑事责任。

对于罚金刑，因分公司不具有独立的财务权，可能会由总公司承担。若以单位的分支机构或者内设机构、部门的名义实施犯罪，违法所得亦归该分支机构或者内设机构、部门所有的，在涉及退赃退赔问题时，一般应当由分支机构以获取的赃款赃物予以退赔，不足部分参照民事法律相关规定，可能由总公司承担连带还款责任。

【参考依据】

《刑法》

第三十条　公司、企业、事业单位、机关、团体实施的危害社会的行为，法律规定为单位犯罪的，应当负刑事责任。

第三十一条　单位犯罪的，对单位判处罚金，并对其直接负责的主管人员和其他直接责任人员判处刑罚。本法分则和其他法律另有规定的，依照规定。

《全国法院审理金融犯罪案件工作座谈会纪要》

根据刑法和《最高人民法院关于审理单位犯罪案件具体应用法律有关问题的解释》的规定，以单位名义实施犯罪，违法所得归单位所有的，是单位犯罪……以单位的分支机构或者内设机构、部门的名义实施犯罪，违法所得亦归分支机构或者内设机构、部门所有的，应认定为单位犯罪。不能因为单位的分支机构或者内设机构、部门没有可供执行罚金的财产，就不将其认定为单位犯罪，而按照个人犯罪处理……

13 为方便开展业务，个人私刻公司公章、合同章、业务章的，是否涉嫌犯罪？

【律师解答】

伪造公司印章罪，是指无制作权的人，冒用名义，非法制作单位印章的行为。只要有伪造公司印章的行为，无论是否造成严重后果，一般情况下，均构成伪造印章罪。若私刻公章后的文件用于别的场景，还可能涉嫌其他犯罪，如诈骗、合同诈骗、非法吸收公众存款、挪用资金。

【参考依据】

《刑法》

第二百八十条 伪造、变造、买卖或者盗窃、抢夺、毁灭国家机关的公文、证件、印章的，处三年以下有期徒刑、拘役、管制或者剥夺政治权利，并处罚金；情节严重的，处三年以上十年以下有期徒刑，并处罚金。

伪造公司、企业、事业单位、人民团体的印章的，处三年以下有期徒刑、拘役、管制或者剥夺政治权利，并处罚金。

14 隐匿、销毁应当保存的会计账本，是否存在刑事风险？

【律师解答】

隐匿、销毁应当保存的会计账本，可能构成隐匿、故意销毁会计凭证、会计账簿、财务会计报告罪。

会计凭证、会计账簿、财务会计报告是记录企业经济业务发生或完成情况的重要证明和依据，具有检查经济业务的真实性、合法性和合理性，反映相关经济利益关系，维护合法权益，监督经济活动，控制经济运行等重要作用。正是基于会计凭证、会计账簿、财务会计报告所具有的重要作用，我国《会计法》和《会计档案管理法》均对其保存、管理作了明确的规定，《刑法》第162条之一还专门设定了隐匿、故意销毁会计凭证、会计账簿、财务会计报告罪。如果有如下两个情况之一，一般就会被刑事立案：涉及金额在50万元以上的，或者应当向司法机关、行政机关、有关主管部门等提供而隐匿、故意销毁或者拒不交出追究刑事责任的。因此，对于应当保存的会计账本要妥善保管，切勿无故毁损会计账本，留下刑事隐患。

【参考依据】

《刑法》

第一百六十二条之一 隐匿或者故意销毁依法应当保存的会计凭证、会计帐簿、财务会计报告，情节严重的，处五年以下有期徒刑或者拘役，并处或者单处二万元以上二十万元以下罚金。

单位犯前款罪的，对单位判处罚金，并对其直接负责的主管人员和其他直接责任人员，依照前款的规定处罚。

《会计法》

第四十四条 隐匿或者故意销毁依法应当保存的会计凭证、会计帐簿、财务会计报告，构成犯罪的，依法追究刑事责任。

有前款行为，尚不构成犯罪的，由县级以上人民政府财政部门予以通报，可以对单位并处五千元以上十万元以下的罚款；对其直接负责的主管人员和其他直接责任人员，可以处三千元以上五万元以下的罚款；属于国家工作人员的，还应当由其所在单位或者有关单位依法给予撤职直至开除的行政处分；对其中的会计人员，并由县级以上人民政府财政部门吊销会计从业资格证书。

《最高人民检察院、公安部关于公安机关管辖的刑事案件立案追诉标准的规定（二）》

第八条 〔隐匿、故意销毁会计凭证、会计帐簿、财务会计报告案（刑法第一百六十二条之一）〕隐匿或者故意销毁依法应当保存的会计凭证、会计帐簿、财务会计报告，涉嫌下列情形之一的，应予立案追诉：

（一）隐匿、故意销毁的会计凭证、会计帐簿、财务会计报告涉及金额在五十万元以上的；

（二）依法应当向监察机关、司法机关、行政机关、有关主管部门等提供而隐匿、故意销毁或者拒不交出会计凭证、会计帐簿、财务会计报告的；

（三）其他情节严重的情形。

15 股东将公司财产挪作他用，是否存在刑事风险？

【律师解答】

公司具有独立法人地位，在财产上是应当独立于股东的，即公司账上的钱，在未分红之前都属于公司。公司股东擅自将公司财物据为己有或者归于个人使用或者借贷给他人的，可能会构成职务侵占罪或挪用资金罪，但公司股东向公司借款的，公司经过股东会决议出借资金，是不构成犯罪的。

职务侵占罪，是指公司、企业或者其他单位的人员，利用职务上的便利，将本单位财物非法占为己有，数额较大的行为。挪用资金罪，是指公司、企业或者其他单位的工作人员利用职务上的便利，并且在客观方面具有下列情形之一的：(1)挪用本单位资金归个人使用或者借贷给他人，数额较大、超过3个月未还的；(2)挪用本单位资金进行营利活动，数额较大的；(3)挪用本单位资金进行非法活动的。股东将公司财物用于个人使用的，可能会构成挪用资金罪或职务侵占罪。职务侵占罪和挪用资金罪最大的区别就在于行为人的主观目的不同：职务侵占罪主观上是“据为己有”，即非法取得单位财物的所有权，并非暂时使用；而挪用资金罪主观上仅是“挪为己用”，即非法取得单位资金的使用权，不企图永久占有，只是暂时挪用并准备用后归还。

公司经营中常见的货款也属于公司资金的一部分，员工不能随意收取或挪用。这种行为损害公司利益，可能构成职务侵占罪或挪用资金罪。

【参考依据】

《刑法》

第二百七十一条第一款 公司、企业或者其他单位的工作人员，利用职务上的便利，将本单位财物非法占为已有，数额较大的，处三年以下有期徒刑或者拘役，并处罚金；数额巨大的，处三年以上十年以下有期徒刑，并处罚金；数额特别巨大的，处十年以上有期徒刑或者无期徒刑，并处罚金。

第二百七十二条第一款 公司、企业或者其他单位的工作人员，利用职务上的便利，挪用本单位资金归个人使用或者借贷给他人，数额较大、超过三个月未还的，或者虽未超过三个月，但数额较大、进行营利活动的，或者进行非法活动的，处三年以下有期徒刑或者拘役；挪用本单位资金数额巨大的，处三年以上七年以下有期徒刑；数额特别巨大的，处七年以上有期徒刑。

《公司法》

第一百四十七条 董事、监事、高级管理人员应当遵守法律、行政法规和公司章程，对公司负有忠实义务和勤勉义务。

董事、监事、高级管理人员不得利用职权收受贿赂或者其他非法收入，不得侵占公司的财产。

16 一人有限责任公司股东挪用公司资金是否构成挪用资金罪？

【律师解答】

挪用资金罪，是指公司、企业或者其他单位的工作人员利用职务上的便利，挪用本单位资金归个人使用或者借贷给他人，数额较大、超过 3 个月未还的，或者虽未超过 3 个月，但数额较大、进行营利活动的，或者进行非法活动的行为。

关于一人公司挪用资金是否构成挪用资金罪在实践中并没有定论，实践中有三种不同的观点：

第一种观点认为，一人公司利益实际上是股东自己利益，挪用公司资金的行为没有侵害其他股东利益，没有社会危害性。对行为侵害的债权人利益，不能纳入社会危害性评价。

第二种观点认为，挪用公司资金的行为不存在侵害其他股东利益情况，但侵害公司财产利益和债权人利益严重的，构成犯罪。

第三种观点认为，应根据财产混同情况区别处理。《公司法》第 63 条规定，当一人公司股东无法证明其个人财产的独立性时，应对公司债务承担连带责任。因此，如果公司和股东财产混同,则公司人格被否定,股东侵害的对象不是公司财产,行为不构成犯罪,股东承担连带责任即可实现救济,不必加以《刑法》上的规制。但如果股东与公司资产独立,公司属于企业法人,则一人公司股东挪用公司资金涉嫌犯罪。

综上所述,一人公司股东挪用公司资金是存在刑事风险的。

【参考案例】

1. 黄某某挪用资金案

审理法院:吉林省延吉市人民法院

案号:(2015)延刑初字第786号

裁判要旨:法院认为,被告人黄某某是源昌公司的法定代表人,作为一人公司的法定代表人其对公司资金具有完全的支配权,其挪用公司资金并不涉及损害其他股东利益的问题,也不存在其他社会危害性,故情节显著轻微危害不大,不认为是犯罪。公诉机关指控被告人黄某某犯挪用资金罪不能成立。依照《刑法》第13条之规定,判决如下:被告人黄某某无罪。

2. 被告人温某某犯挪用资金罪

审理法院:陕西省旬阳市人民法院

案号:(2017)陕09刑终44号

裁判要旨:法院认为,某公司虽然只有被告人温某某一个股东,但公司仍具有独立法人资格,公司财产与温某某的财产相互独立。被告人温某某的行为严重侵害了公司的法人财产权益。同时,间接侵害了公司劳务派遣人员和其他债权人的合法利益。辩护人辩称一人公司是股东一个人设立、公司财产即是个人财产、挪用公司财产等同于自己财产等意见,于法不符,法院不予采纳。

17 为达到公司破产目的虚构债务的,是否涉嫌犯罪?

【律师解答】

破产,是指债务人因不能偿债或者资不抵债时,自行或由债权人诉请法院宣告破产并依破产程序偿还债务的一种法律制度。公司破产后,将以公司资产按比例清偿债务,不会触及老板或股东的个人财产。而公司破产,需要经过严格的审查程序,要求公司资不抵债。

在实践过程中,部分公司经营者为减少还款压力,会通过虚构债务等方式使公司达到破产条件,最终达到少还、不还债务的目的。根据《刑法》的规定,采用虚构债务、隐匿财产等方式,企图达到破产目的,严重损害他人利益的,可能会构成虚假破产罪。

【参考依据】

《刑法》

第一百六十二条之二 公司、企业通过隐匿财产、承担虚构的债务或者以其他方法转移、处分财产,实施虚假破产,严重损害债权人或者其他人利益的,对其直接负责的主管人员和其他直接责任人员,处五年以下有期徒刑或者拘役,并处或者单处二万元以上二十万元以下罚金。

18 通过伪造证据、编造事实的方式向法院提起诉讼的,是否涉嫌犯罪?

【律师解答】

实践中,存在编造虚假的支付凭证、合同等证据材料向法院提起民事诉讼的情况,这样的行为可能构成虚假诉讼罪。

虚假诉讼罪,是指以捏造的事实提起民事诉讼,妨害司法秩序或者严重侵害他人合法权益的行为。若公司股东或他人通过捏造事实,伪造证据的方式提起虚假诉讼,侵害他人合法权益,可能会构成虚假诉讼罪。

【参考依据】

《刑法》

第三百零七条之一 以捏造的事实提起民事诉讼,妨害司法秩序或者严重侵害他人合法权益的,处三年以下有期徒刑、拘役或者管制,并处或者单处罚金;情节严重的,处三年以上七年以下有期徒刑,并处罚金。

单位犯前款罪的,对单位判处罚金,并对其直接负责的主管人员和其他直接责任人员,依照前款的规定处罚。

……

19 征用村集体土地但未办理变更手续就用于建设的，是否涉嫌犯罪？

【律师解答】

在征用集体土地用于建设时，已办理土地性质变更手续，依法取得土地使用权，一般是不存在刑事风险的；但如果违反相关法律、法规，未办理土地变更手续便非法占地用于建设，则存在涉嫌非法占用农用地罪的风险。

村集体土地多为耕地、林地等农用地。非法占用农用地罪，是指违反土地管理法规，非法占用耕地、林地等农用地，改变被占用土地用途，数量较大，造成耕地、林地等农用地大量毁坏的行为。根据《土地管理法》的规定，因建设需要征用农用地的，应当办理土地变更手续。所以，如果企业仅仅与村集体签订征地补偿协议后使用征地进行建设，有构成非法占用农用地罪的可能。

【参考依据】

《土地管理法》

第四十四条第一款 建设占用土地，涉及农用地转为建设用地的，应当办理农用地转用审批手续。

第七十七条 未经批准或者采取欺骗手段骗取批准，非法占用土地的，由县级以上人民政府自然资源主管部门责令退还非法占用的土地，对违反土地利用总体规划擅自将农用地改为建设用地的，限期拆除在非法占用的土地上新建的建筑物和其他设施，恢复土地原状，对符合土地利用总体规划的，没收在非法占用的土地上新建的建筑物和其他设施，可以并处罚款；对非法占用土地单位的直接负责的主管人员和其他直接责任人员，依法给予处分；构成犯罪的，依法追究刑事责任。

超过批准的数量占用土地，多占的土地以非法占用土地论处。

《刑法》

第三百四十二条 违反土地管理法规，非法占用耕地、林地等农用地，改变被占用土地用途，数量较大，造成耕地、林地等农用地大量毁坏的，处五年以下有期徒刑或者拘役，并处或者单处罚金。

20 偷逃税款是否涉嫌犯罪?

【律师解答】

纳税人采取欺骗、隐瞒手段进行虚假纳税申报或者不申报,逃避缴纳税款数额较大的行为,可能会构成逃税罪。但根据我国《刑法》的规定,经税务机关依法下达追缴通知后,补缴应纳税款、缴纳滞纳金、已受行政处罚的,可不予追究刑事责任。因此,在税务机关依法追缴时及时缴纳税款的,可不予追究刑事责任,不构成犯罪。但是,5 年内因逃避缴纳税款受过刑事处罚或者被税务机关给予 2 次以上行政处罚的除外。

【参考依据】

《刑法》

第二百零一条 纳税人采取欺骗、隐瞒手段进行虚假纳税申报或者不申报,逃避缴纳税款数额较大并且占应纳税额百分之十以上的,处三年以下有期徒刑或者拘役,并处罚金;数额巨大并且占应纳税额百分之三十以上的,处三年以上七年以下有期徒刑,并处罚金。

扣缴义务人采取前款所列手段,不缴或者少缴已扣、已收税款,数额较大的,依照前款的规定处罚。

对多次实施前两款行为,未经处理的,按照累计数额计算。

有第一款行为,经税务机关依法下达追缴通知后,补缴应纳税款,缴纳滞纳金,已受行政处罚的,不予追究刑事责任;但是,五年内因逃避缴纳税款受过刑事处罚或者被税务机关给予二次以上行政处罚的除外。

21 虚开普通发票是否涉嫌犯罪?

【律师解答】

2011 年《刑法修正案(八)》新增虚开发票罪,区别于《刑法》第 205 条所规定的行为对象:本罪旨在规范行为人故意虚开“增值税专用发票”或者“用于骗取出口退税、抵扣税款发票的其他发票”以外的其他情节严重的行为。

实践中,纳税单位和个人为了达到偷税的目的或者购货单位为了某种需要,在商品交易过程中开具普通发票时,在商品名称、商品数量、商品单价以及金额上采取弄虚作假的手法,甚至虚构交易事项虚开发票。依据法律规定,虚开发票金额累计在 50 万元以上的;或虚开发票 100 份以上且票面金额在 30 万元以上的;或 5 年内因虚开发票受过刑事处罚或者 2 次以上行政处罚,又虚开发票,数额达到前两项标准 60% 以上的,可能构成虚开发票罪。

【参考依据】

《刑法》

第二百零五条之一 虚开本法第二百零五条规定以外的其他发票,情节严重的,处二年以下有期徒刑、拘役或者管制,并处罚金;情节特别严重的,处二年以上七年以下有期徒刑,并处罚金。

单位犯前款罪的,对单位判处罚金,并对其直接负责的主管人员和其他直接责任人员,依照前款的规定处罚。

《最高人民检察院、公安部关于公安机关管辖的刑事案件立案追诉标准的规定(二)》

第五十七条 〔虚开发票案(刑法第二百零五条之一)〕虚开刑法第二百零五条规定以外的其他发票,涉嫌下列情形之一的,应予立案追诉:

(一)虚开发票金额累计在五十万元以上的;

(二)虚开发票一百份以上且票面金额在三十万元以上的;

(三)五年内因虚开发票受过刑事处罚或者二次以上行政处罚,又虚开发票,数额达到第一、二项标准百分之六十以上的。

22 股东被判处没收财产,能否没收其股权?

【律师解答】

没收财产,是指剥夺犯罪人个人财产,无偿收归国有的一种刑罚方法。《刑法》规定的没收财产,是指没收犯罪者个人所有财产的一部分或全部。公司股权作为财产性利益,可以依法折现并予以执行。如果判决没收股东的财产,对于股权的执行，参照《公司法》的相关规定，在保障公司其他股东的知情权、优先购买权的情况下进行。

【参考依据】

《刑法》

第五十九条 没收财产是没收犯罪分子个人所有财产的一部或者全部。没收全部财产的，应当对犯罪分子个人及其扶养的家属保留必需的生活费用。在判处没收财产的时候，不得没收属于犯罪分子家属所有或者应有的财产。

《公司法》

第七十二条 人民法院依照法律规定的强制执行程序转让股东的股权时，应当通知公司及全体股东，其他股东在同等条件下有优先购买权。其他股东自人民法院通知之日起满二十日不行使优先购买权的，视为放弃优先购买权。

23 公安机关能否冻结上市公司股权？

【律师解答】

股权作为犯罪嫌疑人的财产性利益，可以被冻结。但是考虑到上市公司的股权是公开发行的，任何人通过股权交易市场均可以获得上市公司的股权。股权是上市公司经营、发展的重要指标和因素，如果被冻结或多或少会影响上市公司。虽然持有上市公司股权的人涉嫌犯罪，但这与上市公司无关，冻结其手中的股权会对无辜的公司产生影响，因此公安机关在办理上市公司的股权冻结时十分谨慎，需要经过省级以上公安机关负责人同意。

【参考依据】

《公安机关办理刑事案件程序规定》

第二百三十九条 需要冻结犯罪嫌疑人财产的，应当经县级以上公安机关负责人批准，制作协助冻结财产通知书，明确冻结财产的账户名称、账户号码、冻结数额、冻结期限、冻结范围以及是否及于孳息等事项，通知金融机构等单位协助办理。

冻结股权、保单权益的，应当经设区的市一级以上公安机关负责人批准。

冻结上市公司股权的，应当经省级以上公安机关负责人批准。

第三章　职务犯罪

1　贿赂与馈赠有何区别?

【律师解答】

行贿往往采取秘密的方式,是有条件的权钱交易,数额一般比较大,有时会超出私人经济条件所能承受的限度。而民事赠与则是基于亲友之间的情谊进行的,且往往是礼尚往来,互赠互请,大多采取公开的、正常的方式进行,通常数额较少。司法实践中还可以结合以下几个方面判断:一是行为人与国家工作人员平时的交往是否密切,是否经常有相互送礼的行为;二是给付的财物的数额是否正常;三是行为人给付财物前后有无利益所得;四是行为人给付财物的方式是公开还是秘密进行;五是行为人与国家工作人员的关系是否正常,双方交往的基础是什么,是否有利益关系。

【参考依据】

《最高人民法院、最高人民检察院关于办理商业贿赂刑事案件适用法律若干问题的意见》

十、办理商业贿赂犯罪案件,要注意区分贿赂与馈赠的界限。主要应当结合以下因素全面分析、综合判断:(1)发生财物往来的背景,如双方是否存在亲友关系及历史上交往的情形和程度;(2)往来财物的价值;(3)财物往来的缘由、时机和方式,提供财物方对于接受方有无职务上的请托;(4)接受方是否利用职务上的便利为提供方谋取利益。

2 何为谋取“不正当利益”？

【律师解答】

一般认为，“不正当利益”包括：(1)违法的利益，即行为人谋取的利益违反法律、法规、规章的规定。(2)违背政策的利益，即根据相关政策不应当获得的利益。(3)违背行业规范的利益，即按照相关行业规范不应当获得的利益。(4)程序上的不正当利益，即要求国家工作人员违反法律、法规、规章、政策、行业规范的规定，通过非正常途径、程序为自己提供帮助或者方便条件而获取的利益。(5)违背公平、公正原则的利益，即在经济、组织人事管理等活动中谋取竞争优势而获取的利益。

《最高人民法院、最高人民检察院关于办理行贿刑事案件具体应用法律若干问题的解释》第12条规定的“谋取不正当利益”，主要包括两个方面：一是谋取非法利益，二是谋取在经济活动或人事管理中的竞争优势。非法利益即违反法律、法规、规章、政策规定的所获取的利益；至于竞争优势，就是剥夺了他人正常竞争的权利，如在工程承揽中，公开的招投标会给每个企业提供公平竞争的机会，但某企业通过行贿的方式获得了该工程，就会损害其他投标企业的公平竞争权，被视为获取了不正当利益。

【参考依据】

《最高人民法院、最高人民检察院关于办理行贿刑事案件具体应用法律若干问题的解释》

第十二条 行贿犯罪中的“谋取不正当利益”，是指行贿人谋取的利益违反法律、法规、规章、政策规定，或者要求国家工作人员违反法律、法规、规章、政策、行业规范的规定，为自己提供帮助或者方便条件。

违背公平、公正原则，在经济、组织人事管理等活动中，谋取竞争优势的，应当认定为“谋取不正当利益”。

3 为谋取正当利益，向公职人员送礼，是否构成行贿罪？

【律师解答】

依据《刑法》的规定，若行贿人向公职人员实施送礼等行为，但并没有谋取不正当利益,不构成行贿罪。但是实践中认定“正当利益”较为困难,因此特别提醒:即使为谋取所谓“正当利益”向公职人员送礼也存在较大的刑事风险。

【参考依据】

《刑法》

第三百八十九条 为谋取不正当利益,给予国家工作人员以财物的,是行贿罪。

在经济往来中,违反国家规定,给予国家工作人员以财物,数额较大的,或者违反国家规定,给予国家工作人员以各种名义的回扣、手续费的,以行贿论处。

因被勒索给予国家工作人员以财物,没有获得不正当利益的,不是行贿。

4 年节送礼、礼尚往来,是否涉嫌犯罪?

【律师解答】

为谋取不正当利益,在过年过节时向国家工作人员送礼,价值在3万元以上的,就会构成行贿罪,需要追究刑事责任。对于接受礼物的国家工作人员来说,是否构成受贿罪关键在于是否具备权钱交易的本质特征,即党员干部是否存在利用职务上的便利为他人谋取利益的行为。如果利用职务上的便利,非法收受他人礼物价值达3万元以上,以及在特定情形下价值达到1万元以上,为他人谋取利益的,就会构成受贿罪。

基于亲友之间的礼尚往来,互赠互送,采用公开、正常的方式进行,且数额较少的一般不会构成犯罪。但如果超过正常赠送金额,可能会有违纪甚至是涉嫌刑事犯罪的风险。

【参考依据】

《刑法》

第三百八十九条 为谋取不正当利益,给予国家工作人员以财物的,是行贿罪。

在经济往来中,违反国家规定,给予国家工作人员以财物,数额较大的,或者违反国家规定,给予国家工作人员以各种名义的回扣、手续费的,以行贿论处。

因被勒索给予国家工作人员以财物,没有获得不正当利益的,不是行贿。

第三百九十条 对犯行贿罪的,处五年以下有期徒刑或者拘役,并处罚金;因行贿谋取不正当利益,情节严重的,或者使国家利益遭受重大损失的,处五年以上十年以下有期徒刑,并处罚金;情节特别严重的,或者使国家利益遭受特别重大损失的,处十年以上有期徒刑或者无期徒刑,并处罚金或者没收财产。

行贿人在被追诉前主动交待行贿行为的,可以从轻或者减轻处罚。其中,犯罪较轻的,对侦破重大案件起关键作用的,或者有重大立功表现的,可以减轻或者免除处罚。

《最高人民法院、最高人民检察院关于办理贪污贿赂刑事案件适用法律若干问题的解释》

第一条 贪污或者受贿数额在三万元以上不满二十万元的,应当认定为刑法第三百八十三条第一款规定的“数额较大”,依法判处三年以下有期徒刑或者拘役,并处罚金。

贪污数额在一万元以上不满三万元,具有下列情形之一的,应当认定为刑法第三百八十三条第一款规定的“其他较重情节”,依法判处三年以下有期徒刑或者拘役,并处罚金:

(一)贪污救灾、抢险、防汛、优抚、扶贫、移民、救济、防疫、社会捐助等特定款物的;

(二)曾因贪污、受贿、挪用公款受过党纪、行政处分的;

(三)曾因故意犯罪受过刑事追究的;

(四)赃款赃物用于非法活动的;

(五)拒不交待赃款赃物去向或者拒不配合追缴工作,致使无法追缴的;

(六)造成恶劣影响或者其他严重后果的。

受贿数额在一万元以上不满三万元,具有前款第二项至第六项规定的情形之一,或者具有下列情形之一的,应当认定为刑法第三百八十三条第一款规定的“其他较重情节”,依法判处三年以下有期徒刑或者拘役,并处罚金:

(一)多次索贿的;

(二)为他人谋取不正当利益,致使公共财产、国家和人民利益遭受损失的;

(三)为他人谋取职务提拔、调整的。

第七条第一款 为谋取不正当利益,向国家工作人员行贿,数额在三万元以上的，应当依照刑法第三百九十条的规定以行贿罪追究刑事责任。

5 公职人员借钱不还，能否认定为受贿？

【律师解答】

借款是普通的民事关系，与刑事案件无关，国家工作人员向他人借款，即使无法归还也应当是民事纠纷，一般不会构成受贿犯罪。但是不排除有部分公职人员利用职务便利，以借款为名向他人索取财物，并无归还意愿，此种情况则有可能认定为受贿。界定是借钱不还，还是受贿，可以从借款去向、用途、是否有偿还能力及偿还意愿，或者看出借方是否要求不当利益等角度考量。

【参考依据】

《刑法》

第三百八十五条 国家工作人员利用职务上的便利，索取他人财物的，或者非法收受他人财物，为他人谋取利益的，是受贿罪。

国家工作人员在经济往来中，违反国家规定，收受各种名义的回扣、手续费，归个人所有的，以受贿论处。

《全国法院审理经济犯罪案件工作座谈会纪要》

三、关于受贿罪

（六）以借款为名索取或者非法收受财物行为的认定

国家工作人员利用职务上的便利，以借为名向他人索取财物，或者非法收受财物为他人谋取利益的，应当认定为受贿。具体认定时，不能仅仅看是否有书面借款手续，应当根据以下因素综合判定：

（1）有无正当、合理的借款事由；

（2）款项的去向；

（3）双方平时关系如何、有无经济往来；

（4）出借方是否要求国家工作人员利用职务上的便利为其谋取利益；

（5）借款后是否有归还的意思表示及行为；

（6）是否有归还的能力；

(7)未归还的原因;等等。

6 事后向公职人员赠送财物的,是否涉嫌犯罪?

【律师解答】

“事后行贿”一般有两种情形:一种是事前有预谋的,即行贿人与受贿人约定,在受贿人为行贿人“谋利”之后再收受行贿人的财物;另一种是事前无预谋的,即二者事先并无预定,在受贿人主动为行贿人“谋利”之后,行贿人为表示感谢而给予受贿人以财物。

在第一种情况中,行贿人与受贿人先“谋利”再“收财”,主观故意明显,该行为是行贿罪无疑。至于第二类,虽然行贿人给予受贿人的仅仅是酬谢性贿赂,但其“送钱”与“谋利”行为表明了职务行为与财物之间具有对价关系,默认了职务行为是可以被收买的,侵犯了国家工作人员职务上的廉洁性和不可收买性,是可能构成行贿罪的。

【参考依据】

《刑法》

第三百八十九条 为谋取不正当利益,给予国家工作人员以财物的,是行贿罪。

在经济往来中,违反国家规定,给予国家工作人员以财物,数额较大的,或者违反国家规定,给予国家工作人员以各种名义的回扣、手续费的,以行贿论处。

因被勒索给予国家工作人员以财物,没有获得不正当利益的,不是行贿。

7 收受贿赂后又及时退还财物,是否涉嫌犯罪?

【律师解答】

根据《最高人民法院、最高人民检察院关于办理受贿刑事案件适用法律若干问题的意见》第9条的规定,国家工作人员收受请托人财物后及时退还或者上交的,不是受贿;国家工作人员受贿后,因自身或者与其受贿有关联的人、事被查处,为掩饰犯罪而退还或者上交的,不影响认定受贿罪。

认定“及时退还”的难点在于判断行为人主观上是否有受贿故意;可以综合以下三个方面因素进行辨析:第一,看国家工作人员是否有拒绝接受财物的真实意思表示。第二,看国家工作人员是否有退还财物的持续不断的实际行动。除了明确表示拒绝接受外,行为人还必须有持续不断的退还行为才符合“及时退还”。第三,看国家工作人员是否存在无法退还的客观合理事由。收受贿赂后,发现无法办成委托事项并及时退还财物,属于因客观不能而退还赃物,行为人主观上并无主动退还的意思表示和行为,一般不能认定为及时退还。该行为对国家公职人员的职务廉洁性造成了实质破坏,法律规定的构成受贿罪的行为已经实施完毕,犯罪已经既遂。其以后的退还或上交行为,属于受贿既遂后对受贿赃款赃物的处理,不影响定罪,只影响量刑。

【参考依据】

《最高人民法院、最高人民检察院关于办理受贿刑事案件适用法律若干问题的意见》

九、关于收受财物后退还或者上交问题

国家工作人员收受请托人财物后及时退还或者上交的,不是受贿。

国家工作人员受贿后,因自身或者与其受贿有关联的人、事被查处,为掩饰犯罪而退还或者上交的,不影响认定受贿罪。

8 帮助公职人员代持股份,是否有存在刑事风险?

【律师解答】

公职人员接受他人赠送的股份,极有可能是受贿所得,由于公职人员禁止经商,受赠的股份一般需由第三人代持。若第三人明知股权是受贿所得仍愿意帮助公职人员代持他人赠送的股份,则可能构成掩饰、隐瞒犯罪所得、犯罪所得收益罪或者洗钱罪;若第三人对股权的来源或性质全然不知,那么原则上是不构成犯罪的。

【参考依据】

《刑法》

第一百九十一条 为掩饰、隐瞒毒品犯罪、黑社会性质的组织犯罪、恐怖活动犯罪、走私犯罪、贪污贿赂犯罪、破坏金融管理秩序犯罪、金融诈骗犯罪的所得及其产生的收益的来源和性质,有下列行为之一的,没收实施以上犯罪的所得及其产生的收益,处五年以下有期徒刑或者拘役,并处或者单处罚金;情节严重的,处五年以上十年以下有期徒刑,并处罚金:

(一)提供资金帐户的;

(二)将财产转换为现金、金融票据、有价证券的;

(三)通过转帐或者其他支付结算方式转移资金的;

(四)跨境转移资产的;

(五)以其他方法掩饰、隐瞒犯罪所得及其收益的来源和性质的。

单位犯前款罪的,对单位判处罚金,并对其直接负责的主管人员和其他直接责任人员,依照前款的规定处罚。

第三百一十二条 明知是犯罪所得及其产生的收益而予以窝藏、转移、收购、代为销售或者以其他方法掩饰、隐瞒的,处三年以下有期徒刑、拘役或者管制,并处或者单处罚金;情节严重的,处三年以上七年以下有期徒刑,并处罚金。

单位犯前款罪的,对单位判处罚金,并对其直接负责的主管人员和其他直接责任人员,依照前款的规定处罚。

9 向公职人员赠送房屋、汽车等物品但未办理权属转移,能否认定为行贿?

【律师解答】

根据《最高人民法院、最高人民检察院关于办理受贿刑事案件适用法律若干问题的意见》,国家工作人员利用职务上的便利为请托人谋取利益,收受请托人房屋、汽车等物品,未变更权属登记或者借用他人名义办理权属变更登记的,不影响受贿的认定。

根据该法条之意,向公职人员赠送房屋、汽车,即使未办理权属转移,但是双方已经达成行贿受贿的合意，并不影响行贿人构成行贿罪的认定。

【参考依据】

《最高人民法院、最高人民检察院关于办理受贿刑事案件适用法律若干问题的意见》

八、关于收受贿赂物品未办理权属变更问题

国家工作人员利用职务上的便利为请托人谋取利益，收受请托人房屋、汽车等物品，未变更权属登记或者借用他人名义办理权属变更登记的，不影响受贿的认定。

……

10 公职人员索贿的，行贿人是否涉嫌犯罪？

【律师解答】

索贿，是指国家工作人员利用职务上的便利，主动向他人索要或勒索并收受财物。实践中，行贿人受到逼迫的情况下向公职人员输送财物，且没有谋取不正当利益，可以不认定为行贿；若虽有索贿情节，但行贿人为谋取不正当利益赠送财物，则仍可能构成行贿罪。

【参考依据】

《刑法》

第三百八十九条　为谋取不正当利益，给予国家工作人员以财物的，是行贿罪。

在经济往来中，违反国家规定，给予国家工作人员以财物，数额较大的，或者违反国家规定，给予国家工作人员以各种名义的回扣、手续费的，以行贿论处。

因被勒索给予国家工作人员以财物，没有获得不正当利益的，不是行贿。

11 向国家工作人员行贿的人员是否会被采取强制措施或被判刑？

【律师解答】

为谋取不正当利益向国家工作人员行贿的，构成犯罪，但并非所有的行贿人都会被采取强制措施。

依据《监察法》的规定,监察机关对涉嫌行贿的涉案人员已掌握其部分违反犯罪事实及证据的,可以采取留置措施,但需满足下列情形之一:(1)涉及案情重大、复杂的;(2)可能逃跑、自杀的;(3)可能串供或者伪造、隐匿、毁灭证据的;(4)可能有其他妨碍调查行为的。同时《刑法》规定,若行贿人员在被追诉前主动交待行贿行为,可以从轻或者减轻处罚。其中,犯罪较轻的,对侦破重大案件起关键作用的,或者有重大立功表现的,可以减轻或者免除处罚。因此,不能简单认为行贿人员一定会被采取强制措施或被判刑。

【参考依据】

《监察法》

第二十二条 被调查人涉嫌贪污贿赂、失职渎职等严重职务违法或者职务犯罪,监察机关已经掌握其部分违法犯罪事实及证据,仍有重要问题需要进一步调查,并有下列情形之一的,经监察机关依法审批,可以将其留置在特定场所:

(一)涉及案情重大、复杂的;

(二)可能逃跑、自杀的;

(三)可能串供或者伪造、隐匿、毁灭证据的;

(四)可能有其他妨碍调查行为的。

对涉嫌行贿犯罪或者共同职务犯罪的涉案人员,监察机关可以依照前款规定采取留置措施。

留置场所的设置、管理和监督依照国家有关规定执行。

《刑法》

第三百九十条 对犯行贿罪的,处五年以下有期徒刑或者拘役,并处罚金;因行贿谋取不正当利益,情节严重的,或者使国家利益遭受重大损失的,处五年以上十年以下有期徒刑,并处罚金;情节特别严重的,或者使国家利益遭受特别重大损失的,处十年以上有期徒刑或者无期徒刑,并处罚金或者没收财产。

行贿人在被追诉前主动交待行贿行为的,可以从轻或者减轻处罚。其中,犯罪较轻的,对侦破重大案件起关键作用的,或者有重大立功表现的,可以减轻或者免除处罚。

12 非国家工作人员利用职务便利，收受他人财物的是否会构成受贿罪？

【律师解答】

非国家工作人员利用职务便利，收受他人财物可能会构成非国家工作人员受贿罪。非国家工作人员受贿罪，是指公司、企业或者其他单位的工作人员利用职务上的便利，索取他人财物或者非法收受他人财物，为他人谋取利益，数额较大的行为。本罪侵犯的客体是公司、企业或者其他单位的正常管理活动和社会主义市场经济公平竞争的交易秩序。“利用职务上的便利”，是指公司、企业或者其他单位的工作人员利用自己主管、经营或者参与公司、企业某项工作的便利条件。“索取他人财物”，是指公司、企业的工作人员以为他人谋取利益为条件，向他人索要财物的行为。“非法收受他人财物”，是指公司、企业的工作人员利用职务上的便利或者权力，接受他人主动给予的财物的行为。“为他人谋取利益”，既包括正当的利益，也包括不正当的利益；既包括已经谋取到的利益，也包括正在谋取的利益。

非国家工作人员受贿罪的犯罪主体为特殊主体，即只有公司、企业或者其他单位的工作人员能构成本罪。

【参考依据】

《刑法》

第一百六十三条 公司、企业或者其他单位的工作人员，利用职务上的便利，索取他人财物或者非法收受他人财物，为他人谋取利益，数额较大的，处三年以下有期徒刑或者拘役，并处罚金；数额巨大或者有其他严重情节的，处三年以上十年以下有期徒刑，并处罚金；数额特别巨大或者有其他特别严重情节的，处十年以上有期徒刑或者无期徒刑，并处罚金。

公司、企业或者其他单位的工作人员在经济往来中，利用职务上的便利，违反国家规定，收受各种名义的回扣、手续费，归个人所有的，依照前款的规定处罚。

国有公司、企业或者其他国有单位中从事公务的人员和国有公司、企业或者其他国有单位委派到非国有公司、企业以及其他单位从事公务的人员有前两款行为的，依照本法第二百八十五条、第二百八十六条的规定定罪处罚。

13 为他人"送礼"牵线搭桥,是否涉嫌犯罪?

【律师解答】

为他人"送礼"牵线搭桥可能构成介绍贿赂罪。介绍贿赂罪,是指行为人在行贿人与受贿人之间进行沟通、撮合、引荐,促使行贿与受贿得以实现,情节严重的行为。该罪主观方面是故意,即行为人明知行贿人和受贿人的行贿和受贿意图,而故意从中介绍。通常表现为两种情况:一是受行贿人之托,为行贿人物色行贿对象,疏通行贿渠道,转述行贿的信息,代替为行贿人转交财物,替行贿人表达行贿的目的和要求等。二是行为人按照受贿人的意图,为其寻找索贿对象,转告索贿人的要求,使行贿与受贿得以实现。因此,为他人牵线搭桥实现"送礼"的情形,可能构成介绍贿赂罪。

【参考依据】

《刑法》

第三百九十二条 向国家工作人员介绍贿赂,情节严重的,处三年以下有期徒刑或者拘役,并处罚金。

介绍贿赂人在被追诉前主动交待介绍贿赂行为的,可以减轻处罚或者免除处罚。

14 监察机关能否直接收缴涉案财物?

【律师解答】

监察机关对公职人员的违法行为和犯罪行为进行调查,对于违法行为和犯罪行为的处理方式存在不同。若在调查过程中发现被调查人涉嫌违法取得财物但不构成犯罪,不属于刑事诉讼处理范围,可由监察机关依据法律规定直接予以收缴、没收或者责令退赔。若在调查过程中发现财物系犯罪所得,则应当将涉案财物随案移送人民检察院。

【参考依据】

《监察法》

第四十六条 监察机关经调查,对违法取得的财物,依法予以没收、追缴或者责令退赔;对涉嫌犯罪取得的财物,应当随案移送人民检察院。

15 监察机关采取留置措施时,留置时间是多久?

【律师解答】

留置期限为3个月,如果存在特殊情况,则留置期限最长为6个月。

根据《监察法》的有关规定,留置期限是有限制的。一般情况下,留置期限不得超过3个月。这里所说的3个月就是一个固定的期限,它不会因为案件情况的变化而延长,也不能因为发现被留置对象新的犯罪证据而重新计算留置期限。在特殊情况下,可以延长一次,延长时间不得超过3个月。

【参考依据】

《监察法》

第四十三条 监察机关采取留置措施,应当由监察机关领导人员集体研究决定。设区的市级以下监察机关采取留置措施,应当报上一级监察机关批准。省级监察机关采取留置措施,应当报国家监察委员会备案。

留置时间不得超过三个月。在特殊情况下,可以延长一次,延长时间不得超过三个月。省级以下监察机关采取留置措施的,延长留置时间应当报上一级监察机关批准。监察机关发现采取留置措施不当的,应当及时解除。

监察机关采取留置措施,可以根据工作需要提请公安机关配合。公安机关应当依法予以协助。

16 使用违法所得和合法财产共同购买的房产被查封或执行的,如何处理?

【律师解答】

办案机关在查封此类房产时,应当落实涉案房屋是否可以分割。对依照有关规定可以分割的房屋等涉案不动产,应当只对与案件有关的部分进行查封,对不可分割的房产等涉案不动产,可以查封、扣押、冻结犯罪嫌疑人提供的与涉案金额相当的其他财物;犯罪嫌疑人不能提供的,实践中可能会整体查封。被执行人将赃款赃物与其他合法财产共同投资或者置业,对因此形成的财产中与赃款赃物对应的份额及其收益，人民法院应予追缴。

【参考依据】

《最高人民检察院、公安部关于公安机关办理经济犯罪案件的若干规定》

第四十六条第一款 查封、扣押、冻结以及处置涉案财物，应当依照法律规定的条件和程序进行。除法律法规和规范性文件另有规定以外，公安机关不得在诉讼程序终结之前处置涉案财物。严格区分违法所得、其他涉案财产与合法财产，严格区分企业法人财产与股东个人财产，严格区分犯罪嫌疑人个人财产与家庭成员财产，不得超权限、超范围、超数额、超时限查封、扣押、冻结，并注意保护利害关系人的合法权益。

第四十七条 对依照有关规定可以分割的土地、房屋等涉案不动产，应当只对与案件有关的部分进行查封。

对不可分割的土地、房屋等涉案不动产或者车辆、船舶、航空器以及大型机器、设备等特定动产，可以查封、扣押、冻结犯罪嫌疑人提供的与涉案金额相当的其他财物。犯罪嫌疑人不能提供的，可以予以整体查封。

冻结涉案账户的款项数额，应当与涉案金额相当。

《最高人民法院关于刑事裁判涉财产部分执行的若干规定》

第十条第三款 被执行人将赃款赃物与其他合法财产共同投资或者置业，对因此形成的财产中与赃款赃物对应的份额及其收益，人民法院应予追缴。

17 涉嫌职务违法犯罪的公职人员在调查过程中逃匿或者死亡，涉案财物如何处理？

【律师解答】

随着监察体制改革的深化，职务犯罪调查权转归监察机关行使，对于被调查人逃匿或死亡情形的处理，也属于监察机关的调查范畴。依据《监察法》第48条的规定："监察机关在调查贪污贿赂、失职渎职等职务犯罪案件过程中，被调查人逃匿或者死亡，有必要继续调查的，经省级以上监察机关批准，应当继续调查并作出结论。被调查人逃匿，在通缉一年后不能到案，或者死亡的，由监察机关提请人民检察院依照法定程序，向人民法院提出没收违法所得的申请。”

人民法院受理没收违法所得的申请后，应当按照违法所得没收程序进行审理，并依法作出裁判。

【参考依据】

《监察法》

第四十六条 监察机关经调查，对违法取得的财物，依法予以没收、追缴或者责令退赔；对涉嫌犯罪取得的财物，应当随案移送人民检察院。

第四十八条 监察机关在调查贪污贿赂、失职渎职等职务犯罪案件过程中，被调查人逃匿或者死亡，有必要继续调查的，经省级以上监察机关批准，应当继续调查并作出结论。被调查人逃匿，在通缉一年后不能到案，或者死亡的，由监察机关提请人民检察院依照法定程序，向人民法院提出没收违法所得的申请。

《刑法》

第六十四条 犯罪分子违法所得的一切财物，应当予以追缴或者责令退赔；对被害人的合法财产，应当及时返还；违禁品和供犯罪所用的本人财物，应当予以没收。没收的财物和罚金，一律上缴国库，不得挪用和自行处理。

知识产权与反不正当竞争、反垄断篇

第一章　专　利　法

1　在我国哪些发明创造能够获得专利权保护?

【律师解答】

在我国,能够获得专利权保护的发明创造包括以下三种:

(1)发明,是指对产品、方法或者其改进所提出的新的技术方案。发明具有以下特点:①是一种具体的、能实现的技术方案;②是针对产品、方法或其改进而提出的;③该技术方案应是新的。

(2)实用新型,是指对产品的形状、构造或者其结合所提出的适于实用的新的技术方案。实用新型具有以下特点:①是一种具体的、能实现的、新的技术方案;②是针对产品的形状、构造或其结合而提出的;③与发明相比,实用新型对创造性要求不高,但侧重于具有实用性,且只能是产品,不能是方法。

(3)外观设计,是指对产品的整体或者局部的形状、图案或者其结合以及色彩与形状、图案的结合所作出的富有美感并适于工业应用的新设计。外观设计具有以下特点:①是形状、图案和色彩的结合;②与产品相结合,不能是单纯的美术作品;③产品具有独立性,适用于工业应用;④具有新颖性、装饰性。

发明创造人对上述不同的发明创造,向专利管理部门提出申请并符合条件的,可以分别被授予发明专利、实用新型专利和外观设计专利。

【参考依据】

《专利法》

第二条　本法所称的发明创造是指发明、实用新型和外观设计。

发明,是指对产品、方法或者其改进所提出的新的技术方案。

实用新型,是指对产品的形状、构造或者其结合所提出的适于实用的新的技术方案。

外观设计，是指对产品的整体或者局部的形状、图案或者其结合以及色彩与形状、图案的结合所作出的富有美感并适于工业应用的新设计。

2 发明、实用新型和外观设计专利权的期限是多少年？如何计算？

【律师解答】

1. 一般情形

发明专利权的期限为20年，实用新型专利权的期限为10年，外观设计专利权的期限为15年，均自申请日起计算。即使对享有优先权的专利，保护期也是从申请日起算，而不是从优先权日起计算。

2. 特殊情形

（1）自发明专利申请日起满4年，且自实质审查请求之日起满3年后授予发明专利权的，专利权人可以请求国务院专利行政部门就发明专利在授权过程中的不合理延迟给予专利权期限补偿的请求，如果国务院专利行政部门予以补偿的，则将补偿期限计入专利权期限；反之，则不计入专利权期限。

（2）对在中国获得上市许可的新药相关发明专利，专利权人可以请求国务院专利行政部门给予专利权期限补偿，但补偿期限不能超过5年，且新药批准上市后总有效专利权期限不超过14年。

【参考依据】

《专利法》

第四十二条 发明专利权的期限为二十年，实用新型专利权的期限为十年，外观设计专利权的期限为十五年，均自申请日起计算。

自发明专利申请日起满四年，且自实质审查请求之日起满三年后授予发明专利权的，国务院专利行政部门应专利权人的请求，就发明专利在授权过程中的不合理延迟给予专利权期限补偿，但由申请人引起的不合理延迟除外。

为补偿新药上市审评审批占用的时间，对在中国获得上市许可的新药相关发明专利，国务院专利行政部门应专利权人的请求给予专利权期限补偿。补偿期限不超过五年,新药批准上市后总有效专利权期限不超过十四年。

3 专利权何时生效?

【律师解答】

专利权生效,是指发明、实用新型和外观设计专利权,均自公告之日起生效,生效日即为公告日。因为专利权是专利管理部门依专利权人申请并审查合格后授予的一项专有权利。根据《专利法》的规定,发明专利申请经实质审查、实用新型和外观设计专利申请经初步审查没有发现驳回理由的,国务院专利行政部门应该作出授予专利权的决定,发给相应的专利证书,同时予以登记和公布。我们通常所说的颁证日、登记日和公告日其实是同一天。专利权自公告日起生效,是指自公告日之日起,专利权人才能享有专利的独占实施权利。

【参考依据】

《专利法》

第三十九条 发明专利申请经实质审查没有发现驳回理由的,由国务院专利行政部门作出授予发明专利权的决定,发给发明专利证书,同时予以登记和公告。发明专利权自公告之日起生效。

第四十条 实用新型和外观设计专利申请经初步审查没有发现驳回理由的,由国务院专利行政部门作出授予实用新型专利权或者外观设计专利权的决定,发给相应的专利证书,同时予以登记和公告。实用新型专利权和外观设计专利权自公告之日起生效。

4 对同一发明创造可以同时申请发明和实用新型专利吗?

【律师解答】

对同一发明创造,可以同时申请发明和实用新型专利,但是最终只能被授予一种专利权。

同一申请人同日就同样的发明创造既申请发明专利又申请实用新型专利,是目前常见的一种专利申请策略,这是因为发明专利的审查时间比实用新型专利的审查时间长,在实用新型专利审查通过后即可先取得实用新型专利权。但是我国《专利法》第9条规定,同样的发明创造只能授予一项专利权。如果同一申请人同日对同样的发明创造既申请实用新型专利又申请发明专利,先获得的实用新型专利权尚未终止,且申请人声明放弃该实用新型专利权的,可以授予发明专利权。

律师建议,如果同时就同一发明创造既申请实用新型专利又申请发明专利,应当在申请时分别说明对同样的发明创造已申请了另一专利,否则将可能因违反《专利法》第9条规定使发明因丧失新颖性被驳回;或者也可以选择修改发明专利申请,避免两项专利内容一样。

【参考依据】

《专利法》

第九条 同样的发明创造只能授予一项专利权。但是,同一申请人同日对同样的发明创造既申请实用新型专利又申请发明专利,先获得的实用新型专利权尚未终止,且申请人声明放弃该实用新型专利权的,可以授予发明专利权。

两个以上的申请人分别就同样的发明创造申请专利的,专利权授予最先申请的人。

《专利法实施细则》

第四十一条 两个以上的申请人同日(指申请日;有优先权的,指优先权日)分别就同样的发明创造申请专利的,应当在收到国务院专利行政部门的通知后自行协商确定申请人。

同一申请人在同日(指申请日)对同样的发明创造既申请实用新型专利又申请发明专利的,应当在申请时分别说明对同样的发明创造已申请了另一专利;未作说明的,依照专利法第九条第一款关于同样的发明创造只能授予一项专利权的规定处理。

国务院专利行政部门公告授予实用新型专利权,应当公告申请人已依照本条第二款的规定同时申请了发明专利的说明。

发明专利申请经审查没有发现驳回理由,国务院专利行政部门应当通知申请人在规定期限内声明放弃实用新型专利权。申请人声明放弃的,国务院专利行政部门应当作出授予发明专利权的决定,并在公告授予发明专利权时一并公告申请人放弃实用新型专利权声明。申请人不同意放弃的,国务院专利行政部门应当驳回该发明专利申请;申请人期满未答复的,视为撤回该发明专利申请。

实用新型专利权自公告授予发明专利权之日起终止。

5 哪些主体可以成为专利权人?专利权人是否可以变更?

【律师解答】

专利权人可以是自然人、法人和非法人组织。专利权人是专利权的所有人及持有人的统称,是指依法获得专利权,并承担相应义务的人。按照取得方式不同,可以将专利权人分为原始主体与继受主体,原始主体是指专利申请被批准时被授予专利权的专利申请人,继受主体是指通过转让、许可或继承等方式继受取得专利权的主体,故专利权人也可以变更。

【参考依据】

《专利法》

第十条 专利申请权和专利权可以转让。

中国单位或者个人向外国人、外国企业或者外国其他组织转让专利申请权或者专利权的,应当依照有关法律、行政法规的规定办理手续。

转让专利申请权或者专利权的,当事人应当订立书面合同,并向国务院专利行政部门登记,由国务院专利行政部门予以公告。专利申请权或者专利权的转让自登记之日起生效。

《专利法实施细则》

第十四条 除依照专利法第十条规定转让专利权外,专利权因其他事由发生转移的,当事人应当凭有关证明文件或者法律文书向国务院专利行政部门办理专利权转移手续。

专利权人与他人订立的专利实施许可合同,应当自合同生效之日起3个月内向国务院专利行政部门备案。

以专利权出质的,由出质人和质权人共同向国务院专利行政部门办理出质登记。

6 专利的发明人和权利人必须是同一人吗?

【律师解答】

不一定。专利的发明人是自然人;专利的权利人可以是自然人、法人或非法人组织。

实践中一般会出现以下几种情形:

(1)一般情形下,申请专利的权利属于发明人或者设计人,申请被批准后,该发明人或者设计人为专利权人。

(2)当专利申请人或权利人通过协议对专利权进行转让时,发明人不变,专利权人变为受让人。但应当注意,转让专利申请权或者专利权的,应当订立书面合同,并向国务院专利行政部门登记并公告,自登记之日起生效。

(3)当涉及职务发明创造时,职务发明创造申请专利的权利属于该单位;申请被批准后,该单位为专利权人;但是如果单位与发明人或者设计人订有合同,对申请专利的权利和专利权的归属作出约定的,从其约定。

(4)当涉及委托发明创造时,申请专利的权利属于完成的单位或者个人;申请被批准后,申请的单位或者个人为专利权人;但是如果委托方与受托方另有协议约定,则按照约定确定专利申请人或专利权人。

(5)当涉及合作发明创造时,即两个以上单位或者个人合作完成的发明创造,申请专利的权利属于共同完成的单位或者个人;但是如果双方或多方之间另有协议约定,则按照约定确定专利申请人或专利权人。

【参考依据】

《专利法》

第六条 执行本单位的任务或者主要是利用本单位的物质技术条件所完成的发明创造为职务发明创造。职务发明创造申请专利的权利属于该单位;申请被批准后,该单位为专利权人。该单位可以依法处置其职务发明创造申请专利的权利和专利权,促进相关发明创造的实施和运用。

非职务发明创造,申请专利的权利属于发明人或者设计人。申请被批准后,该发明人或者设计人为专利权人。

利用本单位的物质技术条件所完成的发明创造,单位与发明人或者设计人订有合同,对申请专利的权利和专利权的归属作出约定的,从其约定。

第七条 对发明人或者设计人的非职务发明创造专利申请,任何单位或者个人不得压制。

第八条 两个以上单位或者个人合作完成的发明创造、一个单位或者个人接受其他单位或者个人委托所完成的发明创造,除另有协议的以外,申请专利的权利属于完成或者共同完成的单位或者个人;申请被批准后,申请的单位或者个人为专利权人。

第十条 专利申请权和专利权可以转让。

中国单位或者个人向外国人、外国企业或者外国其他组织转让专利申请权或者专利权的,应当依照有关法律、行政法规的规定办理手续。

转让专利申请权或者专利权的,当事人应当订立书面合同,并向国务院专利行政部门登记,由国务院专利行政部门予以公告。专利申请权或者专利权的转让自登记之日起生效。

7 专利的申请权是否可以转让?

【律师解答】

可以转让。专利的申请权,是指就某一项技术具有向专利局提出专利申请的权利,专利的申请权和专利权都可以依法转让。一项发明创造的专利申请权转让后,让与人不能再就同一发明创造自己提出专利申请,也无权再将该发明创造的专利申请权转让给第三人。需要注意的是,专利申请权转让后,让与人转让的只是受让人有权针对此专利继续进行申请的权利,不能从根本上保证受让人未来一定能够成为受让发明创造的专利权人。

【参考依据】

《专利法》

第十条 专利申请权和专利权可以转让。

中国单位或者个人向外国人、外国企业或者外国其他组织转让专利申请权或者专利权的,应当依照有关法律、行政法规的规定办理手续。

转让专利申请权或者专利权的,当事人应当订立书面合同,并向国务院专利行政部门登记,由国务院专利行政部门予以公告。专利申请权或者专利权的转让自登记之日起生效。

8 哪些主体可以成为专利发明人?发明人可以是多个人吗?

【律师解答】

专利发明人必须是自然人;可以多人同时作为发明人。《专利法》所称的发明人或者设计人是指对发明创造的实质性特点作出创造性贡献的人。专利的发明人和设计人都应当是自然人,不能是单位或者集体。在申请专利时,请求书中的发明人不得填写成单位或者集体,发明人应当使用本人真实姓名,不得使用笔名或者其他非正式的姓名。如果是数人共同作出的发明创造,应当将所有的人都列入发明人。

【参考依据】

《专利法实施细则》

第十三条 专利法所称发明人或者设计人,是指对发明创造的实质性特点作出创造性贡献的人。在完成发明创造过程中,只负责组织工作的人、为物质技术条件的利用提供方便的人或者从事其他辅助工作的人,不是发明人或者设计人。

9 一个专利是否可以有两个或两个以上的专利权人?

【律师解答】

可以。当两个以上主体共同合作完成一项发明创造时,共同完成的主体均有权就该发明创造提出专利申请。但一个发明创造只能授予一项专利权,两个以上主体只能作为共同申请人提出专利申请,当该专利申请获得授权后,专利权由两个以上主体共同所有。

律师建议，多个专利权人共有专利时应当提前对相关事项进行书面约定，即签订合同以避免纠纷。

【参考依据】

《专利法》

第八条 两个以上单位或者个人合作完成的发明创造、一个单位或者个人接受其他单位或者个人委托所完成的发明创造，除另有协议的以外，申请专利的权利属于完成或者共同完成的单位或者个人；申请被批准后，申请的单位或者个人为专利权人。

10 员工利用单位资源完成的发明创造，如何认定专利权人？

【律师解答】

一般情况下，员工主要利用本单位的物质技术条件完成的发明创造属于职务发明，专利的申请权归属于单位，申请被批准后，该单位为专利权人；但如果单位和员工之间订有合同并对专利权归属作出约定，从其约定。

【参考依据】

《专利法》

第六条 执行本单位的任务或者主要是利用本单位的物质技术条件所完成的发明创造为职务发明创造。职务发明创造申请专利的权利属于该单位；申请被批准后，该单位为专利权人。该单位可以依法处置其职务发明创造申请专利的权利和专利权，促进相关发明创造的实施和运用。

非职务发明创造，申请专利的权利属于发明人或者设计人；申请被批准后，该发明人或者设计人为专利权人。

利用本单位的物质技术条件所完成的发明创造，单位与发明人或者设计人订有合同，对申请专利的权利和专利权的归属作出约定的，从其约定。

11 员工如果将利用单位资源完成的发明创造以自己的名义申请专利，单位应当如何救济？

【律师解答】

发生此种情形，单位可以向人民法院起诉要求确认专利权归单位所有。但如果双方已经明确约定了此种情形下员工有权自己申报，则法院可能驳回单位的诉讼请求。根据法律规定，员工主要利用本单位的物质技术条件完成的发明创造属于职务发明，在单位与员工没有特殊约定时，专利的申请权归属于单位，申请被批准后，该单位为专利权人。

【参考依据】

《专利法》

第六条 执行本单位的任务或者主要是利用本单位的物质技术条件所完成的发明创造为职务发明创造。职务发明创造申请专利的权利属于该单位，申请被批准后，该单位为专利权人。该单位可以依法处置其职务发明创造申请专利的权利和专利权，促进相关发明创造的实施和运用。

非职务发明创造，申请专利的权利属于发明人或者设计人；申请被批准后，该发明人或者设计人为专利权人。

利用本单位的物质技术条件所完成的发明创造，单位与发明人或者设计人订有合同，对申请专利的权利和专利权的归属作出约定的，从其约定。

12 单位对职务发明创造的发明人或设计人是否应给予奖励或报酬？

【律师解答】

应当给予奖励或报酬。

(1)单位可以与员工约定或依法制定规章制度规定奖励或报酬。

(2)单位未与员工事先约定且单位没有制度规定时，专利被授予后，无论是否实施，单位应当自专利权公告之日起 3 个月内发给发明人或者设计人奖金(一项发明专利的奖金不少于 3000 元，一项实用新型专利或者外观设计专利的奖金不少于 1000 元)。

(3)如果专利被授予后实施该专利,单位每年应当从实施该项发明或者实用新型专利的营业利润中提取不低于2%或者从实施该项外观设计专利的营业利润中提取不低于0.2%,作为报酬给予发明人或者设计人,或者参照上述比例,给予发明人或者设计人一次性报酬;被授予专利权的单位许可其他单位或者个人实施其专利的,应当从收取的使用费中提取不低于10%,作为报酬给予发明人或者设计人。

(4)在该职务发明创造同时属于职务科技成果转化的情形下,科技成果完成单位未规定、也未与科技人员约定奖励和报酬的方式和数额的,关于转化后的收益如何分配,我国《促进科技成果转化法》规定了最低分配比例,但各省市对此规定不尽相同,给员工的最高分配比例可能超过70%。故建议公司对此提前与员工进行约定。

具体标准如表7、表8所示。

表7　职务发明创造的奖励、报酬标准

专利类型	奖励标准	报酬标准	
		自行实施	许可他人实施
发明专利	不少于3000元	实施该项发明或者实用新型专利的营业利润中提取不低于2%;或者参照上述比例,给予发明人或者设计人一次性报酬	从收取的使用费中提取不低于10%
实用新型专利	不少于1000元		
外观设计专利	不少于1000元	从实施该项外观设计专利的营业利润中提取不低于0.2%;或者参照上述比例,给予发明人或者设计人一次性报酬	

表8　科技成果转化的奖励、报酬标准

科技成果转化方式	科技人员的奖励、报酬
转让、许可给他人实施	从该项科技成果转让净收入或者许可净收入中提取不低于50%的比例
利用该项职务科技成果作价投资	从该项科技成果形成的股份或者出资比例中提取不低于50%的比例
自行实施或者与他人合作实施	在实施转化成功投产后连续3~5年,每年从实施该项科技成果的营业利润中提取不低于5%的比例

【参考依据】

《专利法》

第十五条 被授予专利权的单位应当对职务发明创造的发明人或者设计人给予奖励;发明创造专利实施后,根据其推广应用的范围和取得的经济效益,对发明人或者设计人给予合理的报酬。

国家鼓励被授予专利权的单位实行产权激励,采取股权、期权、分红等方式,使发明人或者设计人合理分享创新收益。

《促进科技成果转化法》

第二条 本法所称科技成果,是指通过科学研究与技术开发所产生的具有实用价值的成果。职务科技成果,是指执行研究开发机构、高等院校和企业等单位的工作任务,或者主要是利用上述单位的物质技术条件所完成的科技成果。

本法所称科技成果转化,是指为提高生产力水平而对科技成果所进行的后续试验、开发、应用、推广直至形成新技术、新工艺、新材料、新产品,发展新产业等活动。

第四十四条 职务科技成果转化后,由科技成果完成单位对完成、转化该项科技成果做出重要贡献的人员给予奖励和报酬。

科技成果完成单位可以规定或者与科技人员约定奖励和报酬的方式、数额和时限。单位制定相关规定,应当充分听取本单位科技人员的意见,并在本单位公开相关规定。

第四十五条 科技成果完成单位未规定、也未与科技人员约定奖励和报酬的方式和数额的,按照下列标准对完成、转化职务科技成果做出重要贡献的人员给予奖励和报酬:

(一)将该项职务科技成果转让、许可给他人实施的,从该项科技成果转让净收入或者许可净收入中提取不低于百分之五十的比例;

(二)利用该项职务科技成果作价投资的,从该项科技成果形成的股份或者出资比例中提取不低于百分之五十的比例;

(三)将该项职务科技成果自行实施或者与他人合作实施的,应当在实施转化成功投产后连续三至五年,每年从实施该项科技成果的营业利润中提取不低于百分之五的比例。

国家设立的研究开发机构、高等院校规定或者与科技人员约定奖励和报酬的方式和数额应当符合前款第一项至第三项规定的标准。

国有企业、事业单位依照本法规定对完成、转化职务科技成果做出重要贡献的人员给予奖励和报酬的支出计入当年本单位工资总额，但不受当年本单位工资总额限制、不纳入本单位工资总额基数。

《专利法实施细则》

第七十六条 被授予专利权的单位可以与发明人、设计人约定或者在其依法制定的规章制度中规定专利法第十六条规定的奖励、报酬的方式和数额。

企业、事业单位给予发明人或者设计人的奖励、报酬，按照国家有关财务、会计制度的规定进行处理。

第七十七条 被授予专利权的单位未与发明人、设计人约定也未在其依法制定的规章制度中规定专利法第十六条规定的奖励的方式和数额的，应当自专利权公告之日起3个月内发给发明人或者设计人奖金。一项发明专利的奖金最低不少于3000元；一项实用新型专利或者外观设计专利的奖金最低不少于1000元。

由于发明人或者设计人的建议被其所属单位采纳而完成的发明创造，被授予专利权的单位应当从优发给奖金。

第七十八条 被授予专利权的单位未与发明人、设计人约定也未在其依法制定的规章制度中规定专利法第十六条规定的报酬的方式和数额的，在专利权有效期限内，实施发明创造专利后，每年应当从实施该项发明或者实用新型专利的营业利润中提取不低于2%或者从实施该项外观设计专利的营业利润中提取不低于0.2%，作为报酬给予发明人或者设计人，或者参照上述比例，给予发明人或者设计人一次性报酬；被授予专利权的单位许可其他单位或者个人实施其专利的，应当从收取的使用费中提取不低于10%，作为报酬给予发明人或者设计人。

13 产品制造方法可以申请专利吗?

【律师解答】

产品制造方法可以申请专利。发明，是指对产品、方法或者其改进所提出的新的技术方案。发明分为产品发明和方法发明两大类型。方法发明包括所有利用自然规律的方法，又可以分为制造方法和操作使用方法两种类型，如对加工方法、制造工艺、测试方法或产品使用方法等所作出的发明。因此,产品的制造方法属于发明专利的保护客体,在不违反法律禁止性规定、不属于《专利法》规定的不授予专利权的情形时,产品制造方法可以申请专利。

【参考依据】

《专利法》

第二条 本法所称的发明创造是指发明、实用新型和外观设计。

发明,是指对产品、方法或者其改进所提出的新的技术方案。

实用新型,是指对产品的形状、构造或者其结合所提出的适于实用的新的技术方案。

外观设计,是指对产品的整体或者局部的形状、图案或者其结合以及色彩与形状、图案的结合所作出的富有美感并适于工业应用的新设计。

14 药物是否可以申请专利?在申请过程中应注意哪些问题?

【律师解答】

药物可以申请专利。

在新药研发、制备和生产过程中,可能产生以下不同类别、不同内容的专利(见表9)。

表9 药物专利类型

专利类型	内容分类
产品专利	化合物专利
	晶型专利
	制剂专利
	组合物专利
方法专利	制备方法专利
	分析方法专利

续表

专利类型	内容分类
用途专利	用途
	新适应症
	用法用量
其他专利	制药设备
	生产装置
	医疗器具
	药品包装

但是在药物研发过程的不同阶段,有不同的专利申请的侧重点。一般当发现某种新活性、新化合物时,首先申请产品专利,产品专利往往是一种药物的核心专利,也是最有价值的专利,因此应当尽量在研发前期完成;随着药理研究、临床试验的开展与深入,则会产生一些方法专利和用途专利,一般在新药研发的后期申请。此外,因研发某药物还可能对制药设备、装置、器具、外包装等产生发明创造,也可以根据产品特点和需求申请发明、实用新型或外观设计专利。

在申请专利时,发明人首先应确定申请哪一类别的专利;其次应尽早申请专利,申请时提供自己的药物发明具有创造性、新颖性、实用性的证明材料;最后应在申请过程中注意采取保密措施。

【参考依据】

《专利法》

第二十二条 授予专利权的发明和实用新型,应当具备新颖性、创造性和实用性。

新颖性,是指该发明或者实用新型不属于现有技术;也没有任何单位或者个人就同样的发明或者实用新型在申请日以前向国务院专利行政部门提出过申请,并记载在申请日以后公布的专利申请文件或者公告的专利文件中。

创造性,是指与现有技术相比,该发明具有突出的实质性特点和显著的进步,该实用新型具有实质性特点和进步。

实用性,是指该发明或者实用新型能够制造或者使用,并且能够产生积极效果。

本法所称现有技术,是指申请日以前在国内外为公众所知的技术。

15 疾病治疗方法是否可以申请专利?

【律师解答】

不可以申请专利。因为治疗方法直接以人体或动物为直接实施对象,无法在产业上利用,不属于专利法意义上的发明创造。

【参考依据】

《专利法》

第二十五条 对下列各项,不授予专利权:

(一)科学发现;

(二)智力活动的规则和方法;

(三)疾病的诊断和治疗方法;

(四)动物和植物品种;

(五)原子核变换方法以及用原子核变换方法获得的物质;

(六)对平面印刷品的图案、色彩或者二者的结合作出的主要起标识作用的设计。

对前款第(四)项所列产品的生产方法,可以依照本法规定授予专利权。

16 没有固定形状的产品可以申请实用新型专利吗?

【律师解答】

没有固定形状的产品不可以申请实用新型专利。根据我国《专利法》的规定,实用新型专利只保护产品。产品是经过产业方法制造的,有确定形状、构造且占据一定空间的实体。产品的形状,是指产品所具有的、可以从外部观察到的确定的空间形状。无确定形状的产品,如气态、液态、粉末状、颗粒状的物质或材料,其形状不能作为实用新型产品的形状特征。因此,产品若没有固定形状,则不属于实用新型的保护客体,也就无法申请实用新型专利。

【参考依据】

《专利法》

第二条 本法所称的发明创造是指发明、实用新型和外观设计。

发明，是指对产品、方法或者其改进所提出的新的技术方案。

实用新型，是指对产品的形状、构造或者其结合所提出的适于实用的新的技术方案。

外观设计，是指对产品的形状、图案或者其结合以及色彩与形状、图案的结合所作出的富有美感并适于工业应用的新设计。

17 哪些机构可以办理专利代理业务?

【律师解答】

在我国，可以办理专利代理业务的机构有两种：一种是专门从事专利代理业务的、具备相关专利代理资质的专利代理机构；另一种是具有相关专利代理资质的律师事务所。

(1)专利代理机构的组织形式通常有合伙企业和有限责任公司两种形式。合伙企业、有限责任公司形式的专利代理机构从事专利代理业务应当具备下列条件：①有符合法律、行政法规规定的专利代理机构名称；②有书面合伙协议或者公司章程；③有独立的经营场所；④合伙人、股东符合国家有关规定。

(2)律师事务所申请办理执业许可证的，应当具备下列条件：①有独立的经营场所；②有两名以上合伙人或者专职律师具有专利代理师资格证。

【参考依据】

《专利代理条例》

第七条 专利代理机构的组织形式应当为合伙企业、有限责任公司等。

第八条 合伙企业、有限责任公司形式的专利代理机构从事专利代理业务应当具备下列条件：

(一)有符合法律、行政法规规定的专利代理机构名称；

(二)有书面合伙协议或者公司章程；

（三）有独立的经营场所；

（四）合伙人、股东符合国家有关规定。

第二十九条 外国专利代理机构在中华人民共和国境内设立常驻代表机构，须经国务院专利行政部门批准。

第三十条 律师事务所可以依据《中华人民共和国律师法》、《中华人民共和国民事诉讼法》等法律、行政法规开展与专利有关的业务，但从事代理专利申请、宣告专利权无效业务应当遵守本条例规定，具体办法由国务院专利行政部门商国务院司法行政部门另行制定。

《专利代理管理办法》

第八条 任何单位、个人未经许可，不得代理专利申请和宣告专利权无效等业务。

第九条 专利代理机构的组织形式应当为合伙企业、有限责任公司等。合伙人、股东应当为中国公民。

第十条 合伙企业形式的专利代理机构申请办理执业许可证的，应当具备下列条件：

（一）有符合法律、行政法规和本办法第十四条规定的专利代理机构名称；

（二）有书面合伙协议；

（三）有独立的经营场所；

（四）有两名以上合伙人；

（五）合伙人具有专利代理师资格证，并有两年以上专利代理师执业经历。

第十一条 有限责任公司形式的专利代理机构申请办理执业许可证的，应当具备下列条件：

（一）有符合法律、行政法规和本办法第十四条规定的专利代理机构名称；

（二）有书面公司章程；

（三）有独立的经营场所；

（四）有五名以上股东；

（五）五分之四以上股东以及公司法定代表人具有专利代理师资格证，并有两年以上专利代理师执业经历。

第十二条 律师事务所申请办理执业许可证的，应当具备下列条件：

（一）有独立的经营场所；

（二）有两名以上合伙人或者专职律师具有专利代理师资格证。

第十四条 专利代理机构只能使用一个名称。除律师事务所外，专利代理机构的名称中应当含有“专利代理”或者“知识产权代理”等字样。专利代理机构分支机构的名称由专利代理机构全名称、分支机构所在城市名称或者所在地区名称和“分公司”或者“分所”等组成。

专利代理机构的名称不得在全国范围内与正在使用或者已经使用过的专利代理机构的名称相同或者近似。

律师事务所申请办理执业许可证的，可以使用该律师事务所的名称。

第十五条 申请专利代理机构执业许可证的，应当通过专利代理管理系统向国家知识产权局提交申请书和下列申请材料：

（一）合伙企业形式的专利代理机构应当提交营业执照、合伙协议和合伙人身份证件扫描件；

（二）有限责任公司形式的专利代理机构应当提交营业执照、公司章程和股东身份证件扫描件；

（三）律师事务所应当提交律师事务所执业许可证和具有专利代理师资格证的合伙人、专职律师身份证件扫描件。

申请人应当对其申请材料实质内容的真实性负责。必要时，国家知识产权局可以要求申请人提供原件进行核实。法律、行政法规和国务院决定另有规定的除外。

18 外国主体在中国申请专利必须委托代理机构办理吗？

【律师解答】

不是必须。要分以下两种情况确定：

（1）在中国没有经常居所或营业所的外国公司在中国申请商标注册和办理其他商标事宜的，应当委托依法设立的商标代理机构办理。

（2）在中国有经常居所的外国公司，可以自行办理，也可以委托依法设立的专利代理机构办理。应注意，外国企业在中国依法设立的独资分公司为中国企业，并非其在中国的营业所。

因专利申请专业而繁杂，又需要办理许多手续，在审查过程中要能够及时、妥善答复审查意见通知书，因此在经济条件允许的情况下，最好能够委托专业的专利代理机构办理专利事务。

【参考依据】

《专利法》

第十八条 在中国没有经常居所或者营业所的外国人、外国企业或者外国其他组织在中国申请专利和办理其他专利事务的，应当委托依法设立的专利代理机构办理。

中国单位或者个人在国内申请专利和办理其他专利事务的，可以委托依法设立的专利代理机构办理。

专利代理机构应当遵守法律、行政法规，按照被代理人的委托办理专利申请或者其他专利事务；对被代理人发明创造的内容，除专利申请已经公布或者公告的以外，负有保密责任。专利代理机构的具体管理办法由国务院规定。

19 公司的发明创造在中国被授予专利，在国外能否获得保护？

【律师解答】

公司的发明创造在中国被授予专利，在国外无法直接获得保护，专利申请人可就其发明创造向其他国家的专利局提出专利申请。

向其他国家申请专利有两条途径，分别是向目标国专利局直接递交申请和通过《专利合作条约》(Patent Cooperation Treaty，PCT)途径递交申请。

(1)如果申请人打算向少数几个国家申请，则去目标国专利局直接申请即可，如果目标国是《保护工业产权巴黎公约》的成员国和《与贸易有关的知识产权协定》(TRIPs 协定)的成员，我国申请人可依照公约、条约、我国与该国的双边协定或者互惠原则、享有该国的国民待遇以及相应的优先权，但一般需委托当地国专利代理机构办理有关专利申请等事务，这和外国专利申请人在我国申请专利的要求一样。

(2)如果申请人希望申请多个国家的专利，并且这些国家属于 PCT 的缔约国，就可通过 PCT 途径递交国际申请，达到简化程序和节约成本的目的。通过 PCT 途径向其他国家或地区的专利局递交的专利申请即专利国际申请。

【参考依据】

《保护工业产权巴黎公约》

第四条之二 专利:在不同国家就同一发明取得的专利是相互独立的

(1)本联盟国家的国民向本联盟各国申请的专利,与在其他国家,不论是否本联盟的成员国,就同一发明所取得的专利是互相独立的。

《专利合作条约》(PCT)

第3条 国际申请

(1)在任何缔约国,保护发明的申请都可以按照本条约作为国际申请提出。

20 我国单位或个人如何提起专利国际申请?

【律师解答】

我国的单位或个人在国内递交专利申请后,通过向我国专利局提出PCT国际申请,即专利国际申请。

《专利合作条约》(PCT)是专门规定专利国际申请的条约。

根据PCT的规定,国际申请程序包括国际和国家两个阶段:国际阶段包括国际申请的受理、形式审查、国际检索、国际公布等必经程序和可选择的国际初步审查程序。国家阶段包括办理进入国家阶段的手续和在指定国专利局的审批程序。

我国的单位或个人在国内递交专利申请后如果提出PCT国际申请,在国际阶段除由世界知识产权组织(WIPO)国际局进行国际公布外,其他程序都在我国专利局进行。但其后的国内阶段则在指定国专利局依照指定国专利法的具体规定进行。

【参考依据】

《专利合作条约》(PCT)

第10条 受理局

国际申请应向规定的受理局提出。该受理局应按本条约和细则的规定对国际申请进行检查和处理。

第12条 将国际申请送交国际局和国际检索单位

(1)按照细则的规定,国际申请一份由受理局保存(“受理本”),一份送交国际局(“登记本”),另一份送交第16条所述的主管国际检索单位(“检索本”)。

第13条 向指定局提供国际申请副本

(1)任何指定局可以要求国际局在按第20条规定送达之前将一份国际申请副本送交该局,国际局应在从优先权日起一年期满后尽快将一份国际申请副本送交该指定局。

第15条 国际检索

(1)每一国际申请都应经过国际检索。

第17条 国际检索单位的程序

(2)(a)如果国际检索单位认为:

(i)国际申请涉及的内容按细则的规定不要求国际检索单位检索,而且该单位对该特定案件决定不作检索;或者

(ii)说明书、权利要求书或附图不符合规定要求,以至于不能进行有意义的检索的;上述检索单位应作相应的宣布,并通知申请人和国际局将不作出国际检索报告。

(b)如果(a)所述的任何一种情况仅存在于某些权利要求,国际检索报告中应对这些权利要求加以相应的说明,而对其他权利要求则应按第18条的规定作出国际检索报告。

(3)(a)如果国际检索单位认为国际申请不符合细则中规定的发明单一性的要求,该检索单位应要求申请人缴纳附加费。国际检索单位应对国际申请的权利要求中首先提到的发明(“主要发明”)部分作出国际检索报告;在规定期限内付清要求的附加费后,再对国际申请中已经缴纳该项费用的发明部分作出国际检索报告。

(b)指定国的本国法可以规定,如果该国的国家局认为(a)所述的国际检索单位的要求是正当的,而申请人并未付清所有应缴纳的附加费,国际申请中因此而未经检索的部分,就其在该国的效力而言,除非申请人向该国的国家局缴纳特别费用,即被视为撤回。

第21条 国际公布

(1)国际局应公布国际申请。

第22条 向指定局提供副本、译本和缴纳费用

(1)申请人应在不迟于自优先权日起30个月届满之日,向每个指定局提供国

际申请的副本(除非已按第20条的规定送达)及其译本(按照规定)各一份,并缴纳国家费用(如果有这种费用的话)。如果指定国的本国法要求写明发明人的姓名和其他规定的事项,但准许在提出国家申请之后提供这些说明的,除请求书中已包括这些说明外,申请人应在不迟于自优先权日起的30个月届满之日,向该国或代表该国的国家局提供上述说明。

(2)如果国际检索单位按照第17条(2)(a)的规定,宣布不作出国际检索报告,则完成(1)所述各项行为的期限与(1)所规定的期限相同。

(3)为完成本条(1)或(2)所述的行为,任何缔约国的本国法可以另行规定期限,该期限可以在前两款规定的期限之后届满。

第31条 要求国际初步审查

(1)经申请人要求,对国际申请应按下列规定和细则进行国际初步审查。

21 哪些情形可以在申请专利时优先审查?

【律师解答】

专利的优先审查,是为符合规定的发明、实用新型、外观设计专利提供的优先于一般专利审查的快速通道。

在专利申请或复审时有下列情形的,可以请求优先审查:

(1)涉及节能环保、新一代信息技术、生物、高端装备制造、新能源、新材料、新能源汽车、智能制造等国家重点发展产业;

(2)涉及各省级和设区的市级人民政府重点鼓励的产业;

(3)涉及互联网、大数据、云计算等领域且技术或者产品更新速度快;

(4)专利申请人或者复审请求人已经做好实施准备或者已经开始实施,或者有证据证明他人正在实施其发明创造;

(5)就相同主题首次在中国提出专利申请又向其他国家或者地区提出申请的该中国首次申请;

(6)其他对国家利益或者公共利益具有重大意义需要优先审查。

当国家知识产权局同意进行优先审查专利申请,应当自同意之日起,发明专利申请在45日内发出第一次审查意见通知书,并在1年内结案;实用新型和外观设计专利申请在2个月内结案。

【参考依据】

《专利优先审查管理办法》

第三条 有下列情形之一的专利申请或者专利复审案件,可以请求优先审查:

(一)涉及节能环保、新一代信息技术、生物、高端装备制造、新能源、新材料、新能源汽车、智能制造等国家重点发展产业;

(二)涉及各省级和设区的市级人民政府重点鼓励的产业;

(三)涉及互联网、大数据、云计算等领域且技术或者产品更新速度快;

(四)专利申请人或者复审请求人已经做好实施准备或者已经开始实施,或者有证据证明他人正在实施其发明创造;

(五)就相同主题首次在中国提出专利申请又向其他国家或者地区提出申请的该中国首次申请;

(六)其他对国家利益或者公共利益具有重大意义需要优先审查。

第十条 国家知识产权局同意进行优先审查的,应当自同意之日起,在以下期限内结案:

(一)发明专利申请在四十五日内发出第一次审查意见通知书,并在一年内结案;

(二)实用新型和外观设计专利申请在两个月内结案;

(三)专利复审案件在七个月内结案;

(四)发明和实用新型专利无效宣告案件在五个月内结案,外观设计专利无效宣告案件在四个月内结案。

22 专利权包括哪些内容?

【律师解答】

专利权的核心是独占实施,其权利内容包含以下几个方面:

(1)制造权。制造权,是指专利权人享有独占地制造专利产品、禁止他人未经其许可制造与专利产品相同或相似的产品垄断权。制造专利产品是专利权人拥有的一种排他性的权利,除法律另有规定外,在何单位和个人非经专利权人许可不得擅自制造专利产品,否则即构成专利侵权。专利权人可以依法自己行使制造权,也可将其在一定范围内许可他人行使,并收取一定使用费。

(2)使用权。使用权,是指专利权人享有的使用专利产品或专利方法及依照专利方法直接获得的产品的专有权。但是对于外观设计专利,使用权并非专利权人的独占权利。

(3)许诺销售权。许诺销售权,是指专利权人有明确表示愿意出售具有权利要求所述技术特征的专利产品以及禁止他人未经专利权人许可许诺销售变利产品的权利。

(4)销售权。销售权,是指专利权人享有的独自销售专利产品或依照专利方法直接获得的产品的权利。

(5)进口权。进口权,是指除法律另有规定外,专利权人享有自己进口或禁止他人未经许可为制造、许诺销售、销售、使用等生产经营目的进口其专利产品或进口依照其专利方法直接获得的产品的权利。

(6)转让权。转让权,是指专利申请权人和专利权人享有将其权利依法转让给他人的权利。

(7)许可权。许可权,是指专利权人享有的许可他人实施其专利的权利。根据法律规定,任何单位或者个人实施他人专利的,应当与专利权人订立实施许可合同,向专利权人支付专利使用费。被许可人无权允许合同约定以外的任何单位或者个人实施该专利。

(8)标记权。标记权,是指专利权人享有的在其专利产品或该产品包装上标明专利标记和专利号的权利。关于专利标记的具体内容和要求,现无统一规定,专利权人可以自行标记。

(9)署名权。署名权,是指发明人或设计人享有在专利申请文件和专利文件中写明自己是发明人或设计人的权利。署名权是与发明人的人身不可分离的人格权,只能由发明人或设计人享有,不可转让和继承。

【参考依据】

《专利法》

第十一条 发明和实用新型专利权被授予后,除本法另有规定的以外,任何单位或者个人未经专利权人许可,都不得实施其专利,即不得为生产经营目的制造、使用、许诺销售、销售、进口其专利产品,或者使用其专利方法以及使用、许诺销售、销售、进口依照该专利方法直接获得的产品。

外观设计专利权被授予后，任何单位或者个人未经专利权人许可，都不得实施其专利，即不得为生产经营目的制造、许诺销售、销售、进口其外观设计专利产品。

第十二条　任何单位或者个人实施他人专利的，应当与专利权人订立实施许可合同，向专利权人支付专利使用费。被许可人无权允许合同规定以外的任何单位或者个人实施该专利。

第十六条　发明人或者设计人有权在专利文件中写明自己是发明人或者设计人。

专利权人有权在其专利产品或者该产品的包装上标明专利标识。

《最高人民法院关于审理侵犯专利权纠纷案件应用法律若干问题的解释(二)》

第十九条　产品买卖合同依法成立的，人民法院应当认定属于专利法第十一条规定的销售。

第二十条　对于将依照专利方法直接获得的产品进一步加工、处理而获得的后续产品，进行再加工、处理的，人民法院应当认定不属于专利法第十一条规定的"使用依照该专利方法直接获得的产品"。

《最高人民法院关于审理专利纠纷案件适用法律问题的若干规定》

第十八条　专利法第十一条、第六十九条所称的许诺销售，是指以做广告、在商店橱窗中陈列或者在展销会上展出等方式作出销售商品的意思表示。

23　签署专利转让合同是否代表专利权已经发生转移？

【律师解答】

签署专利转让合同后，专利权不能当然发生转移，还须经过国家知识产权局登记并公告，专利权才发生转移。

专利转让合同属于技术转让合同的一种。转让专利时，应当订立书面合同，并向国务院专利行政部门登记，并予以公告，专利申请权或者专利权的转让自登记之日起生效。

【参考依据】

《民法典》

第八百六十二条　技术转让合同是合法拥有技术的权利人，将现有特定的专利、专利申请、技术秘密的相关权利让与他人所订立的合同。

技术许可合同是合法拥有技术的权利人，将现有特定的专利、技术秘密的相关权利许可他人实施、使用所订立的合同。

技术转让合同和技术许可合同中关于提供实施技术的专用设备、原材料或者提供有关的技术咨询、技术服务的约定，属于合同的组成部分。

《专利法》

第十条 专利申请权和专利权可以转让。

中国单位或者个人向外国人、外国企业或者外国其他组织转让专利申请权或者专利权的，应当依照有关法律、行政法规的规定办理手续。

转让专利申请权或者专利权的，当事人应当订立书面合同，并向国务院专利行政部门登记，由国务院专利行政部门予以公告。专利申请权或者专利权的转让自登记之日起生效。

24 专利如何授权他人实施？

【律师解答】

专利可以通过签订实施许可协议的方式许可他人实施，专利实施许可一般可以分为六种类型：独占实施许可、排他实施许可、普通实施许可、交叉实施许可、分实施许可及专利开放许可。

(1)独占实施许可，是指许可人在约定许可实施专利的范围内，将该专利仅许可一个被许可人实施，许可人依约定不得实施该专利。

(2)排他实施许可，是指许可人在约定许可实施专利的范围内，将该专利仅许可一个被许可人实施，但许可人依约定可以自行实施该专利。

(3)普通实施许可，是指许可人在约定许可实施专利的范围内许可他人实施该专利，并且可以自行实施该专利。

(4)交叉实施许可，是指两个专利人互相许可对方实施自己的专利。

(5)分实施许可，是指被许可人与专利权人协商约定，被许可人除了在规定范围内使用许可方的专利外，可以再许可第三人全部或部分实施专利。分许可是在原许可基础上产生的，因此须取得许可人的同意。

(6)专利开放许可。这是2021年新《专利法》增加的一种许可方式,是指权利人在获得专利权后以书面方式向国家专利行政部门提出开放许可要约,由国家专利行政部门予以公告,在专利开放许可期内,任何单位或个人或可以按照该专利开放许可的条件获得专利实施许可,但应当按照公告规定的许可使用费的支付方式和标准支付许可使用费。

【参考依据】

《民法典》

第八百六十二条 技术转让合同是合法拥有技术的权利人,将现有特定的专利、专利申请、技术秘密的相关权利让与他人所订立的合同。

技术许可合同是合法拥有技术的权利人,将现有特定的专利、技术秘密的相关权利许可他人实施、使用所订立的合同。

技术转让合同和技术许可合同中关于提供实施技术的专用设备、原材料或者提供有关的技术咨询、技术服务的约定,属于合同的组成部分。

第八百七十四条 受让人或者被许可人按照约定实施专利、使用技术秘密侵害他人合法权益的,由让与人或者许可人承担责任,但是当事人另有约定的除外。

《专利法》

第十二条 任何单位或者个人实施他人专利的,应当与专利权人订立实施许可合同,向专利权人支付专利使用费。被许可人无权允许合同规定以外的任何单位或者个人实施该专利。

第五十条 专利权人自愿以书面方式向国务院专利行政部门声明愿意许可任何单位或者个人实施其专利,并明确许可使用费支付方式、标准的,由国务院专利行政部门予以公告,实行开放许可。就实用新型、外观设计专利提出开放许可声明的,应当提供专利权评价报告。

专利权人撤回开放许可声明的,应当以书面方式提出,并由国务院专利行政部门予以公告。开放许可声明被公告撤回的,不影响在先给予的开放许可的效力。

第五十一条 任何单位或者个人有意愿实施开放许可的专利的,以书面方式通知专利权人,并依照公告的许可使用费支付方式、标准支付许可使用费后,即获得专利实施许可。

开放许可实施期间,对专利权人缴纳专利年费相应给予减免。

实行开放许可的专利权人可以与被许可人就许可使用费进行协商后给予普通

许可,但不得就该专利给予独占或者排他许可。

《最高人民法院关于审理技术合同纠纷案件适用法律若干问题的解释》

第二十五条 专利实施许可包括以下方式:

(一)独占实施许可,是指许可人在约定许可实施专利的范围内,将该专利仅许可一个被许可人实施,许可人依约定不得实施该专利;

(二)排他实施许可,是指许可人在约定许可实施专利的范围内,将该专利仅许可一个被许可人实施,但许可人依约定可以自行实施该专利;

(三)普通实施许可,是指许可人在约定许可实施专利的范围内许可他人实施该专利,并且可以自行实施该专利。

当事人对专利实施许可方式没有约定或者约定不明确的,认定为普通实施许可。专利实施许可合同约定被许可人可以再许可他人实施专利的,认定该再许可为普通实施许可,但当事人另有约定的除外。

技术秘密的许可使用方式,参照本条第一、二款的规定确定。

第二十六条 专利实施许可合同许可人负有在合同有效期内维持专利权有效的义务,包括依法缴纳专利年费和积极应对他人提出宣告专利权无效的请求,但当事人另有约定的除外。

第二十七条 排他实施许可合同许可人不具备独立实施其专利的条件,以一个普通许可的方式许可他人实施专利的,人民法院可以认定为许可人自己实施专利,但当事人另有约定的除外。

25 专利权人将专利以独占许可的方式许可给他人后,专利权人将受到何种限制?

【律师解答】

专利权人将专利以独占许可的方式许可给他人后,专利权人不可以在约定实施独占许可的范围内继续实施该专利。

独占实施许可,是指被许可人在合同约定的时间和地域范围内,独占性拥有许可方专利使用权,排斥包括许可方在内的一切人使用。具有以下特征:

(1)在合同约定的时间和地域范围内,被许可人获得完全的专利使用权。其相当于是在合同约定范围内的完全转让。

(2)专利权人根据合同约定暂时丧失专利使用权。即专利权人不能再将专利许可他人实施,同时也不能够自己使用该发明创造专利。

(3)被许可人必须按照合同约定向许可方支付报酬。

【参考依据】

《最高人民法院关于审理技术合同纠纷案件适用法律若干问题的解释》

第二十五条 专利实施许可包括以下方式:

(一)独占实施许可,是指许可人在约定许可实施专利的范围内,将该专利仅许可一个被许可人实施,许可人依约定不得实施该专利;

(二)排他实施许可,是指许可人在约定许可实施专利的范围内,将该专利仅许可一个被许可人实施,但许可人依约定可以自行实施该专利;

(三)普通实施许可,是指许可人在约定许可实施专利的范围内许可他人实施该专利,并且可以自行实施该专利。

当事人对专利实施许可方式没有约定或者约定不明确的,认定为普通实施许可。专利实施许可合同约定被许可人可以再许可他人实施专利的,认定该再许可为普通实施许可,但当事人另有约定的除外。

技术秘密的许可使用方式,参照本条第一、二款的规定确定。

26 签订专利实施许可合同但未向专利行政管理部门进行备案,是否影响合同生效?

【律师解答】

不影响合同生效。根据我国法律规定,签订实施许可合同之后,应当自合同生效之日起3个月内向国务院专利行政部门备案。因此该备案程序,不影响合同的生效和履行。

专利实施许可合同备案工作是为了切实保护专利权、规范交易行为、促进专利实施而对专利实施许可进行管理的一种行政手段。备案后该专利的实施许可信息会对公众可见,有利于保护专利实施许可当事人的合法权益。

【参考依据】

《专利法实施细则》

第十四条 除依照专利法第十条规定转让专利权外，专利权因其他事由发生转移的，当事人应当凭有关证明文件或者法律文书向国务院专利行政部门办理专利权转移手续。

专利权人与他人订立的专利实施许可合同，应当自合同生效之日起3个月内向国务院专利行政部门备案。

以专利权出质的，由出质人和质权人共同向国务院专利行政部门办理出质登记。

27 专利权是否可以质押？

【律师解答】

专利权可以质押，质权自国家知识产权局登记时设立。根据《民法典》的规定，可以转让的专利权中的财产权可以出质；根据《专利权法》的规定，专利申请权和专利权可以转让。因此，专利权人享有专利转让权和专利实施许可权，这两者都是专利权中的财产权，都可以作为权利质权的标的。

专利权质押，是指专利权人以专利权作为债权的担保，当债务人（专利权人）不能履行债务时，债权人有权依照法定程序将该专利权折价或转让、拍卖所得价款优先清偿债务。以专利权出质的，出质人与质权人应当订立书面质押合同。

另外，在专利权质押合同生效后，专利权不发生转移，仍属于出质人所有。根据法律规定，质押系债务人向债权人转移某项财产的占有权以作为履行担保的法律关系，仅转移占有权，不转移所有权。因此，在专利权质押合同生效后，专利权不发生转移，仍属于出质人所有。

【参考依据】

《民法典》

第二百一十五条 当事人之间订立有关设立、变更、转让和消灭不动产物权的合同，除法律另有规定或者当事人另有约定外，自合同成立时生效；未办理物权登记的，不影响合同效力。

第四百二十五条 为担保债务的履行，债务人或者第三人将其动产出质给债权人占有的，债务人不履行到期债务或者发生当事人约定的实现质权的情形，债权人有权就该动产优先受偿。

前款规定的债务人或者第三人为出质人，债权人为质权人，交付的动产为质押财产。

第四百四十条 债务人或者第三人有权处分的下列权利可以出质：

（一）汇票、本票、支票；

（二）债券、存款单；

（三）仓单、提单；

（四）可以转让的基金份额、股权；

（五）可以转让的注册商标专用权、专利权、著作权等知识产权中的财产权；

（六）现有的以及将有的应收账款；

（七）法律、行政法规规定可以出质的其他财产权利。

《专利法实施细则》

第十四条 除依照专利法第十条规定转让专利权外，专利权因其他事由发生转移的，当事人应当凭有关证明文件或者法律文书向国务院专利行政部门办理专利权转移手续。

专利权人与他人订立的专利实施许可合同，应当自合同生效之日起3个月内向国务院专利行政部门备案。

以专利权出质的，由出质人和质权人共同向国务院专利行政部门办理出质登记。

28 在他人专利申请日之前，制造与他人申请的专利相同的产品，是否构成侵犯专利权？

【律师解答】

关于专利申请日之前，制造与他人申请的专利相同的产品，是否构成侵犯专利权，应当分情形讨论：

（1）如果涉诉产品在专利申请日前就已经在市场上公开流通，说明该产品属于现有技术，已经丧失新颖性，则不构成侵犯专利权。

(2)在他人专利申请日前已经制造相同产品、使用相同方法或者已经做好制造、使用的必要准备,并且仅在原有范围内继续制造、使用的,不视为侵犯专利权;但如果超出原范围使用,仍构成侵犯专利权。

【参考依据】

《专利法》

第六十七条 在专利侵权纠纷中,被控侵权人有证据证明其实施的技术或者设计属于现有技术或者现有设计的,不构成侵犯专利权。

第七十五条 有下列情形之一的,不视为侵犯专利权:

……

(二)在专利申请日前已经制造相同产品、使用相同方法或者已经作好制造、使用的必要准备,并且仅在原有范围内继续制造、使用的;

……

29 在他人发明专利申请日后、专利公告前这段时间内,制造与他人申请的专利相同的产品,是否构成侵犯专利权?

【律师解答】

这种情形不构成侵权。侵犯专利权的基础是具有有效的专利权。在发明专利申请日以后至专利申请公开前,专利申请人仅仅是提出了专利申请,该申请尚未公开,能否获得授权还需要经过国家知识产权局的审查才能确定。这时,专利申请人不具有专利权人的属性,所以无权禁止他人生产与其专利申请相同的产品,也无权对他人的行为提出侵权诉讼。但是我国《专利法》规定了发明专利申请的临时保护,即发明专利申请公布后,如有人实施该发明,则可以要求实施者支付适当的费用。

【参考依据】

《专利法》

第十三条 发明专利申请公布后,申请人可以要求实施其发明的单位或者个人支付适当的费用。

《最高人民法院关于审理侵犯专利权纠纷案件应用法律若干问题的解释(二)》

第十八条 权利人依据专利法第十三条诉请在发明专利申请公布日至授权公告日期间实施该发明的单位或者个人支付适当费用的,人民法院可以参照有关专利许可使用费合理确定。

发明专利申请公布时申请人请求保护的范围与发明专利公告授权时的专利权保护范围不一致,被诉技术方案均落入上述两种范围的,人民法院应当认定被告在前款所称期间内实施了该发明;被诉技术方案仅落入其中一种范围的,人民法院应当认定被告在前款所称期间内未实施该发明。

发明专利公告授权后,未经专利权人许可,为生产经营目的使用、许诺销售、销售在本条第一款所称期间内已由他人制造、销售、进口的产品,且该他人已支付或者书面承诺支付专利法第十三条规定的适当费用的,对于权利人关于上述使用、许诺销售、销售行为侵犯专利权的主张,人民法院不予支持。

30 公司购买并使用了第三人使用侵犯他人专利权的技术生产的设备,是否构成专利侵权?

【律师解答】

这种情形构成专利侵权行为,但是公司如果不知道或不应知道其使用的是第三人未经专利权人许可而制造并售出的专利侵权产品,并且能证明该产品合法来源,可以免于承担赔偿责任,但可能承担停止侵权、承担权利人合理支出的责任。

根据最高人民法院裁判观点,合法来源抗辩仅是免除赔偿责任的抗辩,而非不侵权抗辩;销售者的合法来源抗辩成立,既不改变销售侵权产品这一行为的侵权性质,也不免除停止销售侵权产品的责任,仍应承担权利人为获得停止侵害救济所支付的合理开支。

根据法律规定,应当同时满足主观和客观两个要件,才适用合法来源抗辩:

(1)主观要件:实际不知道且不应当知道其使用、许诺销售或者销售的产品是专利侵权产品。

(2)客观要件:能够提供合法来源,即通过合法的销售渠道、通常的买卖合同等正常商业方式取得产品。对于合法来源，使用者、许诺销售者或者销售者应当提供符合交易习惯的相关证据。

【参考依据】

《专利法》

第十一条 发明和实用新型专利权被授予后，除本法另有规定的以外，任何单位或者个人未经专利权人许可，都不得实施其专利，即不得为生产经营目的制造、使用、许诺销售、销售、进口其专利产品，或者使用其专利方法以及使用、许诺销售、销售、进口依照该专利方法直接获得的产品。

外观设计专利权被授予后，任何单位或者个人未经专利权人许可，都不得实施其专利，即不得为生产经营目的制造、许诺销售、销售、进口其外观设计专利产品。

第七十七条 为生产经营目的使用、许诺销售或者销售不知道是未经专利权人许可而制造并售出的专利侵权产品，能证明该产品合法来源的，不承担赔偿责任。

《最高人民法院关于审理侵犯专利权纠纷案件应用法律若干问题的解释(二)》

第二十五条 为生产经营目的使用、许诺销售或者销售不知道是未经专利权人许可而制造并售出的专利侵权产品，且举证证明该产品合法来源的，对于权利人请求停止上述使用、许诺销售、销售行为的主张，人民法院应予支持，但被诉侵权产品的使用者举证证明其已支付该产品的合理对价的除外。

本条第一款所称不知道，是指实际不知道且不应当知道。

本条第一款所称合法来源，是指通过合法的销售渠道、通常的买卖合同等正常商业方式取得产品。对于合法来源，使用者、许诺销售者或者销售者应当提供符合交易习惯的相关证据。

《最高人民法院知识产权案件年度报告(2019)》(摘要)

12. 销售者合法来源抗辩成立时权利人维权合理开支的承担

在上诉人广州市速锐机械设备有限公司与被上诉人深圳市和力泰科技有限公司、原审被告广东快女生物技术有限公司侵害实用新型专利权纠纷案[(2019)最高法知民终25号]中，最高人民法院指出，合法来源抗辩仅是免除赔偿责任的抗辩，而非不侵权抗辩；销售者的合法来源抗辩成立，既不改变销售侵权产品这一行为的侵权性质，也不免除停止销售侵权产品的责任，仍应承担权利人为获得停止侵害救济所支付的合理开支。

31 公司未按时缴纳年费导致专利过期,他人使用专利会构成侵权吗?

【律师解答】

公司专利未按时缴纳年费导致专利过期,意味着专利权在期限届满前终止,因此他人使用专利不会构成侵权。

专利年费,是专利权人为维持其专利权的有效性而必须承担的义务。授予专利权当年的年费的缴纳期限是自当事人收到专利局办理登记手续通知书之日起2个月内,期满未缴纳或未缴足的,视为放弃取得专利权。以后的年费应当在上一年度期满前缴纳,缴费期限届满日是申请日在该年的相应日。

实践中,除申请当年的年费以外,以后的年费未在期满前缴纳的,并不当然失去专利权。根据国家知识产权局相关规定,专利权人未按时缴纳年费(不包括授予专利权当年的年费)或者缴纳的数额不足的,可以在年费期满之日起6个月内补缴,补缴时间超过规定期限但不足1个月时,不缴纳滞纳金。补缴时间超过规定时间1个月或以上的,缴纳按照下述计算方法算出的相应数额的滞纳金:

(1)超过规定期限1个月(不含1个整月)至2个月(含2个整月)的,缴纳数额为全额年费的5%。

(2)超过规定期限2~3个月(含3个整月)的,缴纳数额为全额年费的10%。

(3)超过规定期限3~4个月(含4个整月)的,缴纳数额为全额年费的15%。

(4)超过规定期限4~5个月(含5个整月)的,缴纳数额为全额年费的20%。

(5)超过规定期限5~6个月的,缴纳数额为全额年费的25%。

因此,如果在宽展期限内仍未按规定缴纳年费、滞纳金导致专利过期,他人使用其专利不属于侵犯专利权。

(具体专利年费计算见表10,实用新型、外观设计专利年费计算见表11。)

表 10　发明专利年费计算参考

单位:元

		1~3 年	4~6 年	7~9 年	10~12 年	13~15 年	16~20 年
应缴年费金额	年费标准值	900	1200	2000	4000	6000	8000
	减 70% 年费标准值	270	360	600	1200	1800	2400
	减 85% 年费标准值	135	180	300	600	900	1200
5% 滞纳金	应缴纳的滞纳金数额	45	60	100	200	300	400
	年费标准值 + 滞纳金	945	1260	2100	4200	6300	8400
	减 70% 年费标准值 + 滞纳金	315	420	700	1400	2100	2800
	减 85% 年费标准值 + 滞纳金	180	240	400	800	1200	1600
10% 滞纳金	应缴纳的滞纳金数额	90	120	200	400	600	800
	年费标准值 + 滞纳金	990	1320	2200	4400	6600	8800
	减 70% 年费标准值 + 滞纳金	360	480	800	1600	2400	3200
	减 85% 年费标准值 + 滞纳金	225	300	500	1000	1500	2000
15% 滞纳金	应缴纳的滞纳金数额	135	180	300	600	900	1200
	年费标准值 + 滞纳金	1035	1380	2300	4600	6900	9200
	减 70% 年费标准值 + 滞纳金	405	540	900	1800	2700	3600
	减 85% 年费标准值 + 滞纳金	270	360	600	1200	1800	2400
20% 滞纳金	应缴纳的滞纳金数额	180	240	400	800	1200	1600
	年费标准值 + 滞纳金	1080	1440	2400	4800	7200	9600
	减 70% 年费标准值 + 滞纳金	450	600	1000	2000	3000	4000
	减 85% 年费标准值 + 滞纳金	315	420	700	1400	2100	2800
25% 滞纳金	应缴纳的滞纳金数额	225	300	500	1000	1500	2000
	年费标准值 + 滞纳金	1125	1500	2500	5000	7500	10000
	减 70% 年费标准值 + 滞纳金	495	660	1100	2200	3300	4400
	减 85% 年费标准值 + 滞纳金	360	480	800	1600	2400	3200

表 11　实用新型、外观设计专利年费计算参考

单位:元

		1~3 年	4~5 年	6~8 年	9~10 年
应缴年费金额	年费标准值	600	900	1200	2000
	减 70% 年费标准值	180	270	360	600
	减 85% 年费标准值	90	135	180	300
5% 滞纳金	应缴纳的滞纳金数额	30	45	60	2100
	年费标准值 + 滞纳金	630	945	1260	700
	减 70% 年费标准值 + 滞纳金	210	315	420	400
	减 85% 年费标准值 + 滞纳金	120	180	240	200
10% 滞纳金	应缴纳的滞纳金数额	60	90	120	200
	年费标准值 + 滞纳金	660	990	1320	2200
	减 70% 年费标准值 + 滞纳金	240	360	480	800
	减 85% 年费标准值 + 滞纳金	150	225	300	500
15% 滞纳金	应缴纳的滞纳金数额	90	135	180	300
	年费标准值 + 滞纳金	690	1035	1380	2300
	减 70% 年费标准值 + 滞纳金	270	405	540	900
	减 85% 年费标准值 + 滞纳金	180	270	360	600
20% 滞纳金	应缴纳的滞纳金数额	120	180	240	400
	年费标准值 + 滞纳金	720	1080	1440	2400
	减 70% 年费标准值 + 滞纳金	300	450	600	1000
	减 85% 年费标准值 + 滞纳金	210	315	420	700
25% 滞纳金	应缴纳的滞纳金数额	150	225	300	500
	年费标准值 + 滞纳金	750	1125	1500	2500
	减 70% 年费标准值 + 滞纳金	330	495	660	1100
	减 85% 年费标准值 + 滞纳金	240	360	480	800

【参考依据】

《专利法》

第四十三条 专利权人应当自被授予专利权的当年开始缴纳年费。

第四十四条 有下列情形之一的,专利权在期限届满前终止:

(一)没有按照规定缴纳年费的;

(二)专利权人以书面声明放弃其专利权的。

专利权在期限届满前终止的,由国务院专利行政部门登记和公告。

《国家发展改革委、财政部关于重新核发国家知识产权局行政事业性收费标准等有关问题的通知》

一、专利收费标准

(一)专利收费标准(国内部分)

国家知识产权局收取的专利收费标准(国内部分)按《专利收费标准国内部分》(附件1)规定执行。

对经济困难的专利申请人或专利权人的专利收费减缴按照《专利收费减缴办法》有关规定执行。

(二)PCT专利申请收费标准

国家知识产权局收取的PCT专利申请收费标准按《PCT专利申请收费标准》(附件2)有关规定执行。

(三)国家知识产权局在为其他国家和地区的专利申请提供检索和审查服务时,收取的专利收费标准按双方约定执行。

国家知识产权局《专利和集成电路布图设计缴费服务指南》

9.年费

授予专利权当年的年费的缴纳期限是自当事人收到专利局办理登记手续通知书之日起两个月内,期满未缴纳或未缴足的,视为放弃取得专利权。以后的年费应当在上一年度期满前缴纳,缴费期限届满日是申请日在该年的相应日。

10.滞纳金

(1)专利权人未按时缴纳年费(不包括授予专利权当年的年费)或者缴纳的数额不足的,可以在年费期满之日起六个月内补缴,补缴时间超过规定期限但不足一个月时,不缴纳滞纳金。补缴时间超过规定时间一个月或以上的,缴纳按照下述计算方法算出的相应数额的滞纳金:

a. 超过规定期限一个月(不含一整月)至两个月(含两个整月)的,缴纳数额为全额年费的5%。

b. 超过规定期限两个月至三个月(含三个整月)的,缴纳数额为全额年费的10%。

c. 超过规定期限三个月至四个月(含四个整月)的,缴纳数额为全额年费的15%。

d. 超过规定期限四个月至五个月(含五个整月)的,缴纳数额为全额年费的20%。

e. 超过规定期限五个月至六个月的,缴纳数额为全额年费的25%。

(2)首次缴纳数额不足时年费滞纳金的计算:专利权人再次补缴时,应依照实际补缴日所在滞纳金时段内的滞纳金标准,补足应缴纳的全部年费滞纳金。例如,年费滞纳金5%的缴纳时段为5月5日至6月5日,滞纳金为45元,但缴费人仅缴纳了25元。缴费人在6月7日补缴滞纳金时,应依照实际缴费日所对应的滞纳期时段的标准10%缴纳,该时段滞纳金为90元,所以缴费人还应补缴滞纳金65元。

32 专利被侵权后有哪些救济途径?

【律师解答】

专利权被侵犯的救济途径一般包括以下四种:

(1)自力救济。权利人发现专利权被侵犯时,可以通过协商解决。协商可以是由双方当事人自行协商,也可以委托调解机构进行调解。协商成功的,双方应当签订和解或赔偿协议;协商未成的,被侵权人可以依法起诉。

(2)民事救济。权利人发现专利权被侵犯时,可以直接以专利权被侵权为由向有管辖权的人民法院提起民事诉讼,要求侵权人承担停止侵权、赔偿损失等民事责任。

(3)行政救济。权利人发现专利权被侵犯时,可以以专利权被侵权为由向管理专利工作的部门投诉。管理专利工作的部门处理时,认定侵权行为成立的,可以责令侵权人立即停止侵权行为;同时,权利人可以请求相应管理专利工作的部门就侵犯专利权的赔偿数额进行调解。

(4)刑事救济。假冒专利构成犯罪的,被侵权人可以以假冒专利罪为由向公安机关报案,追究相关单位及主要犯罪人员的刑事责任。

【参考依据】

《专利法》

第六十五条　未经专利权人许可,实施其专利,即侵犯其专利权,引起纠纷的,由当事人协商解决;不愿协商或者协商不成的,专利权人或者利害关系人可以向人民法院起诉,也可以请求管理专利工作的部门处理。管理专利工作的部门处理时,认定侵权行为成立的,可以责令侵权人立即停止侵权行为,当事人不服的,可以自收到处理通知之日起十五日内依照《中华人民共和国行政诉讼法》向人民法院起诉;侵权人期满不起诉又不停止侵权行为的,管理专利工作的部门可以申请人民法院强制执行。进行处理的管理专利工作的部门应当事人的请求,可以就侵犯专利权的赔偿数额进行调解;调解不成的,当事人可以依照《中华人民共和国民事诉讼法》向人民法院起诉。

第六十八条　假冒专利的,除依法承担民事责任外,由负责专利执法的部门责令改正并予公告,没收违法所得,可以处违法所得五倍以下的罚款;没有违法所得或者违法所得在五万元以下的,可以处二十五万元以下的罚款;构成犯罪的,依法追究刑事责任。

第七十一条　侵犯专利权的赔偿数额按照权利人因被侵权所受到的实际损失或者侵权人因侵权所获得的利益确定;权利人的损失或者侵权人获得的利益难以确定的,参照该专利许可使用费的倍数合理确定。对故意侵犯专利权,情节严重的,可以在按照上述方法确定数额的一倍以上五倍以下确定赔偿数额。

权利人的损失、侵权人获得的利益和专利许可使用费均难以确定的,人民法院可以根据专利权的类型、侵权行为的性质和情节等因素,确定给予三万元以上五百万元以下的赔偿。

赔偿数额还应当包括权利人为制止侵权行为所支付的合理开支。

人民法院为确定赔偿数额,在权利人已经尽力举证,而与侵权行为相关的账簿、资料主要由侵权人掌握的情况下,可以责令侵权人提供与侵权行为相关的账簿、资料;侵权人不提供或者提供虚假的账簿、资料的,人民法院可以参考权利人的主张和提供的证据判定赔偿数额。

《最高人民法院关于审理侵犯专利权纠纷案件应用法律若干问题的解释(二)》

第二十五条 为生产经营目的使用、许诺销售或者销售不知道是未经专利权人许可而制造并售出的专利侵权产品,且举证证明该产品合法来源的,对于权利人请求停止上述使用、许诺销售、销售行为的主张,人民法院应予支持,但被诉侵权产品的使用者举证证明其已支付该产品的合理对价的除外。

本条第一款所称不知道,是指实际不知道且不应当知道。

本条第一款所称合法来源,是指通过合法的销售渠道、通常的买卖合同等正常商业方式取得产品。对于合法来源,使用者、许诺销售者或者销售者应当提供符合交易习惯的相关证据。

第二十六条 被告构成对专利权的侵犯,权利人请求判令其停止侵权行为的,人民法院应予支持,但基于国家利益、公共利益的考量,人民法院可以不判令被告停止被诉行为,而判令其支付相应的合理费用。

《刑法》

第二百一十六条 假冒他人专利,情节严重的,处三年以下有期徒刑或者拘役,并处或者单处罚金。

《最高人民法院、最高人民检察院关于办理侵犯知识产权刑事案件具体应用法律若干问题的解释》

第四条 假冒他人专利,具有下列情形之一的,属于刑法第二百一十六条规定的"情节严重",应当以假冒专利罪判处三年以下有期徒刑或者拘役,并处或者单处罚金:

(一)非法经营数额在二十万元以上或者违法所得数额在十万元以上的;

(二)给专利权人造成直接经济损失五十万元以上的;

(三)假冒两项以上他人专利,非法经营数额在十万元以上或者违法所得数额在五万元以上的;

(四)其他情节严重的情形。

第十条 实施下列行为之一的,属于刑法第二百一十六条规定的"假冒他人专利"的行为:

(一)未经许可,在其制造或者销售的产品、产品的包装上标注他人专利号的;

(二)未经许可,在广告或者其他宣传材料中使用他人的专利号,使人将所涉及的技术误认为是他人专利技术的;

（三）未经许可，在合同中使用他人的专利号，使人将合同涉及的技术误认为是他人专利技术的；

（四）伪造或者变造他人的专利证书、专利文件或者专利申请文件的。

第二章　商　标　法

1　哪些主体可以申请注册商标？

【律师解答】

自然人、法人或非法人组织都可以申请注册商标。按照目前国家市场监督管理总局商标局的申请规则，自然人申请商标时需为个体工商户的负责人、个人合伙的合伙人、农村承包经营户的签约人或其他依法获准从事经营活动的自然人。

办理商标注册申请，应当提交下列文件：

（1）商标注册申请书。每一件商标注册申请应当向提交商标注册申请书 1 份。商品或者服务项目名称应当按照商品和服务分类表中的类别号、名称填写；商品或者服务项目名称未列入商品和服务分类表的，应当附送对该商品或者服务的说明。

（2）申请人身份证明文件复印件。

（3）委托商标代理机构办理的，应当提交商标代理委托书。

（4）商标图样。

（5）要求优先权的，应当提交书面声明，并同时提交或在申请之日起 3 个月内提交优先权证明文件，包括原件和完整的中文译文。

（6）将他人肖像作为商标图样进行注册申请的，应当予以说明，并附送肖像权人的授权书。自然人将自己的肖像作为商标图样进行注册申请的，应当予以说明，不须附送授权书。

（7）申请人提交的各种证件、证明文件和证据材料是外文的，应当附送中文译文；未附送的，视为未提交该证件、证明文件或者证据材料。

（8）国内自然人办理商标注册申请的，除按照有关规定提交商标注册申请书、商标图样等材料外，还应当注意符合《自然人办理商标注册申请注意事项》的相关

要求,即:

①个体工商户可以以其个体工商户营业执照登记的字号作为申请人名义提出商标注册申请,也可以以执照上登记的负责人名义提出商标注册申请。以负责人名义提出申请时应提交以下材料的复印件:负责人的身份证;营业执照。

②个人合伙可以以其营业执照登记的字号或有关主管机关登记文件登记的字号作为申请人名义提出商标注册申请,也可以以全体合伙人的名义共同提出商标注册申请。以全体合伙人的名义共同提出申请时应提交以下材料的复印件:合伙人的身份证;营业执照;合伙协议。

③农村承包经营户可以以其承包合同签约人的名义提出商标注册申请,申请时应提交以下材料的复印件:签约人身份证;承包合同。

④其他依法获准从事经营活动的自然人,可以以其在有关行政主管机关颁发的登记文件中登载的经营者名义提出商标注册申请,申请时应提交以下材料的复印件:经营者的身份证;有关行政主管机关颁发的登记文件。

【参考依据】

《商标法》

第四条 自然人、法人或者其他组织在生产经营活动中,对其商品或者服务需要取得商标专用权的,应当向商标局申请商标注册。不以使用为目的的恶意商标注册申请,应当予以驳回。

本法有关商品商标的规定,适用于服务商标。

《商标法实施条例》

第十三条 申请商标注册,应当按照公布的商品和服务分类表填报。每一件商标注册申请应当向商标局提交《商标注册申请书》1 份、商标图样 1 份;以颜色组合或者着色图样申请商标注册的,应当提交着色图样,并提交黑白稿 1 份;不指定颜色的,应当提交黑白图样。

商标图样应当清晰,便于粘贴,用光洁耐用的纸张印制或者用照片代替,长和宽应当不大于 10 厘米,不小于 5 厘米。

以三维标志申请商标注册的,应当在申请书中予以声明,说明商标的使用方式,并提交能够确定三维形状的图样,提交的商标图样应当至少包含三面视图。

以颜色组合申请商标注册的,应当在申请书中予以声明,说明商标的使用方式。

以声音标志申请商标注册的,应当在申请书中予以声明,提交符合要求的声音样本，对申请注册的声音商标进行描述，说明商标的使用方式。对声音商标进行描述，应当以五线谱或者简谱对申请用作商标的声音加以描述并附加文字说明；无法以五线谱或者简谱描述的，应当以文字加以描述；商标描述与声音样本应当一致。

申请注册集体商标、证明商标的，应当在申请书中予以声明，并提交主体资格证明文件和使用管理规则。

商标为外文或者包含外文的，应当说明含义。

第十五条 商品或者服务项目名称应当按照商品和服务分类表中的类别号、名称填写；商品或者服务项目名称未列入商品和服务分类表的，应当附送对该商品或者服务的说明。

商标注册申请等有关文件以纸质方式提出的，应当打字或者印刷。

本条第二款规定适用于办理其他商标事宜。

《自然人办理商标注册申请注意事项》

依照《中华人民共和国商标法》第四条的规定，从事生产、制造、加工、拣选、经销商品或者提供服务的自然人，需要取得商标专用权的，应当向商标局申请商标注册。以自然人名义办理商标注册、转让等申请事宜，除按照有关规定提交《商标注册申请书》、商标图样等材料外，还应注意以下事项：

一、个体工商户可以以其《个体工商户营业执照》登记的字号作为申请人名义提出商标注册申请，也可以以执照上登记的负责人名义提出商标注册申请。以负责人名义提出申请时应提交以下材料的复印件：

（一）负责人的身份证；

（二）营业执照。

二、个人合伙可以以其《营业执照》登记的字号或有关主管机关登记文件登记的字号作为申请人名义提出商标注册申请，也可以以全体合伙人的名义共同提出商标注册申请。以全体合伙人的名义共同提出申请时应提交以下材料的复印件：

（一）合伙人的身份证；

（二）营业执照；

（三）合伙协议。

三、农村承包经营户可以以其承包合同签约人的名义提出商标注册申请，申请时应提交以下材料的复印件：

（一）签约人身份证；

（二）承包合同。

四、其他依法获准从事经营活动的自然人，可以以其在有关行政主管机关颁发的登记文件中登载的经营者名义提出商标注册申请，申请时应提交以下材料的复印件：

（一）经营者的身份证；

（二）有关行政主管机关颁发的登记文件。

五、自然人提出商标注册申请的商品和服务范围，应以其在营业执照或有关登记文件核准的经营范围为限，或者以其自营的农副产品为限。

六、对于不符合《商标法》第四条规定的商标注册申请，商标局不予受理并书面通知申请人。

申请人提供虚假材料取得商标注册的，由商标局撤销该注册商标。

七、办理转让商标申请，受让人为自然人的，应参照上述事项办理。

2 申请人是否可以在多个类别的商品或服务项上申请注册同一商标？

【律师解答】

商标注册申请人可以就多个类别的商品或服务项申请注册同一商标。但是商标每申请办理任何一项注册事宜都视为一件申请，应提交办理相应事宜的申请文件，并按规定缴纳费用。

中国作为尼斯联盟成员，采用《商标注册用商品和服务国际分类》（尼斯分类）。现行尼斯分类将商品和服务分成45个大类，其中商品为第1～34类，服务为第35～45类。虽然商标申请时应该按类申请，即每个商标只能选择其中一个大类别，但是可以选择同一类别中的不同群组的商品或服务，每件商标申请中最多可以选择10个商标或者服务，超过的也应当另行提交申请文件。

【参考依据】

《商标法》

第二十二条　商标注册申请人应当按规定的商品分类表填报使用商标的商品类别和商品名称，提出注册申请。

商标注册申请人可以通过一份申请就多个类别的商品申请注册同一商标。

商标注册申请等有关文件,可以以书面方式或者数据电文方式提出。

3 哪些标志不可以申请商标?

【律师解答】

任何具有可识别性、显著性的文字、图形、字母、数字、三维标志、颜色组合和声音等,以及上述要素的组合,均可以作为商标申请注册。但仅有本商品的通用名称、图形、型号的,仅直接表示商品的质量、主要原料、功能、用途、重量、数量及其他特点的,或者其他缺乏显著性的不得作为商标注册。但上述情况下经过使用取得显著特征,并便于识别的,可以作为商标注册。

另外,法律还规定了下列情形禁止作为商标使用:

(1)同中华人民共和国的国家名称、国旗、国徽、国歌、军旗、军徽、军歌、勋章等相同或者近似的,以及同中央国家机关的名称、标志、所在地特定地点的名称或者标志性建筑物的名称、图形相同的;

(2)同外国的国家名称、国旗、国徽、军旗等相同或者近似的,但经该国政府同意的除外;

(3)同政府间国际组织的名称、旗帜、徽记等相同或者近似的,但经该组织同意或者不易误导公众的除外;

(4)与表明实施控制、予以保证的官方标志、检验印记相同或者近似的,但经授权的除外;

(5)同"红十字""红新月"的名称、标志相同或者近似的;

(6)带有民族歧视性的;

(7)带有欺骗性,容易使公众对商品的质量等特点或者产地产生误认的;

(8)有害于社会主义道德风尚或者有其他不良影响的。

县级以上行政区划的地名或者公众知晓的外国地名,不得作为商标。但是,地名具有其他含义或者作为集体商标、证明商标组成部分的除外;已经注册的使用地名的商标继续有效。

【参考依据】

《商标法》

第八条 任何能够将自然人、法人或者其他组织的商品与他人的商品区别开的标志,包括文字、图形、字母、数字、三维标志、颜色组合和声音等,以及上述要素的组合,均可以作为商标申请注册。

第九条 申请注册的商标,应当有显著特征,便于识别,并不得与他人在先取得的合法权利相冲突。

商标注册人有权标明"注册商标"或者注册标记。

第十条 下列标志不得作为商标使用:

(一)同中华人民共和国的国家名称、国旗、国徽、国歌、军旗、军徽、军歌、勋章等相同或者近似的,以及同中央国家机关的名称、标志、所在地特定地点的名称或者标志性建筑物的名称、图形相同的;

(二)同外国的国家名称、国旗、国徽、军旗等相同或者近似的,但经该国政府同意的除外;

(三)同政府间国际组织的名称、旗帜、徽记等相同或者近似的,但经该组织同意或者不易误导公众的除外;

(四)与表明实施控制、予以保证的官方标志、检验印记相同或者近似的,但经授权的除外;

(五)同"红十字"、"红新月"的名称、标志相同或者近似的;

(六)带有民族歧视性的;

(七)带有欺骗性,容易使公众对商品的质量等特点或者产地产生误认的;

(八)有害于社会主义道德风尚或者有其他不良影响的。

县级以上行政区划的地名或者公众知晓的外国地名,不得作为商标。但是,地名具有其他含义或者作为集体商标、证明商标组成部分的除外;已经注册的使用地名的商标继续有效。

第十一条 下列标志不得作为商标注册:

(一)仅有本商品的通用名称、图形、型号的;

(二)仅直接表示商品的质量、主要原料、功能、用途、重量、数量及其他特点的;

(三)其他缺乏显著特征的。

前款所列标志经过使用取得显著特征,并便于识别的,可以作为商标注册。

4 两个以上的不同主体能否共同拥有一个商标?

【律师解答】

两个以上不同主体可以共有一个商标,但是在商标局登记备案时,需要在主体中指定一个作为代表人,没有指定代表人的,将以申请书上列明的第一个主体为代表人。

共同注册商标的权利人共有一个商标,意味着一个商标的多个所有人就该商标行使权利时必须采取联合行动,如在进行商标许可使用、转让等行为时,需要所有商标共有人同意。如果共有商标的所有人之一未经其他所有人同意将该商标许可、转让他人,即构成对其他共有人利益的损害,其他共有人有权要求其停止侵权。

【参考依据】

《商标法》

第五条 两个以上的自然人、法人或者其他组织可以共同向商标局申请注册同一商标,共同享有和行使该商标专用权。

《商标法实施条例》

第十六条 共同申请注册同一商标或者办理其他共有商标事宜的,应当在申请书中指定一个代表人;没有指定代表人的,以申请书中顺序排列的第一人为代表人。

商标局和商标评审委员会的文件应当送达代表人。

5 公司在生产、经营活动中必须申请注册商标吗?

【律师解答】

公司在生产、经营活动中,除法律、行政法规规定必须使用注册商标的商品以外,其他商品和服务并不要求必须申请商标。目前,现有法律、行政法规规定必须申请注册商标的商品是烟草类产品。

根据《烟草专卖法》第 19 条的规定:“卷烟、雪茄烟和有包装的烟丝必须申请商标注册,未经核准注册的,不得生产、销售。禁止生产、销售假冒他人注册商标的烟草制品。”由此可见，生产、销售烟草类产品必须先申请商标注册，未核准注册的，不得在市场上流通。

律师建议，当法律有强制性规定必须注册商标时，须按照法律规定依法注册并使用，否则将可能被处以高额罚款；无强制性规定的，也建议公司在生产经营中及时申请商标，一方面可以及时将自己的商标、宣传名称固定下来，避免造成运营成本的浪费；另一方面，也可以避免遭受他人抢注自己在先使用的商标。

【参考依据】

《商标法》

第六条 法律、行政法规规定必须使用注册商标的商品，必须申请商标注册，未经核准注册的，不得在市场销售。

第五十一条 违反本法第六条规定的，由地方工商行政管理部门责令限期申请注册，违法经营额五万元以上的，可以处违法经营额百分之二十以下的罚款，没有违法经营额或者违法经营额不足五万元的，可以处一万元以下的罚款。

《烟草专卖法》

第十九条第一款 卷烟、雪茄烟和有包装的烟丝必须申请商标注册，未经核准注册的，不得生产、销售。禁止生产、销售假冒他人注册商标的烟草制品。

6 公司能否使用正在注册中的商标？

【律师解答】

可以，但须注意避免侵犯他人在先的商标、字号、著作权、外观设计等权利。一般来讲，尚未注册成功一般是指提出商标申请后至注册公告之前的这段时间。我国法律并未禁止未经注册不得使用，但规定了商标权利的原始取得以在先申请为原则。所以，尚未注册的商标可以使用，但并不享有法律规定的商标权利，并不能受到《商标法》的保护，也容易遭到他人抢注。故在此期间，公司可以使用尚未注册成功的商标，但是需注意以下几点：(1)使用未注册商标不得违反禁止性规定；(2)不得侵犯他人在先的权利；(3)不得冒充注册商标。

律师建议：使用未注册的商标的法律风险很大，有可能造成对他人在先商标权、字号权、著作权、外观设计等权利的侵害,甚至被他人索赔,也不利于保护自己的商标权益,因此在使用没有被注册的商标前需要进行检索,谨慎使用未注册成功的商标,防范侵权的法律风险。

【参考依据】

《商标法》

第四条 自然人、法人或者其他组织在生产经营活动中,对其商品或者服务需要取得商标专用权的,应当向商标局申请商标注册。不以使用为目的的恶意商标注册申请,应当予以驳回。

本法有关商品商标的规定,适用于服务商标。

第三十二条 申请商标注册不得损害他人现有的在先权利,也不得以不正当手段抢先注册他人已经使用并有一定影响的商标。

《最高人民法院关于审理商标授权确权行政案件若干问题的规定》

第十八条 商标法第三十二条规定的在先权利,包括当事人在诉争商标申请日之前享有的民事权利或者其他应予保护的合法权益。诉争商标核准注册时在先权利已不存在的,不影响诉争商标的注册。

7 商标在国外申请注册后,还可以在国内申请注册吗?

【律师解答】

商标首次在国外申请注册后又在国内申请注册,一般会出现以下三种情形:

(1)申请人商标首次在国外注册后,如果国内还没有主体就同一个商标申请注册,那么可以直接在国内申请注册。

(2)如果申请人已经在国外提出申请,有其他主体就同一个商标先于其在中国提出了注册申请,那么其可以通过积极主张优先权达到优先于其他申请人申请的目的。但就同一个商标在国外申请注册后又在国内主张优先权必须同时满足以下三个条件:①必须在外国首次申请之日起6个月内;②两国之间必须有协议、共同参加的国际条约或相互承认优先权;③必须提出商标注册申请的时候提出书面声明,并且在3个月内提交第一次提出的商标注册申请文件的副本。

(3)如果就同一个商标,其他主体在国内申请时间在前,申请人首次在国外提出申请时间在后,那么申请人一般无法在国内提出注册申请,甚至不能在国内使用,因为这时已经存在侵犯他人商标专用权的风险;但是如果其他主体申请后未能注册成功,申请人仍可以及时申请注册。

律师建议:申请人如果想要在国内使用某一商标,那么一旦在外国第一次提出商标注册申请,应当及时在国内也申请注册;如果发现首次在国外提出申请后,有其他主体在国内申请注册,一定要积极主张优先权;如果无法满足主张优先权的条件,仍不想失去该商标,还可以通过提出商标异议、商标连续3年不使用可撤销、商标无效宣告以及诉讼等途径来积极主张自己的权益。

【参考依据】

《商标法》

第四条 自然人、法人或者其他组织在生产经营活动中,对其商品或者服务需要取得商标专用权的,应当向商标局申请商标注册。不以使用为目的的恶意商标注册申请,应当予以驳回。

本法有关商品商标的规定,适用于服务商标。

第二十五条 商标注册申请人自其商标在外国第一次提出商标注册申请之日起六个月内,又在中国就相同商品以同一商标提出商标注册申请的,依照该外国同中国签订的协议或者共同参加的国际条约,或者按照相互承认优先权的原则,可以享有优先权。

依照前款要求优先权的,应当在提出商标注册申请的时候提出书面声明,并且在三个月内提交第一次提出的商标注册申请文件的副本;未提出书面声明或者逾期未提交商标注册申请文件副本的,视为未要求优先权。

8 我国主体如何申请国外注册商标?

【律师解答】

申请国外注册商标,有以下两种途径:

(1)直接向目标国家的商标行政管理部门提出商标注册申请,按照目标国的规定办理申请注册手续。

(2)采取马德里商标国际注册方式,先在我国提出注册申请并被受理后,或者商标已经在我国获得注册后,可以通过我国商标局向世界知识产权组织国际局(以下简称国际局)申请办理,提交符合国际局和商标局要求的申请书和相关材料。同时注意,商标国际注册申请指定的商品或者服务不得超出国内基础申请或者基础注册的商品或者服务的范围。

【参考依据】

《商标法实施条例》

第三十四条 商标法第二十一条规定的商标国际注册,是指根据《商标国际注册马德里协定》(以下简称马德里协定)、《商标国际注册马德里协定有关议定书》(以下简称马德里议定书)及《商标国际注册马德里协定及该协定有关议定书的共同实施细则》的规定办理的马德里商标国际注册。

马德里商标国际注册申请包括以中国为原属国的商标国际注册申请、指定中国的领土延伸申请及其他有关的申请。

第三十六条 符合本条例第三十五条规定的申请人,其商标已在商标局获得注册的,可以根据马德里协定申请办理该商标的国际注册。符合本条例第三十五条规定的申请人,其商标已在商标局获得注册,或者已向商标局提出商标注册申请并被受理的,可以根据马德里议定书申请办理该商标的国际注册。

第三十七条 以中国为原属国申请商标国际注册的,应当通过商标局向世界知识产权组织国际局(以下简称国际局)申请办理。

以中国为原属国的,与马德里协定有关的商标国际注册的后期指定、放弃、注销,应当通过商标局向国际局申请办理;与马德里协定有关的商标国际注册的转让、删减、变更、续展,可以通过商标局向国际局申请办理,也可以直接向国际局申请办理。

以中国为原属国的,与马德里议定书有关的商标国际注册的后期指定、转让、删减、放弃、注销、变更、续展,可以通过商标局向国际局申请办理,也可以直接向国际局申请办理。

第三十八条 通过商标局向国际局申请商标国际注册及办理其他有关申请的,应当提交符合国际局和商标局要求的申请书和相关材料。

第三十九条 商标国际注册申请指定的商品或者服务不得超出国内基础申请

或者基础注册的商品或者服务的范围。

9 两公司同一天在同种或类似商品上申请注册相同或近似商标，应当如何处理？

【律师解答】

当两公司同一天在同种或类似商品上申请相同或近似商标时，采取如下方式和步骤确定申请主体：

（1）如果使用有先后或一方使用一方未使用，一般初步审定并公告使用在先的商标；

（2）同日使用或者均未使用的，各申请人可以自收到商标局通知之日起30日内自行协商，并将书面协议报送商标局；

（3）不愿协商或者协商不成的，商标局通知各申请人以抽签的方式确定一个申请人，驳回其他人的注册申请；商标局已经通知但申请人未参加抽签的，视为放弃申请。

律师建议，公司在使用商标前最好先将商标注册，如果未能及时申请注册，应当保留好使用的证据，包括商品包装、销售发票、宣传合同、图片、广告等关于商标使用的证据。

【参考依据】

《商标法》

第三十一条　两个或者两个以上的商标注册申请人，在同一种商品或者类似商品上，以相同或者近似的商标申请注册的，初步审定并公告申请在先的商标；同一天申请的，初步审定并公告使用在先的商标，驳回其他人的申请，不予公告。

《商标法实施条例》

第十九条　两个或者两个以上的申请人，在同一种商品或者类似商品上，分别以相同或者近似的商标在同一天申请注册的，各申请人应当自收到商标局通知之日起30日内提交其申请注册前在先使用该商标的证据。同日使用或者均未使用的，各申请人可以自收到商标局通知之日起30日内自行协商，并将书面协议报送商标局;不愿协商或者协商不成的,商标局通知各申请人以抽签的方式确定一个申请人,驳回其他人的注册申请。商标局已经通知但申请人未参加抽签的,视为放弃申请,商标局应当书面通知未参加抽签的申请人。

10 注册商标未在有效期届满前续展会直接被注销吗?

【律师解答】

公司未在有效期届满前办理续展手续的,商标不会直接被注销,通常会被给予6个月的宽展期。如果在宽展期内仍未申请续展,商标就会被商标局公告注销。

商标续展,是指注册商标所有人在商标注册有效期届满的一段时间内,依法办理一定的手续,延长其注册商标有效期的制度。商标的有效期为10年,有效期满需要继续使用的,商标注册人应当在期满前12个月内按照规定办理续展手续;在此期间未能办理的,可以给予6个月的宽展期。但如果6个月的宽展期也已届满仍未办理续展手续,商标局就会注销商标,且一般不会再通知商标权人。

【参考依据】

《商标法》

第三十九条 注册商标的有效期为十年,自核准注册之日起计算。

第四十条 注册商标有效期满,需要继续使用的,商标注册人应当在期满前十二个月内按照规定办理续展手续;在此期间未能办理的,可以给予六个月的宽展期。每次续展注册的有效期为十年,自该商标上一届有效期满次日起计算。期满未办理续展手续的,注销其注册商标。

商标局应当对续展注册的商标予以公告。

11 商标证上记载的信息发生变更有何后果?

【律师解答】

注册商标上记载的注册人名称、地址或者其他注册事项发生变更,应当办理变更登记，由商标局备案并出具变更登记证书，与商标证一同使用。

如自行改变注册商标、注册人名义、地址或者其他注册事项但未依法办理变更登记的，将会被地方工商行政管理部门责令限期改正；期满仍不改正的，将会被商标局撤销该注册商标。

【参考依据】

《商标法》

第四十一条　注册商标需要变更注册人的名义、地址或者其他注册事项的，应当提出变更申请。

第四十九条　商标注册人在使用注册商标的过程中，自行改变注册商标、注册人名义、地址或者其他注册事项的，由地方工商行政管理部门责令限期改正；期满不改正的，由商标局撤销其注册商标。

注册商标成为其核定使用的商品的通用名称或者没有正当理由连续三年不使用的，任何单位或者个人可以向商标局申请撤销该注册商标。商标局应当自收到申请之日起九个月内做出决定。有特殊情况需要延长的，经国务院工商行政管理部门批准，可以延长三个月。

《商标法实施条例》

第三十条　变更商标注册人名义、地址或者其他注册事项的，应当向商标局提交变更申请书。变更商标注册人名义的，还应当提交有关登记机关出具的变更证明文件。商标局核准的，发给商标注册人相应证明，并予以公告；不予核准的，应当书面通知申请人并说明理由。

变更商标注册人名义或者地址的，商标注册人应当将其全部注册商标一并变更；未一并变更的，由商标局通知其限期改正；期满未改正的，视为放弃变更申请，商标局应当书面通知申请人。

12　商标被恶意抢注后应当如何救济？

【律师解答】

如果已经在使用的商标标识被他人恶意抢注，在不同的阶段有不同的解决方式。具体如下：

(1)如果他人商标尚未取得商标证书，可以在公告期内提出异议。公告期是指商标自初步审定公告之日起3个月内。如果异议成功，抢注的商标就不会被核准注册。

(2)如果他人已取得商标证书，即商标局作出准予注册决定，发给商标注册证，并予公告的情形下，异议人不服的，可以依照《商标法》第44条、第45条的规定向商标评审委员会请求宣告该注册商标无效。申请无效宣告的期限原则上是自商标注册之日起5年内，但对于恶意注册的，驰名商标所有权人可以不受5年的限制。

(3)如果他人抢注商标满3年连续不使用的，可以申请“撤三”。即注册商标没有正当理由连续3年不使用的，任何单位或者个人可以向商标局申请撤销该注册商标。

(4)如果对于商标局作出的决定有异议，可以申请行政复议，对复审结果仍不服，可以提起行政诉讼，即通过司法途径来维护自己的权益。

【参考依据】

《商标法》

第四条第一款 自然人、法人或者其他组织在生产经营活动中，对其商品或者服务需要取得商标专用权的，应当向商标局申请商标注册。不以使用为目的的恶意商标注册申请，应当予以驳回。

第三十三条 对初步审定公告的商标，自公告之日起三个月内，在先权利人、利害关系人认为违反本法第十三条第二款和第三款、第十五条、第十六条第一款、第三十条、第三十一条、第三十二条规定的，或者任何人认为违反本法第四条、第十条、第十一条、第十二条、第十九条第四款规定的，可以向商标局提出异议。公告期满无异议的，予以核准注册，发给商标注册证，并予公告。

第三十五条 对初步审定公告的商标提出异议的，商标局应当听取异议人和被异议人陈述事实和理由，经调查核实后，自公告期满之日起十二个月内做出是否准予注册的决定，并书面通知异议人和被异议人。有特殊情况需要延长的，经国务院工商行政管理部门批准，可以延长六个月。

商标局做出准予注册决定的，发给商标注册证，并予公告。异议人不服的，可以依照本法第四十四条、第四十五条的规定向商标评审委员会请求宣告该注册商标无效。

商标局做出不予注册决定，被异议人不服的，可以自收到通知之日起十五日内向商标评审委员会申请复审。商标评审委员会应当自收到申请之日起十二个月内做出复审决定，并书面通知异议人和被异议人。有特殊情况需要延长的，经国务院工商行政管理部门批准，可以延长六个月。被异议人对商标评审委员会的决定不服的，可以自收到通知之日起三十日内向人民法院起诉。人民法院应当通知异议人作为第三人参加诉讼。

商标评审委员会在依照前款规定进行复审的过程中，所涉及的在先权利的确定必须以人民法院正在审理或者行政机关正在处理的另一案件的结果为依据的，可以中止审查。中止原因消除后，应当恢复审查程序。

第四十四条 已经注册的商标，违反本法第四条、第十条、第十一条、第十二条、第十九条第四款规定的，或者是以欺骗手段或者其他不正当手段取得注册的，由商标局宣告该注册商标无效；其他单位或者个人可以请求商标评审委员会宣告该注册商标无效。

商标局做出宣告注册商标无效的决定，应当书面通知当事人。当事人对商标局的决定不服的，可以自收到通知之日起十五日内向商标评审委员会申请复审。商标评审委员会应当自收到申请之日起九个月内做出决定，并书面通知当事人。有特殊情况需要延长的，经国务院工商行政管理部门批准，可以延长三个月。当事人对商标评审委员会的决定不服的，可以自收到通知之日起三十日内向人民法院起诉。

其他单位或者个人请求商标评审委员会宣告注册商标无效的，商标评审委员会收到申请后，应当书面通知有关当事人，并限期提出答辩。商标评审委员会应当自收到申请之日起九个月内做出维持注册商标或者宣告注册商标无效的裁定，并书面通知当事人。有特殊情况需要延长的，经国务院工商行政管理部门批准，可以延长三个月。当事人对商标评审委员会的裁定不服的，可以自收到通知之日起三十日内向人民法院起诉。人民法院应当通知商标裁定程序的对方当事人作为第三人参加诉讼。

第四十五条 已经注册的商标，违反本法第十三条第二款和第三款、第十五条、第十六条第一款、第三十条、第三十一条、第三十二条规定的，自商标注册之日起五年内，在先权利人或者利害关系人可以请求商标评审委员会宣告该注册商标无效。对恶意注册的，驰名商标所有人不受五年的时间限制。

商标评审委员会收到宣告注册商标无效的申请后，应当书面通知有关当事人，并限期提出答辩。商标评审委员会应当自收到申请之日起十二个月内做出维持注册商标或者宣告注册商标无效的裁定,并书面通知当事人。有特殊情况需要延长的,经国务院工商行政管理部门批准,可以延长六个月。当事人对商标评审委员会的裁定不服的,可以自收到通知之日起三十日内向人民法院起诉。人民法院应当通知商标裁定程序的对方当事人作为第三人参加诉讼。

商标评审委员会在依照前款规定对无效宣告请求进行审查的过程中,所涉及的在先权利的确定必须以人民法院正在审理或者行政机关正在处理的另一案件的结果为依据的,可以中止审查。中止原因消除后,应当恢复审查程序。

第四十九条 商标注册人在使用注册商标的过程中,自行改变注册商标、注册人名义、地址或者其他注册事项的,由地方工商行政管理部门责令限期改正;期满不改正的,由商标局撤销其注册商标。

注册商标成为其核定使用的商品的通用名称或者没有正当理由连续三年不使用的,任何单位或者个人可以向商标局申请撤销该注册商标。商标局应当自收到申请之日起九个月内做出决定。有特殊情况需要延长的,经国务院工商行政管理部门批准,可以延长三个月。

13 超出注册类别使用注册商标有哪些法律风险?

【律师解答】

注册商标的专用权,以核准注册的商标和核定使用的商品(服务)为限,商标注册人不得擅自扩大商标的使用范围。超出注册类别使用,相当于使用未注册商标,不得标注为注册商标,同时也可能侵犯他人在先权利,导致承担相应侵权赔偿责任。

律师建议,如果注册商标需要扩大使用类别使用,应另行提出申请,按照商标注册申请程序重新办理商标注册手续,从而达到扩大核准范围的目的。

【参考依据】

《商标法》

第二十三条 注册商标需要在核定使用范围之外的商品上取得商标专用权的,应当另行提出注册申请。

第五十六条 注册商标的专用权,以核准注册的商标和核定使用的商品为限。

14 商标注册成功后，连续 3 年以上未使用会有什么法律后果？

【律师解答】

商标的使用，是指将商标用于商品、商品包装或者容器以及商品交易文书上，或者将商标用于广告宣传、展览以及其他商业活动中，用于识别商品来源的行为。如果商标权人如果连续 3 年不使用，可能会面临任何第三人随时向商标局申请撤销该注册商标的风险，从而可能导致商标被撤销。

使用注册商标既是商标权人的权利，也是义务。即使某些商标在申请时是作为防御商标从而达到保护公司主要商标的目的，也应当不定期进行使用。否则，注册商标没有自然灾害、疫情原因等正当理由连续 3 年不使用的，任何单位或者个人可以向商标局申请撤销该注册商标。

律师建议，商标注册后应及时保留商标使用证据，包括在正规媒体发布的广告、销售使用该注册商标的商品或服务发票等。

【参考依据】

《商标法》

第四十八条 本法所称商标的使用，是指将商标用于商品、商品包装或者容器以及商品交易文书上，或者将商标用于广告宣传、展览以及其他商业活动中，用于识别商品来源的行为。

第四十九条 商标注册人在使用注册商标的过程中，自行改变注册商标、注册人名义、地址或者其他注册事项的，由地方工商行政管理部门责令限期改正；期满不改正的，由商标局撤销其注册商标。

注册商标成为其核定使用的商品的通用名称或者没有正当理由连续三年不使用的，任何单位或者个人可以向商标局申请撤销该注册商标。商标局应当自收到申请之日起九个月内做出决定。有特殊情况需要延长的，经国务院工商行政管理部门批准，可以延长三个月。

《最高人民法院关于审理商标授权确权行政案件若干问题的规定》

第二十六条 商标权人自行使用、他人经许可使用以及其他不违背商标权人意志的使用，均可认定为商标法第四十九条第二款所称的使用。

实际使用的商标标志与核准注册的商标标志有细微差别，但未改变其显著特征的，可以视为注册商标的使用。

没有实际使用注册商标，仅有转让或者许可行为；或者仅是公布商标注册信息、声明享有注册商标专用权的，不认定为商标使用。

商标权人有真实使用商标的意图，并且有实际使用的必要准备，但因其他客观原因尚未实际使用注册商标的，人民法院可以认定其有正当理由。

15 商标如何转让？

【律师解答】

(1)商标可以通过签订书面商标转让协议的方式进行转让。根据法律规定，转让注册商标的，转让人和受让人应当签订转让协议，并共同向商标局提出申请。转让注册商标经核准后，予以公告。受让人自公告之日起享有商标专用权。

虽然备案并非强制性程序，也不影响商标转让合同的效力，但是根据法律规定，受让人自公告之日起享有商标专用权，即商标专用权自商标局公告之日起才发生转移。因此，建议转让商标时在签订转让合同后依法办理登记公告手续，避免纠纷。

(2)通过继受转让的方式发生转让。继受转让是受让人通过法律上的承继关系而取得注册商标专用权的行为。根据法律规定，注册商标专用权因转让以外的继承等其他事由发生移转的，接受该注册商标专用权的当事人应当凭有关证明文件或者法律文书到商标局办理注册商标专用权移转手续。商标移转申请经核准的，予以公告。接受该注册商标专用权移转的当事人自公告之日起享有商标专用权。主要有以下三种情形：

①企业合并、兼并或拍卖出售的；

②企业以注册商标入股、出资的；

③注册商标所有人死亡而由其继承人继承商标权的。

【参考依据】

《商标法》

第四十二条 转让注册商标的，转让人和受让人应当签订转让协议，并共同向商标局提出申请。受让人应当保证使用该注册商标的商品质量。

转让注册商标的,商标注册人对其在同一种商品上注册的近似的商标,或者在类似商品上注册的相同或者近似的商标,应当一并转让。

对容易导致混淆或者有其他不良影响的转让,商标局不予核准,书面通知申请人并说明理由。

转让注册商标经核准后,予以公告。受让人自公告之日起享有商标专用权。

《商标法实施条例》

第三十一条　转让注册商标的,转让人和受让人应当向商标局提交转让注册商标申请书。转让注册商标申请手续应当由转让人和受让人共同办理。商标局核准转让注册商标申请的,发给受让人相应证明,并予以公告。

转让注册商标,商标注册人对其在同一种或者类似商品上注册的相同或者近似的商标未一并转让的,由商标局通知其限期改正;期满未改正的,视为放弃转让该注册商标的申请,商标局应当书面通知申请人。

第三十二条　注册商标专用权因转让以外的继承等其他事由发生移转的,接受该注册商标专用权的当事人应当凭有关证明文件或者法律文书到商标局办理注册商标专用权移转手续。

注册商标专用权移转的,注册商标专用权人在同一种或者类似商品上注册的相同或者近似的商标,应当一并移转;未一并移转的,由商标局通知其限期改正;期满未改正的,视为放弃该移转注册商标的申请,商标局应当书面通知申请人。

商标移转申请经核准的,予以公告。接受该注册商标专用权移转的当事人自公告之日起享有商标专用权。

16 转让注册商标的,受让人是否可以要求商标注册人将其在同一种商品上注册的近似的商标全部转让?

【律师解答】

可以。因商标注册成本较低,商标注册人往往会在同一商品上注册多个近似商标,或在类似商品上注册相同或近似商标,即通常所说的“防御商标”,从而达到保护主要商标的目的。为避免行使商标权时发生阻碍,《商标法》规定转让注册商标的,商标注册人对其在同一种商品上注册的近似的商标,或者在类似商品上注册的相同或者近似的商标,应当一并转让。因此,受让人在受让商标时,可以要求将同一种商品上注册的近似的商标或者在类似商品上注册的相同或者近似的商标全部转让。

律师建议,在转让商标时,受让公司应对商标注册人名下的商标进行检索,在签订商标转让协议时,约定将防御商标一并转让,并办理相应的登记公告手续,从而避免日后因商标近似而引起纠纷。

【参考依据】

《商标法》

第四十二条 转让注册商标的,转让人和受让人应当签订转让协议,并共同向商标局提出申请。受让人应当保证使用该注册商标的商品质量。

转让注册商标的,商标注册人对其在同一种商品上注册的近似的商标,或者在类似商品上注册的相同或者近似的商标,应当一并转让。

对容易导致混淆或者有其他不良影响的转让,商标局不予核准,书面通知申请人并说明理由。

转让注册商标经核准后,予以公告。受让人自公告之日起享有商标专用权。

17 商标如何授权他人使用?

【律师解答】

商标可以通过签订授权许可使用协议的方式许可他人使用。根据法律规定,许可他人使用其注册商标的,许可人应当将其商标使用许可报商标局备案,由商标局公告。商标使用许可未经备案不得对抗善意第三人。

【参考依据】

《商标法》

第四十三条 商标注册人可以通过签订商标使用许可合同,许可他人使用其注册商标。许可人应当监督被许可人使用其注册商标的商品质量。被许可人应当保证使用该注册商标的商品质量。

经许可使用他人注册商标的,必须在使用该注册商标的商品上标明被许可人的名称和商品产地。

许可他人使用其注册商标的,许可人应当将其商标使用许可报商标局备案,由商标局公告。商标使用许可未经备案不得对抗善意第三人。

《最高人民法院关于审理商标民事纠纷案件适用法律若干问题的解释》

第三条 商标法第四十三条规定的商标使用许可包括以下三类:

(一)独占使用许可,是指商标注册人在约定的期间、地域和以约定的方式,将该注册商标仅许可一个被许可人使用,商标注册人依约定不得使用该注册商标;

(二)排他使用许可,是指商标注册人在约定的期间、地域和以约定的方式,将该注册商标仅许可一个被许可人使用,商标注册人依约定可以使用该注册商标但不得另行许可他人使用该注册商标;

(三)普通使用许可,是指商标注册人在约定的期间、地域和以约定的方式,许可他人使用其注册商标,并可自行使用该注册商标和许可他人使用其注册商标。

《商标法实施条例》

第六十九条 许可他人使用其注册商标的,许可人应当在许可合同有效期内向商标局备案并报送备案材料。备案材料应当说明注册商标使用许可人、被许可人、许可期限、许可使用的商品或者服务范围等事项。

18 商标独占许可的许可人和被许可人应当如何行使商标权利?

【律师解答】

商标独占许可,是指商标注册人在约定的期间、地域和以约定的方式,将该注册商标仅许可一个被许可人使用,商标注册人依约定不得使用该注册商标。

商标独占许可的许可人在独占许可合同约定的时间、地域、商品或服务范围内,不能再继续使用该商标权;否则即构成违约。但是许可人可以就同一商标同时对多个被许可人在不同范围内实施独占许可。

商标独占许可的被许可人在独占许可合同约定的时间、地域、商品或服务范围内享有被许可商标的独占使用权,有权禁止许可人使用该商标或者禁止许可人将该商标的使用权再许可给第三人,有权直接以自己的名义要求侵权人停止侵权行为,也有权设立质权或进行非独占性许可的权利。

【参考依据】

《商标法》

第四十三条 商标注册人可以通过签订商标使用许可合同,许可他人使用其注册商标。许可人应当监督被许可人使用其注册商标的商品质量。被许可人应当保证使用该注册商标的商品质量。

经许可使用他人注册商标的,必须在使用该注册商标的商品上标明被许可人的名称和商品产地。

许可他人使用其注册商标的,许可人应当将其商标使用许可报商标局备案,由商标局公告。商标使用许可未经备案不得对抗善意第三人。

《最高人民法院关于审理商标民事纠纷案件适用法律若干问题的解释》

第三条 商标法第四十三条规定的商标使用许可包括以下三类:

(一)独占使用许可,是指商标注册人在约定的期间、地域和以约定的方式,将该注册商标仅许可一个被许可人使用,商标注册人依约定不得使用该注册商标;

(二)排他使用许可,是指商标注册人在约定的期间、地域和以约定的方式,将该注册商标仅许可一个被许可人使用,商标注册人依约定可以使用该注册商标但不得另行许可他人使用该注册商标;

(三)普通使用许可,是指商标注册人在约定的期间、地域和以约定的方式,许可他人使用其注册商标,并可自行使用该注册商标和许可他人使用其注册商标。

19 如何申请适用商标权的临时保护措施?

【律师解答】

当商标权人或者利害关系人发现自己的权利正在或者即将被侵害,为及时制止侵权行为,避免侵权发生或者侵权结果的进一步扩大,在起诉前可以请求法院采取临时保护措施,包括申请责令停止有关行为和申请财产保全两项内容。

责令停止有关行为,是指责令侵权人停止有关侵犯他人商标专用权的行为,如拆除侵权门头、下架侵权链接等;财产保全,是指查封、扣押、冻结或其他强制控制与案件有关的财产的措施,也就是《民事诉讼法》中的财产保全。申请人可以选择其中一项,也可以同时选择两项。

在商标权侵权案件中,如果向法院申请采取责令停止有关行为和财产保全的措施,应当符合三个条件:(1)申请主体必须是商标注册人和利害关系人。(2)须向法院提交相关证据。申请人提交的证据,应当能够证明他人正在实施或者即将实施侵犯其注册商标专用权的行为,如不及时制止将会使其合法权益受到难以弥补的损害的。(3)申请时间应当在起诉前提出。

【参考依据】

《商标法》

第六十五条 商标注册人或者利害关系人有证据证明他人正在实施或者即将实施侵犯其注册商标专用权的行为,如不及时制止将会使其合法权益受到难以弥补的损害的,可以依法在起诉前向人民法院申请采取责令停止有关行为和财产保全的措施。

20 什么是商标的"一年隔离期"?

【律师解答】

商标的"一年隔离期",即《商标法》第50条规定,注册商标被撤销、被宣告无效或者期满不再续展的,自撤销、宣告无效或者注销之日起1年内,商标局对与该商标相同或者近似的商标注册申请,不予核准。但是,实践中如果因连续3年不使用而使商标被撤销,一般不再适用1年的隔离期。

这是因为注册商标被撤销、被宣告无效或者被注销,商标注册人的商标专用权不再存在,其他单位或者个人提出与该商标相同或者近似的商标注册申请,在权利上不存在冲突问题,理应允许。但是,被撤销、被宣告无效或者被注销的注册商标,在被撤销、被宣告无效或者被注销之前,除了连续3年不使用这种情形外,毕竟已经使用,并或多或少在市场上产生一定的影响。为了维护市场经济秩序和保护消费者的利益,防止不必要的误会和损失,有必要在一定期限内对与该商标相同或者近似的商标注册申请,作出一定的限制。

【参考依据】

《商标法》

第五十条 注册商标被撤销、被宣告无效或者期满不再续展的,自撤销、宣告无效或者注销之日起一年内,商标局对与该商标相同或者近似的商标注册申请,不予核准。

21 在同种或类似商品上使用与注册商标相同或近似的标识,容易导致混淆的,是否侵犯商标权?

【律师解答】

这种情形属于侵权行为。根据法律规定,未经商标注册人的许可,在同一种商品上使用与其注册商标近似的商标,或者在类似商品上使用与其注册商标相同或者近似的商标,容易导致混淆的,属于侵害商标权的行为。

在司法实践中,对"近似"的认定有以下三种情形:

(1)同样的商标使用在类似的商品上;

(2)类似的商标使用在相同商品上;

(3)类似的商标使用在类似的商品上。

这里的"使用"是广义的概念,包括将商标用于商品、商品包装或者容器以及交易文书上,或者将商标用于广告宣传、展览以及其他业务活动用以识别商品来源的行为。因此上述情形属于商标法规定的侵权行为。

【参考依据】

《商标法》

第五十七条 有下列行为之一的,均属侵犯注册商标专用权:

(一)未经商标注册人的许可,在同一种商品上使用与其注册商标相同的商标的;

(二)未经商标注册人的许可,在同一种商品上使用与其注册商标近似的商标,或者在类似商品上使用与其注册商标相同或者近似的商标,容易导致混淆的;

（三）销售侵犯注册商标专用权的商品的；

（四）伪造、擅自制造他人注册商标标识或者销售伪造、擅自制造的注册商标标识的；

（五）未经商标注册人同意，更换其注册商标并将该更换商标的商品又投入市场的；

（六）故意为侵犯他人商标专用权行为提供便利条件，帮助他人实施侵犯商标专用权行为的；

（七）给他人的注册商标专用权造成其他损害的。

《最高人民法院关于审理商标民事纠纷案件适用法律若干问题的解释》

第九条　商标法第五十七条第（一）（二）项规定的商标相同，是指被控侵权的商标与原告的注册商标相比较，二者在视觉上基本无差别。商标法第五十七条第（二）项规定的商标近似，是指被控侵权的商标与原告的注册商标相比较，其文字的字形、读音、含义或者图形的构图及颜色，或者其各要素组合后的整体结构相似，或者其立体形状、颜色组合近似，易使相关公众对商品的来源产生误认或者认为其来源与原告注册商标的商品有特定的联系。

第十条　人民法院依据商标法第五十七条第（一）（二）项的规定，认定商标相同或者近似按照以下原则进行：（一）以相关公众的一般注意力为标准；（二）既要进行对商标的整体比对，又要进行对商标主要部分的比对，比对应当在比对对象隔离的状态下分别进行；（三）判断商标是否近似，应当考虑请求保护注册商标的显著性和知名度。

第十一条　商标法第五十七条第（二）项规定的类似商品，是指在功能、用途、生产部门、销售渠道、消费对象等方面相同，或者相关公众一般认为其存在特定联系、容易造成混淆的商品。类似服务，是指在服务的目的、内容、方式、对象等方面相同，或者相关公众一般认为存在特定联系、容易造成混淆的服务。商品与服务类似，是指商品和服务之间存在特定联系，容易使相关公众混淆。

第十二条　人民法院依据商标法第五十七条第（二）项的规定，认定商品或者服务是否类似，应当以相关公众对商品或者服务的一般认识综合判断；《商标注册用商品和服务国际分类表》《类似商品和服务区分表》可以作为判断类似商品或者服务的参考。

《商标法实施条例》

第七十六条　在同一种商品或者类似商品上将与他人注册商标相同或者近似

的标志作为商品名称或者商品装潢使用,误导公众的,属于商标法第五十七条第二项规定的侵犯注册商标专用权的行为。

22 驰名商标如何认定？被认定为驰名商标有什么意义？

【律师解答】

驰名商标,是指在市场上享有较高声誉,为相关公众所熟知,并且有较强竞争力的商标。在我国,驰名商标是指经过有权机关(国家知识产权局商标局或人民法院)依照法律程序认定为“驰名商标”的商标。实践中,一般有三种认定途径。具体如下:

(1)通过商标局认定。要申请认定驰名商标,必须通过所在地省、自治区、直辖市商标局报送有关材料,由各省级商标局将经过初审并签署意见的有关申请材料以邮寄方式及时报送国家知识产权局商标局,最后由商标局认定该商标是否驰名。有关当事人认为其商标构成驰名商标的,也可以向商标局请求认定其商标驰名,此时应当提交其商标构成驰名商标的证据材料。

(2)通过商标评审委员会认定。依照《商标法》及相关规定,在商标评审过程中产生争议时,有关当事人认为其商标构成驰名商标的,可以向商标评审委员会请求认定驰名商标,此时,有关当事人应当依法提交其商标构成驰名商标的证据材料。

(3)通过人民法院认定。人民法院在审理商标纠纷案件中,根据当事人的请求和案件的具体情况,可以对涉案注册商标是否驰名依法作出认定。

被认定为驰名商标有以下意义:

(1)对恶意注册的,驰名商标所有权人申请宣告该注册商标无效不受5年的时间限制;

(2)驰名商标的保护可以不受注册类别限制,进行跨类别保护;

(3)对与驰名商标构成近似商标的认定比普通注册商标更容易;

(4)更能防止其他公司以驰名商标为公司字号注册;

(5)在电子商务中防止其他公司将商标注册为域名。

但我国对驰名商标采取“个案保护”的原则。根据《商标法》第14条第2、3、4款之规定,无论通过哪种方式认定,均是在某具体案件中、根据审理案件的需要,对商标驰名情况作出认定。如果在某一案件中认定驰名商标，在另一案件中如果有需要，仍需再次进行认定。

【参考依据】

《商标法》

第十三条 为相关公众所熟知的商标，持有人认为其权利受到侵害时，可以依照本法规定请求驰名商标保护。

就相同或者类似商品申请注册的商标是复制、摹仿或者翻译他人未在中国注册的驰名商标，容易导致混淆的，不予注册并禁止使用。

就不相同或者不相类似商品申请注册的商标是复制、摹仿或者翻译他人已经在中国注册的驰名商标，误导公众，致使该驰名商标注册人的利益可能受到损害的，不予注册并禁止使用。

第十四条 驰名商标应当根据当事人的请求，作为处理涉及商标案件需要认定的事实进行认定。认定驰名商标应当考虑下列因素：

（一）相关公众对该商标的知晓程度；

（二）该商标使用的持续时间；

（三）该商标的任何宣传工作的持续时间、程度和地理范围；

（四）该商标作为驰名商标受保护的记录；

（五）该商标驰名的其他因素。

在商标注册审查、工商行政管理部门查处商标违法案件过程中，当事人依照本法第十三条规定主张权利的，商标局根据审查、处理案件的需要，可以对商标驰名情况作出认定。

在商标争议处理过程中，当事人依照本法第十三条规定主张权利的，商标评审委员会根据处理案件的需要，可以对商标驰名情况作出认定。

在商标民事、行政案件审理过程中，当事人依照本法第十三条规定主张权利的，最高人民法院指定的人民法院根据审理案件的需要，可以对商标驰名情况作出认定。

生产、经营者不得将“驰名商标”字样用于商品、商品包装或者容器上，或者用于广告宣传、展览以及其他商业活动中。

第四十五条第一款 已经注册的商标，违反本法第十三条第二款和第三款、第十五条、第十六条第一款、第三十条、第三十一条、第三十二条规定的，自商标注册之日起五年内，在先权利人或者利害关系人可以请求商标评审委员会宣告该注册商标无效。对恶意注册的，驰名商标所有人不受五年的时间限制。

《最高人民法院关于审理商标民事纠纷案件适用法律若干问题的解释》

第一条 下列行为属于商标法第五十七条第（七）项规定的给他人注册商标专用权造成其他损害的行为：

（一）将与他人注册商标相同或者相近似的文字作为企业的字号在相同或者类似商品上突出使用，容易使相关公众产生误认的；

（二）复制、摹仿、翻译他人注册的驰名商标或其主要部分在不相同或者不相类似商品上作为商标使用，误导公众，致使该驰名商标注册人的利益可能受到损害的；

（三）将与他人注册商标相同或者相近似的文字注册为域名，并且通过该域名进行相关商品交易的电子商务，容易使相关公众产生误认的。

第二十二条 人民法院在审理商标纠纷案件中，根据当事人的请求和案件的具体情况，可以对涉及的注册商标是否驰名依法作出认定。

认定驰名商标，应当依照商标法第十四条的规定进行。

当事人对曾经被行政主管机关或者人民法院认定的驰名商标请求保护的，对方当事人对涉及的商标驰名不持异议，人民法院不再审查。提出异议的，人民法院依照商标法第十四条的规定审查。

《最高人民法院关于审理涉及驰名商标保护的民事纠纷案件应用法律若干问题的解释》

第二条 在下列民事纠纷案件中，当事人以商标驰名作为事实根据，人民法院根据案件具体情况，认为确有必要的，对所涉商标是否驰名作出认定：

（一）以违反商标法第十三条的规定为由，提起的侵犯商标权诉讼；

（二）以企业名称与其驰名商标相同或者近似为由，提起的侵犯商标权或者不正当竞争诉讼；

（三）符合本解释第六条规定的抗辩或者反诉的诉讼。

第四条 人民法院认定商标是否驰名，应当以证明其驰名的事实为依据，综合考虑商标法第十四条第一款规定的各项因素，但是根据案件具体情况无需考虑该条规定的全部因素即足以认定商标驰名的情形除外。

《最高人民法院关于审理商标授权确权行政案件若干问题的规定》

第二十五条 人民法院判断诉争商标申请人是否“恶意注册”他人驰名商标，应综合考虑引证商标的知名度、诉争商标申请人申请诉争商标的理由以及使用诉争商标的具体情形来判断其主观意图。引证商标知名度高、诉争商标申请人没有正当理由的，人民法院可以推定其注册构成商标法第四十五条第一款所指的“恶意注册”。

23 注册商标专用权是否可以质押？

【律师解答】

注册商标专用权可以质押。在出质时，应当签订书面质权合同，并且向商标局提出质权登记申请，由商标局进行公告，质权自登记时设立；如果未登记公告，则不发生设立质权的效力。

根据《民法典》的规定，可以转让的商标权中的财产权可以出质；注册商标专用权是指注册商标所有人依法对注册商标享有的独占使用权。根据《商标法》的规定，注册商标所有人享有注册商标转让权和注册商标许可权。这两者都是注册商标专用权中的财产权，都可以作为权利质权的标的。

以商标权出质的，出质人与质权人应当订立书面质押合同。在商标权质押合同生效后，商标权不发生转移，仍属于出质人所有。

【参考依据】

《民法典》

第二百一十五条 当事人之间订立有关设立、变更、转让和消灭不动产物权的合同，除法律另有规定或者当事人另有约定外，自合同成立时生效；未办理物权登记的，不影响合同效力。

第四百二十五条 为担保债务的履行，债务人或者第三人将其动产出质给债权人占有的，债务人不履行到期债务或者发生当事人约定的实现质权的情形，债权人有权就该动产优先受偿。

前款规定的债务人或者第三人为出质人，债权人为质权人，交付的动产为质押财产。

第四百四十条 债务人或者第三人有权处分的下列权利可以出质：

（一）汇票、本票、支票；

（二）债券、存款单；

（三）仓单、提单；

（四）可以转让的基金份额、股权；

（五）可以转让的注册商标专用权、专利权、著作权等知识产权中的财产权；

（六）现有的以及将有的应收账款；

（七）法律、行政法规规定可以出质的其他财产权利。

《商标法实施条例》

第七十条 以注册商标专用权出质的，出质人与质权人应当签订书面质权合同，并共同向商标局提出质权登记申请，由商标局公告。

24 在先权利人如何申请宣告他人已注册的商标无效？

【律师解答】

当他人已注册的商标同时违反法律禁止性规定或采取不正当手段注册时，可以直接向商标局申请宣告其无效。当他人已注册的商标侵犯了在先权利人的相关权益时，在先权利人可以自商标注册之日起5年内，请求商标评审委员会宣告该注册商标无效；驰名商标的所有权人不受5年的时间限制。

注册商标无效宣告包括以下两种情形：

（1）因不当注册而被无效宣告。即注册商标违反了法律的禁止性规定或以欺骗等不正当手段注册的，商标局可以依职权宣告无效；任何主体有权申请宣告其无效。且无时效限制。具体情形包括以下情形：①不以使用为目的的恶意注册商标的；②违反《商标法》第10条、第11条、第12条关于不得作为商标使用、不得作为商标注册、以三维标志申请注册商标不得注册的规定注册商标的；③商标代理机构对除代理服务外申请商标注册的；④采用欺骗或其他不正当竞争手段注册商标的。

（2）因侵犯在先权利人或利害关系人相关权益而被无效宣告。即在先权利人或利害关系人在自商标注册之日起5年内，可以请求宣告该注册商标无效；但对于恶意注册的,驰名商标的所有权人不受5年的时间限制。具体包括以下情形:①恶意与驰名商标混淆的注册商标;②越权代理注册的商标;③未正确标识商品来源的地理标志注册商标的;④同他人在同一种商品或者类似商品上已经注册的或者初步审定的商标相同或者近似的商标;⑤违反申请在先原则注册的商标;⑥侵犯他人在先权利的商标。

律师建议,如果他人的注册商标公司侵犯了作为在先权利人的相关权利,自商标注册之日起5年内,可以申请宣告该注册商标无效,超过时效则无法再主张此项权利;如果是驰名商标的所有权人对于恶意注册的情形则可以不受5年时效之限。

【参考依据】

《商标法》

第四条 自然人、法人或者其他组织在生产经营活动中,对其商品或者服务需要取得商标专用权的,应当向商标局申请商标注册。不以使用为目的的恶意商标注册申请,应当予以驳回。

本法有关商品商标的规定,适用于服务商标。

第十三条 为相关公众所熟知的商标,持有人认为其权利受到侵害时,可以依照本法规定请求驰名商标保护。

就相同或者类似商品申请注册的商标是复制、摹仿或者翻译他人未在中国注册的驰名商标,容易导致混淆的,不予注册并禁止使用。

就不相同或者不相类似商品申请注册的商标是复制、摹仿或者翻译他人已经在中国注册的驰名商标,误导公众,致使该驰名商标注册人的利益可能受到损害的,不予注册并禁止使用。

第十五条 未经授权,代理人或者代表人以自己的名义将被代理人或者被代表人的商标进行注册,被代理人或者被代表人提出异议的,不予注册并禁止使用。

就同一种商品或者类似商品申请注册的商标与他人在先使用的未注册商标相同或者近似,申请人与该他人具有前款规定以外的合同、业务往来关系或者其他关系而明知该他人商标存在,该他人提出异议的,不予注册。

第十九条 商标代理机构应当遵循诚实信用原则,遵守法律、行政法规,按照被代理人的委托办理商标注册申请或者其他商标事宜;对在代理过程中知悉的被代理人的商业秘密,负有保密义务。

委托人申请注册的商标可能存在本法规定不得注册情形的，商标代理机构应当明确告知委托人。

商标代理机构知道或者应当知道委托人申请注册的商标属于本法第四条、第十五条和第三十二条规定情形的，不得接受其委托。

商标代理机构除对其代理服务申请商标注册外，不得申请注册其他商标。

第三十条 申请注册的商标，凡不符合本法有关规定或者同他人在同一种商品或者类似商品上已经注册的或者初步审定的商标相同或者近似的，由商标局驳回申请，不予公告。

第三十一条 两个或者两个以上的商标注册申请人，在同一种商品或者类似商品上，以相同或者近似的商标申请注册的，初步审定并公告申请在先的商标；同一天申请的，初步审定并公告使用在先的商标，驳回其他人的申请，不予公告。

第三十二条 申请商标注册不得损害他人现有的在先权利，也不得以不正当手段抢先注册他人已经使用并有一定影响的商标。

第四十四条第一款 已经注册的商标，违反本法第四条、第十条、第十一条、第十二条、第十九条第四款规定的，或者是以欺骗手段或者其他不正当手段取得注册的，由商标局宣告该注册商标无效；其他单位或者个人可以请求商标评审委员会宣告该注册商标无效。

第四十五条第一款 已经注册的商标，违反本法第十三条第二款和第三款、第十五条、第十六条第一款、第三十条、第三十一条、第三十二条规定的，自商标注册之日起五年内，在先权利人或者利害关系人可以请求商标评审委员会宣告该注册商标无效。对恶意注册的，驰名商标所有人不受五年的时间限制。

《最高人民法院关于审理商标授权确权行政案件若干问题的规定》

第二十四条 以欺骗手段以外的其他方式扰乱商标注册秩序、损害公共利益、不正当占用公共资源或者谋取不正当利益的，人民法院可以认定其属于商标法第四十四条第一款规定的“其他不正当手段”。

第二十五条 人民法院判断诉争商标申请人是否“恶意注册”他人驰名商标，应综合考虑引证商标的知名度、诉争商标申请人申请诉争商标的理由以及使用诉争商标的具体情形来判断其主观意图。引证商标知名度高、诉争商标申请人没有正当理由的，人民法院可以推定其注册构成商标法第四十五条第一款所指的“恶意注册”。

《最高人民法院关于审理涉及驰名商标保护的民事纠纷案件应用法律若干问题的解释》

第十一条 被告使用的注册商标违反商标法第十三条的规定，复制、摹仿或者翻译原告驰名商标，构成侵犯商标权的，人民法院应当根据原告的请求，依法判决禁止被告使用该商标，但被告的注册商标有下列情形之一的，人民法院对原告的请求不予支持：

（一）已经超过商标法第四十五条第一款规定的请求宣告无效期限的；

（二）被告提出注册申请时，原告的商标并不驰名的。

25 商标被宣告无效的，对已经履行的商标许可使用合同有何影响？

【律师解答】

商标一旦被宣告无效，该商标自始即不存在。对已经履行的商标使用许可合同不具有追溯力。但是，因商标注册人的恶意给他人造成的损失的，应当给予赔偿；如果不返还商标使用费，明显违反公平原则的，就应当全部或者部分返还。

根据法律规定，宣告注册商标无效的决定或者裁定，对宣告无效前人民法院作出并已执行的商标侵权案件的判决、裁定、调解书和工商行政管理部门作出并已执行的商标侵权案件的处理决定以及已经履行的商标转让或者使用许可合同不具有追溯力。但是，因商标注册人的恶意造成的损失，可以要求赔偿损失。

【参考依据】

《商标法》

第四十四条第一款 已经注册的商标，违反本法第四条、第十条、第十一条、第十二条、第十九条第四款规定的，或者是以欺骗手段或者其他不正当手段取得注册的，由商标局宣告该注册商标无效；其他单位或者个人可以请求商标评审委员会宣告该注册商标无效。

第四十五条第一款 已经注册的商标，违反本法第十三条第二款和第三款、第十五条、第十六条第一款、第三十条、第三十一条、第三十二条规定的，自商标注册之日起五年内，在先权利人或者利害关系人可以请求商标评审委员会宣告该注册商标无效。对恶意注册的，驰名商标所有人不受五年的时间限制。

第四十七条 依照本法第四十四条、第四十五条的规定宣告无效的注册商标，由商标局予以公告，该注册商标专用权视为自始即不存在。

宣告注册商标无效的决定或者裁定，对宣告无效前人民法院做出并已执行的商标侵权案件的判决、裁定、调解书和工商行政管理部门做出并已执行的商标侵权案件的处理决定以及已经履行的商标转让或者使用许可合同不具有追溯力。但是，因商标注册人的恶意给他人造成的损失，应当给予赔偿。

依照前款规定不返还商标侵权赔偿金、商标转让费、商标使用费，明显违反公平原则的，应当全部或者部分返还。

26 销售侵犯他人商标权的商品是否需承担赔偿责任？

【律师解答】

作为销售商，销售侵害他人商标权的商标的，无论是否具有侵权的故意，都属于客观上侵害商标权的行为。但是当销售不知道是侵犯注册商标专用权的商品，且能证明该商品是自己合法取得并说明提供者时，销售商可以免于承担赔偿的责任。反之，如不能提供的合法来源，则销售商可能会与生产商或供货商承担共同赔偿责任。

根据法律规定，应当同时满足主观和客观两个要件，才适用合法来源抗辩：

(1)主观要件：实际不知道且不应当知道其销售的产品是侵害注册商标专用权的产品。

(2)客观要件：能证明该商品是自己合法取得并说明提供者。即一方面，需提供明确的据以说明商品来源的证据，如买卖合同、发票等，提供正确的上游供货者的信息；另一方面，需符合合法渠道、支付合理对价、正常交易的要求。

【参考依据】

《商标法》

第五十七条 有下列行为之一的，均属侵犯注册商标专用权：

(一)未经商标注册人的许可，在同一种商品上使用与其注册商标相同的商标的；

（二）未经商标注册人的许可，在同一种商品上使用与其注册商标近似的商标，或者在类似商品上使用与其注册商标相同或者近似的商标，容易导致混淆的；

（三）销售侵犯注册商标专用权的商品的；

（四）伪造、擅自制造他人注册商标标识或者销售伪造、擅自制造的注册商标标识的；

（五）未经商标注册人同意，更换其注册商标并将该更换商标的商品又投入市场的；

（六）故意为侵犯他人商标专用权行为提供便利条件，帮助他人实施侵犯商标专用权行为的；

（七）给他人的注册商标专用权造成其他损害的。

第六十四条　注册商标专用权人请求赔偿，被控侵权人以注册商标专用权人未使用注册商标提出抗辩的，人民法院可以要求注册商标专用权人提供此前三年内实际使用该注册商标的证据。注册商标专用权人不能证明此前三年内实际使用过该注册商标，也不能证明因侵权行为受到其他损失的，被控侵权人不承担赔偿责任。

销售不知道是侵犯注册商标专用权的商品，能证明该商品是自己合法取得并说明提供者的，不承担赔偿责任。

《最高人民法院关于知识产权民事诉讼证据的若干规定》

第四条　被告依法主张合法来源抗辩的，应当举证证明合法取得被诉侵权产品、复制品的事实，包括合法的购货渠道、合理的价格和直接的供货方等。

被告提供的被诉侵权产品、复制品来源证据与其合理注意义务程度相当的，可以认定其完成前款所称举证，并推定其不知道被诉侵权产品、复制品侵害知识产权。被告的经营规模、专业程度、市场交易习惯等，可以作为确定其合理注意义务的证据。

27　商标权与他人的在先著作权相冲突时有哪些后果？

【律师解答】

商标权与他人的在先著作权相冲突时，一般应当先审查该著作权是否有效，如果已经无效或已经超过保护期限,则可以继续使用该商标;如果该著作权仍处于有效期内,则应当立即停止侵权行为,否则一旦侵犯了他人在先的著作权,则可能被认定为无效商标,如进行使用的还可能承担相应侵权责任。

实践中产生著作权与商标权的冲突,主要原因是二者客体有一定相似性,但授予权利的审查程序却各自独立,所以当商标图样与他人作品存在混淆时就可能形成冲突。根据《著作权法》和《商标法》的相关规定,发生权利冲突时一般遵循"保护在先原则",对现有的在先权利予以优先保护。

【参考依据】

《商标法》

第三十二条 申请商标注册不得损害他人现有的在先权利,也不得以不正当手段抢先注册他人已经使用并有一定影响的商标。

《最高人民法院关于审理商标授权确权行政案件若干问题的规定》

第十八条 商标法第三十二条规定的在先权利,包括当事人在诉争商标申请日之前享有的民事权利或者其他应予保护的合法权益。诉争商标核准注册时在先权利已不存在的,不影响诉争商标的注册。

第十九条 当事人主张诉争商标损害其在先著作权的,人民法院应当依照著作权法等相关规定,对所主张的客体是否构成作品、当事人是否为著作权人或者其他有权主张著作权的利害关系人以及诉争商标是否构成对著作权的侵害等进行审查。

商标标志构成受著作权法保护的作品的,当事人提供的涉及商标标志的设计底稿、原件、取得权利的合同、诉争商标申请日之前的著作权登记证书等,均可以作为证明著作权归属的初步证据。

商标公告、商标注册证等可以作为确定商标申请人为有权主张商标标志著作权的利害关系人的初步证据。

第二十二条 当事人主张诉争商标损害角色形象著作权的,人民法院按照本规定第十九条进行审查。

对于著作权保护期限内的作品,如果作品名称、作品中的角色名称等具有较高知名度,将其作为商标使用在相关商品上容易导致相关公众误认为其经过权利人的许可或者与权利人存在特定联系,当事人以此主张构成在先权益的,人民法院予以支持。

【参考案例】

“非诚勿扰”商标侵权案

审理法院:广东省高级人民法院

案号:(2016)粤民再447号

裁判要旨:一审法院认为,“非诚勿扰”电视节目虽然与婚恋交友有关,但终究是电视节目,相关公众一般认为两者不存在特定联系,不容易造成公众混淆,不构成侵权。深圳市中级人民法院二审认为,从非诚勿扰节目简介、开场白、结束语、参加报名条件、节目中男女嘉宾互动内容,以及广电总局的发文、媒体评论,可认定其为相亲、交友节目,与金某欢涉案注册商标所核定的“交友、婚姻介绍”服务相同,构成侵权。广东省高级人民法院再审认为,非诚勿扰电视节目与金某欢注册商标所核准使用的“交友服务、婚姻介绍”在服务目的、内容、方式和对象上均区别明显,以相关公众的一般认知,能够清晰区分电视文娱节目的内容与现实中的婚介服务活动,故两者不构成类似服务。江苏电视台对“非诚勿扰”标识的使用,不构成对金某欢注册商标权的侵犯,从而撤销二审判决,维持一审判决。

28 商标权与他人的在先外观设计专利权相冲突时有何法律后果?

【律师解答】

商标权与他人的在先外观设计专利权相冲突时,一般应当先审查该外观设计专利是否有效,如果已经无效或已经超过保护期限,则可以继续使用该商标;如果该外观设计专利仍处于有效期内,则应当立即停止侵权行为,否则一旦侵犯了他人的在先专利权,则可能被认定为无效商标,如继续使用,还可能承担相应侵权责任。

实践中产生外观设计专利权与商标权的冲突,主要原因是二者定义及客体有一定相似性,但授予权利的审查程序却各自独立,所以当二者的产品类别存在重合时就可能形成冲突。根据《专利法》和《商标法》的相关规定,发生权利冲突时一般遵循“保护在先原则”,对现有的在先权利予以优先保护。

【参考依据】

《商标法》

第九条 申请注册的商标,应当有显著特征,便于识别,并不得与他人在先取得的合法权利相冲突。

商标注册人有权标明"注册商标"或者注册标记。

第三十二条 申请商标注册不得损害他人现有的在先权利,也不得以不正当手段抢先注册他人已经使用并有一定影响的商标。

《最高人民法院关于审理商标授权确权行政案件若干问题的规定》

第十八条 商标法第三十二条规定的在先权利,包括当事人在诉争商标申请日之前享有的民事权利或者其他应予保护的合法权益。诉争商标核准注册时在先权利已不存在的,不影响诉争商标的注册。

《最高人民法院关于审理专利纠纷案件适用法律问题的若干规定》

第十一条 人民法院受理的侵犯专利权纠纷案件,涉及权利冲突的,应当保护在先依法享有权利的当事人的合法权益。

第十二条 专利法第二十三条第三款所称的合法权利,包括就作品、商标、地理标志、姓名、企业名称、肖像,以及有一定影响的商品名称、包装、装潢等享有的合法权利或者权益。

29 商标权被侵犯的,如何维权?

【律师解答】

当商标权人的商标权遭受他人侵犯时,可以采取以下四种途径进行维权:

(1)自力救济。权利人发现商标权被侵犯时,可以通过协商解决。协商可以是由双方当事人自行协商,也可以委托调解机构进行调解。协商成功的,双方应当签订和解或赔偿协议;协商未成的,被侵权人可以依法起诉。

(2)民事救济。以商标权侵权为由向有管辖权的人民法院提起民事诉讼,要求侵权人承担停止侵害、消除影响、赔礼道歉、赔偿损失等民事责任。

(3)行政救济。以商标权侵权为由向工商行政管理部门即国家市场监督管理总局和县级以上市场监督管理局投诉,由工商行政管理部门责令停止侵权行为,罚款、没收、销毁侵权商品和主要用于制造侵权商品、伪造注册商标标识的工具等；如果工商行政管理部门在依法查处过程中发现已经涉嫌犯罪，应当及时移送司法机关依法处理。

（4）刑事救济。根据侵权行为以涉嫌假冒注册商标罪、销售假冒注册商标的商品罪或非法制造、销售非法制造的注册商标标识罪为由向公安机关报案，追究相关单位及主要犯罪人员的刑事责任。

【参考依据】

《商标法》

第六十条　有本法第五十七条所列侵犯注册商标专用权行为之一，引起纠纷的，由当事人协商解决；不愿协商或者协商不成的，商标注册人或者利害关系人可以向人民法院起诉，也可以请求工商行政管理部门处理。

工商行政管理部门处理时，认定侵权行为成立的，责令立即停止侵权行为，没收、销毁侵权商品和主要用于制造侵权商品、伪造注册商标标识的工具，违法经营额五万元以上的，可以处违法经营额五倍以下的罚款，没有违法经营额或者违法经营额不足五万元的，可以处二十五万元以下的罚款。对五年内实施两次以上商标侵权行为或者有其他严重情节的，应当从重处罚。销售不知道是侵犯注册商标专用权的商品，能证明该商品是自己合法取得并说明提供者的，由工商行政管理部门责令停止销售。

对侵犯商标专用权的赔偿数额的争议，当事人可以请求进行处理的工商行政管理部门调解，也可以依照《中华人民共和国民事诉讼法》向人民法院起诉。经工商行政管理部门调解，当事人未达成协议或者调解书生效后不履行的，当事人可以依照《中华人民共和国民事诉讼法》向人民法院起诉。

第六十一条　对侵犯注册商标专用权的行为，工商行政管理部门有权依法查处；涉嫌犯罪的，应当及时移送司法机关依法处理。

第六十三条　侵犯商标专用权的赔偿数额，按照权利人因被侵权所受到的实际损失确定；实际损失难以确定的，可以按照侵权人因侵权所获得的利益确定；权利人的损失或者侵权人获得的利益难以确定的，参照该商标许可使用费的倍数合理确定。对恶意侵犯商标专用权，情节严重的，可以在按照上述方法确定数额的一倍以上五倍以下确定赔偿数额。赔偿数额应当包括权利人为制止侵权行为所支付的合理开支。

人民法院为确定赔偿数额，在权利人已经尽力举证，而与侵权行为相关的账簿、资料主要由侵权人掌握的情况下，可以责令侵权人提供与侵权行为相关的账簿、资料；侵权人不提供或者提供虚假的账簿、资料的，人民法院可以参考权利人的主张和提供的证据判定赔偿数额。

权利人因被侵权所受到的实际损失、侵权人因侵权所获得的利益、注册商标许可使用费难以确定的，由人民法院根据侵权行为的情节判决给予五百万元以下的赔偿。

人民法院审理商标纠纷案件，应权利人请求，对属于假冒注册商标的商品，除特殊情况外，责令销毁；对主要用于制造假冒注册商标的商品的材料、工具，责令销毁，且不予补偿；或者在特殊情况下，责令禁止前述材料、工具进入商业渠道，且不予补偿。

假冒注册商标的商品不得在仅去除假冒注册商标后进入商业渠道。

《刑法》

第二百一十三条　未经注册商标所有人许可，在同一种商品、服务上使用与其注册商标相同的商标，情节严重的，处三年以下有期徒刑，并处或者单处罚金；情节特别严重的，处三年以上十年以下有期徒刑，并处罚金。

第二百一十四条　销售明知是假冒注册商标的商品，违法所得数额较大或者有其他严重情节的，处三年以下有期徒刑，并处或者单处罚金；违法所得数额巨大或者有其他特别严重情节的，处三年以上十年以下有期徒刑，并处罚金。

第二百一十五条　伪造、擅自制造他人注册商标标识或者销售伪造、擅自制造的注册商标标识，情节严重的，处三年以下有期徒刑，并处或者单处罚金；情节特别严重的，处三年以上十年以下有期徒刑，并处罚金。

第三章　著 作 权 法

1　著作权人和作者有什么区别？

【律师解答】

作者是创作文学、艺术和科学作品的人，可以是自然人、法人和非法人组织。根据法律规定，作者包括：(1)创作作品的自然人是作者。(2)由法人或者非法人组织主持，代表法人或者非法人组织意志创作，并由法人或者非法人组织承担责任的作品，法人或者非法人组织视为作者。

著作权人是指依法对作品享有权利的人，除了上述作者外，还包括以其他合法依据对作品享有著作权的自然人、法人或者非法人组织，主要有以下情形：(1)继承取得著作权。根据法律规定，著作权属于自然人的，自然人死亡后，其著作财产权在保护期内依法转移。(2)继受取得著作权。①根据法律规定，著作权属于法人或者非法人组织的，法人或者非法人组织变更、终止后，其著作财产权在保护期内，由承受其权利义务的法人或者非法人组织享有；没有承受其权利义务的法人或者非法人组织的，由国家享有。②根据转让、捐赠等合同约定取得著作权。

【参考依据】

《著作权法》

第九条　著作权人包括：

(一)作者；

(二)其他依照本法享有著作权的自然人、法人或者非法人组织。

第十一条　著作权属于作者，本法另有规定的除外。

创作作品的自然人是作者。

由法人或者非法人组织主持，代表法人或者非法人组织意志创作，并由法人或者非法人组织承担责任的作品,法人或者非法人组织视为作者。

第二十一条 著作权属于自然人的,自然人死亡后,其本法第十条第一款第五项至第十七项规定的权利在本法规定的保护期内,依法转移。

著作权属于法人或者非法人组织的,法人或者非法人组织变更、终止后,其本法第十条第一款第五项至第十七项规定的权利在本法规定的保护期内,由承受其权利义务的法人或者非法人组织享有;没有承受其权利义务的法人或者非法人组织的,由国家享有。

2 著作权是否必须登记才能产生?

【律师解答】

不是,根据我国现行法律规定,著作权自作品创作完成之日起产生。与商标权、专利权不同的是,著作权的产生不需要履行任何申请手续。所以无论是否申请登记、是否发表,都不影响其受我国《著作权法》保护。

律师建议,虽然登记并不是著作权产生的条件,但是申请登记往往是证明作者或者著作权人的最佳权属证据。实践中申请著作权登记的成本较低,所以完成作品时应当及时申请登记,避免日后在遇到著作权侵权纠纷时没有直接、充分的权属证据,即使未申请登记,也应将底稿、原件等保存完整。

【参考依据】

《著作权法》

第二条 中国公民、法人或者非法人组织的作品,不论是否发表,依照本法享有著作权。

外国人、无国籍人的作品根据其作者所属国或者经常居住地国同中国签订的协议或者共同参加的国际条约享有的著作权,受本法保护。外国人、无国籍人的作品首先在中国境内出版的,依照本法享有著作权。

未与中国签订协议或者共同参加国际条约的国家的作者以及无国籍人的作品首次在中国参加的国际条约的成员国出版的,或者在成员国和非成员国同时出版的,受本法保护。

《著作权法实施条例》

第六条 著作权自作品创作完成之日起产生。

《作品自愿登记试行办法》

第二条 作品实行自愿登记。作品不论是否登记,作者或其他著作权人依法取得的著作权不受影响。

第三条 各省、自治区、直辖市版权局负责本辖区的作者或其他著作权人的作品登记工作。国家版权局负责外国以及台湾、香港和澳门地区的作者和其他著作权人的作品登记工作。

3 作品都可以受《著作权法》保护吗?

【律师解答】

不是。我国《著作权法》规定的作品,是指文学、艺术和科学领域内具有独创性并能以一定形式表现的智力成果。作品一般具有以下特点:(1)独创性,即为作者独立创作、构思产生的作品;(2)客观性,即能够以一定形式表现出来的、能被感知、能够利用或复制的作品;(3)合法性,即作品应当符合法律规定,不违反法律的禁止性规定。

因此,不是所有的作品都可以受《著作权法》保护,以下两种情形不受《著作权法》保护:(1)法律法规禁止发行、传播的作品,违反宪法和法律、损害公共利益的;(2)法律规定不适用《著作权法》的:①法律、法规,国家机关的决议、决定、命令和其他具有立法、行政、司法性质的文件,及其官方正式译文;②单纯事实消息;③历法、通用数表、通用表格和公式。

【参考依据】

《著作权法》

第三条 本法所称的作品,是指文学、艺术和科学领域内具有独创性并能以一定形式表现的智力成果,包括:

(一)文字作品;

(二)口述作品;

（三）音乐、戏剧、曲艺、舞蹈、杂技艺术作品；

（四）美术、建筑作品；

（五）摄影作品；

（六）视听作品；

（七）工程设计图、产品设计图、地图、示意图等图形作品和模型作品；

（八）计算机软件；

（九）符合作品特征的其他智力成果。

第四条　著作权人和与著作权有关的权利人行使权利，不得违反宪法和法律，不得损害公共利益。国家对作品的出版、传播依法进行监督管理。

第五条　本法不适用于：

（一）法律、法规，国家机关的决议、决定、命令和其他具有立法、行政、司法性质的文件，及其官方正式译文；

（二）单纯事实消息；

（三）历法、通用数表、通用表格和公式。

4　作品和制品有什么区别？

【律师解答】

作品，是指文学、艺术和科学领域内具有独创性并能以一定形式表现的智力成果。

制品，一般是指录音、录像制品。录音制品指表演声音和其他声音的录制品；录像制品指电影作品和以类似摄制电影的方法创作的作品以外的任何有伴音或无伴音的连续相关形象的录制品。

作品和制品具有以下区别：(1)作品具有独创性，制品则是将声音、形象或者两者结合首次固定于一定物质载体上，不具有独创性；(2)作品产生的是著作权，制品产生的是邻接权，即音像制作者权。

【参考依据】

《著作权法》

第三条　本法所称的作品，是指文学、艺术和科学领域内具有独创性并能以一

定形式表现的智力成果,包括:

(一)文字作品;

(二)口述作品;

(三)音乐、戏剧、曲艺、舞蹈、杂技艺术作品;

(四)美术、建筑作品;

(五)摄影作品;

(六)视听作品;

(七)工程设计图、产品设计图、地图、示意图等图形作品和模型作品;

(八)计算机软件;

(九)符合作品特征的其他智力成果。

第四十四条 录音录像制作者对其制作的录音录像制品,享有许可他人复制、发行、出租、通过信息网络向公众传播并获得报酬的权利;权利的保护期为五十年,截止于该制品首次制作完成后第五十年的12月31日。

被许可人复制、发行、通过信息网络向公众传播录音录像制品,应当同时取得著作权人、表演者许可,并支付报酬;被许可人出租录音录像制品,还应当取得表演者许可,并支付报酬。

5 著作权和邻接权有什么区别?

【律师解答】

著作权,是作者和其他著作权人基于文学、艺术、科学领域内的作品而依法享有的人身权利和财产权利的总称。其包括两个方面内容:一是著作人身权,即发表权、署名权、修改权和保护作品完整权;二是著作财产权,包括以各种方式复制、发行、传播和使用作品,以及许可使用、转让的权利等。

邻接权,又称相关权,在我国《著作权法》中称为与著作权有关的权利,是与著作权相邻、相关或类似的一种权利,是指作品的传播者就作品传播过程中所付出的创造性智力成果或投资而依法所享有的一种专有权利。

邻接权以著作权为基础,是著作权派生出的一种专有权利,其与著作权均属于知识产权的范畴,是作品著作权的具体表现和延伸。二者主要有以下区别(见表12)。

表 12　著作权与邻接权的区别

<table>
<tr><th>不同之处</th><th>著作权</th><th colspan="2">邻接权</th></tr>
<tr><td>权利主体</td><td>(1)作者;
(2)其他著作权人</td><td colspan="2">作品的传播者,主要表现为:
(1)图书报刊出版者;(2)表演者;(3)录音录像制作者;(4)广播电视组织者</td></tr>
<tr><td rowspan="4">权利内容</td><td rowspan="4">著作人身权与著作财产权:(1)发表权;(2)署名权;(3)修改权;(4)保护作品完整权;(5)复制权;(6)发行权;(7)出租权;(8)展览权;(9)表演权;(10)放映权;(11)广播权;(12)信息网络传播权;(13)摄制权;(14)改编权;(15)翻译权;(16)汇编权</td><td>图书报刊出版者权</td><td>(1)专有出版权;(2)作品文字修改和删节权;(3)选登权;(4)版式设计权</td></tr>
<tr><td>表演者权</td><td>(1)表明表演者身份权;(2)保护表演形象不受歪曲;(3)许可他人以无限或者有线方式公开播放其现场表演;(4)许可他人录制;(5)许可他人复制、发行、出租;(6)许可他人通过信息网络传播</td></tr>
<tr><td>录音录像制作者权</td><td>(1)复制权;(2)发行权;(3)出租权;(4)信息网络传播权</td></tr>
<tr><td>广播电视组织者权</td><td>(1)转播权;(2)录制权;(3)复制权</td></tr>
<tr><td>权利产生途径</td><td>作者创作</td><td colspan="2">传播者的传播行为</td></tr>
<tr><td>权利客体</td><td>符合法律规定的作品</td><td colspan="2">符合法律规定的出版、表演、录音录像制作、广播电视播放</td></tr>
<tr><td>权利限制</td><td>合理使用、法定许可等法律规定的权利的限制</td><td colspan="2">除了合理使用、法定许可等法律规定的权利的限制,还受到著作权人的限制</td></tr>
</table>

【参考依据】

《著作权法》

第十条　著作权包括下列人身权和财产权:

(一)发表权,即决定作品是否公之于众的权利;

(二)署名权,即表明作者身份,在作品上署名的权利;

(三)修改权,即修改或者授权他人修改作品的权利;

(四)保护作品完整权,即保护作品不受歪曲、篡改的权利;

（五）复制权，即以印刷、复印、拓印、录音、录像、翻录、翻拍、数字化等方式将作品制作一份或者多份的权利；

（六）发行权，即以出售或者赠与方式向公众提供作品的原件或者复制件的权利；

（七）出租权，即有偿许可他人临时使用视听作品、计算机软件的原件或者复制件的权利，计算机软件不是出租的主要标的的除外；

（八）展览权，即公开陈列美术作品、摄影作品的原件或者复制件的权利；

（九）表演权，即公开表演作品，以及用各种手段公开播送作品的表演的权利；

（十）放映权，即通过放映机、幻灯机等技术设备公开再现美术、摄影、视听作品等的权利；

（十一）广播权，即以有线或者无线方式公开传播或者转播作品，以及通过扩音器或者其他传送符号、声音、图像的类似工具向公众传播广播的作品的权利，但不包括本款第十二项规定的权利；

（十二）信息网络传播权，即以有线或者无线方式向公众提供，使公众可以在其选定的时间和地点获得作品的权利；

（十三）摄制权，即以摄制视听作品的方法将作品固定在载体上的权利；

（十四）改编权，即改变作品，创作出具有独创性的新作品的权利；

（十五）翻译权，即将作品从一种语言文字转换成另一种语言文字的权利；

（十六）汇编权，即将作品或者作品的片段通过选择或者编排，汇集成新作品的权利；

（十七）应当由著作权人享有的其他权利。

著作权人可以许可他人行使前款第五项至第十七项规定的权利，并依照约定或者本法有关规定获得报酬。

著作权人可以全部或者部分转让本条第一款第五项至第十七项规定的权利，并依照约定或者本法有关规定获得报酬。

第三十九条 表演者对其表演享有下列权利：

（一）表明表演者身份；

（二）保护表演形象不受歪曲；

（三）许可他人从现场直播和公开传送其现场表演，并获得报酬；

（四）许可他人录音录像，并获得报酬；

（五）许可他人复制、发行、出租录有其表演的录音录像制品，并获得报酬；

（六）许可他人通过信息网络向公众传播其表演，并获得报酬。

被许可人以前款第三项至第六项规定的方式使用作品，还应当取得著作权人许可，并支付报酬。

第四十条 演员为完成本演出单位的演出任务进行的表演为职务表演，演员享有表明身份和保护表演形象不受歪曲的权利，其他权利归属由当事人约定。当事人没有约定或者约定不明确的，职务表演的权利由演出单位享有。

职务表演的权利由演员享有的，演出单位可以在其业务范围内免费使用该表演。

第四十一条 本法第三十九条第一款第一项、第二项规定的权利的保护期不受限制。

本法第三十九条第一款第三项至第六项规定的权利的保护期为五十年，截止于该表演发生后第五十年的 12 月 31 日。

第四十四条 录音录像制作者对其制作的录音录像制品，享有许可他人复制、发行、出租、通过信息网络向公众传播并获得报酬的权利；权利的保护期为五十年，截止于该制品首次制作完成后第五十年的 12 月 31 日。

被许可人复制、发行、通过信息网络向公众传播录音录像制品，应当同时取得著作权人、表演者许可，并支付报酬；被许可人出租录音录像制品，还应当取得表演者许可，并支付报酬。

6 作者可以转让作品的署名权吗？

【律师解答】

作者不可以转让署名权。署名权是表明作者身份、在作品上署名的权利，属于著作人身权的一种，具有强烈的人身依附性。根据《著作权法》第 10 条之规定署名权不能继承、转让，也不能被非法剥夺或强制执行。

著作人身权除署名权外，还包括发表权、修改权、保护作品完整权；这些权利均不能转让。

【参考依据】

《著作权法》

第十条 著作权包括下列人身权和财产权：

(一)发表权，即决定作品是否公之于众的权利；

(二)署名权，即表明作者身份，在作品上署名的权利；

(三)修改权，即修改或者授权他人修改作品的权利；

(四)保护作品完整权，即保护作品不受歪曲、篡改的权利；

(五)复制权，即以印刷、复印、拓印、录音、录像、翻录、翻拍、数字化等方式将作品制作一份或者多份的权利；

(六)发行权，即以出售或者赠与方式向公众提供作品的原件或者复制件的权利；

(七)出租权，即有偿许可他人临时使用视听作品、计算机软件的原件或者复制件的权利，计算机软件不是出租的主要标的的除外；

(八)展览权，即公开陈列美术作品、摄影作品的原件或者复制件的权利；

(九)表演权，即公开表演作品，以及用各种手段公开播送作品的表演的权利；

(十)放映权，即通过放映机、幻灯机等技术设备公开再现美术、摄影、视听作品等的权利；

(十一)广播权，即以有线或者无线方式公开传播或者转播的方式向公众传播广播的作品，以及通过扩音器或者其他传送符号、声音、图像的类似工具向公众传播广播的作品的权利，但不包括本款第十二项规定的权利；

(十二)信息网络传播权，即以有线或者无线方式向公众提供，使公众可以在其选定的时间和地点获得作品的权利；

(十三)摄制权，即以摄制电影或者以类似摄制视听作品的方法将作品固定在载体上的权利；

(十四)改编权，即改变作品，创作出具有独创性的新作品的权利；

(十五)翻译权，即将作品从一种语言文字转换成另一种语言文字的权利；

(十六)汇编权，即将作品或者作品的片段通过选择或者编排，汇集成新作品的权利；

(十七)应当由著作权人享有的其他权利。

著作权人可以许可他人行使前款第五项至第十七项规定的权利，并依照约定或者本法有关规定获得报酬。

著作权人可以全部或者部分转让本条第一款第五项至第十七项规定的权利，并依照约定或者本法有关规定获得报酬。

7 著作权的保护期限为多久？

【律师解答】

作者的署名权、修改权、保护作品完整权的保护期不受限制；除此以外的其他著作权权利的保护期限，应当分为以下三种情况：

（1）作者是自然人的，其发表权、著作财产权保护期为作者有生之年及其死亡后50年，截至作者死亡后第50年的12月31日；如果是合作作品，著作权财产权保护期为最后死亡的作者的终生及其死亡后50年，截至其死亡后第50年的12月31日。

（2）作者是法人或其他组织，著作权（署名权除外）保护期为作品首次发表后的50年，截至作品首次发表后第50年的12月31日；但作品自创作完成后50年内未发表的，《著作权法》不再保护。

（3）作者身份不明的作品，保护期为作品首次发表后50年，截至作品首次发表后第50年的12月31日。这里的作者"身份不明"，多指作品因以假名、笔名、化名或者未署名发表，难以确定作者身份的情况。如在50年内确定了作者，则其著作权的保护期按一般作品界定。

著作权保护期，是指著作权受法律保护的时间界限。在著作权的保护期内，作品受著作权法保护；著作权保护期届满，相应的权利不受著作权法保护，作品进入公有领域。

【参考依据】

《著作权法》

第二十二条 作者的署名权、修改权、保护作品完整权的保护期不受限制。

第二十三条 自然人的作品，其发表权、本法第十条第一款第五项至第十七项规定的权利的保护期为作者终生及其死亡后五十年，截止于作者死亡后第五十年的12月31日;如果是合作作品,截止于最后死亡的作者死亡后第五十年的12月31日。

法人或者非法人组织的作品、著作权(署名权除外)由法人或者非法人组织享有的职务作品,其发表权的保护期为五十年,截止于作品创作完成后第五十年的12月31日;本法第十条第一款第五项至第十七项规定的权利的保护期为五十年,截止于作品首次发表后第五十年的12月31日,但作品自创作完成后五十年内未发表的,本法不再保护。

视听作品,其发表权的保护期为五十年,截止于作品创作完成后第五十年的12月31日;本法第十条第一款第五项至第十七项规定的权利的保护期为五十年,截止于作品首次发表后第五十年的12月31日,但作品自创作完成后五十年内未发表的,本法不再保护。

《著作权法实施条例》

第十八条 作者身份不明的作品,其著作权法第十条第一款第五项至第十七项规定的权利的保护期截止于作品首次发表后第50年的12月31日。作者身份确定后,适用著作权法第二十一条的规定。

8 公司对商品的外包装图是否享有著作权?

【律师解答】

商品外包装图经设计完成后公司即对其享有著作权,可以依法申请著作权登记。实践中很多外包装图一般作为美术作品申请登记。所以只要产品的外包装图符合作品独创性、客观性和合法性,经国家知识产权局审查合格后可以被授予作品登记证。另外,实践中还可以将产品外包装图申请外观设计专利,也是保护产品外包装的一种方式。

【参考依据】

《著作权法》

第三条 本法所称的作品,是指文学、艺术和科学领域内具有独创性并能以一定形式表现的智力成果,包括:

（一）文字作品；
（二）口述作品；
（三）音乐、戏剧、曲艺、舞蹈、杂技艺术作品；
（四）美术、建筑作品；
（五）摄影作品；
（六）视听作品；
（七）工程设计图、产品设计图、地图、示意图等图形作品和模型作品；
（八）计算机软件；
（九）符合作品特征的其他智力成果。

9 单位对员工为完成工作任务创作的作品是否享有著作权?

【律师解答】

员工为完成工作任务创作的作品属于职务作品，但是关于著作权归属问题应当分情形讨论：

（1）符合《著作权法》规定的以下三种情形的，员工享有著作权中的署名权，公司享有除署名权以外的其他著作权权利：①主要是利用法人或者非法人组织的物质技术条件创作，并由法人或者非法人组织承担责任的工程设计图、产品设计图、地图、示意图、计算机软件等职务作品；②报社、期刊社、通讯社、广播电台、电视台的工作人员创作的职务作品；③法律、行政法规规定或者合同约定著作权由法人或者非法人组织享有的职务作品。另外，单位享有著作权时，可以对员工予以奖励。

（2）除以上三种情形以外，员工享有著作权，但是公司有权在业务范围内优先使用。另外，员工享有著作权时，自员工向单位交付作品之日起 2 年内，经单位同意，作者可以许可第三人以与单位使用的相同方式使用作品，所获报酬由作者与单位按约定的比例分配；如果员工许可第三人以与单位使用的方式不同的方式使用作品，则无须经过单位同意。

【参考依据】

《著作权法》

第十八条 自然人为完成法人或者非法人组织工作任务所创作的作品是职务作品，除本条第二款的规定以外，著作权由作者享有，但法人或者非法人组织有权在其业务范围内优先使用。作品完成两年内，未经单位同意，作者不得许可第三人以与单位使用的相同方式使用该作品。

有下列情形之一的职务作品，作者享有署名权，著作权的其他权利由法人或者非法人组织享有，法人或者非法人组织可以给予作者奖励：

（一）主要是利用法人或者非法人组织的物质技术条件创作，并由法人或者非法人组织承担责任的工程设计图、产品设计图、地图、示意图、计算机软件等职务作品；

（二）报社、期刊社、通讯社、广播电台、电视台的工作人员创作的职务作品；

（三）法律、行政法规规定或者合同约定著作权由法人或者非法人组织享有的职务作品。

《著作权法实施条例》

第十一条 著作权法第十六条第一款关于职务作品的规定中的“工作任务”，是指公民在该法人或者该组织中应当履行的职责。

著作权法第十六条第二款关于职务作品的规定中的“物质技术条件”，是指该法人或者该组织为公民完成创作专门提供的资金、设备或者资料。

第十二条 职务作品完成两年内，经单位同意，作者许可第三人以与单位使用的相同方式使用作品所获报酬，由作者与单位按约定的比例分配。

作品完成两年的期限，自作者向单位交付作品之日起计算。

10 委托他人创作的作品，著作权如何确定？

【律师解答】

（1）委托他人创作作品时，如果双方有约定或者签订委托合同中有约定，则按照约定确定著作权归属。

（2）如果没有约定，则著作权属于受托人。但是委托人在约定的使用范围内享有使用作品的权利，即使双方没有约定使用作品范围，委托人也可以在委托创作的特定目的的范围内免费使用该作品。例如，某公司委托某设计师为公司设计了一幅宣传图，双方签订了委托合同，约定该设计图用于公司宣传，但并未约定著作权归属，那么著作权属于该设计师，公司也仅可以在宣传的范围内使用，但如果公司授权第三方公司使用，则可能构成侵犯设计师的著作权。

【参考依据】

《著作权法》

第十九条 受委托创作的作品，著作权的归属由委托人和受托人通过合同约定。合同未作明确约定或者没有订立合同的，著作权属于受托人。

《最高人民法院关于审理著作权民事纠纷案件适用法律若干问题的解释》

第十二条 按照著作权法第十七条规定委托作品著作权属于受托人的情形，委托人在约定的使用范围内享有使用作品的权利；双方没有约定使用作品范围的，委托人可以在委托创作的特定目的范围内免费使用该作品。

11 两个以上主体共同创作作品的著作权应当如何确定？

【律师解答】

两个以上主体共同创作的作品属于合作作品，著作权由两个以上主体共同享有。

(1)合作作品可以分割使用的，作者对各自创作的部分可以单独享有著作权，但行使著作权时不得侵犯合作作品整体的著作权。

(2)合作作品无法分割时，则著作权由合作作者通过协商一致行使；不能协商一致，又无正当理由的，任何一方不得阻止他方行使除转让、许可他人专有使用、出质以外的其他权利，但是所得收益应当合理分配给所有合作作者。

【参考依据】

《著作权法》

第十四条 两人以上合作创作的作品，著作权由合作作者共同享有。没有参加创作的人，不能成为合作作者。

合作作品的著作权由合作作者通过协商一致行使；不能协商一致，又无正当理由由的,任何一方不得阻止他方行使除转让、许可他人专有使用、出质以外的其他权利,但是所得收益应当合理分配给所有合作作者。

合作作品可以分割使用的,作者对各自创作的部分可以单独享有著作权,但行使著作权时不得侵犯合作作品整体的著作权。

《著作权法实施条例》

第九条 合作作品不可以分割使用的,其著作权由各合作作者共同享有,通过协商一致行使;不能协商一致,又无正当理由的,任何一方不得阻止他方行使除转让以外的其他权利,但是所得收益应当合理分配给所有合作作者。

12 电影、电视剧的著作权如何确定?

【律师解答】

电影作品、电视剧作品的著作权由制作者(制作人或制作公司)享有,但编剧、导演、摄影、作词、作曲等作者享有署名权,并有权按照与制作者签订的合同获得报酬。其中,剧本、主题曲、插曲等可以单独使用的作品,作者可以单独行使其著作权。

【参考依据】

《著作权法》

第十七条 视听作品中的电影作品、电视剧作品的著作权由制作者享有,但编剧、导演、摄影、作词、作曲等作者享有署名权,并有权按照与制作者签订的合同获得报酬。

前款规定以外的视听作品的著作权归属由当事人约定;没有约定或者约定不明确的,由制作者享有,但作者享有署名权和获得报酬的权利。

视听作品中的剧本、音乐等可以单独使用的作品的作者有权单独行使其著作权。

13 未经授权使用他人作品是否需承担侵权责任?

【律师解答】

一般情形下,未经授权使用他人作品属于侵害他人著作权的行为,应当承担侵权责任，但是属于“合理使用”“法定许可”以及其他依法可以未经授权使用的情形的除外。

（1）“合理使用”，是指根据《著作权法》的规定，他人可以不经著作权人许可，不向其支付报酬而对作品的使用，但应当指明作者姓名或者名称、作品名称，并且不得影响该作品的正常使用，也不得不合理地损害著作权人的合法权益。根据我国《著作权法》第24条的规定，合理使用具体包含13种情形：

①为个人学习、研究或者欣赏，使用他人已经发表的作品；

②为介绍、评论某一作品或者说明某一问题，在作品中适当引用他人已经发表的作品；

③为报道新闻，在报纸、期刊、广播电台、电视台等媒体中不可避免地再现或者引用已经发表的作品；

④报纸、期刊、广播电台、电视台等媒体刊登或者播放其他报纸、期刊、广播电台、电视台等媒体已经发表的关于政治、经济、宗教问题的时事性文章，但著作权人声明不许刊登、播放的除外；

⑤报纸、期刊、广播电台、电视台等媒体刊登或者播放在公众集会上发表的讲话，但作者声明不许刊登、播放的除外；

⑥为学校课堂教学或者科学研究，翻译、改编、汇编、播放或者少量复制已经发表的作品，供教学或者科研人员使用，但不得出版发行；

⑦国家机关为执行公务在合理范围内使用已经发表的作品；

⑧图书馆、档案馆、纪念馆、博物馆、美术馆、文化馆等为陈列或者保存版本的需要，复制本馆收藏的作品；

⑨免费表演已经发表的作品，该表演未向公众收取费用，也未向表演者支付报酬，且不以营利为目的；

⑩对设置或者陈列在公共场所的艺术作品进行临摹、绘画、摄影、录像；

⑪将中国公民、法人或者非法人组织已经发表的以国家通用语言文字创作的作品翻译成少数民族语言文字作品在国内出版发行；

⑫以阅读障碍者能够感知的无障碍方式向其提供已经发表的作品；

⑬法律、行政法规规定的其他情形。

（2）“法定许可”，是指根据《著作权法》的规定，不经著作权人许可使用享有著作权的作品，但应当向著作权人支付报酬。与合理使用相比，法定许可具有以下特点：

①法定许可仍需支付报酬，合理使用可以不支付；

②适用法定许可的作品只能是著作权人未声明不许使用的作品，合理使用则没有限制；

③法定许可使用于具有商业目的的作品传播行为，合理使用仅限于非商业目的。

根据我国《著作权法》相关规定，法定许可包括以下几种：

①教科书。为实施义务教育和国家教育规划而编写出版教科书，可以不经著作权人许可，在教科书中汇编已经发表的作品片段或者短小的文字作品、音乐作品或者单幅的美术作品、摄影作品、图形作品，但应当按照规定向著作权人支付报酬，指明作者姓名或者名称、作品名称，并且不得侵犯著作权人依照本法享有的其他权利。

②报刊转载。作品刊登后，除著作权人声明不得转载、摘编的外，其他报刊可以转载或者作为文摘、资料刊登，但应当按照规定向著作权人支付报酬。

③制作录音制品。录音制作者使用他人已经合法录制为录音制品的音乐作品制作录音制品，可以不经著作权人许可，但应当按照规定支付报酬；著作权人声明不许使用的不得使用。

④广播电台、电视台播放已出版录音制品。广播电台、电视台播放他人已发表的作品，可以不经著作权人许可，但应当按照规定支付报酬。

【参考依据】

《著作权法》

第二十四条 在下列情况下使用作品，可以不经著作权人许可，不向其支付报酬，但应当指明作者姓名或者名称、作品名称，并且不得影响该作品的正常使用，也不得不合理地损害著作权人的合法权益：

（一）为个人学习、研究或者欣赏，使用他人已经发表的作品；

（二）为介绍、评论某一作品或者说明某一问题，在作品中适当引用他人已经发表的作品；

（三）为报道新闻，在报纸、期刊、广播电台、电视台等媒体中不可避免地再现或者引用已经发表的作品；

（四）报纸、期刊、广播电台、电视台等媒体刊登或者播放其他报纸、期刊、广播电台、电视台等媒体已经发表的关于政治、经济、宗教问题的时事性文章，但著作权人声明不许刊登、播放的除外；

（五）报纸、期刊、广播电台、电视台等媒体刊登或者播放在公众集会上发表的讲话，但作者声明不许刊登、播放的除外；

（六）为学校课堂教学或者科学研究，翻译、改编、汇编、播放或者少量复制已经发表的作品，供教学或者科研人员使用，但不得出版发行；

（七）国家机关为执行公务在合理范围内使用已经发表的作品；

（八）图书馆、档案馆、纪念馆、博物馆、美术馆、文化馆等为陈列或者保存版本的需要，复制本馆收藏的作品；

（九）免费表演已经发表的作品，该表演未向公众收取费用，也未向表演者支付报酬，且不以营利为目的；

（十）对设置或者陈列在公共场所的艺术作品进行临摹、绘画、摄影、录像；

（十一）将中国公民、法人或者非法人组织已经发表的以国家通用语言文字创作的作品翻译成少数民族语言文字作品在国内出版发行；

（十二）以阅读障碍者能够感知的无障碍方式向其提供已经发表的作品；

（十三）法律、行政法规规定的其他情形。

前款规定适用于对与著作权有关的权利的限制。

第二十五条 为实施义务教育和国家教育规划而编写出版教科书，可以不经著作权人许可，在教科书中汇编已经发表的作品片段或者短小的文字作品、音乐作品或者单幅的美术作品、摄影作品、图形作品，但应当按照规定向著作权人支付报酬，指明作者姓名或者名称、作品名称，并且不得侵犯著作权人依照本法享有的其他权利。

前款规定适用于对与著作权有关的权利的限制。

第三十五条 著作权人向报社、期刊社投稿的，自稿件发出之日起十五日内未收到报社通知决定刊登的，或者自稿件发出之日起三十日内未收到期刊社通知决定刊登的，可以将同一作品向其他报社、期刊社投稿。双方另有约定的除外。

作品刊登后，除著作权人声明不得转载、摘编的外，其他报刊可以转载或者作为文摘、资料刊登，但应当按照规定向著作权人支付报酬。

第四十二条 录音录像制作者使用他人作品制作录音录像制品，应当取得著作权人许可，并支付报酬。

录音制作者使用他人已经合法录制为录音制品的音乐作品制作录音制品，可以不经著作权人许可,但应当按照规定支付报酬;著作权人声明不许使用的不得使用。

第四十六条 广播电台、电视台播放他人未发表的作品,应当取得著作权人许可,并支付报酬。

广播电台、电视台播放他人已发表的作品,可以不经著作权人许可,但应当按照规定支付报酬。

第四十八条 电视台播放他人的视听作品、录像制品,应当取得视听作品著作权人或者录像制作者许可,并支付报酬;播放他人的录像制品,还应当取得著作权人许可,并支付报酬。

《计算机软件保护条例》

第十七条 为了学习和研究软件内含的设计思想和原理,通过安装、显示、传输或者存储软件等方式使用软件的,可以不经软件著作权人许可,不向其支付报酬。

14 使用网上免费下载的图片素材是否属于侵犯著作权的行为?

【律师解答】

除合理使用、法定许可以及其他依法可以使用的情形外,使用网上免费下载的图片素材属于侵犯著作权的行为。在网络平台上传作品的行为是著作权人的权利,但是这一行为并不意味着许可其他人免费使用。

律师建议:未经著作权人许可,无论在宣传册等纸质材料,还是在互联网营销媒体中使用他人享有著作权的图片作品,都可能侵害著作权人的著作权。因此,在使用他人作品前应征得著作权人许可,并根据约定或法律规定支付报酬。

【参考依据】

《著作权法》

第五十三条 有下列侵权行为的,应当根据情况,承担本法第五十二条规定的民事责任;侵权行为同时损害公共利益的,由主管著作权的部门责令停止侵权行为,予以警告,没收违法所得,没收、无害化销毁处理侵权复制品以及主要用于制作侵权复制品的材料、工具、设备等,违法经营额五万元以上的,可以并处违法经营额一倍以上五倍以下的罚款;没有违法经营额、违法经营额难以计算或者不足五万元的,可以并处二十五万元以下的罚款;构成犯罪的,依法追究刑事责任:

(一)未经著作权人许可,复制、发行、表演、放映、广播、汇编、通过信息网络向公众传播其作品的,本法另有规定的除外;

(二)出版他人享有专有出版权的图书的;

(三)未经表演者许可,复制、发行录有其表演的录音录像制品,或者通过信息网络向公众传播其表演的,本法另有规定的除外;

(四)未经录音录像制作者许可,复制、发行、通过信息网络向公众传播其制作的录音录像制品的,本法另有规定的除外;

(五)未经许可,播放、复制或者通过信息网络向公众传播广播、电视的,本法另有规定的除外;

(六)未经著作权人或者与著作权有关的权利人许可,故意避开或者破坏技术措施的,故意制造、进口或者向他人提供主要用于避开、破坏技术措施的装置或者部件的,或者故意为他人避开或者破坏技术措施提供技术服务的,法律、行政法规另有规定的除外;

(七)未经著作权人或者与著作权有关的权利人许可,故意删除或者改变作品、版式设计、表演、录音录像制品或者广播、电视上的权利管理信息的,知道或者应当知道作品、版式设计、表演、录音录像制品或者广播、电视上的权利管理信息未经许可被删除或者改变,仍然向公众提供的,法律、行政法规另有规定的除外;

(八)制作、出售假冒他人署名的作品的。

15 公司购买了某画家创作的画,能否在公司宣传册、网页中使用该画?

【律师解答】

公司购买画作的原件后,不可以在其宣传册、网页中使用该画作。

画家创作的画作属于《著作权法》规定的作品,其依法享有著作权。购买获得画作原件时,如果双方没有特别约定著作权归属,那么转让的只是该画作作为物的所有权,以及著作权中的展览权。因此,作为买方,如无特别约定,只是享有画作的所有权和展览权，即除了欣赏、收藏，或者出借、再次出售外，只能展览；画家仍为著作权人，依然享有除展览权以外的其他著作权权利。

【参考依据】

《民法典》

第六百条 出卖具有知识产权的标的物，除法律另有规定或者当事人另有约定外，该标的物的知识产权不属于买受人。

《著作权法》

第二十条 作品原件所有权的转移，不改变作品著作权的归属，但美术、摄影作品原件的展览权由原件所有人享有。

作者将未发表的美术、摄影作品的原件所有权转让给他人，受让人展览该原件不构成对作者发表权的侵犯。

16 转载他人微信公众号内容属于侵权行为吗？

【律师解答】

除合理使用、法定许可以及其他依法可以使用的情形外，转载他人微信公众号内容属于著作权侵权行为。

(1)如果属于合理使用、法定许可或者其他依法可以直接转载等特殊情形时，则须按照相关法律规定使用。

(2)除上述情形外，未经著作权人授权，不可以转载他人微信公众号内容。即使注明出处，也需要获得著作权人的授权并依据授权约定支付报酬，否则其转载行为构成侵权。另外《国家版权局办公厅关于规范网络转载版权秩序的通知》也规定，互联网媒体转载他人作品，应当遵守著作权法律法规的相关规定，必须经过著作权人许可并支付报酬，并应当指明作者姓名、作品名称及作品来源，不得侵犯著作权人依法享有的其他权益。

律师建议，在转载他人作品时，应当首先取得他人作品的授权，明确约定授权范围与报酬，在使用他人作品时注明出处，有效防范侵权风险。

【参考依据】

《著作权法》

第十条 著作权包括下列人身权和财产权：

（一）发表权，即决定作品是否公之于众的权利；

（二）署名权，即表明作者身份，在作品上署名的权利；

（三）修改权，即修改或者授权他人修改作品的权利；

（四）保护作品完整权，即保护作品不受歪曲、篡改的权利；

（五）复制权，即以印刷、复印、拓印、录音、录像、翻录、翻拍、数字化等方式将作品制作一份或者多份的权利；

（六）发行权，即以出售或者赠与方式向公众提供作品的原件或者复制件的权利；

（七）出租权，即有偿许可他人临时使用视听作品、计算机软件的原件或者复制件的权利，计算机软件不是出租的主要标的的除外；

（八）展览权，即公开陈列美术作品、摄影作品的原件或者复制件的权利；

（九）表演权，即公开表演作品，以及用各种手段公开播送作品的表演的权利；

（十）放映权，即通过放映机、幻灯机等技术设备公开再现美术、摄影、视听作品等的权利；

（十一）广播权，即以有线或者无线方式公开传播或者转播作品，以及通过扩音器或者其他传送符号、声音、图像的类似工具向公众传播广播的作品的权利，但不包括本款第十二项规定的权利；

（十二）信息网络传播权，即以有线或者无线方式向公众提供，使公众可以在其选定的时间和地点获得作品的权利；

（十三）摄制权，即以摄制视听作品的方法将作品固定在载体上的权利；

（十四）改编权，即改变作品，创作出具有独创性的新作品的权利；

（十五）翻译权，即将作品从一种语言文字转换成另一种语言文字的权利；

（十六）汇编权，即将作品或者作品的片段通过选择或者编排，汇集成新作品的权利；

（十七）应当由著作权人享有的其他权利。

著作权人可以许可他人行使前款第五项至第十七项规定的权利，并依照约定或者本法有关规定获得报酬。

著作权人可以全部或者部分转让本条第一款第五项至第十七项规定的权利，并依照约定或者本法有关规定获得报酬。

《国家版权局办公厅关于规范网络转载版权秩序的通知》

一、互联网媒体转载他人作品，应当遵守著作权法律法规的相关规定，必须经过著作权人许可并支付报酬，并应当指明作者姓名、作品名称及作品来源。法律、法规另有规定的除外。

互联网媒体依照前款规定转载他人作品，不得侵犯著作权人依法享有的其他权益。

17 著作权如何许可他人使用？

【律师解答】

著作权的许可使用通常是通过签订许可使用协议的方式实现的。与著作权人订立专有许可使用合同、转让合同的，可以向著作权行政管理部门备案。

（1）根据法律规定，使用他人作品应当同著作权人订立许可使用合同，许可使用的权利是专有使用权的，应当采取书面形式，但是报社、期刊社刊登作品除外。许可使用合同应当包括下列主要内容：①许可使用的权利种类；②许可使用的权利是专有使用权或者非专有使用权；③许可使用的地域范围、期间；④付酬标准和办法；⑤违约责任；⑥双方认为需要约定的其他内容。

另外，专有使用权的内容由合同约定，合同没有约定或者约定不明的，视为被许可人有权排除包括著作权人在内的任何人以同样的方式使用作品。专有许可使用应当采取书面形式，但是报刊、期刊社刊登作品可以不采取书面形式。

（2）根据著作权的授权范围不同，可以分为独占许可和非独占许可两种类型：①独占许可，是指著作权人给被许可人授予的、在一定的时间范围内使用作品的权利是唯一的，即使著作权人本人也不得在许可范围内使用行使该权利。②非独占许可，是指著作权人给被许可人授予的、在一定时间范围内使用作品的权利不是排他的，著作权人不仅自己有权在许可证范围使用作品，而且可以再许可给第三人。

【参考依据】

《著作权法》

第二十六条 使用他人作品应当同著作权人订立许可使用合同,本法规定可以不经许可的除外。

许可使用合同包括下列主要内容:

(一)许可使用的权利种类;

(二)许可使用的权利是专有使用权或者非专有使用权;

(三)许可使用的地域范围、期间;

(四)付酬标准和办法;

(五)违约责任;

(六)双方认为需要约定的其他内容。

《著作权法实施条例》

第二十三条 使用他人作品应当同著作权人订立许可使用合同,许可使用的权利是专有使用权的,应当采取书面形式,但是报社、期刊社刊登作品除外。

第二十四条 著作权法第二十四条规定的专有使用权的内容由合同约定,合同没有约定或者约定不明的,视为被许可人有权排除包括著作权人在内的任何人以同样的方式使用作品;除合同另有约定外,被许可人许可第三人行使同一权利,必须取得著作权人的许可。

第二十五条 与著作权人订立专有许可使用合同、转让合同的,可以向著作权行政管理部门备案。

18 著作权是否可以质押?

【律师解答】

著作权中的财产权可以质押。以著作权出质的,出质人和质权人应当订立书面质权合同,并由双方共同向作品登记机构办理著作权质权登记。出质人和质权人可以自行办理,也可以委托代理人办理。著作权质权的设立、变更、转让和消灭,自记载于《著作权质权登记簿》时发生效力。

根据《民法典》的规定,可以转让的著作权中的财产权可以出质;根据《著作权法》的规定，著作权可分为人身权和财产权两部分。人身权包括发表权、署名权、修改权和保护作品完整权。财产权，是指著作权人对作品的使用权和获得报酬权。其中，使用权指以各种方式使用作品的权利，是著作权人的一项主要财产权利，包括复制权、发行权、出租权、展览权、表演权、放映权、广播权、信息网络传播权、摄制权、改编权、翻译权、汇编权和应当由著作权人享有的其他权利等；获得报酬权指转让使用权或者许可他人使用而获得报酬的权利。著作权中的人身权和著作权人有密切关系，具有人身属性，只能专属于著作权人，不得让与，也不得出质；只有著作权中的财产权才可以作为权利质权的标的。

另外，在著作权质押合同生效后，著作权不发生转移，仍属于出质人所有。

【参考依据】

《民法典》

第四百四十四条 以注册商标专用权、专利权、著作权等知识产权中的财产权出质的，质权自办理出质登记时设立。

知识产权中的财产权出质后，出质人不得转让或者许可他人使用，但是出质人与质权人协商同意的除外。出质人转让或者许可他人使用出质的知识产权中的财产权所得的价款，应当向质权人提前清偿债务或者提存。

《著作权法》

第二十八条 以著作权中的财产权出质的，由出质人和质权人依法办理出质登记。

19 著作权被侵犯的，如何维权？

【律师解答】

当著作权人的著作权遭受他人侵犯时，可以采取以下四种途径进行维权：

(1)自力救济。权利人发现著作权被侵犯时，可以通过协商解决。协商可以是由双方当事人自行协商，也可以委托调解机构进行调解。协商成功的，双方应当签订和解或赔偿协议；协商未成的，被侵权人可以依法起诉。

(2)民事救济。以著作权侵权为由向有管辖权的人民法院提起民事诉讼，要求侵权人承担停止侵害、消除影响、赔礼道歉、赔偿损失等民事责任。

(3)行政救济。以著作权侵权为由向主管著作权的部门即国家版权局和各省、自治区、直辖市版权局投诉,由主管著作权的部门责令停止侵权行为,予以警告,罚款、没收违法所得,没收、无害化销毁处理侵权复制品以及主要用于制作侵权复制品的材料、工具、设备等。

(4)刑事救济。当侵权人的侵权行为达到刑事犯罪的标准时,可以涉嫌侵犯著作权罪或销售侵权复制品罪为由向公安机关报案,追究相关单位及主要犯罪人员的刑事责任。

【参考依据】

《著作权法》

第五十二条 有下列侵权行为的,应当根据情况,承担停止侵害、消除影响、赔礼道歉、赔偿损失等民事责任:

(一)未经著作权人许可,发表其作品的;

(二)未经合作作者许可,将与他人合作创作的作品当作自己单独创作的作品发表的;

(三)没有参加创作,为谋取个人名利,在他人作品上署名的;

(四)歪曲、篡改他人作品的;

(五)剽窃他人作品的;

(六)未经著作权人许可,以展览、摄制视听作品的方法使用作品,或者以改编、翻译、注释等方式使用作品的,本法另有规定的除外;

(七)使用他人作品,应当支付报酬而未支付的;

(八)未经视听作品、计算机软件、录音录像制品的著作权人、表演者或者录音录像制作者许可,出租其作品或者录音录像制品的原件或者复制件的,本法另有规定的除外;

(九)未经出版者许可,使用其出版的图书、期刊的版式设计的;

(十)未经表演者许可,从现场直播或者公开传送其现场表演,或者录制其表演的;

(十一)其他侵犯著作权以及与著作权有关的权利的行为。

第五十三条 有下列侵权行为的,应当根据情况,承担本法第五十二条规定的民事责任;侵权行为同时损害公共利益的,由主管著作权的部门责令停止侵权行为,予以警告,没收违法所得,没收、无害化销毁处理侵权复制品以及主要用于制作侵权复制品的材料、工具、设备等,违法经营额五万元以上的,可以并处违法经营额一倍以上五倍以下的罚款;没有违法经营额、违法经营额难以计算或者不足五万元的,可以并处二十五万元以下的罚款;构成犯罪的,依法追究刑事责任:

(一)未经著作权人许可,复制、发行、表演、放映、广播、汇编、通过信息网络向公众传播其作品的,本法另有规定的除外;

(二)出版他人享有专有出版权的图书的;

(三)未经表演者许可,复制、发行录有其表演的录音录像制品,或者通过信息网络向公众传播其表演的,本法另有规定的除外;

(四)未经录音录像制作者许可,复制、发行、通过信息网络向公众传播其制作的录音录像制品的,本法另有规定的除外;

(五)未经许可,播放、复制或者通过信息网络向公众传播广播、电视的,本法另有规定的除外;

(六)未经著作权人或者与著作权有关的权利人许可,故意避开或者破坏技术措施的,故意制造、进口或者向他人提供主要用于避开、破坏技术措施的装置或者部件的,或者故意为他人避开或者破坏技术措施提供技术服务的,法律、行政法规另有规定的除外;

(七)未经著作权人或者与著作权有关的权利人许可,故意删除或者改变作品、版式设计、表演、录音录像制品或者广播、电视上的权利管理信息的,知道或者应当知道作品、版式设计、表演、录音录像制品或者广播、电视上的权利管理信息未经许可被删除或者改变,仍然向公众提供的,法律、行政法规另有规定的除外;

(八)制作、出售假冒他人署名的作品的。

《刑法》

第二百一十七条 以营利为目的,有下列侵犯著作权或者与著作权有关的权利的情形之一,违法所得数额较大或者有其他严重情节的,处三年以下有期徒刑,并处或者单处罚金;违法所得数额巨大或者有其他特别严重情节的,处三年以上十年以下有期徒刑,并处罚金:

(一)未经著作权人许可,复制发行、通过信息网络向公众传播其文字作品、音乐、美术、视听作品、计算机软件及法律、行政法规规定的其他作品的;

(二)出版他人享有专有出版权的图书的;

（三）未经录音录像制作者许可，复制发行、通过信息网络向公众传播其制作的录音录像的；

（四）未经表演者许可，复制发行录有其表演的录音录像制品，或者通过信息网络向公众传播其表演的；

（五）制作、出售假冒他人署名的美术作品的；

（六）未经著作权人或者与著作权有关的权利人许可，故意避开或者破坏权利人为其作品、录音录像制品等采取的保护著作权或者与著作权有关的权利的技术措施的。

第二百一十八条 以营利为目的，销售明知是本法第二百一十七条规定的侵权复制品，违法所得数额巨大或者有其他严重情节的，处五年以下有期徒刑，并处或者单处罚金。

第四章　反不正当竞争法

1　公司使用与其他知名商品相似的包装、装潢属于不正当竞争行为吗?

【律师解答】

公司使用与其他知名商品相似的包装、装潢,引人误认为是他人商品或者与他人存在特定联系的,属于不正当竞争行为中的混淆行为。

认定混淆行为应考虑以下因素:一是使用的名称、包装、装潢的主要部分和整体形象与知名商品的名称、包装、装潢相同或视觉上无差异;二是引人误认为是他人商品或者与他人存在特定联系,特定联系包括误认为与他人具有商业联合、许可使用、商业冠名、广告代言等特定联系。

【参考依据】

《反不正当竞争法》

第六条　经营者不得实施下列混淆行为,引人误认为是他人商品或者与他人存在特定联系:

(一)擅自使用与他人有一定影响的商品名称、包装、装潢等相同或者近似的标识;

(二)擅自使用他人有一定影响的企业名称(包括简称、字号等)、社会组织名称(包括简称等)、姓名(包括笔名、艺名、译名等);

(三)擅自使用他人有一定影响的域名主体部分、网站名称、网页等;

(四)其他足以引人误认为是他人商品或者与他人存在特定联系的混淆行为。

《最高人民法院关于适用〈中华人民共和国反不正当竞争法〉若干问题的解释》

第十二条　人民法院认定与反不正当竞争法第六条规定的"有一定影响的"标识相同或者近似,可以参照商标相同或者近似的判断原则和方法。

反不正当竞争法第六条规定的"引人误认为是他人商品或者与他人存在特定联系",包括误认为与他人具有商业联合、许可使用、商业冠名、广告代言等特定联系。

在相同商品上使用相同或者视觉上基本无差别的商品名称、包装、装潢等标识,应当视为足以造成与他人有一定影响的标识相混淆。

2 公司注册的企业字号与在先登记的已经有一定知名度的企业名称相近,属于不正当竞争行为吗?

【律师解答】

公司注册的企业字号与在先登记的已经有一定知名度的企业名称相近,如果引人误认为是他人商品或者与他人存在特定联系,构成混淆,属于不正当竞争行为。在明知或者应知他人企业字号具有一定显著性和识别性,系有一定影响的字号的情况下,通过修改自身企业名称、更改企业旗下交易平台称呼、暗示股东关联、授权第三人经营扩大影响等诸多表现形式向他人靠拢、借鉴,强化与他人企业之间存在特定的关系,主观上攀附故意明显,易使相关公众产生混淆,属于不正当竞争行为。但是,单纯的名称近似并不属于不正当竞争行为。

【参考依据】

《反不正当竞争法》

第六条 经营者不得实施下列混淆行为,引人误认为是他人商品或者与他人存在特定联系:

(一)擅自使用与他人有一定影响的商品名称、包装、装潢等相同或者近似的标识;

(二)擅自使用他人有一定影响的企业名称(包括简称、字号等)、社会组织名称(包括简称等)、姓名(包括笔名、艺名、译名等);

(三)擅自使用他人有一定影响的域名主体部分、网站名称、网页等;

(四)其他足以引人误认为是他人商品或者与他人存在特定联系的混淆行为。

《最高人民法院关于适用〈中华人民共和国反不正当竞争法〉若干问题的解释》

第十一条 经营者擅自使用与他人有一定影响的企业名称(包括简称、字号等）、社会组织名称（包括简称等）、姓名（包括笔名、艺名、译名等）、域名主体部分、网站名称、网页等近似的标识，引人误认为是他人商品或者与他人存在特定联系，当事人主张属于反不正当竞争法第六条第二项、第三项规定的情形的，人民法院应予支持。

3 公司在商业宣传中过分夸大商品质量、销售数量等信息，属于不正当竞争行为吗？

【律师解答】

一般在商业宣传中过分夸大商品的质量、销售数量等信息会造成相关公众误解，属于不正当竞争行为；但以明显的夸张方式宣传商品，不足以造成相关公众误解的，不属于引人误解的虚假宣传行为，即不属于不正当竞争行为。

对引人误解的虚假宣传行为的认定，一般根据日常生活经验、相关公众一般注意力、发生误解的事实和被宣传对象的实际情况等因素进行认定。实践中，引人误解的虚假宣传行为一般包括以下几种：

（1）对商品作片面的宣传或者对比的；

（2）将科学上未定论的观点、现象等当作定论的事实用于商品宣传的；

（3）以歧义性语言或者其他引人误解的方式进行商品宣传的。

【参考依据】

《反不正当竞争法》

第八条 经营者不得对其商品的性能、功能、质量、销售状况、用户评价、曾获荣誉等作虚假或者引人误解的商业宣传，欺骗、误导消费者。

经营者不得通过组织虚假交易等方式，帮助其他经营者进行虚假或者引人误解的商业宣传。

《最高人民法院关于适用〈中华人民共和国反不正当竞争法〉若干问题的解释》

第十六条 经营者在商业宣传过程中，提供不真实的商品相关信息，欺骗、误导相关公众的，人民法院应当认定为反不正当竞争法第八条第一款规定的虚假的商业宣传。

第十七条 经营者具有下列行为之一，欺骗、误导相关公众的，人民法院可以认定为反不正当竞争法第八条第一款规定的“引人误解的商业宣传”：

（一）对商品作片面的宣传或者对比；

（二）将科学上未定论的观点、现象等当作定论的事实用于商品宣传；

（三）使用歧义性语言进行商业宣传；

（四）其他足以引人误解的商业宣传行为。

人民法院应当根据日常生活经验、相关公众一般注意力、发生误解的事实和被宣传对象的实际情况等因素，对引人误解的商业宣传行为进行认定。

4 公司雇用人员进行“刷单”属于不正当竞争行为吗？

【律师解答】

公司雇用人员进行“刷单”属于不正当竞争行为。“刷单”是指店家付款请人假扮顾客购买商品，以提高销量和信用度并填写虚假好评的行为。例如，当电商平台用户按“销量优先”搜索某商品时，销量高的网店就很容易被点击。因此，“刷单”行为实际上属于一种虚假交易，利用虚假的评价、销售状况欺骗、误导消费者，属于不正当竞争的行为，可能被追究相应法律责任。目前，实践中出现较多的“刷单”行为的方式有以下几种：利用“网红效应”虚构评价，组织员工、亲友等熟人，雇用专业团队或“刷手”等方式。

【参考依据】

《反不正当竞争法》

第八条 经营者不得对其商品的性能、功能、质量、销售状况、用户评价、曾获荣誉等作虚假或者引人误解的商业宣传，欺骗、误导消费者。

经营者不得通过组织虚假交易等方式，帮助其他经营者进行虚假或者引人误解的商业宣传。

第二十条 经营者违反本法第八条规定对其商品作虚假或者引人误解的商业宣传，或者通过组织虚假交易等方式帮助其他经营者进行虚假或者引人误解的商业宣传的，由监督检查部门责令停止违法行为，处二十万元以上一百万元以下的罚款;情节严重的,处一百万元以上二百万元以下的罚款,可以吊销营业执照。

经营者违反本法第八条规定,属于发布虚假广告的,依照《中华人民共和国广告法》的规定处罚。

【参考案例①】

1. 浙江省杭州之壹品牌管理有限公司利用“大V”打造“网红店”帮助“刷单炒信”

基本案情:2020年年底,当事人根据11家大众点评平台入驻商家打造所谓“网红店”的需求,招募大量大众点评平台“大V”到店付费用餐。“大V”在用餐后,编造好评“作业”发布并予以高分点评。当事人对“大V”的“作业”审核后,将餐费予以返还。当事人通过此类方式在大众点评平台内提高了相关商家的星级并大量增加优质评价,通过内容和流量双重造假,帮助商家欺骗误导相关公众。

法律依据及处罚:当事人的行为违反了《反不正当竞争法》第8条第2款的规定,依据第20条第1款对当事人责令停止违法行为,处罚款20万元。

2. 广东省深圳市浩通成网络科技有限公司冒充消费者评价“刷单炒信”

基本案情:当事人开发并运营“锦鲤好物会员购物平台”,在平台的应用软件中设置了“积分捡漏”模块,宣称可以0.1折至3折不等的价格购买手机等商品,每天有数千人捡漏成功,吸引用户充值赠送积分参与“积分捡漏”活动。2021年3月8日至15日,当事人宣传每天成功发放福利4000至6000份,但实际每天成功发放福利在15份以内,与宣传的数量存在极大的差距。同时,当事人对平台上部分没有用户评论的商品,虚增用户的昵称、头像及评论内容。当事人虚构了活动发放福利的数量,同时冒充消费者进行评价,欺骗误导相关公众。

法律依据及处罚:当事人的行为违反了《反不正当竞争法》第8条第1款的规定,依据第20条第1款责令当事人停止违法行为,处罚款20万元。

3. 广东省深圳市诺曜网络科技有限公司虚假到店点评帮助“刷单炒信”

基本案情:当事人自2020年4月,利用微信朋友圈发布“增加大V数量、小V到店体验、增加浏览量”等服务内容,承诺帮助客户提高在美团点评平台的“星级”和“排名”,从而吸引更多消费者。当事人利用不同账号登录操作,为平台内店铺虚

① 此部分案例1至案例11来自2021年度重点领域反不正当竞争执法典型案例——网络虚假宣传篇(第一批)。

假评价“五星”满分，而非实际到店消费者的真实评价。当事人通过虚假好评等方式，帮助其他经营者进行商业宣传，欺骗误导相关公众。

法律依据及处罚：当事人的行为违反了《反不正当竞争法》第8条第2款的规定，依据第20条第1款责令当事人停止违法行为，处罚款1万元。

4. 浙江省台州市陈某辉利用技术软件帮助“刷单炒信”

基本案情：当事人在2018年、2020年前后分别注册了浙江小辣信息科技有限公司、浙江番茄信息技术有限公司、浙江辣椒信息技术有限公司三家公司，申请“企业QQ号”并招募员工21名，分设成“排单组、审核组、导购组、售后组”，运营“刷单炒信”工作。同时借助“小水滴”“大水滴”“猫头鹰”专用刷单软件，搜索有刷单需求的商户，分配“刷手”刷单任务，完成虚假交易，帮助网店经营者在平台的评价体系内获取更高的商业排名、信用度和用户访问量，误导消费者。自2018年9月至2021年4月29日，当事人共刷单2,951,750单，刷单商品总金额3.59亿余元，获利372.93万元。

法律依据及处罚：当事人的行为违反了《反不正当竞争法》第8条第2款的规定，依据第20条第1款责令当事人停止违法行为，处罚款200万元。

5. 福建省厦门市宗某利用技术手段帮助“刷单炒信”

基本案情：当事人2019年7月至12月，收取了翰美互通（厦门）科技有限公司的佣金，对翰美互通（厦门）科技有限公司的字体产品进行虚假下载，帮助其虚构下载量，以达到欺骗误导相关公众的目的。相关费用共计73.51万元。此外，当事人未依法取得营业执照从事经营活动，还违反了有关无照经营的禁止性规定。

法律依据及处罚：当事人的行为违反了《反不正当竞争法》第8条第2款的规定，依据第20条第1款责令当事人停止违法行为，处罚款20万元。

6. 广东省佛山市云梯信息科技有限公司雇用“刷手”帮助“刷单炒信”

基本案情：当事人从事网店制作、运营及维护相关服务工作。（网店经营者）为招揽客户，当事人免费向客户提供垫付货款刷单的服务。根据客户需要联系“刷手”对客户的店铺进行下单交易，然后通过转账先垫付订单金额给“刷手”。订单交易完成后，当事人转佣金给“刷手”，再向客户收回垫付的订单金额及佣金。从2020年4月至12月共垫付货款刷单121单，产生订单金额及佣金合计3.56万元。

法律依据及处罚：当事人的行为违反了《反不正当竞争法》第8条第2款的规

定,依据第20条第1款责令当事人停止违法行为,处罚款5万元。

7. 广东省佛山市麦淘电子商务有限公司委托刷单公司“刷单炒信”

基本案情:当事人在“天猫”平台开设经营“edon旗舰店”。当事人为提高网店销量排名,2020年8月1日至2021年1月31日,通过委托“刷单”公司以“刷单”方式为当事人经营的网店虚构交易记录、销售量等。当事人共虚构交易165笔,虚构交易金额共1.92万元。

法律依据及处罚:当事人的行为违反了《反不正当竞争法》第8条第1款的规定,依据第20条第1款责令当事人停止违法行为,处罚款2.5万元。

8. 福建省厦门市翰美互通(厦门)科技有限公司虚构产品下载量“刷单炒信”

基本案情:当事人2019年7月至2020年1月,安排公司员工在华为、OPPO、VIVO手机的App应用下载平台搜索并购买下载自家的字体产品,虚构产品的下载量等销售状况,欺骗误导相关公众。涉案金额共计296.67万元。

法律依据及处罚:当事人的行为违反了《反不正当竞争法》第8条第1款的规定,依据第20条第1款责令当事人停止违法行为,处罚款25万元。

9. 广东省深圳市酷美传媒有限公司利用熟人“刷单炒信”

基本案情:当事人存在两种违法行为,一是当事人经营的“小米湾2020新款平板电脑12寸”的宣传参数是:屏幕12英寸、电池容量15000毫安,前摄像头像素1600万,后摄像头像素3200万;而实际参数是:屏幕10英寸、电池容量5000毫安,前摄像头像素200万,后摄像头像素500万。当事人对其商品的性能作虚假的商业宣传,欺骗误导消费者。二是当事人组织熟人“刷单”虚假提升销售量。调查发现,当事人的进货单据和订单明细显示,当事人实际进货量、销售量、销售额与在天猫店宣传月显示的销售量“1.5万+”严重不符。经调查,当事人承认其在平台的销售数量是通过“刷单”实现的。当事人组织员工以及亲友帮忙下单,实际不发货,待流程结束后通过其他渠道给他们退款,另外再给17元/单的“刷单”佣金。当事人对其商品的销售状况作虚假的商业宣传,欺骗误导相关公众。

法律依据及处罚:当事人的行为违反了《反不正当竞争法》第8条第1款的规定,依据第20条第1款责令当事人停止违法行为,处罚款5万元。

10. 江苏省苏州衣轩峻领电子商务有限公司虚构收货地址“刷单炒信”

基本案情:当事人在京东网站开设一家名为“罗蒙聚宝宝旗舰店”的店铺,从事服装销售。2020年5月开始,当事人通过某平台购买多个京东账户,由公司员工使用这些账号在店铺购买产品进行“刷单”。上述订单由京东物流根据账户设置的虚假地址和买家电话进行派送，快递员无法派送到虚假地址后随即联系买家(实际为公司员工)，并按要求送至实际经营场所内。当事人通过上述方式共计“刷单”6254单，总金额217.8万元。

法律依据及处罚：当事人的行为违反了《反不正当竞争法》第8条第1款的规定，依据第20条第1款责令当事人停止违法行为，处罚款5万元。

11. 数推(重庆)网络科技有限公司(以下简称数推公司)、谭某不正当竞争纠纷案——网络刷单行为的不正当竞争认定

审理法院：重庆市第五中级人民法院

案号：(2019)渝05民初3618号

基本案情：数推(重庆)网络科技有限公司(以下简称数推公司)为自然人独资有限公司，谭某系数推公司执行董事兼总经理，是该公司的唯一股东。数推公司、谭某自2017年12月至2019年7月分别开设了“企鹅代商网”“金招代刷网”等6个网站接受客户订单，将订单转让或转托他人，利用网络技术手段，对深圳市腾讯计算机系统有限公司、腾讯科技(深圳)有限公司(以下简称两原告)的网站和产品服务内容信息的点击量、浏览量、阅读量进行虚假提高，并予以宣传，获取订单与转托刷量之间的差价。

裁判要旨：法院经审理认为，数推公司、谭某有偿提供虚假刷量服务的行为构成不正当竞争，判决数推公司与谭某连带赔偿两原告经济损失及合理开支共计120万元。

5 低价销售属于不正当竞争行为吗?

【律师解答】

低价销售是否属于不正当竞争行为，取决于公司进行低价销售的目的。如果公司进行低价销售是为了排挤竞争对手，独占经营，通过压低价格打压其他竞争对手，则属于不正当竞争行为；不具备上述目的则不构成不正当竞争。

实践中认定是否具有排挤竞争对手、独占经营主要考虑以下几个因素：

(1)行为人的经营规模与市场地位；

(2)低价销售时间的长短;

(3)受影响企业的数量与经营状况。

【参考依据】

《反不正当竞争法》

第二条 经营者在生产经营活动中,应当遵循自愿、平等、公平、诚信的原则,遵守法律和商业道德。

本法所称的不正当竞争行为,是指经营者在生产经营活动中,违反本法规定,扰乱市场竞争秩序,损害其他经营者或者消费者的合法权益的行为。

本法所称的经营者,是指从事商品生产、经营或者提供服务(以下所称商品包括服务)的自然人、法人和非法人组织。

6 有奖销售属于不正当竞争行为吗?

【律师解答】

有奖销售是一种有效的促销手段,通常不属于不正当竞争行为,但是存在下列情形的,可能被认定为不正当竞争行为:

(1)所设奖的种类、兑奖条件、奖金金额或者奖品等有奖销售信息不明确,影响兑奖;

(2)采用谎称有奖或者故意让内定人员中奖的欺骗方式进行有奖销售;

(3)抽奖式的有奖销售,最高奖的金额超过5万元。

律师建议,有奖销售应当依法进行操作,如果违法进行有奖销售,将可能被处5万元以上50万元以下的罚款。

【参考依据】

《反不正当竞争法》

第十条 经营者进行有奖销售不得存在下列情形:

(一)所设奖的种类、兑奖条件、奖金金额或者奖品等有奖销售信息不明确,影响兑奖;

(二)采用谎称有奖或者故意让内定人员中奖的欺骗方式进行有奖销售;

(三)抽奖式的有奖销售,最高奖的金额超过五万元。

第二十二条 经营者违反本法第十条规定进行有奖销售的,由监督检查部门责令停止违法行为,处五万元以上五十万元以下的罚款。

7 公司在交易活动中向对方或者中间人支付佣金属于不正当竞争行为吗?

【律师解答】

公司在交易活动中以明示的方式向交易相对方支付折扣,或者向中间人支付佣金,同时如实入账的不属于不正当竞争行为。反之,经营者为争取交易机会,排斥竞争对手,暗中给予交易对方有关人员和能够影响交易的其他相关人员以财物或其他好处的,构成商业贿赂,属于不正当竞争行为。

律师建议,公司进行商业往来的时候应当明示给付佣金,并且接受方及时入账。否则,这种行为可能会构成商业贿赂,属于不正当竞争行为。

【参考依据】

《反不正当竞争法》

第七条 经营者不得采用财物或者其他手段贿赂下列单位或者个人,以谋取交易机会或者竞争优势:

(一)交易相对方的工作人员;

(二)受交易相对方委托办理相关事务的单位或者个人;

(三)利用职权或者影响力影响交易的单位或者个人。

经营者在交易活动中,可以以明示方式向交易相对方支付折扣,或者向中间人支付佣金。经营者向交易相对方支付折扣、向中间人支付佣金的,应当如实入账。接受折扣、佣金的经营者也应当如实入账。

经营者的工作人员进行贿赂的,应当认定为经营者的行为;但是,经营者有证据证明该工作人员的行为与为经营者谋取交易机会或者竞争优势无关的除外。

8 在网页插入链接、强制进行目标跳转属于不正当竞争行为吗?

【律师解答】

未经其他经营者同意,在网页插入链接、强制进行目标跳转属于不正当竞争行为。根据我国《反不正当竞争法》第12条的规定,“经营者不得利用技术手段,通过影响用户选择或者其他方式,实施下列妨碍、破坏其他经营者合法提供的网络产品或者服务正常运行的行为:(一)未经其他经营者同意,在其合法提供的网络产品或者服务中,插入链接、强制进行目标跳转……”如果未经其他经营者和用户同意而直接发生的目标跳转,应认定为《反不正当竞争法》第12条第2款第1项规定的“强制进行目标跳转”;如果仅插入链接,目标跳转由用户触发,人民法院应当综合考虑插入链接的具体方式、是否具有合理理由以及对用户利益和其他经营者利益的影响等因素,认定该行为是否违反《反不正当竞争法》第12条第2款第1项的规定。

【参考依据】

《反不正当竞争法》

第十二条 经营者利用网络从事生产经营活动,应当遵守本法的各项规定。

经营者不得利用技术手段,通过影响用户选择或者其他方式,实施下列妨碍、破坏其他经营者合法提供的网络产品或者服务正常运行的行为:

(一)未经其他经营者同意,在其合法提供的网络产品或者服务中,插入链接、强制进行目标跳转;

(二)误导、欺骗、强迫用户修改、关闭、卸载其他经营者合法提供的网络产品或者服务;

(三)恶意对其他经营者合法提供的网络产品或者服务实施不兼容;

(四)其他妨碍、破坏其他经营者合法提供的网络产品或者服务正常运行的行为。

《最高人民法院关于适用〈中华人民共和国反不正当竞争法〉若干问题的解释》

第二十一条 未经其他经营者和用户同意而直接发生的目标跳转,人民法院应当认定为反不正当竞争法第十二条第二款第一项规定的“强制进行目标跳转”。

仅插入链接，目标跳转由用户触发的，人民法院应当综合考虑插入链接的具体方式、是否具有合理理由以及对用户利益和其他经营者利益的影响等因素，认定该行为是否违反反不正当竞争法第十二条第二款第一项的规定。

9 公司为排挤竞争对手，编造、传播其虚假信息，属于不正当竞争行为吗？

【律师解答】

公司编造、传播其他公司的虚假信息，损害竞争对手的商业信誉、商品声誉，构成商业诋毁，属于不正当竞争行为。商业诋毁行为，也被称为商业诽谤行为，是损害他人商誉、侵犯他人商誉权的行为。具体而言，其是指经营者自己或利用他人，通过捏造、散布虚伪事实等不正当手段，故意对竞争对手的商业信誉、商品声誉进行恶意的诋毁、贬低，以削弱其市场竞争能力，并为自己谋取不正当利益的行为。

但是，在实践中，如果公司以商业诋毁行为为由提起不正当竞争纠纷之诉的，应当举证证明其为该商业诋毁行为的特定损害对象，否则可能承担不利的法律后果。

【参考依据】

《反不正当竞争法》

第十一条 经营者不得编造、传播虚假信息或者误导性信息，损害竞争对手的商业信誉、商品声誉。

《最高人民法院关于适用〈中华人民共和国反不正当竞争法〉若干问题的解释》

第十九条 当事人主张经营者实施了反不正当竞争法第十一条规定的商业诋毁行为的，应当举证证明其为该商业诋毁行为的特定损害对象。

第二十条 经营者传播他人编造的虚假信息或者误导性信息，损害竞争对手的商业信誉、商品声誉的，人民法院应当依照反不正当竞争法第十一条予以认定。

10 公司提供网络抢购服务属于不正当竞争吗?

【律师解答】

公司提供网络抢购服务是否属于不正当竞争行为,取决于其是否破坏了其他经营者的合法权益,扰乱市场秩序。如果公司利用技术手段开发的网络抢购服务破坏了其他经营者合法提供的产品或服务,扰乱行业市场秩序,则属于不正当竞争行为。

【参考依据】

《反不正当竞争法》

第十二条 经营者利用网络从事生产经营活动,应当遵守本法的各项规定。

经营者不得利用技术手段,通过影响用户选择或者其他方式,实施下列妨碍、破坏其他经营者合法提供的网络产品或者服务正常运行的行为;

(一)未经其他经营者同意,在其合法提供的网络产品或者服务中,插入链接、强制进行目标跳转;

(二)误导、欺骗、强迫用户修改、关闭、卸载其他经营者合法提供的网络产品或者服务;

(三)恶意对其他经营者合法提供的网络产品或者服务实施不兼容;

(四)其他妨碍、破坏其他经营者合法提供的网络产品或者服务正常运行的行为。

【参考案例】

"陆金所金融服务平台"不正当竞争纠纷案——网络抢购服务行为的认定

审理法院:上海市浦东新区人民法院

案号:(2019)沪0115民初11133号

裁判要旨:上海市浦东新区人民法院认为,陆智投公司提供的抢购服务利用技术手段,为用户提供不正当的抢购优势,违反涉案平台既有的抢购规则并刻意绕过其监管措施,对涉案平台的用户黏性和营商环境造成严重破坏,应认定构成不正当竞争。上海市浦东新区人民法院判令陆智投公司停止涉案不正当竞争行为、公开消除影响,并全额支持了陆金所公司、陆金服公司的赔偿主张。

11 创意、想法可以作为商业秘密进行保护吗？

【律师解答】

创意、想法能否作为商业秘密进行保护取决于其是否具备秘密性、实用性、价值性、保密性四大特征。只要是不为公众所知悉、具有商业价值并经权利人采取相应保密措施的技术信息、经营信息，就可以作为商业秘密进行保护。反之，不能作为商业秘密进行保护。

商业秘密必须满足以下四个特征：

（1）秘密性，是指该信息是不能从公开渠道直接获取的，不为公众所知悉。

（2）实用性，是指该信息具有确定的可应用性。

（3）保密性，具体来讲包括订立保密协议，建立保密制度及采取其他合理的保密措施。

（4）价值性，是指该信息能为权利人带来现实的或者潜在的经济利益或者竞争优势。

【参考依据】

《反不正当竞争法》

第九条 经营者不得实施下列侵犯商业秘密的行为：

（一）以盗窃、贿赂、欺诈、胁迫、电子侵入或者其他不正当手段获取权利人的商业秘密；

（二）披露、使用或者允许他人使用以前项手段获取的权利人的商业秘密；

（三）违反保密义务或者违反权利人有关保守商业秘密的要求，披露、使用或者允许他人使用其所掌握的商业秘密；

（四）教唆、引诱、帮助他人违反保密义务或者违反权利人有关保守商业秘密的要求，获取、披露、使用或者允许他人使用权利人的商业秘密。

经营者以外的其他自然人、法人和非法人组织实施前款所列违法行为的，视为侵犯商业秘密。

第三人明知或者应知商业秘密权利人的员工、前员工或者其他单位、个人实施本条第一款所列违法行为，仍获取、披露、使用或者允许他人使用该商业秘密的，视为侵犯商业秘密。

本法所称的商业秘密，是指不为公众所知悉、具有商业价值并经权利人采取相应保密措施的技术信息、经营信息等商业信息。

《国家工商行政管理局关于禁止侵犯商业秘密行为的若干规定》

第二条 本规定所称商业秘密，是指不为公众所知悉、能为权利人带来经济利益、具有实用性并经权利人采取保密措施的技术信息和经营信息。

本规定所称不为公众所知悉，是指该信息是不能从公开渠道直接获取的。

本规定所称能为权利人带来经济利益、具有实用性，是指该信息具有确定的可应用性，能为权利人带来现实的或者潜在的经济利益或者竞争优势。

本规定所称权利人采取保密措施，包括订立保密协议，建立保密制度及采取其他合理的保密措施。

本规定所称技术信息和经营信息，包括设计、程序、产品配方、制作工艺、制作方法、管理诀窍、客户名单、货源情报、产销策略、招投标中的标底及标书内容等信息。

本规定所称权利人，是指依法对商业秘密享有所有权或者使用权的公民、法人或者其他组织。

12 认定侵犯商业秘密时是否要求权利人采取保密措施?

【律师解答】

认定侵犯商业秘密要求权利人采取保密措施。采取保密措施是相关信息能够作为商业秘密受到法律保护的必要条件，这种措施应当是商业秘密的合法拥有者根据有关情况所采取的合理措施，且至少应当能够使交易对方或者第三人知道权利人有对相关信息予以保密的意图，或者至少能够使一般的经营者施以正常的注意力。

【参考依据】

《最高人民法院关于审理侵犯商业秘密民事案件适用法律若干问题的规定》

第六条 具有下列情形之一，在正常情况下足以防止商业秘密泄露的，人民法院应当认定权利人采取了相应保密措施：

（一）签订保密协议或者在合同中约定保密义务的；

（二）通过章程、培训、规章制度、书面告知等方式，对能够接触、获取商业秘密的员工、前员工、供应商、客户、来访者等提出保密要求的；

（三）对涉密的厂房、车间等生产经营场所限制来访者或者进行区分管理的；

（四）以标记、分类、隔离、加密、封存、限制能够接触或者获取的人员范围等方式，对商业秘密及其载体进行区分和管理的；

（五）对能够接触、获取商业秘密的计算机设备、电子设备、网络设备、存储设备、软件等，采取禁止或者限制使用、访问、存储、复制等措施的；

（六）要求离职员工登记、返还、清除、销毁其接触或者获取的商业秘密及其载体，继续承担保密义务的；

（七）采取其他合理保密措施的。

13 公司的客户名册是否属于商业秘密？

【律师解答】

公司的客户名册如果记载了客户名称、地址、联系方式以及交易的习惯、意向、内容等详细信息，具有极高的价值，则可以被认定为属于商业秘密；如果只是单一、零散、无商业价值的客户信息，不一定属于商业秘密。当事人仅以与特定客户保持长期稳定交易关系为由，主张该特定客户属于商业秘密的，人民法院一般不予支持。因此，客户名册是否属于商业秘密取决于其是否符合商业秘密的认定标准。

【参考依据】

《反不正当竞争法》

第九条 经营者不得实施下列侵犯商业秘密的行为：

（一）以盗窃、贿赂、欺诈、胁迫、电子侵入或者其他不正当手段获取权利人的商业秘密；

（二）披露、使用或者允许他人使用以前项手段获取的权利人的商业秘密；

（三）违反保密义务或者违反权利人有关保守商业秘密的要求，披露、使用或者允许他人使用其所掌握的商业秘密；

（四）教唆、引诱、帮助他人违反保密义务或者违反权利人有关保守商业秘密的要求，获取、披露、使用或者允许他人使用权利人的商业秘密。

经营者以外的其他自然人、法人和非法人组织实施前款所列违法行为的，视为侵犯商业秘密。

第三人明知或者应知商业秘密权利人的员工、前员工或者其他单位、个人实施本条第一款所列违法行为，仍获取、披露、使用或者允许他人使用该商业秘密的，视为侵犯商业秘密。

本法所称的商业秘密，是指不为公众所知悉、具有商业价值并经权利人采取相应保密措施的技术信息、经营信息等商业信息。

《最高人民法院关于审理侵犯商业秘密民事案件适用法律若干问题的规定》

第一条 与技术有关的结构、原料、组分、配方、材料、样品、样式、植物新品种繁殖材料、工艺、方法或其步骤、算法、数据、计算机程序及其有关文档等信息，人民法院可以认定构成反不正当竞争法第九条第四款所称的技术信息。

与经营活动有关的创意、管理、销售、财务、计划、样本、招投标材料、客户信息、数据等信息，人民法院可以认定构成反不正当竞争法第九条第四款所称的经营信息。

前款所称的客户信息，包括客户的名称、地址、联系方式以及交易习惯、意向、内容等信息。

第二条 当事人仅以与特定客户保持长期稳定交易关系为由，主张该特定客户属于商业秘密的，人民法院不予支持。

客户基于对员工个人的信赖而与该员工所在单位进行交易，该员工离职后，能够证明客户自愿选择与该员工或者该员工所在的新单位进行交易的，人民法院应当认定该员工没有采用不正当手段获取权利人的商业秘密。

14 公司使用他人以不正当手段获得的竞争对手的商业秘密是否需承担责任？

【律师解答】

公司如果明知该商业秘密是他人以不正当手段获取的，仍然使用，视为侵犯商业秘密，应当承担相应法律责任；如果公司对此不知情或不应当知情，则可能会免于承担法律责任。

【参考依据】

《反不正当竞争法》

第九条 经营者不得实施下列侵犯商业秘密的行为：

（一）以盗窃、贿赂、欺诈、胁迫、电子侵入或者其他不正当手段获取权利人的商业秘密；

（二）披露、使用或者允许他人使用以前项手段获取的权利人的商业秘密；

（三）违反保密义务或者违反权利人有关保守商业秘密的要求，披露、使用或者允许他人使用其所掌握的商业秘密；

（四）教唆、引诱、帮助他人违反保密义务或者违反权利人有关保守商业秘密的要求，获取、披露、使用或者允许他人使用权利人的商业秘密。

经营者以外的其他自然人、法人和非法人组织实施前款所列违法行为的，视为侵犯商业秘密。

第三人明知或者应知商业秘密权利人的员工、前员工或者其他单位、个人实施本条第一款所列违法行为，仍获取、披露、使用或者允许他人使用该商业秘密的，视为侵犯商业秘密。

……

15 公司通过员工获取其前公司的商业秘密，公司与员工都属于不正当竞争行为吗？

【律师解答】

员工违反了其与前公司的约定、违反前公司有关保守商业秘密的要求，侵犯了前公司的商业秘密，属于不正当竞争行为。

公司的行为是否属于不正当竞争行为，主要取决于其通过员工获取商业秘密的过程中是否使用了教唆、引诱、帮助等手段，以及在获取商业秘密时是否明知或者应知该商业秘密系员工违反其与前公司的约定、法律规定获得的。如果存在上述情形，公司仍然获取、披露、使用或者允许他人使用，则侵犯了员工前公司的商业秘密，属于不正当竞争行为。

【参考依据】

《反不正当竞争法》

第九条 经营者不得实施下列侵犯商业秘密的行为：

（一）以盗窃、贿赂、欺诈、胁迫、电子侵入或者其他不正当手段获取权利人的商业秘密；

（二）披露、使用或者允许他人使用以前项手段获取的权利人的商业秘密；

（三）违反保密义务或者违反权利人有关保守商业秘密的要求，披露、使用或者允许他人使用其所掌握的商业秘密；

（四）教唆、引诱、帮助他人违反保密义务或者违反权利人有关保守商业秘密的要求，获取、披露、使用或者允许他人使用权利人的商业秘密。

经营者以外的其他自然人、法人和非法人组织实施前款所列违法行为的，视为侵犯商业秘密。

第三人明知或者应知商业秘密权利人的员工、前员工或者其他单位、个人实施本条第一款所列违法行为，仍获取、披露、使用或者允许他人使用该商业秘密的，视为侵犯商业秘密。

本法所称的商业秘密，是指不为公众所知悉、具有商业价值并经权利人采取相应保密措施的技术信息、经营信息等商业信息。

16 公司“高薪挖人”属于不正当竞争行为吗？

【律师解答】

高薪吸引人才是企业招揽人才的方式之一，公司利用高薪吸纳高素质人才不会构成不正当竞争。但是如果公司采取高薪利诱手段是为了获取、披露、使用员工掌握的前公司商业秘密，该离职员工与新用人单位属于共同侵权，构成不正当竞争行为，应当共同承担相应民事责任。

【参考依据】

《反不正当竞争法》

第九条 经营者不得实施下列侵犯商业秘密的行为：

（一）以盗窃、贿赂、欺诈、胁迫、电子侵入或者其他不正当手段获取权利人的商业秘密；

（二）披露、使用或者允许他人使用以前项手段获取的权利人的商业秘密；

（三）违反保密义务或者违反权利人有关保守商业秘密的要求，披露、使用或者允许他人使用其所掌握的商业秘密；

（四）教唆、引诱、帮助他人违反保密义务或者违反权利人有关保守商业秘密的要求，获取、披露、使用或者允许他人使用权利人的商业秘密。

经营者以外的其他自然人、法人和非法人组织实施前款所列违法行为的，视为侵犯商业秘密。

……

17 公司通过反向工程破解竞争对手的商业秘密属于不正当竞争行为吗？

【律师解答】

反向工程，是指通过技术手段对从公开渠道取得的产品进行拆卸、测绘、分析等而获得该产品的有关技术信息。公司通过反向工程破解的竞争对手的商业秘密，不会构成不正当竞争。但如果公司以不正当手段获取权利人的商业秘密后，又以反向工程为由主张未侵犯商业秘密，则构成不正当竞争，亦即反向工程不能作为抗辩理由。

【参考依据】

《最高人民法院关于审理侵犯商业秘密民事案件适用法律若干问题的规定》

第十四条 通过自行开发研制或者反向工程获得被诉侵权信息的，人民法院应当认定不属于反不正当竞争法第九条规定的侵犯商业秘密行为。

前款所称的反向工程，是指通过技术手段对从公开渠道取得的产品进行拆卸、测绘、分析等而获得该产品的有关技术信息。

被诉侵权人以不正当手段获取权利人的商业秘密后，又以反向工程为由主张未侵犯商业秘密的，人民法院不予支持。

【参考案例】

北京力美达生物工程有限公司诉霸州市通用机械总厂等商业秘密侵权案

审理法院:河北市廊坊中级人民法院

案号:(1996)廊经终字第145号

裁判要旨:机械产品包含的商业秘密通常表现为比较直观的某种装置、工艺或者改进技术。产品一旦上市销售,具有专业技术知识和能力的非保密义务人可以通过反向工程复制商业秘密。由于反向工程获取商业秘密具有合法性,所以该行为不属于侵权行为。需由获取权利人商业秘密的行为人举证证明自己合法取得市场销售产品并确实实施了反向工程。

18 公司如何许可他人使用自己的技术秘密?

【律师解答】

公司可以通过签订书面技术许可转让合同的方式许可他人使用自己的技术秘密。

技术秘密的许可使用方式主要有以下三种方式:

(1)独占实施许可,是指许可人在约定许可实施专利的范围内,将该专利仅许可一个被许可人实施,许可人依约定不得实施该专利。

(2)排他实施许可,是指许可人在约定许可实施专利的范围内,将该专利仅许可一个被许可人实施,但许可人依约定可以自行实施该专利。

(3)普通实施许可,是指许可人在约定许可实施专利的范围内许可他人实施该专利,并且可以自行实施该专利。

【参考依据】

《民法典》

第八百六十二条 技术转让合同是合法拥有技术的权利人,将现有特定的专利、专利申请、技术秘密的相关权利让与他人所订立的合同。

技术许可合同是合法拥有技术的权利人,将现有特定的专利、技术秘密的相关权利许可他人实施、使用所订立的合同。

技术转让合同和技术许可合同中关于提供实施技术的专用设备、原材料或者提供有关的技术咨询、技术服务的约定，属于合同的组成部分。

第八百六十三条 技术转让合同包括专利权转让、专利申请权转让、技术秘密转让等合同。

技术许可合同包括专利实施许可、技术秘密使用许可等合同。

技术转让合同和技术许可合同应当采用书面形式。

《最高人民法院关于审理技术合同纠纷案件适用法律若干问题的解释》

第二十五条 专利实施许可包括以下方式：

（一）独占实施许可，是指许可人在约定许可实施专利的范围内，将该专利仅许可一个被许可人实施，许可人依约定不得实施该专利；

（二）排他实施许可，是指许可人在约定许可实施专利的范围内，将该专利仅许可一个被许可人实施，但许可人依约定可以自行实施该专利；

（三）普通实施许可，是指许可人在约定许可实施专利的范围内许可他人实施该专利，并且可以自行实施该专利。

当事人对专利实施许可方式没有约定或者约定不明确的，认定为普通实施许可。专利实施许可合同约定被许可人可以再许可他人实施专利的，认定该再许可为普通实施许可，但当事人另有约定的除外。

技术秘密的许可使用方式，参照本条第一、二款的规定确定。

19 公司作为商业秘密的被许可人能否以自己的名义提起诉讼？

【律师解答】

公司作为商业秘密的被许可人能否以自己的名义提起诉讼，取决于被许可的方式。

（1）若公司为商业秘密独占使用许可的被许可人，其可以公司名义单独提起诉讼；

（2）若公司为商业秘密排他使用许可的被许可人，公司可与权利人共同提起诉讼或在权利人不起诉的情况下，自行提起诉讼；

（3）若公司为商业秘密普通使用许可的被许可人，公司可与权利人共同提起诉讼或经权利人书面授权,以自己名义提起诉讼。

【参考依据】

《最高人民法院关于审理侵犯商业秘密民事案件适用法律若干问题的规定》

第二十六条 对于侵犯商业秘密行为,商业秘密独占使用许可合同的被许可人提起诉讼的,人民法院应当依法受理。

排他使用许可合同的被许可人和权利人共同提起诉讼,或者在权利人不起诉的情况下自行提起诉讼的,人民法院应当依法受理。

普通使用许可合同的被许可人和权利人共同提起诉讼,或者经权利人书面授权单独提起诉讼的,人民法院应当依法受理。

20 未经授权擅自使用他人游戏界面属于不正当竞争行为吗?

【律师解答】

游戏界面可以作为知名服务的特有装潢获得《反不正当竞争法》的法律保护。游戏界面的设计能够建立起与游戏服务提供者的特定联系,起到区分服务来源的作用,因此未经授权擅自使用他人游戏界面,属于不正当竞争的行为。

【参考依据】

《反不正当竞争法》

第六条 经营者不得实施下列混淆行为,引人误认为是他人商品或者与他人存在特定联系:

(一)擅自使用与他人有一定影响的商品名称、包装、装潢等相同或者近似的标识;

(二)擅自使用他人有一定影响的企业名称(包括简称、字号等)、社会组织名称(包括简称等)、姓名(包括笔名、艺名、译名等);

(三)擅自使用他人有一定影响的域名主体部分、网站名称、网页等;

(四)其他足以引人误认为是他人商品或者与他人存在特定联系的混淆行为。

【参考案例】

暴雪公司等诉成都七游公司等不正当竞争纠纷案——游戏界面构成知名服务特有装潢

审理法院:广东省高级人民法院

案号:(2016)粤民终 1775 号

裁判要旨:广州知识产权法院一审判决认为:暴雪公司《魔兽世界》系列游戏在国内网络游戏领域具有很高知名度,《魔兽世界:德拉诺之王》作为该系列新推游戏,承继了该系列游戏长达 10 年运营所累积的知名度,构成知名服务。该游戏名称“魔兽世界:德拉诺之王”,以及该游戏标题界面、登录界面和人物创建界面,能够产生区分游戏服务来源的作用,构成知名服务的特有名称和装潢。被诉游戏《全民魔兽:决战德拉诺》擅自使用了暴雪公司知名服务特有名称和装潢,构成不正当竞争。遂判决成都七游公司等公开道歉并赔偿 200 万元。该案二审维持原判。

21 公司发现他人实施不正当竞争行为时,应该如何救济?

【律师解答】

公司发现他人实施不正当竞争行为侵犯公司合法权益,破坏市场经营秩序时,可以采取以下四种途径进行维权:

(1)自力救济。公司可以与他人协商要求对方停止实施不正当竞争行为。协商可以是由双方当事人自行协商,也可以委托调解机构进行调解。协商成功的,双方应当签订和解或赔偿协议;协商未成的,公司可以依法起诉。

(2)民事救济。以不正当竞争纠纷为由向有管辖权的人民法院提起民事诉讼,要求侵权人承担责令停止违法行为、消除影响、赔偿损失等民事责任。

(3)行政救济。以不正当竞争为由向国家和各省、自治区、直辖市市场监督管理局投诉,如果侵权人构成不正当竞争的,主管部门有权责令停止违法行为、没收违法所得、罚款,以及情节严重的吊销营业执照等。行政处罚具体规定如表 13 所示。

表 13　行政处罚具体规定

<table>
<tr><th colspan="2">不正当竞争行为的种类</th><th>罚款数额</th><th>其他处罚</th></tr>
<tr><td rowspan="2">混淆行为</td><td>违法经营额 5 万元以上</td><td>违法经营额 5 倍以下</td><td rowspan="2">责令停止违法行为,没收违法商品;情节严重的,吊销营业执照</td></tr>
<tr><td>没有经营额或者金额在 5 万元以下</td><td>25 万元以下</td></tr>
<tr><td colspan="2">商业贿赂</td><td>10 万元以上 300 万元以下</td><td>没收违法所得;情节严重的,吊销营业执照</td></tr>
<tr><td rowspan="2">虚假或者引人误解的虚假宣传</td><td>一般情节</td><td>20 万元以上 100 万元以下</td><td rowspan="2">责令停止违法行为;情节严重的,吊销营业执照</td></tr>
<tr><td>情节严重</td><td>100 万元以上 200 万元以下</td></tr>
<tr><td rowspan="2">侵犯商业秘密</td><td>一般情节</td><td>10 万元以上 100 万元以下</td><td rowspan="2">责令停止违法行为,没收违法所得</td></tr>
<tr><td>情节严重</td><td>100 万元以上 200 万元以下</td></tr>
<tr><td colspan="2">违法有奖销售</td><td>5 万元以上 50 万元以下</td><td>责令停止违法行为</td></tr>
<tr><td rowspan="2">商业诋毁</td><td>一般情节</td><td>10 万元以上 50 万元以下</td><td rowspan="2">责令停止违法行为、消除影响</td></tr>
<tr><td>情节严重</td><td>50 万以上 300 万元以下</td></tr>
<tr><td rowspan="2">妨碍、破坏其他经营者合法提供的网络产品或服务正常运行</td><td>一般情节</td><td>10 万元以上 50 万元以下</td><td rowspan="2">责令停止违法行为</td></tr>
<tr><td>情节严重</td><td>50 万元以上 300 万元以下</td></tr>
</table>

(4)刑事救济。当侵权人的侵权行为达到刑事犯罪的标准时,可以涉嫌侵犯商业秘密罪或为境外窃取、刺探、收买、非法提供商业秘密罪为由向公安机关报案,追究相关单位及主要犯罪人员的刑事责任。

【参考依据】

《反不正当竞争法》

第十七条　经营者违反本法规定,给他人造成损害的,应当依法承担民事责任。

经营者的合法权益受到不正当竞争行为损害的,可以向人民法院提起诉讼。

因不正当竞争行为受到损害的经营者的赔偿数额,按照其因被侵权所受到的实际损失确定;实际损失难以计算的,按照侵权人因侵权所获得的利益确定。经营者恶意实施侵犯商业秘密行为,情节严重的,可以在按照上述方法确定数额的一倍以上五倍以下确定赔偿数额。赔偿数额还应当包括经营者为制止侵权行为所支付的合理开支。

经营者违反本法第六条、第九条规定,权利人因被侵权所受到的实际损失、侵权人因侵权所获得的利益难以确定的,由人民法院根据侵权行为的情节判决给予权利人五百万元以下的赔偿。

第十八条 经营者违反本法第六条规定实施混淆行为的,由监督检查部门责令停止违法行为,没收违法商品。违法经营额五万元以上的,可以并处违法经营额五倍以下的罚款;没有违法经营额或者违法经营额不足五万元的,可以并处二十五万元以下的罚款。情节严重的,吊销营业执照。

经营者登记的企业名称违反本法第六条规定的,应当及时办理名称变更登记;名称变更前,由原企业登记机关以统一社会信用代码代替其名称。

第十九条 经营者违反本法第七条规定贿赂他人的,由监督检查部门没收违法所得,处十万元以上三百万元以下的罚款。情节严重的,吊销营业执照。

第二十条 经营者违反本法第八条规定对其商品作虚假或者引人误解的商业宣传,或者通过组织虚假交易等方式帮助其他经营者进行虚假或者引人误解的商业宣传的,由监督检查部门责令停止违法行为,处二十万元以上一百万元以下的罚款;情节严重的,处一百万元以上二百万元以下的罚款,可以吊销营业执照。

经营者违反本法第八条规定,属于发布虚假广告的,依照《中华人民共和国广告法》的规定处罚。

第二十一条 经营者以及其他自然人、法人和非法人组织违反本法第九条规定侵犯商业秘密的,由监督检查部门责令停止违法行为,没收违法所得,处十万元以上一百万元以下的罚款;情节严重的,处五十万元以上五百万元以下的罚款。

第二十二条 经营者违反本法第十条规定进行有奖销售的,由监督检查部门责令停止违法行为,处五万元以上五十万元以下的罚款。

第二十三条 经营者违反本法第十一条规定损害竞争对手商业信誉、商品声誉的,由监督检查部门责令停止违法行为、消除影响,处十万元以上五十万元以下的罚款;情节严重的,处五十万元以上三百万元以下的罚款。

第二十四条 经营者违反本法第十二条规定妨碍、破坏其他经营者合法提供的网络产品或者服务正常运行的,由监督检查部门责令停止违法行为,处十万元以上五十万元以下的罚款；情节严重的，处五十万元以上三百万元以下的罚款。

第二十七条 经营者违反本法规定，应当承担民事责任、行政责任和刑事责任，其财产不足以支付的，优先用于承担民事责任。

第三十一条 违反本法规定，构成犯罪的，依法追究刑事责任。

《刑法》

第二百一十九条 有下列侵犯商业秘密行为之一，情节严重的，处三年以下有期徒刑，并处或者单处罚金；情节特别严重的，处三年以上十年以下有期徒刑，并处罚金：

（一）以盗窃、贿赂、欺诈、胁迫、电子侵入或者其他不正当手段获取权利人的商业秘密的；

（二）披露、使用或者允许他人使用以前项手段获取的权利人的商业秘密的；

（三）违反保密义务或者违反权利人有关保守商业秘密的要求，披露、使用或者允许他人使用其所掌握的商业秘密的。

明知前款所列行为，获取、披露、使用或者允许他人使用该商业秘密的，以侵犯商业秘密论。

本条所称权利人，是指商业秘密的所有人和经商业秘密所有人许可的商业秘密使用人。

第二百一十九条之一 为境外的机构、组织、人员窃取、刺探、收买、非法提供商业秘密的，处五年以下有期徒刑，并处或者单处罚金；情节严重的，处五年以上有期徒刑，并处罚金。

第五章　反 垄 断 法

1　如何认定垄断行为？

【律师解答】

垄断行为实际上是一种违反竞争法规定的行为，其目的在于扩张自己的经济规模或形成对自己有利的经济地位。

根据我国《反垄断法》第 3 条和第 10 条的规定，垄断行为一般指三种经济垄断和一种行政垄断，即垄断协议，滥用市场支配地位，具有或者可能具有排除、限制竞争效果的经营者集中和滥用行政权力排除和限制竞争。

【参考依据】

《反垄断法》

第三条　本法规定的垄断行为包括：

（一）经营者达成垄断协议；

（二）经营者滥用市场支配地位；

（三）具有或者可能具有排除、限制竞争效果的经营者集中。

第十条　行政机关和法律、法规授权的具有管理公共事务职能的组织不得滥用行政权力，排除、限制竞争。

2　什么是垄断协议？

【律师解答】

垄断协议，是指排除、限制竞争的协议、决定或者其他协同行为。协议或者决定可以是书面、口头等形式。其他协同行为，是指经营者之间虽未明确订立协议或者决定，但实质上存在协调一致的行为。

传统上的垄断协议分为横向垄断协议和纵向垄断协议。横向垄断协议，是指同一产业两个或两个以上具有直接竞争关系的经营者，通过明示或者默示的方式达成的排除、限制竞争的协议；纵向垄断协议，是指在同一产业中两个或者两个以上处于不同经济层次、没有直接竞争关系但是有交易关系的经营者，通过明示或者默示的方式达成的排除、限制竞争的协议。二者的主要区别如表14所示。

表14　横向垄断协议与纵向垄断协议的区别

区别	横向垄断协议	纵向垄断协议
主体关系	竞争关系（同一经营阶段、同一生产或流通环节）	买卖关系（不同经营阶段、不同生产或流通环节、不具有直接竞争关系）
表现	（1）固定或者变更商品价格； （2）限制商品的生产数量或者销售数量； （3）分割销售市场或者原材料采购市场； （4）限制购买新技术、新设备或者限制开发新技术、新产品； （5）联合抵制交易； （6）国务院反垄断执法机构认定的其他垄断协议	（1）固定向第三人转售商品的价格； （2）限定向第三人转售商品的最低价格； （3）国务院反垄断执法机构认定的其他垄断协议

此外，2022年新《反垄断法》增加了一种禁止辐射协议，即经营者不得组织其他经营者达成垄断协议或者为其他经营者达成垄断协议提供实质性帮助。

但是，并非所有垄断协议都被禁止，我国《反垄断法》第20条规定了垄断协议的豁免条款；当符合以下情形时不属于垄断行为：

（1）为改进技术、研究开发新产品的；

（2）为提高产品质量、降低成本、增进效率，统一产品规格、标准或者实行专业化分工的；

（3）为提高中小经营者经营效率，增强中小经营者竞争力的；

（4）为实现节约能源、保护环境、救灾救助等社会公共利益的；

（5）因经济不景气，为缓解销售量严重下降或者生产明显过剩的；

（6）为保障对外贸易和对外经济合作中的正当利益的；

（7）法律和国务院规定的其他情形。

【参考依据】

《反垄断法》

第十六条 本法所称垄断协议，是指排除、限制竞争的协议、决定或者其他协同行为。

第十七条 禁止具有竞争关系的经营者达成下列垄断协议：

（一）固定或者变更商品价格；

（二）限制商品的生产数量或者销售数量；

（三）分割销售市场或者原材料采购市场；

（四）限制购买新技术、新设备或者限制开发新技术、新产品；

（五）联合抵制交易；

（六）国务院反垄断执法机构认定的其他垄断协议。

第十八条 禁止经营者与交易相对人达成下列垄断协议：

（一）固定向第三人转售商品的价格；

（二）限定向第三人转售商品的最低价格；

（三）国务院反垄断执法机构认定的其他垄断协议。

对前款第一项和第二项规定的协议，经营者能够证明其不具有排除、限制竞争效果的，不予禁止。

经营者能够证明其在相关市场的市场份额低于国务院反垄断执法机构规定的标准，并符合国务院反垄断执法机构规定的其他条件的，不予禁止。

第十九条 经营者不得组织其他经营者达成垄断协议或者为其他经营者达成垄断协议提供实质性帮助。

第二十条 经营者能够证明所达成的协议属于下列情形之一的，不适用本法第十七条、第十八条第一款、第十九条的规定：

（一）为改进技术、研究开发新产品的；

（二）为提高产品质量、降低成本、增进效率，统一产品规格、标准或者实行专业化分工的；

（三）为提高中小经营者经营效率，增强中小经营者竞争力的；

（四）为实现节约能源、保护环境、救灾救助等社会公共利益的；

（五）因经济不景气，为缓解销售量严重下降或者生产明显过剩的；

（六）为保障对外贸易和对外经济合作中的正当利益的；

（七）法律和国务院规定的其他情形。

属于前款第一项至第五项情形，不适用本法第十七条、第十八条第一款、第十九条规定的，经营者还应当证明所达成的协议不会严重限制相关市场的竞争，并且能够使消费者分享由此产生的利益。

《最高人民法院关于审理因垄断行为引发的民事纠纷案件应用法律若干问题的规定》

第七条 被诉垄断行为属于反垄断法第十三条第一款第一项至第五项规定的垄断协议的，被告应对该协议不具有排除、限制竞争的效果承担举证责任。

3 生产企业限定销售商的最低对外销售价格或固定价格，是否属于垄断行为？

【律师解答】

生产企业限定最低对外销售价格或者固定价格，具有达成纵向垄断协议的嫌疑，有可能属于垄断行为。但是限定最低销售价格或者固定价格的经销协议并不一定都是纵向垄断协议：当这种协议的约定具有限制、排除限制竞争的效果时，才构成纵向垄断协议。

是否达到排除、限制竞争效果一般从相关市场竞争是否充分、实施企业在相关市场是否具有很强的市场地位、实施企业是否具有限制竞争的行为动机、限制最低转售价格行为的竞争效果四个方面进行认定。

【参考依据】

《反垄断法》

第十七条 禁止具有竞争关系的经营者达成下列垄断协议：

（一）固定或者变更商品价格；

（二）限制商品的生产数量或者销售数量；

（三）分割销售市场或者原材料采购市场；

（四）限制购买新技术、新设备或者限制开发新技术、新产品；

（五）联合抵制交易；

（六）国务院反垄断执法机构认定的其他垄断协议。

第十八条 禁止经营者与交易相对人达成下列垄断协议：

（一）固定向第三人转售商品的价格；

（二）限定向第三人转售商品的最低价格；

（三）国务院反垄断执法机构认定的其他垄断协议。

对前款第一项和第二项规定的协议，经营者能够证明其不具有排除、限制竞争效果的，不予禁止。

经营者能够证明其在相关市场的市场份额低于国务院反垄断执法机构规定的标准，并符合国务院反垄断执法机构规定的其他条件的，不予禁止。

【参考案例】

北京锐邦涌和科贸有限公司诉强生（上海）医疗器材有限公司、强生（中国）医疗器材有限公司纵向垄断协议纠纷案

审理法院：上海高级人民法院

案号：（2012）沪高民三（知）终字第63号

裁判要旨：限制最低转售价格的协议、决定或其他协同行为，具有排除、限制竞争的效果的，才能构成垄断协议。分析评价限制最低转售价格行为的经济效果，可以从相关市场竞争是否充分、实施企业在相关市场是否具有很强的市场地位、实施企业是否具有限制竞争的行为动机、限制最低转售价格行为的竞争效果四个方面进行综合判断。

4 认定市场支配地位考虑哪些因素？

【律师解答】

根据法律规定，认定经营者具有市场支配地位，应当依据下列因素：

（1）该经营者在相关市场的市场份额，以及相关市场的竞争状况；

（2）该经营者控制销售市场或者原材料采购市场的能力；

（3）该经营者的财力和技术条件；

（4）其他经营者对该经营者在交易上的依赖程度；

(5)其他经营者进入相关市场的难易程度;

(6)与认定该经营者市场支配地位有关的其他因素。

其次,法律还规定了市场份额达到一定标准可以推定为具有市场支配地位:

(1)一个经营者在相关市场的市场份额达到 1/2 的;

(2)两个经营者在相关市场的市场份额合计达到 2/3 的;

(3)三个经营者在相关市场的市场份额合计达到 3/4 的;

但是,如果其中有经营者市场份额不足 1/10,或者有证据证明不具有市场支配地位的,不能推定具有市场支配地位。

【参考依据】

《反垄断法》

第七条 具有市场支配地位的经营者,不得滥用市场支配地位,排除、限制竞争。

第二十三条 认定经营者具有市场支配地位,应当依据下列因素:

(一)该经营者在相关市场的市场份额,以及相关市场的竞争状况;

(二)该经营者控制销售市场或者原材料采购市场的能力;

(三)该经营者的财力和技术条件;

(四)其他经营者对该经营者在交易上的依赖程度;

(五)其他经营者进入相关市场的难易程度;

(六)与认定该经营者市场支配地位有关的其他因素。

第二十四条 有下列情形之一的,可以推定经营者具有市场支配地位:

(一)一个经营者在相关市场的市场份额达到二分之一的;

(二)两个经营者在相关市场的市场份额合计达到三分之二的;

(三)三个经营者在相关市场的市场份额合计达到四分之三的。

有前款第二项、第三项规定的情形,其中有的经营者市场份额不足十分之一的,不应当推定该经营者具有市场支配地位。

被推定具有市场支配地位的经营者,有证据证明不具有市场支配地位的,不应当认定其具有市场支配地位。

5 平台经济“二选一”是否属于垄断行为?

【律师解答】

平台经济“二选一”行为属于一种限定交易的垄断行为,是指采取诸如收取独家合作保证金、开发大数据系统、算法等不合理手段或惩罚性措施,迫使平台内商家签订独家合作协议,排除、限制相关市场竞争的行为。平台经济“二选一”行为是滥用市场支配地位限定交易相对人只能与其进行交易、只能与其指定的经营者、不能与特定经营者进行交易的行为,属于垄断行为。该行为不仅妨碍了市场资源要素自由流动,削弱平台创新动力和发展活力,也损害平台内商家和消费者的合法权益。

【参考依据】

《反垄断法》

第二十二条 禁止具有市场支配地位的经营者从事下列滥用市场支配地位的行为:

(一)以不公平的高价销售商品或者以不公平的低价购买商品;

(二)没有正当理由,以低于成本的价格销售商品;

(三)没有正当理由,拒绝与交易相对人进行交易;

(四)没有正当理由,限定交易相对人只能与其进行交易或者只能与其指定的经营者进行交易;

(五)没有正当理由搭售商品,或者在交易时附加其他不合理的交易条件;

(六)没有正当理由,对条件相同的交易相对人在交易价格等交易条件上实行差别待遇;

(七)国务院反垄断执法机构认定的其他滥用市场支配地位的行为。

具有市场支配地位的经营者不得利用数据和算法、技术以及平台规则等从事前款规定的滥用市场支配地位的行为。

本法所称市场支配地位,是指经营者在相关市场内具有能够控制商品价格、数量或者其他交易条件,或者能够阻碍、影响其他经营者进入相关市场能力的市场地位。

《反不正当竞争法》

第二条 经营者在生产经营活动中,应当遵循自愿、平等、公平、诚信的原则,遵守法律和商业道德。

本法所称的不正当竞争行为，是指经营者在生产经营活动中，违反本法规定，扰乱市场竞争秩序，损害其他经营者或者消费者的合法权益的行为。

本法所称的经营者，是指从事商品生产、经营或者提供服务（以下所称商品包括服务）的自然人、法人和非法人组织。

第十二条 经营者利用网络从事生产经营活动，应当遵守本法的各项规定。

经营者不得利用技术手段，通过影响用户选择或者其他方式，实施下列妨碍、破坏其他经营者合法提供的网络产品或者服务正常运行的行为：

（一）未经其他经营者同意，在其合法提供的网络产品或者服务中，插入链接、强制进行目标跳转；

（二）误导、欺骗、强迫用户修改、关闭、卸载其他经营者合法提供的网络产品或者服务；

（三）恶意对其他经营者合法提供的网络产品或者服务实施不兼容；

（四）其他妨碍、破坏其他经营者合法提供的网络产品或者服务正常运行的行为。

《国务院反垄断委员会关于平台经济领域的反垄断指南》

第十五条 限定交易

具有市场支配地位的平台经济领域经营者，可能滥用市场支配地位，无正当理由对交易相对人进行限定交易，排除、限制市场竞争。分析是否构成限定交易行为，可以考虑以下因素：

（一）要求平台内经营者在竞争性平台间进行"二选一"，或者限定交易相对人与其进行独家交易的其他行为；

（二）限定交易相对人只能与其指定的经营者进行交易，或者通过其指定渠道等限定方式进行交易；

（三）限定交易相对人不得与特定经营者进行交易。

上述限定可能通过书面协议的方式实现，也可能通过电话、口头方式与交易相对人商定的方式实现，还可能通过平台规则、数据、算法、技术等方面的实际设置限制或者障碍的方式实现。

分析是否构成限定交易，可以重点考虑以下两种情形：一是平台经营者通过屏蔽店铺、搜索降权、流量限制、技术障碍、扣取保证金等惩罚性措施实施的限制，因对市场竞争和消费者利益产生直接损害，一般可以认定构成限定交易行为。二是平台经营者通过补贴、折扣、优惠、流量资源支持等激励性方式实施的限制，可能对平台内经营者、消费者利益和社会整体福利具有一定积极效果，但如果有证据证明对市场竞争产生明显的排除、限制影响，也可能被认定构成限定交易行为。

平台经济领域经营者限定交易可能具有以下正当理由：

(一)为保护交易相对人和消费者利益所必须；

(二)为保护知识产权、商业机密或者数据安全所必须；

(三)为保护针对交易进行的特定资源投入所必须；

(四)为维护合理的经营模式所必须；

(五)能够证明行为具有正当性的其他理由。

【参考案例】

国家市场监督管理总局对美团在中国境内网络餐饮外卖平台服务市场实施“二选一”垄断行为作出行政处罚

处罚作出机关：国家市场监督管理局

案号：国市监处罚〔2021〕74 号

2021 年 4 月，市场监管总局依据《反垄断法》对美团在中境内网络餐饮外卖平台服务市场滥用市场支配地位行为立案调查。

市场监管总局成立专案组，依法扎实高效推进案件查办广泛开展调查取证，获取大量证据材料并全面深入分析，查明案件事实；组织专家反复深入开展研究论证多次听取美团陈述意见保障其合法权利确保本案事实清楚、证据确凿、定性准确、处理恰当、手续完备、程序合法。

经查，2018 年以来，美团滥用在中国境内网络餐饮外卖平台服务市场的支配地位，以实施差别费率、拖延商家上线等方式，促使平台内商家与其签订独家合作协议，并通过收取独家合作保证金和数据、算法等技术手段，采取多种惩罚性措施，保障“二选一”行为实施，排除、限制了相关市场竞争，妨碍了市场资源要素自由流动，削弱平台创新动力和发展活力损害平台内商家和消费者的合法权益，构成《反垄断法》第 17 条第 1 款第 4 项禁止“没有正当理由，限定交易相对人只能与其进行交易”的滥用市场支配地位行为。

根据《反垄断法》第 47 条、第 49 条的规定，综合考虑美团违法行为的性质、程度和持续时间等因素，2021 年 10 月 8 日，市场监管总局依法作出行政处罚决定，责令美团停止违法行为,全额退还独家合作保证金12.89亿元,并处以其2020年中国境内销售额147.48亿元的3%的罚款,计34.42亿元。同时,向美团发出《行政指导书》,要求其围绕完善平台佣金收费机制和算法规则、维护平台内中小餐饮商家合法利益加强外卖骑手合法权益保护等进行全面整改,并连续3年向市场监管总局提交自查合规报告,确保整改到位,实现规范创新健康持续发展。

6 公司低于成本价格销售商品是否属于垄断行为?

【律师解答】

公司低于成本价格销售商品时,并不当然构成垄断行为,而是要考虑该公司是否具有市场支配地位,是否排除、限制了市场竞争以及是否可能在将其他经营者排挤出市场后,提高价格获取不当利益、损害市场公平竞争和消费者合法权益等情况。

在平台经济领域,除了要考虑上述问题外。在计算成本时,一般需要综合考虑平台涉及多边市场中各相关市场之间的成本关联情况。

【参考依据】

《反垄断法》

第二十二条 禁止具有市场支配地位的经营者从事下列滥用市场支配地位的行为:

(一)以不公平的高价销售商品或者以不公平的低价购买商品;

(二)没有正当理由,以低于成本的价格销售商品;

(三)没有正当理由,拒绝与交易相对人进行交易;

(四)没有正当理由,限定交易相对人只能与其进行交易或者只能与其指定的经营者进行交易;

(五)没有正当理由搭售商品,或者在交易时附加其他不合理的交易条件;

(六)没有正当理由,对条件相同的交易相对人在交易价格等交易条件上实行差别待遇;

(七)国务院反垄断执法机构认定的其他滥用市场支配地位的行为。

具有市场支配地位的经营者不得利用数据和算法、技术以及平台规则等从事前款规定的滥用市场支配地位的行为。

本法所称市场支配地位，是指经营者在相关市场内具有能够控制商品价格、数量或者其他交易条件，或者能够阻碍、影响其他经营者进入相关市场能力的市场地位。

《国务院反垄断委员会关于平台经济领域的反垄断指南》

第十三条 低于成本销售

具有市场支配地位的平台经济领域经营者，可能滥用市场支配地位，没有正当理由，以低于成本的价格销售商品，排除、限制市场竞争。

分析是否构成低于成本销售，一般重点考虑平台经济领域经营者是否以低于成本的价格排挤具有竞争关系的其他经营者，以及是否可能在将其他经营者排挤出市场后，提高价格获取不当利益、损害市场公平竞争和消费者合法权益等情况。

在计算成本时，一般需要综合考虑平台涉及多边市场中各相关市场之间的成本关联情况。

平台经济领域经营者低于成本销售可能具有以下正当理由：

（一）在合理期限内为发展平台内其他业务；

（二）在合理期限内为促进新商品进入市场；

（三）在合理期限内为吸引新用户；

（四）在合理期限内开展促销活动；

（五）能够证明行为具有正当性的其他理由。

7 “搭售”是否属于垄断行为？

【律师解答】

“搭售”一般是出卖方在出售商品或者服务时，买方别无选择的情况下，卖方利用自身优势地位强行要求买方购买或消费另一种商品或者服务。搭售若要属于垄断行为主要考虑以下因素：(1)必须是发生在买卖双方之间；(2)须出于经营者意图剥夺相对人选择权；(3)卖方为具有市场地位经营者，并且利用自身优势；(4)经营者客观上实施了搭售行为。

另外,在平台经济领域中认定“搭售”构成垄断行为可以考虑以下因素:(1)利用格式条款、弹窗、操作必经步骤等交易相对人无法选择、更改、拒绝的方式,将不同商品进行捆绑销售;(2)以搜索降权、流量限制、技术障碍等惩罚性措施,强制交易相对人接受其他商品;(3)对交易条件和方式、服务提供方式、付款方式和手段、售后保障等附加不合理限制;(4)在交易价格之外额外收取不合理费用;(5)强制收集非必要用户信息或者附加与交易标的无关的交易条件、交易流程、服务项目。

【参考依据】

《反垄断法》

第二十二条 禁止具有市场支配地位的经营者从事下列滥用市场支配地位的行为:

(一)以不公平的高价销售商品或者以不公平的低价购买商品;

(二)没有正当理由,以低于成本的价格销售商品;

(三)没有正当理由,拒绝与交易相对人进行交易;

(四)没有正当理由,限定交易相对人只能与其进行交易或者只能与其指定的经营者进行交易;

(五)没有正当理由搭售商品,或者在交易时附加其他不合理的交易条件;

(六)没有正当理由,对条件相同的交易相对人在交易价格等交易条件上实行差别待遇;

(七)国务院反垄断执法机构认定的其他滥用市场支配地位的行为。

具有市场支配地位的经营者不得利用数据和算法、技术以及平台规则等从事前款规定的滥用市场支配地位的行为。

本法所称市场支配地位,是指经营者在相关市场内具有能够控制商品价格、数量或者其他交易条件,或者能够阻碍、影响其他经营者进入相关市场能力的市场地位。

《国务院反垄断委员会关于平台经济领域的反垄断指南》

第十六条 搭售或者附加不合理交易条件

具有市场支配地位的平台经济领域经营者,可能滥用市场支配地位,无正当理由实施搭售或者附加不合理交易条件,排除、限制市场竞争。分析是否构成搭售或者附加不合理交易条件,可以考虑以下因素:

（一）利用格式条款、弹窗、操作必经步骤等交易相对人无法选择、更改、拒绝的方式，将不同商品进行捆绑销售；

（二）以搜索降权、流量限制、技术障碍等惩罚性措施，强制交易相对人接受其他商品；

（三）对交易条件和方式、服务提供方式、付款方式和手段、售后保障等附加不合理限制；

（四）在交易价格之外额外收取不合理费用；

（五）强制收集非必要用户信息或者附加与交易标的无关的交易条件、交易流程、服务项目。

平台经济领域经营者实施搭售可能具有以下正当理由：

（一）符合正当的行业惯例和交易习惯；

（二）为保护交易相对人和消费者利益所必须；

（三）为提升商品使用价值或者效率所必须；

（四）能够证明行为具有正当性的其他理由。

8 经营者集中是什么?

【律师解答】

根据《反垄断法》相关规定，经营者集中是指以下三种情形：

(1)经营者合并。经营者合并主要指法人或者其他组织之间的合并。主要有两种情形：一种是吸收合并，指两家或两家以上的企业合并时，其中一家或一家以上的企业并入另一家企业，经常是实力强大的企业吸收合并弱小企业。另一种是新设合并，指两家或者两家以上的企业组合成为一家新企业，原有的两家企业不再存在，结合成为一家新的企业。

(2)经营者通过取得股权或者资产的方式取得对其他经营者的控制权。主要有两种方式：一种方式是一家企业通过购买、置换等方式取得另一家或几家企业的股权，该企业成为另一家或几家企业的控股股东并进而取得对其他经营者的控制权；另一种方式是一家企业通过购买、置换、抵押等方式取得另一家或几家企业的资产，该企业成为另一家或几家企业的控股股东或实际控制人，取得对其他经营者的控制权。

(3)经营者通过合同等方式取得对其他经营者的控制权或者能够对其他经营者施加决定性影响。判断经营者是否通过交易取得对其他经营者的控制权或者能够对其他经营者施加决定性影响,应当考虑下列因素:

①交易的目的和未来的计划;

②交易前后其他经营者的股权结构及其变化;

③其他经营者股东大会的表决事项及其表决机制,以及其历史出席率和表决情况;

④其他经营者董事会或者监事会的组成及其表决机制;

⑤其他经营者高级管理人员的任免等;

⑥其他经营者股东、董事之间的关系,是否存在委托行使投票权、一致行动人等;

⑦该经营者与其他经营者是否存在重大商业关系、合作协议等;

⑧其他应当考虑的因素。

【参考依据】

《反垄断法》

第二十五条 经营者集中是指下列情形:

(一)经营者合并;

(二)经营者通过取得股权或者资产的方式取得对其他经营者的控制权;

(三)经营者通过合同等方式取得对其他经营者的控制权或者能够对其他经营者施加决定性影响。

《经营者集中审查规定》

第五条 判断经营者是否取得对其他经营者的控制权或者能够对其他经营者施加决定性影响,应当考虑下列因素:

(一)交易的目的和未来的计划;

(二)交易前后其他经营者的股权结构及其变化;

(三)其他经营者股东(大)会等权力机构的表决事项及其表决机制,以及其历史出席率和表决情况;

(四)其他经营者董事会等决策或者管理机构的组成及其表决机制,以及其历史出席率和表决情况;

（五）其他经营者高级管理人员的任免等；

（六）其他经营者股东、董事之间的关系，是否存在委托行使投票权、一致行动人等；

（七）该经营者与其他经营者是否存在重大商业关系、合作协议等；

（八）其他应当考虑的因素。

两个以上经营者均拥有对其他经营者的控制权或者能够对其他经营者施加决定性影响的，构成对其他经营者的共同控制。

9 经营者实施集中是否应当申报？向哪个机构申报？国家审查公司经营者集中，主要考虑哪些因素？

【律师解答】

并非所有的经营者集中都需要申报，而是当经营者集中达到国务院规定的申报标准的，应事先向国务院商务主管部门进行申报；未申报的不得实施集中。具体如下：

（1）经营者集中达到下列标准之一的，经营者应当事先向国务院商务主管部门申报：①参与集中的所有经营者上一会计年度在全球范围内的营业额合计超过100亿元人民币，并且其中至少两个经营者上一会计年度在中国境内的营业额均超过4亿元人民币。②参与集中的所有经营者上一会计年度在中国境内的营业额合计超过20亿元人民币。

（2）经营者集中在以下情形时，可以不申报：①参与集中的一个经营者拥有其他每个经营者50%以上有表决权的股份或者资产的。②参与集中的每个经营者50%以上有表决权的股份或者资产被同一个未参与集中的经营者拥有的。

另要注意的是，虽经营者集中未达到申报标准，但按照规定程序收集的事实和证据表明该经营者集中具有或者可能具有排除、限制竞争效果的，国务院反垄断执法机构应当依法进行主动审查。

我国采用营业额作为申报标准，一些经营者受商业模式、前期投入、发展阶段等因素影响营业额不高，但其参与的经营者集中对市场竞争可能产生较大影响，需要国务院反垄断执法机构进行审查，防止排除、限制相关市场竞争。实践中，主动审查电子平台经济领域的经营者集中的情形较为常见。

审查公司经营者集中,需要考虑以下因素:

(1)参与集中经营者的市场份额及市场控制力;

(2)相关市场的市场集中度;

(3)集中对市场进入、技术进步、消费者、其他有关经营者、国民经济发展的影响等因素。

【参考依据】

《反垄断法》

第二十六条 经营者集中达到国务院规定的申报标准的,经营者应当事先向国务院反垄断执法机构申报,未申报的不得实施集中。

经营者集中未达到国务院规定的申报标准,但有证据证明该经营者集中具有或者可能具有排除、限制竞争效果的,国务院反垄断执法机构可以要求经营者申报。

经营者未依照前两款规定进行申报的,国务院反垄断执法机构应当依法进行调查。

第二十七条 经营者集中有下列情形之一的,可以不向国务院反垄断执法机构申报:

(一)参与集中的一个经营者拥有其他每个经营者百分之五十以上有表决权的股份或者资产的;

(二)参与集中的每个经营者百分之五十以上有表决权的股份或者资产被同一个未参与集中的经营者拥有的。

第三十三条 审查经营者集中,应当考虑下列因素:

(一)参与集中的经营者在相关市场的市场份额及其对市场的控制力;

(二)相关市场的市场集中度;

(三)经营者集中对市场进入、技术进步的影响;

(四)经营者集中对消费者和其他有关经营者的影响;

(五)经营者集中对国民经济发展的影响;

(六)国务院反垄断执法机构认为应当考虑的影响市场竞争的其他因素。

《国务院关于经营者集中申报标准的规定》

第三条 经营者集中达到下列标准之一的,经营者应当事先向国务院反垄断执法机构申报，未申报的不得实施集中：

（一）参与集中的所有经营者上一会计年度在全球范围内的营业额合计超过100亿元人民币，并且其中至少两个经营者上一会计年度在中国境内的营业额均超过4亿元人民币；

（二）参与集中的所有经营者上一会计年度在中国境内的营业额合计超过20亿元人民币，并且其中至少两个经营者上一会计年度在中国境内的营业额均超过4亿元人民币。

营业额的计算，应当考虑银行、保险、证券、期货等特殊行业、领域的实际情况，具体办法由国务院反垄断执法机构会同国务院有关部门制定。

第四条 经营者集中未达到本规定第三条规定的申报标准，但按照规定程序收集的事实和证据表明该经营者集中具有或者可能具有排除、限制竞争效果的，国务院反垄断执法机构应当依法进行调查。

《经营者集中审查规定》

第三十一条 审查经营者集中，应当考虑下列因素：

（一）参与集中的经营者在相关市场的市场份额及其对市场的控制力；

（二）相关市场的市场集中度；

（三）经营者集中对市场进入、技术进步的影响；

（四）经营者集中对消费者和其他有关经营者的影响；

（五）经营者集中对国民经济发展的影响；

（六）应当考虑的影响市场竞争的其他因素。

10 实施垄断行为需要承担何种法律后果？

【律师解答】

如果垄断行为给他人造成损失，行为人应当承担停止侵害、赔偿损失等民事责任。

根据实施的垄断行为性质、程度等不同，经营者可能承担责令停止违法行为、没收违法所得、罚款、撤销登记等行政责任。罚款数额具体如表15所示。

表 15　实施垄断行为的罚款数额

<table>
<tr><td>垄断行为</td><td colspan="3">行政责任</td></tr>
<tr><td rowspan="5">垄断协议</td><td rowspan="2">达成并实施垄断协议</td><td>上一年度有销售额</td><td>上一年度销售额1% ~ 10% 的罚款;</td></tr>
<tr><td>上一年度没有销售额</td><td>500 万元以下罚款</td></tr>
<tr><td>达成未实施垄断协议</td><td colspan="2">300 万元以下罚款</td></tr>
<tr><td>经营者的法定代表人、主要负责人和直接责任人员对达成垄断协议负有个人责任的</td><td colspan="2">对有责任的个人可处以 100 万以下罚款</td></tr>
<tr><td>行业协会组织达成垄断协议</td><td colspan="2">300 万元以下罚款</td></tr>
<tr><td colspan="2">滥用市场支配地位</td><td colspan="2">上一年度销售额 1% ~10% 罚款</td></tr>
<tr><td rowspan="2">经营者集中</td><td>具有或者可能具有排除、限制竞争效果</td><td colspan="2">上一年度销售额 10% 以下罚款</td></tr>
<tr><td>不具有排除、限制竞争效果的</td><td colspan="2">500 万元以下的罚款</td></tr>
</table>

【参考依据】

《反垄断法》

第五十六条　经营者违反本法规定，达成并实施垄断协议的，由反垄断执法机构责令停止违法行为，没收违法所得，并处上一年度销售额百分之一以上百分之十以下的罚款，上一年度没有销售额的，处五百万元以下的罚款；尚未实施所达成的垄断协议的，可以处三百万元以下的罚款。经营者的法定代表人、主要负责人和直接责任人员对达成垄断协议负有个人责任的，可以处一百万元以下的罚款。

经营者组织其他经营者达成垄断协议或者为其他经营者达成垄断协议提供实质性帮助的，适用前款规定。

经营者主动向反垄断执法机构报告达成垄断协议的有关情况并提供重要证据的，反垄断执法机构可以酌情减轻或者免除对该经营者的处罚。

行业协会违反本法规定，组织本行业的经营者达成垄断协议的，由反垄断执法机构责令改正，可以处三百万元以下的罚款；情节严重的，社会团体登记管理机关可以依法撤销登记。

第五十七条 经营者违反本法规定，滥用市场支配地位的，由反垄断执法机构责令停止违法行为，没收违法所得，并处上一年度销售额百分之一以上百分之十以下的罚款。

第五十八条 经营者违反本法规定实施集中，且具有或者可能具有排除、限制竞争效果的，由国务院反垄断执法机构责令停止实施集中、限期处分股份或者资产、限期转让营业以及采取其他必要措施恢复到集中前的状态，处上一年度销售额百分之十以下的罚款；不具有排除、限制竞争效果的，处五百万元以下的罚款。

第五十九条 对本法第五十六条、第五十七条、第五十八条规定的罚款，反垄断执法机构确定具体罚款数额时，应当考虑违法行为的性质、程度、持续时间和消除违法行为后果的情况等因素。

第六十条 经营者实施垄断行为，给他人造成损失的，依法承担民事责任。

经营者实施垄断行为，损害社会公共利益的，设区的市级以上人民检察院可以依法向人民法院提起民事公益诉讼。

第六十二条 对反垄断执法机构依法实施的审查和调查，拒绝提供有关材料、信息，或者提供虚假材料、信息，或者隐匿、销毁、转移证据，或者有其他拒绝、阻碍调查行为的，由反垄断执法机构责令改正，对单位处上一年度销售额百分之一以下的罚款，上一年度没有销售额或者销售额难以计算的，处五百万元以下的罚款；对个人处五十万元以下的罚款。

11 对反垄断执法机构作出的行政行为不服，应如何救济？

【律师解答】

反垄断执法机构对于垄断协议、滥用市场支配地位作出具体行政行为，行政相对人不服的，可以依法申请行政复议或者提起行政诉讼。

需要注意的是，对反垄断执法机构作出的禁止经营者集中的决定（包含对不予禁止的经营者集中附加限制性条件的决定），行政相对人不服的，应当先提起行政复议，对行政复议不服的，才可以提起行政诉讼。

【参考依据】

《反垄断法》

第六十五条 对反垄断执法机构依据本法第三十四条、第三十五条作出的决定不服的,可以先依法申请行政复议;对行政复议决定不服的,可以依法提起行政诉讼。

对反垄断执法机构作出的前款规定以外的决定不服的,可以依法申请行政复议或者提起行政诉讼。

12 因反垄断行政行为提起行政诉讼,如何确定管辖法院?

【律师解答】

对于反垄断行政行为提起行政诉讼管辖法院的确定,根据规定具体存在以下几种情形:

(1)对国务院反垄断执法机构涉及反垄断的行政行为依法提起诉讼的第一审行政案件,由北京知识产权法院管辖。

(2)对省、自治区、直辖市人民政府反垄断执法机构涉及反垄断的行政行为或者省、自治区、直辖市人民政府所作反垄断行政复议决定依法提起诉讼的第一审行政案件,由省、自治区、直辖市人民政府所在地具有垄断民事案件管辖权的中级人民法院管辖、知识产权审判部门审理;设立知识产权法院的,由其管辖。

(3)不服前两项第一审行政案件判决、裁定而提起上诉的案件,由最高人民法院知识产权法庭审理。

【参考依据】

《最高人民法院关于垄断行政案件管辖问题的通知》

一、对国务院反垄断执法机构涉及反垄断的行政行为依法提起诉讼的第一审行政案件,由北京知识产权法院管辖。

二、对省、自治区、直辖市人民政府反垄断执法机构涉及反垄断的行政行为或者省、自治区、直辖市人民政府所作反垄断行政复议决定依法提起诉讼的第一审行政案件,由省、自治区、直辖市人民政府所在地具有垄断民事案件管辖权的中级人民法院管辖、知识产权审判部门审理;设立知识产权法院的,由其管辖。

三、高级人民法院依照行政诉讼法有关规定管辖本通知第一、二条所称第一审行政案件的,由知识产权审判部门审理。

四、不服本通知所称第一审行政案件判决、裁定而提起上诉的案件,由最高人民法院知识产权法庭审理。

五、本通知施行前已受理、未审结的垄断行政案件,由审理法院继续审理;本通知施行以后受理的垄断第一审行政案件,按本通知执行。

劳动法篇

第一章 招聘入职

1 企业对外发布的招聘信息存在虚假宣传，可能面临哪些风险？

【律师解答】

依据《就业服务与就业管理规定》第14条的规定，企业在招用人员时不得提供虚假的招聘信息，不得发布虚假的招聘广告。若劳动者因虚假的招聘信息与企业签订《劳动合同》，劳动者以企业存在欺诈导致劳动合同无效为由提出解除劳动合同，有权要求企业支付经济补偿金。

【参考依据】

《劳动合同法》

第二十六条第一款 下列劳动合同无效或者部分无效：

（一）以欺诈、胁迫的手段或者乘人之危，使对方在违背真实意思的情况下订立或者变更劳动合同的；

……

第三十八条第五款 用人单位有下列情形之一的，劳动者可以解除劳动合同：

……

（五）因本法第二十六条第一款规定的情形致使劳动合同无效的；

……

第四十六条 有下列情形之一的，用人单位应当向劳动者支付经济补偿：

（一）劳动者依照本法第三十八条规定解除劳动合同的；

……

《就业服务与就业管理规定》

第十四条 用人单位招用人员不得有下列行为：

（一）提供虚假招聘信息，发布虚假招聘广告；

……

2 企业违反就业歧视的相关规定可能面临哪些风险？

【律师解答】

就业歧视，是指企业基于劳动者的民族、性别、宗教信仰、地域、社会出生、身体健康等因素，在给劳动者提供就业机会或薪酬待遇等方面作出区别对待或不合理限制等。

实践中常见的就业歧视情形主要包括：性别、地域、乙肝等疾病、户籍、宗教信仰、婚育情况等。

企业若违反就业歧视规定，可能面临劳动者要求赔礼道歉、赔偿损失等法律风险。

以乙肝患病为例：若企业要求劳动者进行乙肝项目检查，劳动保障行政部门有权责令改正，并可处以1000元以下的罚款；若企业以劳动者系乙肝病毒携带者而将其辞退，属于违法解除劳动关系，企业将面临向劳动者支付经济赔偿金或恢复劳动关系并赔偿工资损失的风险。

建议企业在用工招聘过程中尽量避免使用与就业歧视有关的描述用语，可根据工作岗位的性质、工作内容合理合法制定具体的招聘条件，如明确细化工作经验、技能、能力、品性等方面的相关条件，也可写明“以下条件择优录取”“符合以下条件者优先”等用词。

【参考依据】

《民法典》

第一百七十九条 承担民事责任的方式主要有：

（一）停止侵害；

（二）排除妨碍；

（三）消除危险；

（四）返还财产；

（五）恢复原状；

（六）修理、重作、更换；

（七）继续履行；

（八）赔偿损失；

（九）支付违约金；

（十）消除影响、恢复名誉；

（十一）赔礼道歉。

法律规定惩罚性赔偿的，依照其规定。

本条规定的承担民事责任的方式，可以单独适用，也可以合并适用。

《劳动法》

第三条第一款 劳动者享有平等就业和选择职业的权利、取得劳动报酬的权利、休息休假的权利、获得劳动安全卫生保护的权利、接受职业技能培训的权利、享受社会保险和福利的权利、提请劳动争议处理的权利以及法律规定的其他劳动权利。

《就业促进法》

第三条 劳动者依法享有平等就业和自主择业的权利。

劳动者就业，不因民族、种族、性别、宗教信仰等不同而受歧视。

第二十六条 用人单位招用人员、职业中介机构从事职业中介活动，应当向劳动者提供平等的就业机会和公平的就业条件，不得实施就业歧视。

第三十一条 农村劳动者进城就业享有与城镇劳动者平等的劳动权利，不得对农村劳动者进城就业设置歧视性限制。

第六十二条 违反本法规定，实施就业歧视的，劳动者可以向人民法院提起诉讼。

《人力资源社会保障部、教育部等九部门关于进一步规范招聘行为促进妇女就业的通知》

二、依法禁止招聘环节中的就业性别歧视。各类用人单位、人力资源服务机构在拟定招聘计划、发布招聘信息、招用人员过程中，不得限定性别（国家规定的女职工禁忌劳动范围等情况除外）或性别优先，不得以性别为由限制妇女求职就业、拒绝录用妇女,不得询问妇女婚育情况,不得将妊娠测试作为入职体检项目,不得将限制生育作为录用条件,不得差别化地提高对妇女的录用标准。国有企事业单位、公共就业人才服务机构及各部门所属人力资源服务机构要带头遵法守法,坚决禁止就业性别歧视行为。

《网络招聘服务管理规定》

第十五条第一款 用人单位向人力资源服务机构提供的单位基本情况、招聘人数、招聘条件、用工类型、工作内容、工作条件、工作地点、基本劳动报酬等网络招聘信息,应当合法、真实,不得含有民族、种族、性别、宗教信仰等方面的歧视性内容。

《人力资源和社会保障部、教育部、卫生部关于进一步规范入学和就业体检项目维护乙肝表面抗原携带者入学和就业权利的通知》

一、进一步明确取消入学、就业体检中的乙肝检测项目

二、进一步维护乙肝表面抗原携带者入学、就业权利,保护乙肝表面抗原携带者隐私权

《就业服务与就业管理规定》

第六十八条 用人单位违反本规定第十九条第二款规定,在国家法律、行政法规和国务院卫生行政部门规定禁止乙肝病原携带者从事的工作岗位以外招用人员时,将乙肝病毒血清学指标作为体检标准的,由劳动保障行政部门责令改正,并可处以一千元以下的罚款;对当事人造成损害的,应当承担赔偿责任。

3 企业在招聘员工时如何做好入职前的审查工作?

【律师解答】

对拟录用员工进行入职审查是企业人力资源(HR)工作中的重要环节,入职审查不严容易给HR工作带来重大隐患,严重的会直接引发劳动争议,故企业在招聘员工时应做好必要的入职审查和管理工作。实践中入职审查的内容主要包括年龄、资质、劳动关系状态及身体状况。

第一,年龄审查。企业只能招用年满16周岁的劳动者,否则会构成违法用工。故企业在招聘时应当要求应聘者提供身份证明,如身份证、户籍证明等。

第二,资质审查。诚实信用原则是劳资双方均应遵守的基本原则。劳动者在入

职时向企业提交虚假的毕业证书等资料，会导致劳动合同无效。故建议企业在招聘员工时要求应聘者提供相关的资格证明等资料，并严格审查相关材料的真实性，让应聘者在提供的资料复印件中以签字、捺手印的方式予以确认。

第三，劳动关系状态审查，即原单位离职证明。避免招用了未与其他单位解除或终止劳动关系的劳动者；给其他单位造成损害的，企业应当承担连带赔偿责任。

第四，身体状况审查，即体检报告。尤其是高危行业，若企业忽视劳动者入职时的体检审查，易承担劳动者因患职业病带来的法律风险。

【参考依据】

《劳动法》

第十五条第一款 禁止用人单位招用未满十六周岁的未成年人。

第十八条第一款 下列劳动合同无效：

……

（二）采取欺诈、威胁等手段订立的劳动合同。

《劳动合同法》

第八条 用人单位招用劳动者时，应当如实告知劳动者工作内容、工作条件、工作地点、职业危害、安全生产状况、劳动报酬，以及劳动者要求了解的其他情况；用人单位有权了解劳动者与劳动合同直接相关的基本情况，劳动者应当如实说明。

第二十六条第一款 下列劳动合同无效或者部分无效：

（一）以欺诈、胁迫的手段或者乘人之危，使对方在违背真实意思的情况下订立或者变更劳动合同的；

……

第八十六条 劳动合同依照本法第二十六条规定被确认无效，给对方造成损害的，有过错的一方应当承担赔偿责任。

第九十一条 用人单位招用与其他用人单位尚未解除或者终止劳动合同的劳动者，给其他用人单位造成损失的，应当承担连带赔偿责任。

《职业病防治法》

第三十五条 对从事接触职业病危害的作业的劳动者，用人单位应当按照国务院卫生行政部门的规定组织上岗前、在岗期间和离岗时的职业健康检查，并将检查结果书面告知劳动者。职业健康检查费用由用人单位承担。

用人单位不得安排未经上岗前职业健康检查的劳动者从事接触职业病危害的

作业;不得安排有职业禁忌的劳动者从事其所禁忌的作业;对在职业健康检查中发现有与所从事的职业相关的健康损害的劳动者,应当调离原工作岗位,并妥善安置;对未进行离岗前职业健康检查的劳动者不得解除或者终止与其订立的劳动合同。

职业健康检查应当由取得《医疗机构执业许可证》的医疗卫生机构承担。卫生行政部门应当加强对职业健康检查工作的规范管理,具体管理办法由国务院卫生行政部门制定。

《禁止使用童工规定》

第六条 用人单位使用童工的,由劳动保障行政部门按照每使用一名童工每月处5000元罚款的标准给予处罚;在使用有毒物品的作业场所使用童工的,按照《使用有毒物品作业场所劳动保护条例》规定的罚款幅度,或者按照每使用一名童工每月处5000元罚款的标准,从重处罚。劳动保障行政部门并应当责令用人单位限期将童工送回原居住地交其父母或者其他监护人,所需交通和食宿费用全部由用人单位承担。

用人单位经劳动保障行政部门依照前款规定责令限期改正,逾期仍不将童工送交其父母或者其他监护人的,从责令限期改正之日起,由劳动保障行政部门按照每使用一名童工每月处1万元罚款的标准处罚,并由工商行政管理部门吊销其营业执照或者由民政部门撤销民办非企业单位登记;用人单位是国家机关、事业单位的,由有关单位依法对直接负责的主管人员和其他直接责任人员给予降级或者撤职的行政处分或者纪律处分。

【参考案例】

1. 于某与某公司劳动争议再审审查与审判监督民事裁定书

审理法院:北京市高级人民法院

案号:(2019)京民申1485号

裁判要旨:诚实信用原则是劳资双方均应当遵守的基本原则。本案中,于某在入职之时,填写了员工入职履历表,向公司提供了《普通高等学校毕业证书》,并签署有关如实陈述的申明。但经查该毕业证书为虚假证书,于某的行为显然属于以欺诈手段使公司与其建立劳动关系的行为。两审法院以于某提供虚假的学历证明、采用欺诈手段与公司建立劳动关系为由,确认于某与公司之间2015年5月5日至2017年11月1日订立的劳动合同无效并无不妥。

2. B 煤矿与 A 人社局工伤认定违法驳回再审申请行政裁定书

审理法院:重庆市高级人民法院

案号:(2016)渝行申 505 号

裁判要旨:B 煤矿作为用人单位未履行对从事接触职业病危害作业的劳动者进行上岗前职业健康检查的法定义务,应当承担相应的法律责任。A 人社局在卢某与 B 煤矿具有劳动关系的前提下,审查了卢某的职业病诊断证明书、职业病鉴定书等证据,根据《工伤保险条例》第 14 条第 4 项和第 19 条的规定,作出奉节人社伤险认决字〔2015〕269 号工伤认定决定,认定卢某所患职业病为工伤,认定事实清楚,适用法律正确。

4 企业招用员工时暂扣员工身份证或向员工收取押金的,会面临哪些风险?

【律师解答】

如今不仅是大学毕业生,有很多已经步入社会很久的人也面临工作难找且工资还不是令人特别满意的情况。尤其是一些企业在入职时还会要求员工交一笔押金,如"月薪 4000 元,押金 1500 元",刚入职得先干 1 个月后才发工资,而在入职之前就必须先交押金或者扣押身份证。《劳动合同法》明确规定,企业招用员工,不得扣押员工的居民身份证和其他证件,不得要求员工提供担保或者以其他名义向员工收取财物。如果企业出现上述行为,需要承担相应的法律责任。其中,企业扣押员工居民身份证等证件的,由劳动行政部门责令限期归还员工本人,并依照有关法律规定给予处罚。企业以担保或者其他名义向员工收取财物的,由劳动行政部门责令限期退还员工本人,并以每人 500 元以上 2000 元以下的标准处以罚款;给员工造成损失的,应承担赔偿责任。

建议企业在招聘员工时核实其身份证及其他证件信息后留存复印件,建立员工个人人事档案,并在员工入职之初对其进行背景调查,避免招录品行不端的人。如此,既能在更大程度上防范员工携款逃跑的行为,也能在此现象发生后通过企业掌握的信息查询员工踪迹,及时向员工索赔。

【参考依据】

《劳动合同法》

第九条 用人单位招用劳动者，不得扣押劳动者的居民身份证和其他证件，不得要求劳动者提供担保或者以其他名义向劳动者收取财物。

第八十四条 用人单位违反本法规定，扣押劳动者居民身份证等证件的，由劳动行政部门责令限期退还劳动者本人，并依照有关法律规定给予处罚。

用人单位违反本法规定，以担保或者其他名义向劳动者收取财物的，由劳动行政部门责令限期退还劳动者本人，并以每人五百元以上二千元以下的标准处以罚款；给劳动者造成损害的，应当承担赔偿责任。

劳动者依法解除或者终止劳动合同，用人单位扣押劳动者档案或者其他物品的，依照前款规定处罚。

5 企业向求职者发出offer（入职/录用通知书）后反悔可能会面临哪些风险？

【律师解答】

从法律属性上看，offer（入职/录用通知书）属于企业向应聘者发出建立劳动关系的要约。录用通知书已经发送到求职者邮箱时即生效，求职者回复同意接受属于承诺。对于求职者来说，如果与用人单位签订了录用协议，但还没有正式签订劳动合同，那么双方不存在劳动关系，但双方已经成立了民事上的法律关系，双方之间关系虽不受《劳动合同法》调整，但受《民法典》合同编调整，求职者同意公司的录取后，即视为双方已达成即将建立劳动关系的合意，彼此都会产生一种信赖，而一方随意反悔，正是损害了另一方的信赖利益，这在《民法典》中属于“缔约过失”，应承担缔约过失的损害赔偿责任。

如果企业单方撤回该要约，可能面临的赔偿责任有：

（1）直接损失。一般为信赖合同的成立和生效所支出的各种费用，如邮寄费、交通费、体检费、学历认证费、搬家费、租房费等费用。

（2）间接损失，也就是信赖利益损失，一般以合同成立的可得利益为限。主要表现为求职者基于信赖从原公司离职后的应得工资收入损失、应得而未得的经济补偿金等，同时法院还会综合考虑企业取消录用通知的过错程度、应聘人员的薪资水平、应聘人员再就业的难易程度、应聘人员再就业所需时间等因素。若求职者在收到录用通知书时本身已辞职或在家待业，法院在判定企业赔偿间接损失时酌定的金额会偏低。

【参考依据】

《民法典》

第四百七十二条　要约是希望与他人订立合同的意思表示，该意思表示应当符合下列条件：

（一）内容具体确定；

（二）表明经受要约人承诺，要约人即受该意思表示约束。

第四百七十六条　要约可以撤销，但是有下列情形之一的除外：

（一）要约人以确定承诺期限或者其他形式明示要约不可撤销；

（二）受要约人有理由认为要约是不可撤销的，并已经为履行合同做了合理准备工作。

第五百条　当事人在订立合同过程中有下列情形之一，造成对方损失的，应当承担赔偿责任：

（一）假借订立合同，恶意进行磋商；

（二）故意隐瞒与订立合同有关的重要事实或者提供虚假情况；

（三）有其他违背诚信原则的行为。

第五百零九条　当事人应当按照约定全面履行自己的义务。

当事人应当遵循诚信原则，根据合同的性质、目的和交易习惯履行通知、协助、保密等义务。

当事人在履行合同过程中，应当避免浪费资源、污染环境和破坏生态。

【参考案例】

1. 某公司与朱某缔约过失责任纠纷上诉案

审理法院：上海市第二中级人民法院

案号：（2019）沪02民终9985号

裁判要旨：3月22日，公司通过邮件向应聘者发出聘用意向书及报到须知，要求其于4月1日上午9时30分至公司报到，报到当日务必携带身份证、劳动手册、上家单位退工单或退工证明等材料，并要求其前往公司指定体检中心进行体检。3月29日，公司通过微信告知朱某担心其不适合公司工作岗位，表示应聘者如果能留在原公司最好。4月1日公司通过邮件告知应聘者，其简历与公司背景调查结果不符，公司以朱某提供虚假材料为由拒绝录用该应聘者。法院认为：公司违反诚实信用原则为基础的先契约义务，应聘者主张公司承担缔约过失之责，于法有据，可予支持。

2. 某大学、杨某缔约过失责任纠纷案

审理法院：湖北省武汉市中级人民法院

案号：(2019)鄂01民终8667号

裁判要旨：一审法院认为，本案中，某大学某学院院长钱某在2018年1月6日的美国费城经济学年会中对杨某进行了面试，并向杨某提出了工作邀请，杨某、某大学于2018年2月8日签订了意向性合同，钱某亦要求杨某6月到校报到。其后，某大学向教育部留学服务中心出具了档案保管证明及同意接收杨某就职的接收函，向上海某大学出具了职工(商)调函，以上事实均说明双方当事人已就杨某到某大学处任职达成了一致意见，某大学对此亦积极履行了相关义务。2018年7月12日，某大学安排杨某试讲并于同月19日通知杨某试讲不合格，据此决定对杨某不予录用，双方由此产生纠纷。根据查明的案件事实，在双方前期的沟通、商谈以及意向性合同中，均未提及杨某需参加某大学组织的试讲以及告知试讲不合格的后果，某大学制定的教师录用管理办法虽然对试讲作出了规定，但杨某在其不被录用后与赵老师和钱某的沟通中，也提出了某大学并未通知其试讲，赵老师也认可试讲是后面才安排的，钱某亦确认了一般情况下没有特殊情况是不用试讲的，说明从某大学的内部程序来说，试讲并非录用杨某的必然流程，杨某并不知晓需通过试讲才能被录用，因此，某大学以杨某试讲不合格为由不录用杨某，违背了诚实信用原则，杨某基于合理信赖认为自己已由某大学录用，从而放弃了可能存在的入职其他单位的机会，由此造成的相应损失，应由某大学予以承担。二审维持。

关于损失赔偿范围和数额的认定。一审法院认为，缔约过失责任一般被认为赔偿的是信赖利益的损失，即因另一方的缔约过失行为而使合同不能成立或无效，导致信赖人所支付的各种费用和其他损失。信赖利益的范围，我国原《合同法》并未明确规定，通说认为应包含直接损失和间接损失，直接损失是指信赖合同的成立和生效所支出的各种费用，应当予以赔偿在理论上并不存在分歧。本案中，杨某主张的往返上海和武汉的交通费用、市内交通费、入职体检费、学历认证费、搬家费、租房费用均属于直接损失的范畴，对于2018年5月19日、31日往返上海武汉的交通费754元，因杨某于2018年5月31日参加了某大学的入职体检，应当认定上述交通费与本案存在实际联系，某大学应当予以赔偿。杨某提供的市内交通费票据中从某大学学校出发或到达的行程涉及的金额为242.61元，应当由某大学予以赔偿。杨某未提供由其支付入职体检费的凭证，对此，原审不予支持。杨某于2018年5月29日缴纳了学历学位认证费385元，该费用与其入职某大学存在关联性，应由某大学予以赔偿。杨某主张的因搬家而产生的高速公路费用800元，原审酌定其中400元与本案存在关联性，由某大学予以赔偿。杨某提供了房屋租赁合同、收据，证明其为在某大学处工作产生了房屋租金9600元，原审认为，房屋租金是杨某为缔约发生的合理费用，但根据合同约定，杨某可以解除合同，但须付清所欠租金、水电费、物业管理费用等应付费用后，出租方退还剩余的租金，同时有权没收杨某支付的租赁押金，因此，对于杨某已支付的租金和押金9600元，原审酌定其实际损失为4800元，由某大学予以赔偿。二审法院认为，原审法院根据被上诉人杨某在本案中所发生的租房费用、搬家费用在结合本案某大学违约的程度酌定支持并无不妥，对此法院予以维持。另原审法院考虑到杨某可以寻找新的工作以及寻找新的工作所需合理时间等因素结合本案的实际，原审酌定某大学以杨某在上海纽约大学的工资收入48万元/年为标准，按6个月的时间进行计算向杨帆予以赔偿，即某大学应赔偿杨某工资收入损失24万元并无不妥，对此法院予以维持。

6 企业如何与劳动者约定试用期？

【律师解答】

试用期是用人单位和劳动者为相互了解、选择而约定的不超过6个月的考察期。约定试用期应注意以下内容：

(1)约定试用期要与劳动合同的种类相适应。非全日制劳动合同和以完成一定工作任务为期限的劳动合同，不得约定试用期。

(2)约定试用期的期限要与劳动合同期限相适应。劳动合同期限不满3个月的，不得约定试用期；劳动合同期限3个月以上不满1年的，试用期不得超过1个月;劳动合同期限1年以上不满3年的,试用期不得超过2个月;3年以上固定期限和无固定期限的劳动合同,试用期不得超过6个月;试用期包含在劳动合同期限内;劳动合同仅约定试用期的,试用期不成立,该期限为劳动合同期限。

(3)试用期内除了劳动者的工资不得低于本单位相同岗位最低档工资或者劳动合同约定工资的80%,并不得低于用人单位所在地的最低工资标准外,其他待遇(包括医疗期、社会保险、工伤保险待遇等)与正式员工一致。

【参考依据】

《劳动法》

第二十一条 劳动合同可以约定试用期。试用期最长不得超过六个月。

《劳动合同法》

第十九条 劳动合同期限三个月以上不满一年的,试用期不得超过一个月;劳动合同期限一年以上不满三年的,试用期不得超过二个月;三年以上固定期限和无固定期限的劳动合同,试用期不得超过六个月。

同一用人单位与同一劳动者只能约定一次试用期。

以完成一定工作任务为期限的劳动合同或者劳动合同期限不满三个月的,不得约定试用期。

试用期包含在劳动合同期限内。劳动合同仅约定试用期的,试用期不成立,该期限为劳动合同期限。

第二十条 劳动者在试用期的工资不得低于本单位相同岗位最低档工资或者劳动合同约定工资的百分之八十,并不得低于用人单位所在地的最低工资标准。

第七十条 非全日制用工双方当事人不得约定试用期。

《劳动部关于贯彻执行〈中华人民共和国劳动法〉若干问题的意见》

18.劳动者被用人单位录用后,双方可以在劳动合同中约定试用期,试用期应包括在劳动合同期限内。

19.试用期是用人单位和劳动者为相互了解、选择而约定的不超过六个月的考察期。一般对初次就业或再次就业的职工可以约定。在原固定工进行劳动合同制度的转制过程中,用人单位与原固定工签订劳动合同时,可以不再约定试用期。

《劳动部关于实行劳动合同制度若干问题的通知》

3.按照《劳动法》的规定,劳动合同可以约定不超过六个月的试用期。劳动合同期限在六个月以下的,试用期不得超过十五日;劳动合同期限在六个月以上一年以下的，试行期不得超过三十日；劳动合同期限在一年以上两年以下的，试用期不得超过六十日。

试用期包括在劳动合同期限中。

7 员工离职后再次入职同一单位，企业能否与其再次约定试用期？

【律师解答】

视情况而定。员工再次入职同一企业时，企业要综合考虑该员工再次入职后的工作地点、岗位和工作内容是否发生变化，决定是否再次约定试用期。若没有发生改变，员工再次入职行为的本质就不属于初次就业或再次就业时改变劳动岗位或工种的情形，不能再次约定试用期；若发生改变，可再次约定试用期。

建议针对离职再入职的员工，企业应综合考量离职员工再入职时的工作岗位、工作职责、离职与再次入职的间隔时间等要素，决定是否约定试用期。尤其是对前后两次聘用时间间隔较短的员工，如再次约定试用期，被认定为违法约定试用期的风险很大。

【参考依据】

《劳动合同法》

第十九条第二款 同一用人单位与同一劳动者只能约定一次试用期。

《劳动部关于实行劳动合同制度若干问题的通知》

4. 用人单位对工作岗位没有发生变化的同一劳动者只能试用一次。

《劳动部办公厅关于印发关于〈劳动法〉若干条文的说明的通知》

第二十二条第二款 本条中规定的“试用期”适用于初次就业或再次就业时改变劳动岗位或工种的劳动者。

【参考案例】

周某、金碧公司天津分公司劳动争议再审审查与审判监督民事裁定书

审理法院：天津市高级人民法院

案号：(2017)津民申1831号

裁判要旨：周某第二次入职金碧公司工作的工作岗位、工作职责与其第一次在金碧公司工作时的情况并不完全一致，且周某是在与金碧公司解除劳动合同关系近1年后再次入职金碧公司，金碧公司与周某约定试用期并不违反法律规定。

8 员工试用期届满，企业根据员工的表现作出延长试用期的决定，可能会面临哪些风险？

【律师解答】

实践中经常会遇到这种情形：某员工试用期届满后，鉴于工作能力没有达到相关岗位的要求，企业负责人往往会作出一个决定：再给他一次机会，延长2个月试用期进行观察，若符合条件再转正。其实企业的这种行为是严重违反《劳动合同法》的相关规定的，为此企业可能会面临以下风险：

第一，补足延长试用期内的工资，按已履行的超过法定试用期的期间支付赔偿金；

第二，在延长试用期内企业以其不符合录用条件为由解除劳动合同的，需要向劳动者支付经济赔偿金。

建议企业在招聘入职时明确岗位条件与考核制度；制定并完善企业的规章制度（包括但不限员工管理制度、绩效考核制度等）；定期对员工的工作表现进行考核；同时可在劳动合同中明确约定调岗、调薪、调整工作地点等内容，便于公司根据员工的个人能力安排合适的岗位及薪资待遇。

【参考依据】

《劳动合同法》

第四十八条 用人单位违反本法规定解除或者终止劳动合同，劳动者要求继续履行劳动合同的，用人单位应当继续履行；劳动者不要求继续履行劳动合同或者劳动合同已经不能继续履行的，用人单位应当依照本法第八十七条规定支付赔偿金。

第八十三条 用人单位违反本法规定与劳动者约定试用期的，由劳动行政部门责令改正；违法约定的试用期已经履行的，由用人单位以劳动者试用期满月工资为标准,按已经履行的超过法定试用期的期间向劳动者支付赔偿金。

第八十七条 用人单位违反本法规定解除或者终止劳动合同的,应当依照本法第四十七条规定的经济补偿标准的二倍向劳动者支付赔偿金。

9 员工在试用期内长期请病假,企业该如何应对?

【律师解答】

第一,企业与员工协商一致,中止试用期;中止履行劳动合同的期间,不计入劳动者在用人单位的工作年限。中止履行劳动合同的情形消失,除劳动合同已经无法履行外,劳动合同应当恢复履行。

第二,将病假期在试用期内扣除,是否需要征得员工同意,需要具体参照各省市的地方性法规。

第三,明确约定录用条件。若员工在试用期内请病假时间较长,则需要核查该员工的身体状况是否符合企业的录用条件,不符合录用条件的,建议在试用期内及时与其解除劳动合同。

【参考依据】

《劳动合同法》

第十九条第二款 同一用人单位与同一劳动者只能约定一次试用期。

《天津市贯彻落实〈劳动合同法〉若干问题实施细则》

第十三条 劳动者在试用期间内被证明不符合录用条件的,用人单位应当在试用期内做出解除劳动合同的决定。劳动者在试用期内患病或者非因工负伤的,经劳动关系双方协商一致,试用期可以中止。

《山西省劳动合同条例》

第二十三条 用人单位与劳动者协商一致,可以中止履行劳动合同。

中止履行劳动合同期间,用人单位和劳动者双方暂停履行劳动合同的有关权利和义务。

第二十四条 协商中止履行劳动合同的,双方应当书面约定劳动合同恢复履行的期限或者条件。

中止履行劳动合同的期间,不计入劳动者在用人单位的工作年限。

中止履行劳动合同的情形消失,除劳动合同已经无法履行外,劳动合同应当恢复履行。

《浙江省高级人民法院民事审判第一庭、浙江省劳动人事争议仲裁院关于印发〈关于审理劳动争议案件若干问题的解答(四)〉的通知》

二、劳动者在试用期请病假,病假期间能否从试用期中扣除?

答:试用期是用人单位与劳动者的相互考察期间。劳动者在此期间请病假,影响到考察目的的实现,故该病假期间可从试用期中扣除。

10 企业如何与试用期内的劳动者合法解除劳动关系?

【律师解答】

约定试用期时,企业应当在劳动合同中约定或在有效的规章制度中规定合法具体明确的录用条件或“不符合录用条件的情形”,并告知劳动者。企业以不符合录用条件为由解除劳动合同应当按照法定程序进行,包括将理由告知工会或劳动者,且必须在试用期内。若超过试用期,则企业不能以试用期内不符合录用条件为由解除劳动合同。

当然在试用期内,企业也可以劳动者有《劳动法》第 25 条、《劳动合同法》第 39 条和第 40 条第 2 项的情形为由解除劳动合同。

试用期内,若企业未按照法定程序解除或者用人单位存在《最高人民法院关于审理劳动争议案件适用法律若干问题的解释(一)》第 45 条所规定的“迫使劳动者提出解除劳动合同”的情形,企业面临支付经济补偿金或赔偿金的法律风险。

试用期劳动者解除劳动合同无须任何理由,只需提前 3 天通知用人单位,用人单位无权要求劳动者支付违约金(包括专项技能培训)或损害赔偿。除此之外,如果用人单位存在《劳动法》第 32 条、《劳动合同法》第 38 条规定的情形,劳动者可径直解除劳动合同,无须遵循提前通知的程序。

【参考依据】

《劳动法》

第二十五条 劳动者有下列情形之一的,用人单位可以解除劳动合同:

(一)在试用期间被证明不符合录用条件的;

(二)严重违反劳动纪律或者用人单位规章制度的;

(三)严重失职,营私舞弊,对用人单位利益造成重大损害的;

(四)被依法追究刑事责任的。

第三十二条 有下列情形之一的,劳动者可以随时通知用人单位解除劳动合同:

(一)在试用期内的;

(二)用人单位以暴力、威胁或者非法限制人身自由的手段强迫劳动的;

(三)用人单位未按照劳动合同约定支付劳动报酬或者提供劳动条件的。

《劳动合同法》

第三十六条 用人单位与劳动者协商一致,可以解除劳动合同。

第三十七条 劳动者提前三十日以书面形式通知用人单位,可以解除劳动合同。劳动者在试用期内提前三日通知用人单位,可以解除劳动合同。

第三十八条 用人单位有下列情形之一的,劳动者可以解除劳动合同:

(一)未按照劳动合同约定提供劳动保护或者劳动条件的;

(二)未及时足额支付劳动报酬的;

(三)未依法为劳动者缴纳社会保险费的;

(四)用人单位的规章制度违反法律、法规的规定,损害劳动者权益的;

(五)因本法第二十六条第一款规定的情形致使劳动合同无效的;

(六)法律、行政法规规定劳动者可以解除劳动合同的其他情形。

用人单位以暴力、威胁或者非法限制人身自由的手段强迫劳动者劳动的,或者用人单位违章指挥、强令冒险作业危及劳动者人身安全的,劳动者可以立即解除劳动合同,不需事先告知用人单位。

第三十九条 劳动者有下列情形之一的,用人单位可以解除劳动合同:

(一)在试用期间被证明不符合录用条件的;

(二)严重违反用人单位的规章制度的;

(三)严重失职,营私舞弊,给用人单位造成重大损害的;

（四）劳动者同时与其他用人单位建立劳动关系，对完成本单位的工作任务造成严重影响，或者经用人单位提出，拒不改正的；

（五）因本法第二十六条第一款第一项规定的情形致使劳动合同无效的；

（六）被依法追究刑事责任的。

第四十条 有下列情形之一的，用人单位提前三十日以书面形式通知劳动者本人或者额外支付劳动者一个月工资后，可以解除劳动合同：

（二）劳动者不能胜任工作，经过培训或者调整工作岗位，仍不能胜任工作的；

《最高人民法院关于审理劳动争议案件适用法律问题的解释（一）》

第四十五条 用人单位有下列情形之一，迫使劳动者提出解除劳动合同的，用人单位应当支付劳动者的劳动报酬和经济补偿，并可支付赔偿金：

（一）以暴力、威胁或者非法限制人身自由的手段强迫劳动的；

（二）未按照劳动合同约定支付劳动报酬或者提供劳动条件的；

（三）克扣或者无故拖欠劳动者工资的；

（四）拒不支付劳动者延长工作时间工资报酬的；

（五）低于当地最低工资标准支付劳动者工资的。

第二章　劳 动 合 同

1　企业未及时与入职员工签订劳动合同，可能面临哪些风险？

【律师解答】

实践中，各种原因导致员工入职后企业未及时与其签订劳动合同的情形极为普遍，甚至有的企业误以为不签劳动合同对企业来说较为便捷也能规避风险。然而，企业未及时与员工签订书面的劳动合同，往往会面临巨大的法律风险。具体风险如下：

第一，与劳动者补签劳动合同，并支付最长不超过 11 个月的双倍工资；若劳动者不同意订立劳动合同，企业应当按规定支付经济补偿金。

第二，自用工之日起满 1 年未与劳动者订立书面劳动合同的，视为自用工之日起满 1 年的当日已经与劳动者订立无固定期限的劳动合同。

第三，企业故意拖延不订立劳动合同的，由劳动行政部门责任改正，给劳动者造成损害的，应承担赔偿责任。部分省市规定：企业逾期不改的，将对其处以罚款。

建议企业内部建立完善的劳动用工管理制度，与入职员工及时签署劳动合同。

【参考依据】

《劳动合同法》

第八十二条第一款　用人单位自用工之日起超过一个月不满一年未与劳动者订立书面劳动合同的，应当向劳动者每月支付二倍的工资。

《劳动法》

第九十八条　用人单位违反本法规定的条件解除劳动合同或者故意拖延不订立劳动合同的，由劳动行政部门责令改正；对劳动者造成损害的，应当承担赔偿责任。

《劳动合同法实施条例》

第六条 用人单位自用工之日起超过一个月不满一年未与劳动者订立书面劳动合同的,应当依照劳动合同法第八十二条的规定向劳动者每月支付两倍的工资,并与劳动者补订书面劳动合同;劳动者不与用人单位订立书面劳动合同的,用人单位应当书面通知劳动者终止劳动关系,并依照劳动合同法第四十七条的规定支付经济补偿。

前款规定的用人单位向劳动者每月支付两倍工资的起算时间为用工之日起满一个月的次日,截止时间为补订书面劳动合同的前一日。

第七条 用人单位自用工之日起满一年未与劳动者订立书面劳动合同的,自用工之日起满一个月的次日至满一年的前一日应当依照劳动合同法第八十二条的规定向劳动者每月支付两倍的工资,并视为自用工之日起满一年的当日已经与劳动者订立无固定期限劳动合同,应当立即与劳动者补订书面劳动合同。

《上海市劳动合同条例》

第五十六条 用人单位未按照本条例规定与劳动者订立书面劳动合同的,由劳动保障行政部门责令限期改正,并可以按每人五百至一千元处以罚款。

2 劳动合同应涵盖哪些必备条款,缺少必备条款的劳动合同是否无效?

【律师解答】

劳动合同的必备条款主要包括:用人单位与劳动者的基本信息、合同期限、工作内容及地点、工作时间及休假、劳动报酬、社会保险、劳动保护、劳动条件和职业危害防护等。

依据《劳动合同法》第26条的规定,以下三种情形会导致劳动合同无效或部分无效:以欺诈、胁迫的手段或者乘人之危,使对方在违背真实意思的情况下订立或者变更劳动合同的;用人单位免除自己的法定责任、排除劳动者权利的;违反法律、行政法规强制性规定的。而缺少必备条款并不属于上述三种情形,故缺少必备条款不会导致劳动合同无效。

但需要注意的是,用人单位提供的劳动合同文本未载明法律规定的劳动合同必备条款的，由劳动行政部门责令改正；给劳动者造成损害的，用人单位应当承担赔偿责任。故建议用人单位在劳动合同缺少必备条款时应当及时增补完善。

【参考依据】

《劳动合同法》

第十七条 劳动合同应当具备以下条款：

（一）用人单位的名称、住所和法定代表人或者主要负责人；

（二）劳动者的姓名、住址和居民身份证或者其他有效身份证件号码；

（三）劳动合同期限；

（四）工作内容和工作地点；

（五）工作时间和休息休假；

（六）劳动报酬；

（七）社会保险；

（八）劳动保护、劳动条件和职业危害防护；

（九）法律、法规规定应当纳入劳动合同的其他事项。

劳动合同除前款规定的必备条款外，用人单位与劳动者可以约定试用期、培训、保守秘密、补充保险和福利待遇等其他事项。

第二十六条 下列劳动合同无效或者部分无效：

（一）以欺诈、胁迫的手段或者乘人之危，使对方在违背真实意思的情况下订立或者变更劳动合同的；

（二）用人单位免除自己的法定责任、排除劳动者权利的；

（三）违反法律、行政法规强制性规定的。

对劳动合同的无效或者部分无效有争议的，由劳动争议仲裁机构或者人民法院确认。

第八十一条 用人单位提供的劳动合同文本未载明本法规定的劳动合同必备条款或者用人单位未将劳动合同文本交付劳动者的，由劳动行政部门责令改正；给劳动者造成损害的，应当承担赔偿责任。

3 企业与员工连续订立两次固定期限劳动合同后，第三次是否必须签订无固定期限劳动合同？

【律师解答】

实践中，很多劳动者和用人单位对无固定期限劳动合同的订立存在误解，认为只要双方已经签订过两次固定期限劳动合同，第三次必须签订无固定期限合同。这种观点是不完全正确的。

在以下两种情形下，用人单位无须与劳动者签订无固定期限合同：

（1）劳动者主动申请订立固定期限劳动合同，即使此前双方已签订过两次固定期限合同，用人单位也无须签订无固定期限合同。

（2）劳动者存在企业可以合法解除劳动合同的情形时，企业可以拒绝订立无固定期限合同。主要包括两种类型：一种是劳动者存在过错（《劳动合同法》第 39 条），如严重违反企业的规章制度；严重失职，营私舞弊，给企业造成重大损害的；被依法追究刑事责任的等。另一种是劳动者存在特殊情况（《劳动合同法》第 40 条第 1 项、第 2 项），如员工患病或非因工负伤，在医疗期满后不能从事原工作和新工作，或劳动者不胜任工作，经过培训或调整工作岗位仍不能胜任工作的。

【参考依据】

《劳动合同法》

第十四条 无固定期限劳动合同，是指用人单位与劳动者约定无确定终止时间的劳动合同。

用人单位与劳动者协商一致，可以订立无固定期限劳动合同。有下列情形之一，劳动者提出或者同意续订、订立劳动合同的，除劳动者提出订立固定期限劳动合同外，应当订立无固定期限劳动合同：

（一）劳动者在该用人单位连续工作满十年的；

（二）用人单位初次实行劳动合同制度或者国有企业改制重新订立劳动合同时，劳动者在该用人单位连续工作满十年且距法定退休年龄不足十年的；

（三）连续订立二次固定期限劳动合同，且劳动者没有本法第三十九条和第四十条第一项、第二项规定的情形，续订劳动合同的。

用人单位自用工之日起满一年不与劳动者订立书面劳动合同的，视为用人单位与劳动者已订立无固定期限劳动合同。

第三十九条 劳动者有下列情形之一的,用人单位可以解除劳动合同:

(一)在试用期间被证明不符合录用条件的;

(二)严重违反用人单位的规章制度的;

(三)严重失职,营私舞弊,给用人单位造成重大损害的;

(四)劳动者同时与其他用人单位建立劳动关系,对完成本单位的工作任务造成严重影响,或者经用人单位提出,拒不改正的;

(五)因本法第二十六条第一款第一项规定的情形致使劳动合同无效的;

(六)被依法追究刑事责任的。

第四十条 有下列情形之一的,用人单位提前三十日以书面形式通知劳动者本人或者额外支付劳动者一个月工资后,可以解除劳动合同:

(一)劳动者患病或者非因工负伤,在规定的医疗期满后不能从事原工作,也不能从事由用人单位另行安排的工作的;

(二)劳动者不能胜任工作,经过培训或者调整工作岗位,仍不能胜任工作的;

……

4 劳动合同被确认为无效或部分无效后会产生哪些法律后果?

【律师解答】

劳动合同是用人单位与劳动者确立劳动关系、明确双方权利和义务的协议。订立劳动合同时应当遵循合法、公平、平等自愿、协商一致、诚实信用的原则,不得违反法律、行政法规的规定。若存在《劳动合同法》第26条规定的以下三种情形会导致劳动合同无效或部分无效:以欺诈、胁迫的手段或者乘人之危,使对方在违背真实意思的情况下订立或者变更劳动合同的;用人单位免除自己的法定责任、排除劳动者权利的(如约定工伤概不负责,无工资上岗,合同期内不准结婚、生育等霸王条款);违反法律、行政法规强制性规定的。

劳动合同被确认为无效或部分无效,将产生如下法律后果:

(1)足额支付劳动报酬。劳动者已付出劳动的,用人单位应当向劳动者支付劳动报酬。劳动报酬的数额,参考用人单位同类岗位劳动者的劳动报酬确定;用人单位无同类岗位的,按照本单位上年职工平均工资确定。

(2)企业原因导致劳动合同无效的,劳动者有权解除劳动合同,并要求企业支付经济补偿金。

(3)劳动者原因导致劳动合同无效的,企业有权解除劳动合同,并无须支付经济补偿金。

(4)劳动合同被确认无效的,给对方造成损害的,有过错的一方应当承担赔偿责任。

(5)劳动合同被确认部分无效的,不影响其余部分的效力。

【参考依据】

《劳动法》

第十八条 下列劳动合同无效:

(一)违反法律、行政法规的劳动合同;

(二)采取欺诈、威胁等手段订立的劳动合同。

无效的劳动合同,从订立的时候起,就没有法律约束力。确认劳动合同部分无效的,如果不影响其余部分的效力,其余部分仍然有效。

劳动合同的无效,由劳动争议仲裁委员会或者人民法院确认。

《劳动合同法》

第二十六条 下列劳动合同无效或者部分无效:

(一)以欺诈、胁迫的手段或者乘人之危,使对方在违背真实意思的情况下订立或者变更劳动合同的;

(二)用人单位免除自己的法定责任、排除劳动者权利的;

(三)违反法律、行政法规强制性规定的。

对劳动合同的无效或者部分无效有争议的,由劳动争议仲裁机构或者人民法院确认。

第二十七条 劳动合同部分无效,不影响其他部分效力的,其他部分仍然有效。

第二十八条 劳动合同被确认无效,劳动者已付出劳动的,用人单位应当向劳动者支付劳动报酬。劳动报酬的数额,参照本单位相同或者相近岗位劳动者的劳动报酬确定。

第三十八条 用人单位有下列情形之一的,劳动者可以解除劳动合同:

……

（五）因本法第二十六条第一款规定的情形致使劳动合同无效的；

……

第三十九条 劳动者有下列情形之一的，用人单位可以解除劳动合同：

……

（五）因本法第二十六条第一款第一项规定的情形致使劳动合同无效的；

……

第四十六条 有下列情形之一的，用人单位应当向劳动者支付经济补偿：

（一）劳动者依照本法第三十八条规定解除劳动合同的；

……

第八十六条 劳动合同依照本法第二十六条规定被确认无效，给对方造成损害的，有过错的一方应当承担赔偿责任。

《最高人民法院关于审理劳动争议案件适用法律问题的解释（一）》

第四十一条 劳动合同被确认为无效，劳动者已付出劳动的，用人单位应当按照劳动合同法第二十八条、第四十六条、第四十七条的规定向劳动者支付劳动报酬和经济补偿。

由于用人单位原因订立无效劳动合同，给劳动者造成损害的，用人单位应当赔偿劳动者因合同无效所造成的经济损失。

5 劳动合同期限届满终止的，企业是否需要向劳动者支付经济补偿？

【律师解答】

用人单位与劳动者签订的固定期限劳动合同到期后，双方的劳动合同终止，原则上企业需要向劳动者支付经济补偿。经济补偿按劳动者在本单位工作的年限，每满 1 年支付 1 个月工资的标准向劳动者支付。6 个月以上不满 1 年的，按 1 年计算；不满 6 个月的，向劳动者支付半个月工资的经济补偿。劳动者月工资高于用人单位所在直辖市、设区的市级人民政府公布的本地区上年度职工月平均工资 3 倍的，向其支付经济补偿的标准按职工月平均工资 3 倍的数额支付，向其支付经济补偿的年限最高不超过 12 年。

例外情形下，企业维持或者提高劳动合同约定条件续订劳动合同而劳动者不同意续订的，企业无须支付经济补偿。

【参考依据】

《劳动合同法》

第四十四条 有下列情形之一的，劳动合同终止：

（一）劳动合同期满的。

……

第四十六条 有下列情形之一的，用人单位应当向劳动者支付经济补偿：

……

（五）除用人单位维持或者提高劳动合同约定条件续订劳动合同，劳动者不同意续订的情形外，依照本法第四十四条第一项规定终止固定期限劳动合同的；

……

第四十七条 经济补偿按劳动者在本单位工作的年限，每满一年支付一个月工资的标准向劳动者支付。六个月以上不满一年的，按一年计算；不满六个月的，向劳动者支付半个月工资的经济补偿。

劳动者月工资高于用人单位所在直辖市、设区的市级人民政府公布的本地区上年度职工月平均工资三倍的，向其支付经济补偿的标准按职工月平均工资三倍的数额支付，向其支付经济补偿的年限最高不超过十二年。

本条所称月工资是指劳动者在劳动合同解除或者终止前十二个月的平均工资。

6 哪些情形下企业单方调岗是合法的？

【律师解答】

当符合法律规定的如下情形时，企业单方调岗是合法的：

（1）双方口头调岗，实际履行已经超过1个月；

（2）双方已签署书面的变更协议，若劳动者并无证据证明该协议签订时企业存在欺诈胁迫的情形，则变更协议有效；

(3)企业因员工不能胜任工作岗位进行的调岗;

(4)企业因客观情况发生重大变化进行的调岗;

(5)企业对脱密期员工进行的调岗;

(6)企业对处于孕期、哺乳期内的员工进行调岗,前提是需要根据医疗机构的证明合理安排其工作;

(7)企业可以在劳动合同或规章制度中明确约定调岗的条件和情形,但是要注意不能违反法律规定和合理性原则;

(8)员工因工负伤、职业病等无法再回原岗位工作的,企业可以安排其从事其他工作。

【参考依据】

《劳动合同法》

第三十五条第一款 用人单位与劳动者协商一致,可以变更劳动合同约定的内容。变更劳动合同,应当采用书面形式。

第四十条 有下列情形之一的,用人单位提前三十日以书面形式通知劳动者本人或者额外支付劳动者一个月工资后,可以解除劳动合同:

(一)劳动者患病或者非因工负伤,在规定的医疗期满后不能从事原工作,也不能从事由用人单位另行安排的工作的;

(二)劳动者不能胜任工作,经过培训或者调整工作岗位,仍不能胜任工作的;

(三)劳动合同订立时所依据的客观情况发生重大变化,致使劳动合同无法履行,经用人单位与劳动者协商,未能就变更劳动合同内容达成协议的。

《最高人民法院关于审理劳动争议案件适用法律若干问题的解释(一)》

第四十三条 用人单位与劳动者协商一致变更劳动合同,虽未采用书面形式,但已经实际履行了口头变更的劳动合同超过一个月,变更后的劳动合同内容不违反法律、行政法规且不违背公序良俗,当事人以未采用书面形式为由主张劳动合同变更无效的,人民法院不予支持。

《劳动部关于企业职工流动若干问题的通知》

二、用人单位与掌握商业秘密的职工在劳动合同中约定保守商业秘密有关事项时,可以约定在劳动合同终止前或该职工提出解除劳动合同后的一定时间内(不超过六个月),调整其工作岗位,变更劳动合同中相关内容……

《女职工劳动保护特别规定》

第六条第一款 女职工在孕期不能适应原劳动的，用人单位应当根据医疗机构的证明，予以减轻劳动量或者安排其他能够适应的劳动。

7 如何证明劳动者"不能胜任工作"？

【律师解答】

"不能胜任工作"是指不能按要求完成劳动合同中约定的任务或者同工种、同岗位人员的工作量。用人单位不得故意提高定额标准，使劳动者无法完成。实务中判定劳动者能否胜任工作，应以企业经民主程序制定并向劳动者公示的评价标准为依据，综合、全面、客观地进行考虑。

首先，企业应通过劳动合同、岗位说明书、绩效考核标准以及其他规章制度等明确评价标准，若企业缺乏考核标准，则很难认定劳动者不能胜任工作。

其次，要考虑劳动者不胜任工作的原因。如果因劳动者个人能力、工作态度或其他不具备岗位所需的资质证件等导致其不能胜任工作，则企业可参照评价标准进行评判。如果因用人单位的原因或其他外界原因导致，就不能轻易认定该劳动者不胜任工作。

再次，判定劳动者不胜任工作时，需通过客观公正的考核程序，对劳动者的任职条件、工作表现、工作业绩进行全方位考核，并对照评价标准得出考核结果，及时告知劳动者。

最后，《劳动合同法》第40条间接规定了企业对于不能胜任工作的劳动者进行单方调岗的权利，但要注意规范调岗流程，完善规章制度及考评机制等。

【参考依据】

《劳动合同法》

第四十条 有下列情形之一的，用人单位提前三十日以书面形式通知劳动者本人或者额外支付劳动者一个月工资后，可以解除劳动合同：

……

（二）劳动者不能胜任工作，经过培训或者调整工作岗位，仍不能胜任工作的；

……

《劳动部办公厅关于印发关于〈劳动法〉若干条文的说明的通知》

第二十六条第三款　本条第(二)项中的“不能胜任工作”,是指不能按要求完成劳动合同中约定的任务或者同工种、同岗位人员的工作量。用人单位不得故意提高定额标准,使劳动者无法完成。

8　非全日制用工有哪些特殊规定?

【律师解答】

非全日制用工,是指以小时计酬为主,劳动者在同一用人单位一般平均每日工作时间不超过4小时,每周工作时间累计不超过24小时的用工形式。具体特殊规定如下:

(1)员工在同一单位每天工作时间不超过4小时,每周不超过24小时;

(2)企业可与员工订立口头协议;

(3)员工可与多个用人单位签订劳动合同;

(4)不得约定试用期;

(5)终止用工企业无须支付经济补偿金;

(6)工资结算支付周期不得超过15日;

(7)不得适用劳务派遣模式。

此外,对于非全日制员工,工伤保险是国家唯一强制用人单位为其缴纳的社会保险。而养老保险和医疗保险则由员工以个人身份参加。

【参考依据】

《劳动合同法》

第六十八条　非全日制用工,是指以小时计酬为主,劳动者在同一用人单位一般平均每日工作时间不超过四小时,每周工作时间累计不超过二十四小时的用工形式。

第六十九条　非全日制用工双方当事人可以订立口头协议。

从事非全日制用工的劳动者可以与一个或者一个以上用人单位订立劳动合

同;但是,后订立的劳动合同不得影响先订立的劳动合同的履行。

第七十条 非全日制用工双方当事人不得约定试用期。

第七十一条 非全日制用工双方当事人任何一方都可以随时通知对方终止用工。终止用工,用人单位不向劳动者支付经济补偿。

第七十二条 非全日制用工小时计酬标准不得低于用人单位所在地人民政府规定的最低小时工资标准。

非全日制用工劳动报酬结算支付周期最长不得超过十五日。

《社会保险法》

第十条第二款 无雇工的个体工商户、未在用人单位参加基本养老保险的非全日制从业人员以及其他灵活就业人员可以参加基本养老保险,由个人缴纳基本养老保险费。

第二十三条第二款 无雇工的个体工商户、未在用人单位参加职工基本医疗保险的非全日制从业人员以及其他灵活就业人员可以参加职工基本医疗保险,由个人按照国家规定缴纳基本医疗保险费。

《劳动合同法实施条例》

第三十条 劳务派遣单位不得以非全日制用工形式招用被派遣劳动者。

《劳动和社会保障部关于非全日制用工若干问题的意见》

11. 从事非全日制工作的劳动者可以以个人身份参加基本医疗保险,并按照待遇水平与缴费水平相挂钩的原则,享受相应的基本医疗保险待遇。参加基本医疗保险的具体办法由各地劳动保障部门研究制定。

12. 用人单位应当按照国家有关规定为建立劳动关系的非全日制劳动者缴纳工伤保险费。从事非全日制工作的劳动者发生工伤,依法享受工伤保险待遇;被鉴定为伤残5—10级的,经劳动者与用人单位协商一致,可以一次性结算伤残待遇及有关费用。

《实施〈中华人民共和国社会保险法〉若干规定》

第九条 职工(包括非全日制从业人员)在两个或者两个以上用人单位同时就业的,各用人单位应当分别为职工缴纳工伤保险费。职工发生工伤,由职工受到伤害时工作的单位依法承担工伤保险责任。

9 企业采取劳务派遣用工模式需要注意哪些事项?

【律师解答】

劳务派遣,是指由劳务派遣机构与派遣劳工订立劳动合同,把劳动者派向其他用工单位,再由其用工单位向派遣机构支付服务费用的一种用工形式。企业采取此用工模式应注意如下事项:

(1)劳务派遣单位应当与被派遣的劳动者订立2年以上的固定期限劳动合同;

(2)不得向劳动者收取费用;

(3)用工单位不得再次派遣;

(4)用工单位适用劳务派遣人员的岗位需符合临时性、辅助性或替代性的特征;

(5)被派遣劳动者数量不得超过用工单位用工总量的10%;

(6)企业不得自设劳务派遣单位;

(7)劳务派遣单位与同一被派遣劳动者只能约定一次试用期;

(8)被派遣劳动者享有与用工单位的劳动者同工同酬的权利。

【参考依据】

《劳动合同法》

第五十八条第二款 劳务派遣单位应当与被派遣劳动者订立二年以上的固定期限劳动合同,按月支付劳动报酬;被派遣劳动者在无工作期间,劳务派遣单位应当按照所在地人民政府规定的最低工资标准,向其按月支付报酬。

第六十条第三款 劳务派遣单位和用工单位不得向被派遣劳动者收取费用。

第六十二条第二款 用工单位不得将被派遣劳动者再派遣到其他用人单位。

第六十三条 被派遣劳动者享有与用工单位的劳动者同工同酬的权利。用工单位应当按照同工同酬原则,对被派遣劳动者与本单位同类岗位的劳动者实行相同的劳动报酬分配办法。用工单位无同类岗位劳动者的,参照用工单位所在地相同或者相近岗位劳动者的劳动报酬确定。

劳务派遣单位与被派遣劳动者订立的劳动合同和与用工单位订立的劳务派遣协议,载明或者约定的向被派遣劳动者支付的劳动报酬应当符合前款规定。

第六十六条 劳动合同用工是我国企业的基本用工形式。劳务派遣用工是补充形式，只能在临时性、辅助性或者替代性的工作岗位上实施。

前款规定的临时性工作岗位是指存续时间不超过六个月的岗位；辅助性工作岗位是指为主营业务岗位提供服务的非主营业务岗位；替代性工作岗位是指用工单位的劳动者因脱产学习、休假等原因无法工作的一定期间内，可以由其他劳动者替代工作的岗位。

用工单位应当严格控制劳务派遣用工数量，不得超过其用工总量的一定比例，具体比例由国务院劳动行政部门规定。

第六十七条 用人单位不得设立劳务派遣单位向本单位或者所属单位派遣劳动者。

《劳务派遣暂行规定》

第三条第一款 用工单位只能在临时性、辅助性或者替代性的工作岗位上使用被派遣劳动者。

第四条 用工单位应当严格控制劳务派遣用工数量，使用的被派遣劳动者数量不得超过其用工总量的10%。

前款所称用工总量是指用工单位订立劳动合同人数与使用的被派遣劳动者人数之和。

计算劳务派遣用工比例的用工单位是指依照劳动合同法和劳动合同法实施条例可以与劳动者订立劳动合同的用人单位。

第五条 劳务派遣单位应当依法与被派遣劳动者订立2年以上的固定期限书面劳动合同。

第六条 劳务派遣单位可以依法与被派遣劳动者约定试用期。劳务派遣单位与同一被派遣劳动者只能约定一次试用期。

10 劳务派遣用工模式下，用人单位可能面临哪些法律风险？

【律师解答】

用人单位使用劳务派遣员工的目的是减少用工成本和风险，但使用不当反而会增加用工成本和用工风险，主要体现在：

(1)如果劳务派遣公司缺乏派遣资质，易被认定为被派遣劳动者与用工单位之间已建立事实劳动关系。

(2)用工单位自设劳务派遣单位进行劳务派遣用工,该种情形易被直接认定用工单位与劳动者之间建立事实劳动关系。

(3)劳务派遣单位没有和被派遣劳动者签订书面劳动合同,或者劳动合同期满但在用工单位的派遣期限尚未到期(这种情况不属于法律规定的自动顺延情形),而劳动者和派遣单位又没有续签书面劳动合同的,易被认定为用工单位与劳动者之间已形成事实劳动关系。若被认定为事实劳动关系,用工单位需支付未签订书面劳动合同的双倍工资,并为劳动者缴纳社会保险;若超过 1 年未签订书面劳动合同则视为双方已签订无固定期限劳动合同。

(4)当企业在同一工作岗位上既有直接用工也有劳务派遣用工,由于两者在工资水平和福利待遇上存在差异,劳动者可据此起诉要求获得同工同酬的待遇。

(5)实践中,被派遣劳动者和单位(无论是用人单位或用工单位)发生争议的事项非专属于用人单位的,如支付加班工资、未休年休假工资,因劳动者实际提供劳动的对象为用工单位,考虑到对劳动者权利的保障,用工单位应当对上述事项与用人单位承担连带赔偿责任。

【参考依据】

《劳动合同法》

第六十三条 被派遣劳动者享有与用工单位的劳动者同工同酬的权利。用工单位应当按照同工同酬原则,对被派遣劳动者与本单位同类岗位的劳动者实行相同的劳动报酬分配办法。用工单位无同类岗位劳动者的,参照用工单位所在地相同或者相近岗位劳动者的劳动报酬确定。

第九十二条第二款 劳务派遣单位、用工单位违反本法有关劳务派遣规定的,由劳动行政部门责令限期改正;逾期不改正的,以每人五千元以上一万元以下的标准处以罚款,对劳务派遣单位,吊销其劳务派遣业务经营许可证。用工单位给被派遣劳动者造成损害的,劳务派遣单位与用工单位承担连带赔偿责任。

《广州市中级人民法院关于审理劳动人事争议案件若干问题的研讨会纪要》

29. 根据法律规定,劳务派遣单位作为用人单位,应承担缴纳社保、支付工资等责任,实际用工单位应承担支付加班工资、福利待遇等责任。在劳务派遣争议案件中,认定用人单位和用工单位承担连带责任应该有法律明确规定或约定作为依据,不宜一概适用连带责任。根据《中华人民共和国劳动合同法》第 92 条的规定，对于合法的劳务派遣，原则上对于属于用工单位的责任，用人单位承担连带责任；而属于用人单位自身的责任，用工单位不承担连带责任。

《广州市劳动人事争议仲裁委员会、广州市中级人民法院民事审判庭关于劳动争议案件座谈会的意见综述》

1、劳务派遣中，劳动者主张遭受损害的，劳务派遣单位与用工单位如何承担责任？

首先应由劳动者举证证明其确实遭受损害，按照《劳动合同法》第九十二条的规定，如劳动者的损害是由用工单位造成，劳务派遣单位与用工单位承担连带赔偿责任；如劳动者的损害是由劳务派遣单位造成，则由劳务派遣单位承担赔偿责任，用工单位无需承担连带赔偿责任。

2、对《劳动合同法》第六十二条未明确规定的劳动报酬类（如底薪、基本工资、全勤奖等）争议，是否由用工单位和劳务派遣单位承担连带赔偿责任？

为保障被派遣劳动者获得劳动报酬的权利，减少劳动者诉累，根据《劳动合同法》第六十二条、第九十二条的规定，对支付劳动报酬的争议，均由用工单位与劳务派遣单位承担连带责任。

3、被派遣劳动者依据《劳动合同法》第三十八条规定行使被迫解除权并要求支付经济补偿金的，用工单位是否与劳务派遣单位承担连带赔偿责任？

应严格区分劳务派遣单位和用工单位存在的过错情况，按照《劳动合同法》第九十二条的规定确定赔偿责任。

4、劳务派遣用工中涉及违反服务期、保密义务、竞业限制违约金，以及违反保密义务、竞业限制赔偿责任类争议，如何处理？

被派遣劳动者作为申请人申请劳动仲裁，如劳动者与劳务派遣单位签订相关协议，而用工单位对该争议存在过错的，应与劳务派遣单位承担连带责任；如劳动者与用工单位签订相关协议，根据《劳动合同法》第九十二条的规定，用工单位与劳务派遣单位承担连带责任。

《广州市劳动争议仲裁委员会、广州市中级人民法院关于劳动争议案件研讨会会议纪要》

35. 在劳务派遣中，劳动者不存在《劳动合同法》第六十五条第二款规定之情形，用工单位将劳动者退回劳务派遣单位的，劳务派遣单位应当按劳动合同约定支付相关劳动待遇。劳务派遣单位单方解除劳动关系的,应当承担违法解除劳动合同的法律责任,用工单位承担连带责任。

《深圳市中级人民法院关于审理劳动争议案件的裁判指引》

五十五、劳务派遣关系中,用工单位违反法定义务,造成劳动者损害的,由用工单位承担赔偿责任,劳务派遣单位承担连带责任。

《江苏省高级人民法院劳动争议案件审理指南》

第五节(劳动派遣纠纷的法律适用问题)

二、劳动派遣单位不具备《劳动合同法》第五十七条规定条件的,劳动派遣合同无效

《劳动合同法》第57条就劳务派遣机构的注册资本进行规定,要求不低于50万元。该规定是强制性规定,劳动派遣单位没有达到规定的设立条件而擅自从事劳动派遣业务的,属于非法用工,其与劳动者所签订的劳动派遣合同当属无效。基于无效的劳动合同,派遣单位应承担支付劳动报酬和赔偿劳动者损失的责任。损失的范围包括社保待遇、经济补偿等作为劳动者所应享有的待遇。并且劳动派遣单位和用工单位应承担连带赔偿责任。

四、劳务派遣单位或者用工单位给被派遣劳动者造成损害的责任承担

(1)劳务派遣单位和用工单位应当对劳动者承担连带责任。根据《劳动合同法》第92条和《劳动合同法实施条例》第35条的规定,不论是劳务派遣单位还是用工单位给被派遣劳动者造成损害的,劳务派遣单位和用工单位都应承担连带赔偿责任。但对于劳务派遣单位和用工单位之间的责任应当如何分配,在实务中应当区分情形处理:

(2)劳务派遣单位和用工单位的内部承担划分。劳务派遣单位和用工单位对侵害被派遣劳动者合法权益的责任区分应当按照双方约定划分,没有约定或约定不明的,按照“谁用工、谁受益、谁负责”的原则区分。已向劳动者承担责任的一方,如果依据合同约定应由另一方承担时可以向对方追偿。

(3)当被派遣劳动者在履行职务活动中实施了侵权行为对外造成损害时,劳务派遣单位与用工单位应如何分配责任。根据《侵权责任法》第34条第2款规定,劳务派遣期间,被派遣的工作人员因执行工作任务造成他人损害的,由接受劳务派遣的用工单位承担侵权责任;劳务派遣单位有过错的,承担相应的补充责任。

《上海市人力资源和社会保障局、上海市高级人民法院关于劳务派遣适用法律若干问题的会议纪要》

九、关于劳务派遣三方当事人权利义务纠纷的处理问题

劳务派遣涉及派遣单位、用工单位、劳动者三方当事人,派遣单位和用工单位对劳动者分别承担义务。劳动者与派遣单位或者用工单位发生劳动争议的,劳动争议处理机构应当按照《调解仲裁法》的规定,将派遣单位和用工单位作为共同当事人,并根据《劳动合同法》等相关法律规定分别确定派遣单位和用工单位的法律责任。用工单位给劳动者造成损害的,派遣单位与用工单位承担连带赔偿责任。

《浙江省高级人民法院民事审判第一庭浙江省劳动人事争议仲裁院关于审理劳动争议案件若干问题的解答(二)》

十八、劳务派遣用工关系中,劳务派遣单位损害劳动者权益的,用工单位是否要承担连带赔偿责任?

答:劳务派遣单位给劳动者造成损害的,除用工单位存在故意或者重大过失情形,原则上不承担连带赔偿责任。

第三章　薪酬福利与工时制度

1 企业按月按标准向员工发放的交通补贴、通信补贴、餐费补贴是工资还是福利费？

【律师解答】

依据相关规定，企业发生的按月按标准发放的交通补贴、午餐补贴、通信补贴，在会计或者税法上都纳入了职工工资总额，不纳入职工福利费。故企业按月按标准向员工发放的交通补贴、通讯补贴、餐费补贴的性质属于工资，而非福利费。

【参考依据】

《财政部关于企业加强职工福利费财务管理的通知》

二、企业为职工提供的交通、住房、通讯待遇，已经实行货币化改革的，按月按标准发放或支付的住房补贴、交通补贴或者车改补贴、通讯补贴，应当纳入职工工资总额，不再纳入职工福利费管理……企业给职工发放的节日补助、未统一供餐而按月发放的午餐费补贴，应当纳入工资总额管理。

《国家税务总局关于企业工资薪金和职工福利费等支出税前扣除问题的公告》

一、企业福利性补贴支出税前扣除问题

列入企业员工工资薪金制度、固定与工资薪金一起发放的福利性补贴，符合《国家税务总局关于企业工资薪金及职工福利费扣除问题的通知》(国税函〔2009〕3号)第一条规定的，可作为企业发生的工资薪金支出，按规定在税前扣除。

不能同时符合上述条件的福利性补贴，应作为国税函〔2009〕3号文件第三条规定的职工福利费，按规定计算限额税前扣除。

2 月工作日与月计薪天数如何计算?

【律师解答】

1. 制度工作时间的计算

年工作日:365 天 - 104 天(休息日) - 11 天(法定节假日) = 250 天

季工作日:250 天 ÷ 4 季 = 62.5 天/季

月工作日:250 天 ÷ 12 月 = 20.83 天/月

20.83 天是计算员工实际正常出勤工作的天数,实践中主要用于计算医疗期(病假)、制度工作时间等。

2. 日工资、小时工资的折算

日工资:月工资收入 ÷ 月计薪天数

小时工资:月工资收入 ÷ (月计薪天数 × 8 小时)。

月计薪天数 = (365 天 - 104 天) ÷ 12 月 = 21.75 天

月计薪天数主要为计算日工资,以此作为计算加班费等的依据。

【参考依据】

《劳动和社会保障部关于职工全年月平均工作时间和工资折算问题的通知》

一、制度工作时间的计算

年工作日:365 天 - 104 天(休息日) - 11 天(法定节假日) = 250 天

季工作日:250 天 ÷ 4 季 = 62.5 天/季

月工作日:250 天 ÷ 12 月 = 20.83 天/月

工作小时数的计算:以月、季、年的工作日乘以每日的 8 小时。

二、日工资、小时工资的折算

按照《劳动法》第五十一条的规定,法定节假日用人单位应当依法支付工资,即折算日工资、小时工资时不剔除国家规定的 11 天法定节假日。据此,日工资、小时工资的折算为:

日工资:月工资收入 ÷ 月计薪天数

小时工资:月工资收入 ÷ (月计薪天数 × 8 小时)。

月计薪天数 = (365 天 - 104 天) ÷ 12 月 = 21.75 天

3 企业单方规定“年休假逾期作废”会有哪些风险？

【律师解答】

一般只有在员工以积极明示的方式表示不休年休假的情况下才能视为员工作出了放弃年休假权利的意思表示。而“年休假逾期申请视作自动作废”的规定实质是将劳动者消极默示的行为（不申请年休假）作为其放弃年休假权利的意思表示，与法律规定不符。在企业未提供其他证据证明员工已作出放弃年休假的意思表示的情况下，应安排年休假或支付应休未休年休假补偿。若企业未安排员工补休或支付补偿，员工以“未足额支付劳动报酬”提出辞职，企业面临按工作年限向员工支付经济补偿金的风险。

建议企业在规章制度中细化年休假的相关规定，切忌笼统规定年休假逾期作废。

【参考依据】

《职工带薪年休假条例》

第五条 单位根据生产、工作的具体情况，并考虑职工本人意愿，统筹安排职工年休假。

年休假在1个年度内可以集中安排，也可以分段安排，一般不跨年度安排。单位因生产、工作特点确有必要跨年度安排职工年休假的，可以跨1个年度安排。

单位确因工作需要不能安排职工休年休假的，经职工本人同意，可以不安排职工休年休假。对职工应休未休的年休假天数，单位应当按照该职工日工资收入的300%支付年休假工资报酬。

《企业职工带薪年休假实施办法》

第十条 用人单位经职工同意不安排年休假或者安排职工年休假天数少于应休年休假天数，应当在本年度内对职工应休未休年休假天数，按照其日工资收入的300%支付未休年休假工资报酬，其中包含用人单位支付职工正常工作期间的工资收入。

用人单位安排职工休年休假，但是职工因本人原因且书面提出不休年休假的，用人单位可以只支付其正常工作期间的工资收入。

【参考案例】

韩某、中智阜新经济技术合作有限公司(以下简称中智公司)等劳动争议案

审理法院:辽宁省阜新市中级人民法院

案号:(2021)辽09民终1547号

裁判要旨:法院认为,韩某与中智公司签订劳动合同后,被派遣至大唐公司工作,大唐公司作为接受劳务派遣的用工单位,应依法承担给付劳动者劳动报酬、保障劳动者休息休假、提供与工作岗位相关的福利待遇等义务。韩某亦享有依法获得劳动报酬、休息休假、解除劳动合同等权利。大唐公司及中智公司未能提供充足证据证明保障了韩某带薪年休假的权利并向韩振龙支付了年休假工资报酬。据此,韩某有权解除劳动合同并获得相应经济补偿,亦有权请求支付相应的未休带薪年休假工资报酬。

4 哪些情形下企业有权单方要求员工服从加班安排?

【律师解答】

在原则上,企业不得强制员工加班。当出现紧急事件危害公共安全和公共利益时,企业有权单方要求员工服从加班安排。比如,(1)发生自然灾害、事故或者因其他原因,威胁劳动者生命健康和财产安全,需要紧急处理的;(2)生产设备、交通运输线路、公共设施发生故障,影响生产和公众利益,必须及时抢修的以及其他紧急事件。

【参考依据】

《劳动法》

第四十一条 用人单位由于生产经营需要,经与工会和劳动者协商后可以延长工作时间,一般每日不得超过一小时;因特殊原因需要延长工作时间的,在保障劳动者身体健康的条件下延长工作时间每日不得超过三小时,但是每月不得超过三十六小时。

5 企业未明确加班与值班之间的界限可能会面临哪些风险?

【律师解答】

加班一般是指企业基于生产经营需要,安排劳动者在原工作岗位延长工作时间或在节假日或休息日从事工作。值班则是指企业基于消防安全、节假日等非生产性工作的需要临时安排劳动者从事与本职工作无关的工作。

加班报酬标准法律有明确规定,但值班报酬标准法律并无规定,此时就需要企业在规章制度中予以明确,合理界定值班及报酬标准,避免混同加班与值班而产生诉累。

【参考依据】

《劳动法》

第四十四条 有下列情形之一的,用人单位应当按照下列标准支付高于劳动者正常工作时间工资的工资报酬:

(一)安排劳动者延长工作时间的,支付不低于工资的百分之一百五十的工资报酬;

(二)休息日安排劳动者工作又不能安排补休的,支付不低于工资的百分之二百的工资报酬;

(三)法定休假日安排劳动者工作的,支付不低于工资的百分之三百的工资报酬。

《工资支付暂行规定》

第十三条 用人单位在劳动者完成劳动定额或规定的工作任务后,根据实际需要安排劳动者在法定标准工作时间以外工作的,应按以下标准支付工资:

(一)用人单位依法安排劳动者在日法定标准工作时间以外延长工作时间的,按照不低于劳动合同规定的劳动者本人小时工资标准的150%支付劳动者工资;

(二)用人单位依法安排劳动者在休息日工作,而又不能安排补休的,按照不低于劳动合同规定的劳动者本人日或小时工资标准的200%支付劳动者工资;

(三)用人单位依法安排劳动者在法定休假节日工作的,按照不低于劳动合同规定的劳动者本人日或小时工资标准的300%支付劳动者工资。

实行计件工资的劳动者,在完成计件定额任务后,由用人单位安排延长工作时间的,应根据上述规定的原则,分别按照不低于其本人法定工作时间计件单价的150%、200%、300%支付其工资。

经劳动行政部门批准实行综合计算工时工作制的，其综合计算工作时间超过法定标准工作时间的部分，应视为延长工作时间，并应按本规定支付劳动者延长工作时间的工资。

实行不定时工时制度的劳动者，不执行上述规定。

6 企业实行综合计算工时制时应如何支付加班费？

【律师解答】

综合计算工时制，是指企业以周、月、季、年等为周期，综合计算工作时间的工时制。是否超出法定标准工时是以该周期内的平均日工作时间为标准进行衡量。实行综合计算工时制需经劳动行政部门的批准。

通常加班费在周期结束后与正常工资一并发放。若出现综合周期尚未结束，劳动合同已解除的情形，加班费何时支付，目前全国并无统一规定，但司法实践已有裁判规则，如江苏省规定以终止、解除时间作为结算周期的时间。

故企业实行综合工时制的，建议法定节假日的加班工资建议在次月工资结算日发放；而延时加班工资可在计算周期届满后再行计发；如中途解除劳动合同的，企业应按实结算。此外还要注意查询各地的特殊规定。

【参考依据】

《工资支付暂行规定》

第十三条第三款 经劳动行政部门批准实行综合计算工时工作制的，其综合计算工作时间超过法定标准工作时间的部分，应视为延长工作时间，并应按本规定支付劳动者延长工作时间的工资。

《劳动部关于企业实行不定时工作制和综合计算工时工作制的审批办法》

第五条 企业对符合下列条件之一的职工，可实行综合计算工时工作制，即分别以周、月、季、年等为周期，综合计算工作时间，但其平均日工作时间和平均周工作时间应与法定标准工作时间基本相同。

（一）交通、铁路、邮电、水运、航空、渔业等行业中因工作性质特殊，需连续作业的职工；

（二）地质及资源勘探、建筑、制盐、制糖、旅游等受季节和自然条件限制的行业的部分职工；

（三）其他适合实行综合计算工时工作制的职工。

《山西省劳动和社会保障厅关于加强对企业实行综合计算工时工作制和不定时工作制管理的通知》

四、实行综合计算工时工作制的企业，在综合计算周期内，安排职工每日连续工作时间不得超过11小时。职工在一个综合计算周期内实际工作时间超过法定标准工作时间的，企业应按照《劳动法》第四十四条第一款的规定支付延长工作时间的劳动报酬，其中法定休假日安排劳动者工作的，按《劳动法》第四十四条第三款的规定支付劳动者工资报酬。

……

《北京市企业实行综合计算工时工作制和不定时工作制办法》

第九条 实行综合计算工时工作制的职工，综合计算工作时间的计算周期不得超过本人劳动合同尚未履行的时间。如果企业与职工终止、解除劳动合同时，其综合计算工作时间的计算周期尚未结束的，对职工的实际工作时间超过法定标准工作时间的部分，企业应按《劳动法》第四十四条第二款的规定支付劳动报酬。

《江苏省劳动和社会保障厅关于加强对企业实行综合计算工时工作制和不定时工作制管理的通知》

四、实行综合计算工时工作制的企业，在综合计算周期内，每日连续工作时间不得超过11小时。劳动者在一个结算周期内实际工作时间超过法定标准工作时间的，超过部分应当按照《江苏省工资支付条例》第二十二条和第二十条的规定支付加班加点工资。

……

7 企业实行不定时工时制，员工以“在法定节假日工作”为由向企业主张支付加班费的诉求能否得到支持？

【律师解答】

不定时工时制指企业因生产特点、工作特殊需要采用弹性工作时间等适当的工作和休息方式，确保员工的休息休假以及工作任务的完成。此种工时制下，劳动者每个工作日均无上下班时间限制，故不存在延时加班和休息日加班的情形。

对于员工在法定节假日工作后向企业主张支付加班费的诉求能否得到支持，目前司法实践倾向为：此种工时制下的员工在法定节假日工作不视为加班。仅部分省市如深圳市，认为属于加班。故企业处理该问题时需要检索当地是否有特殊规定。

【参考依据】

《工资支付暂行规定》

第十三条 用人单位在劳动者完成劳动定额或规定的工作任务后，根据实际需要安排劳动者在法定标准工作时间以外工作的，应按以下标准支付工资：

（一）用人单位依法安排劳动者在日法定标准工作时间以外延长工作时间的，按照不低于劳动合同规定的劳动者本人小时工资标准的150%支付劳动者工资；

（二）用人单位依法安排劳动者在休息日工作，而又不能安排补休的，按照不低于劳动合同规定的劳动者本人日或小时工资标准的200%支付劳动者工资；

（三）用人单位依法安排劳动者在法定休假节日工作的，按照不低于劳动合同规定的劳动者本人日或小时工资标准的300%支付劳动者工资。

实行计件工资的劳动者，在完成计件定额任务后，由用人单位安排延长工作时间的，应根据上述规定的原则，分别按照不低于其本人法定工作时间计件单价的150%、200%、300%支付其工资。

经劳动行政部门批准实行综合计算工时工作制的，其综合计算工作时间超过法定标准工作时间的部分，应视为延长工作时间，并应按本规定支付劳动者延长工作时间的工资。

实行不定时工时制度的劳动者，不执行上述规定。

《辽宁省工资支付规定》

第二十一条 除实行不定时工作制的以外，用人单位安排劳动者在法定标准工作时间以外工作的，应当按照下列标准支付劳动者加班工资：

（一）延长工作时间的，按照不低于劳动者本人小时工资基数的150%支付；

（二）休息日工作不能安排同等时间补休的，按照不低于劳动者本人日工资基数或者小时工资基数的200%支付；

（三）法定节假日工作的，按照不低于劳动者本人日工资基数或者小时工资基数的 300% 支付。

《北京市工资支付规定》

第十四条 用人单位依法安排劳动者在标准工作时间以外工作的，应当按照下列标准支付劳动者加班工资：

（一）在日标准工作时间以外延长工作时间的，按照不低于小时工资基数的 150% 支付加班工资；

（二）在休息日工作的，应当安排其同等时间的补休，不能安排补休的，按照不低于日或者小时工资基数的 200% 支付加班工资；

（三）在法定休假日工作的，应当按照不低于日或者小时工资基数的 300% 支付加班工资。

第十七条 用人单位经批准实行不定时工作制度的，不适用本规定第十四条的规定。

8 如何确定加班工资的计算基数？

【律师解答】

加班工资的计算基数一般以劳动者在法定工时内提供正常劳动应得的工资为标准确定，具体有以下情形：

（1）用人单位与劳动者在劳动合同或者规章制度中约定加班费计算基数的，以该约定为准；若双方同时又约定以本市规定的最低工资标准或低于劳动合同约定的工资标准作为加班费计算基数，劳动者主张以劳动合同或者规章制度标准作为加班费计算基数的，一般予以支持。

（2）若实际发放的工资高于约定的工资，则视为双方变更了合同约定的工资标准，以实际发放的工资标准作为加班工资的计算基数；若实际发放的工资低于约定的工资，则需要证明双方变更了合同约定的工资标准，以实际发放的工资标准作为加班工资的计算基数；

（3）若劳动合同或规章制度未约定，则以每月实际发放的工资作为加班工资的计算基数。

注意：全国并无统一规定，具体适用时需要检索当地规定。

【参考依据】

《北京市高级人民法院、北京市劳动人事争议仲裁委员会关于审理劳动争议案件法律适用问题的解答》

22.如何确定劳动者加班费计算基数?

劳动者加班费计算基数,应当按照法定工作时间内劳动者提供正常劳动应得工资确定,劳动者每月加班费不计到下月加班费计算基数中。具体情况如下:

(1)用人单位与劳动者在劳动合同中约定了加班费计算基数的,以该约定为准;双方同时又约定以本市规定的最低工资标准或低于劳动合同约定的工资标准作为加班费计算基数,劳动者主张以劳动合同约定的工资标准作为加班费计算基数的,应予支持。

(2)劳动者正常提供劳动的情况下,双方实际发放的工资标准高于原约定工资标准的,可以视为双方变更了合同约定的工资标准,以实际发放的工资标准作为计算加班费的计算基数。实际发放的工资标准低于合同约定的工资标准,能够认定为双方变更了合同约定的工资标准的,以实际发放的工资标准作为计算加班费的计算基数。

(3)劳动合同没有明确约定工资数额,或者合同约定不明确时,应当以实际发放的工资作为计算基数。用人单位按月直接支付给职工的工资、奖金、津贴、补贴等都属于实际发放的工资,具体包括《国家统计局〈关于工资总额组成的规定〉若干具体范围的解释》中规定"工资总额"的几个组成部分。加班费计算基数应包括"基本工资岗位津贴"等所有工资项目。不能以"基本工资岗位工资"或"职务工资"单独一项作为计算基数。在以实际发放的工资作为加班费计算基数时,加班费(前月)、伙食补助等应当扣除,不能列入计算基数范围。国家相关部门对工资组成规定有调整的,按调整的规定执行。

(4)劳动者的当月奖金具有"劳动者正常工作时间工资报酬"性质的,属于工资组成部分。劳动者的当月工资与当月奖金发放日期不一致的,应将这两部分合计作为加班费计算基数。用人单位不按月、按季发放的奖金,根据实际情况判断可以不作为加班费计算基数。

……

《上海市高级人民法院关于审理劳动争议案件若干问题的解答(2010)》

二、关于加班工资计算基数如何确定的问题

我们认为,用人单位与劳动者对月工资有约定的,加班工资基数应按双方约定的正常工作时间的月工资来确定；如双方对月工资没有约定或约定不明的，应按《劳动合同法》第18条规定来确定正常工作时间的月工资，并以确定的工资数额作为加班工资的计算基数。

如按《劳动合同法》第18条规定仍无法确定正常工作时间工资数额的，对加班工资的基数，可按照劳动者实际获得的月收入扣除非常规性奖金、福利性、风险性等项目后的正常工作时间的月工资确定。

如工资系打包支付，或双方形式上约定的“正常工作时间工资”标准明显不合常理，或有证据可以证明用人单位恶意将本应计入正常工作时间工资的项目归入非常规性奖金、福利性、风险性等项目中，以达到减少正常工作时间工资数额计算目的的，可参考实际收入X70%的标准进行适当调整。

按上述原则确定的加班工资基数均不得低于本市月最低工资标准。

《重庆市劳动和社会保障局关于企业职工加班加点工资计算基数等有关问题的通知》

关于企业职工加班加点工资计算基数和婚假、丧假、探亲假、年休假期间的工资支付标准，劳动合同有约定的，从其约定；劳动合同没有约定的，按照集体合同约定的标准确定；用人单位与劳动者无约定的，按照该劳动者加班加点发生前或休假前12个月的平均工资确定，其中劳动者在该用人单位实际工作时间不满12个月的，按照实际月平均工资确定；用人单位与劳动者未约定工资支付标准，也未实际发放工资的，按该用人单位相同岗位人员同期平均工资确定。

《四川省高级人民法院民事审判第一庭关于审理劳动争议案件若干疑难问题的解答》

29.《劳动合同法》中规定的经济补偿金及二倍工资计算基数按照劳动者正常工作状态下十二个月的应得工资计算，即未扣除社会保险费、税费等之前的当月工资总额，但不应包括：(一)加班工资；(二)非常规性奖金、津补贴、福利。

35.用人单位与劳动者在劳动合同中约定了加班费计算基数的，从其约定；劳动合同没有约定的，按照集体合同约定的加班工资基数确定；劳动合同、集体合同均未约定的，按照本意见第29条确定。

依照前款确定的加班工资基数不得低于当地规定的最低工资标准。

9 最低工资标准提高，企业是否必须调整员工工资？

【律师解答】

不一定。只有以最低工资作为计算标准的工资才需要相应调整。主要有以下情形：

(1)劳动者在正常工作时间的工资不得低于本省人力资源和社会保障厅公布的最低工资标准。

(2)非全日制用工小时计酬标准不得低于用人单位所在地人民政府规定的最低小时工资标准。

(3)非劳动者原因造成单位停工、停产，在超过一个工资支付周期的，若劳动者提供了正常劳动，则企业向劳动者支付的劳动报酬不得低于当地的最低工资标准。

(4)劳动者给单位造成损失，单位依据劳动合同约定向其主张赔偿的，可在其工资中予以扣除，但扣除后的剩余工资不得低于当地最低工资标准。

(5)职工在患病或非因工负伤治疗期间，规定的医疗期间内企业按有关规定支付的病假工资或疾病救济费可以低于当地最低工资标准支付，但不能低于最低工资标准的80%。

【参考依据】

《劳动法》

第四十八条第二款 用人单位支付劳动者的工资不得低于当地最低工资标准。

《劳动合同法》

第七十二条第一款 非全日制用工小时计酬标准不得低于用人单位所在地人民政府规定的最低小时工资标准。

《工资支付暂行规定》

第十二条 非因劳动者原因造成单位停工、停产在一个工资支付周期内的，用人单位应按劳动合同规定的标准支付劳动者工资。超过一个工资支付周期的，若劳动者提供了正常劳动，则支付给劳动者的劳动报酬不得低于当地的最低工资标准；若劳动者没有提供正常劳动，应按国家有关规定办理。

第十六条 因劳动者本人原因给用人单位造成经济损失的，用人单位可按照劳动合同的约定要求其赔偿经济损失。经济损失的赔偿,可从劳动者本人的工资中扣除。但每月扣除的部分不得超过劳动者当月工资的20%。若扣除后的剩余工资部分低于当地月最低工资标准,则按最低工资标准支付。

《人力资源和社会保障部关于贯彻执行〈中华人民共和国劳动法〉若干问题的意见》

59、职工患病或非因工负伤治疗期间,在规定的医疗期间内由企业按有关规定支付其病假工资或疾病救济费,病假工资或疾病救济费可以低于当地最低工资标准支付,但不能低于最低工资标准的80%。

10 企业能否以购物卡等非货币形式向员工发放工资?

【律师解答】

不可以。企业不能以购物卡或其他商品形式代替应当向员工发放的工资,只能以货币形式支付工资。以购物卡或其他商品形式代替工资易被认定为未足额支付劳动报酬。

若企业拖欠或者未足额支付劳动报酬,劳动者有权向法院申请支付令;若企业未足额支付劳动报酬,劳动者有权解除劳动合同,并要求企业支付经济补偿金。

【参考依据】

《劳动法》

第五十条 工资应当以货币形式按月支付给劳动者本人。不得克扣或者无故拖欠劳动者的工资。

《关于贯彻执行〈中华人民共和国劳动法〉若干问题的意见》

53、劳动法中的“工资”是指用人单位依据国家有关规定或劳动合同的约定,以货币形式直接支付给本单位劳动者的劳动报酬,一般包括计时工资、计件工资、奖金、津贴和补贴、延长工作时间的工资报酬以及特殊情况下支付的工资等……

11 加班工资是否属于劳动报酬范围?

【律师解答】

劳动报酬是劳动者付出体力或脑力劳动所得的对价,体现的是劳动者创造的社会价值。劳动者的劳动报酬权有切实的内容,作为劳动者有权要求用人单位按劳动法规、集体合同和劳动合同的规定以货币形式支付各种工资收入。在我国,工资形式包括计时工资、计件工资、奖金、津贴和补贴、加班加点工资、特殊情况下的保障工资等。另外,《关于工资总额组成的规定》第4条明确加班加点工资包含在工资总额中。故笔者认为,加班费属于劳动报酬的范围。

但鉴于劳动案件的地域化特征,建议关注各地的裁判规则。比如,成都市部分劳动争议案件认定,加班费不属于劳动报酬的范围。

【参考依据】

《劳动法》

第四十四条 有下列情形之一的,用人单位应当按照下列标准支付高于劳动者正常工作时间工资的工资报酬:

(一)安排劳动者延长工作时间的,支付不低于工资的百分之一百五十的工资报酬;

(二)休息日安排劳动者工作又不能安排补休的,支付不低于工资的百分之二百的工资报酬;

(三)法定休假日安排劳动者工作的,支付不低于工资的百分之三百的工资报酬。

《劳动合同法》

第八十五条 用人单位有下列情形之一的,由劳动行政部门责令限期支付劳动报酬、加班费或者经济补偿;劳动报酬低于当地最低工资标准的,应当支付其差额部分;逾期不支付的,责令用人单位按应付金额百分之五十以上百分之一百以下的标准向劳动者加付赔偿金:

(一)未按照劳动合同的约定或者国家规定及时足额支付劳动者劳动报酬的;

(二)低于当地最低工资标准支付劳动者工资的;

(三)安排加班不支付加班费的;

（四）解除或者终止劳动合同，未依照本法规定向劳动者支付经济补偿的。

《国家统计局关于工资总额组成的规定》

第四条 工资总额由下列六个部分组成：

（一）计时工资；

（二）计件工资；

（三）奖金；

（四）津贴和补贴；

（五）加班加点工资；

（六）特殊情况下支付的工资。

《关于〈劳动法〉若干条文的说明》

第三条第三款 本条中的“劳动报酬”是指劳动者从用人单位得到的全部工资收入。

【参考案例】

1. 人力资源社会保障部、最高人民法院第二批劳动人事争议典型案例10

加班费的仲裁时效应当如何认定

裁判观点：加班费属于劳动报酬，相关争议处理中应当适用特别仲裁时效。

2. 王某、四川航天某某有限责任公司成都物业分公司、四川航天某某有限责任公司劳动争议、人事争议案

审理法院：四川省成都市中级人民法院

案号：(2019)川01民终147号

裁判要旨：根据《劳动合同法》第85条的规定，一般性的劳动报酬与加班费是并列的概念，一般性的劳动报酬未包含加班费，因此应当适用一年的仲裁时效。

12 女职工在产假期间是否同时享受产假工资与生育津贴？山西省关于生育津贴的支付是如何规定的？

【律师解答】

生育津贴是员工享受产假休假期间工资的替代，生育津贴与产假工资不重复享受。若生育津贴低于本人工资,差额部分一般由用人单位补足。

各省市情况可能存在差异,具体请参照当地的特殊规定。

例如,山西省相关规定如下:企业依法参加职工基本医疗保险并按时足额缴费的,女职工在产假期间可以享受98天的生育津贴,由生育保险基金支付,企业无须再支付产假工资。企业未依法参加职工基本医疗保险且按时足额缴费或连续缴费不满9个月的,生育津贴由用人单位支付。生育津贴高于本人工资标准的,全额计发;低于本人工资标准的,由用人单位补足。

生育津贴按照职工所在用人单位上年度职工月平均工资除以30天再乘以享受生育津贴产假休假天数计发。

【参考依据】

《社会保险法》

第五十四条第二款 生育保险待遇包括生育医疗费用和生育津贴。

第五十六条第一款 职工有下列情形之一的,可以按照国家规定享受生育津贴:

(一)女职工生育享受产假;

(二)享受计划生育手术休假;

(三)法律、法规规定的其他情形。

《女职工劳动保护特别规定》

第七条 女职工生育享受98天产假,其中产前可以休假15天;难产的,增加产假15天;生育多胞胎的,每多生育1个婴儿,增加产假15天。

女职工怀孕未满4个月流产的,享受15天产假;怀孕满4个月流产的,享受42天产假。

《山西省人民政府关于修改〈山西省城镇职工生育保险保险办法〉部分条款的通知》

第十条修改为:女职工在产假期间按以下标准享受生育津贴:

(一)女职工生育享受98天的生育津贴……

《山西省人民政府办公厅关于做好生育保险和职工基本医疗保险合并实施工作的通知》

三、规范生育保险待遇支付办法

(一)缩短生育保险待遇等待期

1. 用人单位参加职工基本医疗保险并按时足额缴费的,职工从参保次月起享受生育医疗费用待遇。连续足额缴费满 9 个月的,享受各项生育保险待遇。连续缴费不满 9 个月的,生育津贴由用人单位支付。

……

3. 生育津贴计发天数:(1)女职工生育享受 98 天的生育津贴。难产的,生育津贴增加 15 天;生育多胞胎的,每多生育一个婴儿,生育津贴增加 15 天……

《太原市职工生育保险实施细则》

第八条 参保职工享受生育保险待遇须具备下列条件:

分娩结束或妊娠终止时,用人单位已按规定为职工参加生育保险并履行连续缴费义务满 9 个月或参保女职工早产、用人单位为其连续缴纳生育保险费不足 9 个月,但用人单位在其怀孕前已为其参加生育保险并足额缴费的,参保职工可按规定享受生育保险待遇。已连续缴费满 3 个月不满 9 个月的,参保职工生育医疗费由生育保险基金按规定支付,生育津贴由用人单位支付……

第九条 ……生育津贴按照职工所在用人单位上年度职工月平均工资除以 30 天再乘以享受生育津贴产假休假天数计发,生育津贴高于本人工资标准的,全额计发;低于本人工资标准的,由用人单位补足……

第十条 女职工在产假期间按照以下标准享受生育津贴:

(一)女职工生育享受 98 天生育津贴;难产的,增加 15 天生育津贴;生育多胞胎的,每多生育 1 个婴儿,增加 15 天生育津贴。

(二)女职工怀孕未满 3 个月流产的,享受 15 天生育津贴;满 3 个月未满 4 个月流产的,享受 30 天生育津贴;满 4 个月未满 7 个月流产的,享受 42 天生育津贴;满 7 个月引产的,享受 98 天生育津贴。

13 企业在哪些情形下有权扣减工资?

【律师解答】

扣减工资属于两种类型:扣工资属于应发而不发,常见于因劳动者的过错给企业造成损失的情形;减工资属于不该发的工资不发,常见于员工请假、缺勤、代扣代缴社保及个税等情形。企业有权扣减工资的情形主要有:

(1)依据相关法律规定及生效的裁判文书,需要用人单位代扣代缴的;

(2)劳动者本人原因给企业造成损失,企业按照法律规定及合同约定从本人工资中扣除的;

(3)因劳动者本人请假等事由相应扣减工资的;

(4)依法制定并经职代会批准的厂规、厂纪明确规定的;

(5)工资总额与经济效益相关,当经济效益下降时减发工资的情形等。

【参考依据】

《工资支付暂行规定》

第十五条 用人单位不得克扣劳动者工资。有下列情况之一的,用人单位可以代扣劳动者工资:

(1)用人单位代扣代缴的个人所得税;

(2)用人单位代扣代缴的应由劳动者个人负担的各项社会保险费用;

(3)法院判决、裁定中要求代扣的抚养费、赡养费;

(4)法律、法规规定可以从劳动者工资中扣除的其他费用。

第十六条 因劳动者本人原因给用人单位造成经济损失的,用人单位可按照劳动合同的约定要求其赔偿经济损失。经济损失的赔偿,可从劳动者本人的工资中扣除。但每月扣除的部分不得超过劳动者当月工资的20%。若扣除后的剩余工资部分低于当地月最低工资标准,则按最低工资标准支付。

《对〈工资支付暂行规定〉有关问题的补充规定》

三、《规定》第十五条中所称"克扣"系指用人单位无正当理由扣减劳动者应得工资(即在劳动者已提供正常劳动的前提下用人单位按劳动合同规定的标准应当支付给劳动者的全部劳动报酬)。不包括以下减发工资的情况:(1)国家的法律、法规中有明确规定的;(2)依法签订的劳动合同中有明确规定的;(3)用人单位依法制定并经职代会批准的厂规、厂纪中有明确规定的;(4)企业工资总额与经济效益相联系,经济效益下浮时,工资必须下浮的(但支付给劳动者工资不得低于当地最低工资标准);(5)因劳动者请事假等相应减发工资等。

14 企业的工资支付记录应当保存多久?

【律师解答】

工资支付记录至少应当保存 2 年以上备查。但对于农民工的书面工资支付台账,至少保存 3 年。建议企业在保存工资支付记录时要注意特殊群体的特别保护。

【参考依据】

《工资支付暂行规定》

第六条第三款 用人单位必须书面记录支付劳动者工资的数额、时间、领取者的姓名以及签字,并保存两年以上备查。用人单位在支付工资时应向劳动者提供一份其个人的工资清单。

《保障农民工工资支付条例》

第十五条 用人单位应当按照工资支付周期编制书面工资支付台账,并至少保存 3 年。

书面工资支付台账应当包括用人单位名称,支付周期,支付日期,支付对象姓名、身份证号码、联系方式,工作时间,应发工资项目及数额,代扣、代缴、扣除项目和数额,实发工资数额,银行代发工资凭证或者农民工签字等内容。

用人单位向农民工支付工资时,应当提供农民工本人的工资清单。

15 哪些情形下劳动者可要求用人单位加付赔偿金?

【律师解答】

加付赔偿金是劳动行政部门对用人单位拖延或拒不支付劳动者工资、经济补偿的行政惩罚性赔偿措施。当用人单位存在以下情形时,由劳动行政部门责令用人单位限期支付劳动报酬、加班费或者经济补偿,逾期不付的按应付金额 50% 以上 100% 以下的标准向劳动者加付赔偿金。

(1)用人单位未按约定或规定及时足额支付劳动报酬的;

(2)用人单位支付劳动者的工资低于当地最低工资标准的;

(3)用人单位安排劳动者加班却不支付加班费的;

(4)解除或终止劳动合同时,用人单位未依法向劳动者支付经济补偿的。

【参考依据】

《劳动合同法》

第八十五条 用人单位有下列情形之一的,由劳动行政部门责令限期支付劳动报酬、加班费或者经济补偿;劳动报酬低于当地最低工资标准的,应当支付其差额部分;逾期不支付的,责令用人单位按应付金额百分之五十以上百分之一百以下的标准向劳动者加付赔偿金:

(一)未按照劳动合同的约定或者国家规定及时足额支付劳动者劳动报酬的;

(二)低于当地最低工资标准支付劳动者工资的;

(三)安排加班不支付加班费的;

(四)解除或者终止劳动合同,未依照本法规定向劳动者支付经济补偿的。

第四章　工 伤 管 理

1　员工入职不久发生工伤，企业有哪些风险？

【律师解答】

实践中，若遇到员工刚入职不久就发生工伤，此时企业还未来得及为其缴纳社保，员工以企业未缴纳社保为由主张赔偿，司法实践中一般会判决由企业承担工伤保险责任。对企业来讲，用工风险很高，付出的代价也很重。故提出如下减少损失的建议：

（1）入职前要求劳动者准备好参保需要的全部材料，保持入职时间与办理社保缴纳时间的一致性，尽量避免较长时间的“真空期”；

（2）社保缴纳“真空期”内为职工购买相应的商业险，如雇主责任险、人身意外伤害保险，若该期间职工发生伤害事故可以有效降低单位的损失；

（3）严格落实用人单位的安全责任，增强安全防范意识，最大限度地避免安全事故的发生。

【参考依据】

《社会保险法》

第五十八条第一款　用人单位应当自用工之日起三十日内为其职工向社会保险经办机构申请办理社会保险登记。未办理社会保险登记的，由社会保险经办机构核定其应当缴纳的社会保险费。

《工伤保险条例》

第四条第二款　用人单位和职工应当遵守有关安全生产和职业病防治的法律法规，执行安全卫生规程和标准，预防工伤事故发生，避免和减少职业病危害。

第六十二条第二款　依照本条例规定应当参加工伤保险而未参加工伤保险的

用人单位职工发生工伤的,由该用人单位按照本条例规定的工伤保险待遇项目和标准支付费用。

【参考案例】

无锡某某汽车配件有限公司与袁某、无锡市某某劳务派遣服务有限公司工伤保险待遇纠纷上诉案

审理法院:江苏省无锡市中级人民法院

案号:(2012)锡民终字第0662号

裁判要旨:由于实践中社会保险费用是按月缴纳,劳动者在与原用人单位离职的当月即入职新的用人单位,其社会保险由原用人单位缴纳至当月月末,致新用人单位无法为其缴纳,在此"真空期"内劳动者发生工伤,工伤保险基金不予理赔的情况下,劳动者的工伤保险待遇应由新用人单位承担。

2 员工在单位被打伤,能否被认定为工伤?企业应该如何防范?

【律师解答】

需根据实际情况区分。能否被认定为工伤,核心在于员工受伤的结果与因履行工作职责而受到暴力等意外伤害之间是否存在因果关系。如存在因果关系,则被打员工应认定为工伤,企业要承担工伤赔偿责任。为避免该类事件发生,提出如下建议:

(1)企业需要注意部门、团队之间的分工协作,建立完善的沟通协调机制,尽可能避免同事之间的矛盾升级、恶化;

(2)企业需完善规章制度,明确因员工的故意或重大过失给单位造成经济损失后,单位有权追偿。

【参考依据】

《民法典》

第一千一百九十一条 用人单位的工作人员因执行工作任务造成他人损害的,由用人单位承担侵权责任。用人单位承担侵权责任后,可以向有故意或者重大过失的工作人员追偿。

劳务派遣期间，被派遣的工作人员因执行工作任务造成他人损害的，由接受劳务派遣的用工单位承担侵权责任；劳务派遣单位有过错的，承担相应的责任。

《劳动合同法》

第三十九条 劳动者有下列情形之一的，用人单位可以解除劳动合同：

……

（二）严重违反用人单位的规章制度的；

……

《工伤保险条例》

第十四条 职工有下列情形之一的，应当认定为工伤：

……

（三）在工作时间和工作场所内，因履行工作职责受到暴力等意外伤害的；

……

3 员工申报工伤时，劳动行政部门能否未经劳动仲裁直接认定劳动关系？

【律师解答】

可以。劳动行政部门受理工伤认定申请后，根据审核需要可以对事故伤害进行调查核实。对双方之间是否存在劳动关系，不经劳动争议仲裁，劳动行政部门通过调查核实的相关证据也可认定。实践中，当员工提交工伤认定申请时，可能也会提交一些能够证明与企业之间存在劳动关系的证据。工伤认定部门不能一概苛求员工提交劳动合同等非常明显的证据，而是应该进行调查核实，结合员工提交的初步证据进行综合认定。当然，工伤认定部门也会向用人单位发送相应的《工伤认定限期举证通知书》，要求用人单位反馈其对工伤认定申请的意见和相关证据，并进行调查核实。

需要注意的是，如果社会保险行政部门受理工伤认定申请后，发现劳动关系存在争议且无法确认的，应告知当事人可以向劳动人事争议仲裁委员会申请仲裁。如果双方争议颇大，员工提交的证据也难以证明劳动关系，工伤认定部门应当中止工伤认定程序，告知申请人先行确认劳动关系。

【参考依据】

《劳动争议调解仲裁法》

第二条 中华人民共和国境内的用人单位与劳动者发生的下列劳动争议，适用本法：

（一）因确认劳动关系发生的争议；

……

第五十条 当事人对本法第四十七条规定以外的其他劳动争议案件的仲裁裁决不服的，可以自收到仲裁裁决书之日起十五日内向人民法院提起诉讼；期满不起诉的，裁决书发生法律效力。

《工伤保险条例》

第十九条 社会保险行政部门受理工伤认定申请后，根据审核需要可以对事故伤害进行调查核实，用人单位、职工、工会组织、医疗机构以及有关部门应当予以协助。职业病诊断和诊断争议的鉴定，依照职业病防治法的有关规定执行。对依法取得职业病诊断证明书或者职业病诊断鉴定书的，社会保险行政部门不再进行调查核实。

职工或者其近亲属认为是工伤，用人单位不认为是工伤的，由用人单位承担举证责任。

《最高人民法院行政审判庭关于劳动行政部门在工伤认定程序中是否具有劳动关系确认权请示的答复》

湖北省高级人民法院：

你院《关于劳动行政部门在工伤认定程序中是否具有劳动关系确认权的请示》收悉。经研究，答复如下：

根据《劳动法》第九条和《工伤保险条例》第五条、第十八条的规定，劳动行政部门在工伤认定程序中，具有认定受到伤害的职工与企业之间是否存在劳动关系的职权。

《人力资源和社会保障部关于执行〈工伤保险条例〉若干问题的意见》

五、社会保险行政部门受理工伤认定申请后，发现劳动关系存在争议且无法确认的，应告知当事人可以向劳动人事争议仲裁委员会申请仲裁……

【参考案例】

许某、海南益威药业贸易有限公司劳动和社会保障行政管理(劳动、社会保障)再审行政案

审理法院:最高人民法院

案号:(2020)最高法行再508号

裁判要旨:现行法律关于社保部门在行使该项职权时就双方间的劳动关系并未规定需先经仲裁裁决程序,故省社保中心在行政管理过程中对劳动关系予以直接确认,进而作出处理决定,属于其职权范围,并不违反法律规定。

4 退休返聘人员发生工伤,企业是否需要承担工伤保险责任?

【律师解答】

企业聘用退休人员,通常称为"退休返聘",即用人单位与已达到或超过法定退休年龄(有的已享受养老待遇)的人员签署书面协议,聘用其为企业提供劳务的一种状态。此类人员再就业,与用人单位之间建立的一般是劳务关系,用人单位无法为其缴纳社会社保。

当退休返聘人员发生伤害事故,并经所属的社会保险行政部门认定为工伤,尽管企业无法为其缴纳工伤保险,按照相关规定,企业仍应依法承担工伤保险责任。故为防范该类风险,建议如下:

(1)企业在招聘退休人员前严格审查其养老保险待遇享受情况、户籍情况等;

(2)企业与退休人员签署的协议中可以对医疗、身体伤害、报酬、工作内容、劳务报酬等权利义务进行明确约定;

(3)由于退休人员年龄偏高,在实际工作中发生意外的概率更高,企业需要给聘用的退休人员购买商业保险。

【参考依据】

《最高人民法院关于审理劳动争议案件适用法律问题的解释(一)》

第三十二条第一款 用人单位与其招用的已经依法享受养老保险待遇或者领取退休金的人员发生用工争议而提起诉讼的,人民法院应当按劳务关系处理。

《人力资源社会保障部关于执行〈工伤保险条例〉若干问题的意见(二)》

二、达到或超过法定退休年龄,但未办理退休手续或者未依法享受城镇职工基本养老保险待遇,继续在原用人单位工作期间受到事故伤害或患职业病的,用人单位依法承担工伤保险责任。

用人单位招用已经达到、超过法定退休年龄或已经领取城镇职工基本养老保险待遇的人员,在用工期间因工作原因受到事故伤害或患职业病的,如招用单位已按项目参保等方式为其缴纳工伤保险费的,应适用《工伤保险条例》。

第五章 专项培训服务与竞业限制

1 企业能否直接在劳动合同中与员工约定服务期？该期限与劳动合同期限有什么区别？

【律师解答】

服务期,是指用人单位和劳动者在劳动合同签订之时或劳动合同履行的过程之中,用人单位为劳动者支付了特别投资的前提下,劳动者同意为该用人单位工作一定期限的特别约定,是用人单位的投资回收期。一般情况下不能直接约定服务期,但当用人单位为劳动者提供专项培训费用,对其进行专业技术培训的,可以与该劳动者订立协议,约定服务期。

关于是否属于专业技术培训可以从以下四个方面进行界定:(1)是否签订专业技术培训协议;(2)是否针对少数人进行专业技术培训;(3)是否进行脱产培训学习;(4)是否需要用人单位支付高昂的培训费用。

劳动合同期限是劳动合同的必备条款,指用人单位与劳动者在劳动合同中约定的劳动合同履行期限。服务期是用人单位与劳动者另行约定的服务期限,可独立于劳动合同期限而适用。合同期与服务期性质是不同的,合同期是《劳动合同法》规定的劳动合同必备条款之一,具有鲜明的法定性,包括固定期限、无固定期限、以完成一定工作任务为期限,用人单位和劳动者应当选择劳动合同的期限;而服务期是当事人以劳动合同或者专门协议的形式特别约定的,带有任意性的特征。劳动合同期限的利益主要归属于劳动者,用人单位非法定理由不能随意解除劳动合同,而服务期的利益则完全归属于用人单位,劳动者在服务期内不能随意解约。

【参考依据】

《劳动合同法》

第二十二条 用人单位为劳动者提供专项培训费用,对其进行专业技术培训的,可以与该劳动者订立协议,约定服务期。

劳动者违反服务期约定的,应当按照约定向用人单位支付违约金。违约金的数额不得超过用人单位提供的培训费用。用人单位要求劳动者支付的违约金不得超过服务期尚未履行部分所应分摊的培训费用。

用人单位与劳动者约定服务期的,不影响按照正常的工资调整机制提高劳动者在服务期期间的劳动报酬。

【参考案例】

1. 刘某诉某公司劳动争议纠纷案

审理法院:湖北省宜昌市中级人民法院

案号:(2018)鄂05民终882号

裁判要旨:用人单位只有为劳动者提供了专业技术培训才能与劳动者约定服务期和违约金。用人单位如果仅对劳动者进行一般的职业培训则不能与劳动者约定服务期和违约金。在司法实践中应当仔细审查用人单位提供的培训是否属于专业技术培训,然后确认是否应当适用专项培训违约金。

2. 某公司、张某劳动争议再审案

审理法院:河北省高级人民法院

案号:(2018)冀民申1532号

裁判要旨:根据《劳动法》第68条“用人单位应当建立职业培训制度,按照国家规定提取和使用职业培训经费,根据本单位实际,有计划地对劳动者进行职业培训。从事技术工种的劳动者,上岗前必须经过培训”及《劳动合同法》第22条“用人单位为劳动者提供专项培训费用,对其进行专业技术培训的,可以与该劳动者订立协议,约定服务期”的规定,本案中,张某从事的岗位并非专业技术岗位,该培训的内容为职业培训,而非专业技术培训,原审据此不予支持民生保险河北分公司要求张某赔偿培训经费的主张,并无不当。

2 劳动合同先于培训服务期到期，劳动关系是否延续？

【律师解答】

培训服务协议约定的服务期与劳动合同期限属于不同的概念，服务期可以长于、等于或短于劳动合同期限。若双方约定的服务期长于劳动合同期限，劳动期限届满，劳动关系可以终止，但用人单位不得向劳动者追索服务期的赔偿责任；若用人单位继续提供工作岗位并要求劳动者履行服务期约定，双方当事人应当继续履行；继续履行合同期间，用人单位不提供工作岗位的，可视为企业放弃要求劳动者继续履行服务期的权利。

【参考依据】

《上海市高级人民法院关于适用〈劳动合同法〉若干问题的意见》

六、劳动合同期满而约定的服务期未到期的处理

服务期是用人单位以给付一定培训费用为代价，要求接受对价的劳动者为用人单位相应提供服务的约定。用人单位依约支付相应对价后，即已完全履行自己的合同义务，是否要求劳动者履行提供服务则成为用人单位的权利。基于民事权利都可以放弃的原则，在劳动合同期满后，用人单位放弃对剩余服务期要求的，应当准许。

此时，劳动合同可以终止，但用人单位不得向劳动者追索服务期的赔偿责任；用人单位继续提供工作岗位并要求劳动者履行服务期约定的，双方当事人应当继续履行。继续履行合同期间，用人单位不提供工作岗位的，视为其放弃对剩余服务期的要求，劳动合同终止。

【参考案例】

1. 周某诉某中心劳动合同纠纷

审理法院：上海市第一中级人民法院

案号：(2016)沪01民终8981号

裁判要旨：上海市第一中级人民法院二审判决认为，要求劳动者履行服务期义务是用人单位的权利，可以放弃。公共卫生中心因双方聘用合同于2015年4月30日到期、不再续订聘用合同，而终止与周某之间的聘用合同关系，依据充分。周某以其与公共卫生中心签订的聘用合同补充协议书中约定有10年服务期为由，主张双

方签订了10年的延期聘用合同,于法无据,法院不予采纳。

2. 北京市人力资源和社会保障局发布2016年劳动争议十大典型案例四

案例评析:服务期内劳动合同到期,用人单位可终止劳动合同。

用人单位提供专项费用并对劳动者进行专业技术培训,使劳动者通过提升技能而获益,这一做法的目的在于确保劳动者经培训后能够在相对较长时间内为用人单位提供更有价值的劳动,故《劳动合同法》第22条规定,用人单位为劳动者提供专项培训费用,对其进行专业技术培训的,可以与该劳动者订立协议,约定服务期。《劳动合同法实施条例》第17条规定,劳动合同期满,但是用人单位与劳动者依照《劳动合同法》第22条的规定约定的服务期尚未到期的,劳动合同应当续延至服务期满。该条规定是在劳动合同期满情况下对劳动者离职的限制性规定,是对用人单位期待利益的保护,故是否续延劳动合同至服务期届满是用人单位的权利而非义务。所以,刘某要求裁决公司属违法终止劳动合同,进而主张违法终止劳动合同赔偿金,系对于法律的误读。

3 员工支付违约金后继续违反竞业限制约定,企业能否再次主张违约金?

【律师解答】

可以。实践中,企业可以根据《劳动合同法》第23条、第24条的规定与单位的高级管理人员、高级技术人员和其他负有保密义务的人员签订竞业限制协议,约定员工离职后的竞业限制义务以及违约责任。对此有些员工会产生花钱买"自由"的想法,认为支付违约金后就无须再履行竞业限制义务;该想法是错误的。员工支付违约金后,双方签订的《竞业限制协议》仍然有效,员工仍需履行竞业限制义务,违反该义务,企业可依据协议约定向其主张违约金。

实践中需要注意,若员工已按协议约定顶格支付违约金,基于公平考虑,仲裁委、法院对于企业再次主张违约金的请求可能不予支持。

【参考依据】

《劳动合同法》

第二十三条 用人单位与劳动者可以在劳动合同中约定保守用人单位的商业秘密和与知识产权相关的保密事项。

对负有保密义务的劳动者,用人单位可以在劳动合同或者保密协议中与劳动者约定竞业限制条款,并约定在解除或者终止劳动合同后,在竞业限制期限内按月给予劳动者经济补偿。劳动者违反竞业限制约定的,应当按照约定向用人单位支付违约金。

第二十四条 竞业限制的人员限于用人单位的高级管理人员、高级技术人员和其他负有保密义务的人员。竞业限制的范围、地域、期限由用人单位与劳动者约定,竞业限制的约定不得违反法律、法规的规定。

在解除或者终止劳动合同后,前款规定的人员到与本单位生产或者经营同类产品、从事同类业务的有竞争关系的其他用人单位,或者自己开业生产或者经营同类产品、从事同类业务的竞业限制期限,不得超过二年。

《最高人民法院关于审理劳动争议案件适用法律问题的解释(一)》

第四十条 劳动者违反竞业限制约定,向用人单位支付违约金后,用人单位要求劳动者按照约定继续履行竞业限制义务的,人民法院应予支持。

第六章　规章制度适用

1　子公司是否可以直接适用母公司的用工管理制度?

【律师解答】

不可直接适用。子公司系独立的法人,独立承担民事责任,对其聘用的劳动者拥有用工管理权,母公司的用工管理制度并不当然对子公司的员工适用。只有经过民主程序写入子公司规章制度中,才可作为子公司的制度依据。

【参考依据】

《公司法》

第十四条第二款　公司可以设立子公司,子公司具有法人资格,依法独立承担民事责任。

《劳动合同法》

第四条第二款　用人单位在制定、修改或者决定有关劳动报酬、工作时间、休息休假、劳动安全卫生、保险福利、职工培训、劳动纪律以及劳动定额管理等直接涉及劳动者切身利益的规章制度或者重大事项时,应当经职工代表大会或者全体职工讨论,提出方案和意见,与工会或者职工代表平等协商确定。

【参考案例】

某公司与刘某劳动争议纠纷案

审理法院:福建省福州市中级人民法院

案号:(2018)闽01民终1042号

裁判要旨:规章制度作为劳动关系管理工具,应当严格按照《劳动合同法》及有关民主程序规范要求,规章制度仅适用于用人单位和劳动者之间,用人单位的上级单位、关联单位的规章制度未履行民主程序的规定则不能适用于劳动者。

2 分公司的员工能否直接适用总公司的劳动用工制度？

【律师解答】

总公司的规章制度已经过民主程序（职工代表大会），且将该规章制度向分公司员工公示，则分公司可以直接适用总公司的规章制度。

参考司法实践案例，规章制度能否被适用核心在于该制度是否经过民主程序制定并向员工公示。故提出如下建议：

（1）作为分公司，建议单独制定规章制度或员工手册，并履行民主程序，向劳动者公示。

（2）总公司下设多家分公司的，出于规章制度适用统一性的考虑，建议分公司在与劳动者签订劳动合同时将总公司的相关规章制度作为合同附件，或向劳动者履行公示程序，亦可在分公司制定的规章制度中添加一条“本公司规章制度未约定的事宜，适用总公司的制度或文件规定”。

（3）建议公司定期或不定期对劳动者进行各类规章制度的培训及考试等。

【参考依据】

《最高人民法院关于审理劳动争议案件适用法律问题的解释（一）》

第五十条第一款 用人单位根据劳动合同法第四条规定，通过民主程序制定的规章制度，不违反国家法律、行政法规及政策规定，并已向劳动者公示的，可以作为确定双方权利义务的依据。

【参考案例】

1. 某公司南京分公司与唐某经济补偿金、追索劳动报酬二审民事判决书

审理法院：江苏省南京市中级人民法院

案号：（2016）苏01民终3711号

裁判要旨：关于唐某认为员工手册系由上海某集团公司制定，对其不适用的问题。上海某集团南京分公司作为分公司适用总公司的规章制度，并不违反法律法规禁止性规定，故法院对唐某该意见不予采纳。

2. 白某与平某公司大连分公司劳动合同纠纷二审民事判决书

审理法院：辽宁省大连市中级人民法院

案号：（2017）辽02民终9102号

裁判要旨：总公司的规章制度已经过民主程序（职工代表大会），且将该规章制度向分公司员工公示，则分公司可以直接适用总公司的规章制度。

3. 某公司大连分公司、张某劳动争议二审民事判决书

审理法院：辽宁省大连市中级人民法院

案号：（2019）辽02民终4151号

裁判要旨：分公司作为用人单位应举证证明《分公司员工手册》通过民主程序制定并已向劳动者公示。分公司所提交的工会会议纪要记载的是总公司工会对于2007年版《员工手册》的审议通过程序，不能直接证明其审议通过的2007年版《员工手册》与案涉《分公司员工手册》2017年版一致以及该员工手册业经分公司的民主程序制定、公示告知，故分公司上诉主张其所依据的规章制度合法有效并对劳动者具有约束力没有事实依据，法院不予采纳。

3 企业规章制度与劳动合同内容发生冲突后该如何适用？

【律师解答】

劳动者享有选择权，请求优先适用合同约定的，法院应予支持。故建议企业规章制度与劳动合同约定的内容不一致时，及时签订补充协议，确定统一的适用规则。

【参考依据】

《最高人民法院关于审理劳动争议案件适用法律问题的解释（一）》

第五十条 用人单位根据劳动合同法第四条规定，通过民主程序制定的规章制度，不违反国家法律、行政法规及政策规定，并已向劳动者公示的，可以作为确定双方权利义务的依据。

用人单位制定的内部规章制度与集体合同或者劳动合同约定的内容不一致，劳动者请求优先适用合同约定的，人民法院应予支持。

4 企业规定“员工旷工一天扣三天工资”并按此执行可能面临哪些法律风险？

【律师解答】

司法实践中，企业在规章制度中规定“旷工一天扣三天工资”有违公平原则，仲裁委、法院一般不予支持。若企业按上述规定执行，则会面临如下法律风险：

（1）员工解除劳动合同时有权要求企业支付经济补偿金。在企业按“旷工一天扣三天工资”的规定实际扣除员工相应工资后，该员工以企业存在克扣工资行为及规章制度违反法律、法规的规定损害劳动者权益为由提出“被迫”解除劳动合同的，企业将面临向员工支付解除劳动合同的经济补偿金的法律风险。

（2）行政处罚（部分省市有相关规定，可作为参考）。人力资源社会保障行政部门责令改正，给予警告。用人单位对劳动者实施罚款或者没有法律、法规依据扣减劳动者工资的，由人力资源社会保障行政部门责令限期改正；逾期未改正的，按照被罚款或者扣减工资的人数每人2000元以上、5000元以下的标准处以罚款。

【参考依据】

《劳动合同法》

第三十八条 用人单位有下列情形之一的，劳动者可以解除劳动合同：

……

（二）未及时足额支付劳动报酬的；

……

（四）用人单位的规章制度违反法律、法规的规定，损害劳动者权益的；

……

第四十六条 有下列情形之一的，用人单位应当向劳动者支付经济补偿：

（一）劳动者依照本法第三十八条规定解除劳动合同的；

……

《劳动保障监察条例》

第二十六条 用人单位有下列行为之一的，由劳动保障行政部门分别责令限期支付劳动者的工资报酬、劳动者工资低于当地最低工资标准的差额或者解除劳动合同的经济补偿；逾期不支付的，责令用人单位按照应付金额50%以上1倍以下的标准计算，向劳动者加付赔偿金：

（一）克扣或者无故拖欠劳动者工资报酬的；

（二）支付劳动者的工资低于当地最低工资标准的；

（三）解除劳动合同未依法给予劳动者经济补偿的。

《广东省劳动保障监察条例》

第五十条 用人单位的规章制度规定了罚款内容，或者其扣减工资的规定没有法律、法规依据的，由人力资源社会保障行政部门责令改正，给予警告。

用人单位对劳动者实施罚款或者没有法律、法规依据扣减劳动者工资的，由人力资源社会保障行政部门责令限期改正；逾期未改正的，按照被罚款或者扣减工资的人数每人二千元以上五千元以下的标准处以罚款。

【参考案例】

1. 某公司诉李某劳动合同纠纷一案二审民事判决书

审理法院：上海市第一中级人民法院

案号：（2016）沪01民终4887号

裁判要旨：劳动者获得的工资报酬是劳动者所付出劳动的对价，企业制定的《员工手册》中关于旷工一天扣三天工资的规定有违公平原则，故法院不作为处理本案的依据。员工有4个工作日未进行考勤，故应扣除该四日的相应工资，企业认为应按3倍扣12日工资的主张法院不予采纳。

2. 某公司与杨某劳动合同纠纷案

审理法院：东莞市中级人民法院

案号：（2014）东中法民五终字第1508号

裁判要旨：企业主张每旷工一天扣三天工资，于法无据，法院不予支持。

3. 上诉人某公司与被上诉人庆某劳动合同纠纷案

审理法院：南京市中级人民法院

案号：（2016）苏01民终1652号

裁判要旨：企业主张按照其考勤制度旷工一天需扣三天工资，于法无据，法院不予支持。

第七章　离职与劳动争议

1　企业以员工达到退休年龄为由终止劳动合同，是否需要支付经济补偿金？

【律师解答】

《劳动合同法实施条例》第21条规定："劳动者达到法定退休年龄的，劳动合同终止。"依据该规定，员工达到法定退休年龄后丧失签订劳动合同的主体资格。《劳动合同法》第46条明确规定支付经济补偿金的情形，劳动者达到退休年龄导致劳动合同终止并不属于上述情形，企业无须支付经济补偿金。

但是需要注意劳动合同期限内员工达到退休年龄（尤其是无法享受基本养老保险待遇的人员）的情形；对此情形，部分法院认为：劳动合同期内员工超过法定退休年龄，劳动合同不应自动终止。劳动者是否达到法定退休年龄应属用人单位稍加注意即可发现的问题。用人单位在签订劳动合同后又以员工达到退休年龄为由而终止劳动合同，属于违法解除劳动关系，应当支付经济补偿金。故建议如下：

第一，企业与员工新签或续签固定期限劳动合同的，需要注意员工的年龄。若员工的年龄距离法定退休年龄的年限较短时，建议不要将劳动合同的终止期限规定在该员工达法定退休年龄日之后。

第二，员工达到法定退休年龄的，企业要及时为其办理相关退休手续，并依法送达《终止劳动合同通知书》，让员工签署，注意留存证据。

第三，若员工达到退休年龄，劳动合同期限尚未届满，且无法办理退休手续的，建议企业继续按照签订的劳动合同履行。

第四，检索本地的特殊规定及裁判案例进行综合分析认定。

【参考依据】

《劳动合同法》

第三十六条　用人单位与劳动者协商一致,可以解除劳动合同。

第三十八条　用人单位有下列情形之一的,劳动者可以解除劳动合同:

(一)未按照劳动合同约定提供劳动保护或者劳动条件的;

(二)未及时足额支付劳动报酬的;

(三)未依法为劳动者缴纳社会保险费的;

(四)用人单位的规章制度违反法律、法规的规定,损害劳动者权益的;

(五)因本法第二十六条第一款规定的情形致使劳动合同无效的;

(六)法律、行政法规规定劳动者可以解除劳动合同的其他情形。

用人单位以暴力、威胁或者非法限制人身自由的手段强迫劳动者劳动的,或者用人单位违章指挥、强令冒险作业危及劳动者人身安全的,劳动者可以立即解除劳动合同,不需事先告知用人单位。

第四十条　有下列情形之一的,用人单位提前三十日以书面形式通知劳动者本人或者额外支付劳动者一个月工资后,可以解除劳动合同:

(一)劳动者患病或者非因工负伤,在规定的医疗期满后不能从事原工作,也不能从事由用人单位另行安排的工作的;

(二)劳动者不能胜任工作,经过培训或者调整工作岗位,仍不能胜任工作的;

(三)劳动合同订立时所依据的客观情况发生重大变化,致使劳动合同无法履行,经用人单位与劳动者协商,未能就变更劳动合同内容达成协议的。

第四十一条　有下列情形之一,需要裁减人员二十人以上或者裁减不足二十人但占企业职工总数百分之十以上的,用人单位提前三十日向工会或者全体职工说明情况,听取工会或者职工的意见后,裁减人员方案经向劳动行政部门报告,可以裁减人员:

(一)依照企业破产法规定进行重整的;

……

第四十四条　有下列情形之一的,劳动合同终止:

(一)劳动合同期满的;

……

(四)用人单位被依法宣告破产的;

（五）用人单位被吊销营业执照、责令关闭、撤销或者用人单位决定提前解散的；

……

第四十六条　有下列情形之一的，用人单位应当向劳动者支付经济补偿：

（一）劳动者依照本法第三十八条规定解除劳动合同的；

（二）用人单位依照本法第三十六条规定向劳动者提出解除劳动合同并与劳动者协商一致解除劳动合同的；

（三）用人单位依照本法第四十条规定解除劳动合同的；

（四）用人单位依照本法第四十一条第一款规定解除劳动合同的；

（五）除用人单位维持或者提高劳动合同约定条件续订劳动合同，劳动者不同意续订的情形外，依照本法第四十四条第一项规定终止固定期限劳动合同的；

（六）依照本法第四十四条第四项、第五项规定终止劳动合同的；

（七）法律、行政法规规定的其他情形。

《劳动合同法实施条例》

第二十一条　劳动者达到法定退休年龄的，劳动合同终止。

【参考案例】

1. 赵某与某公司劳动争议申诉、申请民事裁定书

审理法院：江苏省高级人民法院

案号：（2018）苏民申 5600 号

裁判要旨：员工在达到企业职工法定退休年龄后，与公司的劳动合同依法自动终止。该员工退休后在公司继续工作，与公司之间形成特殊劳动关系，公司可以随时解除双方劳动关系且无须支付经济补偿金。

2. 王某、某公司劳动争议再审审查与审判监督民事裁定书

审理法院：四川省高级人民法院

案号：（2018）川民申 4101 号

裁判要旨：本案中，王某于 2017 年 5 月 11 日年满 50 周岁，已达到法定退休年龄。某公司于 2017 年 6 月 8 日作出《通知》载明“产业园项目环境维护员王某 2017 年 5 月 11 日年满 50 岁，且劳动合同到期。公司决定将不与王某建立劳务关系。现通知王某于 2017 年 6 月 12 日前办理离职手续，若逾期未办理，由此带来的法律后果将由王某自行负担”。2017 年 6 月 10 日，某公司将上述《通知》邮寄给王某所留住址成都市青羊区。2017 年 6 月 12 日下午，某公司将上述通知内容告知王某，并对现场谈话进行了录音。据此证明,某公司终止与王某的劳动合同,系因王某到法定退休年龄。虽然双方的劳动合同期满之日也是王某到达法定退休年龄之日,但某公司依据法律法规的规定终止双方劳动合同,不属于法定的支付解除劳动合同经济补偿金的情形。因此,二审判决适用法律并无不当,王某再审申请理由不能成立。

3. 吕某诉某公司劳动争议案

审理法院:山西省临汾市中级人民法院

案号:(2017)晋10民终556号

裁判要旨:与用人单位签订劳动合同的劳动者,在合同期内超过法定退休年龄,劳动合同不应自动终止。用人单位拖欠劳动者工资,劳动者据此主张解除合同并要求经济补偿的,根据《劳动合同法》第38条、第46条的规定应当得到支持。

4. 殷某、威海英特曼家居有限公司(以下简称英特曼家居)劳动争议案

审理法院:山东省威海市中级人民法院

案号:(2019)鲁10民终3326号

裁判要旨:英特曼家居以殷某达到法定退休年龄为由,合同期限未届满即作出终止双方劳动关系的决定,而劳动者是否达到法定退休年龄应属单位稍加注意即可发现的问题,单位在签订劳动合同后又以达到退休年龄为由而终止劳动合同,该行为并不符合法定劳动合同的解除条件,应认定为违法解除劳动关系,殷某要求其支付赔偿金的请求应予支持。

5. A公司、L经济补偿金纠纷再审民事判决书

审理法院:山东省高级人民法院

案号:(2021)鲁民再43号

裁判要旨:法院再审认为,本案争议的焦点问题是A公司应否支付L终止劳动合同关系的经济补偿金10,776.42元。虽然《劳动合同法实施条例》第21条规定"达到法定退休年龄的劳动合同终止",A公司也据此向L下达了终止劳动合同关系的通知。但《劳动合同法》第44条规定"有下列情形之一的劳动合同终止:……(二)劳动者开始享受基本养老保险待遇的劳动合同终止……";《劳动法》第73条第1款规定,"劳动者在下列情形下依法享受社会保险待遇:(一)退休……"因此,《劳动合同法》《劳动合同法实施条例》中关于达到退休年龄劳动合同终止的规定是基于一般情况下劳动者达到退休年龄且退休后可以享受基本养老保险。本案中对于L的法定退休年龄,A公司在签订劳动合同时是明知的,其与L签订的劳动合同的终止时间也已超过了法定退休年龄;而《劳动合同法实施条例》虽然赋予了用人单位在劳动者达到法定退休年龄时对劳动关系的终止权,但法律并未规定劳动关系中劳动者一方的年龄不得高于法定退休年龄,也未规定用人单位在享有终止劳动关系权利时无须支付经济补偿金;经济补偿金的支付与用人单位是否具有过错并无必然联系,对劳动者虽达到退休年龄但尚不能享受养老保险的,用人单位即使有权与其终止劳动关系,也应支付劳动者经济补偿金,以保障劳动者的及基本权益,因此,原审判决A公司支付L经济补偿金适用法律并无不当。

2 员工在医疗期内达到退休年龄,企业能否终止劳动合同?

【律师解答】

对于医疗期内的员工,企业不得以该员工不能胜任工作、劳动合同客观情况发生重大变化、裁员等理由解除劳动合同。合同期限届满的本应依法予以续延,但员工达到退休年龄的情形,既不属于依法延续合同期限也不属于法定不得解除。故企业可以医疗期员工达到法定退休年龄为由依法与其终止劳动合同。

【参考依据】

《劳动合同法》

第四十条 有下列情形之一的,用人单位提前三十日以书面形式通知劳动者本人或者额外支付劳动者一个月工资后,可以解除劳动合同:

(一)劳动者患病或者非因工负伤,在规定的医疗期满后不能从事原工作,也不能从事由用人单位另行安排的工作的;

(二)劳动者不能胜任工作,经过培训或者调整工作岗位,仍不能胜任工作的;

(三)劳动合同订立时所依据的客观情况发生重大变化,致使劳动合同无法履行,经用人单位与劳动者协商,未能就变更劳动合同内容达成协议的。

第四十二条 劳动者有下列情形之一的,用人单位不得依照本法第四十条、第四十一条的规定解除劳动合同:

(一)从事接触职业病危害作业的劳动者未进行离岗前职业健康检查,或者疑似职业病病人在诊断或者医学观察期间的；

（二）在本单位患职业病或者因工负伤并被确认丧失或者部分丧失劳动能力的；

（三）患病或者非因工负伤，在规定的医疗期内的；

第四十五条 劳动合同期满，有本法第四十二条规定情形之一的，劳动合同应当续延至相应的情形消失时终止。但是，本法第四十二条第二项规定丧失或者部分丧失劳动能力劳动者的劳动合同的终止，按照国家有关工伤保险的规定执行。

《劳动合同法实施条例》

第二十一条 劳动者达到法定退休年龄的，劳动合同终止。

【参考案例】

姜某与某公司劳动争议申诉、申请民事裁定书

审理法院：江苏省高级人民法院

案号：（2019）苏民申 2670 号

裁判要旨：《劳动合同法》第 42 条规定的是用人单位不得以无过失性辞退或经济性裁员的方式解除劳动合同的法定情形。《劳动合同法》第 45 条规定的是劳动合同期满，而有关情形并未消失时，劳动关系应当延续至该情形消失时终止。本案中，企业与员工签订的是无固定期限的劳动合同，不存在《劳动合同法》第 45 条规定的“劳动合同期满”的情形。企业亦未解除与员工之间的劳动合同。本案双方之间劳动合同的终止，系因为劳动合同履行过程中出现了《劳动合同法实施条例》第 21 条规定的“劳动者达到法定退休年龄的，劳动合同终止”的法定事由，本案亦不适用《劳动合同法》第 42 条的规定。故员工关于其与企业的劳动关系应当顺延至医疗期满的主张不能成立。企业不存在违法解除或终止员工劳动合同的情形，无须向员工支付赔偿金。原审判决并无不当，二审法院依法予以支持。

3 企业能否与“三期”（孕期、产期、哺乳期）女职工解除劳动关系？

【律师解答】

原则上，依据《劳动合同法》第 42 条的规定，女职工在“三期”内的，企业不得解除劳动合同,但该条款的前提是企业不得以非过错性理由或经济性裁员为由解除劳动合同。在员工有过错的情形下,企业可依据《劳动合同法》第 39 条的规定解除劳动关系。具体情形如下:

(1)员工在试用期间被证明不符合录用条件的;

(2)员工严重违反用人单位的规章制度的;

(3)员工严重失职,营私舞弊,给用人单位造成重大损害的;

(4)员工同时与其他用人单位建立劳动关系,对完成本单位的工作任务造成严重影响,或者经用人单位提出,拒不改正的;

(5)因员工的过错致使劳动合同无效的;

(6)员工被依法追究刑事责任的。

【参考依据】

《劳动合同法》

第二十六条　下列劳动合同无效或者部分无效:

(一)以欺诈、胁迫的手段或者乘人之危,使对方在违背真实意思的情况下订立或者变更劳动合同的;

……

第三十九条　劳动者有下列情形之一的,用人单位可以解除劳动合同:

(一)在试用期间被证明不符合录用条件的;

(二)严重违反用人单位的规章制度的;

(三)严重失职,营私舞弊,给用人单位造成重大损害的;

(四)劳动者同时与其他用人单位建立劳动关系,对完成本单位的工作任务造成严重影响,或者经用人单位提出,拒不改正的;

(五)因本法第二十六条第一款第一项规定的情形致使劳动合同无效的;

(六)被依法追究刑事责任的。

第四十条　有下列情形之一的,用人单位提前三十日以书面形式通知劳动者本人或者额外支付劳动者一个月工资后,可以解除劳动合同:

(一)劳动者患病或者非因工负伤,在规定的医疗期满后不能从事原工作,也不能从事由用人单位另行安排的工作的;

(二)劳动者不能胜任工作,经过培训或者调整工作岗位,仍不能胜任工作的;

(三)劳动合同订立时所依据的客观情况发生重大变化,致使劳动合同无法履行，经用人单位与劳动者协商，未能就变更劳动合同内容达成协议的。

第四十一条 有下列情形之一，需要裁减人员二十人以上或者裁减不足二十人但占企业职工总数百分之十以上的，用人单位提前三十日向工会或者全体职工说明情况，听取工会或者职工的意见后，裁减人员方案经向劳动行政部门报告，可以裁减人员：

（一）依照企业破产法规定进行重整的；

（二）生产经营发生严重困难的；

（三）企业转产、重大技术革新或者经营方式调整，经变更劳动合同后，仍需裁减人员的；

（四）其他因劳动合同订立时所依据的客观经济情况发生重大变化，致使劳动合同无法履行的。

裁减人员时，应当优先留用下列人员：

（一）与本单位订立较长期限的固定期限劳动合同的；

（二）与本单位订立无固定期限劳动合同的；

（三）家庭无其他就业人员，有需要扶养的老人或者未成年人的。

用人单位依照本条第一款规定裁减人员，在六个月内重新招用人员的，应当通知被裁减的人员，并在同等条件下优先招用被裁减的人员。

第四十二条 劳动者有下列情形之一的，用人单位不得依照本法第四十条、第四十一条的规定解除劳动合同：

……

（四）女职工在孕期、产期、哺乳期的；

……

4 企业能否与已订立无固定期限劳动合同的员工解除或终止劳动关系？

【律师解答】

无固定期限并非没有终止时间，而是没有确切的终止时间，也就是说没有到期期限，但是当出现法律规定的情形时，企业仍可与员工解除或终止劳动关系。如员工严重违反规章制度、企业进行经济性裁员、员工达到法定退休年龄或开始享受基本养老保险待遇。

【参考依据】

《劳动合同法》

第三十九条 劳动者有下列情形之一的,用人单位可以解除劳动合同:

(一)在试用期间被证明不符合录用条件的;

(二)严重违反用人单位的规章制度的;

(三)严重失职,营私舞弊,给用人单位造成重大损害的;

(四)劳动者同时与其他用人单位建立劳动关系,对完成本单位的工作任务造成严重影响,或者经用人单位提出,拒不改正的;

(五)因本法第二十六条第一款第一项规定的情形致使劳动合同无效的;

(六)被依法追究刑事责任的。

第四十条 有下列情形之一的,用人单位提前三十日以书面形式通知劳动者本人或者额外支付劳动者一个月工资后,可以解除劳动合同:

(一)劳动者患病或者非因工负伤,在规定的医疗期满后不能从事原工作,也不能从事由用人单位另行安排的工作的;

(二)劳动者不能胜任工作,经过培训或者调整工作岗位,仍不能胜任工作的;

(三)劳动合同订立时所依据的客观情况发生重大变化,致使劳动合同无法履行,经用人单位与劳动者协商,未能就变更劳动合同内容达成协议的。

第四十一条 有下列情形之一,需要裁减人员二十人以上或者裁减不足二十人但占企业职工总数百分之十以上的,用人单位提前三十日向工会或者全体职工说明情况,听取工会或者职工的意见后,裁减人员方案经向劳动行政部门报告,可以裁减人员:

(一)依照企业破产法规定进行重整的;

(二)生产经营发生严重困难的;

(三)企业转产、重大技术革新或者经营方式调整,经变更劳动合同后,仍需裁减人员的;

(四)其他因劳动合同订立时所依据的客观经济情况发生重大变化,致使劳动合同无法履行的。

裁减人员时,应当优先留用下列人员:

(一)与本单位订立较长期限的固定期限劳动合同的;

(二)与本单位订立无固定期限劳动合同的;

(三)家庭无其他就业人员,有需要扶养的老人或者未成年人的。

用人单位依照本条第一款规定裁减人员,在六个月内重新招用人员的,应当通知被裁减的人员,并在同等条件下优先招用被裁减的人员。

第四十四条 有下列情形之一的,劳动合同终止:

(一)劳动合同期满的;

(二)劳动者开始依法享受基本养老保险待遇的;

(三)劳动者死亡,或者被人民法院宣告死亡或者宣告失踪的;

(四)用人单位被依法宣告破产的;

(五)用人单位被吊销营业执照、责令关闭、撤销或者用人单位决定提前解散的;

(六)法律、行政法规规定的其他情形。

5 企业能否仅以“未签订劳动合同”为由主张与员工不存在劳动关系?

【律师解答】

不能。劳动合同是认定存在劳动关系的核心证据,但不是唯一证据,企业虽未与劳动者签订劳动合同,但在司法实践中一般会从以下几方面考虑双方是否建立事实劳动关系:

(1)双方的主体资格;

(2)企业的规章制度是否适用于员工,也就是企业与员工之间是否存在管理与被管理的关系;

(3)该员工提供的劳务是否为企业的业务组成部分。

参照的凭证主要包括:工资支付凭证、花名册、工作证、工服、社保缴纳记录、考勤记录以及同事的证人证言等。

【参考依据】

《劳动和社会保障部关于确立劳动关系有关事项的通知》

一、用人单位招用劳动者未订立书面劳动合同,但同时具备下列情形的,劳动关系成立。

（一）用人单位和劳动者符合法律、法规规定的主体资格；

（二）用人单位依法制定的各项劳动规章制度适用于劳动者，劳动者受用人单位的劳动管理，从事用人单位安排的有报酬的劳动；

（三）劳动者提供的劳动是用人单位业务的组成部分。

二、用人单位未与劳动者签订劳动合同，认定双方存在劳动关系时可参照下列凭证：

（一）工资支付凭证或记录（职工工资发放花名册）、缴纳各项社会保险费的记录；

（二）用人单位向劳动者发放的"工作证"、"服务证"等能够证明身份的证件；

（三）劳动者填写的用人单位招工招聘"登记表"、"报名表"等招用记录；

（四）考勤记录；

（五）其他劳动者的证言等。

其中，（一）、（三）、（四）项的有关凭证由用人单位负举证责任。

6 负责人事管理的员工因未签劳动合同，能否向企业主张 2 倍工资？

【律师解答】

企业人事主管的主要职责是负责劳动合同的签订，基于其特殊的身份及岗位职责，若不能证明企业拒绝与其签订劳动合同，则企业无须向其支付 2 倍工资差额。在司法实践中，企业需要承担相应的举证责任，如证明该员工负责人事工作等。

【参考案例】

1. 王某与某公司劳动争议二审民事判决书

审理法院：北京市第二中级人民法院

案号：（2021）京 02 民终 2350 号

裁判要旨：企业在王某工作期间未与其签订书面劳动合同，但企业提交了相应证据证明王某负责人事工作，王某虽上诉主张其仅负责招聘的发布和人员简历筛选等工作，但未能就此提供任何证据予以证明。同时，王某在法院审理中关于向领导询问劳动合同情况的陈述可以证实明企业并未拒绝与其签订劳动合同。故一审法院结合相关情况认为订立劳动合同属于王某的工作职责而对其向企业主张2倍工资的请求未予支持，并无不当。

2. 深圳市某公司、夏某劳动争议二审民事判决书

审理法院：广东省深圳市中级人民法院

案号：(2019)粤03民终9587号

裁判要旨：企业称员工的职务为总经理，兼任人事主管，未签订劳动合同是由该员工失职导致的。法院认为，与劳动者签订书面劳动合同是用人单位的法定义务，法律法规并未对用人单位高级管理人员、从事人事文秘工作的劳动者签订劳动合同作出不同规定。当用人单位与劳动者就是否签订劳动合同发生争议时，应由用人单位承担举证义务。如用人单位举证不能，应依法承担未签订书面劳动合同的法律责任，支付劳动者未签订书面劳动合同的2倍工资。由于企业未能举证证明其主张，故法院对其主张不予采信，公司应当向劳动者支付未签订书面劳动合同2倍工资差额。

2018年7月，最高人民法院发布《最高人民法院公报》2018年第7期案例裁判摘要，其中在第4个指导案例"刘某与南京某物资有限公司劳动争议纠纷案"[南京市江宁区人民法院(2015)江宁民初字第4477号]裁判摘要认为："用人单位未与人事主管订立书面劳动合同，人事主管诉请用人单位支付因未订立书面劳动合同的二倍工资赔偿，因订立书面劳动合同系当事人主管的工作职责，人事主管有义务提示用人单位与其订立书面劳动合同，人事主管如不能举证证明其曾提示用人单位与其订立书面劳动合同，则不应支持诉讼请求。"

7 员工的用工管理涉及多家企业时如何确定劳动关系主体？

【律师解答】

依据部分省市的相关规定梳理参考意见如下：

(1)按照签订的书面劳动合同认定；

(2)未签订书面劳动合同的，以有关联关系的用人单位发放工资、缴纳社会保险、工作地点、工作内容，作为判断存在劳动关系的因素。

需要注意：在有关联关系的用人单位交叉轮换使用劳动者，工作内容交叉重叠的情况下，对劳动者涉及给付内容的主张，可根据劳动者的主张，由一家用人单位承担责任，或由多家用人单位承担连带责任。

【参考依据】

《北京市高级人民法院、北京市劳动争议仲裁委员会关于劳动争议案件法律适用问题研讨会会议纪要（二）》

26、有关联关系的用人单位交叉轮换使用劳动者，根据现有证据难以查明劳动者实际工作状况的，如何处理？

有关联关系的用人单位交叉轮换使用劳动者的，根据现有证据难以查明劳动者实际工作状况的，参照以下原则处理：(1)订立劳动合同的，按劳动合同确认劳动关系；(2)未订立劳动合同的，可以根据审判需要将有关联关系的用人单位列为当事人，以有关联关系的用人单位发放工资、缴纳社会保险、工作地点、工作内容，作为判断存在劳动关系的因素；(3)在有关联关系的用人单位交叉轮换使用劳动者，工作内容交叉重叠的情况下，对劳动者涉及给付内容的主张，可根据劳动者的主张，由一家用人单位承担责任，或由多家用人单位承担连带责任。

《吉林省高级人民法院关于审理劳动争议案件法律适用问题的解答（二）》

3. 关联企业混同用工情况下劳动关系如何认定？

有关联关系的用人单位以交叉、轮换等方式使用劳动者，劳动者要求确认劳动关系的，参照下列原则处理：

(1)订立书面劳动合同的，劳动者要求按书面劳动合同确认劳动关系，应予支持。订立书面劳动合同的用人单位提供证据证明劳动者在关联企业工作不是履行双方书面劳动合同的行为或劳动合同已经解除或终止的除外；

(2)未订立书面劳动合同的，根据劳动者工作时间、工作内容、工资发放、社会保险缴纳等因素综合判断劳动关系；根据上述情况仍无法确定劳动关系的，可根据劳动者的主张确认劳动关系；

(3)在工作内容交叉重叠的情况下，劳动者提出的具有给付内容的诉讼请求，可根据劳动者的主张，由一家用人单位承担责任，或由关联企业承担连带责任。

《山东省高级人民法院、山东省人力资源和社会保障厅关于审理劳动人事争议案件若干问题会议纪要》

四、关于关联公司混同用工情况下劳动关系的确认问题

关联公司混同用工，劳动者与关联公司均符合劳动关系特征的情况下，劳动者对于劳动关系的确认享有选择权，但是劳动关系项下的劳动权益不能重复享受。

《深圳市中级人民法院关于审理劳动争议案件的裁判指引》

五十一、企业集团将其员工派往下级法人单位或将员工在下级法人单位之间调动，按员工与所在单位签订的劳动合同来确认劳动关系；未签订劳动合同的，按工资关系确定劳动关系。

8 员工提出离职后又反悔的，是否需要重新签订劳动合同？

【律师解答】

司法实践中一般会认定提出离职后劳动关系已解除，员工反悔后企业同意其继续工作，视为双方重新建立劳动关系，不重新签订劳动合同可能面临支付不超过11个月2倍工资的法律风险。

故员工提出辞职后又反悔的，建议企业若决定继续聘用该员工，应要求员工签署《撤销辞职声明书》，注明提出辞职的时间和撤销辞职请求的时间，或让该员工重新办理入职手续并签订书面劳动合同。

【参考依据】

《劳动合同法》

第十条 建立劳动关系，应当订立书面劳动合同。

已建立劳动关系，未同时订立书面劳动合同的，应当自用工之日起一个月内订立书面劳动合同。

用人单位与劳动者在用工前订立劳动合同的，劳动关系自用工之日起建立。

第十四条第三款 用人单位自用工之日起满一年不与劳动者订立书面劳动合同的，视为用人单位与劳动者已订立无固定期限劳动合同。

第三十七条 劳动者提前三十日以书面形式通知用人单位，可以解除劳动合

同。劳动者在试用期内提前三日通知用人单位,可以解除劳动合同。

第八十二条第一款 用人单位自用工之日起超过一个月不满一年未与劳动者订立书面劳动合同的,应当向劳动者每月支付二倍的工资。

【参考案例】

1. 某公司苏州分行与方某、某支行劳动合同纠纷案

审理法院:江苏省苏州市中级人民法院

案号:(2020)苏05民终6560号

裁判要旨:根据《劳动合同法》的规定,劳动合同的解除方式包括协商解除、劳动者或者用人单位单方解除等情形。对于劳动者的解除权,《劳动合同法》第37条规定,劳动者提前30日以书面形式通知用人单位,可以解除劳动合同。劳动者在试用期内提前3日通知用人单位,可以解除劳动合同。该规定是对劳动者单方解除权的特殊保护,即劳动者单方辞职行为并不需要公司的同意,该辞职行为系形成权的一种,自解除劳动关系的意思表示到达公司时即发生法律效力。而"提前三十日"或"提前三日"是基于保障用人单位正常生产经营的需求,赋予用人单位的权利,是劳动者形成权实现后的附随义务,这一要求并不影响劳动者解除劳动合同的意思表示一经送达用人单位即生效的形成权特质。本案中,方某自2019年1月11日晚通过电子邮件向用人单位提出以个人原因的离职申请后,该解除劳动合同的意思表示自到达用人单位时生效。用人单位接收到该信息后启动的包括安排工作交接、确定离职日期等程序,均是为保证用人单位正产经营需求而为,方某均予以了配合,即完成了形成权实现后的附随义务。方某主张于2019年1月24日撤回离职申请,对此,法院认为,根据原《民法总则》第141条的规定,行为人可以撤回意思表示。撤回意思表示的通知应当在意思表示到达相对人前或者与意思表示同时到达相对人。本案中,由于离职申请已到达用人单位,并不发生撤回的效力。

2. 某公司与刘某劳动争议案

审理法院:吉林省长春市中级人民法院

案号:(2019)吉01民终905号

裁判要旨:一审法院认为,劳动者行使单方解除权具有解除劳动合同的意思表示,经送达用人单位即具有生效的形成权特质,不可反悔,不可撤销,即解除劳动合同的法律效果已经产生,劳动者行使单方解除权需要承担"三十日"或者"三日"继续履行的附随义务。本案中,刘某于2017年12月1日递交辞职申请书,视为刘某已作出单方解除劳动合同的意思表示，属于劳动者行使单方解除权的行为，无须审批即发生劳动者单方解除劳动合同的效力，不以用人单位同意为构成要件。某公司在收到刘某的辞职申请书后，于 2017 年 12 月 22 日向刘某送达劳动合同解除通知书，应视为用人单位放弃继续履行剩余通知期义务的权利即认可附随义务已经履行完毕。因享有民事权利的一方，可以放弃自己的权利，故某公司放弃权利，没有任何条件限制。在某公司放弃要求刘某继续履行剩余通知期义务的权利时，双方的劳动合同即行解除。因提出离职的是刘某本人，某公司发出的劳动合同解除通知书仅是针对刘某提出的离职行为而告知其不必继续履行法定通知期间。故对刘某提出双方解除劳动关系系双方协商一致解除劳动合同的辩解，不予支持。二审法院支持该观点。

9 企业未及时足额支付停工留薪期工资，员工以此为由解除劳动合同时主张经济补偿金的诉求能否得到支持？

【律师解答】

员工以企业未及时足额支付停工留薪期工资为由解除劳动合同时，要求企业支付经济补偿金，该诉求能否得到支持的核心在于停工留薪期工资是否属于劳动报酬范围。对此法律并无统一规定，参考司法案例，存在两种不同的观点：

观点一：停工留薪期工资属于劳动报酬。企业未及时足额支付，员工据此提出辞职的，其有权主张经济补偿金。

观点二：停工留薪期待遇属于工伤待遇，其性质并非劳动报酬，员工以企业拖欠其停工留薪待遇为由，主张向其支付经济补偿金，缺乏依据。

笔者更倾向于观点二，认为停工留薪期工资属于工伤保险待遇，并非劳动报酬，劳动者以用人单位未及时足额支付停工留薪期工资为由解除劳动合同并主张经济补偿金，不应予以支持。理由如下：

(1)从法律渊源上看，停工留薪期工资规定在《工伤保险条例》当中，而劳动报酬则规定在《劳动法》《劳动合同法》当中。

(2)从性质上看，停工留薪期是劳动者因工遭受事故伤害或者患职业病需要暂停工作接受工伤医疗，并保持原工资福利待遇不变的期间，用人单位支付停工留薪期工资是基于劳动者因工伤或患职业病而暂停工作的事实,不以劳动者提供劳动为对价,在性质上等同于“误工费”。而劳动报酬是劳动者提供劳动的对价。

(3)停工留薪期工资的支付标准及期限本身处于不确定状态,支付期限需要经劳动能力鉴定委员会鉴定,支付标准需要司法机关进行裁判,用人单位在此之前未支付或者未足额支付停工留薪期工资并不存在主观恶意。相反,劳动法律、法规对劳动报酬的支付规定有明确的标准及周期,如无特殊理由,用人单位未及时足额支付劳动报酬其主观上存有恶意。

因司法实践中,各地区政策以及观点不尽一致,我国法律对此也未有明确统一的规定,因此建议企业在确定了停工留薪期的具体期限后,应及时支付停工留薪期工资。

【参考依据】

《劳动合同法》

第三十八条 用人单位有下列情形之一的,劳动者可以解除劳动合同:

……

(二)未及时足额支付劳动报酬的;

……

第四十六条 有下列情形之一的,用人单位应当向劳动者支付经济补偿:

(一)劳动者依照本法第三十八条规定解除劳动合同的;

……

《劳动部关于贯彻执行〈中华人民共和国劳动法〉若干问题的意见》

53.劳动法中的“工资”是指用人单位依据国家有关规定或劳动合同的约定,以货币形式直接支付给本单位劳动者的劳动报酬,一般包括计时工资、计件工资、奖金、津贴和补贴、延长工作时间的工资报酬以及特殊情况下支付的工资等。“工资”是劳动者劳动收入的主要组成部分。劳动者的以下劳动收入不属于工资范围:(1)单位支付给劳动者个人的社会保险福利费用,如丧葬抚恤救济费、生活困难补助费、计划生育补贴等;(2)劳动保护方面的费用,如用人单位支付给劳动者的工作服、解毒剂、清凉饮料费用等;(3)按规定未列入工资总额的各种劳动报酬及其他劳动收入,如根据国家规定发放的创造发明奖、国家星火奖、自然科学奖、科学技术进步奖、合理化建议和技术改进奖、中华技能大奖等,以及稿费、讲课费、翻译费等。

《国家统计局关于工资总额组成的规定》

第四条 工资总额由下列六个部分组成:

（一）计时工资；

（二）计件工资；

（三）奖金；

（四）津贴和补贴；

（五）加班加点工资；

（六）特殊情况下支付的工资。

第十条 特殊情况下支付的工资。包括：

（一）根据国家法律、法规和政策规定，因病、工伤、产假、计划生育假、婚丧假、事假、探亲假、定期休假、停工学习、执行国家或社会义务等原因按计时工资标准或计时工资标准的一定比例支付的工资；

（二）附加工资、保留工资。

《江苏省劳动人事争议仲裁委员会关于印发江苏省劳动人事争议疑难问题研讨会纪要的通知》

（五）劳动者以用人单位未依法支付停工留薪期工资，要求解除劳动合同并支付经济补偿金，是否符合《劳动合同法》第三十八条第一款第二项的规定？

停工留薪期是工伤职工暂停工作接受工伤医疗的期间，在停工留薪期内，工伤职工原工资福利待遇不变的规定是保障工伤职工日常生活不受影响的重要措施，工伤职工停工留薪期工资按照工伤职工因工作遭受事故伤害前12个月的平均工资计算，即包括工伤职工所有的工资报酬。工伤职工以用人单位未依法支付停工留薪期工资为由，要求解除劳动合同并支付经济补偿金，符合《劳动合同法》第三十八条第一款第二项的规定精神。

【参考案例】

1.郑州市某公司劳动争议再审案

审理法院：河南省高级人民法院

案号：（2019）豫民申8876号

裁判要旨：依据《工伤保险条例》第33条第1款的规定：职工因工作遭受事故伤害或者患职业病需要暂停工作接受工伤医疗的，在停工留薪期内，原工资福利待遇不变，由所在单位按月支付。按照此规定，员工因工伤而在停工留薪期内的工资福利待遇不变，其性质仍然是工资，属于劳动报酬。

2. 彭某与某公司劳动争议再审案

审理法院:江苏省高级人民法院

案号:(2020)苏民申 3561 号

裁判要旨:停工留薪期待遇属于工伤待遇,其性质并非劳动报酬,员工以企业拖欠其停工留薪待遇为由主张向其支付经济补偿金,缺乏依据。

10 员工不辞而别、无故旷工的,企业该如何处理?

【律师解答】

在实践中,企业经常会遇到员工不辞而别、无故旷工且联系不到的情形,若企业贸然将其除名、解除劳动合同,易被认定为违法解除。若双方均无法证明离职原因,也易被认为协商一致解除而由企业支付经济补偿金,故笔者提出如下处理建议:

第一,双方签订的劳动合同明确约定联系方式、司法送达地址、电子邮箱等信息并就上述信息的变更约定通知义务。

第二,签订劳动合同时,就企业的《员工手册》《规章制度》等向员工履行告知义务,留存证据。

第三,《员工手册》以及《规章制度》制定流程和内容要合法,并经民主和公示程序,内容中可将严重违纪情形及法律责任量化明确。

第四,员工存在违纪行为,要及时发布相关通知,如《限期返岗通知书》,注明违纪事实、返岗期限以及不按时返岗的严重法律后果,保留送达的相关证据。

第五,通知送达后,员工若仍无音讯,可依据相关规章制度认定连续旷工,严重违纪,进而向其发送《解除劳动合同通知书》,注明违纪事实及解除依据等。

【参考依据】

《最高人民法院关于审理劳动争议案件适用法律问题的解释(一)》

第四十四条 因用人单位作出的开除、除名、辞退、解除劳动合同、减少劳动报酬、计算劳动者工作年限等决定而发生的劳动争议,用人单位负举证责任。

【参考案例】

某公司、某模具厂劳动合同纠纷再审案

审理法院:广东省高级人民法院

案号:(2017)粤民再292号

裁判要旨:吴某诉称被公司违法解除劳动合同,公司辩称因吴某连续旷工,视为吴某自动离职,但吴某与公司均未能提交相关证据予以证明自己的主张。因吴某与公司均无法举证证明劳动者的离职原因,故应视为双方劳动关系于2015年1月18日由公司提出且经双方协商一致解除,公司应当向吴某支付经济补偿金。

11 企业与员工"长期两不找",劳动关系如何认定?

【律师解答】

"长期两不找",是指员工与用人单位之间长时间没有联系,在该期间员工未向用人单位提供劳动,用人单位也未向员工支付工资及缴纳社会保险,双方也未正式办理离职交接手续。"长期两不找"的情形主要有两种:(1)因历史政策等原因员工采取"停薪留职"的方式离开用人单位但保留劳动关系;(2)员工不告而别,单位未及时办理解除劳动合同的手续,或者已解除劳动合同但未及时将解除劳动合同的通知送达员工,双方长期互不联系。

笔者认为,针对第(1)种"长期两不找"情形,应认定双方的劳动关系终止,理由是:解除劳动关系双方应当以书面等明示的方式作出解除的意思表示,虽然员工没有提供劳动,但双方的劳动关系并不能当然解除,将员工离开用人单位之日作为双方劳动关系解除的时点缺少法律依据。第(2)种"长期两不找"情形下,该期间内双方互不履行劳动权利和义务,应视为劳动关系已解除。同时,在实践中更多的是劳动者为达到其仲裁或诉讼目的,坚称双方劳动关系并未解除,而用人单位也未能提供证据证明双方劳动关系已解除,部分法院会以"用人单位无证据证明双方劳动关系已经解除"为由认定双方在此期间存在劳动关系,进而支持劳动者要求工资福利的诉求。

【参考依据】

《北京市高级人民法院、北京市劳动争议仲裁委员会关于劳动争议案件法律适用问题研讨会会议纪要》

14. 劳动者长期未向用人单位提供劳动,用人单位也长期不再向劳动者支付劳动报酬等相关待遇,双方长期两不找的,可以认定此期间双方不享有和承担劳动法上的权利义务。

《吉林省高级人民法院关于审理劳动争议案件法律适用问题的解答(二)》

一、劳动关系认定:1. 劳动者与用人单位“长期两不找”,双方就确认劳动关系、薪酬福利、解除劳动关系、社会保险等发生争议的,如何处理?

除用人单位提供证据证明劳动合同已经解除或终止外,劳动者要求确认劳动关系的,应予支持;

由于未付出劳动,除劳动者提供证据证明存在法定或约定事由外,劳动者请求支付工资、福利、生活费、社会保险待遇损失、解除劳动关系经济补偿、赔偿金等诉讼请求的,不予支持;

劳动者要求解除劳动关系及办理档案和社会保险关系转移手续的,应予支持。

【参考案例】

1. 王某与某公司劳动争议再审案

审理法院:海南省高级人民法院

案号:(2019)琼民申1693号

裁判要旨:根据相关劳动法律及司法实践,“长期两不找”期间,劳动者与用人单位不存在劳动法上的权利义务关系;由于未付出劳动,劳动者请求支付工资、福利、生活费、社会保险待遇损失、解除劳动关系经济补偿、赔偿金等诉讼请求的,不予支持;劳动者要求解除劳动关系的,应予支持。本案中,一审、二审法院驳回王某要求公司支付经济补偿金、生活费、社会保险费及住房公积金的诉讼请求,并无不当。

2. 无锡中院2018年度全市法院劳动争议典型案例之六:李某与某化纤公司确认劳动关系纠纷案——用人单位与劳动者长期两不找,劳动关系解除

法官评析:“长期两不找”期间,劳动者未给用人单位提供劳动,用人单位也不给劳动者支付任何劳动报酬和福利待遇,但用人单位一直未正式办理解除劳动关系及退工退档手续,劳动者就此认为,只要未办理退工手续或人事档案还在单位,仍然是单位的员工，从而提出种种不合理请求。用人单位与劳动者“长期两不找”期间，双方互不履行劳动权利和义务，劳动关系解除，其间用人单位和劳动者不存在劳动法上的权利和义务关系，也不计算为本单位工作年限。本案中，李某自2001年年初离开某化纤公司，某化纤公司亦未再向李某支付劳动报酬，并于2003年8月停止为李某缴纳社会保险，李某于1994年4月至2003年7月与某化纤公司存在劳动关系。对李某要求认定2003年7月至2015年2月与公司存在劳动关系的请求，法院不予支持。

12 双方协商一致解除劳动合同时，企业支付的经济补偿金低于法定标准的，企业履行完毕后员工起诉要求补足差额的诉求能否得到支持？

【律师解答】

在“协商一致解除劳动合同”的情形下，如企业和员工约定的经济补偿金额低于上述标准的，企业履行后劳动者反悔主张补差时，司法实践中有两类处理观点。

一种观点认为，经济补偿低于法定标准是排除劳动者的权利；且劳动者在法律认识方面处在弱势地位，应当从严认定。

另一种观点认为，以双方合意为先。协议签订后，劳动者仍能任意反悔要求额外补偿的，将会导致司法资源的不当利用，会打击单位协商解除劳动合同的积极性。

检索案例可知，大部分法院在认定是否支持劳动者的差额诉求时会审查双方签订协议时是否存在欺诈、胁迫的情形，也有的法院会以该约定排除劳动者权利进而支持差额诉求。故建议如下：

(1)在协议文本中避免出现“单位提出解除劳动合同”之类的表述；

(2)在协议中，除应明确约定补偿金额外，还应设置无争议条款，表明劳动者已完全知晓并放弃其权利，以免后患。

无争议条款示例如下：“本协议系双方自愿签署，不存在欺诈、胁迫等情形，且自本协议签订之日起劳动者在用人单位工作期间的所有事项再无任何争议,劳动者不得再以任何理由要求用人单位给予其他补偿或赔偿。”

【参考依据】

《最高人民法院关于审理劳动争议案件适用法律问题的解释(一)》

第三十五条 劳动者与用人单位就解除或者终止劳动合同办理相关手续、支付工资报酬、加班费、经济补偿或者赔偿金等达成的协议,不违反法律、行政法规的强制性规定,且不存在欺诈、胁迫或者乘人之危情形的,应当认定有效。

前款协议存在重大误解或者显失公平情形,当事人请求撤销的,人民法院应予支持。

【参考案例】

1. 孙某与某公司北京代表处等劳动争议案

审理法院:北京市第三中级人民法院

案号:(2019)京03民终16320号

裁判要旨:尽管该经济补偿金的数额低于法定计算标准,但该协议所涉内容并未违反法律、行政法规的强制性规定,员工亦未就其系在欺诈、胁迫、乘人之危情形下所签提交充分有效的证据加以佐证,故该协议应属合法有效。一审法院基于协议约定的金额显著低于法定标准,且单位未就各方对补偿金数额的确定进行过充分协商进行举证以及出于减少诉累等因素,故判决补足差额。

2. 王某、某公司劳动争议案

审理法院:福建省福州市中级人民法院

案号:(2018)闽01民终6044号

裁判要旨:王某与企业签订的《解除劳动合同协议》中约定的经济补偿金虽然低于法定标准,但系双方协商一致合意的结果,不违反法律、行政法规的强制性规定,且无证据证明协议签订时存在欺诈、胁迫或乘人之危情形,该协议对双方均具有约束力。王某签署该协议即意味着对自身权利已作出处分。协议约定以经济补偿金50,700元了结双方之间的债权债务关系,故王某在收到协议约定的经济补偿金后再请求补足差额理由不充分,法院不予支持。

13 能否在离职协议中明确约定企业无须支付经济补偿金?

【律师解答】

司法实践中,离职协议约定企业无须支付经济补偿金的,一般会被认定为无效。故建议企业与员工签订离职协议时将相关结算费用按照法律规定结算清楚,避免诉累。

【参考案例】

1. 丁某劳动争议案

审理法院:北京市第三中级人民法院

案号:(2019)京03民终10544号

裁判要旨:《协议书》内容为:"甲乙双方经协商一致,就双方解除(终止)劳动关系及给付相关补偿达成本协议:1. 甲乙双方一致认可2018年12月11日起解除(终止)劳动关系。2. 甲方于×年×月×日之前支付乙方、未缴纳社会保险补偿金、解除(终止)劳动合同的经济补偿金、代通知金等共计×人民币。3. 双方自此再无其他劳动争议及民事争议。"法院认为,公司提交的《协议书》中虽有员工签字,但该《协议书》中关于经济补偿金的约定条款表述并不明确,相关表述方式亦不符合常理,《协议书》所体现的内容亦有失公平,因此一审法院不予采信该《协议书》并判决公司支付解除劳动关系经济补偿金并无不当,一审判决数额亦无不当,公司关于无须支付解除劳动关系经济补偿金的主张缺乏事实和法律依据,法院不予采纳。

2. 某公司、李某劳动争议案

审理法院:广东省深圳市中级人民法院

案号:(2019)粤03民终12845－12854号

裁判要旨:上诉人公司主张协议书载明被上诉人员工已经明确不再因原劳动合同的解除向其要求支付其他任何费用、补偿或者赔偿,但并未举证证明其向被上诉人进行了解释,说明"补偿"包括"经济补偿金",且支付经济补偿金是用人单位的法定义务,该义务不能以签订协议书为由排除,故对上诉人的该项上诉主张,法院不予支持。

3. 某公司诉杨某劳动合同纠纷案

审理法院:上海市第一中级人民法院

案号:(2018)沪01民终936号

裁判要旨:在劳动争议纠纷案件中,因用人单位作出开除、除名、辞退、解除劳动合同、减少劳动报酬、计算劳动者工作年限等决定而发生劳动争议的,由用人单位负举证责任。本案中,公司上诉认为,双方签订的《协议》明确约定,单位不再向劳动者承担其他义务,劳动者也不再向单位主张任何权益。现劳动者要求补偿金与协议约定不符,没有事实与法律依据。对此,根据一审查明的事实,该《协议》系由公司采用格式条款订立的合同,而作为提供格式条款的一方理应遵循公平原则确定双方之间的权利和义务,然作为用人单位的公司对于涉及双方间主要权利义务的条款,却作出免除其法定责任、排除劳动者权利的约定,根据《劳动合同法》的相关规定,该条款当属无效。据此,一审法院以双方协商一致解除劳动合同,公司未提供证据证明解除劳动合同由劳动者先行提出为由判令公司向劳动者支付经济补偿金并无不当。

14 能否在离职协议中明确约定经济补偿金的支付条件?

【律师解答】

劳动者与用人单位就解除或者终止劳动合同办理相关手续时,可在离职协议中明确约定经济补偿金的支付条件。只要该约定不违反法律、行政法规的强制性规定,且不存在欺诈、胁迫或者乘人之危情形,应当认定有效。

【参考依据】

《最高人民法院关于审理劳动争议案件适用法律问题的解释(一)》

第三十五条第一款 劳动者与用人单位就解除或者终止劳动合同办理相关手续、支付工资报酬、加班费、经济补偿或者赔偿金等达成的协议,不违反法律、行政法规的强制性规定,且不存在欺诈、胁迫或者乘人之危情形的,应当认定有效。

【参考案例】

高某与某公司经济补偿金纠纷再审案

审理法院:北京市高级人民法院

案号:(2020)京民申898号

裁判要旨:根据《最高人民法院关于审理劳动争议案件适用法律若干问题的解释(三)》第10条的规定:"劳动者与用人单位就解除或者终止劳动合同办理相关手续、支付工资报酬、加班费、经济补偿或者赔偿金等达成的协议,不违反法律、行政法规的强制性规定,且不存在欺诈、胁迫或者乘人之危情形的,应当认定有效。"员工主张《解除劳动合同协议书》第4条"该补偿金支付条件为员工在职期间负责的下述两个项目工作进度达到以下条件:(1)合同甲方:A公司,项目名称:××宽带接入网项目该项目由法院终审结案;(2)合同甲方:某吉林省分公司,项目名称:某地区室内外通信网络覆盖项目工程合同该项目按照合同约定的第一笔款项收回"违反了《劳动合同法》第46条及第50条的规定应属无效,但是上述规定并非法律的效力性强制性规定。高某与某公司自愿达成《解除劳动合同协议书》,双方对经济补偿金的支付条件进行了明确约定,该约定并未违反法律法规的强制性规定,故一审、二审法院认定《解除劳动合同协议书》第4条有效正确,判决结果亦无不当。

15 员工离职时的经济补偿金如何计算?

【律师解答】

经济补偿金以员工在用人单位的工作年限和本人月工资为计算依据。工作年限每满1年支付1个月的工资,6个月以上不满1年的按1年计算,不满6个月的计算半个月的工资。月工资则为劳动者在劳动合同解除或终止前12月的平均工资。

【参考依据】

《劳动合同法》

第四十七条 经济补偿按劳动者在本单位工作的年限,每满一年支付一个月工资的标准向劳动者支付。六个月以上不满一年的,按一年计算;不满六个月的,向劳动者支付半个月工资的经济补偿。

劳动者月工资高于用人单位所在直辖市、设区的市级人民政府公布的本地区上年度职工月平均工资三倍的,向其支付经济补偿的标准按职工月平均工资三倍的数额支付,向其支付经济补偿的年限最高不超过十二年。

本条所称月工资是指劳动者在劳动合同解除或者终止前十二个月的平均工资。

16 未满勤月份的工资是否可以纳入经济补偿金的计算基数?

【律师解答】

计算经济补偿金的本人月平均工资应当理解为劳动合同解除或者终止前劳动者正常工作状态下12个月的平均工资,而未满勤月份的工资显著低于正常出勤月份工作的应得工资,无法准确体现劳动者离职前的正常收入水平,故不需要计算在内。

此外需要注意:对支付周期超过1个月的劳动报酬,如季度奖、半年奖、年终奖、年底双薪等,如果查明上述款项确实属于劳动者离职前12个月发生的(而非仅凭支付日期认定),应当计算在内。

【参考依据】

《劳动合同法实施条例》

第二十七条 劳动合同法第四十七条规定的经济补偿的月工资按照劳动者应得工资计算,包括计时工资或者计件工资以及奖金、津贴和补贴等货币性收入。劳动者在劳动合同解除或者终止前12个月的平均工资低于当地最低工资标准的,按照当地最低工资标准计算。劳动者工作不满12个月的,按照实际工作的月数计算平均工资。

【参考案例】

某公司与邹某劳动合同纠纷案

审理法院:广东省深圳市中级人民法院

案号:(2019)粤03民终15960号

裁判要旨:劳动者因自身原因导致停班,已承受相应月份收入减少的后果,未满勤月份的工资显著低于正常工作的应得工资的,并不能体现劳动者离职前正常的收入水平,企业要求将未满勤工资纳入其平均工资计算基数,法院不予采纳。

17 企业向员工开具离职证明,是否必须注明离职的具体原因?

【律师解答】

根据我国法律的有关规定,用人单位出具解除或终止劳动合同证明,必须写明劳动合同期限、解除或终止劳动关系日期、工作岗位、在本单位的工作年限。劳动者离职的原因、工作能力、品行等评价性内容,并非离职证明的必备条款。

若要在离职证明中写明其他内容,应当确保所写内容客观真实,不得故意曲解、恶意污蔑,如果员工确因不胜任工作、严重违纪等原因被辞退,公司有权在离职证明上载明。如果并非基于上述原因离职,公司的行为便给员工新的就业制造障碍,因此负有赔偿责任。

若员工认为公司在离职证明上所写的内容不符合实际情况,则员工有权对公司提起仲裁或诉讼,要求公司重新出具离职证明。

【参考依据】

《劳动合同法实施条例》

第二十四条第一款 用人单位出具的解除、终止劳动合同的证明,应当写明劳动合同期限、解除或者终止劳动合同的日期、工作岗位、在本单位的工作年限。

【参考案例】

宋某与某公司劳动争议再审案

审理法院:北京市高级人民法院

案号:(2019)京民申840号

裁判要旨:某公司出具的《劳动关系解除证明》中写有"与公司存有劳动争议"等内容,但《劳动合同法实施细则》第24条并未就用人单位开具劳动关系解除证明的内容进行禁止性规定,且双方劳动关系解除时确存在劳动争议,故员工的诉讼请求缺乏依据,两审法院未予支持,并无不当。

18 劳动争议案件的举证责任如何分配?

【律师解答】

一般情况下,发生劳动争议,当事人对自己提出的主张,有责任提供证据。同时为保护劳动者权利,有关法律法规、司法解释对劳动争议案件举证责任做了一些特殊规定:

(1)与争议事项有关的证据由用人单位掌握管理的,用人单位应当提供;用人单位不提供的,应当承担不利后果。

(2)劳动者无法提供由用人单位掌握管理的与仲裁请求有关的证据,仲裁庭可以要求用人单位在指定期限内提供。用人单位在指定期限内不提供的,应当承担不利后果。

(3)因用人单位作出的开除、除名、辞退、解除劳动合同、减少劳动报酬、计算劳动者工作年限等决定而发生的劳动争议,用人单位负举证责任。

(4)劳动者主张加班费的,应当就加班事实的存在承担举证责任。但劳动者有证据证明用人单位掌握加班事实存在的证据,用人单位不提供的,由用人单位承担不利后果。

【参考依据】

《民事诉讼法》

第六十四条 当事人对自己提出的主张,有责任提供证据。

当事人及其诉讼代理人因客观原因不能自行收集的证据,或者人民法院认为审理案件需要的证据,人民法院应当调查收集。

人民法院应当按照法定程序,全面地、客观地审查核实证据。

《劳动争议调解仲裁法》

第六条 发生劳动争议,当事人对自己提出的主张,有责任提供证据。与争议事项有关的证据属于用人单位掌握管理的,用人单位应当提供;用人单位不提供的,应当承担不利后果。

《最高人民法院关于审理劳动争议案件适用法律问题的解释(一)》

第四十二条 劳动者主张加班费的,应当就加班事实的存在承担举证责任。但劳动者有证据证明用人单位掌握加班事实存在的证据,用人单位不提供的,由用人单位承担不利后果。

第四十四条 因用人单位作出的开除、除名、辞退、解除劳动合同、减少劳动报酬、计算劳动者工作年限等决定而发生的劳动争议,用人单位负举证责任。

19 劳动仲裁裁决为终局裁决的,用人单位不服该裁决时有哪些救济途径?

【律师解答】

下列劳动争议,除另有规定外,仲裁裁决为终局裁决:

(1)追索劳动报酬、工伤医疗费、经济补偿或者赔偿金,不超过当地月最低工资标准 12 个月金额的争议;

(2)因执行国家的劳动标准在工作时间、休息休假、社会保险等方面发生的争议。

用人单位有证据证明仲裁终局裁决有下列情形之一,可以自收到仲裁裁决书之日起 30 日内向劳动争议仲裁委员会所在地的中级人民法院申请撤销裁决:

(1)适用法律、法规确有错误的;

(2)劳动争议仲裁委员会无管辖权的;

(3)违反法定程序的;

(4)裁决所根据的证据是伪造的;

(5)对方当事人隐瞒了足以影响公正裁决的证据的;

(6)仲裁员在仲裁该案时有索贿受贿、徇私舞弊、枉法裁决行为的。

人民法院经组成合议庭审查核实裁决有前款规定情形之一的,应当裁定撤销。仲裁裁决被人民法院裁定撤销的,用人单位可以自收到裁定书之日起 15 日内就该劳动争议事项向人民法院提起诉讼。

【参考依据】

《劳动争议调解仲裁法》

第四十七条 下列劳动争议,除本法另有规定的外,仲裁裁决为终局裁决,裁决书自作出之日起发生法律效力:

(一)追索劳动报酬、工伤医疗费、经济补偿或者赔偿金,不超过当地月最低工资标准十二个月金额的争议;

(二)因执行国家的劳动标准在工作时间、休息休假、社会保险等方面发生的争议。

第四十九条 用人单位有证据证明本法第四十七条规定的仲裁裁决有下列情形之一,可以自收到仲裁裁决书之日起三十日内向劳动争议仲裁委员会所在地的中级人民法院申请撤销裁决:

(一)适用法律、法规确有错误的;

(二)劳动争议仲裁委员会无管辖权的;

(三)违反法定程序的;

(四)裁决所根据的证据是伪造的;

(五)对方当事人隐瞒了足以影响公正裁决的证据的;

(六)仲裁员在仲裁该案时有索贿受贿、徇私舞弊、枉法裁决行为的。

人民法院经组成合议庭审查核实裁决有前款规定情形之一的,应当裁定撤销。

仲裁裁决被人民法院裁定撤销的,当事人可以自收到裁定书之日起十五日内就该劳动争议事项向人民法院提起诉讼。

20 员工主张未休年休假工资的仲裁,时效如何起算?

【律师解答】

年休假是法律赋予劳动者的休息权,是一种福利,不是劳动报酬,应适用《劳动争议调解仲裁法》第 27 条"劳动争议申请仲裁的时效期间为一年。仲裁时效期间从当事人知道或者应当知道其权利被侵害之日起计算"的规定。

根据《职工带薪年休假条例》第 5 条第 2 款的规定,年休假可以跨 1 个年度安排。也就是说,企业可以根据实际情况与员工在规章制度或劳动合同中对年休假进行明确约定:

(1)若约定年休假需当年度休完,则应休未休年休假工资的仲裁时效应当从第一个年度结束后的 1 月 1 日起算;

(2)若约定跨 1 年安排年休假,则需等第二个年度结束后的 1 月 1 日起算;也就是第3个年度的1月1日起算。

若企业未提交任何关于在规章制度中规定或双方在劳动合同中约定年休假须于当年度安排休完的证据，应休未休年休假工资的仲裁时效应从职工知道或应当知道其权利被侵害时起算，即仲裁时效应从第3个年度的1月1日起算。

【参考依据】

《劳动争议调解仲裁法》

第二十七条 劳动争议申请仲裁的时效期间为一年。仲裁时效期间从当事人知道或者应当知道其权利被侵害之日起计算。

前款规定的仲裁时效，因当事人一方向对方当事人主张权利，或者向有关部门请求权利救济，或者对方当事人同意履行义务而中断。从中断时起，仲裁时效期间重新计算。

因不可抗力或者有其他正当理由，当事人不能在本条第一款规定的仲裁时效期间申请仲裁的，仲裁时效中止。从中止时效的原因消除之日起，仲裁时效期间继续计算。

劳动关系存续期间因拖欠劳动报酬发生争议的，劳动者申请仲裁不受本条第一款规定的仲裁时效期间的限制；但是，劳动关系终止的，应当自劳动关系终止之日起一年内提出。

《职工带薪年休假条例》

第五条 单位根据生产、工作的具体情况，并考虑职工本人意愿，统筹安排职工年休假。

年休假在1个年度内可以集中安排，也可以分段安排，一般不跨年度安排。单位因生产、工作特点确有必要跨年度安排职工年休假的，可以跨1个年度安排。

单位确因工作需要不能安排职工休年休假的，经职工本人同意，可以不安排职工休年休假。对职工应休未休的年休假天数，单位应当按照该职工日工资收入的300%支付年休假工资报酬。

第八章　个人所得税

1　劳动关系解除后，就企业向劳动者一次性支付的费用（包括经济补偿金、生活补助费以及其他费用）如何缴纳个人所得税？

【律师解答】

由《财政部、国家税务总局关于个人所得税法修改后有关优惠政策衔接问题的通知》第5条的规定可知：一次性支付的上述费用在当地上年职工平均工资3倍数额以内的部分，免征个人所得税；超过3倍数额的部分，不并入当年综合所得，单独适用综合所得税率表，计算纳税。按规定，个人领取一次性补偿收入时按照国家和地方政府规定的比例实际缴纳的住房公积金、医疗保险费、基本养老保险费、失业保险费，可以在计征其一次性补偿收入的个人所得税时予以扣除。

【参考依据】

《财政部、国家税务总局关于个人所得税法修改后有关优惠政策衔接问题的通知》

五、关于解除劳动关系、提前退休、内部退养的一次性补偿收入的政策

（一）个人与用人单位解除劳动关系取得一次性补偿收入（包括用人单位发放的经济补偿金、生活补助费和其他补助费），在当地上年职工平均工资3倍数额以内的部分，免征个人所得税；超过3倍数额的部分，不并入当年综合所得，单独适用综合所得税率表，计算纳税。

2 限售股解禁后，对相关所得如何缴纳个人所得税？

【律师解答】

限制性股票，是指公司以一定的价格将本公司股权出售给员工，并同时规定员工只有工作年限或业绩目标符合股权激励计划规定的条件后，才能对外出售该股权。

个人因任职、受雇从上市公司取得的限制性股票所得，由上市公司或其境内机构按照“工资、薪金所得”项目和股票期权所得个人所得税计税方法，依法扣缴其个人所得税。应纳税所得额的具体计算公式如下：

应纳税所得额=（股票登记日股票市价+本批次解禁股票当日市价）÷2×本批次解禁股票份数-被激励对象实际支付的资金总额×（本批次解禁股票份数÷被激励对象获取的限制性股票总份数）

【参考依据】

《国家税务总局关于股权激励有关个人所得税问题的通知》

一、关于股权激励所得项目和计税方法的确定

根据个人所得税法及其实施条例和财税〔2009〕5号文件等规定，个人因任职、受雇从上市公司取得的股票增值权所得和限制性股票所得，由上市公司或其境内机构按照“工资、薪金所得”项目和股票期权所得个人所得税计税方法，依法扣缴其个人所得税。

……

三、关于限制性股票应纳税所得额的确定按照个人所得税法及其实施条例等有关规定，原则上应在限制性股票所有权归属于被激励对象时确认其限制性股票所得的应纳税所得额。即：上市公司实施限制性股票计划时，应以被激励对象限制性股票在中国证券登记结算公司（境外为证券登记托管机构）进行股票登记日期的股票市价（指当日收盘价，下同）和本批次解禁股票当日市价（指当日收盘价，下同）的平均价格乘以本批次解禁股票份数，减去被激励对象本批次解禁股份数所对应的为获取限制性股票实际支付资金数额，其差额为应纳税所得额。被激励对象限制性股票应纳税所得额计算公式为：

应纳税所得额=（股票登记日股票市价+本批次解禁股票当日市价）÷2×本

批次解禁股票份数－被激励对象实际支付的资金总额×（本批次解禁股票份数÷被激励对象获取的限制性股票总份数）

3 何为汇算清缴？哪些情形下需要办理汇算清缴？

【律师解答】

汇算清缴，是指所得税和其他实行预缴税款的税种，在年度终了后所进行的税款汇总结算清缴工作。

需要办理汇算清缴的情形有：

（1）从两处以上取得综合所得，且综合所得年收入额减除专项扣除的余额超过6万元；

（2）取得劳务报酬所得、稿酬所得、特许权使用费所得中一项或者多项所得，且综合所得年收入额减除专项扣除的余额超过6万元；

（3）纳税年度内预缴税额低于应纳税额；

（4）纳税人申请退税。

【参考依据】

《个人所得税法实施条例》

第二十五条 取得综合所得需要办理汇算清缴的情形包括：

（一）从两处以上取得综合所得，且综合所得年收入额减除专项扣除的余额超过6万元；

（二）取得劳务报酬所得、稿酬所得、特许权使用费所得中一项或者多项所得，且综合所得年收入额减除专项扣除的余额超过6万元；

（三）纳税年度内预缴税额低于应纳税额；

（四）纳税人申请退税。

纳税人申请退税，应当提供其在中国境内开设的银行账户，并在汇算清缴地就地办理税款退库。

汇算清缴的具体办法由国务院税务主管部门制定。

4 就退休人员的工资薪酬、劳务费等如何缴纳个人所得税?

【律师解答】

企业聘用退休人员,通常称为“退休返聘”,即用人单位与已达到或超过法定退休年龄(有的已享受养老待遇)的人员签订书面协议,聘用其为企业提供劳务的一种状态。

在讨论该类人员个人所得税计算问题时需要区分退休返聘的用工形式是“退休人员再任职”还是其他。

(1)退休人员再任职取得收入,在减去按《个人所得税法》规定的费用扣除标准后,按“工资、薪金所得”应税项目缴纳个人所得税;

(2)不属于“退休人员再任职”的退休人员与原单位以非雇用(包括但不限于被聘请为顾问、设计师、培训师、技术服务等)的关系所取得的收入,应当按照劳务费缴纳个人所得税。

【参考依据】

《个人所得税法》

第二条 下列各项个人所得,应当缴纳个人所得税:

(一)工资、薪金所得;

(二)劳务报酬所得;

……

《国家税务总局关于个人兼职和退休人员再任职取得收入如何计算征收个人所得税问题的批复》

退休人员再任职取得的收入,在减除按个人所得税法规定的费用扣除标准后,按“工资、薪金所得”应税项目缴纳个人所得税。

5 就员工离职后取得的竞业限制补偿金如何缴纳个人所得税?

【律师解答】

全国对此并无统一规定,实践中有以下三种做法:

（1）按照工资、薪金所得缴纳个人所得税。

（2）按一次性补偿收入缴纳个人所得税，在当地上年职工平均工资3倍数额以内的部分，免征个人所得税；超过3倍数额的部分，不并入当年综合所得，单独适用综合所得税率表，计算纳税。

（3）按偶然所得缴纳个人所得税，税率为20%。

笔者更倾向于第二种做法，理由如下：离职时发放的竞业限制补偿来自在任职期间的职务行为，是对任职期间利用职务便利积累的经验、智慧、人脉、思维等优势无形资产的价值肯定，故其必然属于"任职行为"的回报，对其征税最贴近的也就只能是工资薪金性质，即可参照《财政部、国家税务总局关于个人所得税法修改后有关优惠政策衔接问题的通知》第5条的规定：个人与用人单位解除劳动关系取得一次性补偿收入（包括用人单位发放的经济补偿金、生活补助费和其他补助费），在当地上年职工平均工资3倍数额以内的部分，免征个人所得税超过3倍数额的部分，不并入当年综合所得，单独适用综合所得税率表，计算纳税。

【参考依据】

《个人所得税法实施条例》

第六条第一款第（一）项 工资、薪金所得，是指个人因任职或者受雇取得的工资、薪金、奖金、年终加薪、劳动分红、津贴、补贴以及与任职或者受雇有关的其他所得。

《个人所得税扣缴申报管理办法（试行）》

第六条第一款 扣缴义务人向居民个人支付工资、薪金所得时，应当按照累计预扣法计算预扣税款，并按月办理扣缴申报。

《财政部、国家税务总局关于个人所得税法修改后有关优惠政策衔接问题的通知》

五、关于解除劳动关系、提前退休、内部退养的一次性补偿收入的政策

（一）个人与用人单位解除劳动关系取得一次性补偿收入（包括用人单位发放的经济补偿金、生活补助费和其他补助费），在当地上年职工平均工资3倍数额以内的部分，免征个人所得税；超过3倍数额的部分，不并入当年综合所得，单独适用综合所得税率表，计算纳税。

6 企业未履行代扣代缴义务可能会承担哪些法律责任？

【律师解答】

企业未履行代扣代缴义务，可能会承担下列法律责任：

(1)应扣未扣、应收而不收税款的，处应扣未扣、应收未收税款50%以上、3倍以下的罚款；

(2)扣而未缴的，处不缴或者少缴的税款50%以上、5倍以下的罚款；构成犯罪的，依法追究刑事责任；

(3)采取欺骗、隐瞒手段进行虚假纳税申报或不申报的，处7年以下有期徒刑，并处罚金。

【参考依据】

《个人所得税法》

第九条 个人所得税以所得人为纳税人，以支付所得的单位或者个人为扣缴义务人。

纳税人有中国公民身份号码的，以中国公民身份号码为纳税人识别号；纳税人没有中国公民身份号码的，由税务机关赋予其纳税人识别号。扣缴义务人扣缴税款时，纳税人应当向扣缴义务人提供纳税人识别号。

《税收征收管理法》

第六十三条 纳税人伪造、变造、隐匿、擅自销毁帐簿、记帐凭证，或者在帐簿上多列支出或者不列、少列收入，或者经税务机关通知申报而拒不申报或者进行虚假的纳税申报，不缴或者少缴应纳税款的，是偷税。对纳税人偷税的，由税务机关追缴其不缴或者少缴的税款、滞纳金，并处不缴或者少缴的税款百分之五十以上五倍以下的罚款；构成犯罪的，依法追究刑事责任。

扣缴义务人采取前款所列手段，不缴或者少缴已扣、已收税款，由税务机关追缴其不缴或者少缴的税款、滞纳金，并处不缴或者少缴的税款百分之五十以上五倍以下的罚款；构成犯罪的，依法追究刑事责任。

第六十九条 扣缴义务人应扣未扣、应收而不收税款的，由税务机关向纳税人追缴税款，对扣缴义务人处应扣未扣、应收未收税款百分之五十以上三倍以下的罚款。

《刑法》

第二百零一条 纳税人采取欺骗、隐瞒手段进行虚假纳税申报或者不申报,逃避缴纳税款数额较大并且占应纳税额百分之十以上的,处三年以下有期徒刑或者拘役,并处罚金;数额巨大并且占应纳税额百分之三十以上的,处三年以上七年以下有期徒刑,并处罚金。

扣缴义务人采取前款所列手段,不缴或者少缴已扣、已收税款,数额较大的,依照前款的规定处罚。

对多次实施前两款行为,未经处理的,按照累计数额计算。

有第一款行为,经税务机关依法下达追缴通知后,补缴应纳税款,缴纳滞纳金,已受行政处罚的,不予追究刑事责任;但是,五年内因逃避缴纳税款受过刑事处罚或者被税务机关给予二次以上行政处罚的除外。

7 企业是否必须帮纳税人办理个人所得税的汇算清缴?

【律师解答】

根据《国家税务总局关于办理2019年度个人所得税综合所得汇算清缴事项的公告》第6条的规定,纳税人可以通过取得工资薪金或连续性取得劳务报酬所得的扣缴义务人代为办理,纳税人向扣缴义务人提出代办要求的,扣缴义务人应当代为办理,或者培训、辅导纳税人通过网上税务局(包括手机个人所得税App)完成年度汇算申报和退(补)税。

【参考依据】

《个人所得税法》

第九条第一款 个人所得税以所得人为纳税人,以支付所得的单位或者个人为扣缴义务人。

《国家税务总局关于办理2019年度个人所得税综合所得汇算清缴事项的公告》

六、办理方式

纳税人可自主选择下列办理方式:

（一）自行办理年度汇算。

（二）通过取得工资薪金或连续性取得劳务报酬所得的扣缴义务人代为办理。纳税人向扣缴义务人提出代办要求的，扣缴义务人应当代为办理，或者培训、辅导纳税人通过网上税务局（包括手机个人所得税 APP）完成年度汇算申报和退（补）税。由扣缴义务人代为办理的，纳税人应在 2020 年 4 月 30 日前与扣缴义务人进行书面确认，补充提供其 2019 年度在本单位以外取得的综合所得收入、相关扣除、享受税收优惠等信息资料，并对所提交信息的真实性、准确性、完整性负责。

（三）委托涉税

专业服务机构或其他单位及个人（以下称“受托人”）办理，受托人需与纳税人签订授权书。

扣缴义务人或受托人为纳税人办理年度汇算后，应当及时将办理情况告知纳税人。纳税人发现申报信息存在错误的，可以要求扣缴义务人或受托人办理更正申报，也可自行办理更正申报。

婚姻家庭篇

第一章　婚姻财产保护

1　婚前给付的彩礼，离婚时可以要求返还吗？

【律师解答】

彩礼是男方以结婚为目的的附条件赠与女方的财产，原则上在离婚时女方是无需返还的，但下列情形除外：(1)双方未办理结婚登记手续；(2)双方办理结婚登记手续但确未共同生活；(3)婚前给付并导致给付人生活困难。适用前款第2项、第3项的规定，应当以双方离婚为条件。对于“婚前给付并导致给付人生活困难的”情形，参考《江苏省高级人民法院婚姻家庭案件审理指南》可理解为：因给付行为导致给付人依靠个人财产和离婚分得的财产无法维持当地最基本生活水平的情形。

除此之外，实践中还存在一些部分返还的特殊情形，如双方未办理结婚登记手续但已共同生活，男方主张返还彩礼的，可以根据未办理结婚登记手续的原因、双方共同生活的时间、彩礼的数额、有无生育子女、财产使用情况、双方经济状况等酌定是否返还以及返还的数额。双方已办理结婚登记手续，但共同生活时间较短，离婚时男方主张返还彩礼的，可以根据离婚的过错、双方共同生活的时间、彩礼的数额、有无生育子女、财产使用情况、双方经济状况等酌定是否返还以及返还的数额。

【参考依据】

《最高人民法院关于适用〈中华人民共和国民法典〉婚姻家庭编的解释(一)》

第五条　当事人请求返还按照习俗给付的彩礼的，如果查明属于以下情形，人民法院应当予以支持：

(一)双方未办理结婚登记手续；

(二)双方办理结婚登记手续但确未共同生活；

（三）婚前给付并导致给付人生活困难。

适用前款第二项、第三项的规定，应当以双方离婚为条件。

【参考案例】

李某1、张某1婚约财产纠纷案

审理法院：河南省商丘市中级人民法院

案号：(2021)豫14民终228号民事判决书

裁判要旨：关于彩礼款数额及应否返还问题，彩礼是以缔结婚姻关系共同生活为目的，男女一方向另一方给付一定数量的财物或者金钱，是一种以将来缔结婚姻为条件的赠与行为。本案中，李某1与张某1未经结婚登记即同居生活，彩礼应视具体情况酌情处理……鉴于李某1在双方同居期间怀孕并已生育一女，彩礼款应不予返还。

2 一方婚前存款，是否因登记结婚转化为夫妻共同财产？

【律师解答】

原则上一方的婚前财产是其个人财产，但是以下几种情形可能导致婚前财产变成夫妻共同财产：

(1)婚前存款账户在婚后有其他款项（自己和配偶的工资、奖金、经营收入等）转入，该账户用于家庭共同生活支出，可能导致个人财产和夫妻共同财产无法区分，若一方起诉离婚，法院通常会将账户中的款项作为夫妻共同财产进行分割。

(2)以个人存款在婚后投资、经营的，可能会导致个人存款的增值部分转化为夫妻共同财产。

(3)通过赠与的方式转化为夫妻共同财产。如用个人存款购买房屋后加上配偶的名字。

为避免婚前个人财产与夫妻共同财产混同，需要确保婚前个人存款账户单独管理，在结婚后没有夫妻共同财产转入，避免使用该账户存款进行投资经营等。考虑到存款的贬值因素，建议采取其他方式保护婚前财产，如签署婚前财产协议、借助财富管理工具隔离(如保单、家族信托等)、将存款转化为不易混同的其他资产等。

【参考依据】

《民法典》

第一千零六十二条 夫妻在婚姻关系存续期间所得的下列财产,为夫妻的共同财产,归夫妻共同所有:

(一)工资、奖金、劳务报酬;

(二)生产、经营、投资的收益;

(三)知识产权的收益;

(四)继承或者受赠的财产,但是本法第一千零六十三条第三项规定的除外;

(五)其他应当归共同所有的财产。

夫妻对共同财产,有平等的处理权。

第一千零六十三条 下列财产为夫妻一方的个人财产:

(一)一方的婚前财产;

(二)一方因受到人身损害获得的赔偿或者补偿;

(三)遗嘱或者赠与合同中确定只归一方的财产;

(四)一方专用的生活用品;

(五)其他应当归一方的财产。

【参考案例】

裁判要旨:原告婚前持有股票三只,股票市值1,117,020元,若至今持股情况未变化,则股票及自然增值部分仍属于原告婚前财产,如在股票及资金账户封闭运营的情况下,即使原告抛售该三只股票另外买卖其他股票,则增值部分应属于夫妻共同财产,其余属于原告婚前财产,而本案的情况是原告未采取封闭运营模式,原告的资金账户与指定的第三方银行账户(也即原告工资卡账户)存在资金往来,故原告银行账户转证券资金账户的647,725元中有原告工资收入部分,系原告婚前个人财产与夫妻共同财产的混合体。原被告无书面约定具体投资比例,根据司法实践,因个人资金与夫妻共同存款存在混同进行投资行为的,推定为共同投资行为,故法院推定647,725元系夫妻共同财产用于投资,应作为夫妻共同财产处理,根据投资亏损情况、转入及转出时间点、婚姻存续的时间、扣除合理开销部分,法院酌情确定原告给付被告股票抛售款10万元，现有股票及资金账户资金2500元归原告所有。

3 一方婚前持有的公司股权，是否因登记结婚转化为夫妻共同财产？

【律师解答】

一方婚前持有的公司股权婚后仍属于个人财产，但该股权的分红、增值部分一般属于夫妻共同财产。

为避免股权增值、分红部分混同为夫妻共同财产，可与配偶签署书面协议，约定一方婚前持有的股权、婚后股权的分红收入和增值部分归其个人所有。此外，为避免协议内容疏漏，建议列明财产明细，同时为加强协议的法律效力及规范性，亦可对协议进行公证。

【参考依据】

《民法典》

第一千零六十二条 夫妻在婚姻关系存续期间所得的下列财产，为夫妻的共同财产，归夫妻共同所有：

（一）工资、奖金、劳务报酬；

（二）生产、经营、投资的收益；

（三）知识产权的收益；

（四）继承或者受赠的财产，但是本法第一千零六十三条第三项规定的除外；

（五）其他应当归共同所有的财产。

夫妻对共同财产，有平等的处理权。

第一千零六十五条 男女双方可以约定婚姻关系存续期间所得的财产以及婚前财产归各自所有、共同所有或者部分各自所有、部分共同所有。约定应当采用书面形式……

夫妻对婚姻关系存续期间所得的财产以及婚前财产的约定，对双方具有法律约束力……

《最高人民法院关于适用〈中华人民共和国民法典〉婚姻家庭编的解释（一）》

第二十六条 夫妻一方个人财产在婚后产生的收益，除孳息和自然增值外，应认定为夫妻共同财产。

4 夫妻一方将婚前取得的股权转让给配偶，但未变更工商登记，转让行为有效吗？

【律师解答】

股权转让合同具有债权的属性，依照《民法典》合同编的规定，依法成立的合同，自成立时生效。夫妻双方就股权转让达成合意，股权转让合同即成立生效，是否变更工商登记不影响股权转让的效力。

夫妻中只有一方是有限责任公司股东时，股权转让合同不得损害其他股东的优先购买权。股东在向配偶转让股权时需取得其他股东过半数同意（公司章程另有约定的，按照公司章程约定），若公司其他股东不同意转让，不同意方应当购买该股权；其他股东既不同意转让又拒绝购买的，视为同意转让。因此，在签署夫妻间股权转让协议时，建议由其他股东在股权转让协议书中签字确认，或通过股东会决议的形式确认转让行为。

【参考依据】

《民法典》

第五百零二条第一款 依法成立的合同，自成立时生效，但是法律另有规定或者当事人另有约定的除外。

《公司法》

第三十二条 有限责任公司应当置备股东名册，记载下列事项：

（一）股东的姓名或者名称及住所；

（二）股东的出资额；

（三）出资证明书编号。记载于股东名册的股东，可以依股东名册主张行使股东权利。公司应当将股东的姓名或者名称向公司登记机关登记；登记事项发生变更的，应当办理变更登记。未经登记或者变更登记的，不得对抗第三人。

第七十一条 有限责任公司的股东之间可以相互转让其全部或者部分股权。

股东向股东以外的人转让股权，应当经其他股东过半数同意。股东应就其股权转让事项书面通知其他股东征求同意,其他股东自接到书面通知之日起满三十日未答复的,视为同意转让。其他股东半数以上不同意转让的,不同意的股东应当购买该转让的股权;不购买的,视为同意转让。

经股东同意转让的股权,在同等条件下,其他股东有优先购买权。两个以上股东主张行使优先购买权的,协商确定各自的购买比例;协商不成的,按照转让时各自的出资比例行使优先购买权。

公司章程对股权转让另有规定的,从其规定。

《最高人民法院关于适用〈中华人民共和国公司法〉若干问题的规定(四)》

第十七条第一款 有限责任公司的股东向股东以外的人转让股权,应就其股权转让事项以书面或者其他能够确认收悉的合理方式通知其他股东征求同意。其他股东半数以上不同意转让,不同意的股东不购买的,人民法院应当认定视为同意转让。

5 婚姻关系存续期间,一方持有有限责任公司的出资份额,离婚时应如何处理?

【律师解答】

(1)持有出资份额的一方可将出资份额转让给配偶,但转让时须经其他股东过半数同意且放弃优先购买权,其他股东不同意转让也不行使优先购买权的,视为同意转让。

(2)持有出资份额的一方可将出资份额转让给公司其他股东,夫妻双方对转让所得的财产进行分割。

(3)持有出资份额的一方可将出资份额转让给公司股东以外的第三人(参考第1项,需注意股东优先购买权),夫妻双方对转让所得的财产进行分割。

【参考依据】

《最高人民法院关于适用〈中华人民共和国民法典〉婚姻家庭编的解释(一)》

第七十三条 人民法院审理离婚案件,涉及分割夫妻共同财产中以一方名义在有限责任公司的出资额,另一方不是该公司股东的,按以下情形分别处理:

（一）夫妻双方协商一致将出资额部分或者全部转让给该股东的配偶，其他股东过半数同意，并且其他股东均明确表示放弃优先购买权的，该股东的配偶可以成为该公司股东；

（二）夫妻双方就出资额转让份额和转让价格等事项协商一致后，其他股东半数以上不同意转让，但愿意以同等条件购买该出资额的，人民法院可以对转让出资所得财产进行分割。其他股东半数以上不同意转让，也不愿意以同等条件购买该出资额的，视为其同意转让，该股东的配偶可以成为该公司股东。

用于证明前款规定的股东同意的证据，可以是股东会议材料，也可以是当事人通过其他合法途径取得的股东的书面声明材料。

6 婚姻关系存续期间，一方持有个人独资企业的资产，离婚时应如何处理？

【律师解答】

独资企业不涉及其他股东权益，分割时考虑夫妻双方是否愿意继续经营企业：

（1）一方主张经营该企业的，对企业资产进行评估后，由取得企业资产所有权一方给予另一方相应的补偿；

（2）双方均主张经营该企业的，在双方竞价基础上，由取得企业资产所有权的一方给予另一方相应的补偿；

（3）双方均不愿意经营该企业的，可以解散企业，清算后分割剩余财产。

【参考依据】

《最高人民法院关于适用〈中华人民共和国民法典〉婚姻家庭编的解释（一）》

第七十五条 夫妻以一方名义投资设立个人独资企业的，人民法院分割夫妻在该个人独资企业中的共同财产时，应当按照以下情形分别处理：

（一）一方主张经营该企业的，对企业资产进行评估后，由取得企业资产所有权一方给予另一方相应的补偿；

（二）双方均主张经营该企业的，在双方竞价基础上，由取得企业资产所有权的一方给予另一方相应的补偿；

（三）双方均不愿意经营该企业的，按照《中华人民共和国个人独资企业法》等有关规定办理。

7 婚姻关系存续期间成立的“夫妻公司”（股东只有夫妻两人），离婚时是否按照工商登记的股权比例分割？

【律师解答】

“夫妻公司”股权，一般属于夫妻共同财产，应予分割。但是，工商登记的持股比例不能直接推定为夫妻关于股权归属的约定。双方对于股权分割没有约定时，原则上应当平均分割。

但“夫妻公司”股权平均分割易导致公司出现决策僵局、资产被冻结等风险。为避免上述风险的发生，可采取以下措施：

（1）签署婚内协议，提前约定离婚后的股权划分；

（2）离婚时通过协商方式分割股权，避免矛盾激化；

（3）公司章程中个性化设计股东表决权条款，采取持股比例相同但表决权比例不同的方式，避免未来的决策僵局。

【参考依据】

《公司法》

第四十二条 股东会会议由股东按照出资比例行使表决权；但是，公司章程另有规定的除外。

【参考案例】

李某、魏某离婚纠纷案

审理法院：最高人民法院

案号：（2017）最高法民终336号

裁判要旨：关于对案涉3家公司出资额及股份平均分割是否有误的问题。一审中，魏某要求分割的5家公司均注册成立于李某和魏某结婚登记之后，其中吉林省温馨鸟装饰有限公司已被注销，魏某提出不予分割，一审法院予以准许。一审法院对其余4家公司的出资额及股份予以平均分割……李某主张案涉3家公司登记在其与魏某名下的股份应归各自所有,但并未提供相应的证据予以证明,一审法院对其主张不予支持,并无不当。

8 一方在婚姻关系存续期间获得的激励股权,能在离婚时作为夫妻共同财产分割吗?

【律师解答】

婚姻关系存续期间获得的激励股权,具有财产性利益,一般属于夫妻共同财产,可以分割。但分割时需考虑以下情形:

(1)职工内部流通股等具有内部流通性的股权,离婚诉讼分割时应具体审查,并征询职工所在企业等相关组织意见,以确定具体分割方法;

(2)若公司对激励股权转让不作限制,持股方在不损害其他股东优先购买权的情况下,可将激励股权的部分份额转让给配偶;

(3)若公司对持股方身份有限制,考虑到激励股权具有一定人身属性,为避免破坏公司和谐稳定、相互信赖的关系,激励股权一般属于持股方,由持股方对另一方进行折价补偿。

【参考依据】

《北京市高级人民法院关于审理婚姻纠纷案件若干疑难问题的参考意见》

二十一、【具特殊人身性股权的分割】

职工内部流通股等具有内部流通性的股权,离婚诉讼分割时应具体审查,并征询职工所在企业等相关组织意见,以确定具体分割方法。

具有特殊个人人身性的村民股权应属个人财产,但村民股权在夫妻关系存续期间的收益可作为夫妻共同财产分割。

9 若离婚前一方恶意转移其婚后持有的公司股权，其在离婚分割财产时将面临什么风险？

【律师解答】

一方婚后持有的公司股权系夫妻共同财产。离婚前一方将持有的部分或全部股权以不合理低价转让给他人，易被认定为恶意转移财产，转移股权方在离婚分割财产时将面临少分或者不分的风险。

但需要注意：如果一方擅自转让股权，股权受让人以善意、合理、有偿方式取得股权的一般有效，配偶方可主张分割股权转让价款。

股权持有人与受让人恶意串通，以不合理低价或无偿转让股权，合法权益遭受损害的配偶方可以根据《民法典》第 154 条规定，起诉请求法院宣告股权转让行为无效。

此外，诉讼中配偶主张股权持有人恶意转移财产的，可向法院申请调取股权持有人的账户信息，要求其当庭说明股权转让价款去向。

【参考依据】

《民法典》

第一百五十四条 行为人与相对人恶意串通，损害他人合法权益的民事法律行为无效。

第一千零九十二条 夫妻一方隐藏、转移、变卖、毁损、挥霍夫妻共同财产，或者伪造夫妻共同债务企图侵占另一方财产的，在离婚分割夫妻共同财产时，对该方可以少分或者不分。离婚后，另一方发现有上述行为的，可以向人民法院提起诉讼，请求再次分割夫妻共同财产。

10 婚前约定个人房产为夫妻共有，该约定可否撤销？

【律师解答】

约定婚前个人房产为夫妻共有，视为一方对另一方的赠与。赠与人在赠与财产过户登记之前可以撤销赠与，但需满足以下前提：

(1)赠与约定未经公证;

(2)撤销赠与的行为不违反公益、道德义务。

如果赠与合同经过了公证或者已办理房产过户登记手续,则赠与人不享有任意撤销权。

【参考依据】

《民法典》

第二百零九条 不动产物权的设立、变更、转让和消灭,经依法登记,发生效力;未经登记,不发生效力,但是法律另有规定的除外。

依法属于国家所有的自然资源,所有权可以不登记。

第六百五十八条 赠与人在赠与财产的权利转移之前可以撤销赠与。

经过公证的赠与合同或者依法不得撤销的具有救灾、扶贫、助残等公益、道德义务性质的赠与合同,不适用前款规定。

《最高人民法院关于适用〈中华人民共和国民法典〉婚姻家庭编的解释(一)》

第三十二条 婚前或者婚姻关系存续期间,当事人约定将一方所有的房产赠与另一方或者共有,赠与方在赠与房产变更登记之前撤销赠与,另一方请求判令继续履行的,人民法院可以按照民法典第六百五十八条的规定处理。

【参考案例】

孙某与郭某离婚纠纷案

审理法院:北京市高级人民法院

案号:(2021)京民申1776号

裁判要旨:根据原《最高人民法院关于适用〈中华人民共和国婚姻法〉若干问题的解释(三)》第6条之规定,婚前或者婚姻关系存续期间,当事人约定将一方所有的房产赠与另一方,赠与方在赠与房产变更登记之前撤销赠与,另一方请求判令继续履行的,人民法院可以按照原《合同法》第186条的规定处理。原《合同法》第186条规定,赠与人在赠与财产的权利转移之前可以撤销赠与。具有救灾、扶贫等社会公益、道德义务性质的赠与合同或者经过公证的赠与合同,不适用前款规定。因此,二审法院认定郭某在将房屋变更登记前有权撤销,同时对2801号房屋的认定与处理并无不当。

11 一方婚前全资购买,婚后取得产权证并登记在自己名下的房屋属于夫妻共同财产吗?

【律师解答】

婚前一方以自己的名义订立购房合同、支付定金和购房全款,婚后取得产权证并登记在自己名下,未出资一方虽在该房屋内生活,但该房屋并不属于夫妻共同财产,仍属于一方婚前个人财产。

婚后取得产权证的行为应理解为对购房人个人财产的公示和确认,是购房合同正常履行的自然结果,领取时间不影响其财产性质。

【参考依据】

《民法典》

第一千零六十三条 下列财产为夫妻一方的个人财产:

(一)一方的婚前财产;

(二)一方因受到人身损害获得的赔偿或者补偿;

(三)遗嘱或者赠与合同中确定只归一方的财产;

(四)一方专用的生活用品;

(五)其他应当归一方的财产。

12 婚前个人房产在婚后出租,该房产的增值和出租收益部分属于个人财产吗?

【律师解答】

(1)房屋自然增值部分(如房价上涨)属于个人财产,离婚时归一方所有。

(2)使用夫妻共同财产装修该房屋产生的增值部分属于夫妻共同财产,离婚时未取得房屋的一方可以要求配偶折价补偿。

(3)一方将属于个人所有的房屋出租,出租期间若由夫妻双方共同进行经营管理,所取得的租金是夫妻共同经营后的收入,因此该部分租金收益一般认定为夫妻共同财产;但若房屋所有人一方有证据证明事实上房屋出租的经营管理仅由其个人进行,则该租金收益为房产所有人的个人财产。

13 婚前个人所有的房屋在婚后被拆迁,获得的房屋拆迁补偿款是夫妻共同财产吗?

【律师解答】

政府对被拆迁房屋的所有权人支付的补偿款不仅是对房屋本身价值的补偿,还包括对该房屋内其他家庭成员的相关补偿,包括困难补助、搬迁补助及过渡补助等,故我们应该分情况区别对待。对于被拆迁房屋价值的补偿,应属于房屋所有权人的个人财产,而对于家庭成员的其他补偿部分则应认定为夫妻共同财产。

【参考依据】

《国有土地上房屋征收与补偿条例》

第十七条 作出房屋征收决定的市、县级人民政府对被征收人给予的补偿包括:

(一)被征收房屋价值的补偿;

(二)因征收房屋造成的搬迁、临时安置的补偿;

(三)因征收房屋造成的停产停业损失的补偿;

市、县级人民政府应当制定补助和奖励办法,对被征收人给予补助和奖励。

【参考案例】

上诉人杜某与被上诉人杨某离婚纠纷案

审理法院:四川省达州市中级人民法院

案号:(2018)川17民终224号

裁判要旨:过渡期周转房费属于临时性补偿,具有很强的政策性,其性质不是对被拆迁房屋价值的补偿,而是对被拆迁人因另寻住房需要搬迁安置所受损失或增加费用的补偿。该补偿是以户为单位进行发放的,补偿对象不限于房屋所有权人,而是居住在被拆迁房屋内并共同生活的家庭成员,同时,补偿的发放也是为满足家庭成员共同生活需要。因此,过渡期周转房费应当认定为家庭共同财产,杜某上诉称应当按照房屋份额进行分配的理由不成立。

14 一方擅自将登记在个人名下的夫妻共有房屋出售给第三人，配偶可以要求返还吗？

【律师解答】

房屋登记在出售人个人名下，具有对外公示效力，第三人支付合理对价并办理完毕过户手续后，一般可善意取得该房屋。若出售人配偶无法证明出卖人与第三人存在恶意串通、明显不合理低价购买等情形，一般不能要求返还。

如果买受人不符合善意取得的三个条件即善意购买、支付合理对价和已办理不动产登记，则配偶方可以起诉要求买受人返还房屋。例如，买受人善意签订合同并支付了购房款但没有完成过户登记，或者房产虽然过户了，但是买卖双方恶意串通损害配偶一方利益，或者交易价格明显低于市场价等情形下，买受人不构成对房屋的善意取得，就无法取得房屋的所有权，房屋的产权人仍为夫妻双方。

【参考依据】

《民法典》

第三百一十一条 无处分权人将不动产或者动产转让给受让人的，所有权人有权追回；除法律另有规定外，符合下列情形的，受让人取得该不动产或者动产的所有权：

（一）受让人受让该不动产或者动产时是善意；

（二）以合理的价格转让；

（三）转让的不动产或者动产依照法律规定应当登记的已经登记，不需要登记的已经交付给受让人。

受让人依据前款规定取得不动产或者动产的所有权的，原所有权人有权向无处分权人请求损害赔偿。

当事人善意取得其他物权的，参照适用前两款规定。

《最高人民法院关于适用〈中华人民共和国民法典〉婚姻家庭编的解释（一）》

第二十八条 一方未经另一方同意出售夫妻共同所有的房屋，第三人善意购买、支付合理对价并已办理不动产登记，另一方主张追回该房屋的，人民法院不予支持。

夫妻一方擅自处分共同所有的房屋造成另一方损失，离婚时另一方请求赔偿损失的，人民法院应予支持。

【参考案例】

杨某、匡某与曾某房屋买卖合同纠纷案

审理法院：湖南省永州市中级人民法院

案号：(2015)永中法民二终字第357号

裁判要旨：夫妻一方未经对方同意与买受人在平等自愿的基础上，签订房屋买卖合同，且符合善意取得的构成要件，夫妻另一方以不知情或不同意为由请求法院确认房屋买卖合同无效的，人民法院不予支持。

15 婚后由父母购买并登记在其子女个人名下的房屋，是子女的个人财产吗？

【律师解答】

父母明确约定该房产赠与子女个人的，属于子女个人财产。但明确约定有多种表现形式，如签订赠与合同、办理赠与公证等。签订赠与合同时，建议邀请无利害关系的见证人参与，或要求子女的配偶签字确认该房屋仅赠与子女个人。若未约定或约定不明，该房屋有可能被认定为子女的夫妻共同财产。

《最高人民法院关于适用〈中华人民共和国民法典〉婚姻家庭编的解释（一）》实施前，父母在子女婚后全资购房并登记在子女名下，适用原《最高人民法院关于适用〈中华人民共和国婚姻法〉若干问题的解释（三）》的规定，直接视为对子女个人赠与，属于子女个人财产；新司法解释颁布后删改了本条规定。为避免诉累，建议通过明确约定的方式将房产赠与给子女。

【参考依据】

《最高人民法院关于适用〈中华人民共和国民法典〉婚姻家庭编的解释（一）》

第二十九条 当事人结婚前，父母为双方购置房屋出资的，该出资应当认定为对自己子女个人的赠与，但父母明确表示赠与双方的除外。

当事人结婚后，父母为双方购置房屋出资的，依照约定处理；没有约定或者约定不明确的，按照民法典第一千零六十二条第一款第四项规定的原则处理。

《民法典》

第一千零六十二条第一款 夫妻在婚姻关系存续期间所得的下列财产,为夫妻的共同财产,归夫妻共同所有:

……

(四)继承或者受赠的财产,但是本法第一千零六十三条第三项规定的除外;

……

第一千零六十三条 下列财产为夫妻一方的个人财产:

……

(三)遗嘱或者赠与合同中确定只归一方的财产;

……

16 婚姻关系存续期间,以夫妻共同财产为双方购买的大额人身商业保险,离婚时可以分割吗?

【律师解答】

夫妻以共同财产购买的人身商业保险中,具有现金价值的保险可以分割,没有现金价值的保险不能分割。

我国人身保险分为人寿保险、年金保险、健康保险、意外伤害保险。对于没有现金价值的保险(如消费型保险),则无法进行分割。而保单是否具有现金价值可在投保的保险公司查询保单确定。

其中,婚姻关系存续期间以夫妻共同财产投保,投保人和被保险人同为夫妻一方,离婚时处于保险期内,投保人不愿意继续投保的,保险人退还的保险单现金价值部分应按照夫妻共同财产进行分割处理;离婚时投保人选择继续投保的,投保人应当支付保险单现金价值的一半给另一方。

若投保人与被保险人不同一,实践中一般有以下几种处理方式:双方合意退保或继续履行保险合同;告知当事人可在取得年金、分红之后或者发生保险事故并取得保险金之后,再行分割,具体分割比例应当按照婚姻关系存续期间交纳的保险费和离婚后交纳的保险费的比例来确定;法院亦可在夫妻间裁判变更投保人,获得保险合同利益的一方,支付相应现金价值的一半数额给另一方。

【参考依据】

《人身保险公司保险条款和保险费率管理办法》

第七条 人身保险分为人寿保险、年金保险、健康保险、意外伤害保险。

《第八次全国法院民事商事审判工作会议(民事部分)纪要》

4. 婚姻关系存续期间以夫妻共同财产投保,投保人和被保险人同为夫妻一方,离婚时处于保险期内,投保人不愿意继续投保的,保险人退还的保险单现金价值部分应按照夫妻共同财产处理;离婚时投保人选择继续投保的,投保人应当支付保险单现金价值的一半给另一方。

17 第三人指定受益人为夫妻一方的人寿保险金,是夫妻共同财产吗?

【律师解答】

关于其是否属于夫妻共同财产,除夫妻双方另有约定外,一般按照如下原则认定:

(1)婚姻关系存续期间,夫妻一方作为受益人依据以死亡为给付条件的人寿保险合同获得的保险金,一般认定为个人财产。

(2)婚姻关系存续期间,夫妻一方作为被保险人签订的意外保险合同、购买的健康保健合同对应的理赔保险金,一般认定为个人财产。

(3)婚姻关系存续期间,夫妻一方作为受益人以生存达到一定年龄为给付条件的保险金,一般认定为夫妻共同财产。

【参考依据】

《保险法》

第三十九条 人身保险的受益人由被保险人或者投保人指定。

投保人指定受益人时须经被保险人同意。投保人为与其有劳动关系的劳动者投保人身保险,不得指定被保险人及其近亲属以外的人为受益人。

被保险人为无民事行为能力人或者限制民事行为能力人的,可以由其监护人指定受益人。

《最高人民法院第八次全国法院民事商事审判工作会议(民事部分)纪要》

5. 婚姻关系存续期间,夫妻一方作为被保险人依据意外伤害保险合同、健康保险合同获得的具有人身性质的保险金,或者夫妻一方作为受益人依据以死亡为给付条件的人寿保险合同获得的保险金,宜认定为个人财产,但双方另有约定的除外。

婚姻关系存续期间,夫妻一方依据以生存到一定年龄为给付条件的具有现金价值的保险合同获得的保险金,宜认定为夫妻共同财产,但双方另有约定的除外。

18 离婚时有部分财产未进行分割,离婚后还可以再起诉要求分割吗?

【律师解答】

解除婚姻关系后,一方发现另一方隐匿、转移夫妻共同财产导致离婚时未进行分割的,可以"离婚后财产纠纷"为由向法院提起诉讼,请求再次分割夫妻共同财产。

夫妻双方在涉及大额共同财产难以协调时,也可先起诉或协议离婚,后续再进行离婚财产分割诉讼。

离婚时未分割的财产,在起诉分割时需要考虑诉讼时效是否经过。实务中针对房屋的分割主流观点不涉及诉讼时效,但为降低风险,建议在离婚后3年内或离婚后发现财产被隐藏、转移、变卖、毁损、挥霍之日起的3年内提起诉讼。

【参考依据】

《民法典》

第一千零九十二条 夫妻一方隐藏、转移、变卖、毁损、挥霍夫妻共同财产,或者伪造夫妻共同债务企图侵占另一方财产的……离婚后,另一方发现有上述行为的,可以向人民法院提起诉讼,请求再次分割夫妻共同财产。

《最高人民法院关于适用〈中华人民共和国民法典〉婚姻家庭编的解释(一)》

第八十三条 离婚后,一方以尚有夫妻共同财产未处理为由向人民法院起诉请求分割的,经审查该财产确属离婚时未涉及的夫妻共同财产,人民法院应当依法予以分割。

第八十四条 当事人依据民法典第一千零九十二条的规定向人民法院提起诉讼,请求再次分割夫妻共同财产的诉讼时效期间为三年,从当事人发现之日起计算。

【参考案例】

刘某、姜某所有权确认纠纷案

审理法院:河南省郑州市中级人民法院

案号:(2021)豫01民终3858号

裁判要旨:刘某称一审法院依据相关司法解释,对离婚协议中未分割财产予以分割已经超过诉讼时效的抗辩不予采信,系适用法律错误。一方面,《最高人民法院关于适用〈中华人民共和国民法典〉婚姻家庭编的解释(一)》第84条之规定的适用前提是存在《民法典》第1092条所规定的"夫妻一方隐藏、转移、变卖、毁损、挥霍夫妻共同财产,或者伪造夫妻共同债务企图侵占另一方财产的"行为时,适用3年诉讼时效之规定,而本案姜某并不存在上述行为,刘某也未举证证明姜某存在上述行为。另一方面,按照民法的基本理论,物权作为绝对权、对世权,基于物权归属的争议,并不适用诉讼时效制度。故刘某关于诉讼时效的抗辩,缺乏法律依据,不能成立。

19 一方因婚外情赠与第三人的财产,配偶可以要求返还吗?

【律师解答】

司法实践中存在不同的裁判观点,需结合具体案情分析。但从最高人民法院公布的指导案例及各级人民法院裁判的基本规则来看,主流观点为:"夫妻一方在婚姻关系存续期间擅自将夫妻共同财产赠与第三者"的行为系无效行为,判决返还财产。

婚姻关系存续期间,夫妻双方对夫妻共同财产共同共有,夫或妻一方非因日常生活需要处分夫妻共同财产时,需要协商一致,任何一方无权单独处分。如果夫妻一方非因日常生活需要擅自将夫妻共同财产赠与他人,赠与行为无效。另一方以共有财产权为由诉请返还的,人民法院一般予以支持。

【参考依据】

《民法典》

第八条 民事主体从事民事活动,不得违反法律,不得违背公序良俗。

【参考案例】

1. 吴某诉李某、刘某赠与合同纠纷案——全部返还

审理法院：菏泽市中级人民法院

案号：(2018)鲁17民终2539号

裁判要旨：本案中刘某赠与李某的大额财产，显然不是因日常生活需要而处理夫妻共同财产的行为，其未经妻子即被上诉人同意赠与上诉人大额钱款，侵犯了被上诉人的财产权益，该赠与行为应认定为无效。另外，夫妻对共同财产享有平等的处理权，并不能意味着夫妻各自对共同财产享有一半的处分权。只有在共同共有关系终止时，才可对共同财产进行分割，确定各自份额。因此，夫妻一方擅自将共同财产赠与他人的行为应为全部无效。

2. 申诉人李某因与被申诉人冯某及一审被告、二审被上诉人程某和一审第三人、二审上诉人张某财产权属纠纷案——全部返还

审理法院：湖北省高级人民法院

案号：(2012)鄂监二抗再终字第00005号

裁判要旨：冯某依法应将其受赠的财产全部予以返还。财产所有权的取得，不得违反法律规定。程某向冯某赠与的行为因违法而无效，故冯某对受赠的财产依法不能取得所有权。民事行为被确认为无效后，当事人因该行为取得的财产，应当予以返还。

3. 丁某与乔某、管某赠与合同纠纷案——部分返还

审理法院：山东省青岛市黄岛区人民法院

案号：(2017)鲁0211民初5425号

裁判要旨：乔某有自由处分自己个人财产的绝对权利，其作为共有权人有权分割及处分属于其所有的一半购车款，该部分赠与行为并没有违反法律、行政法规的禁止性规定，没有损害社会公共利益，也没有损害配偶的利益，故该部分赠与有效，且赠与财产的权利已经发生转移。结合丁某与乔某已经于2017年2月27日登记离婚的事实，法院综合认定乔某以购买车辆的形式赠与管某购车款的行为，涉及乔某的财产部分应属有效，但是涉及丁某的财产部分应属无效。

4. 裴某等与夏某等赠与合同纠纷案——部分返还

审理法院：济南市中级人民法院

案号：(2019)鲁01民终11269号

裁判要旨：夏某作为夏小某的父亲，对夏小某有法定抚养义务，在夏某不能直接抚养夏小某的情况下，夏某应承担抚养夏小某的生活费和教育费，故应认定夏某给第三者的款项包括赠与第三者的款项和付给夏小某的抚养费，费用无法区分。根据原告所述，夏某从事新建房地产工程施工，且有自己的公司，应认定夏某的经济条件优越，其支付的抚养费在可承受的范围之内，不应返还，故一审认定第三者返还夏某赠与的全部款项一半价值并无不当，法院予以维持。原告主张全额返还的理由不当，法院不予支持。

20 婚姻关系存续期间，夫妻双方签署的婚内“忠诚协议”有效吗？

【律师解答】

一般来说，夫妻之间签署的“忠诚协议”，不属于《民法典》的调整范围，一般不具有法律效力。我国《民法典》明确规定夫妻忠实义务是一种道德义务，而不是法律义务。虽然一般来说“忠诚协议”没有法律效力，但如果一方存在重婚、与他人同居的情形之一而导致离婚，无过错方可以依据双方签订的忠诚协议请求损害赔偿。

【参考依据】

《民法典》

第一千零四十三条 家庭应当树立优良家风，弘扬家庭美德，重视家庭文明建设。

夫妻应当互相忠实，互相尊重，互相关爱；家庭成员应当敬老爱幼，互相帮助，维护平等、和睦、文明的婚姻家庭关系。

第一千零八十七条第一款 离婚时，夫妻的共同财产由双方协议处理；协议不成的，由人民法院根据财产的具体情况，按照照顾子女、女方和无过错方权益的原则判决。

第一千零九十一条 有下列情形之一，导致离婚的，无过错方有权请求损害赔偿：

（一）重婚；

（二）与他人同居；

（三）实施家庭暴力；

（四）虐待、遗弃家庭成员；

（五）有其他重大过错。

【参考案例】

1. 武某离婚后财产纠纷申诉、申请民事裁定书

审理法院：北京市高级人民法院

案号：（2016）京民申3491号

裁判要旨：穆某为武某出具保证书及武某与穆某签订协议书中，就“白头到老，永结同心……不出走，不离婚，如有变心，自愿赔武某家20万元”等条款违反了《婚姻法》的基本原则、违反了婚姻当事人婚姻自主的权利，均没有法律效力。

2. 省法院、省妇联联合发布2019年度江苏法院婚姻家庭十大典型案例之四：李某诉马某离婚纠纷案——婚内忠诚协议不受法律保护财产分割应照顾无过错方

裁判要旨：李某与马某签订婚内协议一份，约定今后双方互相忠诚，如因一方过错行为（婚外情等）造成离婚，女儿由无过错方抚养，过错方放弃夫妻名下所有财产，并补偿无过错方人民币20万元。

一审法院经审理认为，李某与马某夫妻感情确已破裂，应准予离婚。上述协议中，关于子女的抚养约定因涉及身份关系，应属无效；关于财产分割及经济补偿的约定，系忠诚协议，不属于原《婚姻法》第19条规定的夫妻财产约定情形，马某主张按照婚内协议处理子女抚养及财产分割无法律依据，但考虑到李某在婚姻中的明显过错等因素，应对无过错的马某酌情予以照顾。综合考虑孩子的成长经历、双方收入水平、家庭财产来源等情况，判决女儿随马某共同生活，并由马某分得夫妻共同财产的70%。一审判决后，李某、马某均提起上诉。二审法院驳回上诉，维持原判。

21 一方“出轨”，配偶能否要求出轨方赔偿精神损失？

【律师解答】

一般情况下，法院对精神损失的主张不予支持。但如果一方出轨达到重婚、婚内与他人同居的严重过错程度时，配偶有可能获得精神损害赔偿。需要注意的是，

"一夜情"等方式的出轨,并未达到重婚、婚内与他人同居的严重过错程度,一般无法获得赔偿。但出轨方仍属于婚内过错方,在离婚财产分割时,根据"照顾无过错方"原则,过错方在财产分割上可能受到倾向性的惩罚。精神损害赔偿请求应当在无过错方作为原告起诉离婚时一并提出。无过错方作为被告的离婚案件中,在同意离婚的情况下可一并主张损害赔偿。

【参考依据】

《民法典》

第一千零九十一条 有下列情形之一,导致离婚的,无过错方有权请求损害赔偿:

(一)重婚;

(二)与他人同居;

《最高人民法院关于适用〈中华人民共和国民法典〉婚姻家庭编的解释(一)》

第八十六条 民法典第一千零九十一条规定的"损害赔偿",包括物质损害赔偿和精神损害赔偿。涉及精神损害赔偿的,适用《最高人民法院关于确定民事侵权精神损害赔偿责任若干问题的解释》的有关规定。

第八十八条 人民法院受理离婚案件时,应当将民法典第一千零九十一条等规定中当事人的有关权利义务,书面告知当事人。在适用民法典第一千零九十一条时,应当区分以下不同情况:

(一)符合民法典第一千零九十一条规定的无过错方作为原告基于该条规定向人民法院提起损害赔偿请求的,必须在离婚诉讼的同时提出。

(二)符合民法典第一千零九十一条规定的无过错方作为被告的离婚诉讼案件,如果被告不同意离婚也不基于该条规定提起损害赔偿请求的,可以就此单独提起诉讼。

(三)无过错方作为被告的离婚诉讼案件,一审时被告未基于民法典第一千零九十一条规定提出损害赔偿请求,二审期间提出的,人民法院应当进行调解;调解不成的,告知当事人另行起诉。双方当事人同意由第二审人民法院一并审理的,第二审人民法院可以一并裁判。

《最高人民法院关于确定民事侵权精神损害赔偿责任若干问题的解释》

第五条 精神损害的赔偿数额根据以下因素确定:

(一)侵权人的过错程度,但是法律另有规定的除外;

（二）侵权行为的目的、方式、场合等具体情节；

（三）侵权行为所造成的后果；

（四）侵权人的获利情况；

（五）侵权人承担责任的经济能力；

（六）受理诉讼法院所在地的平均生活水平。

第二章　家企债务风险

1　有限责任公司用股东家庭/个人账户为有限公司“走账”，会产生哪些民事风险？

【律师解答】

公司账户与股东家庭/个人账户混用，财产无法区分，通常会导致公司人格与股东人格发生混同，损害公司债权人的利益，股东可能会被要求对公司债务承担连带责任。前述混同情况发生在股东婚姻关系存续期间，还可能导致股东的配偶也需要承担连带责任。

关于人格混同的认定，可以参考《最高人民法院关于印发〈全国法院民商事审判工作会议纪要〉的通知》的规定：认定公司人格与股东人格是否存在混同，最根本的判断标准是公司是否具有独立意思和独立财产，最主要的表现是公司的财产与股东的财产是否混同且无法区分。在认定是否构成人格混同时，应当综合考虑以下因素：

（1）股东无偿使用公司资金或者财产，不作财务记载的；

（2）股东用公司的资金偿还股东的债务，或者将公司的资金供关联公司无偿使用，不作财务记载的；

（3）公司账簿与股东账簿不分，致使公司财产与股东财产无法区分的；

（4）股东自身收益与公司盈利不加区分，致使双方利益不清的；

（5）公司的财产记载于股东名下，由股东占有、使用的；

（6）人格混同的其他情形。

在出现人格混同的情况下，往往同时会出现以下混同：公司业务和股东业务混同；公司员工与股东员工混同，特别是财务人员混同；公司住所与股东住所混同。人民法院在审理案件时，关键要审查是否构成人格混同，而不要求同时具备其他方面的混同;其他方面的混同往往只是人格混同的补强。

【参考依据】

《公司法》

第三条第一款 公司是企业法人,有独立的法人财产,享有法人财产权。公司以其全部财产对公司的债务承担责任。

第二十条 公司股东应当遵守法律、行政法规和公司章程,依法行使股东权利,不得滥用股东权利损害公司或者其他股东的利益;不得滥用公司法人独立地位和股东有限责任损害公司债权人的利益。

公司股东滥用股东权利给公司或者其他股东造成损失的,应当依法承担赔偿责任。

公司股东滥用公司法人独立地位和股东有限责任,逃避债务,严重损害公司债权人利益的,应当对公司债务承担连带责任。

《最高人民法院关于印发〈全国法院民商事审判工作会议纪要〉的通知》

二、关于公司纠纷案件的审理

(四)关于公司人格否认

公司人格独立和股东有限责任是公司法的基本原则。否认公司独立人格,由滥用公司法人独立地位和股东有限责任的股东对公司债务承担连带责任,是股东有限责任的例外情形,旨在矫正有限责任制度在特定法律事实发生时对债权人保护的失衡现象。在审判实践中,要准确把握《公司法》第20条第3款规定的精神。一是只有在股东实施了滥用公司法人独立地位及股东有限责任的行为,且该行为严重损害了公司债权人利益的情况下,才能适用。损害债权人利益,主要是指股东滥用权利使公司财产不足以清偿公司债权人的债权。二是只有实施了滥用法人独立地位和股东有限责任行为的股东才对公司债务承担连带清偿责任,而其他股东不应承担此责任。三是公司人格否认不是全面、彻底、永久地否定公司的法人资格,而只是在具体案件中依据特定的法律事实、法律关系,突破股东对公司债务不承担责任的一般规则,例外地判令其承担连带责任。人民法院在个案中否认公司人格的判决的既判力仅仅约束该诉讼的各方当事人,不当然适用于涉及该公司的其他诉讼,不影响公司独立法人资格的存续。如果其他债权人提起公司人格否认诉讼,已生效判决认定的事实可以作为证据使用。四是《公司法》第20条第3款规定的滥用行为,实践中常见的情形有人格混同、过度支配与控制、资本显著不足等。在审理案件时,需要根据查明的案件事实进行综合判断,既审慎适用,又当用则用。实践中存在标准把握不严而滥用这一例外制度的现象，同时存在因法律规定较为原则、抽象，适用难度大，而不善于适用、不敢于适用的现象，均应当引起高度重视。

【参考案例】

陈某、某公司股东损害公司债权人利益责任纠纷案

审理法院：最高人民法院

案号：(2020)最高法民申463号

裁判要旨：陈某为某公司控股股东。某公司财务账簿缺失、财务管理混乱，公司资产流向不明，该公司2012年年末资产总额565.05万元，至2014年3月底只剩14.4125万元，资产锐减，陈某无法证明资产合理损耗，且陈某个人账户直接收取该公司的工程款。基于前述事实，最高人民法院认定债权人公司主张陈某滥用公司法人独立地位和股东有限责任，损害公司债权人利益的理由成立，判决陈某对某公司欠付债权人公司的债务承担连带责任。

2 夫妻一方负有个人债务，离婚时放弃全部夫妻共同财产，债权人应当如何主张权利？

【律师解答】

债务人通过离婚，放弃夫妻共同财产中的个人份额，失去偿债能力，导致债权人利益受损，可能构成恶意逃避债务。债权人可以行使撤销权，要求撤销债务人转移财产的行为。

债权人行使撤销权有时间限制，自债权人知道或者应当知道撤销事由之日起1年内行使，最晚应当在债务人转移财产后5年内提出。

【参考依据】

《民法典》

第五百三十八条 债务人以放弃其债权、放弃债权担保、无偿转让财产等方式无偿处分财产权益，或者恶意延长其到期债权的履行期限，影响债权人的债权实现的，债权人可以请求人民法院撤销债务人的行为。

第五百四十一条 撤销权自债权人知道或者应当知道撤销事由之日起一年内

行使。自债务人的行为发生之日起五年内没有行使撤销权的,该撤销权消灭。

【参考案例】

綦某等与马某债权人撤销权纠纷案

审理法院:北京市第二中级人民法院

案号:(2021)京02民终5506号

裁判要旨:关于马某是否实施了无偿转让财产的行为。关于张某与綦某签订的《离婚协议书》中约定的涉案房屋和涉案车辆归女方所有、所欠债务由张某偿还,是否损害了马某享有的对张某的债权。在没有证据证明《离婚协议书》中的财产及债务并非张某与綦某在夫妻关系存续期间共同所有并共同承担的情况下,二人签订《离婚协议书》将夫妻共同财产中主要且大额财产约定归綦某所有,债务约定归张某承担,实际系将夫妻共同财产中属于张某所有的部分无偿转让给綦某所有,使綦某取得的夫妻共同财产在价值上远远多于张某取得的夫妻共同财产,客观上减少了张某应取得的可供偿债的财产价值,一审法院认定张某系无偿转让涉案财产,认定正确。

关于张某的行为是否影响马某债权的实现。在本案一审庭审中,各方当事人主张涉案房屋的市场价值为480万~510万元,足以见得涉案房屋作为债务人张某的责任财产的重要性。张某、綦某虽上诉称双方在签订《离婚协议书》时,张某具有偿还债务能力,但并未对此提交充分证据予以证明,亦与此前判决的执行现状不符,故法院对张某、綦某的上述主张不予采信。在张某无偿处分涉案房屋之后,现其无能力向马某偿还债务,其行为给马某的债权实现造成妨害,故应当认定张某无偿转让涉案房屋的行为损害了马某的债权。张某、綦某以张某无偿转让涉案房屋的行为未对马某的债权实现造成损害为由不同意马某行使撤销权,缺乏事实及法律依据,其该项主张不能成立。

3 夫妻一方以个人名义借款用于公司经营,该债务属于夫妻共同债务吗?

【律师解答】

夫妻一方借款金额超出一般家庭日常生活所需,通常需要债权人举证证明该借款用于债务人夫妻共同生活、共同生产经营或者基于夫妻双方共同意思表示，否则该借款一般不属于夫妻共同债务。

夫妻共同债务的认定包含以下几种情况：

(1)由夫妻共同签名或者夫妻非负债一方事后追认的债务。

(2)夫妻一方在婚姻关系存续期间以个人名义没有超出家庭日常生活需要所负的债务。

(3)夫妻一方在婚姻关系存续期间以个人名义超出家庭日常生活需要所负的债务，但债权人能够证明该债务用于夫妻共同生活、共同生产经营。

鉴于债权人举证责任较大，建议对外出借款项时，可要求债务人的配偶在借条上签字确认，以保障债权的实现。

【参考依据】

《民法典》

第一千零六十四条 夫妻双方共同签名或者夫妻一方事后追认等共同意思表示所负的债务，以及夫妻一方在婚姻关系存续期间以个人名义为家庭日常生活需要所负的债务，属于夫妻共同债务。

夫妻一方在婚姻关系存续期间以个人名义超出家庭日常生活需要所负的债务，不属于夫妻共同债务；但是，债权人能够证明该债务用于夫妻共同生活、共同生产经营或者基于夫妻双方共同意思表示的除外。

《天津法院民间借贷案件审理指南(试行)》

16.【家庭日常生活需要所负债务的审查重点】认定借贷款项是否属于家庭日常生活需要所负债务，重点审查以下几个方面：

(1)家庭日常生活需要应当考虑夫妻双方的职业、身份、资产、收入、兴趣、习惯、家庭人口等情况进行判断；

(2)借贷款项是否用于食品、衣着、家庭设备用品、维修服务、医疗保健、交通通信、文娱教育及服务、居住、其他商品和服务等八类家庭消费支出；

(3)家庭日常生活需要是否超过上一年度天津居民人均消费支出三倍；

(4)其他因家庭日常生活需要所负的债务。

17.【共同生产经营的审查重点】认定夫妻一方借款是否用于夫妻共同生产经营，重点审查以下几个方面：

(1)夫妻一方负债系用于个体工商户或农村承包经营户经营的；

(2)夫妻一方从事经营、投资，另一方虽未直接参与经营、投资但分享了经营、投资收益的；

(3)其他可被认定为夫妻共同生产经营的情形。

《江苏省高级人民法院家事纠纷案件审理指南(婚姻家庭部分)》

47、如何界定夫妻一方在婚姻关系存续期间以个人名义为“家庭日常生活需要”所负的债务？

“家庭日常生活需要”是指家庭日常生活中的必要支出，包括衣食住行、医疗保健、交通通信、文娱教育及服务等。认定是否为“家庭日常生活需要”所负的债务，应当结合债务金额、举债次数、债务用途、家庭收入状况、消费水平、当地经济水平和一般社会生活习惯等予以综合判断。

以下情形可以作为认定超出“家庭日常生活需要”所负债务的考量因素：

(1)债务金额明显超出债务人或者当地普通居民家庭日常消费水平的；

(2)债权人明知或者应知债务人从事赌博、吸毒等违法犯罪活动仍出借款项的；

(3)债权人明知或者应知债务人已大额负债无法偿还，仍继续出借款项的。

48、如何界定夫妻一方在婚姻关系存续期间以个人名义为“夫妻共同生活、共同生产经营”所负的债务？

“夫妻共同生活”是指夫妻为履行经济扶养、生活照顾、精神抚慰义务而进行共同消费或者积累夫妻共同财产的情形。“夫妻共同生产经营”是指夫妻共同决定生产经营事项或者一方授权另一方决定生产经营事项或者夫妻另一方在生产经营中受益的情形。

以下情形可以作为认定债务用于“夫妻共同生活、共同生产经营”的考量因素：

(1)举债期间家庭购置大宗财产或者存在大额开支情形，夫妻双方无法说明资金来源的；

(2)举债用于夫妻双方共同从事的生产经营事项的；

(3)举债用于债务人单方从事的生产经营事项，但债务人配偶从生产经营中受益的。

以下情形可以作为认定债务未用于“夫妻共同生活、共同生产经营”的考量因素：

(1)举债期间家庭未购置大宗财产或者存在大额开支情形的；

(2)债务用于债务人从事赌博、吸毒等违法犯罪活动的；

(3)债务用于债务人单方负担与夫妻共同生活、共同生产经营无关的活动的，如无偿担保等；

（4）债务人配偶对债务人的生产经营行为不知情且未从生产经营中受益的。

4 夫妻一方对外担保之债属于夫妻共同债务吗？

【律师解答】

确定一方对所负的担保之债是否为夫妻共同债务，需要考虑以下两点：

（1）夫妻有无共同担保的合意。

（2）夫妻是否分享了担保所带来的利益。

例如，股东为企业借款提供担保，企业因获得借款扩大生产，年底利润丰厚，股东将分红收益用于夫妻共同生活，则很有可能被认定为夫妻分享了担保带来的收益，属于夫妻共同债务。

又如，夫妻一方以个人名义为朋友借款提供担保，另一方未进行追认，且未从该担保中获取利益，该担保之债一般属于担保人个人债务。

债权人对担保之债系夫妻共同债务的举证难度较高，建议在签订担保合同时，条款中明确担保人的配偶认可担保事项，并要求该配偶在落款处签字确认。

【参考依据】

《江苏省高级人民法院家事纠纷案件审理指南（婚姻家庭部分）》

49、作为有限责任公司或者股份有限公司的法定代表人、控股股东的夫妻一方在婚姻关系存续期间以个人名义借款用于公司或者为公司借款提供担保，该债务性质应当如何认定？

作为有限责任公司或者股份有限公司的法定代表人、控股股东的夫妻一方在婚姻关系存续期间以个人名义借款用于公司或者为公司借款提供担保的，应当区分属于公司债务还是个人债务。在认定属于个人债务的情形下，如果债务人在借款或者担保时收取了经济利益用于夫妻共同生活或者借款、担保行为与夫妻共同生活、共同生产经营密切相关，该借款或者担保债务应当认定为夫妻共同债务。

作为夫妻公司的法定代表人、控股股东的夫妻一方在婚姻关系存续期间以个人名义借款用于公司或者为公司借款提供担保的，该借款或者担保债务应当认定为夫妻共同债务。

夫妻一方作为一人有限责任公司的股东在婚姻关系存续期间以个人名义借款用于公司或者为公司借款提供担保，如果债务人配偶参与生产经营或者从生产经营中受益的，该借款或者担保债务应当认定为夫妻共同债务。

《最高人民法院民一庭关于夫妻一方对外担保之债能否认定为夫妻共同债务的复函》

福建省高级人民法院：

你院（2014）闽民申字第1715号《关于再审申请人宋某、叶某与被申请人叶某某及一审被告陈某、李某民间借贷纠纷一案的请示》收悉。经研究答复如下：同意你院审判委员会多数意见，即夫妻一方对外担保之债不应当适用《最高人民法院关于适用〈中华人民共和国婚姻法〉若干问题的解释（二）》第二十四条的规定认定为夫妻共同债务。

【参考案例】

牛某、诸某民间借贷纠纷案

审理法院：最高人民法院

案号：（2019）最高法民申2104号

裁判要旨：牛某与诸某系夫妻关系，诸某投资、担保的借款主要是用于圣科公司投资开发，且牛某现为圣科公司的法定代表人，诸某与付某之间的原始借款、还款流经牛某的银行账户，二审认定诸某的担保之债与牛某、圣科公司的利益存在紧密关联，与诸某、牛某夫妻共同生活密切相关，不应简单适用《最高人民法院民一庭关于夫妻一方对外担保之债能否认定为夫妻共同债务的复函》否定为夫妻共同债务，并无不当。

5 债务人个人财产不足清偿时，债权人可以执行登记在债务人配偶名下的夫妻共同财产吗？

【律师解答】

夫妻共同财产不因登记在一方名下而改变共有性质。债务人个人财产不足清偿时，债权人可要求强制执行其配偶名下的共有财产。但强制执行不能损害债务人配偶的个人财产份额。

债权人应当通过合法渠道收集未登记在债务人名下,但仍属于债务人婚姻关系存续期间增加的家庭财产(尤其是不动产),并在诉讼或执行中将财产线索提交法院。

债务人的配偶需要考虑财产的安全性。由于夫妻共同财产在婚姻关系存续期间是不分份额的共有关系,因此建议债务人的配偶可与债权人协商对财产进行分割,或尽快提起析产诉讼,确定财产的个人份额。

【参考依据】

《民事诉讼法》

第二百五十四条 财产被查封、扣押后,执行员应当责令被执行人在指定期间履行法律文书确定的义务。被执行人逾期不履行的,人民法院应当拍卖被查封、扣押的财产;不适于拍卖或者当事人双方同意不进行拍卖的,人民法院可以委托有关单位变卖或者自行变卖。国家禁止自由买卖的物品,交有关单位按照国家规定的价格收购。

《最高人民法院关于人民法院民事执行中查封、扣押、冻结财产的规定》

第十二条 对被执行人与其他人共有的财产,人民法院可以查封、扣押、冻结,并及时通知共有人。

共有人协议分割共有财产,并经债权人认可的,人民法院可以认定有效。查封、扣押、冻结的效力及于协议分割后被执行人享有份额内的财产;对其他共有人享有份额内的财产的查封、扣押、冻结,人民法院应当裁定予以解除。

共有人提起析产诉讼或者申请执行人代位提起析产诉讼的,人民法院应当准许。诉讼期间中止对该财产的执行。

【参考案例】

张某、高某再审审查与审判监督案

审理法院:最高人民法院

案号:(2017)最高法民申2083号

裁判要旨:本案中,张某勋作为生效判决的被执行人,人民法院查封张某勋与张某某的夫妻共同财产,符合法律相关规定,并无不当。共有人可以和债权人协议分割共有财产。但张某勋、张某某并没有与债权人高某协商一致对共有财产进行分割，故人民法院继续查封张某勋、张某某夫妻共同财产，并无不当。共有人有提起析产诉讼或者申请执行人代位提起析产诉讼的权利，而非提起析产诉讼的法定义务，张某某认为高某应该积极提起析产诉讼的主张，缺乏法律依据。同时，本案亦不符合《最高人民法院关于适用若干问题的解释(三)》第4条“婚姻关系存续期间，夫妻一方请求分割共同财产的，人民法院不予支持”的例外情形，故内蒙古高院不支持张某某“先析产再执行”的上诉请求，并无不当……内蒙古高院二审判决认定“在对张某勋、张某某夫妻共有财产进行拍卖时，应在夫妻共有财产范围内对张某勋所享有财产份额进行处分，不得损害张某某的财产份额”，可见二审判决已经对张某某的财产权益给予了适当保护，故张某某关于涉案的执行行为对其造成实质性损害的再审事由亦不能成立。

6 个人被限制高消费，对其子女入学或者报考公务员会产生哪些影响？

【律师解答】

无论被执行人是被纳入失信名单还是被限制高消费，其子女都不能就读高收费的私立学校。这种惩罚只是限制进入高收费的贵族学校，而不包括正常水平的义务教育和高学历教育等，不能剥夺孩子接受正常教育的权利。

随着信用体系的完善，部分高等院校，特别是国防类院校，资格审查相对严格，考生很有可能因为父母的失信行为无法通过学校的政审。值得一提的是，《公务员法》第26条明确规定，被依法列为失信联合惩戒对象的，不得录用为公务员。

那么，如果父母是“老赖”，对子女考公务员或事业单位会不会有影响呢？目前没有明确的法律依据，也没有明文规定政审不能通过。但对于部分对亲属关系有严格要求的机关(如公、检、法机关)，如果亲属行为对本人有重大影响，招考单位确实会将该实际情况列入考核，但是政审还需要考核其他事项，在综合考察的情况下得出结论，所以相关结果要以单位审核为准。

【参考依据】

《公务员法》

第二十六条　下列人员不得录用为公务员：

（一）因犯罪受过刑事处罚的；

（二）被开除中国共产党党籍的；

（三）被开除公职的；

（四）被依法列为失信联合惩戒对象的；

（五）有法律规定不得录用为公务员的其他情形的。

《公务员录用规定》

第十八条　报考公务员，应当具备下列资格条件：

（一）具有中华人民共和国国籍；

（二）年龄为十八周岁以上，三十五周岁以下；

（三）拥护中华人民共和国宪法，拥护中国共产党领导和社会主义制度；

（四）具有良好的政治素质和道德品行；

（五）具有正常履行职责的身体条件和心理素质；

（六）具有符合职位要求的工作能力；

（七）具有大学专科以上文化程度；

（八）省级以上公务员主管部门规定的拟任职位所要求的资格条件；

（九）法律、法规规定的其他条件。

前款第（二）、（七）项所列条件，经省级以上公务员主管部门批准，可以适当调整。

报考行政机关中行政处罚决定审核、行政复议、行政裁决、法律顾问等职位的，应当取得法律职业资格。

公务员主管部门和招录机关不得设置与职位要求无关的报考资格条件。

第十九条　下列人员不得报考公务员：

（一）因犯罪受过刑事处罚的；

（二）被开除中国共产党党籍的；

（三）被开除公职的；

（四）被依法列为失信联合惩戒对象的；

（五）有法律规定不得录用为公务员的其他情形的。

第三十六条 招录机关根据报考者的考试成绩、体检结果和考察情况等,择优提出拟录用人员名单,向社会公示。公示期不少于五个工作日。

第三十七条 公示内容包括招录机关名称、拟录用职位,拟录用人员姓名、性别、准考证号、毕业院校或者工作单位,监督电话以及省级以上公务员主管部门规定的其他事项。

公示期满,对没有问题或者反映问题不影响录用的,按照规定程序办理审批或者备案手续;对有严重问题并查有实据的,不予录用;对反映有严重问题,但一时难以查实的,暂缓录用,待查实并作出结论后再决定是否录用。

《最高人民法院关于限制被执行人高消费及有关消费的若干规定》

第三条 被执行人为自然人的,被采取限制消费措施后,不得有以下高消费及非生活和工作必需的消费行为:

(一)乘坐交通工具时,选择飞机、列车软卧、轮船二等以上舱位;

(二)在星级以上宾馆、酒店、夜总会、高尔夫球场等场所进行高消费;

(三)购买不动产或者新建、扩建、高档装修房屋;

(四)租赁高档写字楼、宾馆、公寓等场所办公;

(五)购买非经营必需车辆;

(六)旅游、度假;

(七)子女就读高收费私立学校;

(八)支付高额保费购买保险理财产品;

(九)乘坐G字头动车组列车全部座位、其他动车组列车一等以上座位等其他非生活和工作必需的消费行为。

被执行人为单位的,被采取限制消费措施后,被执行人及其法定代表人、主要负责人、影响债务履行的直接责任人员、实际控制人不得实施前款规定的行为。因私消费以个人财产实施前款规定行为的,可以向执行法院提出申请。执行法院审查属实的,应予准许。

第三章 财富传承

1 继承遗产需要缴纳遗产税吗？

【律师解答】

我国尚未开征遗产税，也未发布过遗产税相关条例或草案，故目前不需要缴纳遗产税。

遗产税是以被继承人去世后所遗留的财产为征税对象，向遗产的继承人或受遗赠人征收的税。目前，全球已有100多个国家开征遗产税或其他遗产类税收。2021年，全国人大代表、全国人大财经委委员、中国税务学会会长汪康建议，为缩小贫富差距可考虑开征遗产税。根据近年来国务院发布的改革相关意见，未来遗产税征收仍是必然趋势。参考韩国三星天价遗产税事件（税款约合人民币699亿元），富人阶层仍需要运用适当的工具，对遗产做好税务筹划，常见工具如家族信托、保险金信托等。个人资产经过专业人士规划安排后变更为信托财产，而信托财产独立于委托人，不再作为遗产被继承，故无须缴纳遗产税。

【参考依据】

《信托法》

第十五条 信托财产与委托人未设立信托的其他财产相区别。设立信托后，委托人死亡或者依法解散、被依法撤销、被宣告破产时，委托人是唯一受益人的，信托终止，信托财产作为其遗产或者清算财产；委托人不是唯一受益人的，信托存续，信托财产不作为其遗产或者清算财产；但作为共同受益人的委托人死亡或者依法解散、被依法撤销、被宣告破产时，其信托受益权作为其遗产或者清算财产。

2 自然人生前未设立遗嘱或遗赠协议，其离世后遗产继承的顺序是什么？

【律师解答】

既无遗嘱也未签署过遗赠协议的，按照法定继承办理。在我国，配偶、父母、子女为第一顺位继承人；兄弟姐妹、祖父母、外祖父母为第二顺位继承人。在没有第一顺位继承人的情况下，由第二顺位继承人继承。但是需要注意以下几点：

(1)丧偶儿媳(女婿)的继承权。丧偶儿媳和女婿对公、婆、岳父、岳母之间，只有姻亲关系，并无血缘关系。儿媳或者女婿丧偶后，对公、婆、岳父、岳母尽到主要赡养义务，可以视为第一顺位继承人，继承遗产。

(2)代位继承。被继承人的子女或兄弟姐妹先于被继承人死亡的，被继承人的子女或兄弟姐妹的晚辈直系亲属可以代替被继承人子女或兄弟姐妹，继承被继承人子女或兄弟姐妹应继承的遗产份额。例如，被继承人的儿子去世，被继承人的孙子/孙女可以代替父亲继承爷爷的遗产。

我国《民法典》扩大了代位继承的范围，将第二顺位继承人中兄弟姐妹的子女规定为代位继承人，使侄子、侄女、外甥、外甥女等兄弟姐妹的子女获得代位继承权，防止出现遗产无人继承的情形。

【参考依据】

《民法典》

第一千一百二十三条 继承开始后，按照法定继承办理；有遗嘱的，按照遗嘱继承或者遗赠办理；有遗赠扶养协议的，按照协议办理。

第一千一百二十七条 遗产按照下列顺序继承：

(一)第一顺序：配偶、子女、父母；

(二)第二顺序：兄弟姐妹、祖父母、外祖父母。

继承开始后，由第一顺序继承人继承，第二顺序继承人不继承；没有第一顺序继承人继承的，由第二顺序继承人继承。

本编所称子女，包括婚生子女、非婚生子女、养子女和有扶养关系的继子女。

本编所称父母，包括生父母、养父母和有扶养关系的继父母。

本编所称兄弟姐妹，包括同父母的兄弟姐妹、同父异母或者同母异父的兄弟姐妹、养兄弟姐妹、有扶养关系的继兄弟姐妹。

第一千一百二十八条 被继承人的子女先于被继承人死亡的,由被继承人的子女的直系晚辈血亲代位继承。

被继承人的兄弟姐妹先于被继承人死亡的,由被继承人的兄弟姐妹的子女代位继承。

代位继承人一般只能继承被代位继承人有权继承的遗产份额。

第一千一百二十九条 丧偶儿媳对公婆,丧偶女婿对岳父母,尽了主要赡养义务的,作为第一顺序继承人。

3 被继承人去世后,继承人是否需要征得其他股东同意才有资格成为有限责任公司的股东?

【律师解答】

被继承人的配偶或子女等作为继承人,无须征得其他股东同意即可继承公司股东资格,即使是未成年人也可以继承公司股权,相关股东权利由其法定代理人代为行使。但公司章程有例外规定的除外。

《公司法》没有对股权继承设置"经其他股东过半数同意才能对外转让股权"的限制条件,但允许股东在章程中自由约定。公司股东若不想让合作伙伴的继承人继承公司股权,可提前在章程中进行排除式约定。

【参考依据】

《公司法》

第七十五条 自然人股东死亡后,其合法继承人可以继承股东资格;但是,公司章程另有规定的除外。

4 被继承人去世后,欠缴税款、欠付债务是否应当"父债子偿"?

【律师解答】

被继承人去世后,遗产应优先用于清偿欠缴税款和欠付债务。子女放弃继承遗产,所有税款、债务均无须偿还;子女继承遗产,应以所得遗产实际价值为限清偿被继承人依法应当缴纳的税款和债务,超出部分,可以自愿偿还。

【参考依据】

《民法典》

第一千一百五十九条 分割遗产,应当清偿被继承人依法应当缴纳的税款和债务;但是,应当为缺乏劳动能力又没有生活来源的继承人保留必要的遗产。

第一千一百六十一条 继承人以所得遗产实际价值为限清偿被继承人依法应当缴纳的税款和债务。超过遗产实际价值部分,继承人自愿偿还的不在此限。

继承人放弃继承的,对被继承人依法应当缴纳的税款和债务可以不负清偿责任。

第一千一百六十二条 执行遗赠不得妨碍清偿遗赠人依法应当缴纳的税款和债务。

5 继子女与亲生子女享有同等的继承权吗?

【律师解答】

继父母与受其抚养教育的继子女属于拟制血亲关系,继子女等同亲生子女,享有法定继承权;但未形成扶养关系的继父母和继子女之间没有法定继承权。

扶养关系的认定可以参考《北京市高级人民法院关于审理继承纠纷案件若干疑难问题的解答》的规定:"继父母子女间是否具有法定继承人资格,以是否存在扶养关系为判断标准。人民法院在判断是否存在扶养关系时,应依扶养时间的长期性、经济与精神扶养的客观存在、家庭身份的融合性等因素综合进行判断,必要时应依职权进行调查。"

【参考依据】

《民法典》

第一千零七十二条 继父母与继子女间,不得虐待或者歧视。

继父或者继母和受其抚养教育的继子女间的权利义务关系,适用本法关于父母子女关系的规定。

第一千一百二十七条 遗产按照下列顺序继承：

（一）第一顺序：配偶、子女、父母；

（二）第二顺序：兄弟姐妹、祖父母、外祖父母。

继承开始后，由第一顺序继承人继承，第二顺序继承人不继承；没有第一顺序继承人继承的，由第二顺序继承人继承。

本编所称子女，包括婚生子女、非婚生子女、养子女和有扶养关系的继子女。

本编所称父母，包括生父母、养父母和有扶养关系的继父母。

本编所称兄弟姐妹，包括同父母的兄弟姐妹、同父异母或者同母异父的兄弟姐妹、养兄弟姐妹、有扶养关系的继兄弟姐妹。

6 通过人工授精技术诞生的婴儿，与被继承人没有血缘关系，该婴儿是否享有继承权？

【律师解答】

婚姻关系存续期间，妻子事先经过丈夫同意或事后丈夫明确表示无异议，采用辅助生殖技术怀孕，即使所生子女与丈夫没有血缘关系，通常也认定为婚生子女，享有继承权。

【参考依据】

《人类辅助生殖技术管理办法》

第三条 人类辅助生殖技术的应用应当在医疗机构中进行，以医疗为目的，并符合国家计划生育政策、伦理原则和有关法律规定。

第二十四条第一款 本办法所称人类辅助生殖技术是指运用医学技术和方法对配子、合子、胚胎进行人工操作，以达到受孕目的的技术，分为人工授精和体外受精－胚胎移植技术及其各种衍生技术。

《最高人民法院关于夫妻关系存续期间以人工授精所生子女的法律地位的函》

河北省高级人民法院：

你院冀法（民）（1991）43号《关于夫妻离婚后人工授精所生子女的法律地位如何确定的请示报告》收悉。

经研究，我们认为，在夫妻关系存续期间，双方一致同意进行人工授精，所生子女应视为夫妻双方的婚生子女，父母子女之间权利义务关系适用《婚姻法》的有关规定。

以上意见，供参考。

7 被继承人生前设立多份遗嘱，其效力如何认定？公证遗嘱具有效力优先性吗？

【律师解答】

2021 年 1 月 1 日《民法典》生效后，取消了公证遗嘱效力优先的规定，无论多少份遗嘱，均以最后一份遗嘱为准，充分尊重被继承人最后的真实想法。但存在例外情况：

（1）遗嘱人在危急情况下，可以立口头遗嘱，危急情况消除后，遗嘱人能够以书面或者录音录像形式立遗嘱的，所立口头遗嘱无效。

（2）被继承人在《民法典》施行前立有公证遗嘱，随后又立有其他普通遗嘱，在《民法典》施行后未设立新的遗嘱，此时按照“法不溯及既往”的原则，以旧法为准，公证遗嘱效力优先。

鉴于遗嘱的相关规定较为繁杂，为避免遗嘱无效，建议对遗嘱进行律师见证或遗嘱公证，也可考虑在世时完成遗产传承。

【参考依据】

《民法典》

第一千一百三十八条 遗嘱人在危急情况下，可以立口头遗嘱。口头遗嘱应当有两个以上见证人在场见证。危急情况消除后，遗嘱人能够以书面或者录音录像形式立遗嘱的，所立的口头遗嘱无效。

第一千一百四十二条 遗嘱人可以撤回、变更自己所立的遗嘱。

立遗嘱后，遗嘱人实施与遗嘱内容相反的民事法律行为的，视为对遗嘱相关内容的撤回。

立有数份遗嘱，内容相抵触的，以最后的遗嘱为准。

《最高人民法院关于适用〈中华人民共和国民法典〉时间效力的若干规定》

第一条 民法典施行后的法律事实引起的民事纠纷案件,适用民法典的规定。

民法典施行前的法律事实引起的民事纠纷案件,适用当时的法律、司法解释的规定,但是法律、司法解释另有规定的除外。

民法典施行前的法律事实持续至民法典施行后,该法律事实引起的民事纠纷案件,适用民法典的规定,但是法律、司法解释另有规定的除外。

第二十三条 被继承人在民法典施行前立有公证遗嘱,民法典施行后又立有新遗嘱,其死亡后,因该数份遗嘱内容相抵触发生争议的,适用民法典第一千一百四十二条第三款的规定。

8 遗嘱合法有效,继承人如何办理房屋过户?

【律师解答】

因继承、受遗赠取得不动产,当事人申请过户登记的,需要提交能够证明其具有继承权的相关材料,否则无法办理房屋过户手续。

实践中,不动产登记机构确认继承权是实质审查,需要对被继承人死亡时间,继承人身份,是否存在隐瞒、遗漏、假冒继承人的情况进行核实,所需时间较长,且审查出现错误时会涉及国家赔偿责任。继承人仅提交遗嘱,无法证明该遗嘱是否真实有效。因此继承不动产时,登记机构通常会要求申请人提供继承权公证文书或者相关生效法律文书。

继承权公证,是指国家公证机构根据当事人的申请,依照法律规定,证明继承人享有继承权并证明其继承活动真实合法的公证程序。

继承权公证的流程一般如下:继承人向公证处提出遗产继承公证申请—公证处对被继承人的亲属关系进行调查—全体第一顺位继承人均同意办理继承权公证—继承权公证所需材料全部收集齐全—全体第一顺位继承人共同前往公证处办理相关手续。

从上述程序可知,部分继承人不配合办理继承权公证时,其他继承人将无法仅依据遗嘱办理房屋过户,需要通过复杂的诉讼程序实现权利。安排继承事宜,仅依靠遗嘱并非万全之策,可以考虑采用保险、信托等财富传承工具。

【参考依据】

《不动产登记暂行条例实施细则》

第十四条 因继承、受遗赠取得不动产,当事人申请登记的,应当提交死亡证明材料、遗嘱或者全部法定继承人关于不动产分配的协议以及与被继承人的亲属关系材料等,也可以提交经公证的材料或者生效的法律文书。

9 遗产管理人制度是什么?被继承人去世后,遗产管理人有哪些职责?

【律师解答】

遗产管理人制度,是指在继承开始后遗产交付前,有关主体依据法律规定或有关机关的指定,以维护遗产价值和被继承人合法利益为宗旨,对被继承人的遗产实施管理、清算的制度。遗产管理人的产生顺序为:被继承人指定遗嘱执行人—继承人推选—继承人共同担任—被继承人生前住所地的民政部门或村委会担任。

遗产管理人应当履行下列职责:(1)清理遗产并制作遗产清单;(2)向继承人报告遗产情况;(3)采取必要措施防止遗产毁损、灭失;(4)处理被继承人的债权债务;(5)按照遗嘱或者依照法律规定分割遗产;(6)实施与管理遗产有关的其他必要行为。

【参考依据】

《民法典》

第一千一百四十五条 继承开始后,遗嘱执行人为遗产管理人;没有遗嘱执行人的,继承人应当及时推选遗产管理人;继承人未推选的,由继承人共同担任遗产管理人;没有继承人或者继承人均放弃继承的,由被继承人生前住所地的民政部门或者村民委员会担任遗产管理人。

第一千一百四十七条 遗产管理人应当履行下列职责:

(一)清理遗产并制作遗产清单;

(二)向继承人报告遗产情况;

(三)采取必要措施防止遗产毁损、灭失;

（四）处理被继承人的债权债务；

（五）按照遗嘱或者依照法律规定分割遗产；

（六）实施与管理遗产有关的其他必要行为。

10 我国能否设立遗嘱信托？

【律师解答】

遗嘱信托，是指委托人基于对受托人的信任，预先以设立遗嘱的方式，将财产的规划内容详细记载于遗嘱中，待遗嘱生效时，将信托财产转移给受托人，由受托人依据委托人遗嘱所交办的事项，以自己的名义来管理或处分信托财产。依据相关规定，我国可以设立遗嘱信托。

遗嘱信托的功能包含以下几点：

（1）减少遗产纠纷。遗嘱信托中，继承人不参与遗产的处理，可以减少争端。

（2）遗产的所有权和收益权分离，保障财产安全。遗产所有权不直接归属于受益人，而是将信托收益分配给受益人。财产按照委托人生前意愿继续经营，防止“败家”和保障受益人生活。

（3）避免未来缴纳遗产税。

（4）实现财产保密，防止隐私披露。

遗嘱信托的适用范围较为广泛，可应用于多个场景：

（1）离异或未婚人，有未成年子女需要抚养，担忧另一亲权人损害子女财产权益。

（2）再婚家庭或夫妻关系紧张，需要保障子女、父母或其他近亲属长期享受财产利益。

（3）担忧子女缺乏管理能力，挥霍财产。

（4）父母子女关系紧张，希望财产留给孙子女、外孙子女。

（5）子女婚姻不稳定，需要建立资产“防火墙”。

【参考依据】

《民法典》

第一千一百三十三条第四款 自然人可以依法设立遗嘱信托。

《信托法》

第二条 本法所称信托,是指委托人基于对受托人的信任,将其财产权委托给受托人,由受托人按委托人的意愿以自己的名义,为受益人的利益或者特定目的,进行管理或者处分的行为。

第八条 设立信托,应当采取书面形式

……

采取信托合同形式设立信托的,信托合同签订时,信托成立。采取其他书面形式设立信托的,受托人承诺信托时,信托成立。

第十三条第一款 设立遗嘱信托,应当遵守继承法关于遗嘱的规定。

第四章 CRS与移民规划

1 什么是CRS?

【律师解答】

CRS的英文全称是“Common Reporting Standard”,中文翻译是“共同信息交换准则”,又称“统一报告标准”。CRS要求签署方系统性及定期性的情报自动交换,以使纳税人居住地与纳税人账户所在地自动分享纳税人在境外金融机构中的各类涉税信息。简单来说,CRS是参与成员之间的金融机构交换账户信息的系统,CRS的意义在于增加国际税收透明度,打击利用境外金融账户逃税的行为。

2015年12月,我国签署了《金融账户涉税信息自动交换多边主管当局间协议》,2018年9月进行了第一批信息交换。

与中国签订CRS信息交换的国家和地区包括:安圭拉;阿根廷;澳大利亚;比利时;伯利兹;百慕大;巴西;英属维尔京群岛;保加利亚;加拿大;开曼群岛;哥伦比亚;哥斯达黎加;克罗地亚;塞浦路斯;捷克;丹麦;爱沙尼亚;法罗群岛;芬兰;法国;德国;直布罗陀;希腊;格陵兰;根西岛;匈牙利;冰岛;印度;印度尼西亚;爱尔兰;马恩岛;意大利;日本;泽西岛;韩国;拉脱维亚;列支敦士登;立陶宛;卢森堡;马来西亚;马耳他;毛里求斯;墨西哥;蒙特塞拉特;荷兰;新西兰;挪威;波兰;葡萄牙;罗马尼亚;圣卢西亚;圣文森特和格林纳丁斯;萨摩亚;斯洛伐克;斯洛文尼亚;南非;西班牙;瑞典;特克斯和凯科斯群岛;乌拉圭;瓦努阿图、新加坡等。

【参考依据】

《非居民金融账户涉税信息尽职调查管理办法》

第七条 下列机构属于本办法第六条规定的金融机构:

(一)商业银行、农村信用合作社等吸收公众存款的金融机构以及政策性银行;

（二）证券公司；

（三）期货公司；

（四）证券投资基金管理公司、私募基金管理公司、从事私募基金管理业务的合伙企业；

（五）开展有现金价值的保险或者年金业务的保险公司、保险资产管理公司；

（六）信托公司；

（七）其他符合条件的机构。

2 CRS协议的实施对境内高净值人士有哪些影响？

【律师解答】

1. 海外金融资产可能被披露

若高净值人士存放金融资产的国家（地区）加入CRS，该国家（地区）会将持有人的金融资产情况向我国税务主管部门披露。若该人士在境内担任公职人员，还可能涉及“巨额财产来源不明罪”。

金融资产包括证券、合伙权益、大宗商品、掉期、保险合同、年金合同或者上述资产的权益；前述权益包括期货、远期合约或者期权。金融资产不包括实物商品或者不动产非债直接权益。

2. 在境外免税地设立公司从事国际贸易可能被征税

2009年，《国家税务总局关于境外注册中资控股企业依据实际管理机构标准认定为居民企业有关问题的通知》（现部分废止）发布，对中国居民企业、非居民企业进行了界定，即使在境外免税地设立公司，其决策人员、工作场所、经营资料等任意一项主要在中国境内的，均属于中国居民企业，需要对其来源于中国境内外的所得征收企业所得税。

3. 通过壳公司进行投资将难以规避资产披露

国内高净值人士在境外税收优惠地设立壳公司，通过壳公司持有境外的基金、股票等。若该税收优惠地加入CRS，壳公司及公司实际控制人需要披露金融资产。

4. 移民后产生税务风险

CRS实施以后，高净值人士在中国境内隐藏的资产可能会被中国税务机关披露给移民国，由此可能导致补缴税款、罚金或刑事责任。

【参考依据】

《刑法》

第三百九十五条第一款 国家工作人员的财产、支出明显超过合法收入，差额巨大的，可以责令该国家工作人员说明来源，不能说明来源的，差额部分以非法所得论，处五年以下有期徒刑或者拘役；差额特别巨大的，处五年以上十年以下有期徒刑。财产的差额部分予以追缴。

《税收征收管理法》

第六十五条 纳税人欠缴应纳税款，采取转移或者隐匿财产的手段，妨碍税务机关追缴欠缴的税款的，由税务机关追缴欠缴的税款、滞纳金，并处欠缴税款百分之五十以上五倍以下的罚款；构成犯罪的，依法追究刑事责任。

《非居民金融账户涉税信息尽职调查管理办法》

第四条 金融机构应当建立完整的非居民金融账户尽职调查管理制度，设计合理的业务流程和操作规范，并定期对本办法执行落实情况进行评估，妥善保管尽职调查过程中收集的资料，严格进行信息保密。金融机构应当对其分支机构执行本办法规定的尽职调查工作作出统一要求并进行监督管理。

金融机构应当向账户持有人充分说明本机构需履行的信息收集和报送义务，不得明示、暗示或者帮助账户持有人隐匿身份信息，不得协助账户持有人隐匿资产。

第六条第二款 本办法所称金融资产包括证券、合伙权益、大宗商品、掉期、保险合同、年金合同或者上述资产的权益，前述权益包括期货、远期合约或者期权。金融资产不包括实物商品或者不动产非债直接权益。

第九条 本办法所称金融账户包括：

（一）存款账户，是指开展具有存款性质业务而形成的账户，包括活期存款、定期存款、旅行支票、带有预存功能的信用卡等。

（二）托管账户，是指开展为他人持有金融资产业务而形成的账户，包括代理客户买卖金融资产的业务以及接受客户委托、为客户管理受托资产的业务。

1. 代理客户买卖金融资产的业务包括证券经纪业务、期货经纪业务、代理客户开展贵金属、国债业务或者其他类似业务；

2. 接受客户委托、为客户管理受托资产的业务包括金融机构发起、设立或者管理不具有独立法人资格的理财产品、基金、信托计划、专户/集合类资产管理计划或者其他金融投资产品。

(三)其他账户,是指符合以下条件之一的账户:

1. 投资机构的股权或者债权权益,包括私募投资基金的合伙权益和信托的受益权;

2. 具有现金价值的保险合同或者年金合同。

《国家税务总局关于境外注册中资控股企业依据实际管理机构标准认定为居民企业有关问题的通知》

一、境外中资企业是指由中国境内的企业或企业集团作为主要控股投资者,在境外依据外国(地区)法律注册成立的企业。

二、境外中资企业同时符合以下条件的,根据企业所得税法第二条第二款和实施条例第四条的规定,应判定其为实际管理机构在中国境内的居民企业(以下称非境内注册居民企业),并实施相应的税收管理,就其来源于中国境内、境外的所得征收企业所得税。

(一)企业负责实施日常生产经营管理运作的高层管理人员及其高层管理部门履行职责的场所主要位于中国境内;

(二)企业的财务决策(如借款、放款、融资、财务风险管理等)和人事决策(如任命、解聘和薪酬等)由位于中国境内的机构或人员决定,或需要得到位于中国境内的机构或人员批准;

(三)企业的主要财产、会计账簿、公司印章、董事会和股东会议纪要档案等位于或存放于中国境内;

(四)企业1/2(含1/2)以上有投票权的董事或高层管理人员经常居住于中国境内。

3 如何认定中国税务居民?

【律师解答】

中国税务居民分为居民个人与非居民个人两类,具体为以下几点:

(1)在中国境内有住所,或者无住所而一个纳税年度内在中国境内居住累计满

183 天的个人,为居民个人。居民个人从中国境内和境外取得的所得,依照本法规定缴纳个人所得税。

(2)在中国境内无住所又不居住,或者无住所而一个纳税年度内在中国境内居住累计不满 183 天的个人,为非居民个人。非居民个人从中国境内取得的所得,依照本法规定缴纳个人所得税。

【参考依据】

《个人所得税法》

第一条 在中国境内有住所,或者无住所而一个纳税年度内在中国境内居住累计满一百八十三天的个人,为居民个人。居民个人从中国境内和境外取得的所得,依照本法规定缴纳个人所得税。

在中国境内无住所又不居住,或者无住所而一个纳税年度内在中国境内居住累计不满一百八十三天的个人,为非居民个人。非居民个人从中国境内取得的所得,依照本法规定缴纳个人所得税。

……

《个人所得税法实施条例》

第四条 在中国境内无住所的个人,在中国境内居住累计满 183 天的年度连续不满六年的,经向主管税务机关备案,其来源于中国境外且由境外单位或者个人支付的所得,免予缴纳个人所得税;在中国境内居住累计满 183 天的任一年度中有一次离境超过 30 天的,其在中国境内居住累计满 183 天的年度的连续年限重新起算。

4 金融机构对哪些账户无须尽职调查?

【律师解答】

(1)截至 2017 年 6 月 30 日账户加总余额不超过 25 万美元的存量机构账户,金融机构无须开展尽职调查。

(2)符合一定条件的退休金账户、社会保障类账户、定期人寿保险合同、为特定事项开立的账户、专为支付税款的账户、部分休眠账户等。

【参考依据】

《非居民金融账户涉税信息尽职调查管理办法》

第二十八条 截至2017年6月30日账户加总余额超过二十五万美元的存量机构账户,金融机构应当在2018年12月31日前完成对账户的尽职调查。

截至2017年6月30日账户加总余额不超过二十五万美元的存量机构账户,金融机构无需开展尽职调查。但当之后任一公历年度末账户加总余额超过二十五万美元时,金融机构应当在次年12月31日前,按照本办法第二十六条和第二十七条规定完成对账户的尽职调查。

第三十三条 对下列账户无需开展尽职调查:

(一)同时符合下列条件的退休金账户:

1. 受政府监管;

2. 享受税收优惠;

3. 向税务机关申报账户相关信息;

4. 达到规定的退休年龄等条件时才可取款;

5. 每年缴款不超过五万美元,或者终身缴款不超过一百万美元。

(二)同时符合下列条件的社会保障类账户:

1. 受政府监管;

2. 享受税收优惠;

3. 取款应当与账户设立的目的相关,包括医疗等;

4. 每年缴款不超过五万美元。

(三)同时符合下列条件的定期人寿保险合同:

1. 在合同存续期内或者在被保险人年满九十岁之前(以较短者为准),至少按年度支付保费,且保费不随时间递减;

2. 在不终止合同的情况下,任何人均无法获取保险价值;

3. 合同解除或者终止时,应付金额(不包括死亡抚恤金)在扣除合同存续期间相关支出后,不得超过为该合同累计支付的保费总额;

4. 合同不得通过有价方式转让。

(四)为下列事项而开立的账户:

1. 法院裁定或者判决;

2. 不动产或者动产的销售、交易或者租赁;

3. 不动产抵押贷款情况下，预留部分款项便于支付与不动产相关的税款或者保险；

4. 专为支付税款。

（五）同时符合下列条件的存款账户：

1. 因信用卡超额还款或者其他还款而形成，且超额款项不会立即返还账户持有人；

2. 禁止账户持有人超额还款五万美元以上，或者账户持有人超额还款五万美元以上的款项应当在六十日内返还账户持有人。

（六）上一公历年度余额不超过一千美元的休眠账户。休眠账户是满足下列条件之一的账户（不包括年金合同）：

1. 过去三个公历年度中，账户持有人未向金融机构发起任何与账户相关的交易；

2. 过去六个公历年度中，账户持有人未与金融机构沟通任何与账户相关的事宜；

3. 对于具有现金价值的保险合同，在过去六个公历年度中，账户持有人未与金融机构沟通任何与账户相关的事宜。

（七）由我国政府机关、事业单位、军队、武警部队、居民委员会、村民委员会、社区委员会、社会团体等单位持有的账户；由军人（武装警察）持军人（武装警察）身份证件开立的账户。

（八）政策性银行为执行政府决定开立的账户。

（九）保险公司之间的补偿再保险合同。